U0528154

HERMES

在古希腊神话中，赫耳墨斯是宙斯和迈亚的儿子，奥林波斯神们的信使，道路与边界之神，睡眠与梦想之神，亡灵的引导者，演说者、商人、小偷、旅者和牧人的保护神……

西方传统 经典与解释
Classici et Commentarii
HERMES

施特劳斯集
The Collected Works
of Leo Strauss

刘小枫◎主编

第三版

苏格拉底问题与现代性
——施特劳斯讲演与论文集：卷二

Essays & Lectures on the Problem of
Socrates and Modernity by Leo Strauss

[美]列奥·施特劳斯 Leo Strauss ｜ 著

刘小枫 ◎ 编

刘振 叶然 等 ｜ 译

华夏出版社

古典教育基金·"传德"资助项目

"施特劳斯集"出版说明

1899年9月20日,施特劳斯出生在德国Hessen地区Kirchhain镇上的一个犹太家庭。人文中学毕业后,施特劳斯先后在马堡大学等四所大学注册学习哲学、数学、自然科学,1921年在汉堡大学以雅可比的认识论为题获得哲学博士学位。1924年,一直关切犹太政治复国运动的青年施特劳斯发表论文"柯亨对斯宾诺莎的圣经学的分析",开始了自己独辟蹊径的政治哲学探索。三十年代初,施特劳斯离开德国,先去巴黎,后赴英伦研究霍布斯,1938年移居美国,任纽约社会研究新学院讲师,十一年后受聘于芝加哥大学政治系,直到退休。任教期间,施特劳斯先后获得芝加哥大学"杰出贡献教授"、德国汉堡大学荣誉教授、联邦德国政府"大十字勋章"等荣誉。

施特劳斯在美国学界重镇芝加哥大学执教近二十年,教书育人默默无闻,尽管时有著述问世,挑战思想史和古典学主流学界的治学路向,身前却从未成为学界声名显赫的名人。去世之后,施特劳斯才逐渐成为影响北美学界最重要的流亡哲人:他所倡导的回归古典政治哲学的学问方向,深刻影响了西方文教和学界的未来走向。

上个世纪七十年代以来,施特劳斯身后才逐渐扩大的学术影响一再引发学界激烈的政治争议。自由主义知识分子觉得,施特劳斯对自由民主理想心怀敌意,是政治不正确的保守主义师主;后现代主义者宣称,施特劳斯唯古典是从,没有提供应对现代技术文明危机的具体理论方略。为施特劳斯辩护的学人则认为,施特劳斯从来不与某种现实的政治理想或方案为敌,也从不提供解答现实政治难题的哲学论说;那些以自己的思想定位和政治立场来衡量和评价施特劳斯的哲学名流,不外乎是以自己的灵魂高度俯视施特劳斯立足于古典智慧的灵魂深处。

施特劳斯关心的问题更具常识品质,而且很陈旧:西方文明危机的根本原因何在？施特劳斯不仅对百年来西方学界的这个老问题作出了超逾所有前人的深刻回答，而且提出了切实可行的应对方略：重新学习古典政治哲学作品。施特劳斯的学问以复兴苏格拉底问题为基本取向，这迫使所有智识人面对自身的生存德性问题：在具体的政治共同体中，难免成为"主义"信徒的智识人如何为人。

如果中国文明因西方文明危机的影响也已经深陷危机处境，那么施特劳斯的学问方向给中国学人的启发首先在于：自由主义也好，保守主义、新左派主义或后现代主义也好，是否真的能让我们应对中国文明所面临的深刻历史危机。

"施特劳斯集"致力于涵括施特劳斯的所有已刊著述（包括后人整理出版的施特劳斯生前未刊文稿和讲稿；已由国内其他出版社出版的《霍布斯的政治哲学：基础与起源》《关于马基雅维里的思考》《城邦与人》《古今自由主义》除外），并选译有学术水准的相关研究文献。我们相信，按施特劳斯的学问方向培育自己，我们肯定不会轻易成为任何"主义"的教诲师，倒是难免走上艰难地思考中国文明传统的思想历程。

古典文明研究工作坊
西方典籍编译部甲组
2008 年

目 录

第三版说明 ………………………………………………… 1
增订本说明 ………………………………………………… 1

1930 年代
现代政治思想的起源 ………………………………………… 1
论古典政治哲学研究
　　——讲座提纲 ………………………………………… 39
斯巴达精神或色诺芬的品味 ………………………………… 58
"显白的教诲"写作计划 …………………………………… 91
"迫害与写作艺术"讲稿笔记 ……………………………… 100

1940 年代
德国战后哲学的现存问题 ………………………………… 123
德国虚无主义 ……………………………………………… 146
历史主义 …………………………………………………… 175
评肖特维尔的《史学史》 ………………………………… 197
我们能够从政治理论中学到什么 ………………………… 199
论社会科学与自然科学 …………………………………… 216
自然正当 …………………………………………………… 234
论柏拉图政治哲学新说之一种 …………………………… 271
论卢梭的意图 ……………………………………………… 309
理性与启示 ………………………………………………… 339

1950 年代

评柯林武德的历史哲学 …………………………………… 381
神学与哲学的相互影响 …………………………………… 405
批点沃格林《新政治科学》 ……………………………… 421
《关于马基雅维利的思考》段落标题 …………………… 445
瓦尔克的马基雅维利 ……………………………………… 460
与库恩书 …………………………………………………… 469
苏格拉底与政治学问的起源 ……………………………… 478
现代性的三次浪潮 ………………………………………… 490

1960 年代

评韦伯命题 ………………………………………………… 504
我们时代的危机 …………………………………………… 509
政治哲学的危机 …………………………………………… 524
摆脱无论左派还是右派的偏见 …………………………… 538
《政治哲学史》绪论 ……………………………………… 545
柏拉图的政治哲学 ………………………………………… 551
古希腊史家 ………………………………………………… 606
"权威论者"洛克 ………………………………………… 618
苏格拉底问题 ……………………………………………… 622

1970 年代

苏格拉底问题 ……………………………………………… 637
马基雅维利与古典文学 …………………………………… 661
剖　白
　　——施特劳斯与克莱因的谈话 ……………………… 677
关于哲学与国家的演讲 …………………………………… 688

附录

库恩　自然正当与历史主义 ……………………………… 707

第三版说明

自增订本(2016)刊行以来,我们又陆续发现了九篇施特劳斯遗稿。《论社会科学和自然科学》(1945)是两篇早期文稿的合刊,经整理后于2018年正式刊布。一同经整理后刊布的未刊稿还有四篇文稿:《现代政治思想的起源》(1937)、《论古典政治哲学研究》(1938)、《历史主义》(1941)和《自然正当》(1946)。

《批点沃格林〈新政治科学〉》(1952)是手写笔记,经整理后正式刊布,而《〈关于马基雅维利的思考〉段落标题》(1952—1953)则是完整的写作提纲,同样是手写笔记,经整理后正式刊布。《苏格拉底问题》(1968)和《关于哲学与国家的演讲》均为公开讲演的录音记录稿,尚未经过整理,后者的讲演时间也不详。这些新刊布的文献都富有思想史价值,借增订本再版的机会,我们补入了这些新发现的遗稿,故称"第三版"。

刘小枫
古典文明研究工作坊
2021年4月

增订本说明

"苏格拉底问题"是一个古老的问题,这就是苏格拉底在世时就曾受到过的张扬理性主义的指控(参见阿里斯托芬《云》)。从现代性问题出发,尼采再次对苏格拉底提出指控:由于苏格拉底犯了唯理主义的大错,才惹出了西方现代性这一"世界历史的转折点和漩涡中心"(《悲剧的诞生》,14–15节)。据此,尼采宣布了苏格拉底这个历史"偶像的黄昏"(参见《偶像的黄昏》,"苏格拉底问题")。海德格尔未予审理就接过尼采的指控,并跟随尼采致力于回到苏格拉底之前的自然哲人……好些哲人则跟着尼采–海德格尔步入后现代的黎明。

同样从现代性问题出发,施特劳斯却通过重审"苏格拉底问题"驳回了尼采对苏格拉底提出的阿里斯托芬式的指控,并把现代性问题的指控转过来对准了尼采自己——现代性的三次浪头恰恰是西方哲人不再理会或不再能理解苏格拉底问题的结果。① 换言之,通过重审"苏格拉底问题",施特劳斯看清了现代性问题的真实本相,并由此找到了超克现代性方案的方案:回到原初的"苏格拉底问题",而非奔向抛弃这一问题的后现代。

重审"苏格拉底问题"是施特劳斯一生学术的基本着力点。施特劳斯有三部自编文集传世:《什么是政治哲学》(1959)、《古今自由主义》(1968)和《柏拉图式的政治哲学研究》——从中我们不难看到"苏格拉底问题"所在的位置。施特劳斯逝世后,其后学陆续刊布了不少施特劳斯的早期文稿和未刊讲稿,并结集出版:Thomas L. Pangle 编,《古典理性主义的重生》(1989),迈尔编,《施特劳斯文集》卷一至卷三。

---

① 参见施特劳斯,《苏格拉底与阿里斯托芬》,前言,李小均译,北京:华夏出版社,2010。

然而，这两个文集都没有收全施特劳斯生前在各类学刊上发表过的所有文稿。①

本书致力于收集所有未曾结集的施特劳斯文稿，五年前初版（华夏出版社，2008）时收文共14篇。眼下这个增订本删去两篇已归入施特劳斯相关文集的文章，另增补15篇文稿，其中八篇为晚近整理出来的未刊稿（含书信一封），共27篇，按发表或写作时间先后排序。初版时的旧译，亦有不同程度的订正。

迈尔（Prof. Heinrich Meier）编制的"施特劳斯著述编年"为我们查索文献提供了方便；陈建洪教授、徐戬博士亦为查索文献提供了帮助；李致远博士、黄群博士校读了部分译稿，谨此一并致谢！

刘小枫

古典文明研究工作坊

2013年5月

---

① John A. Murley 编的《施特劳斯及其遗产：文献汇编》（Leo Strauss and his legacy: a bibliography; Lexington Books, 2005. xi, 937 p）提供了施特劳斯所开拓的学问方向的出版物近一万五千条，不仅涵括施特劳斯著述，还有施特劳斯弟子以及同道上百人的著述，这些著述多以古典作品的解读为主，已经深入到大学课堂。

现代政治思想的起源

刘振 译

[中译按]本文写于1937年，原稿存于"施特劳斯文献"第14盒第11格（Leo Strauss Papers, box 14, folder 11），由冈科夫（Svetozar Minkov）誊录并加注，科伦（J. A. Colen）和尼尔森（Scott Nelson）校订，并对照了帕塔尔德（Emmanuel Patard）在《施特劳斯在社会研究新学院》（*Leo Strauss at the New School for Social Research*）中收录的誊写稿。原文中夹杂的法文和拉丁文，承蒙陈明珠教授、杨嘉彦博士、王江涛博士和熊宸博士帮助解决翻译问题，在此致以谢忱。

我们正在寻找现代政治思想的起源，这件事情需要一些解释甚至澄清。我们研究现代政治思想的起源，是为了达到对现代政治思想之本质的准确理解。但是，如果我们的主要意图正是理解现代政治思想的本质，我们必须自问，更容易也更充分的做法是不是研究现代政治思想的发达而成熟的形式，而非研究其萌芽形式。因为，一个事物的本质仅仅在其完成（perfect）状态中呈现自身。虽然这个原则是正确的，在目前这个情况下运用它却是有疑问的。因为，假设——比如说——当代思想在本质问题上比——比如说——17世纪的思想更发达，这或许是草率的。但是，无论如何，我们必须回到现代政治思想的起源，这首先不是为了比我们通过研究当代思想更好地理解那时的思想，而恰恰就是为了理解它。因为，在我们知道一个事物是否存在之前就问它是什么，这是徒劳的。或许可以被正确地称为现代政治思想的某个东西的存在，受到了质疑。

当然，我们所说的现代政治思想不仅指当代思想，也指宗教改革

(Reformation)以来四个世纪的思想。因为,我们通常将狭义上的政治思想史划分为三个部分,正如我们也这样划分一般的历史:古代的、中古的(medieval)和现代的。这种做法表明,我们假设,姑且不论彼此之间的一切差异,所有现代政治学说都有某种共同点,这使我们可以将它们放到一起,将它们看作有别于中古和古代学说的一个整体。我认为,我们时代最博学的人之一已经在挑战这个为大部分学者所接受的假设。卡莱尔(A. J. Carlyle)博士表达了如下意见:至少从 2 世纪的法学家至法国革命的理论家,政治思想的历史是延续的,虽然形式有变化,内容有改变,但它的基本观念是不变的。[①] 卡莱尔博士这个观点的题中之义是,17、18 世纪政治思想与中古政治思想没有根本区别。可是,这就意味着,至今流行的认为政治思想史上有一个现代时期——正如一般历史上也有这样一个时期——的意见是完全错误的。

  卡莱尔博士通过提出上述观点攻击老派意见,老派意见认为,在现代政治思想与中古政治思想之间有一个明确的决裂。这个意见的根据是对文艺复兴(Renaissance)和宗教改革以来的事情的记忆。特地就眼下这个问题简要回忆一下这个现代进程最重要的诸多阶段,也许不无道理。生活在 1500 年的人有这样的印象,他们正在见证一场学术复兴,经过数个世纪的野蛮,经过数个世纪无用甚至危险的经院主义(scholasticism),古典古代或圣经古代或者这两者的伟大遗产正在重见天日。这些人不是仅相信发生了一场与中世纪(Middle Ages)的决裂——他们亲眼看到了那场决裂。但是,人们没有止步于与中世纪决裂:他们开始意识到,用古代的教诲取代中世纪的教诲将无法满足他们的需要。只要他们至少还受到古代的观念——如果不是实际的古

  [①] *A History of Mediaeval Political Thought in the West*, vol. 1, 2 nd ed., 1927, p. 2. 卡莱尔博士似乎承认政治思想史的三个大时代:第一,柏拉图和亚里士多德,第二,从廊下派到法国革命,第三,自柏克(Burke)以来。(见前引书,第 2、14 页。)可是,请对比第 197 页上有些差别的看法。[译按]原文自此以下的注释均为施特劳斯所加,编者皆以[施特劳斯注]字样标示,为使行文简洁,中译文略去该字样。

代——的吸引,他们就会通过寻找比古代希腊更古老的另一个古代,以取代对实际的、已知的古代的崇敬:格劳秀斯(Grotius)、斯卡林格(Joseph Scaliger)和斯蒂文(Stevin)这样的学者对世纪智慧(siècle sage)兴趣盎然,与世纪智慧相比,即使古代希腊也是一个野蛮时代。①

这些人不仅试图与中古思想决裂,也试图与古典思想决裂。如此一来,他们就在创造一个时代,在这样的时代人们敢于依仗未来,敢于憧憬一种超越所有早先成就的进步。渴望进步就能实现进步。到17世纪中期,如下信念实际上已经建立起来,人们已经取得了超越以往所有时代的进步,这个进步依赖于人们已经建立了全新的基础这一事实。在随后的世纪里,这个信念日趋强大而稳固,并且在法国革命之前和法国革命时期达到了顶峰。在这个信念的鼎盛期,现代政治思想这一方与中古和古典政治思想这一方的根本区别被认为是极为清楚的。孔多塞(Condorcet)当然是法国革命最重要的理论家之一,他对这个区别持有如下看法:②现代政治哲学是一门真正的科学,然而,不仅中世纪和人文主义者的政治哲学,甚至柏拉图和亚里士多德的政治哲学,都是"一门关于事实问题的科学,亦即经验科学,而不是一门立足于普遍原则的名副其实的科学";只有洛克(Locke)才发现了真正哲学的方法——对我们的观念和情感(ideas and sentiments)的准确分析;由于他们的错误方法,以往所有的思想者都未能达到关于人的权利(rights of man)③的真正的、科学的知识,包括阿尔图修斯(Althusius)、格劳秀斯和霍布斯(Hobbes);洛克和卢梭(Rousseau)是人权最重要的教师;他们最先从人的自然中推出了人的自然权利,并且认为政治社会唯一的目标就是保存那些权利;不同于以往所有政治思想,他们的政治科学的目的是在人的自然权利的基础上建立一个由平等而自由的人构成的社

---

① 见 J. Klein, *DiegriechischeLogistik und die Entstehung der Algebra*, II, in: *Quellen und StudienzurGeschichte der Mathematik*usw. Vol. III, pp. 196 – 99。

② *Esquisse d'un tableau historique des progrès de l'esprithumain*, ed. Prior, pp. 57f., 60f., 74, 110, 113, 130, 132, 149ff., 156, and 164.

③ [译按]"人的权利"以下简称"人权"。

会。潘恩(Thomas Paine)也表达了同样的看法,他说,"(英国)革命虽然理解人权,但理解得不充分"。① 他区分了新的政府体系与旧的政府体系——后者是"世界上存在至今的那种政府"的体系。② 法国革命理论家们宣称,他们试图与整个传统决裂并且实现了这一决裂,作为对这场革命的反动而发展起来的历史运动的领导者不同意这一宣称。关于这一点,潘恩与柏克是完全一致的。潘恩说:

> 我们从前所谓的革命不过是人事变动,或者说是地方局势的改变。它们当然像各种事物一样起起落落,就其存在或命运来说,它们的影响丝毫没有超出产生它们的地域。但是,通过美国和法国的革命,我们今天在世界上所看到的是事物之自然秩序的一种更新,是一种像真理和人的存在一样普遍的原则体系,它结合了道德幸福与政治幸福、国家繁荣。③

柏克说:

> 在各国政府中曾经有过许多内部革命,既涉及人物也涉及形式,诸邻国几乎或完全不关心这些革命;[……],一场引发地方性不满或者地方性和解的革命没有超出它的领土。对我来说,当前这场革命似乎性质颇为不同,颇需另作描述;它与欧洲那些基于纯粹政治原则的革命绝少具有相似性和可比性。它是一场学说和理论信条(theoretic dogma)的革命。④

所以,柏克强调卢梭的学生们以一种新道德("那种新发明的德

---

① *Rights of Man*, Everyman's Library, p. 14.
② 前引书,页163。
③ 前引书,页135。
④ "Thoughts on French Affairs," in *Reflections on the French Revolution & Other Essays*, Everyman's Library, p. 287f.

性")反对"旧道德"的事实,①就此而言柏克不亚于他的反对者们。因此,一种新道德,一种关于人、德性和国家的新观念,一种基本上不同于古典和中古观念的观念决定了法国革命的领导者,有识之士们在斗争尚在进行之时就不怀疑这一事实。但是,一旦这场斗争失去了原来的激烈性,斗争的目标也就失去了原来的清晰性。或者,更准确地说,新道德的反对者自己深受那种道德的影响,他们的原则被它大大削弱,以至于他们不能充分清楚地理解这场斗争涉及的根本原则。与其说他们以旧道德反对那种道德,不如说他们用"历史(history)"反对它。尽管旧道德宣称自身立足于理性——就此而言它不亚于新道德,新道德最有影响的反对者却不诉诸理性(reason),甚至不诉诸立足于神圣启示的传统,而是诉诸纯粹的传统,诉诸演化(evolution)。

结果,历史研究在19世纪获得了前所未有的重要性。至少就比较保守的思想者而言,引导这种研究的是缓慢的、无意识的演化的观念;在寻找这种演化之时,历史学家们发现它几乎无处不在。当人们几乎完全遗忘了新道德与旧道德、新政治观念与旧政治观念之间的原初斗争之时,从19世纪中期直到大战,人们甚至可能否认有过这样一场斗争;人们甚至可能认为并且宣称,

> 至少从2世纪的法学家至法国革命的理论家,政治思想的历史是延续的,虽然形式有变化,内容有改变,但它的基本观念是不变的。

所以,这个观点实际上是现代进程的逻辑结果;但是,它的前提在于,人们已经遗忘了现代进程所有早先阶段体会到的经验,这是现代心灵只要必须与旧价值斗争就能体会到的经验。这个悠久的实际经验——补充说一句——极为清楚明白,它难道不是远比冷眼旁观的历

---

① 《致国会成员书》("Letter to a Member of the National Assembly"),前引书,页262以下——对比孔多塞关于亚里士多德伦理学的判断,前引书,页71及以下。

史学家最博学的研究的结果更可信？

然而,历史证据总是具有很大分量。就历史证据而言,乍看之下,许多事实支持卡莱尔博士的观点。我不需要详述这些事实。就我们的目的来说,强调这一点就够了:通过收集这些事实,卡莱尔博士严重破坏了关于现代政治思想与中古(或古典)政治思想之特有区别的流行看法。尽管如此,正如孔多塞所声称,本质的观点仍然成立:现代政治思想与早先政治思想的根本区别在于,只有现代政治思想立足于人权的观念。这个观念是现代政治思想的本质。

可是,为了看到这一点,我们切勿严格遵循孔多塞。因为,他的历史论断在某种程度上是误导性的,这些论断在为卡莱尔博士铺路。孔多塞相信,现代政治哲学的创立者是洛克。众所周知,洛克极大受惠于明智的胡克(Hooker);至少就原则而言,胡克跟随托马斯·阿奎那(Thomas Aquinas)和教父们,后者所做的无非是一方面阐述《圣经》的观点,另一方面阐述希腊、罗马哲学以及罗马法学家的观点。孔多塞这位如此具有革命性的理论家的说法几乎自动导向卡莱尔博士这位如此保守的历史学家的判断,后者声称,从罗马法学家到法国革命理论家的基本政治观念是连续的。

可以表明,从西塞罗到孔多塞的这一进程没有看起来那么连续,就在胡克与洛克之间,这一连续性发生了一个明确的断裂。人们忽略了这个断裂,这一事实的原因是一般而言17世纪晚期和18世纪的作品以及具体而言英格兰这一时期的作品制造的一个特定错误。① 这个时期的思想已经是一种沿着古典甚至神学传统方向的反动,以反对激进得多的17世纪上半叶。我只需提到这个运动最原初的一些支持者的名字:莱布尼茨和斯威夫特(swife)。莱布尼茨试图将亚里士多德的目的论观念重新引入笛卡尔和霍布斯建立的机械论和决定论现代科学的

---

① 柏克在其《致国会成员书》和其他地方说:"至少在过去两个时代,我们还在继续阅读健全古代的作者们,比我相信这个大陆上的人们现在读得更普遍。"

框架。斯威夫特则是书籍之战的作者。①

关于这个时期最重要的政治哲学家们——洛克实际上是一个十分审慎的(moderate)思想家。至于谈不上审慎的卢梭,他在建立国家观念之时不是没有回顾斯巴达和共和制罗马,以反对 17 和 18 世纪特有的现代开明专制。② 更确切地说,我们可以说,17 时期较晚时期和 18 世纪的反动理所当然地接受了现代特有的基本观念,因此,这个时期的思想肯定是现代的,但是,这些思想家试图在现代基础上建立一个与传统理想尽最大可能相容的结构。结果,他们的工作容易造成一个错觉:他们的思想与中世纪的思想仅有细微差异,同时,延续性没有发生任何断裂。经过必要限定,我们关于 18 世纪的说法也适用于 19 世纪:[在此,我只能再次指出我关于历史研究在 19 世纪的重要性以及那种重要性之意义的重要性的表述。]这些考虑引导我们得出结论,现代政治思想的根本原则以及现代政治思想的本质,仅仅在这一思想的最初时期,亦即始于马基雅维利终于霍布斯的时期,才表现出它的纯粹形式。我们之所以必须研究这个时期,不是为了比我们通过研究 19 世纪或 20 世纪思想所能做到的更好地理解现代政治思想,毋宁说,这就是为了理解现代政治思想。

我们不能忽视这个时期的任何伟大政治思想家——马基雅维利、路德、加尔文、博丹、阿尔图修斯、贝拉闵(Bellarmine)、苏亚雷斯(Suarez)、霍布斯。但是,为了不让复杂的人物和观点削弱我们对本质问题的理解,我建议我们今天唯独只研究上述思想家中最极端的人。那个思想家可以比其他任何人更有资格宣称自己是具有特定特征的现代政治思想的创立者。从这个角度看,显然没有任何神学思想家堪称极端。因为,即使那些像贝拉闵和苏亚雷斯一样不是完全延续中古传统而是拒绝这一传统的人——尤其是路德和加尔文——最终也将其政治教诲建立在启示的上帝意志的基础上,而这个基础显然不是现代政治思想本身的特征。

---

① *The Battle of the Books*(1704).
② 孔多塞(前引书,页 148)强调了开明专制的这一特征。

另一方面，与上述所有其他思想家相比，马基雅维利更少受制于哲学和神学传统，相较于提出政治思想的新基础，他更想复兴罗马共和国的精神。至于阿尔图修斯，他在其《政治学》(Politica)①序言中明确承认，他的意图无非是为通过各类文献以不同方式流传下来的政治准则赋予一个方便的秩序，而且，他所教导的这些政治准则主要出自传统政治著作。②格劳秀斯在其《战争与和平法》(De jure belli ac pacis)前言中宣称，迄今没有人专门以清晰的次序处理过国际法，也没有人成功地给一般法理学赋予一门技艺的形式，因为，尚未有人尝试区分法理学基于自然法的部分与仅仅实定的部分；但是，关于所有法的学说的根基，亦即自然法，格劳秀斯坚持廊下派(Stoic)传统，无论他如何批评亚里士多德，他都接受亚里士多德是第一哲人(princeps philosophorum)的传统看法。③

当我们在博丹《国是六书》(Les six livres de la République)序言中读到关于政治科学传统的论断时，我们就进入了一个不同的世界。根据博丹的观点，没有三四本书处理过国家；柏拉图和亚里士多德的政治著作太短，以至于不包含一种充分的学说，在他们的时代，政治科学深深隐匿在黑暗之中；至于迄今论述过国家的那些人，他们甚至更糟糕——他们亵渎了政治哲学的神圣奥秘。所以，博丹似乎试图为政治哲学建立一个真正的新基础。但是，人们会发现情况几乎不是如此，只要人们记得博丹也是人文主义者——在这一点上他与马基雅维利、马里亚纳(Mariana)、格劳秀斯相差无几，对于博丹来说，历史证据的分量几乎等

---

① *Politicamethodice digesta, atqueexemplissacris et profanisillustrata*(1603).

② "我尝试恢复被各种文献转变为习惯秩序的政治准则。哲人、法学家和神学家们将诸多问题和格言引入了政治学。我认为应该拒绝这门技艺中不必要和不相干的东西，将依规矩本该属于其他科学的东西归入各自的领域。在这门科学中，我也忽略了一些东西(nonnulla)，事实上他们则忽略了某些(quaedam)必要的东西……确实，我从这些政治教师那里拿来的政治准则和事例是主要的部分。"ed. Friedrich, p. 3f. [编者注]Nonnulla 和 quaedam 下有铅笔划线。

③ §§1, 6–8, 30, 36, and 42.

同于他自己的反思结论的分量。① 没错,即使博丹也没有成功地为政治科学奠定一个新基础。此事归功于霍布斯一人而已。

要看到这一点,我们只需要对比霍布斯与博丹关于政治传统的一般性和导论性论断。博丹抱怨处理国家问题的政治哲学[论著]寥寥无几,霍布斯则抱怨政治哲学[论著]"卷帙浩繁"。② 博丹仅仅指责通常意义上的传统政治哲学,霍布斯则将关于政治哲学的这一判断推及其原初含义,也就是说,他也拒绝传统道德哲学。③ 博丹说政治哲学在柏拉图和亚里士多德时代深深隐匿在黑暗之中,霍布斯则说在他之前根本没有政治哲学,④几乎古典古代的所有政治教诲都完全错误、极度危险:

> 在西方世界的这些部分,我们被迫从亚里士多德、西塞罗以及其他希腊人和罗马人那里得到我们关于制度和国家权利的意见……我认为,我可以正确地说,任何东西的代价都比不上西方世

---

① "在我们看到的成千上万的知识书籍中,有关'公共事务'的书也就三四本,但就是这几本,却是所有知识的女皇。因为,柏拉图和亚里士多德将他们的政治言说阐明得如此简要,就是要不断激发人们对它的欲望,而不是满足那些已经读过这些言说的人:因为,两千多年以来,他们写下的经验已经让我们无所不知,但是从那时起政治知识(science politique)仍然被藏在黑暗的城堡中……自从那以后,写作有关政治知识的人……都是在亵渎政治哲学的神圣奥秘。"——博丹在《国是六书》献词中谈到了他最重要的命题之一,博丹说他已经"不仅用神法和人法,也用将被认同的必然理由"证明了这一点。

② 《法的原理》(Elements of Law)第 I 部分第 13 章第 3 节。亦见第 1 章第 1 节;以及《论公民》(De cive)序言。

③ "……道德哲学家们迄今的著述对于认识真理毫无助益。"《论公民》献词书。

④ "关于自然的权利或法的重要科学,如今不如从前多。"同上。——"因此,自然学(Physica)是一个新东西。但是,公民哲学迄今看来甚至更是如此,它不比我自己所写的《论公民》更古老。"De corpore, Ep. ded。霍布斯的自传在同一个意义上说,《论公民》"在任何方面都是新的"。Opera Latina, ed. Molesworth, Vol. I, p. xc。

界为希腊和拉丁语学问付出的代价。①

然而,尽管博丹与霍布斯关于政治哲学传统的一般论断有差异,它们却有一个更深的、非常重要的共同特点:在我们引用的论断中,他们甚至没有提到中古传统。这一事实并不意味着,他们对中古传统的看法比他们对古典传统的看法更好。恰恰相反,这意味着,与古典古代的学说相比,他们甚至更反对中古传统。这不是要否定,中古思想家以不止一种方式为一般而言的现代政治哲学以及具体而言的博丹和霍布斯的学说准备了基础,因而,从这个角度看,中古政治哲学比古典政治哲学更接近现代政治哲学。但是,中世纪对古典政治思想所作的所有那些非常重要的改变都被放进了古典思想的框架;它们没有导致对古典框架——柏拉图、亚里士多德和廊下派确立的原则——的系统批判。我们绝不该忘记,即使像马西利乌斯(Marsilius)的《和平保卫者》(Defensor pacis)这样激进的著作,它的哲学部分——至少就马西利乌斯的意图而言——本质上也立足于亚里士多德的《政治学》。而且,如果马西利乌斯如有些学者主张的那样受阿威罗伊影响,我们必须进一步指出,阿威罗伊是基督教欧洲所知的最有力的古典思想的中古支持者。如果在中世纪有对古典政治哲学的批评,古典传统是以另一个传统的名义——圣经传统的名义——受到攻击的。

考虑到这个极为重要的事实,我们可以公正地说,在现代政治哲学与古典政治哲学之间至少存在很深的相似性,堪比两者之任何一者与中古政治哲学的相似性。因为,现代与古典政治哲学都至少试图在独立于任何传统的情况下讨论政治学原则。无论柏拉图和亚里士多德还是霍布斯和卢梭都不看重权威的理由,但中古思想家的确看重它们。我们从这个角度来看博丹和霍布斯在其一般论断中不提中古传统这一事实的意义:他们完全清楚,中古政治哲学就其根本原则而言立足于古典政治哲学,因而,他们真正的对手不是托马斯或奥卡姆(Occam),而

---

① 《利维坦》第 21 章(Lindsay 编,页 113 以下)。

是柏拉图或亚里士多德,不是那些无论多么原初和独立的跟随者,而是最早的创立者。因为,16世纪后期和17世纪早期的讨论针对的是根本原则本身。

可是,最激进的现代政治思想者以哪些现代特有的原则反对古典古代的原则呢?在我们问霍布斯如何回答这一问题之前,我们必须进一步提出两个初步看法。

(1)霍布斯提出的针对古典传统的反对意见在某种程度上立足于圣经传统。因此,我们必须区分霍布斯自己的真正革命性的原则与这一原则的传统表述。但是,我们不应该低估这种表述,它事实上是霍布斯自己的学说的历史性表述。

(2)霍布斯学说的有些特点当然不能说是一般的现代政治思想的特点。我们不能一开始就排除下述可能:即使那些乍看之下霍布斯特有的观点也比现代思想家们普遍接受的相反观点更切合现代心灵的至深取向。但是,将这个可能性作为我们的起点是不明智的。起初,我们会从表面上看待霍布斯特有的那些观点,也就是说,视之为一个异类的个人学说;但是,从那些观点追溯到它们的最终预设,我们就会发现,那个假设同时也是现代政治哲学本身的最终预设。

针对由苏格拉底创立,柏拉图、亚里士多德、西塞罗、塞涅卡(Seneca)和"大量其他人"所延续的古典政治哲学,因而针对霍布斯以前的所有政治哲学,霍布斯提出的所有反对意见都可以归结为一个根本的反对意见。根据霍布斯的看法,整个政治哲学传统都立足于人①凭靠自身能够知道什么是好与坏的预设。实际上,苏格拉底和他的追随

---

① [施特劳斯在另一张纸上注]关于这一点,对比加尔文的如下论断:"私人讨论在他所生活的地方什么是最佳政制(politiae),显然是没意义的:他不被允许思考有待决定的公共事务。"*Instit.*, IV, cap. 20, §8。霍布斯持有同样的观点:"关于这三种(政府),哪种最好,无需争论,只要任何一种政府已经建立起来;相反,总是应该优先选择并保持现存的,并且视之为最佳……"(《利维坦》第42章,页299)我们必须从这个观点出发来理解,霍布斯为何断言,他完全相信的君主制的优先性是被证明的真理。

者的确通过提出什么是好与坏的问题作出了这个预设。但是,霍布斯却认为,这个预设是"原初的错误",因为,好与坏的准则是法(Laws),古典哲人却"凭他们自己的好恶"、凭他们的激情(passions)"确定好与坏的准则"。既然真正的准则是法,立法者亦即君主(King)的任何命令都应该被认为是好的,他禁止的一切都应该被认为是坏的。

传统的政治学教师们试图凭借他们自己的理性回答什么是好与坏的问题,从而试图建立一个他们以及任何其他人都能够据以衡量法的标准。所以,他们成了不服从的教师、无政府的鼓吹者、智术师,凭靠似是而非的自由之名欺骗世人。① 传统政治哲学立足于私人的独立反思,它必然导致反叛、无政府和自由(freedom)的学说,霍布斯以一种新政治科学与之对立,新政治科学力求用令人信服的理由确立,人有无条件服从(obedience)的义务;与具有民主制理想的古典传统相反,霍布斯教导绝对君主制的优先性。

所以,与古典思想相反,霍布斯支持一种绝对服从法的学说。他完全清楚,这种做法遵循的是另一个传统。在我们描述霍布斯的原初取向所主要依赖的同样的文本中,他给我们充分暗示了那个传统。他说,当私人宣称对于好与坏拥有独立的知识,他们是希望像君主一样(cupiunt esse sicut reges);他补充说,上帝的所有诫命中最古老的诫命就是人不应该吃关于好与坏的知识之树的果子———旦懂得善恶,你们就像神一样了。所以,在某种程度上,霍布斯似乎并且确实使他对古典自由和民主学说的批评立足于对圣经的服从和君主制学说。也有其他文

---

① 《论公民》序言以及第 12 章第 1 – 4 节;《利维坦》第 20 章(页 109)、第 21 章(页 113)以及第 46 章(页 366、372);*Opera Latina*, ed. Molesworth, Vol. V, p. 358f.——霍布斯关于其修昔底德译文的引论表明,他甚至在其哲学时期以前已经持同样的观点。在那里,霍布斯认为雅典将军对米洛斯人(Melians)的做法无可非议,因为前者执行的是上级下达的命令(*English Works*[《英文作品集》], ed. Molesworth, Vol. VIII, p. xxix),而不是因为他接受了从智术师那里借用的学说——雅典人凭这些学说认为他们的行为是正当的。

本呈现了同样的取向。霍布斯以犹太的律法学校反对希腊的哲学学校。他认为后者完全无用,却强烈推荐前者。犹太的律法学校无非是人民的集会,在这里,"人们在每个安息日阅读、阐释、争论律法"。根据这种模式,应该在每个国家"设立一些时间,(人民)此时聚集起来……听别人告知义务,阅读和阐释与所有人普遍相关的实定法,记住那个立法的权威。为了这个目的,犹太人每七天有一个安息日,在这一天阅读和阐释律法"。① 说到他关于主权之权利的学说,他说:

> 假设我的这些(原则)不是这种理性原则,不过,我肯定它们是出自圣经权威的原则。我在谈论犹太人——按约而来的特选民族——的上帝之国(由摩西管理)时,我会表明这一点。②

针对"根据人的喜好(Appetite)定义好坏的亚里士多德和其他异教哲学家"的学说,他提出反对意见:

> 私人的喜好不是尺度,法……才是尺度。人们还在奉行(这些异教哲学家的)这种学说;……所有人都依据自己眼中的善恶判断善恶。(《利维坦》第46章,页372)

"在他自己眼中看起来好的任何东西"(同上,页366),这个表述显然源于《圣经》。我们只需指出霍布斯自己的引文:

> 在约书亚(Joshua)死后,直到扫罗(Saul)时代,《士师记》经常

---

① 《利维坦》第30章(页181)和第46章(页364 – 66)。
② 《利维坦》第30章(第179页)。可以补充的是,霍布斯和其他绝对主义作家给出的关于《圣经》中君主权利(1 Sam. 8, 11ff.)的解释——见《利维坦》第20章(页108)和《论公民》第11章第6节——立足于塔木德(Talmud)的学说(B. Sanhedrin 20b;参 Maimonides, *Hilchothmelakhim* IV)。犹太律法对16、17世纪政治讨论的影响值得特别研究。

提到这个时期,说那时候以色列没有君王,有时还补充说,每个人凭自己眼中的正义做事。(同上,第 40 章,页 257;参《论公民》第 11 章第 4 节)

[当然,我们切勿把霍布斯的《圣经》引文太当真。他远非一个真诚的圣经信徒,可以正确地说,在 17、18 世纪众多激烈反对圣经的人之中,他是圣经权威甚至其具体学说最严厉的批判者。]现在我无法提供这个论断的证据。在目前的情况下,引用霍布斯的朋友和传记作者奥布里(Aubrey)的如下描述就够了——对《利维坦》的准确分析可以肯定这一描述:

> 霍布斯先生在法国生病的时候,(既有罗马教会、英格兰教会,也有日内瓦的)神父们到他这里折磨他。他对他们说:"不用你们管,否则我就会发现你们的骗人把戏,从亚伦(Aaron)到你们自己。"我想,我听到他说了一些这样的话。
>
> 当我想让沃勒(Edmund Waller)先生写几句诗赞颂他(霍布斯)的时候,沃勒先生对我说,他害怕教会人士……他的颂词主要会受到注意的内容是,霍布斯以一己之力推翻了教会,驱散了无知的迷雾,揭露了神职人员的手段。①

对于这些引文,我再补充一点:霍布斯用君主取代了上帝,从而重写了十诫(《利维坦》第 46 章,页 180 - 182)。霍布斯要求的绝对服从的对象不是神法,不是上帝的意志,而是人法,是主权的意志。

但是,虽然霍布斯否定圣经权威,虽然他是无神论者,霍布斯以圣经传统的名义攻击古典传统却并非出于偶然或谨慎:我们很快就会看到,如果圣经传统没有破坏希腊传统,他自己的学说不可能如此。乍看之下,霍布斯的政治理论似乎立足于传统自然法学说。然而,这个印象

---

① *Brief Lives*, ed. Clark, Oxford 1898, I. p. 357f。——"我听到他(霍布斯)因摩西献祭数千敬拜金牛犊的人而痛斥摩西的残忍。"同上,页 357。

是错误的,因为,霍布斯强调,自然法实际上不是法,它是不确定的。他的政治哲学的真正基础是自然权利(natural right)学说。这一点已经被如下事实证明,他从自然权利推导出自然法,他首先处理自然权利,只将自然法作为第二位的问题加以处理。

霍布斯以绝对服从法的原则反对古典的自由原则,这一事实乍一看造成了这样的印象:与亚里士多德相比,他是法的统治(the rule of law)的一个更坚决的支持者。但是,他恰恰极为尖锐地攻击法的统治的观念:

……这是亚里士多德政治学的另一个错误,亦即,在一个秩序优良的国家中,不是人而是法应该统治。尽管不能读书写字却有自然感觉的人,谁还不知道统治他的是他所惧怕的人,是他相信若不服从就会杀死或伤害他的人?谁会相信,法——没有人的双手,没有人的利剑,仅有言辞和文书——能伤害自己?①

主权不是法,而是人的意志、有权力的人;法远非主权者,它本身完全服从统治者的意志。② 所以,霍布斯强调对法的绝对服从是误导性的。他的真实意见在如下事实中得到了更清晰的表达:他的政治哲学的第一次表达题为《法的原理》,最终表达却被称为《利维坦,或国家的质料、形式和权力》;也就是说,霍布斯越理解自己的意图,就越使法的观念退居幕后,以支持主权者意志的观念。所以,当霍布斯用他的绝对服从法的学说反对古典的自由学说——他自己非常清楚这才真正是法的统治的学说——之时,"法"和"服从"的概念必然经过了根本变化。

霍布斯用君主取代了上帝,用君主或任何其他主权权力的意志取代了上帝的意志。如他所说,主权权力的意志亦即公民法(civil laws)

---

① 《利维坦》第46章(页373以下)。亦参第18章(页91以下)和《论公民》第12章第4节。

② 《利维坦》第26章(第141页)和《论公民》序言、第6章第14节。

才是好与坏、正确与错误的唯一真正准则。① 因此,"只要没有国家,就没有不义"。② 不过,这个论断只是其真实想法的一个不准确的表达。因为,他十分清楚,如果主权权力要求绝对服从,问题就出现了:主权权力自己的要求基于何种权威?主权权力的另一个命令无法回答这个问题。一条禁止质疑主权者权威的法,亦即一条禁止反叛的法是荒谬的,因为,如果臣民没有事先就被强迫服从,亦即不抵抗、不反叛,任何法都是无效的。另一方面,如果臣民已经被强迫服从某些事情,一条强迫他们服从这些事情的法就是多余的。所以,对公民服从的强迫,作为所有公民法之效力来源的强迫,对于任何公民法都是首要之事。③ 这样一来,对公民法亦即主权者意志的服从不是以公民法为基础,而是以自然法为基础。

可是,如此一来,霍布斯为什么说,没有公民法就没有好与坏、正确与错误之分?正如我已经表明的,这是一个不准确的表述。霍布斯说,他从自然法推导德性与邪恶(virtues and vices),从公民法推导好与坏,这是他自己对其政治学说的总结。④ 所以,他的真实意思、他说得足够多的话是:没有公民法,就没有好行为与坏行为、正确行为与错误行为的区分,正确意图与错误意图、德性与邪恶的区分先于一切公民法,仅仅依赖于自然法。概而言之,公民法仅仅关心行为,自然法则仅仅关心意图。⑤自然法与公民法之区分的具体含义在于,在国家出现之前,亦即在自然状态下,任何人都没有义务做出和平的行为;但是,即使在自然状态下,每个人都由于自然法则(state of nature)而被迫持有和平的

---

① 《法的原理》第 II 部分第 10 章第 8 节;《论公民》序言、第 12 章第 1 节。[译按]译者根据情况将 civil 译为"公民的"或"国家的"。

② 《利维坦》第 15 章(第 74 页)。

③ 《论公民》第 14 章第 21 节;参《利维坦》第 28 章(第 169 页)。

④ "他(亦即霍布斯)从人的自然推出人的道德,从自然法推出德性和邪恶(vitia),从公民的法推出行为的善恶(malitiamque)。" Opera Latina, Vol. I, p. xix。

⑤ 《法的原理》第 II 部分第 6 章第 3 节;《利维坦》第 27 章(页 154)和第 46 章(页 374)。比较《利维坦》导论(Introduction)。

意图。① 那么，这种源于自然法的持有和平意图的义务正是绝对服从主权者的义务的根源，因为，主权权力的建立除了保证和平没有任何其他目的，同时，主权者必须处理臣民的意志和能力，以保持国内外和平。所以，由于自然法的最终结果是绝对服从主权者的义务，自然法与公民法之间永远不可能有冲突。②这样一来，霍布斯就成功避免了这个困难：自然法的观念或许会威胁到对尘世统治者的绝对服从，正如它原则上总是如此。但是，另一方面，他完全意识到拒绝自然法就意味着拒绝一切政治哲学的基础，甚至否定一切公民法的根基。

我们目前的结论是，霍布斯政治学说的基础是传统自然法学说。然而，这个印象与如下事实相矛盾，霍布斯竭尽全力贬低自然法。他说，自然法（laws of nature）总是并且处处强制人的良心（conscience）：

> 一条自然法（Lex Naturalis）就是一条诫命或普遍准则，由理性所发现，禁止人的种种行为（by which a man is *forbidden* to do etc.）。③

但霍布斯几乎以同样的口吻否认所谓自然法有法的尊严："自然法不真的是法。"④如果自然法由立法者所定，它才是法：

> 自然法……不真的是法……。一旦一个国家建立起来，它们才真正成为法，此前则不是。它们是国家的命令，因此也是公民

---

① 《法的原理》第 I 部分第 17 章第 10–14 节；《论公民》第 3 章第 27 节；《利维坦》第 15 章（页 82）和第 46 章（页 374）。比较《利维坦》导论（Introduction）。

② 《论公民》第 14 章第 10 节；《利维坦》第 26 章（页 141 以下）。

③ 《论公民》第 3 章第 27 节；《利维坦》第 15 章（页 82）和第 14 章（页 66）。

④ 《利维坦》第 26 章（页 141）；参第 15 章（页 83）和《论公民》第 3 章第 33 节。

法,因为,迫使人们服从它们的是主权权力。①

离开国家的(civil)立法,只有上帝所立的自然法才是法。但是,霍布斯已经默然否定了这一可能。诚然,他在最早表达其政治哲学时说:

> 就法(严格来说)是一个命令而言,这些从自然而来的指令(亦即自然法)不是命令。因此,它们被称为法,不是因为自然,而是因为自然的作者,全能的上帝。

可是,在他的最终表达中,他宣称:

> 人们经常用法这个名称称呼这些理性指令,但这是不正确的。因为,它们不是结论或法则(Conclusions, or Theoremes)……相反,如果我们考虑有权命令一切事物的上帝之言传达的法则,这些法则才真正堪称法。②

后一个论断暗示,霍布斯否认自然理性能够认识神法;霍布斯否认启示的权威,只要它不是国家主权所定的权威。所以,他的最终表述等于否定任何意义上的神圣启示。所以,根据他的意思,自然法在任何意义上都不是法。因为,法本质上是命令,亦即仅仅由于它是命令人就必须服从的诫命;人必须服从法的原因是权威的意志。所以,法在根本上不同于所有这样的诫命,服从这些诫命的原因出自一个人自己的利益,出自被命令的事情本身。③ 因此,"对所有法的认识依赖于对主权权力

---

① 《利维坦》第 26 章(第 141 页)。
② 《法的原理》第 I 部分第 17 章第 12 节;《论公民》第 3 章第 33 节;《利维坦》第 15 章全篇。
③ 《法的原理》第 II 部分第 10 章第 4 节;《论公民》第 14 章第 1 节;《利维坦》第 25 章(页 136)。

亦即立法者的认识"。①

　　根据这种法的概念，结果必然是所谓自然法根本不是法。因为，作为一种诫命，自然法不是一个权威的意志所立，而是"理性的发现"，对它的服从不是立足于更高者的意志，而是立足于对事情的洞见，对什么东西好、什么东西对服从者好的洞见——"就有助于保存和维护自身的力量来说"，自然法"不是结论或法则"。②

　　要正确理解霍布斯的观点，我们必须记住，他的整个学说明确反对整个传统，尤其反对古典学说。因此，我们必须回顾古典的法的概念，以把握霍布斯基于何种假设认为自然法不是法。根据古典哲学的观念，自然法本质上是更高者给出的命令这一概念至少并不显眼。引导柏拉图以及亚里士多德和西塞罗的概念或许可以这样加以归结：法是一种秩序，是某物的分派和分配。法的效力源于它出自智慧或理解，法是理性所发现的正确秩序，它之所以是法，不是因为它由权威的意志施加于人，而且首先不是因为它出自公民的同意，而是因为它立足于对什么是好的理解。③ 法是正确秩序，是一种准则和尺度，它并非施加于人，而是为人所理解。胡克在其《教会政体法》(Laws of Ecclesiastical Polity)中就持这种概念，这时候霍布斯还是个孩子。胡克说：

> ［有人］仅仅用法(Law)这个名称来称呼上级权威施加的工作规则，然而我们要稍微扩展一下它的意义，把任何一种规范行为的规则或准则(canon)都称为一种法。……因此，一般认为的法就是关于行动之好的指导准则。……那个为万物设定类别，对强力和力量进行节制，为工作赋予形式和尺度的东西，我们就

---

① 《利维坦》第 31 章（页 189）和第 26 章（页 140）。
② 《利维坦》第 15 章全篇。
③ Plato, *Laws* IV (714a) and XII (957c); *Politicus* 296f., Aristotle, *Eth. Nic.* X 10 (1180a21 – 23) and *Politics* VII 4.——Cicero, *Legg.* I, 6, 18 - 19.

称之为法。①

胡克采用这种古典概念的结果是,他能够不加限定地承认自然法是真正意义上的法:

> 理性的判决是判断我们所作所为的自然尺度,它会决定和规定做什么事是善的。这种判决要么是强制性的(mandatory),告诉我们哪些事必须做,要么是许可性的(permissive)……还有可能是劝诫性的(admonitory)……。②

根据古典观点,法本质上依赖于理解,这个观点的结果就是自然法是真正的法,当霍布斯攻击古典观点及其结果之时,他追随的是中古传统。③ 在神学上与这个古典观点对应的是这个命题:自然法的根本原因是神的理智(divine understanding)。许多中古思想家认为自然法的根本原因是神的意志(will),以此反对上述命题。根据这个意见,自然法由于这个原因并且只是由于这个原因而是法,因为,它是可以任意改变它或废除它的上帝的命令。所以,任何行为的好坏不是就其本身而言,而是仅仅就其为上帝所命令或禁止而言。

有其他思想家不能接受后一个意见的结果,因为,他们意识到自然法命令或禁止的行为就其本身而言就有好坏。他们试图避免如下危险:以神的全能的名义,道德原则的内在效力会受到否定。出于这个目的,他们使自然法绝对独立于上帝的意志。可是,由于他们接受了法本质上是命令的假设,他们就不能保持自然法是真正的法这一古典观点。他们得出结论,自然法不是严格意义上的法,它不命令,而仅仅表明和

---

① Book I, ch. 2, §1; ch. 3, §1; ch. 8, §4. [译按]胡克中译文出自胡克,《论16世纪的英国政体》,姚啸宇译,未刊稿,后皆仿此。

② Book I, ch. 8, §8.

③ 以下论述根据 Suarez, *Tr. de legibus ac de Deo legislatore*, lib. II, c. 6, and lib. I, c. 5。

显示必须或不必做之事。当霍布斯说,虽然自然法具有内在效力,它却不是真正的法,他接受了他们的学说。①

但是,霍布斯远未止步于此,他说自然法仅仅是指示性的(indicative),不是认知性的(perceptive),他甚至说它是不确定的(uncertain);自然法"只是一些趋向和平的法则,那些法则是不确定的,只是个人的结论,因此并不真正是法"。② 诚然,他经常肯定相反的观点:他接受传统学说——自然法是不可改变而永恒的,③因而是确定的,我们注意到这一点就足够了。这个惊人的矛盾迫使我们从自然法理论回到霍布斯政治哲学的基础。这个基础不是自然法学说。因为,根据霍布斯的看法,自然法只是通向一个目的的手段。④ 所以,自然法不可能建立使自然法成为必需的目的,必须有另一个先于自然法的原则,它确立了自然法作为其手段的目的。这个原则就是自然权利。通过研究霍布斯的自然权利学说,我们就能解决上述矛盾。因为,如此一来我们就会看到,

---

① Suarez,前引书,lib. II, c. 6, §1:"理性应受怀疑……特定的、被制定的法(lex)离不开某个立法者的意志(voluntate)……但是,自然法不是立足于某个立法者的意志,因此它不是真正的法。"§2:"在这个问题上,首要的选择是,自然法不是真正被制定的法律,因为它并不是对某个上级的意志的表达,而是一种表明什么应该做或者不做、什么就其本性而言本身就好或者必需、什么本身就坏的法。因此,许多人区分了两种法:一种是指示性的(indicantem),另一种是强制性的(praecipientem),他们说自然法是前一种而非后一种意义上的法。所以,这些作家似乎同意,自然法不是源于作为立法者的上帝,因为它不是立足于上帝的意志,因而不是从上帝而来,上帝本人没有作为一个立法或禁止的上级而行动;相反,其他人追随的格列高利(Gregorius)说,假设没有上帝,或者上帝不使用理性,或者不正确地判断事物,如果正确理性的命令在人身上——比如,正确理性认定说谎是恶,那么,它同样拥有它现在拥有的法的理性,因为,这就是在显明本身存在于对象之中的恶。"——在《法的原理》第 I 部分第 17 章第 12 节,霍布斯表达的早期观点与苏亚雷斯一致。参同上,§§11、16。

② English Works, Vol. IV, p. 285.

③ 《论公民》第 3 章第 29 节以及《利维坦》第 15 章(页 82)。

④ 《论公民》第 3 章第 29 节;参第 1 章第 1 节。

霍布斯所理解的自然法在某个意义上是确定的,在另一个意义上又是不确定的。

权利是做或不做某事的自由(liberty),法是一个约束性的义务,这一事实使权利有别于法。自然权利是人自然拥有的保护其生命和身体的自由;自然法是自然制约人的追求和平的义务。这个义务的基础在于如下事实,和平是确保生命和身体之保存的普遍条件;所以,自然义务亦即自然法无非是保卫自然自由亦即自然权利的必要手段。更准确地说,除了自然权利,自然法没有其他来源,自然法的尊严完全源于自然权利。可是,一种权利如何产生一种义务? 只有一个可能的回答:如果义务所依赖的权利本身也从一种义务、一种约束力量、一种制约。人的自然权利是他保护其生命和身体的自由。这一自由源于如下事实,每个人都因不可逃避的必然性逃避首要的、最大的、最高的恶:死亡。①所以,自然权利亦即自然自由不是一件人可以根据其判断或快乐处理的事情,毋宁说,人的自然自由或权利是被施加于他的——人被迫拥有其自然自由。②"强迫"、制约、约束人走向自然权利的这个力量就是"自然(Nature)",或者,说得更明白些,就是"自然的可怕敌人:死亡"。③

由于对死亡的恐惧,本身无限的人的自然欲望(appetite)受到了限制、制约,使人走向对自我保存(self-preservation)的理性考虑。对自然法的认知(perception),就出自这种考虑,出自对自我保存的最佳、必然手段的反思。作为理性的工作,这种认知在一方面是确定的,因为只有和平才是保存生命和身体的最佳、必然手段,此事不可能有疑问。然而,对自然法的认知在另一方面又是不确定的,因为它只是理性的工作,具有绝对约束力量和制约力量的不是理性,而只是恐惧死亡的激情。但是,由于自然权利直接从感受、感觉和恐惧死亡而来,它是绝对

---

① 《论公民》,第 1 章第 7 节。

② 所以,德性是激情,尽管是一种特殊的激情。对比《法的原理》第 I 部分第 16 章第 4 节与第 17 章第 14 节。

③ 对比《利维坦》第 27 章(页 160)以及《法的原理》第 I 部分第 14 章第 6 节。

确定的。

自然权利是自然法的来源。自然法施加的义务——它是一种义务,即使仅仅是对于良心(conscience)而言——源于死亡的约束和制约力量,这种力量使自然权利成为正当的。如霍布斯所见,自然法还有另一个特点,它也源于自然权利的一个对应特点。自然法主要是禁令:

> 一条自然法是理性所发现的一个诫命或一般准则,人因之被禁止做毁灭其生命的事情或剥夺保全生命的手段的事情,也被禁止无视他认为的保全生命的最佳手段。①

自然法的这种禁令特征反映了如下事实:自然权利以及因而所有权利、法和道德的根本原因是对死亡以及最高的恶的恐惧,而非对最高的善的欲望:根据霍布斯的看法,没有最高的善,只有最高的恶。② 至此,我们才能理解霍布斯用服从观念反对古典自由观念的实际含义。实际上,他用对正确理性的服从——对主权者意志的盲目服从——反对洞见和理解;那种盲目服从源于对死亡的恐惧,这种恐惧——尽管事实上可以使人审慎(prudent)——本身不是审慎的、不是洞见,而是盲目的。根据霍布斯的理解,由于都是盲目的,服从和对死亡的恐惧是互相关联的。对死亡的恐惧是一切审慎的开端,我们或许可以认为它只是对上帝的恐惧——这是一切智慧的开端——的"世俗化"形式。

实际上,霍布斯使对"不可见神灵(Spirits)"的恐惧——或者更确切地说,"对每个人当作上帝敬拜的不可见力量的恐惧"——与自然状态相匹配,正如他使对主权者的恐惧与国家状态(the civil state)

---

① 《利维坦》第 14 章(页 66)。
② 与此相关的事实是,在判断几种政府的优先性之时,霍布斯参照的不是其优点,而是其缺点。见《法的原理》第 II 部分第 5 章的章标题("对比几种政府之不便")以及《论公民》第 10 章的章标题("就每一者之不便对比这三种政府")。

相匹配。① 然而,由于自然状态本质上是非理性的,国家状态本质上是理性的,②由于人对主权权力的臣服出自对自然的恐惧,出自对暴死(violent death)的恐惧,③这就意味着,根据霍布斯的看法,对上帝的恐惧是对死亡的恐惧的非理性的、前理性的对应物,而对死亡的恐惧尽管是前理性的(prerational),却具有这样的价值:它是使人理性的唯一手段。结果就是:霍布斯政治哲学的真实原则是绝对确定的自然权利,有别于至少在一种意义上不确定的自然法。权利与法的区分是极为重要的。这绝非寻常区分。霍布斯自己说:

> 谈论这一论题的人常常混淆 Jus 与 Lex、④Right 与 Law。可是,应该区分它们。因为,Right 是做或不做的自由,Law 决定并约束人们选择其中之一。所以,Law 与 Right 的区别就像义务与自由的区别一样大,它们在同一件事上是不一致的。

正如他所说:

> 我发现 Lex Civilis 与 Jus Civile——也就是国家法与公民权利(Law and Right Civil)——被混乱地用于同一事物,即使在最博学的作家那里也是如此,但此事不该如此。⑤

霍布斯作出的这个区分在某种程度上相当于德国法学在主观(subjective)意义上的 right("Right")与客观(objective)意义上的 right

---

① 《利维坦》第 14 章(页 73)。
② 《论公民》第 10 章第 1 节。
③ 《论公民》第 1 章第 2 节、献词书。
④ [译按]为更好地体现不同作家对 Jus、Lex 等西文语词的不同理解,译者在适当的地方保留了这些西文语词。
⑤ 《利维坦》第 14 章(页 66 以下)、第 26 章(页 153)。对比《法的原理》第 II 部分第 10 章第 5 节以及《论公民》第 2 章第 10 节。

("Law")之间作出的区分。霍布斯所理解的 Law,无需多作解释;他所理解的 Right 或许可以更清楚地称为正当要求(justified claim),这是一个人拥有的 right,有别于约束一个人的 right。所以,根据霍布斯的理解,natural right 是正当要求的典范,这是我在任何情况下都拥有的权利。

依我所见,霍布斯已经引入了 Right 与 Law 之间的区分,因而 Right 无非指正当要求,Law 无非指义务或命令。我不会坚持这两个词一般被混淆使用的事实,正如霍布斯正确地看到的那样。更有用的是注意到,更早的作家们所作的或多或少类似的区分已经准备或提出了霍布斯提出的这个区分。我们在博丹那里发现了 Right 与 Law 的区分,博丹则借鉴了一个至少可以追溯到伊西多儒斯(Isidorus of Sevilla)的传统;根据这个传统,Right 是公正(equity),Law 是成文法。① 也就是说,这个传统与霍布斯的区分无关;因为,博丹及其先驱所称的 Right 被霍布斯称为 Natural Law(前者所称的 Law 则被霍布斯称为 Civil Law)。② 我们在特雷多(Driedo)、③苏亚雷斯、④格劳秀斯⑤那里发现了对 Right 不同

---

① Bodin, *République*, I, ch. 8, ed. Paris, 1583, p. 155:"在法(droit)和法律(loy)之间有许多差异,前者只涉及公正,而法律意味着命令:因为法律只是行使强力的君主所发号的命令。"——Suarez, Tr. de legibus, lib. I, cap. 2 §5:"伊西多尔的确补充道……ius 比之于 legem,犹如属(genus)比之于种(speciem);因为他想说 ius 是属,法是种。他看起来是有道理的,因为 ius 由法(legibus)和风俗构成。而法(lex)是成文的制度……他看起来追随了托马斯,……宣称关于公平与公正(aequi et iusti)的考虑——如果诉诸文字——就是法……"

② 关于公正,霍布斯说:"首要的自然法称为公正。"见《利维坦》第 26 章(页 150);参第 15 章(页 80)、《论公民》第 3 章第 15 节以及许多其他段落。这意味着,根据霍布斯的理解,公正是一个义务,因而既不是自然权利的基础,也不是其本质。然而,应该提出的是,霍布斯偶尔将自然权利的内容的特点说成公正(aequum),见《论公民》第 3 章第 27 节注释。

③ Ioannes Driedo(ca. 1480 – 1535), *De libertate christiana*, Lovanii 1548, lib. I, cap. 10.

④ *Tr. de legibus*, lib. I, cap. 2. 亦对比 lib. II, cap. 17, §1。

⑤ *De jure belli ac pacis*, lib. I, cap. 1, §§3 – 9.

含义的区分;从特雷多经过苏亚雷斯到格劳秀斯,霍布斯所认为的Right 的唯一含义变得越来越清楚。① 但是,所有这些作家都坚持在法的意义上使用 Right,同时,他们也引入了霍布斯所理解的 Right 与 Law 之间的区分,以作为 Right 的两种不同含义之间的区分,更不用说如下事实:他们不会断言他们所区分的 Right 的两种含义是对立的。②

在福特斯丘爵士(Sir John Fortescue)的《论自然法的本质》(*De natura legis naturae*)中,③我们发现了与已经提到的区分紧密相关的另一个区分。他的论断实际上非常接近霍布斯的论断,也许比任何其他人的论断都更接近;他在谈论法(law)之时显然想的是义务,在谈论权利(right)之时想的则是正当要求。但是,他完全同意传统观点:权利源于正义,是"所有公正和好的东西",它是属(genus),法是种(species)。所

---

① 对特雷多而言,Right 的首要含义是法,对苏亚雷斯而言,它的首要含义则是归于每个人的公正,因而是我拥有的权利。格劳秀斯比苏亚雷斯走得更远。苏亚雷斯首先处理(lib. I, cap. 1)lex 的不同含义,只在接下来一章处理 ius 的不同含义,格劳秀斯则仅仅谈论 ius 的不同含义,不仅如此,他还认为 ius 的首要含义是"被允许之事"(我依据的是格罗诺纽斯[Gronovius]在《战争与和平法》lib. I, cap. 1, §3 注释中作出的解释)。在这里,我们必须记住,霍布斯也将自然权利的内容的特点说成某种对人来说"应该被允许的事情"。见《利维坦》,第 13 章(页 64)。亦对比《论公民》第 1 章第 7 节和《法的原理》第 I 部分第 14 章第 4 节所解释的自然权利的消极特征与格劳秀斯关于 ius 首要含义的论断:"ius 表明的无非是正当之事,而且这更多是就消极而非积极意义而言,所以,并非不正当之事就是正当的"。

② 在谈论(同上,§5)我拥有的权利之时,格劳秀斯说,他接下来会将那种权利称为"真正的或严格意义上的 ius",所以,他似乎接受霍布斯所认为的作为 ius 唯一含义——至少是其真正含义——的那一含义。这一印象事实上是错误的,因为,类似的段落(Proleg. §§8-10 and 41; lib. I, cap. 1, §9; lib. II, cap. 17, §2; lib. III, cap. 10, §1)表明,格劳秀斯说"真正的或严格意义上的 ius",只是为了区分与特殊的正义相关的所有行为和与一般的德性相关的行为。所以,根据格劳秀斯的理解,"真正的或严格意义上的 ius"同时指霍布斯所理解的 Right 和 Law。

③ Pt. I, cap. 30:真正的或严格意义上的 ius 与 lex 的差别。

以,他没有得出霍布斯的区分,Right 与 Law 根据这个区分是对立的。

但是,这些①更早的作家没有像霍布斯一样如此清楚地区分 Right 与 Law。他们之所以没有这样做,只是因为他们对这样的区分没有兴趣。那么,霍布斯为什么作出这个区分呢?因为他不能承认作为一切法、权利和道德之根本原因的超越的、超人的(super-human)秩序或者超人的意志,另一方面,也因为他过于通情达理,以至于他看不到人的欲望本身与人的正确或好欲望之间存在根本差异。他认为人的欲望本身——人的自然欲望——是对更多力量(power)的追求,或者更准确地说,是对不断胜过所有人的追求。所以,人的自然欲望无非是"出于人之自然的彼此冒犯"。② 也就是说,人的自然欲望是每个人自然提出的针对所有其他人的要求;这是一个绝对要求、最高(maximum)要求。面对任何其他人,这种要求都不可能得到满足。因为,

> 如果我们考虑到成年人在力量或知识上的差别何其小,考虑到在力量或智慧或两个方面弱小的一方有多大的能力,以至于能彻底毁灭更强者的力量——因为取人性命只需很小的能力,那么我们或许会得出结论,纯粹自然中的人应该承认彼此之前的平等,一个不提出更多要求的人,可以被视为审慎。③

作为每个人提出的最高要求的必然结果,每个人针对每个人的实际战争导致这样的结果:每个人被迫承认每一个他人的平等,亦即仅限于要求保护自己的生命和身体的权利。所以,对自然的战争状态的经验产生了最低要求,亦即绝对正当的要求;这一要求之所以绝对正当,是因为它在面对所有其他人之时、在所有情况下都能得到满足。通过这种方式,霍布斯成功地考虑到了人的欲望本身与人的正确欲望之间的根本差别,无需诉诸超越的、超人的秩序或意志;他成

---

① [译按]编者在正文此处插入了[不可识读的词]字样,现移入脚注中。
② 《法的原理》第 I 部分第 14 章第 11 节。
③ 同上,第 2 节。

功地奠定了我们所谓道德的"内在"基础。但是,他之所以成功做到这一点,只是因为他能够发现作为超越的法与人的欲望之中介的自然权利(亦即最低要求)。为了保持人的欲望本身与正确的欲望之间的根本差异,虽然他否认超越的秩序,他必须断言 Right 相对于 Law 的优先性。

正是由于这个原因,霍布斯必须首先清楚地区分 Right 与 Law,至少任何著名且有影响的思想家都未曾尝试如此清楚地作此区分。霍布斯断言 Right 相对于 Law 的优先性,不仅体现在他于处理自然法之前先处理自然权利这一事实,也体现在他对"正义(justice)"的含义的解释。"正义"的意思"与无伤害是一回事",伤害就是"破坏或违背约定(covenant)……存在于某些行为或不作为之中,它们因而被称为不正义。因为,这种行为或不作为不再有已经被转让或放弃的 jus 或权利"。① 也就是说,"正义"源于被理解为正当要求的 jus,亦即 Right。如果我们对比霍布斯从 ius 推出"正义"的做法与从 iubere 或 iustitia 推出 ius 的两种传统做法,② 此事的意义就完全清楚了。因为,根据后两种解释,我拥有的权利源于一种先在的法或秩序,可是,根据霍布斯的解释,一切法和德性都源于我拥有的权利。

所以,在霍布斯之前,无人断定 Right 相对于 Law 的优先性,无论是理念主义和神学传统还是物质论传统。③ 就前者而言,只要信仰上帝或者一个永恒秩序,法相对于人的任何要求——因而也相对于人的任何权利——的优先性都是当然之事。就物质论传统而言,我们可以仅限于讨论伊壁鸠鲁派,因为,在这一传统中,只有它在16、17世纪具有重要作用。但是,必须强调,经过必要限定,我打算就伊壁鸠鲁所说的

---

① 《法的原理》第 I 部分第 16 章第 2、4 节。参《论公民》第 3 章第 3、5 节,以及《利维坦》第 14 章(页 68)。

② Suarez,前引书,lib. I, cap. 2, §§1-2。

③ 关于怀疑论传统,我会向读者指出霍布斯在《利维坦》第 15 章(页 74 以下)和第 46 章(页 365)中对卡涅阿德斯(Carneades)的批评。关于这一点,比较 Grotius, *De jure belli*, Prolegg., §§5, 16 and 18。

话也适用于对于霍布斯之前的所有其他物质论。①

正如我们已经看到的,霍布斯区分了人的自然欲望与人的自然权利:自然欲望是一切不正义的来源,自然权利则是一切正义的来源。伊壁鸠鲁传统的追随者不可能接受这样一个区分,这个传统认为一切正义都源于约定。因为,如果一切正义都依赖于约定,那么,正如伊壁鸠鲁本人明确所说,在达成约定之前,"没有正义或不正义可言"。② 相反,霍布斯主张,在达成约定之前,没有不正义可言,也就是说,任何人对于一切事物都有权利。然而,这意味着,在正确与错误之间存在一种独立于一切人的立法和约定的差别,存在自然权利。

可以公允地说,至少在霍布斯之前,没有任何著名且有影响的思想家断言 Right 相对于 Law 的优先性。所以,霍布斯第一个主张这种优先性,这一事实使他标志着政治思想史的一个时代。因为,以往时代闻所未闻的 Right 的优先性成了霍布斯以后的时代最重要的政治学说的独特特点。

斯宾诺莎将其政治学说建立在 ius naturae[自然权利]的基础上,这一 ius naturae 指的是正当的、不可指责的自由或要求:根据斯宾诺莎的理解,ius naturae 是任何其他存在者拥有的权利。③ 斯宾诺莎比霍布斯走得更远,他否认存在一种道德法意义上的自然法。④ 与此相关的事实是,霍布斯区分了作为对国家法之服从的正义与作为对自然法之服从的公正,斯宾诺莎则断言正义和公正都以国家法为前提。⑤ 普芬多夫在其《一般法学原理》(*Elementa Jurisprudentia Universalis*)中先处

---

① 特别关于智术师的学说,我们或许会想起霍布斯对雅典人与米洛斯人的讨论作出的解释。这个解释完全清楚地表明了将霍布斯思想与智术师思想区分开来的鸿沟。见页 173 n. b, above。

② *Ratae sententiae* XXXII (Diog. Laert. , X , 150)。

③ 《神学政治论》(*Tract. Theol. - pol.*), XVI, 3 – 4 and 40; *Tr. Pol.* , II, 3. 参《伦理学》(*Eth.*), IV, prop. 37, schol. 2 and app. c. 24。

④ 《神学政治论》, XVI, 54。

⑤ 参《利维坦》第 21 章(页 112)与《神学政治论》, XVI, 41 – 42。

理了作为权利的 ius,然后再处理义务和法。①

洛克显然没有从自然权利推出自然法;他甚至肯定,自然法在自然状态下强制人做出正确行为。但是,尽管他至此仍然追随传统观点,却很容易看到,在他的学说中,自然法同样被当作了支持自然权利的背景。要理解这一点,我们只需抓住他自己给我们的提示:可以说,通过重点引用 judicious 的胡克,洛克让我们比较他的学说与胡克的学说。实际上,我们只需比较洛克在《政府论》(Two Treatises of Government)下卷第一次引用胡克的语境和所引段落在胡克著作中的语境,就会意识到,在胡克与洛克之间不可能存在关于根本原则的连续性。胡克用来说明关于"我们对人的责任"的自然法的段落,②洛克则用来证明人自然平等。③ 这个段落所属的一章,在胡克著作中是处理自然法的五章之一,在洛克的论文中则没有任何一章专门处理自然法,洛克插入上述引文的一章处理的是自然状态。诚然,洛克在此章第一节已经提到自然法,但是,可以说他只是顺带这样做。毋宁说,头两节的目的是表明自然状态是完美的自由和平等的状态,也就是说,它们的目的是界定自然权利。

讨论自然法的只是接下来一节。此后七节——亦即这一章半数以上篇幅——处理惩罚违背自然法之人以及获得伤害补偿的权利。收尾两节的意图是证明存在或者曾经存在自然状态。人们至少可以看出,在从胡克到洛克的过程中,兴趣已经从自然法转向了自然状态。④ 然而,这意味着兴趣从自然法转向了自然权利,因为,对自然状态的分析的目的无非是说明"自然状态的一切特殊地位"。⑤ 所以,孟德斯鸠着

---

① Def. 8 处理了 Jus, Def. 12 处理了义务, Def. 13 处理了 Lex。亦比较 De jure naturae et gentium, lib. I, cap. 1, §§19–21.

② Ecclesiastical Polity, Book I, ch. 8, §7.

③ 《政府论》下卷第 2 章第 5 节。

④ "现在(亦即卢梭以来)思考的首要主题不是自然法,而是自然状态。" Maine, Ancient Law, ed. C. K. Allen, p. 73。

⑤ Locke, 前引书, ch. 9, §127。

重针对霍布斯断言自然法的存在,但是,他所理解的这些法不是准则或尺度,而是情感和欲望。① 因此,他判定自然法在价值上低于实定法:

> (动物)有自然法,因为它们通过感觉成为一个联合体,它们没有实定法,因为它们不是通过认识成为一个联合体。②

自然法因此失去了一切尊严。关于卢梭,我只需从最近一本关于其政治学说的书中引用下述段落:

> 他的论证始于自然人和自然权利的传统理论,他坚持这些概念,尽管他抛弃了与之相关的自然法概念……卢梭对洛克理论所作的变化,与其说在于卢梭对政治社会的看法,不如说在于他的自然状态理论,这本身是放弃传统自然法概念的结果……③

上述所有思想家都将自然法作为支持自然权利的背景。但是,只有研究霍布斯的学说,我们才能理解统治17、18世纪政治思想的这个

---

① *L' esprit des lois*, I, ch. 2.

② Ibid., ch. 1. ——上引论断让人们想到乌尔比阿努斯(Ulpianus)关于自然法(jus naturale)与万民法(jus gentium)的著名区分,根据这个区分,自然法对所有动物是共同的,万民法对所有人是共同的。但是,乌尔比阿努斯的定义立足于廊下派关于自然原则(principia naturae)——它们对于所有动物都是共同的——的学说;也就是说,根据他的理解,就上述区分的任何情况而言,jus naturale 仅仅意味着达到适合人性的最高善的出发点(见 Cicero, *De finibus*, III, 5, 16ff. and V, 9, 24ff.),因而也是达到完整和通常意义上的自然法的出发点。在我看来,当乌尔比阿努斯在上述定义中谈到 jus gentium 之时,他指的是自然法。(然而,对比卡莱尔的不同解释,见前引书,页 39–44。卡莱尔没有考虑廊下派关于 principia naturae 的学说。)所以,我们或许可以说,由于孟德斯鸠将自然法与情感对应,将实定法与知识对应,他用实定法取代了传统意义上的自然法。

③ A. Cobban, *Rousseau and the Modern State*, London 1934, p. 115.

趋势的意义。① 因为,没有其他人像霍布斯一样清晰地断言自然权利对于自然法的优先性。根据霍布斯的理解,自然权利主要是保护生命和身体的权利。人结合成政治社会,正是为了满足这一权利的要求。因为,保护生命和身体的必要手段是和平和针对共同敌人的联合;国家的目的无非是"和平和公共保护"。② 为了建立国家,人必须放弃其对于一切事物和一切行动的"原初权利"。③ 由于这种权利是保护生命和身体的权利的必然结果,它在自然状态下是正当的。但是,他们无需也不能放弃这个根本权利本身:

> 当无人能够保护他们之时,人依据自然拥有的保护自己的权利,不能因任何约定被取消。④

甚至在主权权力面前,人也保有这个权利,它不会因任何事情——即使是犯罪——而失去:

> 如果主权者命令一个人(尽管对此人的判决是正义的)将自己杀死、弄伤或弄残,或者不抵抗攻击自己的人……此人就有不服从的自由。
> ……如果许多人聚集起来,不正义地反抗主权权力,或者犯下某种死罪,因而他们每个人都难逃一死,那么,他们是否还有相互聚集、帮助和保护的自由呢?他们显然有。因为,他们只是保护他们的生活,此事有罪之人同样可以做,就像无辜者一样。⑤

---

① [编者注]这个句子与下一个句子最初的顺序是相反的。
② 《利维坦》第17章(页90);参《论公民》第5章第9节。
③ 《利维坦》第14[15?]章(页67);参《论公民》第2章第4节(原初权利[jus primaevum])。
④ 《利维坦》第21章(页116)。
⑤ 同上(页114以下);参《论公民》第2章第18节。

如果人权学说的意义在于,国家除了保卫这些先于国家的权利而外没有其他目的,如果这些不可剥夺的权利是国家的任何和所有行为的限制,我们必须将霍布斯放进人权教师的行列。人们不能否认,由于只承认保护生命和身体的权利,霍布斯拒绝 18 世纪所理解的人权。因为,霍布斯本人不能止步于保护生命和身体的唯一权利:

> 正如所有寻求和平的人必然要放下某些自然权利,也就是说,不再拥有做所有事情的自由,所以,为了人的生命,他们也必然要保留某些权利,比如统治自己身体的权利,享受空气、水、运动、从一处移动到另一处的方式,以及人一旦离开就不能活或者活得好的所有东西。①
>
> ……有些权利,我们不能认为任何人通过言辞或者其他表达放弃或转让了它们……做出这种放弃和转让的动机和目的,无非是一个人格保护他的生命,保护他保全生命的手段,以免厌倦生命。②

无论如何,如果人们像霍布斯所做的一样用现代进步观念取代传统的幸福(beatitudo)观念,也就是说,如果对好生活的要求的含义实际上是无限的,那么,从霍布斯承认的自然权利——离开这种"对于一切事物"的权利,"人就活不成或者活不好"——出发,实际上很容易认为就权利这个词的最极端含义而言的人的所有权利都是正当的。

从霍布斯的假设出发,人们甚至同样容易提出论断:国家应该是一个建立在人——平等而自由的人——的自然权利之基础上的社会。实际上,人自然平等而自由,这是传统看法。但是,根据传统,人的过错甚至原罪剥夺了原初的平等和自由。所以,至少就其来源而言,传统的平等自由学说结合了在现实的社会中对一切平等自由要求的系统性拒

---

① 《利维坦》第 15 章(页 80);参《论公民》第 3 章第 14 节。
② 《利维坦》第 14 章(页 68);参同上(页 71、72)以及《论公民》第 2 章第 19 节、第 6 章第 13 节。

斥。因为，它不认为这个要求者处于原初无辜的状态，而这种无辜被认为是享受原初平等和自由的条件。①

只有在两个条件下，平等和自由才能成为要求的目标，它们才能成为一种不可剥夺的权利——换言之，关于自然平等和自由的传统概念可以获得革命性含义：第一，如果不再断定原初平等和自由与原初无辜密切相关，或者，第二，如果在现实中缺乏平等和自由不再被看作所有人在亚当(Adam)之中的罪的结果，因而不再被认为不能仅仅凭人的努力消除。霍布斯的政治哲学极为清晰地实现了对自然平等和自由的概念作出根本改变的两个必要条件。

因为，一方面是原初平等和自由，另一方面是原初无辜，霍布斯几乎否定两者之间的任何联系，他主张原初平等和自由是原初邪恶(wickedness)的对应物。当然，他之所以这么做，是为了证明现实的不平等和统治比原初平等和自由可取得多。但是，不论他的意图如何，可以说他实际上使平等和自由成为人的固有性质(inherent qualities)，不以任何其他性质(无辜、②善或精神生活)为条件。如果人甚至在其原初的邪恶状态——人人互为豺狼(homo homini lupus est)的自然状态——中也是平等而自由的，他们为什么不能在现实的、至少好得多的状态——人人互为上帝(homo homini Deus est)的国家状态——中要求平等和自由呢？特别是，正如有时出现的情况那样，如果现实的不平等和统治正是人厌倦生活的原因呢？

---

① 十分重要的是，平等自由最有力的支持者能够这样谈论自己："对我而言，我始终如一；在我的研究中，我的激情胜过我的睿智，但是我一直是真挚的，甚至会反对我自己；我单纯、善良，但是敏感、脆弱，有时候会做点坏事，但永远爱着善。"(Rousseau, *Lettre à M. de Beaumont*, 紧接开篇处) 卢梭可以要求自然状态下的平等自由，因为他拥有——或者相信自己拥有——那种状态下的人的性质。例如，对比《论人类不平等的起源和基础》(*Discours sur l' origine de l' inégalité parmi les hommes*)的如下论述："野蛮人毫无这令人羡慕的才能；由于缺少智慧和理性，他们只能稀里糊涂地听任(人性)第一感的摆布。"

② 尤其见《利维坦》第21章(页115)，上文已引用过[内容是："人依据自然拥有的保护自己的权利，不能因任何约定被取消。"]。

同样重要的是这一事实,霍布斯以其自然权利学说为如下信念铺平了道路:人民(the people)本身在道德上比更高的统治阶层本身更好。据他所言,自然权利是自然法的来源,因而是所有德性的来源。这意味着,只有源于自然权利的那些属人性质才真正是德性。自然权利的根源是对死亡的恐惧,更确切地说是对暴死的恐惧。所以,他必须否认勇敢是德性。由于他将不正义的根源归于胜过所有其他人的意志,归于"骄傲""光荣"或"荣誉",由于荣誉与战争相关,而勇敢是战争德性,他必然更急于得出上述结论。我们关于霍布斯对勇敢的看法的说法,同样适用于贵族制(aristocracy)、军事阶层、王室特有的所有其他德性。他真正敬重的仅有的德性是那些能够源于对暴死的恐惧的德性,亦即和平、守法、勤劳、节俭的臣民的那些德性。

　　我们或许可以说,霍布斯只承认与贵族制的伪德性(pseudo-virtues)对立的那些布尔乔亚(bourgeoisie)德性是德性。由于这一事实,他开启了通往如下信念的道路:人民本身比王室本身更好。对平等和自由的要求的全部力量都源于这一信念。如果人民本身比统治阶层本身更好,那么,现实的不平等和统治就根本没有道德正当性,因为,这样一来,人们明显可以认为,现实的不平等和统治的根源不是所有人的罪或过错,而是那些因压迫其同胞而获利的人的恶毒,是贵族的"傲慢"——"统治者的特征就是傲慢"。①

　　所以,正是霍布斯奠定的政治哲学的新基础使17、18世纪人权学说的发展——这种发展是所有后来的政治思想的基础,无论这些思想对法国革命的信条抱有多大敌意——成为可能。因此,如果我们想理解本质,理解一般而言的现代政治哲学的根本假设,我们必须首先研究霍布斯的政治哲学。关于这个根本假设,我已经表明,Right 相对于 Law 的优先性的必要条件是否定任何超人的秩序或意志。但是,这个否定性条件无法完全解释不同于 Law 的 Right 概念为何越来越重要。因为,古典哲学也有物质论,这种物质论暗含对超人秩序或意志的否

---

① Spinoza, *Tract. polit.* VII, 27.

定,就此而言不亚于霍布斯的物质论,但是,正如我们已经看到的,这种古典物质论并不导致自然权利概念。因此,为了把握霍布斯关于 Right 相对于 Law 之优先性的学说的根本原因,我们必须探究前现代与现代物质论的特定差异。两者之间存在一个根本差异,此事从一开始就一目了然。正如柏克所说:

> 从前,勇敢(Boldness)不是无神论者本身的特征,他们甚至具有近乎相反的特征。从前,他们像老伊壁鸠鲁派,一个相当不进取的族类。但是,最近他们变得主动、好谋划、躁动不安而具有煽动性。①

那么,无神论为什么变得"进取"和"好谋划"呢?

前现代无神论的基础是对人为谋划(designs)的限度的知识:人若要幸福,必须在自身之中寻求幸福,他首先必须尽可能摆脱外在的好,摆脱所有仅仅靠自己的意志无法获得的一切好。这个看法不可能带来征服自然和对社会进行革命的任何兴趣。当人们不再信奉这种内在幸福的可能,当人们拒绝幸福(beatitudo)概念并且认为它与人的生活、与其无休止的运动和静止不相容之时,事情就发生了根本改变。如此一来,人不再被认为应该面对自足(self-sufficiency)的可能,而是被认为在本质上——亦即就幸福的核心而言——依赖于外在条件。伊壁鸠鲁会以同样的口吻说,由于死亡,每个人都生活在一个不设防的城邦中,死亡不关心我们。② 霍布斯的出发点则是,死亡是最大、最高的恶,最高的好无法抵消它。然而,这意味着,幸福依赖的本质条件不仅是外在的、独立于人的意志,这些条件甚至与人的意志为敌:自然使人不仅依赖于彼此,它甚至"分化(dissociate)"他们,③使其彼此敌对。

这就是说,人感受到的不再是自然的帮助,而是它的威胁:"这些

---

① 《关于法国事件的思考》,前引书,页314。
② *Gnomolog. Vatican.*, 2 and 31.
③ 《利维坦》第13章(页65)。

无限空间的永恒沉默"①和他的同胞——他们充其量是他的潜在谋害者——让他担惊受怕。然而,自然之所以被感觉为一种威胁,不是因为人如今在世界或他自己身上发现了不为古典哲学所知的自然的恶,而是因为一个接近两千年的传统已经使人习惯于相信他自己或者相信受到神意(Providence)保护。一旦这种信念开始消散,他不能立即停止希冀神意、期盼它的帮助。所以,对神意的否定从今往后不是与沉静的哲思相关联,而是与对神意的失落的希冀相关联。可以说,现在成为哲学之拱顶石的东西,在从前的时代不过是对苦难的抱怨,是尚未启蒙的约伯(Job)。没有任何古典哲人会说出伏尔泰在面对里斯本地震(the earthquake of Lisbon)之时所作诗句中的话:

> 相信我,当地球打开它的深渊,
> 我的抱怨是无辜的,我的哭泣是合法的。
> 我尊重我的上帝,但我爱宇宙。
> 当人类敢于抱怨如此可怕的灾难时
> 他并非骄傲,唉!他是有感情的。②

在阅读这些诗句之时,我们最好地理解了奠定现代人权学说的政治思想的根本变化。在 17 和 18 世纪,人——无论他们是自然神论者或者已经是公开的无神论者,此事不重要——相信自己因其苦难而成了正当之人,③从而开始不仅——而且首先不是——针对王侯将相或平头百姓,也针对神意提出要求。由于仍然受到传统神意观念的影响,他们远比古典哲人更强烈地感到自己的幸福受到了威胁——人们在过

---

① Pascal, *Penseés*, Brunschvicg, fr. 206.

② [编者注]引自 Poème sur le désastre de Lisbonne, ou examen de cetaxiome:"tout est bien"(1756)。

③ 霍布斯凭借对最大、最高的恶的恐惧使自然权利正当化了,在这一点上,他们追随的是霍布斯给出的指引。同时,比较 Locke, *Essay on Human Understanding*, Book II, ch. 20, §6。

去和现在总能感到这种威胁。但是,由于不再相信神意的存在,这种不信恰恰能使他们与这种威胁斗争。他们对神意的拒绝不仅仅是理论论断,也是针对神意的实践反抗。然而,与人的幸福面临的超人、非人威胁的斗争意味着征服自然,也就是说,无限地制造外在的好和制造社会革命。正是凭借这种方式,无神论才变得"进取",导致法国革命的那些原则才现身世间。

论古典政治哲学研究

——讲座提纲

曹聪 译

[英文版编者按]这份手写的提纲和接下来的打字稿今存"施特劳斯文献"第6盒第6格(Leo Strauss Papers, box 6、folder 6),由科伦(J. A. Colen)誊写,林奇(Christopher Lynch)和闵科夫(SvetozarMinkov)复核,林奇添加注释。

紧挨着这个手写标题的页面右上角,有手写批注:"对话的辩证法只是对真正辩证法的模仿"(参《王制》348a-b)。同样的标题也出现在第1节开头的打字稿中,但在此不再重复。机打标题上面和左边都是手写的,"不超过27页"。标题右上方是手写的,"22.11-27.11.38",下方是"27.12.38-",标明演讲内容部分写于1938年11月22日与1938年11月27日之间。另一部分写于(或计划写于)1938年12月27日到更晚些时候,很可能是1939年初。尽管如此,我们还是把1938年作为写作年份,因为施特劳斯没有提供结束日期,而且现存的讲稿也不完整。

1　三种方法:教条的,历史的,哲学的。
2　哲学方法的典范亚里士多德。
3　亚里士多德方法的本质缺陷:他忽略了柏拉图政治教诲的呈现形式。
4　这种形式,即显白主义(exotericism),不仅是柏拉图的特征,也是希罗多德、修昔底德和色诺芬的特征。
5　显白主义的原因:理论生活与政治生活之对立。

为了更充分地解释引发显白主义的原因,以及它通常没能得到充分重视的事实,我们可以说,我们通常理解那个可被公允地称为整个文学史中最重大的划时代事件的影响。劝导和教育。

6　显白呈现的原初方法:神话与历史。

7　显白主义和反讽:希罗多德的反讽,呈现为使用一种古语(见雷根伯根①)"被飞鸟鼓舞"②;修昔底德的反讽(见马塞里努斯③)。

显白的言辞是这样一种言辞,它赋予假话一种明显[无法识别]超过的真相。→亚里士多德对 eiron④ 的定义。

8　苏格拉底的方法:在市场上讨论属人事物,即对话。

《回忆苏格拉底》的证据支持对苏格拉底所作的另一种解读(参威森伯恩⑤,色诺芬)。

9　柏拉图的方法:结合戏剧,尤其是喜剧。戏剧与隐藏。

10　柏拉图讨论写作与言谈的方式,这个事实迫使我们要特别关注他——更不必提这个事实,《王制》《政治家》《法义》的重要性超过希罗多德、修昔底德和色诺芬为政治哲学史写下的所有东西。

——logographike anangke[书写的必然性]。

柏拉图从不直接说出真相,但他总是使之变形到每个对话者的论题内。我们必须扣除掉因对话者天性而扭曲的那些东西。运用到《王制》和《法义》:格劳孔扭曲的真相,或是两个老多里斯人,尤其是克莱尼阿斯。

11　沉默:某物的缺席。

——例如,《居鲁士的教育》中雅典人和书信完全不在场。

---

①　Otto Regenbogen,"Herodot und sein Werk: Ein Versuch", published in the journal *Die Antike* in 1930.

②　希罗多德3.76。

③　罗马人马塞里努斯(Marcellinus)写的《修昔底德传》(尤其行35和53)。

④　希腊文,译作"反讽的一个,伪装";明显的相关文献,亚里士多德《尼各马可伦理学》4.7。

⑤　威森伯恩(Hermann Weissenborn)1910年的评注。

《王制》中克法洛斯的退场和《拉克斯》中阿尔喀比亚德和克里提阿的缺席。

《法义》中雅典人的缺席。

《会饮》的特殊重要性,代表政治生活的人物说出结束语。

孤独的沉思:参见《会饮》中的苏格拉底。显白作品比隐微作品更难理解。

12　结论:这篇文章给出的建议是我所能看到的唯一可以取代主流希罗多德、修昔底德、色诺芬和柏拉图作品研究的那种现今仍被称为高派考据(higher criticism)的方法。考证的所谓结论,在许多事例上被杰出的古典学者们质疑并反驳,我们应当注意,这种观点越来越有说服力,即在缺乏足够清晰完整的证据时,有穿透力的解释和有穿透力的理解必须优先于任何考证。

然而,让我们承认考证原则不适用于那些写作技艺大师的作品是很困难的。因为,考证可以被比喻为一种手术,或是某种其他种类的医疗手段,健康机体不需要它们,只有那些受伤的才需要。但是,一本好书可以被比作一只健康的动物,即,状态自足,有自己的首尾和中部,毋须借助拐杖也能活动自如:一本好书将能完成自己的特定功能,即教育和教导,唯有当其作为自身得到理解时。

一

现代史学家越来越认为,呈现社会或政治观念史的传统方法不够充分。或许可以如此描述那种方法:形形色色的作者总结和分析其社会和政治学说,对每种独立学说的总结或分析会得出关于所讨论学说的明确价值判断。现代史学家所采用的方法背后预设了这种意见,即他清楚且明确地知道判断过去学说时依据的那个标准。于是,关于标准的知识远比关于早期作家对标准的或对或错的看法的知识来得重要。结果,这些传统方法的现代追随者们在研究过去的学说之前,已经先有了关于标准的知识,他们不受强烈的兴趣驱使,也就不会十分注意并留心于研究这些学说,而这恰恰是充分理解这些学说所必须付出的。于是,这种方法的追随者给出的关于过去学说的种种解释就无法令人满意。这种指责完全站得住脚,因为它直接反对那些写作史学专著的学者去写作社会或政治观念的历史。

　　针对这一点,我接受的传统方法的反对者认为,只有那种对"历史自身(history qua history)感兴趣"的学生才能避免那种方法的缺点。他的看法有两个结果或预设值得强调。他断言,社会或政治学说的史家应该考虑到"他们的时空背景,他们的社会文化背景"。①

　　他很自然地意识到,在沿着这条道路推进之前必须满足两个条件。首先,我们必须处理好足够翔实的关于思想家生平的知识,要参考背景来解释学说;在人们试图从社会学角度解释学说之前,又必须先行理解这些学说本身。能否在所有重要的情况下获得令人满意的关于人生的知识,在此或许仍是一个悬而未决的问题。但是,可以有把握地说,在一些重要的情况下,大部分时间都用于理解学说,以至于并没有为社会学解释留下太多空间;换言之,在那些情况下,我们在逐渐理解学说之后意识到,任何借助所属社会环境对某种学说做出的解释都是多余的:一般性阅读乃至社会所无法抵达的学说正是出于这种理由拒绝那种社会解释。

　　不过,让我们假设,所有重要情况都满足上述两个条件:即使如此,建议的这种方法的效果完全取决于所讨论的政治思想家的"文化和社会背景"是否对其学说本质构成了决定性影响。就许多杰出的现代政治思想家而言,背景无疑是有影响的。但是,这些思想家自己自觉地、故意地使其思想服从于社会和政治的"现实",从而最终服从于其所处时代或国家的社会和政治的"现实":或者说,是否正是由于他们想表达"现实",他们才成为所处背景的称职的代言人?

　　无论如何,很大程度上,正是由于黑格尔哲学观念对哲学史的重大影响,我们倾向于从外部假设,比方说,亚里士多德的《政治学》不

---

　　① [施特劳斯注]卡尔·迈耶(Carl Mayer),《评查尔斯·埃尔伍德的〈社会哲学史〉》,刊于《社会研究》,第5卷,第3期,1938年11月,页490–493。

是别的,就是对希腊政治"现实"的表达或分析。但是,这种背景是否必然决定了人类思想的实质?倘若在某种程度上抛开背景,重新俯察这种观点,即有这样一个时期,人们——即便是为数不多的人——并不认为要以表达他们所处时代或国家或阶层的"现实",或者说希望与恐惧为目标,而是要以能够摆脱他们的时代、国家和阶层的偏见,自由地、在自由状态下审视人和事为目标,这样做会有什么害处吗?觉得古希腊伟大的政治思想家就是这种人,似乎就是在这一感觉的基础上,许多人仍然珍视这个意见,即这些思想家是整个人类和一切时代的老师。

事实上,他们的书表明,他们确实就是这种人,因此,反复思考他们在书里没有特别强调的他们的学问与政治有过的或者也许有过的关系并不会对理解他们的教诲有太大助益:他们的书必须经由他们自身而得到理解,且有可能得到理解。因为他们写下这些书,不只是出于当下的愉悦或利益,正如其中一位所说,他们注定要写下这些永恒的宝藏。① 由于他们始终想着"目的"或"开端",换言之,因为他们深晓一切属人事物的不稳定性,他们的视野就不仅超越他们所处的希腊的当下,而且也超越希腊的未来。②

要求学习过往政治学说的学生应该对"历史之为历史"感兴趣,这进一步暗示"对过去伟大的社会哲学(the great social philosophies)的研究具有最高意义,其自身也应被给予最认真的对待"。就这一点,反对者尤其强调亚里士多德的研究,这"可能被认为对理解社会科学(the social sciences)的本质具有直接的重要意义"。诚然,把亚里士多德看作政治科学经典的理由足够充分。然而,如果我们果真愿意向亚里士多德学习,我们就必须准备好向他学习那些甚至与我们最深刻的现代偏见,亦即史学偏见(the historical prejudice)背道而驰的东西。如果我

---

① 引用修昔底德1.22.4。

② [施特劳斯手写注释]参汉斯·施拜尔(Hans Speier)的评述《观念的社会规定》,刊于《社会研究》,第五卷[1938年夏,第2卷],尤其是页194以下、202以下。

们要成为真正的史学家,亚里士多德作为与史学进路旨趣对抗的传统方法的创始人,他的观点难道不是我们最应认真对待的吗?这并非要否认亚里士多德使用这种方法的方式与19世纪使用这种方法的方式存在差异:亚里士多德没有写过社会或政治观念史。也就是说,当讨论早期作家关于政制或法律的学说时,他并不是仅仅让自己提及当前的社会或政治研究状况来论断所讨论学说的缺陷,而是本着"这就是罗德岛,在这儿跳吧"(Hic Rhodus, hic salta)这句格言的精神,不辞辛劳地证明他的论断;换言之,他对早期政治观点的讨论并不引出真学说的建立,相反它先于这种建立,并为之铺平道路。他会反对19世纪用他的方法讨论早期学说的方式,这并不在于这种方式是非历史的,而在于它是非科学的。

我们这样就可以区分古典政治哲学研究的三种不同进路:19世纪流行的教条进路;我们时代流行的历史进路;哲学进路。第三条进路的永恒范例就是亚里士多德对其前辈的讨论。这条论断可以被这样反对——亚里士多德的方法有着众所周知的缺陷,而他对柏拉图政治教诲的呈现所具有的那种广为人知的缺点似乎也可以证明这种反对意见的合理性。

不可否认,当我们读亚里士多德对柏拉图著名教诲的分析时,乍看上去很难认得出来。然而,假定亚里士多德不理解柏拉图就有点莽撞了,暗示他对待自己的老师不公正也有些危险。为了理解亚里士多德对柏拉图政治教诲明显奇怪的呈现,从而认识到亚里士多德方法的真正缺陷是什么,我们只需要考虑亚里士多德呈现柏拉图政治教诲与柏拉图本人的呈现之间最显著的差异:亚里士多德无情地删去了柏拉图教诲的所有肃穆的、所有令人赞叹的、所有诗性的特质。但是,柏拉图本人并未让我们去质疑这个事实,即他并未把肃穆地、令人赞叹地、诗意地呈现真理看得过高。因为,柏拉图并不比亚里士多德缺乏对真理的兴趣,而充分地呈现真理并不容许或古或今的诗人、演说家或智术师的谎言。然而,出于各种理由,柏拉图选择用戏谑而热烈的谎言表达严肃而清醒的真理。亚里士多德被诟病的删除——如果他确有其罪的话——只不过是,他没有向我们解释柏拉图为什么要选择以诗的形式呈现其政治教诲。这一点是对亚里士多德呈现和讨论过去政治学说的方式唯一需要去做的必要补充：我们当然必须考虑一种比亚里士多德本人呈现政治教诲更加详尽且连贯的方式，比如，柏拉图践行的那种方式。

必须立刻补充这一点，柏拉图不是古希腊唯一一位以非科学形式表达真理，或者说他所认为的真理的政治原则的教师：在柏拉图那里为真的，在希罗多德、修昔底德和色诺芬那里同样成立。希罗多德不厌其烦地向我们讲述别人或他自己编造的难以置信的故事；修昔底德编造了他所处时代的最著名人物的演说，这些演说太能揭示修昔底德自己对这些人的评判，而非对这些人实际所言的如实记录；色诺芬借居鲁士的生涯——这几乎完全是虚构——详尽呈现了自己的政治观点。所有这些作家，他们的主要兴趣是对真理的兴趣，出于各种原因，他们选择不以适合真理的形式，即科学的形式传授真理，而是巧妙地将真理与虚构或谎言掺杂起来。在古代，用混杂方式呈现真理被称为显白的呈现。古典政治学说的学生在其理解这些学说的初期所面临的问题就是为什么要显白呈现真理的问题。

为了回答这个问题，必须首先把握显白言辞所包含的隐微教诲，这种教诲首先几乎完全被显白言辞隐藏起来。提出这一问题并试图解答它并未超出古典政治思想的论域。因为这恰恰是一个政治难题，古人借助设计真理的显白呈现方式来克服它。在某种意义上，希腊科学的出现对政治生活而言是一场灾难：科学人或哲人，就其本身而言，亦即就其过一种理论生活而言，他就不再是其所属城邦的城邦民，也不再是城邦众神的信徒。科学使他不仅限于批判各种习俗或律法，还批判习俗或律法本身：自然，即科学对象，有别于且对立于律法。①

---

① ［施特劳斯注］这个论断需要三条非限制性的解释。1. 哲人自然更喜欢法的统治，而非无法律状态。2. 自然，作为事物的秩序，可以被隐喻地称为法则，按照这种理解，真正的法（自然）不同于且相反于"法"这个词的原初含义。3. 柏拉图反对的不是对立命题自然－礼法，而是前苏格拉底的自然观，否则他就不会写作《克力同》或《治邦者》。

然而，人是一种政治存在，哲人也是人。他就要遭遇这个问题：理论生活无可争辩的优越性——其本质是非政治的，如何能与不可避免地要过某种政治生活的必然性达到一种特定和谐？换言之，他面临的是这个问题：洞见事物本性带来的益处如何能够给引导非哲学大众带来丰硕成果？现代世界通过设计大众科学回应这个问题。古典思想家通过设计显白教诲来回应它，即发明一种适合大众头脑的伪装起来的真理，它同时也适合引导那些天生能够成为哲人的人走向哲学生活。我们通常低估了文学史上最具划时代意义的这个事件的影响。这个事件就是发生于18世纪的停止迫害自由思想。在以往的时代，甚至直到晚近，迫害在某些国家可以说是公开表达自由思想时必须让自己适应的自然处境。表达独立思考自然不被鼓励，甚至还要被禁止，因为这种思考与毫无保留地接受主流信仰并不相容，无论是什么信仰。在这些情况下，一个独立的人被迫要多少有些谨慎地隐藏自己的思想。那些想把自己的观点传达给人们的独立思想家，甚至不知道那些人都是谁，他们别无选择，只能公开自己思想的结果，于是他们就面临这种两难境地：一个人如何能在公开自己的观点的同时，又把它们隐藏起来呢？他们发现的解决办法基于一个相当普遍的观察，这个观察就是，大多数人都是极为可怜的读者：只有极少数人有能力或愿意进行字里行间的阅读。于是他们就能发表自己的思考结果，同时又把它们隐藏起来，方法就是写作通篇是正统论述的书，异端论述则需要仔细地从字里行间读出来。

大体说来，使用这种策略的方式是相同的，比方说，伏尔泰和希罗多德。不过，17、18世纪的典型显白作家与古典显白作家之间有一个重大的甚至决定性的差异。前者从今世的大多数人吸引未来的多数人，后者则从当今的多数人吸引到永恒的少数人。这也就是说，前者认为，在或远或近的未来，迫害的统治会被言论自由的统治取代；而后者却对未来不抱有这种信念——他们认为，自由教育只影响且永远只影响少数人。结果一来，比起现代启蒙的拥趸，古典作家能够或者说被迫更有技艺地隐藏起自己的思想。因此，通过迫使读者进行最仔细的阅读，他们向读者施行了一种教育，这种教育或许不可与此后设计的任何其他类型的教育等量齐观。这些作家意识到自己的写作方式的教育价值,极有可能他们隐藏自己的观点是为了选拔、检验和教育极少数人,而不是为了保护他们自己或他们的学说免遭迫害。但是,无论是何种情况,倘若人们不停下来考虑让人隐藏思想的原初处境,就无法充分理解我们讨论的这些古典作品。因为,这个处境,即迫害这个事实,与真正的教育之目标存在一种密切联系:人因独立思考而受到迫害,独立思考却是真正教育的目标。

首先,通过两种途径可以既向少数人传授真理,同时又对俗众隐瞒,或者换句话说,可以有意识地、故意地采取适合大众偏见的方法来传授真理。第一种途径是有区别地使用神话或故事。从实践的角度看,发现自然、发现科学的最重要结果是,洞察到人类的伟大和人类对伟大的渴望与真正伟大的宇宙秩序相比其实微不足道。洞察到这种秩序就走向了节制(sophrosyne),正如所有人的经验——所有时代、所有国家、所有阶层的人的经验——所揭示的,节制是人类幸福或个体与共同体一切尊严的先决条件(conditio sine qua non)。

现在,某些神话也能教人节制,比如说,通过这样的神话——诸神妒忌人的伟大或人追求伟大的渴望,又或者,通过这种神话——人赤裸的灵魂,被剥夺了一切尘世事物的灵魂必须在死后解释其行为。通过使用这类神话,人可以被教会"文明的"节制,即一种人只要作为公民就不可或缺的节制。但是,"文明的"节制并非真正的节制,教人以"文明的"节制的神话也不是真实的。为展示这一点,即为引导少数读者走向哲学生活,显白作家给神话或给他们的书写插入某些微妙的暗示,只有那些适合成为哲人的人,才能捕捉到这些暗示。

第二种教人节制而又不向他们揭示自然的真实视角以及这种视角之意味的方式就是述史。在历史编纂传统的笼罩下,历史可以追溯到一个几乎无记忆的过去,这是一个并不古老的传统,起初源于演说家,他们更青睐历史而非哲学,在此传统之下,我们自然而然地认为,史学的杰出开创者们——诸如希罗多德、修昔底德和色诺芬这类人——把修史视为一种最重要也最严肃的事业。然而,他们作品中那种惊人的非历史性特征——对于这些史学大师来说,这些特征不能解释为无意间的、不经意的缺陷——应该使我们对自己最初的假设产生怀疑。这些大家的史学著述乍看之下显得多少像是对个人或对共同体伟大事迹的描述。对大众头脑来说,评价行动比言辞更重要,在某种程度上,这种判断无疑是合理的。但真理恰恰不能由行动来获得或传递,而只能通过言辞(逻各斯)来实现。①

真正的节制教育就是一种通过真言辞完成的教育,也就是一种揭示宇宙和人之自然的言辞。但是,如果有人想教导非哲学大众以节制,他就借助行动而非言辞向他们展示肆心会导致什么,即肆心的结局如何。正是出于这个理由,希罗多德描述了波斯人的肆心有何结局,修昔底德描述了雅典的肆心有何结局,色诺芬让我们瞥见了斯巴达政制和居鲁士帝国的终结。如果节制的教导者让自己仅限于描述肆心的结局,那么他就只是个传道者。他将不会通过肆心净化(katharsis),而是通过模仿让我们以一种密集的方式体验成功的肆心带来的难以置信的魅力;因此,他必须首先展示那些据说伟大的人或共同体的伟大,这种伟大的全面辉煌,仿佛他对这种伟大的稳定性深信不疑,不去做任何可能摧毁我们幻觉的事情;这也就是说,他必须向我们首先展示这种伟大如何是逐渐辉煌起来的,一种人人都会把它比作太阳升起的辉煌。

正是出于这个理由,希罗多德就波斯帝国无可抵挡的崛起给了我们如此恢宏的叙事,修昔底德就雅典不可避免的崛起力量给了我们如此凝练有力的叙述,色诺芬几乎事无巨细地处理了居鲁士辉煌的崛起。这些大师无一提前泄露结局:他们只不过逐渐揭示关于肆心的真相,模仿大众渐渐意识到真相的方式,大众只有在"行动,而非言辞"中亲眼目睹结局才会意识到真相。然而,肆心的结局显现于开端,实际上不是在"行动中",而是在"言辞中"。

---

① [施特劳斯注]就古典思想而言,言-行对立的关系可以最清晰地从柏拉图的《申辩》32a4-5与《克力同》52d5的对比中看出。

正是出于这个理由,希罗多德、修昔底德和色诺芬揭示了结局,在他们的史书结束之前,结局在"行动"中没有展现,在"言辞"中则从作品开篇就展现出来:他们使用奇怪的词语或表达来完成这一点,比方说,即使是非常博学的读者也很容易忽视或误解(因而误译、修订或删除)这些表述。古典时代的大众思想都知道有这样一种言辞,它在结局到来之前就很早地揭示了结局:神谕就是这种言辞。占卜号称是一种关于结局的知识。这种说法不可信,然而占卜或许被用以象征吸引大众思想的关于结局的真知,它实际上是自然知识,或者关于开端(archê)、关于人类和事物的知识。正是出于这个理由,我们在希罗多德、色诺芬,甚至柏拉图那里读到了大量关于神谕的东西。通过述史教导节制就是通过行动而不是通过言辞来教育。

但是,正如古典的节制导师在他们关于行动的叙述中插入大量言辞所表明的那样,单凭行动施行教育的可能性很小。我们甚至会怀疑,凭借行动进行教育是否在根本上并不可能。那些显然只通过行动而不是通过言辞来教导真理的历史还有什么呢?因为,这些在表面上通过行动教导真理的述史,如果不是言辞又是什么?这些历史教授真理——特别是关于人的真理,但是关于自然的真理则是通过言辞,也许是通过显白的言辞。

二

为了使得上述论断比它乍看上去更可信,需要对色诺芬的《居鲁士的教育》进行一个简短阐释来加以说明。大体上[……]①

---

① 手稿在此突然中断。

论色诺芬的《居鲁士的教育》①

我确信,通常②认为这本书(色诺芬的《居鲁士的教育》)不是一本史学著作,而是对色诺芬设想的完美统治的一种虚构呈现。这本书开篇提出这个问题——区别于人对动物的统治,人对人的持久统治是否可能,还给出了这个答案——这种统治并非不可能,甚至并不难实现,只要它以一种智性的或"科学的"方式来实践。这个答案的根据是这一观察,即波斯王居鲁士能够在臣属的自由同意下,统治一个由异族组成的庞大帝国,这些民族甚至没有共同语言。于是,居鲁士就代表着智性的或"科学的"统治的典范。居鲁士归根结底是一位

---

① 这份手稿现存"施特劳斯文献"第6盒第11格(Leo Strauss Papers, box 6, folder 11)。林奇和闵可夫整理,林奇注释。参照了帕塔尔德(Emmanuel Patard)的誊写,《施特劳斯在社会研究新学院(1938—1948)》(*Leo Strauss at the New School for Social Research* [1938 - 1948]: *Essays, Lectures, and Courses on Ancient and Modern Political Philosophy*)。这位作者在巴黎第一大学于2013年3月完成了博士论文,题目是"施特劳斯在社会研究新学院(1938—1948)"(*Leo Strauss à la New School for Social Research* [1938 - 1948]. *Essais, conférences et cours sur la philosophie politique ancienne et moderne*)。

② 手稿开始于打字稿的结尾,上面写着"通常";此外,上面的"我确信"字样通过插入符号加在"通常"之前,表示后来插入。这份文稿的其余部分是手写本。因为这本手稿没有标题,没有注明日期,放在一个文件夹里,里面存放着施特劳斯关于色诺芬的著作,尤其是《治家者》,从1940到1942年,而不是《论古典政治哲学的研究》的打字稿,我们不能确定施特劳斯对《居鲁士的教育》的这个解释最初是否打算构成《论古典》的一部分,也不能确定我们所提供的版本是否是在另一个时间编写的,比如在1940到1944年期间。不过,可以肯定的是,这份手稿以打字稿结尾的单词开头,而且手稿完全履行了打字稿为第2节规划的功能:通过讨论《居鲁士的教育》的意义证实施特劳斯在第一节中的判断。因此,我们在此以或许符合施特劳斯意图的确切形式,或者至少是施特劳斯意图的最佳形式,呈现这两份稿件。

绝对君主。① 因此,我们开始相信,色诺芬认为一个拥有卓越道德和智力能力的绝对君主统治的庞大帝国②——由一个最好学、对所有人③都最仁慈的天生王者④统治——是最佳政制。有两点是确定的:色诺芬在高度赞美绝对统治者个人或绝对统治整体的作家中位居前列;罗马人写下的赞美罗马帝国的文字,或是英国人写下的赞美大英帝国的文字,都无法与雅典人色诺芬写下的赞美居鲁士波斯帝国的文字相媲美。

希腊人色诺芬抬高一位波斯国王,他把这位波斯国王夸大到超出真实的限度,目的是使其堪当统治者典范,这个事实非常令人困惑。色诺芬难道热爱波斯人,憎恨希腊人? 这不大可能,因为在赞美斯巴达国王阿格西劳斯(Agesilaus)时,他用限定性从句断言,希腊人热爱希腊人,憎恨波斯人才是高贵的。⑤ 可以理解的是,他没有以他亲眼所见的雅典帝国的崩溃作为他描述最佳政体的起点:他意识到雅典民主与雅典海权之间的关联,因此他不得不选择一个根本没有海军⑥的帝国,作为民主的决定性对手,比如他的波斯帝国。但是,他曾经在《斯巴达政制》中高度赞扬过斯巴达,却为什么不追随斯巴达的非民主政体? 他是否认为,通过假托一个规模庞大的帝国,使之移植到蛮族势力的区域,[斯巴达的]这种政制将提升其价值?

可惜他赞美居鲁士的帝国采用的标准与赞美斯巴达共和国的标准并不一致。他赞美前者包容诸多民族,赞美斯巴达小国寡民。⑦ 他赞

---

① [施特劳斯注]尤其参《居鲁士的教育》卷八 1.17 – 20,1.22;1.48 – 2.4;2.10 – 12;3.13 – 15。
② [施特劳斯注]参《居鲁士的教育》卷八 2.5 – 6;卷一 4 – 11。
③ [施特劳斯注]如卷一 2.1。
④ [施特劳斯注]《居鲁士的教育》卷一 4.9,卷八 1.37。
⑤ [施特劳斯注]参 Alfred Croiset, *Xénophon*, Paris, 1873, pp.144f., 156, 160。他补充说,色诺芬从未明确宣称居鲁士施行的统治是最好的统治形式。
⑥ [施特劳斯注]海军见《王制》。
⑦ [施特劳斯注]*Rep. Lac.* I1. Cf. *Hell.* VII 2.1 and *Anab.* I 5.9.

美斯巴达政体是因为他们伟大的古老;①他特别称颂了这个事实,斯巴达王的血统绵延不绝,这个情况极为引人注意,因为无论在君主制还是在其他政制下,都找不到可以与之匹敌的连续性,尤其是居鲁士开创的王朝,它的持续时间甚至不超过他的一生。②

但是,毕竟,斯巴达政制不仅不是绝对君主制,甚至可以说根本就不是一种君主制,它可能更适合被称为寡头制。③ 根据色诺芬对斯巴达的称赞,我们不得不说,对他而言,政治理想远非一个由单一绝对君主统治的庞大帝国,无论他是多么的开明和仁慈,而是一个由受过良好训练或教育的一小群人统治的小而强大的共和国。我们也许会试图通过假定色诺芬的政治观点发生了深层改变来解释《斯巴达政制》与《居鲁士的教育》之间的矛盾:他在生命的某个时期青睐斯巴达政制,在另一个时期又偏爱居鲁士的波斯帝国。

然而,这种解释并不能解决困难。因为,斯巴达寡头制理想与波斯绝对君主制理想之间的矛盾出现在《居鲁士的教育》中:居鲁士成长于原初的波斯政制下,这不同于他的帝国的最终政制,即一种理想化了的斯巴达政制。④ 那么,关于色诺芬的政治理想究竟是什么的问题,必须且可以根据他的一本书来回答。事实上,关于居鲁士如何逐渐地用他

---

① [施特劳斯注]*Rep. Lac.* X 8.

② [施特劳斯注]*Rep. Lac.* XV 1 and *Ages.* I 4 with *Cyrop.* I 1 and VIII 8.2.

③ [施特劳斯注]*Rep. Lac.* VIII 4 ,XV 7 – 8.

④ [施特劳斯注]见 Croiset, loc. cit. , pp. 149ff. , and Guil[elmus or Wilhelm] Prinz, *De XenophontisCyriinstitutione*, Göttingen, 1911, pp. 8 – 13。波斯政制对斯巴达政制的下述改进值得强调。波斯人有"正义学校"(《居鲁士的教育》卷一 2.6)而斯巴达人没有。与此同时,斯巴达人教孩子"很好地窃取",波斯人明智地反对这种教育(参《居鲁士的教育》卷一 6.31 – 32,《斯巴达政制》卷二 6 – 9)。斯巴达人教年轻人保持沉默(*Rep. Lac.* III 1),波斯人强迫他们的男孩子考虑自己的行为,教他们健谈(《居鲁士的教育》卷一 4.4 和 3.12),使他们能够以一种让人想起苏格拉底和朋友们采用的方式交谈(居鲁士的教育》卷一 6 和卷二 2)。亦参《居鲁士的教育》卷四 2.1,3.8。

帝国的最终政体取代原有波斯政体的叙述正是《居鲁士的教育》讲述的故事主线。因此,这个一般性问题——关于色诺芬的政治理想的问题,可以化约为一个更精确的问题:在居鲁士的影响下,绝对君主制被一种理想化的寡头制取代,那么,在色诺芬看来,这究竟是一种提升还是一种堕落?

这个问题的最佳答案包含在《居鲁士的教育》这个书名中,在某种意义上,这个标题不够全面——因为这本书处理的是居鲁士的一生,而不仅是他的教育,但这个标题不是随意取的:色诺芬正是借这个标题给了我们理解整部作品的钥匙。居鲁士,作为一位波斯国王的儿子,即作为一位必须遵守律法的国王之子,"的的确确,依照波斯人的律法来教育"。但是,波斯其他好人家的男孩也是这样。然而,居鲁士的教育与他的同伴们的教育之间有一个重要的区别,这个区别有助于解释为什么是他且只有他,才成为一个帝国的缔造者。他和所有波斯的贵族男孩一样,在波斯度过了他生命中的最初十二年;但是,在那之后,他与他的外祖父米底亚的阿斯提艾吉王(King Astyages of Media)相处了数年。"他的的确确,依照波斯人的律法被教育",但他也是"在米底亚长大的"。①

于是,居鲁士的教育由两部分组成,由波斯教育和米底亚教养组成。正是这两种类型的教育的愉快且独特的结合在很大程度上解释了居鲁士的巨大成就。整个故事证实了这个结论——书名暗示了这个结论。由于居鲁士代表了波斯与米底亚精神的和平结合,这个构想决定了居鲁士的整个传记,正如色诺芬所云:这部传记不是别的,正是这一构想的生动再现。正是由于色诺芬始终想着这个构想,他才篡改了居鲁士伟业中有据可考的典型事迹:事实上,居鲁士在把波斯人从米底亚的征服中解放出来的同时,强行废黜了阿斯提艾吉,②而根据色诺芬,他用最和平的手段继承了米底亚王位,也就是通过迎娶阿斯提艾吉唯

---

① [施特劳斯注]《居鲁士的教育》卷一 2.2 和卷一 4.1(卷四 2.10)。
② [施特劳斯注]色诺芬 *Anabasisi* Ⅲ 4.8、4.11 表明了这一点。["这一点"替换掉"真相";其他一些难识别的文字被划掉了,包括或许是:"色诺芬知道,当然,真相",以及"真实的故事"]。

一的孙女；与此同时，他是波斯王位的唯一合法继承人，根据希罗多德的说法，①居鲁士由一个牧羊人和他的妻子抚养长大，而根据色诺芬的说法，他受过波斯和米底亚所知的最优秀的教育。

我们现在可以以一种更加准确的形式重申我们的起始问题。我们已经把色诺芬的政治教诲归结为这样一个问题，即他认为在居鲁士的影响下，波斯帝国的原初政制被最终政制取代，究竟是一种进步，还是一种堕落。现在，波斯帝国的基础，其中心是波斯与米底亚，即一种理想中的寡头制取代了绝对君主制，这在很大程度上源于居鲁士的教育，而这种教育由波斯教育和米底亚教育共同组成。结果，波斯帝国的最终政制和最初政制的差异，在很大程度上归结于居鲁士思想中的米底亚精神的影响。那么，我们就必须提出这个问题：米底亚精神的价值究竟等同于还是不同于波斯精神？在对这个显得非常特殊的问题的回答中，暗含着什么是色诺芬的政治教诲这个问题的答案。

那么，按照色诺芬的说法，什么才是波斯生活方式或者说政制，②与米底亚政制之间的差异又是什么？波斯人喜欢一种高标准的道德教育，③但米底亚没有这种东西。波斯人热爱劳作，他们的吃穿用度都是最简朴的形式（斯巴达式），米底亚人则喜欢奢侈华丽。④ 波斯人是自由的，总体而言也是平等的；他们彼此间的政治差异几乎完全取决于教育方面的差异，因此，实际统治掌握在一群教育程度极高的少数人手中；波斯王必须遵守法律，尊重那些与他平等的公民（citizens），他只在领导战争和敬拜众神上地位尊崇。另一方面，米底亚人由僭主统治，君主欲望即共同体律法——波斯王的指导原则是平等与合法，而米底亚僭主的指导原则是"拥有的比别人多"。⑤ 波斯人根据他们"斯巴达式"生活方式和他们的贵族制政府，拥有一种对所有人的"平等的言论

---

① ［施特劳斯注］希罗多德《原史》I 113.3；122.3；参 130.3。
② ［施特劳斯注］参亚里士多德，《政治学》,1295b1。
③ ［施特劳斯注］《居鲁士的教育》I 2.2ff。
④ ［施特劳斯注］同上，I 3.2 以下，和 5.1。
⑤ ［施特劳斯注］同上，I 1.4；2.3；3.18；5.4－5；II 1.3；VIII 5.22。

自由",米底亚人则只有在他们和国王都喝醉了的情况下,才能享有这种不牢靠的自由。① 波斯人的教育通往一种迷人的("阿提卡式")健谈,这是最适合自由人的,专制统治下的米底亚人则不知使用他们的舌头。②

色诺芬关于(原初)波斯政制和米底亚政制的描述丝毫没有留下任何疑问,他认为前者绝对优于后者:米底亚精神被描述为一种蛮族式粗野与奴役,波斯精神显然结合了斯巴达和雅典的所有最佳部分。然而,居鲁士的波斯帝国的基础,即他用理想的寡头制取代绝对君主政体,很大程度上是由于他教养中的米底亚部分对他思想的影响。那么,这种取代肯定是对一种良好政治秩序的破坏,在居鲁士死后,即便最短视的人也能看出这种毁坏。因为人性如此,统治人类的困难如此之大,一个僭主短暂的成功被惊叹为智慧的伟大壮举。③ 因此,色诺芬的政治理想不是一个由绝对君主统治的庞大帝国,而是一个由教育程度很高的少数人统治的小而强大的联邦。表面上对居鲁士丰功伟绩的褒奖实际上是对一种公共事务的糟糕管理的最严厉谴责——整部《居鲁士的教育》是彻头彻尾的反讽。

大多数读者不会被基于书名和一本书的简洁原则的思考说服,也不会被基于这个总体性假设的思考说服,即一位好作家会非常谨慎地选择他的书名,会谨慎地安排他的书的经济性,如果这些思考的结果显得与书中出现的每个论断都有明显的矛盾。那么,我们的发现就向这种基于纯粹假设的反对意见敞开,这个假设就是,居鲁士在相当程度上

---

① [施特劳斯注]同上,I 3.10。
② [施特劳斯注]同上,I 4.3 和 4.12。
③ [施特劳斯注]同上,II.1(对参 I3.18 与第一页注释一的引文)和 VI-II8.2。— Dakyns 在他的译本中对 V 5.39 – 40 做出下述评论:"作为一种哲学化的'述史'",色诺芬可能认为米底亚成分是波斯帝国的腐败和毁灭的成分,他在某种程度上为居鲁士的模仿它找借口。这是个难题。"这是理解色诺芬教诲的难点,也是理解其教诲的关键。参 *Rep. Lac.* XV 1 和 *Ages.* 1.4,段落包含在 the *Education of Cyrus in nuce* 的尾声。[本注释的引文来自《居鲁士的教育》trans. Henry Graham Dakyns(London: J. M. Dent and Sons, 1914), 188.]

其实受到米底亚精神的负面影响。

此外,这一假设似乎与色诺芬的一份明确说法完全矛盾,根据该说法,居鲁士从米底亚返回波斯时,仍是离开祖国时的那个未被侵蚀的、富有魅力的波斯公学男生(public school boy)。因此,关于他米底亚时期的描述,非但不能表明他被米底亚的坏精神败坏,反而似乎注定要以最令人印象深刻的方式说明,他卓越的天性,再加上卓越的教育巩固,多么难以受到最坏的环境影响。然而,尽管这种解释可能很有吸引力,一旦有人费心更仔细地阅读相关论断,并且考虑它的发生背景,这种解释就不能成立。①

首先,不是色诺芬发现居鲁士未被米底亚败坏,而是波斯的男孩子们,色诺芬不大可能认为十五岁左右的男孩子有足够的分辨能力去判断[有没有败坏的]真正标志,因为给那些男孩留下最深刻印象的是,居鲁士没有失去他的(波斯式)勤劳俭朴,即"高贵正义之士"与某些个罪犯都可以具有的品质。

此外,色诺芬明确指出,由于在米底亚生活数年,居鲁士不能上他的正义课:他中断了他的正义教育。但是,虽然他学习正义比他的波斯同伴少,但他在比他们更年轻时学会了更多的狩猎和战争技艺,这是一些与男子气概的德性相关的技艺。② 于是,他的强项不是正义,而是男子气概,即他强大的一面不是正义,而是男子气概,也就是说,他配备了适宜于征服式帝国缔造者的道德。又或者,我们相信居鲁士是个天生的圣人,即便中止了正义课程,也不会有损于他的品格?他自己似乎也相信这一点,他甚至在和母亲讨论是否可以延长他在米底亚的停留时,说出了这种确信。对于他母亲的这个问题,"但是,我的儿子,你的老师在那里(波斯),你在这里(米底亚)如何学习正义呢?"——居鲁士回答说,"可是,母亲,我已经对这些东西了如指掌了"。当这个十二岁的男孩在同一次讨论中重复这句话时,他补充说:"如果我还需要进一步的东西(关于正义的教导),我的祖父(米底亚僭主)会给我额外的

---

① [施特劳斯注]同上,I5.1。
② [施特劳斯注]参同上,I 4.25 与 I 3-4。

居鲁士的母亲请他注意这个事实,严格地说,米底亚根本找不到正义——因为王者的愿望就是这片土地的法——他在米底亚最有可能学到的就是这个观点,他应该比别人"拥有更多"。居鲁士反驳道:"你的父亲在教人们拥有更少而不是更多上更聪明。你没看到他教所有米底亚人要比他自己拥有更少吗?"有人真的会让自己相信,任何有才智的作家会不带反讽意图地写出以上引述的那些话吗? 更不用说色诺芬毕竟是苏格拉底的学生,也就是说,他是这样一个人的学生,这个人不仅教人们正义是知识,从而这一知识完全是通过某种特定训练获得的,①此外,这个人还以反讽闻名。

但是,让我们更具体一些。让我们看看,在居鲁士的影响下,旧波斯政制最重要的改变是什么,这些改变是否违背米底亚的影响。他的第一次公共活动是一次演说,也就是刚被波斯联邦选为将军,几乎就立即在波斯贵族面前发表演说。在那次讲话中,他阐明了他所认为的波斯人的原初政制或传统生活方式的根本缺陷。他承认,就美德本身而言,波斯人的前几代人并不比现在的人差;但是,他没看到他们凭借军事美德增加自己和城邦的财富、幸福和荣誉。② 那么,过去的波斯人缺少的就是居鲁士在米底亚可以更轻易地获取"更多"的趣味。无论如何,他的第一次政治行动就是试图将这种趣味灌输到波斯人的头脑里。这也就是说,居鲁士与老波斯人的关系,与色诺芬时代的斯巴达人与老斯巴达人的关系完全相同,因为后者关心的是值得尊敬的统治,而前者关心的是统治,而非值得尊敬的统治。③

居鲁士的第二次公共活动是整饬波斯军队。

---

① [施特劳斯注] *Memor*, III 9.5 和 I 2.19, 2.23 对比 III 5.24。
② [施特劳斯注]《居鲁士的教育》I 5.7 以下。
③ [施特劳斯注] *Rep. Lac.* XIV 5.

斯巴达精神或色诺芬的品味

陈戎女 译

[中译编者按]本文原刊于《社会研究》(Social Research), November 1939, Vol. 6, No. 4。

Xenophon non excidit mihi, sed inter philosophos reddendus est [色诺芬不会离开我,他必得回到哲人们那里去]。

——昆体良

色诺芬的《斯巴达政制》(Constitution of the Lacedemonians)看上去旨在赞美斯巴达的政制,或换句意思差不多的话说(参亚里士多德,《政治学》,1295b 1),赞美斯巴达的生活方式。字面上的阅读予人的印象是,他毫不隐瞒对斯巴达的钦慕。所以,文章行将结束之际,色诺芬出人意表地声称,当时的斯巴达为十分严重的弊端所害,读者不免大吃一惊。纵观全文十五章(除了第十四章),他对当代斯巴达的褒奖之辞跟古代斯巴达一样多,并且,对遥远的古代时期斯巴达的立法者吕库戈斯(Lycurgus)制定的法律,和色诺芬的时代斯巴达人实际的所作所为,他说起来似乎也未加区别。① 这就是说,这篇文章整体上隐藏了对当

---

① [译注]古代斯巴达或吕库戈斯时代的斯巴达指公元前7世纪左右的前古典时期,而色诺芬所说的当代斯巴达则是公元前4、5世纪的古典时期,中间相差二百多年。斯巴达王的儿子吕库戈斯大概在公元前650年至前600年实行著名的改革,培养斯巴达人的良好道德和健康体魄,养成任劳任怨、勇敢善战、忠心为国的风尚,其军事体制造就希腊最专业化的军队。此后斯巴达成为军事强国。

代斯巴达的斥责,把它插在结尾处。为了更好地隐藏他的斥责,色诺芬还采用了一种不一般的手法:他并非把责难直接放在结尾处,这本来恰得其所,①不过会引起人的注意,他的做法是把批评的话夹在文章最后部分的某个地方。

然而,他为何如此笨拙地隐匿对当代斯巴达的责难? 难道他就不能掩饰得更得力,干脆略过不提? 这样固然好,不过简单地略过不提有个大毛病:这么做就没人会明白,色诺芬对当时斯巴达的严重弊端并非视而不见;任何曾察觉到如此弊病横陈眼前的读者,都会以为文章作者是心存偏见的愚夫,或是拉帮结派之徒,或是拿了别人钱财的胆小鬼,他根本不会认真对待作者对吕库戈斯立法的溢美之词。色诺芬因此不得不明说他对当代斯巴达的批评,目的是不连累他对古代斯巴达的赞扬。假如他现在把这个批评放在文末,就会把作品的整体效果破坏殆尽,这个效果不是要斥责,而是为了颂扬。②

不过,这样说没办法应付以下反驳意见:色诺芬抨击当代斯巴达时半遮半掩,运用的手法相当笨拙,鉴于他杰出的文学才华,哪种假设都比以为他运用文学修辞笨手笨脚更为可取。对于该反驳意见——它认为色诺芬具有无与伦比的才华,只有以此为基础,它才合情合理——我们的回答是,如果在特定情况下,他作为作家、作为思想家,写得貌似拙劣,那么,他实际上是故意为之,自有缘由。至于这个反驳意见暗示出高等考据学(higher criticism)的某些方法,我们的回复是,应该真正了解作者的意图后,才回答方法之类的问题。这说明,首先,通过笨拙地掩饰对当代斯巴达的斥责,色诺芬使我们明白,他极尽能事隐藏了某些重要得多的观点;其次,阐释者的责任不是试与色诺芬比智显得更聪明,而是竭尽其理解力和想象力,以便以色诺芬为向导,朝智慧的方向努力。

---

① 参色诺芬,《居鲁士的教育》,"尾声"。
② G. Prinz,《论色诺芬的〈居鲁士的教育〉》(*De Xenophontis Cyri institutione*),Göttingen 1911,页74。

一

色诺芬这篇作品第一章看起来是为了称赞吕库戈斯关于生育繁衍后代的法律。他指出,别的希腊人培养未来母亲的方式与吕库戈斯的法律规定之间有两个重大差异。第二个差异他言之甚详,第一个却一笔带过。有关此论题,他的全部所言是这样的:

> 那些将来肯定要育养子女的女童,以及那些该受良好教育的女童,别的希腊人给她们食用分量最为适中,又切实可行的菜蔬,以及极少量又过得去的肉食;至于酒,他们要么根本不许她们饮酒,要么只许她们喝掺了水的酒。(《斯巴达政制》一章3节)

接着,色诺芬略过吕库戈斯关于女童饮食的规定不提;或者说,他并未明确告知读者,而是在字里行间向读者暗示所有那些必需的信息,譬如,用全文论述谋篇布局的方式来暗示。因为,上面引的那段话的上下文用于阐明其他希腊城邦的做法和吕库戈斯的创制之间的差异以及对立;①所以,这不过是一个更重要的论点——色诺芬且按下未表——的引子罢了,即斯巴达女童的饮食习惯与其他希腊女子的不同乃至对立。如此这般,色诺芬让我们搞清楚了,吕库戈斯允许斯巴达女童吃丰裕的食物,饮不掺水的酒。允许她们饮食饱足似乎是有助于生育强壮后代的一个措施,这是吕库戈斯立法的目的,色诺芬在当下语境里正在讨论。既如此,他为何不清楚地明说,吕库戈斯对女童的饮食有哪些规定?谜题由下述事实解开,色诺芬的论述中"丰裕的食物"与"不掺水的酒"紧密相关。因为,给年青女子充足的食品固然理由很充分,但给她们饮用

---

① 《斯巴达政制》一章3–4节。另参一章2、5和10节。

不掺水的希腊葡萄酒可能不太安全。我们从一些渠道很容易了解到，斯巴达女童和妇女因其普遍的举止放纵(laxity of manners)而出名，尤其在性方面；①而且，我们了解维纳斯和巴克库斯(Bacchus，即酒神信徒)之间的紧密联系。由于斯巴达女人众所周知的放荡，色诺芬对斯巴达女童饮食的数量和质量都只字未提，在一篇旨在称颂斯巴达的文章中，这是明智的省略。不过，要是他连其他希腊城邦的相反做法也都不提的话，难道不是更聪明些吗？如果我们不是假定，色诺芬是个无法意识到自己的论述含意的很明显的笨伯，或者，他是比最急匆匆走马观花的转述者更糟糕的作家，那么，我们必定要相信，他这么做是影射斯巴达妇女的举止失当。

这个结论由整个第一章的论证且实际上由整部作品所证实。隐晦地暗示了斯巴达女童的饮食情况后，紧接着，色诺芬提到她们的体育锻炼。在这部分中，色诺芬直截了当地谈论斯巴达"女性"。② 我以为，他用这个措辞是指出，斯巴达女性残留的动物性比男性多得多，因她们受的锻炼要少得多。唯有教育(参《斯巴达政制》三章 2 节)可培养她们节制，因此教育是被当作"丰裕饮食和不掺水的酒"的解药在起作用。可纵览全文，除了体育锻炼，关于斯巴达妇女的教育，色诺芬未着一字一词清楚说明，③与此同时，他强调斯巴达教育使男子节制，并且强调

---

① 柏拉图，《法义》637c 1 – 2(参 e 1 – 3) 和 780 d 9 以下。也参《王制》548 a – b、549 c – e 和 550 d 12。亚里士多德，《政治学》1269 b 9 – 12 和 1270 a 7 – 9。欧里庇得斯，《安德罗玛刻》，行 595 – 601。

② 他首先说的是"男性和女性群落(male and female tribe)"，然后把"男性"和"女性"作对照。(《斯巴达政制》一章 4 节)

③ 请注意，一章 3 节提的是女童的教育，并非斯巴达人。第二章似乎在谈斯巴达女童的教育，教育她们是为了教育孩子。这里，色诺芬唯一一次用了含意明确的词"儿子们"，就在这章的开头，此时他还没有论及斯巴达的教育，而是谈其他希腊城邦实行的教育。接着，他立即用语义含糊的词"孩童们"替换了"儿子们"，然后整个第二章用的都是"孩童们"。在二章 5 节，他说起斯巴达"男"童极其俭朴的食物；这个用法再次表明，斯巴达"女"童的食物不怎么俭朴。在二章 11 节(我是按 MSS[抄件]的识读)，他告诉我们，如果没有年龄较长的人监护孩子，最睿智的"男性"必须担当此任；这意味着斯巴达的男女孩童

这样相关的事实,作为吕库戈斯立法的结果,"明显的是,即使在审慎上,男性群落也比具有女人性的群落更强"。① 色诺芬只字未提妇女的道德教育或她们的羞耻感,这跟他不谈她们的饮食,理由如出一辙。

吕库戈斯法律培养的并非妇女的节制,而只是男人的节制。色诺芬在论述第一章的第三个也是最后一个主题,即斯巴达婚姻法时,一开头说明的就是这一点。此处,他解释了吕库戈斯训练斯巴达人节制性事的规定。男人若被人目睹进出妻子的房间,按规定是丢脸的事。遵守这个规定,其目的具有两层效果:既增强了羞耻感,又增强了性欲。性欲的增强夫妻二人都有,但羞怯感(bashfulness)的增加却只是丈夫的事(参《斯巴达政制》一章 5 节)。其他婚姻法令给丈夫提供了大得令人吃惊的通奸的自由,以及允许妻子通奸的自由。结果,这种自由看上去在实践中仿佛毫无限制;因为色诺芬解释了两条这类法律——它们本身已经够宽大的了——之后,还补充说,吕库戈斯"对那类法律做出了许多让步"。虽说我们从他的话只能猜一猜这些让步对妇女贞洁必然会起的作用(此外她们不受任何饮食方面的束缚),但色诺芬说得清清楚楚,妇女们对这些法律感到满意自有缘由:"因为,[斯巴达]妇女想掌控两个家庭。"②

我们对《斯巴达政制》的第一章作结,该章表面上是赞美斯巴达生育子女的法律,实则对斯巴达女人暗含讥讽。现在,色诺芬对斯巴达女

一起接受体育训练(欧里庇得斯曾强调过,男女同校的斯巴达式教育对妇女贞洁造成的结果很糟糕,引文同前)。这个结论非但跟一章 4 节不矛盾,而且由它得到证实,色诺芬在一章 4 节提到的妇女间的竞争比赛和男人的比赛不一样;因为成人的竞赛是一回事,儿童的体育锻炼是另一回事。参看 J. S. Watson 译:色诺芬,《短篇作品》(*Minor Works*, London 1891,页 206,注释 3)。

① 《斯巴达政制》二章 14 节和三章 4 节。如果和柏拉图的《法义》(802 e 8 – 10)、亚里士多德的《政治学》(1260 a 22 以下,1277 b 20 以下)作对比,三章 4 节行文中的反讽之意更为明显。参色诺芬,《阿克西劳斯》(*Agesilaus*),6,7。

② 《斯巴达政制》一章 6 – 9 节。关于斯巴达的女权政治,参亚里士多德,《政治学》1269 b 24 – 34。

人的实际行为,不管现在的还是过去的,跟吕库戈斯法律规定的行为之间不加区分,除了字词上的区分而已。所以,我们必须说,对斯巴达女性的讥讽,也是对一般意义上的斯巴达和吕库戈斯立法的讽刺。

二

为了表明斯巴达教育的优越,色诺芬把斯巴达致力的德性公共教育与别的希腊城邦导致文弱之气(effeminacy)的私人教育作了一番对比。这里他用的手法和之前讨论斯巴达生育后代的法律时类似:他指出了比如说雅典和斯巴达做法的两个主要区别,虽然他澄清了第二个区别,但对第一个也是更重要的那个区别突出的特征却不着一字。关于教育,他的说法是,斯巴达教育是公共的,其他希腊城邦的教育是私人的。可是,他也谈到别的希腊人"一等孩童到了可以听懂话的年龄……就马上送他们到老师那里学习文字、音乐和进行角力的训练"。① 紧接的下文以及整部作品的其他段落,他没有谈过在"文字和音乐"教育方面,吕库戈斯颁布的法律或者斯巴达人实际有什么作为。这个省略就像之前略过不提的做法一样并非偶然之举,而且,跟忽略斯巴达针对女童的饮食法几乎如出一辙:色诺芬让我们在字里行间了解到,在斯巴达这个地方,没有什么文字和音乐的教育值得一提。②

这其中反过来的含义指什么?当然是指体格锻炼。然而,斯巴达教育有些具体特征是色诺芬十分急于让我们知晓的。他强调,斯巴达儿童被教以偷窃、抢夺和行骗;行窃时被抓住会受严罚,他特别为这种做法作了辩解:

---

① 《斯巴达政制》二章 1 节。参色诺芬,《苏格拉底的申辩》(*Apologia Socratis*),16。

② 三章 1 节谈到孩童的(不是斯巴达人的)"教师"也是同样目的,比较该章的这节和其余各节即知。

有人会说,如果[吕库戈斯]断定偷窃是好的,为什么他要对被抓住的孩童罚鞭子?我的回答是,因为在所有其他所教导的事情上也同样如此,他们惩罚那些没有正确遵行教导的孩童。所以,斯巴达人罚那些行窃时被抓的孩童,原因是他们的窃术低劣。(《斯巴达政制》二章6-9节)

色诺芬对斯巴达这种"高明偷窃"教育的赞赏,明显与《居鲁士的教育》对此类做法的抨击有抵触,也与《上行记》里一处相关的提法抵牾(我以为,《上行记》那处对偷窃的提法通常被认为带有反讽之意)。① 对这些类似提法的斟酌,使近来一位《斯巴达政制》的编者怀疑色诺芬褒扬这类偷窃教育的诚意。② 这种怀疑完全正当,不过,不诚恳这个词太模糊了,更准确的词应是反讽。难道说,色诺芬不擅反讽之事?毕竟,他不仅在《上行记》里以反讽方式论及斯巴达的偷窃教育,而且他是苏格拉底的学生。难道不能看作是,他认为斯巴达惩罚"窃术低劣"孩童的习俗乃正当之举,是基于反讽性的假设,即"偷窃是好事",行窃是堪比文法、音乐甚或治家的一门艺术?斯巴达教育和一般生活中另一个典型特征是专横的法令(arbitrary commands),伴之以对违反法令之人的严惩不贷,尤其是鞭笞重责。③ 色诺芬对此种教育方法的褒扬,跟他在别处的说法——言辞劝说教育优于武力强制教育——相左。④ 故此我们得出的结论是,《斯巴达政制》第二章的构思是让读者隐约窥见这样的事实,在斯巴达,文字音

---

① 《居鲁士的教育》卷一6,31-32。《上行记》卷四,6、14-15。
② 奥利埃(F. Ollier),《斯巴达政制》(*La république des Lacédémoniens*),Lyon 1934,页xxxiii。
③ 《斯巴达政制》二章2,8-10节。参四章6节,六章2节,九章5节,十章4-7节。
④ 《回忆苏格拉底》卷一,2,10;《希耶罗》(*Hiero*),9,2;《马术》(*De re equestri*),11,6;《居鲁士的教育》卷一,2,2-3;《治家者》(*Oeconomicus*),14,7。最后两个提到的章节可以和《斯巴达政制》十章4-7节直接对比。

乐教育被偷盗和严刑鞭打的教导取而代之。①

我们这个结论容易受到一个乍看之下无懈可击的反对意见的非难。色诺芬对斯巴达教育的描述最显而易见的对比,是《居鲁士的教育》开头不久描述的波斯教育。两相比较,表明他的观点是,波斯教育确定无疑优于斯巴达,更不用说他以为,前者是绝对完美无缺的。就在对波斯教育的描写中,他再次提到,文字教育是别的民族而非波斯人的习俗,他没有说波斯有任何此类教育。因此,我们似乎不得不得出这样的结论,色诺芬这样也是在暗指波斯教育的野蛮性。尽管在我看来,从整部《居鲁士的教育》以及从诸多受过良好教育的希腊人对波斯教育的看法中,不妨得出这样的结论,但在这里,我仅限于指出色诺芬描述的波斯教育与斯巴达教育的一个重要差异。即便说波斯人没有音乐和文字学校,但他们确有司法学校,此乃地位很高的一个教育机构,斯巴达根本付之阙如。② 在司法学校,波斯男童学习对自己的所作所为给予说明,听取别人的说法,这自然锻炼了说话的本事。譬如说,小居鲁士学会的不仅是能言善辩,说话讨人喜欢(《居鲁士的教育》卷一,4,3),而且他也学会突出的本领,对士兵发表长篇大论的演说,养成某种苏格拉底式的习惯——发现有益的真理,用诙谐而真诚的谈话引导别人。然而,难道色诺芬不是把行动的重要性看得甚于言辞的一个士兵吗?不管这个看法可能意指什么,恰恰在军事方面,他强调对有别于不会说话的动物的人发号施令时言辞的关键性作用(《上行记》卷三,3,11。《马术》,8,13)。现在斯巴达儿童和青少年锻炼的不是能说会道,而是保持绝对的沉默寡言:吕库戈斯命令青少年"走路不出声",并且"你不会从他们那里听到一点声音,

---

① 注意到如下这点很紧要,色诺芬用于讨论斯巴达教育的只有一章(请看这第二章的突出结论)。这说明,第三、四章讨论的吕库戈斯对青少年的规章条令可能无法归在"教育"名下——起码一个了解教育究竟为何物的人不这么做。色诺芬会谈到斯巴达男童"教育"的理由,下文即会说明(参本文第二部分倒数第二个注释)。

② 参《斯巴达政制》二章 1 节以下和《居鲁士的教育》卷一,2,6。

如同不会从石像那里听到声音一样"。① 所以,波斯人没有文字音乐教育,却有言辞的教育;但在斯巴达,文字和言辞都被忽视了。

我们的论点是,色诺芬谈别的希腊人时提到文字音乐教育,谈斯巴达人时却不提此事,他这样做是想让读者诸君对斯巴达缺乏文字音乐作思考。假如我们在此之前没有看出,讨论斯巴达未来母亲的培育的那个地方以及其他地方采用了如出一辙的手法,本来可能注意不到这个暗示。不过,色诺芬的做法明显得多。他专门用两个完整的句子记述其他希腊城邦的女童的饮食,这就让我们期望有专门(或起码简明扼要的)针对斯巴达人的叙述前后呼应,我们的期望彻底落空,这使我们认识到,他的整个论述出了什么岔子。然而,对文字音乐的教育,色诺芬仅有一句话提到这个主题,这点明的仿佛并非文字音乐教育出现在别的希腊城邦,而是别的希腊城邦里教育是私人性质的,起码部分教育托付给了奴隶。后面一句话给这句话作了自然而然的补充,它表示斯巴达的教育是公共的,托付给地位很高的公民(《斯巴达政制》二章 1－2 节)。因此,第一句话引起的好奇几乎全得到了满足,并且,此处的行文没有让我们保持色诺芬在谈论女童或妇女时同样的警惕程度。色诺芬运用类似的手法时各处有别,一旦人们看出,和节制——节制只不过是一种为人类生活的真正目的服务的间接手段,虽说必不可少——相比,音乐、文字、言辞跟隐匿的真理有更直接的关联,这种差别就一点也不让人吃惊了。

色诺芬赞扬斯巴达人在男同性恋(男人和男童间)上的节欲,以此结束了对斯巴达教育的论述。他指出"一些人"不会相信他的赞美之辞,他让读者了解到,为什么这些事情必定是被夸大了。就斯巴达人真实的做法,他所说的一切无非是说明,在斯巴达,恋爱关系中的男人克制自己不跟男童发生性关系,正如父母不和孩子、兄弟不和兄弟姐妹发生性关系一样(《斯巴达政制》一章 13 节)。

---

① 《斯巴达政制》三章 4－5 节。参二章 1 节;《苏格拉底的申辩》,16。

据色诺芬的描述,通奸在斯巴达司空见惯,在这种地方,乱伦现象不可避免,比如说,很难(即使不是全无可能)确切知道一个人的近亲到底是谁。① 色诺芬把不严格的婚姻法追溯到斯巴达人意图"给孩子们增加兄弟([译按]指无财产权的私生子)",有时候他说,"[另外]这些人是他本人[某个斯巴达人]管教的孩子们的父亲",以此暗示斯巴达人家庭关系混乱不堪。② 此外,色诺芬总结对斯巴达青年在集体进餐时的行为举止的描述时说,"这就是所描述的他[吕库戈斯]照顾所喜爱的男童的方式"。③ 最重要的是,他几乎明确收回了对斯巴达男同性恋在欲爱上羞怯节制的赞美,他声称,看到斯巴达青年人去参加集体用膳时的行为举止,"你会相信,他们比新房里真正的处女还害羞"。④

三

到目前为止,色诺芬描述的斯巴达立法或斯巴达生活的两个最突出的特点,就是松懈的婚姻法,以及"偷窃为好事"的斯巴达教育下潜藏的原则。通过表明这两套规则对斯巴达人的德性产生的良好影响,他证明了其正当性:不严格的婚姻法有助于生育强壮健康的后代,偷盗

---

① 参亚里士多德,《政治学》1262 a 32 以下。

② 《斯巴达政制》一章 9 节和六章 2 节。比较《希腊志》卷三 3,1-2 与《阿克西劳斯》,1,5。

③ 《斯巴达政制》三章 5 节(据 MSS[抄件]的解读)。色诺芬在这段行文中用了四个词,这些字眼以这样或那样的方式暗指恋爱,这绝对是有目的的。在二章 12-14 节,他把玩斯巴达教育(paideia)和男童恋(paidikoi erotes)之间的关系,我们也不该视而不见。

④ 三章 5 节(据 MSS[抄件]的解读)。编校者们反对该处以及一系列类似情况下对 MSS 的解读,他们推崇的要么是由别的间接传统提供的改写,要么是凭推测而来的解读,理由无外乎是,他们不考虑色诺芬的阿里斯托芬倾向。

的教诲则对军事效率有益(一章 5-10 节和二章 7 节)。因此,我们不得不着手的问题是,在人的卓越(excellence)或德性的框架内,色诺芬确定的体格健壮(excellence)和军事效率在哪些地方。

色诺芬明确阐述了他判断人的能力和习俗之品质的标准:灵魂的地位高于肉体。① 所以,他赞扬斯巴达人身体优势上的如此种种,不外乎是更重要得多的颂赞他们灵魂卓越的一个引子而已。故此,我们必须考虑(比通常更小心谨慎),他强调吕库戈斯"迫使所有[斯巴达人]公开践行所有的德性(practice all virtues publicly,十章 4 节)"的说法,意指何物。

我们自然期望会碰到他对德性大合唱的一番描述,但我们的期望落空了,像在前文一样。尽管吕库戈斯"在极端方面十分明智",②但纵观全文,里面既没提到智慧,也没谈到对智慧的教育。文章也只字未提正义,未提司法学校,虽说几乎每页都在大谈惩罚和严惩,虽说也简短说明了关于法律诉讼的程序。③ 别的希腊城邦惩罚那些在任何事情上对他人做出不义行为的不管什么人,然而,吕库戈斯对那些似乎忽视了要践行德性的人施加的处罚不轻。因为他相信,从那些绑架、抢劫、偷窃案件来看,受害人只是遭受到不义,但坏人和懦夫出卖的是整个城邦。故此,在我看来,他好像很恰当地对后者处以最重的惩罚。然后,色诺芬又省略掉了某些东西:他没说,吕库戈斯关于不义的观念如何,颁布了哪些法律。或更准确地说,色诺芬希望我们仍记得他早先所发现的吕库戈斯"相信偷窃是好的"。④ 鉴于在斯巴达看不到智慧,鉴于

---

① 十章 3 节。色诺芬详细阐述了斯巴达的"灵魂"概念,如在七章3-4节和十章2-3节的段落。参八章 1 节(MSS)。

② 一章 2 节。色诺芬的这句表述很含混:它可能是说吕库戈斯极为睿智,但这是多余的话;或许是说,他在极端做法方面非常明智,那么这就不仅不多余,反倒十分妥帖:吕库戈斯非常明智的这些极端方面是好是坏,色诺芬论而不断。就斯巴达的情况而言,提到种种技艺时几乎无一例外和战争相关。(一章 3 节;七章 1 节;十一章 2 节;十三章 5、7 节。)

③ 十三章 11 节。七章 5 节和十四章 6 节也谈到不义。

④ 《斯巴达政制》十章 5-6 节和二章 7-9 节。

苏格拉底把智慧和节制(moderation)相联结(《回忆苏格拉底》卷三,9,4),当我们看到,色诺芬不把节制归于斯巴达人(除了含含糊糊的那句"即使在适度[moderate]上,男性群落也比具有女人性[female nature]的群落更强"),就一点也不吃惊。① 因而,若智慧、正义和节制是斯巴达人所不熟悉的德性,我们就必须把色诺芬说吕库戈斯"迫使所有[斯巴达人]公开践行所有的德性"这句话限定为,他使斯巴达人践行除智慧、正义和节制之外的所有德性。事实上,当色诺芬后来用一种略作改动的形式重复这句强调的话时,他自己作出了限定("公开"这个词有所暗示):吕库戈斯"对于践行全部政治德性甚至强加以不可抵抗的必要性"。② 一种实践智慧的不可抵抗的必要性(比方说)几乎是难以想象的。可以如此总结色诺芬对斯巴达德性的看法,作为城邦,斯巴达的德性与别的城邦德性间的差异,跟"践行[德性]"的常人的德性与疏忽大意的常人的德性之间的差别,没什么不一样。因为,若德性即智慧,且既然智慧只存在于一小撮人那里,那么,全体公民的所谓德性和真正德性之间的差别甚至定然比庸医和医生的医术之间的分野还要大。③

我们迄今得到的结论可能被人指责,其基础是沉默亦表达某种观点。虽说这个反驳并非十分有效,因为它把论说过程中间或的沉默误认作纯粹彻底的沉默,虽说上述这个原则——"沉默亦表达观点"不获许可——运用到色诺芬的著作前必须作重大调整,但是,把我们进一步讨

---

① 《斯巴达政制》三章4节。色诺芬说到,斯巴达人在共同进餐时的确"出现了……一丝半点的傲慢无礼(即作为节制的反面)"(五章6节)。但是,一旦人们想起,甚至在波斯国王的门边"也看得到行为多么地节制"(《上行记》卷一,9,3),就马上会明白前面对斯巴达的这种褒扬是多么有保留。关于《斯巴达政制》十三章5节使用的 sophronizein 一词,请比照《居鲁士的教育》卷三,1,16 以下。

② 《斯巴达政制》十章7节。"政治德性"的含义,比较柏拉图的《斐多》82 a 10 – b 8 以及《王制》430 c 3 – 5,亚里士多德的《尼各马可伦理学》1116 a 15 以下。

③ 《斯巴达政制》十章4节和《回忆苏格拉底》卷三,9,5。

论色诺芬描述的斯巴达德性尽可能严格地限定为他清楚明晰的说法,才堪称明智。若然,那么可以说,就斯巴达人的个人德性,色诺芬指名道姓的并非智慧、节制和正义,而是自制、羞怯和服从(二章14节与2节)。

自制(enkrateia)与节制(sophrosynê)具有某种确定的紧密关系,这使它们用于几乎任何一种实际目的时无分轩轾,多数情况下两个词可当同义词使用。但两种品质却远非一致。① 节制(moderation)——与智慧密不可分——比自制(continence)更高贵,自制仅是德性之"基础"。② 自制关涉身体的快乐,以及来自财富的快乐(《回忆苏格拉底》卷一,5,6)。我们不必重复前文援引的色诺芬关于婚姻法和教育的论述(尤其《斯巴达政制》一章5节),仅需指出,即便斯巴达男人似乎也未能服从对他们饮食数量的严苛规定。特别是饮用,吕库戈斯规定"凡饥渴时才许饮用,认为这样饮水才最无害、最香甜"。这就是说,吕库戈斯让饥渴,或喉咙、胃,作为饮品的衡量尺度。③ 意义更重大的是他的财产法。色诺芬告诉读者,吕库戈斯禁止擅自将任何东西据为己有,即获取性地占有哪怕任何一类东西,他令斯巴达人彻底献身于保障城邦自由的活动。此外,他解释了,斯巴达共同体的整体设置如何防止斯巴达人汲汲于攫取财富。最后他强调说,斯巴达钱币很重,斯巴达人根本不可能偷偷摸摸获取财富。就眼下情况而言,吕库戈斯让我们获悉真相所选用的方法是过度证明这种方法。因为,他一面在开头说获取财富之类的东西在斯巴达被明令禁止,旋即又谈到斯巴达钱币的重量是为了防止有人以不正当手段获得财富,藏起这些钱币十分困难。这自然产生这样的问题,斯巴达人是否有办法弄到金子或银子,金银更容易藏匿。答案是肯定的,要不然就没必要对勘探金银制定规章了(七章2节和5-6节)。而且,尽管吕库戈斯最初的言论暗示,对斯巴

---

① 《居鲁士的教育》卷一2,8和卷八1,30-32;《阿克西劳斯》,10,2;《苏格拉底的申辩》,19。可顺便提到,色诺芬对这两种品质的关系的看法与亚里士多德不是仅细节不同,而是有根本分歧。

② 《回忆苏格拉底》卷一,5,4,以及卷三,9,4。

③ 《斯巴达政制》五章3-4节。参二章1节末尾。

达生活的设置规划排除了斯巴达人一切觊觎财富之心,但不久我们就从他那里得知,需要处罚措施来防止斯巴达人获取钱财。① 除此之外,他还把我们的注意力吸引到这样的事实上面来,虽说不允许斯巴达人热切追求财富,但财富以及贫富民之间的差距在理想的斯巴达的确存在。② 那么,斯巴达人的财产单靠发横财吗? 这位立法者相信"偷盗是好的",他没有惩罚那些绑架、抢劫、偷盗之徒,对财产他就不置一词吗? 特别让人感兴趣的是,色诺芬谈到,斯巴达人渴望"给孩子们增加兄弟,他们成为家族子嗣,分享权力,但没有财产权"。这种渴望当然隐含了对财富的某种认真的兴趣。③ 并且,国王一定会"在许多附属城邦[被给予]许多精良的土地,以致他既不短缺适度的收入,也不致使自己的财产招人瞩目"(十五章 3 节),若然,那斯巴达人高贵的贫穷和节俭是什么情形? 最后,我们不该再忽视,色诺芬公开说明自己对于古代完美的斯巴达人在钱财事务上节制的看法;因为他说,"我知道,以前他们怕被人看到有金子"。④

这段引文形成从斯巴达人的自制到羞耻感的一个自然过渡,羞耻心是色诺芬着重强调的,甚于其他任何和平时期(peacetime)的德性。⑤ 羞耻感或羞怯感(sense of shame or bashfulness),跟被称作节制的这种真正的德性,具有某种共通的东西,色诺芬并没有把节制归于斯巴达人。并且,羞耻感比自制更次于节制。据色诺芬的撰述,恰恰是居鲁士这位波斯帝国的缔造者,区分过节制和羞耻感,他的话大约如此:有羞耻之心者不在白天做令人羞耻的事,而审慎之士即使私下里也不欺暗

---

① 《斯巴达政制》七章 3 – 6 节。参 F. Habben,《论色诺芬的短篇作品:〈斯巴达政制〉和〈治家者〉》(*De Xenophontis libello⋯*),Münster 1909,页 27。

② 《斯巴达政制》五章 3 节;六章 5 节;十章 7 节;十三章 11 节。

③ 《斯巴达政制》一章 9 节。参 Habben,同前,页 15。

④ 《斯巴达政制》十四章 3 节。这个论述由第七章到第八章的突然转换预示出来。

⑤ 《斯巴达政制》一章 5 节;二章 2、10 和 14 节。三章 4 和 5 节。五章 5 节。

室(《居鲁士的教育》卷八,1,31)。因此,羞耻感定然不是一种地道的德性:它只关注外在的善(goodness)或善的外表而已。现在很容易看出,吕库戈斯感兴趣的仅仅是看得见的善罢了。盖因于此,他对那些被看到、被抓到的行为不检者惩罚居多,以正派得体的行为约束年轻人走正道,把斯巴达人从私人居所拽到公共食堂。① 所以,吕库戈斯使之暴露于阳光之下的并非斯巴达人,而是公共食堂;因为他的观点,即通过创建集体用膳制,使人们不能够违反他的法律,纯属一种信念(《斯巴达政制》五章2节)。吕库戈斯仅仅教斯巴达人懂得羞耻心,却不给他们真正的教育——文字与言辞教育,智慧、节制和正义的教育——换句话说,他以严苛的、使人丢脸的惩罚胁迫他们顺服,就是在迫使他们不露行藏地做禁止之事。甚至从公民孩提时代起,吕库戈斯教他们行窃时如何不被人抓住,从而教会他们瞒天过海术。斯巴达人找到的唯一安慰是互相窥探。② 斯巴达人闻名遐迩的羞耻感因而不过是虚伪罢了,所谓斯巴达人德性的衰落只不过是他们虚伪的衰落:当代斯巴达人与其祖先的区别仅仅在于,他们明目张胆地公然违反吕库戈斯的法律(参十四章3、7节)。现在既然羞耻感关系到显而易见的善,或者说只关涉公开的善,它在某种意义上与公众践行的德性或政治德性就是一回事。③ 把暗藏于斯巴达理想下面的谬误简化为它的原则,我们仅需重复色诺芬着重强调的话,吕库戈斯迫使所有斯巴达人当众践行一切德性:这就是说,他并不(他也无法)强求他们私下里也践行德性。④

　　第三个也是最后一个斯巴达人和平时期的德性,是服从。服从即

---

① 《斯巴达政制》一章5节;二章10节以下及13节;三章4节;七章5节(参十四章3节);十章5节。对勘以上这些章节和二章8节。

② "那些打算获得某种东西[尤其是'高贵的东西',或城邦的荣誉]的人必须雇佣密探。"参《斯巴达政制》二章7节与四章4节。

③ 参《回忆苏格拉底》卷三,7,5和《居鲁士的教育》卷八,1,31。

④ 注意"私人教师"(二章2节)与"文字和音乐"(二章1节)的联系。参柏拉图,《法义》666e。

斯巴达精神或色诺芬的品味　　73

顺服于法律,顺服于统治者。因而,它的价值有赖于涉及的法律或统治者的智慧:服从于暴君、乌合之众或任何其他个人或群体制定的愚蠢的或不义的法律,绝非德性。现在我们看到色诺芬对吕库戈斯法律的尊贵性的想法,其法律包含对通奸的诸多姑息让步,却未有针对真正教育的哪怕一丁点法律条款。① 而且,斯巴达人服从的根源类似于羞耻心的根源,就是害怕挨严重的鞭笞,②由此我们本应该可以继续进入另一个主题,但我们还需先讨论一下这个事实:色诺芬笔下的苏格拉底以正义就是守法、守一切之法的教诲为人所熟知,而且就在《回忆苏格拉底》此处的行文里面,苏格拉底赞扬了吕库戈斯教导斯巴达

---

① 色诺芬对吕库戈斯法律合不合理的判断首先是这样表明的,他暗中指出,照斯巴达人的看法,高贵的东西(kala)具有随意性(二章9和10节;四章4节;六章2节)。这一点最清楚不过地表现在,他谈到吕库戈斯时用了 nomizein 这个词的两种含义:"制定"和"相信"(特别参阅二章4节和一章6节以下)。因为,悉心分辨,吕库戈斯所"相信"的东西不同于他"看到"的、他"观察到"的东西:某些情况下,他"信以为真"并"制定"的东西跟他的所"看"所"察"是抵牾的,即与事物的本质抵牾,或更确切地说与人的本质抵牾(特别参见一章5和7节)。其结果,他的立法跟其他希腊人或大多数人,甚或所有人的观点相左(特别参见一章7节,二章13节和三章4节)。所有人公认的法律是不成文法和自然法(《回忆苏格拉底》卷四,4,19以下)。既然吕库戈斯与所有人或所有希腊人观点不合,他就让人"觉得奇怪"(参一章2和1节)。色诺芬另外一个表示同样判断的方式是说吕库戈斯的法律"非常古老",然而对别的希腊城邦"十分新鲜"(十章8节);因为别的希腊城邦律法没那么古老,因此也较少蛮性(参修昔底德,《伯罗奔半岛战争志》卷一,6,6)。色诺芬的说法——斯巴达法律与大多数或所有人的法律抵触——读起来像是希罗多德关于埃及法律的类似言辞(《原史》卷二,35)的改头换面。斯巴达和埃及的关系是柏拉图《法义》的一个主要论题,柏拉图探讨这个主题时的精神气度与色诺芬指出吕库戈斯法律的远古性很相似。参见希罗多德,《原史》卷六,60和伊索克拉底《布西里斯》(Busiris),17。

② 《斯巴达政制》二章2和10节。(不必提到,讨论中涉及的希腊词——peitho——含义模棱两可。)也参阅八章3节毫不掩饰地把服从和害怕混为一谈。

人这样守法。①

要理解《回忆苏格拉底》里这段话的义涵,我们必须简要考察这部作品的特性,因其特性,这段话构成了非常突出的一部分。《回忆苏格拉底》的目的是展现苏格拉底的言行,而非他的思想。更准确地说,该作品的意图并非明明白白地呈现他的私人观点(private views)如何。它主要是公开陈述他公之于众的观点,也就是他在公众面前说的话,他跟那些仅具公共身份的人的私人谈话。从字里行间看,这些观点并不具有十分严肃的性质,不时出现与苏格拉底的公开观点公然抵触的言论,因此这些言论容易被现代的编辑们删掉,整部作品以及大量个别篇章的构思有众所周知也就是出了名的缺陷,也表明其不严肃性。② 故而,只对个别章节或全书查找一番,哪怕勤读不已,也不可能发现色诺芬笔下的苏格拉底真实的想法所在;欲揭示色诺芬和苏格拉底的私人观点,必须做番私人性的思考,无论如何,尤须从苏格拉底的言论来推导故意扭曲的真话,这是苏格拉底为了和碰上的对谈者的愚笨保持一致,或适应他,故意为之。或换句话说,我们切不可只凭信色诺芬笔下苏格拉底的任何哪句话的表面含义,这样的话往往与统领全书构思的原则相抵牾。《回忆苏格拉底》全书构思的基础在于此一假设:"言辞"高于"行为"。③ 另一方面,苏格拉底"证明"正义就是守城邦法律的言论,是从一个假设开始的(苏格拉底暗示了这个假设,他的对话者却毫

---

① 《回忆苏格拉底》卷四,4,15。参《居鲁士的教育》卷三,3,8 诸多其他段落。

② 关于《回忆苏格拉底》的构思布局,参见 Emma Edelstein 的《色诺芬和柏拉图的苏格拉底形象》(*Xenophonisches und Platonisches Bild des Socrates*),Berlin 1935, pp. 78 – 137。

③ 《回忆苏格拉底》的主体部分(从卷一3章直到末尾)由37章组成,其中只有前面第一章,或前三章写的是"行为",其余的全部是写"言辞"。对勘该书卷三3章11节与柏拉图的《高尔吉亚》450 c – d。"行为 – 言辞"这一对立是另一对立——实际或政治生活对立于理论生活——的反讽性表达形式,关于"行为 – 言辞"的意义比照柏拉图的《申辩》32 a 4 – 5 和《克力同》52 d 5。

无顾虑地采纳了这个假设),即"行为"比"言辞"更要紧。① 而且,对话者提出来反驳苏格拉底的观点——正义就是服从城邦法律——的论证不得要领,和该书另一处出现的一个更聪明或更坦率者用过的类似论证如出一辙,②因此,苏格拉底对于对话者的否定仅仅是一种对人不对事的论证(argumentatio ad hominem)。此外,苏格拉底以某个说法开始这场谈话,这个说法预先驳斥了他后来的论题——极难找到一个教正义的老师;因为,若正义即法律之事,不但任何一个法律专家,而且公共立法机构里哪怕任何一个人皆可做正义的教师。末了,苏格拉底"证明了"他的论点后,突然从城邦法律转到不成文法(或自然法),因而,他如此(也只有如此)指明了关键性的问题:城邦法律和自然法可能有分歧和抵牾。那么,我们的结论是,色诺芬和苏格拉底都没有当真接受这样的观点:正义就是服从城邦法律,置法律正义与否于不顾。所以,把赞美吕库戈斯法律的话插入对此观点"正反辩证"的论据中,根本没有反驳我们对《斯巴达政制》的阐释,实际上倒有力地赞同了我们的阐释。③

那么,斯巴达德性还剩下什么?当然是男子气概。不过要注意到,指称这种德性的通用术语全文中只出现过一次,然后出现在某一节中,此处该术语的含义极其含糊不清。④ 诚然,有个同义词曾出现在某节中,含义一清二楚(《斯巴达政制》四章 2 节),在色诺芬谈到这种斯巴达德性或 kalokagathia 的所有章节,他当然主要(若不是专门的话)考虑

---

① 《回忆苏格拉底》卷四,4,10。也参阅该章的开头。
② 《回忆苏格拉底》卷一,2,41 以下。
③ 几乎没必要提,色诺芬的《苏格拉底的申辩》15 不能引证为相反的观点。任何反驳这段话的人犯的错误是苏格拉底自己在这段话里警告不要犯的,这个错误就是毫无保留地相信德尔斐神庙的神(或他的祭司,或听到他或她的神谕的人……),如果说还不是犯更严重的错误(这点从"甚至不是这种"的字眼里表现出来)的话,即相信德尔斐神庙的神所说的不可能的话。参柏拉图《申辩》20e–21a 类似的段落。
④ 《斯巴达政制》九章 5 节(根据优质的抄件)。十章 6 节提到了"没有男子气概的民族"。

的是其男子气概。① 于是,我们面临着这样的问题,色诺芬如何评判男子气概,即没有智慧、节制或正义的男子气概。他在颂扬斯巴达国王阿克西劳斯的作品——它在各个方面最接近《斯巴达政制》——里说明了自己的观点:单看男子气概,它几乎无异于疯狂(《阿克西劳斯》,2,12和7)。现在,男子气概主要是战争德性,这样的话,比较男子气概之高贵与其他德性之高贵的答案,就暗示出战争的高贵与和平的高贵相比的答案。

四

甫一开始论述时,我们有个不言而喻的假定:那些在亚里士多德(他的作品一直传到我们这一代)之前不搞修辞术(non-rhetorical)的希腊散文作家,其文学技巧大异于多数后世作家的技巧:前者是精通节制的大师,按节制法则教人真理,亦即他们教导的真理只可意会。因此,我们不考虑这样的推测(这是高等考据学的成果):色诺芬是写完其他十四章以后,才写出抨击当代斯巴达的那部分,插在全文煞尾之际。这种推测的基点是,看出抨击的部分与全文主干相矛盾。但是,这些矛盾之处并非出现于文中唯一的矛盾。而且,这个推测的基础还在于,它发现抨击当代斯巴达的部分插到文中的方式极不合常规。不过,不合常规出现在全文每一章和大量个别句子里;只有当那些甚至浅尝辄止的读者轻而易举就注意到的东西,我们却费好大劲仍然无法理解的时候,这些不合常规之处表现出的困难,才算跟最突出的不合常规表现的困难相当。鉴于这样的事实(因为事实的确如此),即采用不合常理的写作和自相矛盾的说法是色诺芬所属的那个作家小团体写作术的特征,我们就有理由认为(正如缺乏任何相反的外部证据时我们有权做的那样),色诺芬是在连贯的思维活动

---

① 不过,试比较九章1节与全书的开头。

中构思这部作品的所有篇章。①

色诺芬把抨击当代斯巴达的言论恰好夹在最后一部分的中段。这部分讨论斯巴达王国,由两章组成:前一章(十三章)专注于斯巴达国

---

① 这部作品最突出的困难在于:在大部分篇幅中,色诺芬说起吕库戈斯在古代制定的法律和他本人所处时代斯巴达人的所作所为,对两者似乎不加区分,然而当他斥责当代斯巴达时,却在古代完美的斯巴达和当前弊病横生的斯巴达间划出泾渭分明的界线。全书一开头,他就声明将讨论古代的一种现象:

> 一旦看到,斯巴达这个人口最稀疏的城邦之一,成为希腊最强大、最驰名的城邦,我就不禁奇怪,这一切到底是如何发生的。不过,思考了斯巴达人(Spartiates)的政制后,我就毫不吃惊了。(一章1节)

这段引子跟《回忆苏格拉底》的开头几乎完全对得上:

> 我常常感到奇怪的是,那些控诉苏格拉底的检察官们究竟用了一些什么论证说服了雅典人,使他们认为,他应该由城邦判处死刑。[译按]参吴永泉译文,《回忆苏格拉底》,商务印书馆,1986)

这两处说起斯巴达和苏格拉底时,色诺芬提的是过去发生的、促使他思考其原因的某一桩事件,两处都没提仍旧还存在的现象。《斯巴达政制》开头指的事件十有八九是斯巴达在伯罗奔半岛战争中的胜利。与此开头相应,第一章他大多谈的是吕库戈斯在古代颁行的法律,这章行将结尾时才过渡到当代。第二、三章古代的比重仍大于当代。第四至十章,讨论古代的章节跟讨论当代的数量大致相当。第十一、十二章当代的比重超过古代,第十三章,也就是抨击当代斯巴达之前的那章,色诺芬几乎专门赞美了当代斯巴达:他如此公然地自相矛盾,如此小心翼翼地准备了这种明目张胆的自相矛盾。自不必说,"吕库戈斯的法律"跟"斯巴达人实际的做法"间微妙的差别应该悉心加以分辨。一方面,在那些讨论军事的篇章中,色诺芬把斯巴达人的实际做法非常突出地放在显著位置,另一方面在比如说讨论钱财上的节制的篇章中,他偏爱谈论吕库戈斯的法律——这当然不是偶然之举。

王带军打仗时享有的权力和荣誉,后一章(十五章)谈的是他在国内享有的荣誉。① 这两章之间塞进一章用于抨击当代斯巴达,其中"国王"一词甚至都没出现,这样,色诺芬似乎让全书失去了条理分明、秩序井然的重大优点。抑或,他倾向于含糊不清的布局?

在构思全书时,这位撰写过《居鲁士的教育》《希耶罗》和《阿克西劳斯》的作家自然受他本人对君主制或君主统治问题的好评所引导。因此他不得已把斯巴达王国表现成斯巴达的体制达到的巅峰。"山谷最宜于陪衬山岭。"所以,色诺芬不得不在褒扬斯巴达政制的末尾放上对斯巴达君主制的说明,他不得不把全书的若干主题按逐级上升的直线排列顺序,从最底部的主题排到最高峰,即君主制。② 色诺芬把生育子嗣的法律选作第一个主题,因为这些法律涉及的是人与动物共有的那一方面。从生育子女(第一章),色诺芬的进路逐渐上升到教育(第二章)、青少年(第三章)、成年男子(第四章)、就身体享乐而言的自制(第五至第六章)、就财富而言的自制(第六至第七章)、服从(第八章)、男子气概(第九章)、全部政治德性(第十章)、战争(第十一至第十三章),直到英雄般的斯巴达王国(第十三和十五章)。这一谋篇布局暗示了这样的观点,从和平到战争是一种上升路线,因为战争是王国这个最高主题之前的最后一个论题,这意味着,和平不过是战争的准备,是战争的手段而已。③ 现在,恰恰是这样秩序井然的布局被色诺芬插入第十四章(批评当代斯巴达)后就彻底搞砸了,因为这样他就破坏了专门讨论君主制(十三章和十五章)部分的连贯统一。如此一来,他弄砸的还不仅仅是文章布局的明晰,而且更紧要的是,损害了他赞美斯巴达王国的庄重意味。然而与此同时,他让读者诸君明白了,第十三章的结尾是赞美吕库戈斯法律的实际终结:故此他尤其消除了全书结尾的庄重意味,结尾成了纯诗意的、不严肃的东西。结果,他迫使我们重新审视,单看前面十三章的布局。这十三章泾渭分明,分为两个主要的部分:第一部分(一

---

① 《斯巴达政制》十三章 1 节和十五章 8 节。
② 注意全书庄重而诗意的结尾。
③ 不消说,隐含这样观点的谋篇布局是最适于赞美斯巴达的。

到十章)讨论跟和平以及战争时期相关的体制,第二部分(十一到十三章)专门讨论战争时期的体制。① 故而,认为十四章的插入损害了全书的布局乃基于这种观点,即从生育后代到英雄王国是一种上升路线;但基于另一观点,即和平与战争的区分对于判断任何政制是头等重要的事,插入十四章的做法根本无害,反而对全书布局有促进提高。色诺芬把批评当代斯巴达的言论插在"不适宜的"地方,意味着对斯巴达君主制的褒扬(出现在显著位置)必须依照和平与战争的区分(出现在不显著的位置)重新考量,并且由此暗示的一切都必须据此重新考量;他让我们明白,作为第一种布局基础的信念——战争高于和平——必须予以反思。②

审视"战争高于和平"这个信念导致的结果,隐含在色诺芬关于斯巴达人的德性的所有明言和暗示中。除此外,它也隐含在色诺芬对下述事实的突出的溢美之词中:吕库戈斯的法律在斯巴达公民之间助长纷争对抗的精神(《斯巴达政制》四章)。因按古典思想家的看法,只要主张反对其他城邦的战争是城邦生活的目的,就必然导致反对他人的人与人的战争是个人生活的目的的主张。③ 而且,色诺芬总结全书第一部分——这一部分专门讨论和平以及战争时期的体制——的方式看似对全部斯巴达立法论述的结语;他因而表明,单单跟战争有关的体制不值得严肃对待。④ 所以,他为自己极为简短地讲述斯巴达军营生活

---

① 《斯巴达政制》十一章 1 节。参十二章 1 节和十三章 1 节。

② 如果人们忽视了第十四章,"第一种布局"就比"第二种布局"更显而易见。理由是,只有"第一种布局"才保证了全书给人印象深刻的结尾有正当理由,且印象最深刻的东西就是最显而易见的东西。"第二种布局"不仅被这个印象深刻的结尾遮蔽了,而且整个十五章也起了这个作用,十五章重新讨论起和平而非战争时期的事务,而专门处理和平时期的部分早在第十章结束时就告一段落了。

③ 参阅柏拉图的《法义》626c – 630d 和亚里士多德的《政治学》1324a 5 – 1325a 15。

④ 《斯巴达政制》十章 8 节(也参十一章 1 节)。斯巴达的军事体制不值得讨论也许有另外一个原因。"色诺芬在此作品中很欣赏斯巴达的军队体制,

时的啰唆加以辩解(十二章 7 节)。末了,色诺芬把全书的最后一章用于讨论和平而非战争时期的事务,以此表明——如果说某种扭曲对他的主题最为恰切的话——结尾应该是和平,而非战争。①

五

本书的标题点明其主题是斯巴达人的政制,而且,表面的谋篇布局迫使我们假设,该政制即君主制(参十四章 1 节)。然而,色诺芬破坏掉这种布局,说明那种假设站不住脚。② 如果我们因此把他关于斯巴达国王的所有讨论排除在外,会发现他对政制本身的讨论相当贫乏:《斯巴达政制》没有哪一章是明确处理政制的。文章的标题故而貌似不当。现在来看,色诺芬仿佛对文不对题有某种特殊嗜好:《上行记》的标题、《居鲁士的教育》的标题与《斯巴达政制》的标题均有失贴切。"居鲁士的教育"这样的标题之所以被当仁不让地选

但他离开万人大军(Dix Mille)后,接受了一切雅典的军队体制,而当他即将诋毁 Thymbrée 战争时,他诋毁的是将被居鲁士军队所采用的雅典战术和体制。"(奥利埃,同前, p. xxxiii)对斯巴达军事组织的判断(奥利埃先生指出的矛盾之处对此有所意指)在十一章 7 节有清楚的说明。十二章 2-4 节也指出了斯巴达军队别的毛病,对比《居鲁士的教育》卷四,2,1-8 和《阿克西劳斯》,2,24 即可知。

① 色诺芬对和平与战争的观点,特别参见《回忆苏格拉底》卷二,6,21 以下;《雅典的收入》(De vectigalibus),5;《希耶罗》,2;《治家者》,1,23;《居鲁士的教育》,卷八,4,7-8。对勘《会饮》,1,10 和《斯巴达政制》(Respublica Lacedaemoniorum)十一章,3 节。

② 色诺芬说明,斯巴达国王的权力限于祭司和军队领袖的作用:虽说战争期间国王拥有"权力和荣誉",但和平时代他只享有"荣誉"(参《斯巴达政制》十三章 1 和 10 节以下,十四章 8 节)。如此的政制促使斯巴达国王喜好战争甚于和平(参修昔底德,卷八,5,3 和伊索克拉底,《尼可勒斯》[Nicoles],24)。色诺芬让我们觉察到这点,从而表明他对这个明智举措的判断。

用,是为了把我们的注意力从居鲁士的辉煌成就转移到他的谦逊教育上去,或更确切地说,旨在诱使我们最大限度地注意到他相当隐晦的教育。① 同理,选用"斯巴达政制"这个标题,目的是诱使我们觉察斯巴达略显隐晦不明的政制。

色诺芬甚至没提到他在别处谈起过的显然有权有势的"小公民议会"(Little Assembly),他由此隐瞒了这种政制的真实本性(《希腊志》,卷三,3,8)。斯巴达有两个而非一个国王的事实,他也小心谨慎地避而不谈。② 此外,他是在专门讨论某种斯巴达德性(而非斯巴达治理形式)的一章,最明确地谈起过斯巴达的治理形式。而那一处讨论的德性是服从,并且,既然他谈斯巴达人的服从时甚至提都没提国王,却在那时强调掌政官(ephors)③的权力,那么,斯巴达实际的统治者是掌政官,就没什么重大疑问了。他说,掌政官像僭主那样进行统治。④ 然而,僭主是不依法治国的。⑤ 掌政官是不是因此不臣服于城邦法律,也就是说,不臣服于吕库戈斯的法律?⑥ 或者说,吕库戈斯自己并非一个除了德尔斐神庙的神之外不臣服于任何人的立法者?色诺

---

① 名为《成吉思汗的教育》(*Chengis Khan's Education*)的一本书完整叙述了这位征服者、帝国缔造者的一生和撰述,它可以提供与色诺芬的《居鲁士的教育》还算恰当的对比。

② 整个十三章没一处提过两个国王的事。十五章开头,色诺芬再次专门谈到"那个国王"。在十四章3节,他没有确定地说斯巴达是由一个还是两个国王统治,这样就为接下来的段落透露出斯巴达的国家不是君主制的事实作好了准备。但这一段过后,他不再提第二位国王。

③ [译注]斯巴达五名最高级政务官的头衔,和两位国王一起构成国家主要行政领导机关。掌政官主持元老会议和公民议会,并负责贯彻执行两会的法令。他们拥有极大的权力,在非常时期能逮捕、监禁和参加审判国王。每个成年男性公民都有资格参加一年一度的掌政官选举。

④ 《斯巴达政制》八章4节。参柏拉图的《法义》712 d 4–5和亚里士多德的《政治学》1270 b 14–15。"政制"同样和"专制"彼此冲突,这一事实表明文章的标题意在反讽。参《希腊志》,卷六,3,8。

⑤ 《回忆苏格拉底》卷四,6,12。

⑥ 参亚里士多德,《政治学》1270 b 30。

芬似乎很确信这一点:在吕库戈斯使"意气相投者"成为城邦最有权势的人之前,他"甚至不予一试"建立斯巴达的生活秩序。尽管色诺芬搞得一清二楚,这些有权有势者陪着吕库戈斯去德尔斐神庙祈求神明认可"他自己制订的法律",色诺芬却仅仅说,他们"帮着建立五人监察院(office of the ephors)的权力"(八章1,3和5节)。

跟最有权力的斯巴达人一起树立掌政官权威的这个人或这些人的身份是什么,对此稍加质疑也许并无不妥。他们的合作仅限于彼此之间吗?换句话说,吕库戈斯在多大程度上能区别于最有权力的斯巴达人或掌政官?"吕库戈斯据说生活于赫拉克勒斯的后裔的时代。"①不过,凡斯巴达国王都是或都声称是赫拉克勒斯的后裔。那么,吕库戈斯是不死之身吗?② 不管我们以为色诺芬可能多迷信,他肯定不相信存在或可能存在就事物本性而言(in rerum natura)不死的人。我们便得出这样的结论,按色诺芬的说法,根本不存在吕库戈斯这个人,抑或"吕库戈斯"只是一个名字,此名涵盖的东西不会比令人尊崇的远古时代一个几乎神化的立法者更神圣的了。下面这句专门关于安营扎寨的时间和地点的话证实了我们的结论:"吕库戈斯(the Lycurgus)在这方面是个王。"③因此"吕库戈斯"是表明权威的名称,或指有权威者。此外,上引的这句话暗示了,这个吕库戈斯若不是那些可以支配掌政官的最有权力的斯巴达人的话,在城邦最紧要的事务上便是指诸掌政官(换句话说是实际的统治者,除了让德尔斐神庙的神认可其法律外,凌驾于一切之上,或可说是斯巴达的僭主式统治者)。留给我们辨别的是,要确定斯巴达城邦里最有权力的人跟那些最富有的斯巴达人(色

---

① 这句话的语义模棱两可:它也暗示源自赫拉克勒斯的真正种族早在远古就消亡了。参阅本文下面第六部分中段。

② 《斯巴达政制》十章8节。参《阿克西劳斯》1,2。与此相应,色诺芬谈到斯巴达法律时对古代和当时不予区分。

③ 《斯巴达政制》十三章10节(根据优质的抄件)。这种标明行使某种职责的专有名称的使用,《居鲁士的教育》卷一,4,6提及的Sakas提供了类似用法。

诺芬不止一次暗示他们的存在),是两群人还是同一群人。

六

《斯巴达政制》绝非斯巴达的颂辞,它实质上是对这个城邦及其精神最锐利的(虽则有所掩饰)讽刺。为充分证实此论点起见,我们必须阐明,促使色诺芬先讽刺斯巴达,然后又隐瞒其讽刺的原因是什么。

色诺芬自己清楚说明了其著作讽刺斯巴达的缘由。在第十章的结尾——它读来像是全书的结尾,实际上是个隐微的结尾(esoteric end)——他告诉我们,"所有人都赞美"斯巴达体制。《斯巴达政制》全文的开头是这样的字眼——"但是我"。① 在色诺芬那个时代,颂扬称羡斯巴达是种时尚。诸如这类的时尚肯定多多少少不合理,因而是对一个有辨别力的人——这种人断定,不合理的事荒唐可笑——来说对之加以讽刺的一个诱因。色诺芬正是这样的人。面对赞扬斯巴达体制的"所有人",色诺芬用一部专论(treatise)作答,开头的措辞是"但是我……感到奇怪[而且]我思考这些体制"。

最闻名遐迩的斯巴达钦慕者之一是克里提阿(Critias),他是位诗人,苏格拉底的敌人,一名寡头执政者。克里提阿写了两部作品,一部是散文体,而另一部是诗体,两部的标题都是《斯巴达政制》。克里提阿的作品为色诺芬所用,而且可能是色诺芬该书的原型。② 正如所有此类例子一样,要紧的与其说是拟作与原作吻合的地方,不如说是它们之间的分歧。克里提阿盛赞斯巴达人,毫不犹豫地把节制的德性归在他们身上;色诺芬探究斯巴达人的生活方式,对何为节制也了解得更

---

① 请比较第八章1节从"我们所有人"到"我"人称上显著的转换。其他任何时候色诺芬都用第一人称单数,而且在别处他用"我要阐明","我相信","我不知道"等措辞,在这章直言不讳地抨击当代斯巴达的地方,他不断说到"就我所知"。参柏拉图,《王制》544 c 2 – 3,《书简七》324 c 2 – 3。

② 参 Habben,同前,p52 以下。也注意色诺芬文章的诗体结尾。

多，他以沉默回答克里提阿，这便是说，他对斯巴达的节制缄默不语。急躁的克里提阿直接断言，斯巴达的生活方式造就的人既适于思考又适于苦干(toil)(参见 Fr. 6, Diels 辑)；慢条斯理的色诺芬以夹杂沉默的话语回答克里提阿，他不断强调斯巴达人苦干(toil)不辍，却只字未提他们的思考。① 那么我们可以说，色诺芬的专论跟克里提阿两部作品的关系，基本上就是柏拉图的《普罗塔戈拉》中名为普罗塔戈拉的人的长篇讲辞跟这个人的实际言论(现已遭遗忘)的关系。

然而，色诺芬为何要如此小心翼翼地隐瞒对斯巴达或者说对雅典人趋骛斯巴达风尚的讽刺，而柏拉图的《普罗塔戈拉》是一出谐剧则众所周知？《斯巴达政制》有时被人指责极为缺乏斯巴达的真实资料。但是，表述观点简明扼要是斯巴达人最广为人知的特征之一。鉴于简洁的表述是不透露真相的最常用手法之一，我们可以假定，斯巴达人众所周知的言辞简洁跟他们渴望隐瞒其生活方式的缺陷有关。这样的渴望可以被称作羞赧(bashfulness)。色诺芬讨论斯巴达的恶习时措辞简短，从而掩饰了对斯巴达的讽刺，他这样做保持了与讨论主题的特殊特征吻合，而且由此在写作艺术上成就了只有柏拉图的《法义》才胜出一筹的功绩。因为，尽管色诺芬和柏拉图在他们的其他作品中，跟希罗多德、修昔底德以及或许他们之前别的作家一样，按节制法则教诲真理，《斯巴达政制》和《法义》却有点偏离了这个既定的原则，是按羞赧法则(rule of bashfulness)教授真理：这两部作品皆为关于最羞赧的人的最羞赧的言辞。②

---

① 参看《斯巴达政制》二章 5 节；三章 7 节；四章 7 节；十章 7 节；尤其是五章 8 节(《斯巴达政制》五章 4 节与克里提阿残篇(fr.)6, 1. 10 以下相对应，在其中，他用 gnômai 替换了 nûs。参《会饮》2, 26)。可能要顺便提一下，"苦干"与"思考"间的差异以及对立——克里提阿未注意到这点——解释了为什么色诺芬如此偏爱 rhadiurgia 这个词；沉思的生活绝不是一种苦干的生活。对勘《斯巴达政制》三章 2 节和九章 1 节与《会饮》4, 13。

② 尤其要注意，《斯巴达政制》十二章 2—4 节和七章 2 节色诺芬谈论斯巴达人的城邦时极为羞赧的方式，比较《居鲁士的教育》卷四, 2, 1 以下。

此外，对斯巴达的抨击容易被无鉴别力的读者误认作对雅典的褒扬；色诺芬写作的年代，除了在斯巴达精神和雅典精神之间做选择，无鉴别力的读者几乎看不到什么其他选项。色诺芬无意赞美雅典。首先，他有自己的理由，不会赞美那个判了苏格拉底死刑的城邦及其政制。除此外，他的品味（taste）也不允许他赞美雅典：他是雅典人，一个雅典人赞美雅典太过容易了，而高贵的事情是难做的事情。[①] 色诺芬以隐晦的方式撰写对斯巴达的批评，浅薄且无鉴别力的读者不禁想当然以为这是对斯巴达的颂词，如此一来，他当然杜绝了无鉴别力的雅典钦慕者借他的书证实其偏见。

最后，如果某人讽刺某种东西，他会认为这个东西荒唐可笑。别人那些无伤大雅的缺点才被视为荒唐可笑。受过教育的人只把那些显露人缺乏教育的缺点视为荒唐可笑。不过，他们受过教育，因此不想冒犯别人，他们尽可能好地隐藏起自己的嘲笑声，不让没受教育的人听见。这便是说，受过教育的人只在未受教育者不在场的时候，才对缺乏教养，或对某个既定的人、城邦或民族的野蛮不文发嘲弄之辞。换句话说，对某人、某城邦、某民族的野蛮不文的巧妙讽刺，浅薄的读者难明就里。这起码是色诺芬在《居鲁士的教育》那章里就受过教育的人怎么开玩笑时讲明的观点：他们在未受教育者不在场的时候调侃后者。那章的起始，色诺芬把这种开玩笑的对话描述成"最雅致的、激起好东西的言辞"（《居鲁士的教育》卷二，2）。《斯巴达政制》就是这类言辞：通过最精心伪饰的对斯巴达缺乏教育的讽刺，它成为对教育最雅致的劝荐。

色诺芬的这部专论因而是一部富有阿提卡品味的卓越文献：它代表的是比古典时期谐剧更高级的谐剧性言辞的类型。但正如没有暗藏的严肃性就不成其为玩笑话，没有超出品味之外的东西就不成其为好的品味。渗透色诺芬著述的那种品味，其真名并非教育，乃是哲学。

古典思想家们认为，哲学生活从根本上不同于政治生活。且政治

[①] 关于良知的相似例子，参见柏拉图，《默涅克塞诺斯》(*Menexenus*)235 d。

生活提出了一项普遍的诉求,即城邦不留私人生活(除经济生活之外)的空间,就此而言,哲学生活——它必然是私人的——必然与政治生活抵牾。政治精神的化身是斯巴达:斯巴达与哲学水火不容。① 所以,斯巴达一方面成为任何无情的政治生活理想化的自然出发点,或曰任何真正乌托邦的自然出发点;另一方面,它成为任何对政治生活加以无情攻击的自然主题,或曰任何哲学讽刺的自然主题。哲人们讽刺斯巴达,与其说是讽刺那个现在和过去存在的真实的斯巴达,莫如说是讽刺斯巴达精神,或者讽刺人彻底属于或应该彻底属于城邦的这种信念。说哲学与雅典相容,是夸大不实之词:苏格拉底就因不信雅典的神、不信城邦的神被处死。反复斟酌这一事实,我们就能领悟政治生活与哲学生活终究水火不容的终极理由(即使出于几乎任何实际的目的它们是可以相容的):认真而言,政治生活意味着信奉城邦的神,而哲学是对城邦神的否弃。

苏格拉底不信奉城邦的神,他的学生色诺芬亦然。不过,师生二人都竭尽最大可能向公众隐瞒他们的不信,他们隐瞒得如此彻底,以至于甚至如今,当无人再信奉希腊城邦诸神时,人们要处理苏格拉底或色诺芬是信还是不信这样的问题,还是会让自己陷入窘境。因为,他们透露自己不信神的方式,绝大多数人无论如何察觉不出,既如此,那么证明他们不信神的证据必然有这样的特征:不会使大多数读者信以为真。然而,唯一把这样的证据当成有效证据(其有效程度好似物质本性所许可的那样)接受下来的替代选项,乃19世纪风格的高等考据学,它删除了色诺芬作品的重要段落,做了大量不必要的文本修订,并且还假定色诺芬不熟悉(或不胜任)条理分明的写作的最基本原则。

信奉城邦的神,容易跟相信是神赋予城邦律法牵扯在一起。比如说,斯巴达人就相信,是德尔斐神庙的神赐予他们法律。色诺芬不持此信念。他坚持认为,"吕库戈斯"去德尔斐神庙祈求阿波罗确认法律之前,已经结束了对其法律条令的阐释。因此,他对斯巴达人服从吕库戈

---

① 这是苏格拉底谈起"斯巴达[及克里特]哲学"时开的玩笑。参柏拉图,《普罗塔戈拉》342 a–b。

斯的法与他们服从神明之间有所区分。①

信奉城邦的神必然跟相信半神或英雄的存在有关,因此也特别跟相信不死的神明和有死的凡人之间可能交媾有关。譬如,斯巴达人就确信,他们的国王是赫拉克勒斯的后代,赫拉克勒斯是宙斯和一名凡间女子所生之子。② 色诺芬此书表面的谋篇布局基本上遵从了这种信念:全书从人兽共有的事实开始,上升到斯巴达国王,按吕库戈斯的法律他们被假想为英雄,而非凡人。色诺芬不接受这种假想,因他清楚地知道,相信斯巴达国王是神子或英雄的子嗣,其前提是信赖所有斯巴达王后婚姻上的忠诚,他对一般斯巴达妇女尤其是斯巴达王后的贞洁没什么好评价。③ 所以,他破坏了全书符合斯巴达这种主张的表面布局。不过他走得更远:他心知肚明,关于斯巴达国王的这种未经证明的且无法证明的主张只不过是从诸多错误百出的观点中结出的一个果子,这些观点就是斯巴达人和其他人对神的看法。色诺芬是这样来阐明这个论点的,全书一开头谈论斯巴达人如何喂养他们的孩子,最后那部分的开头说斯巴达"喂养国王和那些跟他一起的人",此后不久,轮到谈斯巴达国王时,说他"给宙斯和那些跟他一起的神献祭品"。色诺芬为了更一清二楚地道明看法,不久就把复数的神("宙斯和那些跟他一起的神")过渡到双数("宙斯和雅典娜"),最后过渡到单数("那个神")。④

《斯巴达政制》貌似颂扬某个值得称赞的政制。由于色诺芬是贵族制的拥护者,他判断政制的基准点就是与贵族制相应的教育品质。

---

① 对勘《斯巴达政制》八章5节和十四章7节与柏拉图的《法义》624 a 1–6 和 634 e 1–2。

② 对勘《斯巴达政制》十五章9节,2节与《阿克西劳斯》1,2 和《论狩猎》(Cynegeticus)1,9。

③ 参《斯巴达政制》一章4–9节与《阿克西劳斯》1,5 以及《希腊志》卷三,3,1–3 及卷七,1,31。

④ 《斯巴达政制》一章3节和十三章1–3节。《苏格拉底的申辩》,24。十三章3节的最后一句暗示了对斯巴达人关于神明看法的道德层面的抨击,比较二章7节的那段可知。

所以值得留意的是,他谈论斯巴达教育时,压根没有提到虔敬。这样他让我们明白,虔敬并非最高类型的教育的紧要部分。或者,难道我们要以判断他不提节制和智慧的同样方式来判断他不提虔敬吗?这并不正确,理由是,虽然他褒扬斯巴达人时根本没提过节制和智慧,对其虔敬他却大有文章可作,即他们的祭祀、神谕和颂神诗。① 在叙述斯巴达人如何启程军事远征时,他谈论的几乎全是斯巴达人敬神的事。这段叙述差不多从头到尾是军事行动开始前国王所做的各种祭祀,色诺芬这样结束了这一段:

> 当你目睹这些,你会相信别的人在军事上不过是笨伯,只有斯巴达人才是地道的军事行家。②

敬拜神明(在教育里面没扮演什么角色)是战争艺术的紧要部分。在色诺芬对战争之尊贵与和平、闲暇、教育之尊贵的观点的对比中,暗含了他对虔敬的判断。

在色诺芬的年代,不敬神是犯罪行径。故而,哲学因本质上与敬奉城邦神抵牾而招致迫害。③ 所以哲人们不得不隐匿事实,即便不是隐匿他们是哲人的事实,起码也隐匿他们是不信神者的事实。另一面,他们渴望跟极少数能够而且愿意接受他们观点的人交流思想;既然他们不可能对着那极少数人里的较大部分直接说话,因这部分人还未出生,他们就别无选择,只好撰书刊行。哲学教诲必然的隐秘性跟刊行观点必然公之于众之间的矛盾隐含的困难,通过文学写作技巧迎刃而解,文学手段使之成为可能:真理向一小部分力所能及的人敞开,而向绝大多数人隐身。这种写作术是一个十分简单的发现的结果。某人讲了一个引人入胜的故事,大多数人欣赏的是故事——摹仿的(imitated)人物、

---

① 色诺芬对于虔敬的看法,特别参见《回忆苏格拉底》卷四,6,4 和《阿克西劳斯》11,1-2。
② 《斯巴达政制》八章 5 节。对勘四章 5-6 节和十三章结尾。
③ 对勘《回忆苏格拉底》卷一,2,31 与柏拉图的《申辩》23 d 4-7。

摹仿的情节或事件、摹仿的景致、摹仿的人物道白,甚至摹仿本身——然而只有少数读者会从这种吸引力中恢复[神智],反思故事,发现它默默传达出的教诲。秘而不宣的教诲因而定然可能存在。隐秘教诲在古代是确凿的事实,这首先由希罗多德、修昔底德和色诺芬的故事和历史表现出来,色诺芬和柏拉图关于苏格拉底的著述也表明了这一点。尚可补充的是,这类文学作品(literature)仅仅在相当新近的时代才销声匿迹了:它的消失与[哲学]迫害的消失同时发生,正如与它的重现并行的是迫害的重现。

然而,若有人假设古代哲人仅仅出于畏惧迫害或暴死而隐匿其思想,那就把他们看得太低了。他们向俗众隐藏真理,也是由于在他们看来,俗众不适宜领会真理:按古代哲人之见,绝大多数人若失去信仰将丧失道德的真正基础。因而哲人以为,向大多数人隐瞒真理,不仅涉及畏惧和安全,而且关乎责任。他们把所发现的真理改头换面得几乎跟它被发现之前一样难懂,就防止了真理表达式(the formualtions of truth)的贱卖(用俗词称呼俗事):就算良师点拨从中襄助,那些靠自身努力不能重新发现真理的人甚至不该知晓真理表达式。正是以这种方式,古典作家成为促进独立思考的最能干的导师。不过,不该忽视的是,这种显白的文学作品(exoteric literature)——它提供了最高类型的教育——不只出现在古典时期;在哲学的充分且富挑战性的意义得到理解的所有时代,在智慧没有与节制分道扬镳的所有时代,它都会重新现身。它消失之际,差不多就是高等考据学和种种哲学体系大获全胜之时,后者声称它们是真诚的,但确乎缺乏节制。

研究色诺芬这个貌似古典时期最伟大的斯巴达钦慕者之一时,不禁时时让人想起所有现代斯巴达钦慕者中最重要的人物卢梭。假若恢复一种健全的[研究]进路必定要清除卢梭的影响这种说法属实的话(有时人们如此断定),本文的论点可以这样作结:像色诺芬这样的人的教诲恰恰是我们需要的解毒剂。不必说,要驳斥或证明这样一个深远的论点并非本文的主旨。然而,假如本文促使一些读者重新思考那些关于色诺芬的传统观点及当下观点——这些观点虽说可以理解,甚至某种程度上颇为正当,但对这颗真正高贵的灵魂几近一种侮辱——

本文的写作就并非徒劳。因为,他是这样一个人,他宁愿伪装成一个乞丐穿越若干世纪,也不愿向一大群人贩卖苏格拉底静默清醒的智慧珍贵的秘密,只有当他用充斥着出人意料而又眼花缭乱的情节的某个阿格西劳斯、某个居鲁士、某个色诺芬的巧妙故事迷醉了这些人之后,这种伪装才让他逃脱,获得不朽声名。

"显白的教诲"写作计划

克尔伯（Hannes Kerber） 整理并注释
张 缨 戴晓光 译

[克尔伯按]"显白的教诲"写作计划（1939年）有两份，它们表明施特劳斯起初有意写一篇长得多的文章。这两份写作计划规划了现有文本的增补，以及施特劳斯从未写出的第二部分的细节。尽管无法准确断定这些计划的写作时间，似乎相当清楚的是，第二篇写得较晚，因为它更详尽也更接近"显白的教诲"最后完成的部分。

此项整理工作得以完成，有赖于德国国家优才基金（the German National Merit Foundation）2010/2011学年对笔者的资助。本人非常感谢皮平（Robert B. Pippin）邀请我在该学年往访芝加哥大学社会思想委员会。施特劳斯文献遗稿执行者塔科夫（Nathan Tacov）教授友好地允许我发表这些文稿，并始终支持我的整理工作。感谢Wiebke Meier, Svetozar Minkov和Devin Stauffer帮助我识读部分施特劳斯手迹；感谢Stuart D. Warner, William Wood，尤其是Jeremy Bell友好的批评；还要感谢Martin D. Yaffe和Richard S. Ruderman让我有机会发表这样长的校勘稿。从一开始，迈尔（Heinrich Meier）和勒纳（Ralph Lerner）就以他们的洞见和建议鼓励我，我对他们致以深深的谢忱。

早前的计划

甲

一、当－今（To‑day），显白教诲与隐微教诲之间的区分整个遭到反对——这种反对乃由于这样的事实，即现代哲学已摧毁了理解的可能性——古典学学术已经取得巨大进步。①

二、在18世纪末,仍有人理解那种区分:莱辛(Lessing)。

三、施莱尔马赫(Schleiermacher)的批判:他不再看到其中涉及的道德问题。我们要为他对柏拉图作品中的要素的最深洞见而感激他〈施莱尔马赫〉。②

三、(1)莱辛——莱布尼茨(Leibniz)——霍布斯③(vera - pia dogmata[真正的—虔诚的教义])④——斯宾诺莎——迈蒙尼德(RMbM)⑤——

四、西塞罗之后的作者们。

五、西塞罗——不过他本人是个显白作家。⑥

---

① 参《迫害与写作艺术》(PAW)中下述说法:"受某些习惯的制约,我们难以考虑到这种可能性[即从字里行间来传递紧要问题的可能性],更难以考虑到与之相关的各种问题。这些习惯乃源于历史研究比较晚近的进展,或与之相联系。"(页26)"现代历史研究……抵制甚或摧毁了以往的一种倾向,即从字里行间来阅读伟大的作家们。"(页31-32)[译按]编校者在注释中所引页码均为英文版(或德文版)页码。中译见施特劳斯,《迫害与写作艺术》,刘锋译,华夏出版社,2012,页20、25。

② [译按]文中尖括号中的内容为原文整理者所加。后文方括号中的内容乃中译者为补足文意而酌加。

③ 施特劳斯起初写的是"斯宾诺莎——霍布斯",但又划掉了"斯宾诺莎"。

④ [译按]dogmata既指"教义""学说"(doctrine),又含"教诲"(teaching)之意,故这里也可译作"真正的教诲"与"必要的教诲"。vera dogmata与pia dogmata的对立出自斯宾诺莎的《神学-政治论》14章:"[信仰的]这个定义并不明确地要求作为真理的教义,而只是对灌输服从有必要的虔诚的教义。"参斯宾诺莎,《神学-政治论》,温锡增译,商务印书馆,1996,页197-198,引文略有改动。施特劳斯在"显白的教诲"一文最后部分引述了此句。

⑤ RMbM为Rabbi Moshe ben Maimon[拉比迈蒙之子摩西]的首字母缩写,这是一种对迈蒙尼德的传统称呼。

⑥ 参《迫害与写作艺术》页34注16及页185注85([译按]见前揭中译本,页28注2及页180注2)。见《神意问题在迈蒙尼德作品中的位置》("Der Ort der Vorsehungslehre nach der Ansicht Maimunis"),收入迈尔编,《施特劳斯文集》(GS)卷2,页188注29。[译按]中译文见《犹太哲人与启蒙:施特劳斯讲演与论文集,卷一》,刘小枫编,张缨译,华夏出版社,2010,页216,注3。

六、柏拉图——(1)书简:《书简二》,314a-c;①《书简七》,341a-e,344d。②

(2)《斐德若》,《王制》(戏剧与写作);《蒂迈欧》。

七、色诺芬《论狩猎》(Cynegeticus)。③

八、柏拉图有关荷马,尤其赫西俄德的评注。④

九、赫西俄德论缪斯们……⑤

---

① 参《论柏拉图的〈会饮〉》(*OPS*),页29。[译按]见施特劳斯,《论柏拉图的〈会饮〉》,邱立波译,华夏出版社,2012,页40。

② 参《迫害与写作艺术》,页35注17及页187注90。[译按]见前揭中译本,页28注3及页185注1。

③ 参《迫害与写作艺术》,页29注11:"修辞家色诺芬的一些同时代人相信,'漂亮且有条理地写出的东西,写得并不漂亮和有条理'(《论狩猎》13.6)。"([译按]见中译本,页23注1)另见施特劳斯1939年8月7日致克莱因的书信,收入《施特劳斯文集》,卷3,页576[译按]中译见《回归古典政治哲学:施特劳斯通信集》,朱雁冰、何鸿藻译,华夏出版社,2006,页300-301);另见《斯巴达精神与色诺芬的品味》(SSTX),刊 *Social Research*,卷6第4期(1939),页502([译按]陈戎女中译,见本书)。

④ 参施特劳斯1939年10月10日致克莱因的书信,收入《施特劳斯文集》卷3,页582([译按]中译见《回归古典政治哲学》,页308):

> 简而言之,柏拉图在《泰阿泰德》(*Theaetetus*)中关于史前时代的诗人所说的话,即他们以诗掩饰哲学,就赫西俄德(他在《王制》的某个地方也出现在名单的中心)而言,的确可以得到证明。我深信,在荷马作品中情况也并无不同。你再研究一下阿喀琉斯的盾牌!《奥德赛》中奥德赛的自我认同,还有忒尔西德(Tersites)居然讲出真相这种怪诞事实。

⑤ 参施特劳斯1939年10月10日致克莱因的书信,前揭,页581以降,尤见页582([译按]中译见《回归古典政治哲学》,页307-308):

> 进入此书([译按]指赫西俄德的《神谱》)的钥匙是缪斯们,她们明确地作为主要问题被提及。缪斯们有着双重的谱系:1)从显白一面看,她们来源于宙斯和[记忆女神]摩涅莫绪涅(Mnemosyne);2)从隐微一面看,她们

十、赫拉克利特(Herakleitus)。

十一、重大例外:伊壁鸠鲁(Epicurus)和智术师们。①

参西塞罗《共和国》(Rep.)卷三,16,26;②《论诸神的本性》(N.D.)卷一,41。③

> 是大洋(Ocean)的苗裔。其间的联系,你基于《奥德赛》的开端,以及《泰阿泰德》和《形而上学》就泰勒斯的格言的起源所作的评注,立刻就会猜出来。

另参《古今自由主义》(LAM),页36-37。[译按]中译参施特劳斯,《古今自由主义》,马志娟译,江苏人民出版社/凤凰出版传媒集团,2010,页40-41。

① 不过,参《迫害与写作艺术》,页36。[译按]见前揭中译本,页29-30。

② 对勘《古今自由主义》页90与页136注21([译按]见中译本,页104-106与页105注3)。参西塞罗《共和国》3.16.26(Clinton Walker Keyes英译,Cambridge, MA: Harvard University Press, 1961,页205-207):

> 对这类论点,下面是通常的回答,首先回答的是那些并非不精于争辩的人,他们对这个主题的讨论总有更重的分量,因为,在探寻好人——对好人,我们要求他们开放且坦白——时,他们本人并不在论辩中使用狡诈或无赖的诡计——这些人首先就说,一个智慧者并不因他身上的善与正义能带给他快乐而是个好人,而是因为好人的生活免于恐惧、焦虑、担忧和危险,另一方面,恶人的心灵总是受到这个那个的困扰,审判和惩罚总在他们眼前。他们还说,另一方面,没有什么靠不义赢来的利益或报酬大到足以抵消持续的恐惧或是时时浮现的念头:某种惩罚在靠近或胁迫着……种种丧失……

[译按]中译据本文整理者克尔伯提供的英译文译出。另参西塞罗,《论共和国,论法律》,王焕生译,中国政法大学出版社,1997,页115-116。

③ 参西塞罗,《论诸神的本性》(De natura deorum) 1.41.115(H. Rackham英译,Cambridge, MA: Harvard University Press, 1961,页111):

> "的确如此,但伊壁鸠鲁确实写了有关神圣与虔敬的作品。"但这些作品是用什么语言来写的?就好像是,你以为你在聆听的是一位克

参乌瑟纳尔(Usener)①
(1)伊壁鸠鲁
(2)智术师们

乙

解释:格利乌斯(Gellius)卷二十,5:②res civiles[民事]—subtiliores[更精微之事]

伦卡尼乌斯(a[Tiberius]Coruncanius)或一位斯恺沃拉([Gaius Mucius]Scaevola),高级祭司们,而不是在聆听一个摧毁了宗教的最深根基、且推翻了——不是像薛西斯(Xerxes)那样靠武力,而是靠论证——不朽诸神的圣殿和祭坛的人。

另参1.44.122以降(前揭,页119):

"为什么[这么说]?但(你告诉我)伊壁鸠鲁确实写了一部论神圣的专论。"伊壁鸠鲁在拿我们取乐呢,尽管与其说他是个幽默作家,不如说他是个随意草率的作家。

① 乌瑟纳尔(Hermann Usener)于1887年发表了题为《伊壁鸠鲁集》(*Epicurea*)的残篇辑本。[译按]前注中西塞罗作品的引文,见《伊壁鸠鲁集》(Stuttgart:Teubner,1966),页100。
② [原注14]参格利乌斯(Aulus Gellius),《阿提卡之夜》(*The Attic Nights*)20.5(John C. Rolfe英译,Cambridge,MA:Harvard University Press,1961,卷3,页431-433):

据说,哲人亚里士多德——[马其顿]国王亚历山大的老师——在向其学生授课时,有两种形式的讲义和教导。其中之一是叫作ἐξωτερικά或曰"显白的"那种,另一种是ἀκροατικά或曰"口传的"(acroatic)。那种被称为"显白的"[教导],他[亚里士多德]用在训练修辞练达、逻辑缜密和熟悉政治事务上;那些被称为"口传的"[教导]中讨论的是更深刻更玄奥的哲学,这种哲学与对自然的沉思或辩证式讨论相关。

↓

(natura[自然])

显白哲学是一种 σώζων[保护]政治生命和道德生命的世界观(Weltanschauung):以人为宇宙的中心。①

隐微哲学就人的微不足道(insignificance)看待人。②

政治事物与思辨事物不成比例——参亚里士多德论法律与 τέχναι[技艺]。③

Quieta movere[扰乱太平]与 Quieta non movere[勿扰太平]。④

---

① 参《迫害与写作艺术》,页93;《自然正当与历史》(NRH),页155及248([译按]中译参《自然权利与历史》,彭刚译,三联书店,2003,页157-158,页253)。

② 参《施特劳斯文集》卷1,页244-245;《斯宾诺莎的宗教批判》(SCR),页190([译按]中译参《斯宾诺莎的宗教批判》,李永晶译,华夏出版社,2013,页258-259)。

③ 参《城邦与人》(CM),页21-22:

> 相比希波达摩斯(Hippodamus),[亚里士多德]对创新的德性(the virtues of innovation)更没有把握。希波达摩斯似乎没有想到在技艺的创新与礼法的创新之间的区别,或者说,他似乎没想到,对政治稳定的需要与人们可能称为技术变化的东西之间可能有张力。

④ [原注18]施特劳斯暗指如下法律信条:stare decisis, et non quieta movere[遵照判例,勿扰乱太平],该信条要求遵循判例,并对改变作出警告。在德国,quieta non movere[勿扰太平]在俾斯麦(Bismarck)于1891年的一次讲演提及之后变得闻名:

> 有一句古老的、很好的政治箴言,Quieta non movere,它的意思是,不要去搅扰原本太平的事物。这是真正的保守派:不要去支持一种会颠覆某种现存事物的立法,那种现存事物根本没必要去改变。

参俾斯麦(Otto von Bismarck),《文选》(Werke in Auswahl),Rudolf Buchner 和 Georg Engel 编,Darmstadt:Wissenschaftliche Buchgesellschaft,1983,卷8(B),页73。

哲学本质上不具革命性(unreolutionary),且只对真理感兴趣。
莱辛不必等到法国大革命才让自己脱离启蒙哲学。
在灵魂中说谎(lie in the soul)——在言辞中说谎。①

后来的计划

计划一

1. 哲学与古典学学术;策勒(Zeller)。
2. 胡塞尔:作为严格科学的哲学与作为世界观的哲学。②
3. 莱辛对显白教诲的解说。
4. 施莱尔马赫对显白教诲的批评。黑格尔对显白教诲的批

---

① 参柏拉图,《王制》382a - e 及 535d - e。另见《迫害与写作艺术》,页 35([译按]见前揭中译本,页28)及《什么是政治哲学》,页136([译按]中译参施特劳斯,《法拉比如何解读柏拉图的〈法义〉》,程志敏译,收于《什么是政治哲学》,李世祥等译,华夏出版社,2011,页122 - 123)。

② 这里列出的第2点从页边插入。第一部分的编码也相应得到修改。胡塞尔的"作为严格科学的哲学"(Philosophie als strenge Wissenschaft)最初发表于《逻各斯》(Logos)卷1,第3期(1911):289 - 341。施特劳斯在其晚年作品"作为严格科学的哲学与政治哲学"一文中写道:

> 让我们来看一下,胡塞尔哲学是否为政治哲学留了位置。我要做的阐述基于对胡塞尔的纲领性论文《作为严格科学的哲学》(它遭受了多年的冷遇)的重新解读。此文初版于1911年,后来胡塞尔的思想发生过多次重大改变。然而,此文仍是他对我们所关注的问题的最重要表态。(《柏拉图式政治哲学研究》[SPPP],页34)

在同一篇文章里,施特劳斯还讨论了胡塞尔有关"世界观"的观点(页36 - 37)。[译按]丁耘中译文,见《柏拉图式政治哲学研究》,华夏出版社,2012,页48、51 - 52。

评。①

    5. 莱辛重新发现显白教诲的基础:政治问题。
    6. 莱辛——莱布尼茨——斯宾诺莎(——迈蒙尼德)。
    7. 莱辛毫不妥协的古典主义。

---

① 这一点的第二部分从页边插入。参黑格尔,《哲学史演讲录》(*Vorlesungen über die Geschichte der Philosopie*)卷2,收入《黑格尔文集》(*Werke*),Eva Moldenhauer 及 Karl Markus Michel 编,Frankfurt am Main:Suhrkamp,1986,卷19,页21-22:

> 据说[柏拉图哲学的]另一个困难如下:在显白哲学与隐微哲学之间有一种区分,滕伦曼(Tennenmann)(在《哲学史》[*Geschichte der Philosophie*],卷 II,页220)说:"柏拉图运用了每一位思想家都具有的同样的权利,即只将他的发现中他认为好的部分传达给人,且只对那些他认为有资格有能力接受的人传达。亚里士多德也有一种隐微哲学和一种显白哲学,但[两者]有一个区别,在亚里士多德那里,[显白与隐微的]区分只是形式上的(formal),而在柏拉图那里,这种区分同时也是内容上的(material)。"多么头脑简单呵! 这看上去就像是,哲学家以其拥有外部事物的方式同样拥有他的思想。但思想是某种完全不同的事物。是哲学观念拥有人类,而绝非相反。当哲学家们阐述哲学论题时,他们不得不遵循他们的理念〈的进程〉,他们不能将这些理念放进自己的口袋。即使面向外部(äußerlich)对某些人说话,要是[所说之]事(Sache)有任何内容的话,理念还是必定包含〈在这言辞中〉。将一个外部事物传递给人无需费力,但理念的传达要求技巧。理念仍然总是某种隐微的东西;因而,人们不会只拥有哲人们的显白教诲(das Exoterische)。这些[显白与隐微]概念[的区分]是肤浅的。

[译按]中译据本文整理者克尔伯提供的英译文译出。另参黑格尔,《哲学史讲演录》,第二卷,贺麟、王太庆译,商务印书馆,1995,页161-162。

计划二①

7. 亚里士多德的"显白"著作②
8. 西塞罗
9. 色诺芬《论狩猎》
10. 柏拉图的书简
11. 柏拉图的对话:《斐德若》《王制》《蒂迈欧》
12. 柏拉图论诗人
    以及赫西俄德论缪斯们
13. 赫拉克利特
14. 重大的例外:伊壁鸠鲁和智术师们,西塞罗,《共和国》卷Ⅲ

问题:他们为什么隐藏?我们又如何破解他们的真实思想——将在(in)③本文的后续部分得到讨论。史学家们至多只能表明:古代哲人们确实隐藏自己的思想,他们的著作是——真话与谎话的混合。他们为什么这么做,这个问题必须由一位哲人来回答。

---

① 这部分此前曾发表于迈尔(Heinrich Meier)为《施特劳斯的思想发展:哲学史与哲人的意图》(*Die Denkbewegung von Leo Strauss. Die Geschichte der Philosophie und die Intention des Philosophen*, Stuttgart/Weimar: J. B. Metzler, 1996)所写的"引言"(页15注4)中。

② 参《迫害与写作艺术》,页28([译按]见前揭中译本,页22):

[伟大的神学家施莱尔马赫曾以异常有力的证据断言,柏拉图的教诲只有一个。]在此之后,关于古代哲人隐微写作的问题就被缩小了,实际上仅仅限于亚里士多德的"显白言辞"的意义;在这方面,当今最出类拔萃的人文主义者之一断言,将一种隐秘教诲归于亚里士多德,这"显然是一个很晚的发明,源于新毕达哥拉斯主义的精神"。(楷体以示重点,为注释者所加)

亚里士多德至少在其著作中有8次提及 exōterkkoi logoi[显白言辞]。例如,参《尼各马可伦理学》1102a26 和 1140a3,《政治学》1278b31 和 1323a22,以及《形而上学》1076a28。

③ 施特劳斯原本写了 in a separate[在一个单独的]但划掉了。

"迫害与写作艺术"讲稿笔记

克尔伯(Hannes Kerber) 整理并注释

张缨 译

[克尔伯按]1939年12月6日,在写作"显白的教诲"时,施特劳斯在纽约斯内克塔迪(Shenectady)的联合学院(Union College)做了题为"迫害与写作艺术"的讲演。在他的文稿中,有一份5页的讲演笔记(仅存其中4页)。这份笔记似乎是一个备忘录(aide-mémoire),其中有些文字被划掉。与"显白的教诲"写作计划一样,这份讲稿笔记具有私人性质,应当以施特劳斯已发表的著作为基准来阅读。为了方便读者,笔者对这些文献作了广泛的校注,尽管远非完备。

迫害与写作艺术

[第一页]此次讲演的目的①是让诸位留意到进入早期文献的某种进路——在我看来,这条进路尚未得到足够的考量。我并不是说,我将

---

① 参施特劳斯1939年11月28日致克莱因(Jacob Klein)的书信,收入迈尔(Heinrich Meier)编,《施特劳斯文集》(GS)卷3,页586。迈尔善意地告诉笔者,施特劳斯在自己保留的文章"迫害与写作艺术"的页边注明,他关于该主题的讲演作于1939年10月、12月以及1940年3月、4月。[译按]上述书信中译见施特劳斯,《回归古典政治哲学:施特劳斯通信集》,朱雁冰、何鸿藻译,华夏出版社,2006,页311-313。[译按]本文提及人名时,施特劳斯有所强调时以斜体标示,中译用楷体标出。凡非重点标示的人名,中译一律保留宋体。方括号中的文字乃中译者为顺通文意所酌加。

要提出的这种进路必然正确,但我相信,值得去考量这种进路。我将选择至少当今(即便不是所有时代)每个人靠观察都能接触到的某种现象作为我的出发点。

在我开讲之前,我想要举个例子,事关{最初(originally)}①引发我考虑上述进路的那个问题。诸位都知道《堂吉诃德》(*The Don Quixote*)②——你们知道这个故事及其角色——你们记得,塞万提斯如何在叙述堂吉诃德与比斯盖人(Biscaianer)③战斗时中断了叙述,因为他说,他并不知道后来怎样了,塞万提斯如何——按他自己的说法——遍寻后文,直到他偶然在托莱多(Toledo)交易市场发现了一部阿拉伯语抄本,他如何将该抄本译成西班牙语④——由此,那部不朽著作的大部分据称译自阿拉伯语,据称它不是塞万提斯写的,而是一位名为哈麦德(Sid Hamed)的穆斯林写的。⑤——何以塞万提斯要公然说

---

① 施特劳斯用铅笔在行间或页边插入这个词。[译按]后文{ }中内容均为施特劳斯在页边插入的内容。文中的尖括号〈 〉为原文所有。

② 按照德语习惯,施特劳斯在《堂吉诃德》的书名前加了定冠词,以便使他的听众得以区分他提到的究竟是该书书名还是该书主人公。

③ Biscaianer 亦称 Biscayan。

④ 参塞万提斯(Miguel de Cervantes),《堂吉诃德》,第 IX 章。参(例如)《自然正当与历史》(*NRH*),页 62;《城邦与人》(*CM*),页 158;《论柏拉图的〈会饮〉》(*OPS*),页 169-170。另见《政治学问的起源与苏格拉底问题》("The Origin of Political Science and the Problem of Socrates"),刊《解释学刊》(*Interpretation*)卷 23,第 2 期(1996),页 152。[译按]整理者所提供的文献出处均为英文版页码,除非必要(涉及注释或学刊文章等),本文中译不再一一注明相应的中译本页码(一般均附原文页码),仅提供中译本基本信息。《自然正当与历史》中译本见彭刚译,《自然权利与历史》,三联书店,2003;《论柏拉图的〈会饮〉》见邱立波译,华夏出版社,2012;"政治学问的起源与苏格拉底问题"中译见"苏格拉底问题五讲"的"第二讲",洪涛译,收入施特劳斯,《古典政治理性主义的重生》,潘戈(Thomas Pangle)编,郭振华等译,叶然校,华夏出版社,2011,页 181。

⑤ 参施特劳斯 1939 年 8 月 18 日致克莱因的书信,《施特劳斯文集》,卷 3,页 580-581(中译见《回归古典政治哲学》,页 306):

谎？这只是为了开玩笑而开的一个玩笑吗？每个人都承认,《堂吉诃德》是一部深刻的著作,堂吉诃德并不只是一个傻瓜(a fool),他代表了某种东西——当然是一种傻念头(a folly),但那是一种伟大的傻念头,一种永恒的傻念头。那么,塞万提斯对此书的作者身份开这么个奇怪的玩笑——将作者归于哈麦德,究竟出于何种理由？这个奇怪的玩笑与堂吉诃德所代表的永恒的傻念头有什么关系？

塞万提斯讥讽了骑士书(books of chivalry)。这是他坦承的意图。与此相应,堂吉诃德家乡的教士和理发师——代表精神权威和现世权威的人——焚毁了把塞万提斯逼疯的骑士书。① 但在焚毁这些书之

> 既然我们是在谈论显白论——epaggelomai[我宣告]我已经理解了《堂吉诃德》。诀窍在于:此书是两个作者——塞万提斯和哈麦德——的作品,即一个基督徒和一个穆斯林的作品。一旦取消对一个作者的人为分裂,你便看到作者既是基督徒也是穆斯林,这就是说,两者都不是。可见,作者是位哲人,堂吉诃德是一个宗教的奠基者,而桑丘·潘是[该宗教的]信徒。实际上,堂吉诃德是基督教(可悲的面容)与伊斯兰教(圣战)的综合;他之所以胜过其前人,是因为他更有教养和礼貌。杜尔西内娅(Dulcinea)是马利亚。比如说,[书中]对宗教改革的暗示比比皆是。你再想一下《堂吉诃德》中书(books)的作用:基督教和伊斯兰教都奠基于书([译按]指《圣经》和《古兰经》)。堂吉诃德的行事全是神迹。抽空再读一遍这本书,你会发现情况就是如此。

① 参《阿布拉瓦内的哲学倾向》(APT),收入《施特劳斯文集》,卷2,页222(见刘小枫编,《犹太哲人与启蒙:施特劳斯讲演与论文集:卷一》,华夏出版社,2010,页252):

> 阿布拉瓦内具有基督教起源的思想首先是他关于犹太民族统治的一般概念。根据他的看法,犹太民族的统治由两种统治类型组成,一类是人的统治,一类是精神的统治或神的统治。这种区分不过就是基督教关于精神权威与世俗权威的区分。

另见《自然正当与历史》,页253–254。

前,教士和理发师讨论了那些书的优点和缺点,他们发现,那些书是无辜的(innocent),它们中的好些甚至还称得上优秀的文学作品。那么,何以塞万提斯要讥讽[骑士书]这整个文体(genre)?是因为在塞万提斯写作《堂吉诃德》之前的一代或两代人中充斥着白痴般的摹仿?难道我们要相信,像塞万提斯那样级别的人,会浪费自己的时间去讥讽一种短命的风尚(ephemeral fashion)?不——因为所有好书都是——且都有意成为——所有时代的拥有物(possessions)。①

我们可能倾向于说:好吧,那类难题或不一致实际上出现在所有伟大的著作中——aliquando dormitat bonus Homerus[有时候,〈甚至〉荷马也会打盹]②——也许如此。可是,对于那些著作及其作者,难道不可能是我们有点天真了(naive)?难道不可能是我们低估了那些作者思想的清晰、表达的能力,以及最重要的——他们的意愿(willingness)和对辛劳的热爱(love for work[φιλοπονία]③)?如果他们的作品存在着不一致且有时候④乏味,难道不可能是他们希望它们不一致且乏味?难道不可能

---

① 这句话的出处,见修昔底德(Thucydides),《伯罗奔半岛战争志》(*History of the Peloponnesian War*),卷1,22.4(Charles Forster Smith 英译,Cambridge, MA:Harvard University Press,1962,卷1,页41):

> 而且,《战争志》确实是被撰写出来的,不是作为当下能被听见的获奖征文,而是作为所有时代的拥有物。

参《迫害与写作艺术》([译按]以下简称《迫害》),页160;《城邦与人》,页142-143,157,159,228。

② 这句谚语出自贺拉斯(Horace),《诗艺》(*The Art of Poetry*)。参《迫害》,页26。

③ 例如,参柏拉图,《王制》(*Republic*)535d 及《阿尔喀比亚德前篇》(*Alcibiades I*)122c;色诺芬,《治家者》(*Oeconomicus*)21.6。对勘施特劳斯,《色诺芬的苏格拉底言辞》(*XSD*),页79 与200([译按]中译见《色诺芬的苏格拉底言辞:〈齐家〉义疏》,杜佳译,华东师范大学出版社,2010)。

④ 施特劳斯起初写的是 somewhat[多少有点儿],后来改为 sometimes[有时候]。

是他们希望给我们某些谜题去猜？他们作品中的缺陷——由19世纪的高等考据学（higher criticism）所开发的所有那些缺陷①——难道不可能是有意如此（intentional）且刻意如此（deliberate）的？｛就这一点而言，我们当今足够有幸去拥有的一种经验对我们多少有所助益。｝

［第一页反面］
〈1. 迫害 → 字里行间的写作
 2. 过去时代的迫害 → 过去时代字里行间的写作
Ⅱ 3. 关于从字里行间阅读的危险：什么是从字里行间正当阅读与任意猜想作品的区别？②

只有当从字里行间阅读是：比日常的阅读更准确（exact）且更严苛的（exacting）阅读，它才能要求任何考量。③

就相关书籍而言，从字里行间阅读比我们的日常阅读更准确：因为，一种从字里行间传递的教诲，只会诉诸极为细心的读者们。

在阅读中，只有最大的细心才能发现那种教诲。④

可是，在哪种情况下，我们有资格——或不如说，迫不得已——从字里行间去阅读？

在所有日常阅读已不足以导向一种恰切的理解时。例如，若我们发现，在第一流作家的著作中有乏味的篇章：记叙一个高中〈男〉生会

---

① 参《迫害》，页30-31。
② 参《迫害》，页27,30,32；《什么是政治哲学》（*WIPP*），页224,231（［译按］中译见《注意一种被遗忘的写作艺术》，林志猛译，收于《什么是政治哲学》，李世祥等译，华夏出版社，2011）；《论僭政》（*OT*），27（［译按］中译见施特劳斯、科耶夫，《论僭政：色诺芬〈希耶罗〉义疏》，古热维奇、罗兹编，何地译，观溟校，华夏出版社，2006）；《论柏拉图政治哲学新说之一种》（ONI），页351-352（［译按］彭磊中译，见本书）。
③ 参《迫害》，页30。
④ 参《迫害》，页144。

为自己所写的文章感到羞愧。①

III 4. 两种类型的迫害文献②

对"迫害"的一般化（generalization）→ 社会放逐（ostracism）③

早先的作者们在——[将之]作为一个原则问题——隐匿自己最重要的意见时，究竟达到何种程度？

两种类型的共同之处：着眼于对社会[主流意见]的遵从（social conformity）而隐匿，那种对社会[主流意见]的遵从要么纯粹是强迫执行的（现代类型），要么甚至是可欲的？〉

[第三页]④

〈整个儿与正统观点相反，尽管在每一页的每句话中，他都口是心非。如果我们多点儿警觉、少点儿天真，再次去阅读那位作者，我们就能确定，我们会发现有许多迹象表明，作者的独立性远比起初让我们留下深刻印象的迹象更多。

在有些情况下，我们有幸拥有明确的（explicit）证据⑤——要么出自作者们（authors），要么出自明智的哲人们（intelligent philosophers）⑥——证明作者隐藏了自己的真实观点，只在字里行间暗示那些真实观点。〉⑦

---

① 参《迫害》，页30；《关于马基雅维利的思考》（*TM*），页36（[译按]见申彤中译本，南京：译林出版社，2003，页38–39）；《什么是政治哲学》，页223。关于男高中生的说法可能是对黑格尔《法哲学原理》（*Philosophy of Right*）"导论"第3节的影射，见 *Grundinien der Philosophie des Rechts*，收入《黑格尔文集》（*Werke*），Eva Moldenhauer 和 Karl Markus Michel 编，Frankfurt am Main：Suhrkamp，1986，卷7，页39–40。

② 参《迫害》，页33–34。

③ 参《迫害》，页32–33，《什么是政治哲学》，页170。

④ 不幸的是，手稿第二页似乎遗失了。

⑤ 参《迫害》，页33–34。

⑥ 由施特劳斯在行间插入。他起初写的是 or by intelligent and benevolent contemporaries[或出自高明且善意的同时代人]，后来划掉了 and benevolent contemporaries[且善意的同时代人]，写了 philosophers[哲人们]。

⑦ 参《迫害》，页32。

莱辛(Lessing)致门德尔松(MM[Moses Mendelssohn]):

你比其他诚实的人更幸运,他们只有通过假装他们想要给正统观点一个新的基础,才能够摧毁最可憎的那种胡说(non-sense)(亦即上述正统观点)的结构。[1]

霍布斯:[他]在好几个地方指出,他只是在英格兰联邦[共和国]时期(during the Commonwealth),即伊丽莎白一世时代反异端的法律不再有效的时期,才表述了某些"新颖"观点。

霍布斯致奥布瑞(Aubrey),论及斯宾诺莎的《神学-政治论》:他可不敢[像斯宾诺莎那样]如此大胆地写作。[2]

我们对霍布斯的解释,必须更可取地基于他在英格兰联邦[共和国]时期发表的著作,并且,当我们发现其中有两套主张,一种更接近正统,另一种与之相反,更远离正统——我们必须将后者视为他的真正意见。[3]

〈"论自由与必然"(*Of Liberty and Necessity*)(伦敦:1654,页35-36):

我必须坦承:如果我们考虑到人民的绝大多数时着眼于他们实际所是,而不是着眼于他们应当所是……我必须——我得说——坦承这样一点,即关于这个问题的争论将伤害而非增益他

---

[1] 莱辛1771年1月9日致门德尔松的书信,见《莱辛文集》(*Werke*),Helmuth Kiesel, Georg Braungart, Klaus Fischer 及 Ute Wahl 编, Frankfurt am Main:Deutscher Klassiker Verlag,1988,卷11.2,页146。

[2] 见《霍布斯的宗教批判》(*Die Religionskritik der Hobbes*),收入《施特劳斯文集》,卷3,页277注20,英译本(*HCR*),页32注20([译按]《霍布斯的宗教批判:论理解启蒙》,杨丽等译,黄瑞成校,华夏出版社,2012,页92注20),《什么是政治哲学》,页274。对勘《什么是政治哲学》,页171与《迫害》,页183。

[3] 参《迫害》,页185-186。

们的虔敬;因此,若是主教大人([译按]布拉姆霍尔主教)并不渴望这个答案,我就不会写此书,要不是希望阁下您([译按]纽卡斯尔侯爵)与主教大人私下阅览,我也不会写它。)①

4. 专门从字里行间来教导涉及关键问题的真理的全部文献,有两种类型。② 这两种类型的差异对应于人们对迫害可能具有的不同态度。

a) 对我们来说,最熟悉的观点是,迫害是偶然的(accidental),它是对政治体(the body politic)的糟糕建构的一种结果;按照那种观点,言论自由应当也能够取代迫害;不,更确切地说,言论自由将取代迫害。

那种观点预设,一般公众能够触及关于最重要事物的真理,亦即通俗科学(popular science)是可能的(霍布斯:Paulatim eruditur vulgus[俗众会逐渐受到教育])。③ 相信进步。一个持有这种迫害观点的人,为了与迫害斗争、为了有助于建立言论自由而书写,并出版自己的著作。他隐藏自己的观点仅仅是出于畏惧迫害,畏惧暴死或囚禁或流亡。④

b) 按照另一种观点,迫害是本质性的(essential),或者说是必然的,

---

① 见《霍布斯的英语著作》(*The English Works of Thomas Hobbes*),William Molesworth 编,London:John Bohn,1840,卷 IV,页 256-257。参《迫害》,页 34 注 5([译按]见中译本,页 28,注 1)。

② 参《迫害》,页 33-34。

③ 见霍布斯,《论人》(*De Homine*)14.13,收入《霍布斯拉丁文集》(*Opera latina*),William Molesworth 编,London:John Bohn,1839,卷 II,页 128。参《迫害》,页 34 注 5;《自然正当与历史》,页 200;《论柏拉图政治哲学新说之一种》,页 360([译按]彭磊中译,见本书);《霍布斯的宗教批判》,《施特劳斯文集》卷 3,页 348 注 243;英译本(*HCR*),页 94 注 243(见中译本,页 160 注 243)。

④ 参《斯巴达精神与色诺芬的品味》(SSTX),页 535([译按]陈戎女中译,见本书):

> 然而,若是有人假设古代哲人仅仅出于畏惧迫害或暴死而隐匿其思想,那就把他们看得太低了。

迫害将不会被取代,也不应当被取代。我们称为迫害的事情,那种观点的尊奉者会称之为:公民之间就根本问题达成的一致性(uniformity);他主张,这样一种一致性是任何|健康的|政治生活的先决条件。这样一种一致性①不应当受到有分歧的观点——〈无论这观点是否为真〉——的公开表达的危害。[第三页反面]〈他主张,政治和社会生活的要求不同于——某种程度上对立于——哲学或科学:〉

政治和社会生活的原则是:quieta non movere[勿扰太平]②

哲学和科学——或理论生活——的原则是:quieta moere[搅乱太平]

各种艺术和科学应当进步——但法律和习俗应当尽可能保持稳定。③ 因此,这种观点混合了智识的激进主义(intellectual radicalism)与政治和社会的保守主义(political and social conservatism)。一位那种类型的作者隐藏自己的异端观点,不只是出于畏惧,而是事关对国家(the Commonwealth)的职责(duty)。因此,他的隐藏技巧要比对政治或社会变革感兴趣的作者更煞费苦心。因此,他的真实观点更难④破译,他的著作更迷人也更有趣。⑤

|概括一下我们的论题:社会与个人,个体思考——社会与思想——早先的作者们究竟在——[将之]作为一个原则问题——隐匿自己的意见时,达到何种程度?早先的写作技巧与当今的技巧的差异究竟达到何种程度?|

一般而言,a)[观点]是现代的,而 b)[观点]是古代和中古时期的。不过,我们发现,直至 18 世纪还有好些例子属于第二类。

---

① 施特劳斯起初写的是 prerequisite[先决条件],后来改为 uniformity[一致性]。

② 见施特劳斯,《"显白的教诲"写作计划》,注 18。[译按]见本书该文,中译标示[原注 18]的注释。

③ 例如,参《城邦与人》,页 21–22。

④ 施特劳斯起初写的是 hidden[隐蔽],后来改为 difficult[难]。

⑤ 参《迫害》,页 34。

我主要想说的是第二个类型。因为,这一类要有趣得多也重要得多。不止从历史角度看,而且对我们也如此:那种类型造就了现存的最高种类的文献——那种文献已经向人们提供并将会向人们(只要他们终究还阅读)提供最好且最坚实的那种教育。① 通过对极端细心且警觉的读者以外的所有人保持沉默,那种类型[的文献]迫使我们尽可能细心、警觉、灵活,并且足智多谋(resourceful)。由此,它们对我们进行教育。

倘若人们隐藏自己的意见,他们将不会说自己隐藏了意见,或至少,他们将不会太大声地这样说——否则,他们会使自己的目的落空。因此,支持一个作者隐藏自己的意见这个观点的明确证据,相对罕见。然而,存在着许多带有那层意思的声明。②

我已经提到过莱辛。莱辛写过两篇论莱布尼茨(Leibniz)的神学和哲学的短论,③它们表明,莱布尼茨有两种教诲,一种公开的(public)教诲和一种私下的(private)教诲。莱辛对那种步骤的解释,其深度超逾了现代时期我所知晓的一切著述。莱辛的另一部著作《关于共济会的谈话》(*Dialogues on freemasonry*),④无疑确立起这样一点,即他在前述两篇短论中分析过的莱布尼茨的方法,也为他本人所使用:他的稳妥原则是,不在他的出版作品中明确表明自己对当时的关键问题的真实想

---

① 参《迫害》,页 37。

② 参《迫害》,页 32。

③ 施特劳斯暗示[莱辛的]《莱布尼茨论永罚》("Leibniz von den ewigen Strafen")和《维索瓦蒂对三位一体说的异议》("Des Andreas Wissowatius Einwürfe wider die Dreieinigkeit")两文,见莱辛,《文集》(*Werke*)卷 7,页 472 - 501 及 548 - 581([译按]中译见莱辛,《论人类的教育:莱辛政治哲学文选》,刘小枫编,朱雁冰译,华夏出版社,2008,页 14 - 48,49 - 87)。参《迫害》,页 182。

④ 施特劳斯指的是《恩斯特与法尔克》(*Ernst und Falk*)。参莱辛,《文集》(*Werke*),卷 10,页 11 - 66。C. Maschler 英译见《解释学刊》(*Interpretation*)卷 14,第 1 期,1986,页 14 - 48([译按]中译见《论人类的教育》,前揭,页 133 - 224)。

法。莱辛去世几年后,关于他的一场私人谈话被发表,①这给人们一个念头(an idea)(即便是一个表面的念头),莱辛著作的普通读者——亦即不从字里行间来阅读的人,根本就不知道莱辛关于种种最重要问题的观点。②

孟德斯鸠(Montesquieu)是另一个那种作者。在晚近一种对其《论法的精神》(*Spirit of the Laws*)的讨论里,有人抱怨此书完全缺乏条理,而且不时会让人碰到数量惊人的不相干的论述。③ 孟德斯鸠的一位极有才华的同时代人——达朗贝尔(d'Alembert)——就孟德斯鸠著作中的明显缺陷给了我们一些信息。

我们说的是,一个人可以容许自己在一本那种著作里有些晦涩(obscurity),那跟我们以前所说的缺乏条理的东西一样。一般读者会觉得晦涩的东西,作者心目中的那些读者不会这

---

① 1785 年,雅可比(Friedrich Heinrich Jacob)发表了《致门德尔松先生的信中关于斯宾诺莎的学说》(*Über die Lehre des Spinoya in Briefen an den Herrn Moses Mendelssohn*)。在此书中,雅可比讲述了他与莱辛在 1780 年的一场谈话。施特劳斯在 1937 年为门德尔松的《晨时》(*Morgenstunden*)和《致莱辛的友人》(*An die Freunde Lessings*)所写的导言中,对[雅可比]此书发表后,雅可比与门德尔松之间的这场(关于[莱辛的]"斯宾诺莎主义"的)争论写过一篇详尽概述。见门德尔松,《全集纪念版》(*Gesammelte Schriften Jubiläumsausgabe*),卷 3.2,施特劳斯编,Stuttgart – Bad Cannstatt:Friedrich Frommann Verlag,1974,页 XI – XCV;重刊于《施特劳斯文集》,卷 2,页 528 – 605;英译本见《施特劳斯论门德尔松》(*LSMM* [*Leo Strauss on Moses Mendelssohn*],Chicago and London:University of Chicago Press,2012),页 59 – 145。[译按]中译见施特劳斯,《门德尔松与莱辛》,卢白羽译,华夏出版社,2012,页 131 – 212。

② 在页边,施特劳斯写道:"卢梭,私人藏书(p. m.),页 126,注 2,对勘《第二论》(*2 nd Discours*),页 40 – 41 与《社会契约论》(*Contrat social*) IV 8。"缩写 p. m. 指 penes me[在我的收藏中]。[译按]卢梭的《第二论》指其《论人类不平等的起源和基础》(*Discours sur l'origine et les fondements de l'inégalité*)。

③ 施特劳斯很可能指萨拜因(George H. Sabine)的《政治理论史》(*A History of Politial Theory*)。参《迫害》,页 28 – 29。

样觉得。此外，自愿的(voluntary)晦涩并不是真正的晦涩。孟德斯鸠有时候不得不呈现重要的真理，对这些真理绝对和直接的表述可能会冒犯人，而且不会带来任何好处；因此，他拥有审慎(prudence)，把这些真理包裹起来；通过这种无辜的诡计(innocent artifice)，他向那些真理会伤害［他们］的①人隐藏这些真理，他不会让智慧者无法触及这些真理。②

孟德斯鸠的另一位朋友论及《论法的精神》"绝妙的、即便是隐蔽的条理"。③ 也就是说，解释者的首要任务必须是：发现孟德斯鸠(比如说)在这个{奇怪的}地方讨论这个论题的理由。

斯宾诺莎。他为自己设定的生命法则之一：ad captum vulgi loqui

---

① 施特劳斯起初写的是 dangerous［危险的］，后来改为 harmful［有害的］。

② 这段出自达朗贝尔(Jean-Baptiste le Rond d'Alembert)《孟德斯鸠颂》(Éloge de Montesquieu)的话，为《迫害》页29注11所引。［译按］参见达朗贝尔，《孟德斯鸠庭长先生颂词》，见孟德斯鸠，《论法的精神》，许龙明译，商务印书馆2011，页15。

③ 对勘《迫害》页29注11与贝托里尼(Stefano Bertolini)《〈论法的精神〉成因探析》(Analyse raisonnée de l'Esprit des Lois，重刊于《孟德斯鸠全集》[Euvres completes de Montesquieu]，Édouard Laboulaye 编，Paris: Granier, 1876，卷III，页60)的这段话：

> 这就是这部巨著的谋篇。在我刚刚勾勒的这张图中——无论它可能有多么不恰当，很容易看到主导这部著作——《论法的精神》——的精确性、准确性和绝妙的条理。这种条理或许躲过了那些人的眼睛，即那些只能靠定义、分段、推进和区分主导，从［一个］结论进展到［另一个］结论的人，但这种条理对悉心的头脑却完整地显现出来，那些人有能力靠自己来补充源自原则的结论，也能足够灵巧地提出结论背后的那些真理，并将已经确立的真理与那些真理联系起来，对专家们的眼睛来说，那些真理只由一层透明的面纱所覆盖。

［让他的语言适应于俗众的语言］。① 据传，他印章上刻的是 Caute［谨慎］。② 认为斯宾诺莎的《伦理学》并非以俗众的语言所写会是个错误。"含糊其辞"（Evasive）。

笛卡尔在其日记的扉页上写道：

> 迄今，我是这个世界剧场的旁观者；但现在，由于将要登上那个剧场的舞台，我将戴上一个面具，就如不希望他们的羞耻感会（would）③ 变得可见的喜剧演员。（《全集》[Oeuvres] 卷 X，页 213）④

与此相应，笛卡尔要求［读者］在熟读《第一哲学沉思录》（The 1st Meditation）时要投入几个月时间（卷 VII，页 130）。⑤ 写作是一种行动，由此受制于政治权威和教会权威；但思想承认的不是权威而是理性（《方法谈》[Discours] 卷 VI 开头）。⑥ 人们不会在笛卡尔的著作中，只会在他的著作的字里行间找到他的真实观点。

---

① 施特劳斯在《如何研读斯宾诺莎的〈神学－政治论〉》一文中引述了斯宾诺莎在《知性改进论》（Tractatus de intellectus emendatione）17 节的一段话："要针对俗众的能力说话，凡是不妨碍实现我们的目标（即最高的善）的事情，都要尽力去做。"见《迫害》，页 177，参 177–179。

② 参《迫害》，页 80。

③ 施特劳斯起初写的是 might［可能］，后来改为 would［会］。

④ 施特劳斯引述的是《个人思考》（Cogitationes Priatae）的头几行，他所用的版本是 Charles Adam 和 Paul Tannery 所编的《笛卡尔全集》（Paris：Léopold Cerf，1897–1913）。

⑤ 施特劳斯指的是同一版本（［译按］即前述《笛卡尔全集》）中的 Responsio ad secundas objectiones［对第二项异议的回应］。

⑥ 参笛卡尔，《方法谈》（Discours de la Méthode）第 6 部分开头（Étienne Gilson 编，Paris：Librairie Philosophique J. Vrin，1939，页 60；英译见 Discourse on Method，Richard Kennington 译，Newburyport，MA：Focus Philosophical Library，2007，页 48；［译按］中译见王太庆译，商务印书馆，2001，页 48）：

> 三年前，我完成了包含所有这些事物的这部专论，正着手审阅书稿准

培根。"我有时候照国民统治(civil government)的稳健(moderate)进程,会改变〈古代术语的〉用法和定义;尽管有某些改变,但其中仍保持塔西佗(Tacitus)明智指出的:Eadem magistratuum vocabula[官员职位的名称—仍其旧](《编年纪事》[Ann.] I 3)。"①(《学术的进展》[Advanc.],页92)②

备付印时,我得知,有某些我尊敬的人物——他们加于我的行动的权威,完全不亚于我本人的理性加于我的思想的权威——不同意某种关于物理学的意见([译按]指伽利略的地球运行说),于是不久后我将此书交给另一个人出版。我不想说我同意那种[物理学]意见,但既然我在他们审查之前已经注意到,那种意见中没有什么我能想象的对宗教抑或国家的偏见,因此,若是理性如此说服了我,也没有什么可以阻碍我把它写进书里。这件事使我感到惶恐,尽管我总是极度谨慎,不去接受我的信念中还未经我确切论证的新东西,也不写可能会对任何人不利的东西,可无论如何,他们还是可能会从我的思想里发现某一个错误。

参《迫害》,页182-183。

① 参塔西佗,《编年纪事》(*The Annals*)1,3(Tacitus,《晚近纪事/编年纪事》[*The Histories*, *The Annals*], Clifford H. Moore/John Jackson 英译,Cambridge, MA:Harvard University Press,1962,卷2,页249[译按]中译参塔西佗,《编年史》上册,王以铸、崔妙因译,商务印书馆,1997,页4):

在国内,所有人都很平静。官员们的职位名称—仍其旧;年轻人们在阿克提乌姆(Actium[译按]又译"亚克兴角")战役胜利之后才出生,甚至年长一代中的大多数,也是在内战时期出生的;很少有人真正看到过[罗马]共和国(the Republic)。

② 参培根,《学术的进展》(Francis Bacon, *The Advancement of Learning*, Michael Kiernan 编,Oxford:Clarendon Press,2000,页81):

但另一方面,我的确渴望尽可能用我的笔,在古代(Antiquitie)与进步(Proficience)之间建立一个友好的交流基础,看起来最好的是,沿着古代的道路 usque ad aras[一追到底];从而保留古代的术语,尽管我有时候按注意培根对密码(ciphers)的兴趣。

16世纪有关arana imperii[帝国的秘密]的文献(Lipsius① 等等)。

> 统治……是知识之一种,既是秘密的,又是隐蔽的(retired),在[下述]这两方面,事物都被认为是秘密的:有些事之所以秘密,因为它们难以认识,有些则因为它们不适合说出(not fit to utter)……即便对政策和统治的一般法则和论述,也应当得到一种恭敬和含蓄的处置。(页205-206)②

培根没有完成他的乌托邦著作《新大西岛》(*New Atlantis*),实际上,他在其中省略了一切与政治相关的[论述],这毫不奇怪。

我提到的作者们并非这种[写作]技巧的发明者。他们运用了一种传统,那种在显白教诲与隐微教诲之间作出区分的传统。隐微(esoteric)③教诲不是——如某些当今的学者似乎所想的那样——一种神

国民统治的稳健(moderate)进程,会改变[古代术语的]用法和定义,尽管有某些改变,但其中仍保持塔西佗明智指出的:Eadem magistratuum vocabula[官员职位的名称一仍其旧]。

参《迫害》,页183。

① 有关Justus Lipsius(1547—1606),参《城邦与人》,页144;《霍布斯的政治科学》,《施特劳斯文集》卷3,页100-104。

② 参培根,《学术的进展》,页179:

> 至于统治,这是知识的秘密且隐蔽的(retired)部分,事物在这两方面都被认为是秘密的:有些事物由于难以认识而成为秘密的,有些因为它们不适合说出[而成为秘密的]。我们看到,所有统治都是隐晦且不可见的……尽管如此,即便对政策和统治的一般规则和论述,都值得有一种恭敬和含蓄的处置。

③ 参《迫害》,页57注63([译按]见中译本页50注2)。施特劳斯起初写的是exoteric[显白的],后来改为esoteric[隐微的]。

秘的（mystical）教诲：它是一种科学的（scientific）教诲。显白的＝通俗的。隐微的＝科学的，从而是秘密的。

据传统说法，亚里士多德写了两类著作：显白著作与隐微著作。但他起初根本没打算出版隐微著作的内容：它们仍被称为 acroamatic，即口传的。① 科学的教诲是口传的教诲，因为书写出来的教诲不可能保留秘密。真理——亦即关于最高事物的真理——不能也不应被出版——能够被出版的，是本身即公开的事物，ἔνδοξα［种种意见］，道德事物及政治事物。

［第四页反面］亚历山大大帝与亚里士多德之间通信的故事：亚历山大向亚里士多德抱怨说，亚里士多德出版了他的口传教诲。亚里士多德答曰：那些书［可以说］出版了也［可以说］没有出版（those books are published and not published）；因为，只有那些听过我讲课的人才能理解那些教诲。②

---

① 参格利乌斯（Aulus Gellius），《阿提卡之夜》（*Attic Nights*）20.5，参《"显白的教诲"写作计划》，注14。［译按］见本书该文，中译标示［原注14］的注释。

② 参格利乌斯（Aulus Gellius），《阿提卡之夜》20.5（John C. Rolfe 英译本，卷3，页433－445）：

> 当亚历山大王得知他（即亚里士多德）发表了那些"口传"部分的著作——尽管在那时，王正在为夺取几乎是整个亚细亚的战事而处于慌乱中，他还是在如此紧迫的事务间歇写了一封信给亚里士多德，说那位哲人发表那些著作，从而将口传的训练——他本人（即亚历山大）正是受教于此的——公之于众是不对的。"因为，"他说，"若是我从你那里接受的那种教导成为整个世界的公共财产，我还有什么其他途径可以胜过其余人？我宁愿自己是学问上的第一人，而非财富或权力上的第一人。"亚里士多德这样回答他："要知道，那些你抱怨已被公开不再隐匿的口传著作——仿佛它们包涵了秘密——既没有被公开，也不是隐匿的，因为只有那些听过我讲课的人才能理解它们。"

另见普鲁塔克（Plutarch），《亚历山大传》（*Life of Alexander*），7。

这个传统可能是虚假的。但即便虚假的传统也具有重要意义。

那个传统所预设的态度当然要比基督教时期古老得多。我们发现,柏拉图在其第二封和第七封书简中清楚地表达了这种传统。我相信,这些书简是真作①——即便它们不是真作,那个"造假者"对柏拉图的认识也多过我们对柏拉图的认识。

书简二(314a – c)。② 书简七(332d):③

a)那种教诲根本不能"说"。

b)它能在作品或言辞中"说",或好或糟。

c)糟糕地说那种教诲 = 在作品中完整地向大众说出那种教诲。

柏拉图的各篇对话。《斐德若》(*Phaedrus*)论及内在于所有作品中的危险。一部作品不知道它应当对谁说话,又应当对谁沉默(276a6 – 7)。这一点如此重要,因为真理并不适于每个人。所有书面教诲都不如口头教诲。"很难找到所有事物的父亲,但向所有人谈论他是不可

---

① 参施特劳斯1939年11月28日致克莱因书信(《施特劳斯文集》,卷3,页586。[译按]中译见《回归古典政治哲学》,页312):

> 现在,我相当确信,所有的柏拉图书简(甚至第一封)都是真作:它们是色诺芬的《远征记》(*Anabasis*)的对应作品:它们应该表明,作者并没有受苏格拉底败坏:作者始终如一地隐蔽在对话里,而[柏拉图]书简及《远征记》的目的,则是说明隐蔽者绝无恶意,绝对正常。柏拉图最早的三封书简和最后一封书简是写给一个僭主(狄奥尼修斯[Dionysius])的,他以此显示自己是正常的;此外,那些写给哲人们的书简讨论的完全是πολιτικά[政治事务];只有在致πολιτικοι[政治家]的书信里才谈到哲学,可以说,细致阅读完全打破了整件事赖以奠基的虚构:第七封书简恰恰处在中间!

② 参《论柏拉图的〈会饮〉》,页29。

③ 施特劳斯起初写的是314c – e,后来改为332d。关于第七封书简,对勘《论柏拉图政治哲学新说之一种》,页348 – 351([译按]中译见本书)与施特劳斯1946年8月15日致洛维特(Karl Löwith)的书信,《施特劳斯文集》,卷3,页663[译按]中译见《回归古典政治哲学》,页327)。

能的。"(《蒂迈欧》[Timaeus])①

但柏拉图的确就各种最重要的论题写了书:关于自然、理式(ideas)、善的理式、灵魂等等。我们如何能将他对写作这类论题的拒斥与他的现实实践相调和?只有这样假设:他确实写了这些论题,但与此同时他又没有写它们。正如据称亚里士多德这样说过他的隐微作品:它们[可以说]出版了也[可以说]没有出版。书籍的确[向读者]说话,也的确沉默,看读者的能力。柏拉图确实书写真理:但他以谜一样的方式这样做。

所有柏拉图的著作都是对话。对话是一种戏剧(以散文书写的戏剧,没有妇女,更接近谐剧[comedy]而非肃剧[tragedy])。② 照柏拉图的看法,戏剧最典型的特征是什么?戏剧是那样一种诗歌,作者在其中隐藏自己。③ 通过写作对话,柏拉图让我们得以理解,他隐藏了自己亦即他的思想。柏拉图从不就他的教导说一个字——只有他笔下的人物这么做。可是他笔下的主要人物苏格拉底,在讨论最高论题——

---

① 柏拉图,《蒂迈欧》(Timaeus)28c3-5。对勘《迫害》,页35注17([译按]见中译本,页28注3)与《法拉比的柏拉图》(FP[Farabi's Plato]),页375注44(中译见刘小枫编,《论法拉比与迈蒙尼德:施特劳斯讲演与论文集:卷三》,张缨等译,华夏出版社,即出)。

② 见《城邦与人》,页61:

> 苏格拉底没有给我们留下哪怕一次哭的事例,但另一方面,他给我们留下了笑的事例。哭与笑的关系跟肃剧与谐剧的关系类似。因此,我们可以说,苏格拉底的谈话从而柏拉图的对话有点儿更接近谐剧而非肃剧。

参《论柏拉图的〈会饮〉》,页279。对照施特劳斯1957年4月22日致科耶夫(Alexandre Kojève)的书信,见《论僭政》,页275:

> 所有[柏拉图]对话都是肃谐剧(tragiomedies)。(在《会饮》最后,当谐剧家[阿里斯托芬]睡着时,肃剧家[阿伽通]还醒着。)

③ 柏拉图,《王制》393c。参《论僭政》,页32。

κόσμος[宇宙]或曰存在——时,并没有①说话:[说话的是]蒂迈欧或爱利亚异乡人(the Eleatic stranger)。

柏拉图的学派(school)。学园哲人们(the Academic philosophers)——柏拉图的继承者们——说:为了发现真理,一个人必须就所有事情从正和反两方面(pro and con)辩论。[他们的]对手说:"我想看一看,他们发现了什么。"学园[哲人]:"我们一向不习惯展示它。"对手说:"可是,在这世上,这些神秘的东西(mysteries)到底是什么?或者说,你们为什么要隐匿自己的意见,好像它是某种不光彩的东西?"学园[哲人]:"那些听众,将受理性而非权威摆布。"(《卢库鲁斯》[*Lucullus*],页60)②

讲述这段短对话的是西塞罗。西塞罗本人是个学园派。因此,他这样说自己:

---

① 施特劳斯起初写的是 never speaks[从不说],后来改为 does *not*[没有]。

② 参西塞罗,《学园派》(*Academica*)2.59以降(西塞罗,《论诸神的本性/学园派》[*De Natura Deorum. Academica*],H. Rackham 英译,Cambridge, MA: Harvard University Press, 1961,页543):

> 甚而,就我来说,我确信,某些存在事物是可以被理解的(我对这一点的论证甚至已经太长了),我更加确信,智慧者从不持有这样一种意见,即从不赞同要么错误要么未知的一件事。他们还主张,为了发现真理,有必要从正反两方面论证所有事物。因而,我愿意看看他们发现了什么。"呵,"他说,"对此加以展示不是我们的事。""那么请问,你们的这些神圣的秘密到底是什么?或者说,为什么你们的学园隐匿其学说,好像它是某种不光彩的东西?""为了,"他说,"我们的听众可以受理性而非权威的指导。"

[译按]西塞罗的《学园派》原由两篇对话组成,分别以主要对话者的名字卡图鲁斯(Catulus)和卢库鲁斯命名,现存仅后者,故《学园派》亦称《卢库鲁斯》。

我们偏好遵循那种哲学(即对话式哲学),我们相信,那是苏格拉底运用过的[哲学],(我们这样做是)为了隐藏我们自己的意见,使其他人摆脱错误,为了在每个讨论中探究最有可能为真的东西。(《图斯库卢姆论辩录》[Tusc.] V 11)①

在隐藏与到达一个只是有可能为真的结果(它只是一个有可能的传说[a likely tale])②之间有一种关联:真正的传说被隐藏了;它可能在一个梦中得到揭示(《斯基皮奥之梦》[Somnium Scipionis])。③

[第5页]隐藏一个人的思想与一种十分清晰且晓畅的谋篇(plan)是不相容的。一种晓畅的谋篇不会为隐藏场所(hiding-places)留有余地——结果是,一部显白的著作不会有一个非常晓

---

① 参西塞罗,《图斯库卢姆论辩录》(Tusculan Disputations) 5.4.10-11 (J. E. King英译,Cambridge,MA:Harvard University Press,1966,页435):

> 另一方面,苏格拉底是第一位将哲学从天上呼唤下来的人,他将她([译按]哲学)安置在人们的城邦中,还将她带入他们的家,并迫使她提出有关生命、道德和善恶事物的问题:他进行讨论的多重方法、各种论题的不同本性,以及他的天赋之伟大——它们都在柏拉图的文学篇章里得以不朽——造就了众多彼此交战的哲学流派,在其中,我特别选择了我认为苏格拉底实际上会同意的那种加以追随,我试着隐匿我自己的私人意见,为的是将其他人从欺骗中解救出来,并在每一场讨论中探求最有可能[为真]的解决方案。

参(例如)《自然正当与历史》,页154-155。

② 参柏拉图《蒂迈欧》29d。见(例如)《迫害》,页35及《什么是政治哲学》,页166。

③ 参西塞罗,《论共和国》(De re publica),6.9以降。[译按]《斯基皮奥之梦》为西塞罗《论共和国》第六卷的别称。

畅的谋篇。①

参莱辛,《莱布尼茨论永罚》:"我想要把我不得不说的尽可能简短地表达出来。"②

参[柏拉图]《王制》(Rep.)对诗歌的双重讨论③——

同上:在列举各种糟糕的制度之后的中断——

[柏拉图]《法义》(Laws)对教育的双重讨论。④ 重复。⑤

---

① 参《斯巴达精神与色诺芬的品味》,页523-524。[译按]中译见本书该文第四部分。

② 莱辛,《莱布尼茨论永罚》(《莱辛文集》,卷7,页481;[译按]中译见莱辛,《论人类的教育》,页23):

> 我想试着将我不得不说的东西尽可能简短地表达出来;在我没有把自己的思想论述得有条理的地方,我至少会一一列出我的种种想法。

参施特劳斯1961年2月26日致伽达默尔(Hans-Georg Gadamer)的书信,见《关于〈真理与方法〉的通信》("Correspondence concerning Wahrheit und Methode"),刊《独立哲学学刊》(The Independent Journal of Philosophy / Unabhängige Zeitschrift für Philosophier)卷2,1978,页6。[译按]中译见《回归古典政治哲学》,页403-411。

③ 《城邦与人》,页133(参《城邦与人》,页134-137):

> 苏格拉底突然返回关于诗的主题,这个主题在考虑护卫者的教育时,已经得到很大篇幅的讨论。我们必须尝试理解这种明显动机不明的返回。

④ 参(例如)《柏拉图〈法义〉的论辩与情节》(AAPL),页23,27及104-105。[译按]中译本见《柏拉图〈法义〉的论辩与情节》,程志敏、方旭译,华夏出版社,2011。

⑤ 参《论柏拉图的〈会饮〉》,页237:

> 一般规律是,柏拉图作品中从来不会有一种相同的重复;重复时总会有变化,即便有时看上去只是细微的变化。

见《迫害》,页16及62-64。

《法义》在讨论刑法时插入神学,①《王制》在讨论高贵的谎言时插入神学。②

色诺芬《回忆苏格拉底》(*Memor.*)的谋篇。③

进一步看,隐藏一个人的思想与绝对晓畅的表达(expressions)不相容:倘若每一件事都得到绝对清晰的表达,在句子中间(within)就不会为隐藏场所留有余地。

一个隐藏自己思想的人因而将接受下述箴言:"漂亮且有条理地写出的东西,写得并不漂亮和有条理"(色诺芬,《论狩猎》[*Cynegeticus*] 13.6)。④ 这条箴言出现在一篇论用狗来狩猎的专论中,那是个相当不

---

① 按施特劳斯的解释,《法义》第9至12卷"主要是致力于刑法的"(《柏拉图〈法义〉的论辩与情节》,页64,参页126)。就《法义》卷10所讨论的雅典人的自然宗教,施特劳斯写道:

因此,雅典人被迫或有能力在刑法的语境中,讨论阿德曼托斯(Adeimantos)称为神学的东西(《王制》379a5-6),然而,苏格拉底讨论这个问题,却是在前哲学的语境中,不,毋宁说是在最为基本的教育语境中。(《柏拉图〈法义〉的论辩与情节》,页140)

参(例如)施特劳斯1939年2月16日致克莱因的书信,《施特劳斯文集》卷3,页567([译按]中译见《回归古典政治哲学》,页291-292);另参施特劳斯,"柏拉图"(Plato),《政治哲学史》(*History of Political Philosohpy*),第3版,页85-86([译按]中译本参《政治哲学史》,李洪润等译,法律出版社,2009)。

② 参《城邦与人》,页98,102-103。

③ 施特劳斯对《回忆苏格拉底》的解释,见《色诺芬的苏格拉底》(*XS*),页1-126。[译按]中译本见《色诺芬的苏格拉底》,高诺英译,华东师范大学出版社,2011。

④ 参《迫害》,页29,《斯巴达精神与色诺芬的品味》,页502([译按]中译见本书),以及施特劳斯1939年8月7日致克莱因的书信,《施特劳斯文集》,卷3,页575-576([译按]中译见《回归古典政治哲学》,页300-301)。

错的隐藏场所。

在谈论或书写关键事物时,就那些事物隐藏一个人的思想意味着,对那些事物作出错误陈述(misstatements)——或者说,就那些事物说谎。

德国战后哲学的现存问题

何祥迪 译 叶然 校

[中译编者按]本文为1940年施特劳斯在叙拉古大学所做的学术报告,原题"The Living Issues of German Postwar Philosophy",未曾发表。所谓"战后哲学",指第一次世界大战之后的哲学。中译依据迈尔(Heinrich Meier)整理并首次刊布的文本迻译(见氏著《施特劳斯与神学——政治问题》(*Leo Strauss and the Theologico-Political Problem*, Cambridge University Press, 2006),经迈尔教授授权迻译。

引 论

[115]德国人智识的荣耀和政治的不幸,也许可以追溯到一个相同的原因:德国文明比西方文明年轻得多。严格地说,德国人的教养赶不上英国人和法国人,即他们作为公民和自由公民的程度比较低。这是问题的一方面。另一方面,德国哲学比西方哲学(than western philosophy is①)更倾向于对文明、文明的传统持一种批评的态度。我们可以夸张地说,一般而言(*generally speaking*),②德国哲学或多或少暗示着一种对文明大观念,尤其是对现代文明大观念的激进批判——这种

---

① [原编者说明]在注释中,[ ]为编者添加的内容,⟨ ⟩为施特劳斯指示删除的内容。手稿此处为:than is western philosophy。

② 夹在*号之间的是施特劳斯在行间或页边空白处插入或加上的内容。下同。

批判在政治领域是灾难性的,但在哲学领域、理论领域却必不可少。因为,如果文明与从前所谓的自然状态不同,甚至相反,那么文明的进程就意味着,不断远离人的自然条件,不断遗忘那种状态。如果谁想认识,即完全充分地理解哲学的自然(natural)且基本的问题,也许他就必须对那种状态有活生生的认识,有敏锐的回忆(an acute recollection①)。

对现代文明的批判涉及对某种过去、某种古代的渴望。我的一个英国熟人告诉我,当他与德国人谈话时,最令他感到震惊和最难以理解的是,德国人渴望他们民族的过去。[116]现在,渴望日耳曼人的(Teutonic)过去,不过是对现代文明深表不满的一种(a②)最粗鲁、最愚蠢和最荒唐(the most ridiculous③)的形式。就这种渴望最开明的形式而言,它就是渴望古典的古代,尤其是渴望希腊的古代。用一句著名的格言说,尼采曾把德国思想描述为一种试图架构一条从现代世界返回希腊世界的桥梁的伟大尝试。人们只要想想莱布尼茨、莱辛、④歌德、席勒、荷尔德林和黑格尔这些名字,就可以看到,尼采的评论有根有据。这一点毋庸置疑:尼采本人的哲学,德国战后哲学最强有力的一个方面,几乎与他以古典的古代之名对现代文明的批判如出一辙。

现代文明的中坚是现代科学。因此,德国人对现代文明的批判,首先是对现代科学的批判,这种批判要么采用[揭露]现代科学在方向上的局限性的形式,要么采用一种更为激进的形式。18 世纪末和19 世纪初德国的哲学运动表现了这种批判,这场运动在黑格尔那里

---

① [用水笔在页边空白处插入。施特劳斯第一次写的是 an acute remembrance,然后他用铅笔改为 recollection]

② ⟨that⟩.

③ the most⟨petty – bourgeois and⟩ridiculous.

④ [作者原注]"Kritik so verstanden, Gelehrsamkeit so betrieben, ist der Weg, auf dem Leibniz der geworden ist, der er ist, und der *einzige* Weg, auf dem ein denkender und fleissiger Mann sich ihm nähern kann."[以这一方式得到理解的批评,以这一方式来追寻的学术,正是莱布尼茨之为莱布尼茨所走的路,而且也是一位有思想和刻苦的人接近他的唯一门径。]

达到了巅峰,它的形式是,作为自由领域的历史与作为(数学或机械的)必然领域的自然相对立,或者,自然性的生成或辩证进程与理性建构相对立。这种对现代(modern①)文明批判的阐释,自然就是德国战后哲学的重要方面。但它不是德国战后哲学的特征。以下口号表达了战后德国对现代文明的典型态度,这个口号主张生活或生存与所有作为纯理论事业的科学相对立,而不是历史与非历史的自然主义相对立,或生成与制作(made)相对立。这种遭到生活或生存之名批评(criticized②)的科学,包括自然科学和历史。③ 德国人战后的批判直接针对笛卡尔,他们同样激烈地反对黑格尔和浪漫主义。[117]尼采是该批判的鼻祖,他的批判原则是,用艺术的观点来审视科学,用生命的观点来审视艺术。

正如我的上述说法暗示的那样,战后德国哲学只是在某种程度上成其为战后-哲学(postwar-philosophy)。大多数老一辈人和年轻一辈中的相当一部分人,自然都延续了这种19世纪或更早时期建立的传统,战争的动荡及其后果并没有搞乱这个传统。也许,我们可以称这种人仅仅是些学院哲学家。左右着战后德国大众意见的并不是他们,而是那些与革命思想相关的人——他们或是革命思想的鼓吹者,或是革命思想的创立者,这些思想家认为,19世纪的传统不能延续下来,或者不值得传承。人们可以把这些思想家分为两类:一类是对心智更为开放和易于冲动的这部分学院年轻人有着直接和革命性影响的思想家;另一类是秘密地发现或重新发现一种根基的思想家,比起从前时代已经潜在的根基,这一根基更符合事物的本性。为了进行全面讨论,我认为,如果我把自己局限于对那些更加表面的运动作一个理智的勾勒,这样会更好一些,然而,这些运动曾经受到另一个更深层运动的影响,而且现在又轮到它们影响后者,这个更深层的运动实际上等同于现象学的发展。在这样的讨论过程中,我所依赖的东西就不仅仅是,甚至主要

---

① 〈western〉.
② 〈attacked〉.
③ [作者原注]参见尼采,《不合时宜的沉思》第二部。

不是出版过的书籍或文章。我记忆中的那些演讲、谈话和讨论,比起随后能够从书本上读到的那些所谓不易之说,更能够向我表明我所生活的这个世界的趋势。

在开始前,我得再说一句:我谈的是其他人在想什么——我没有必要去论证这些思想——但我的意图也仅仅是为各位提供可靠的信息而已。

战后出版的这两本书最清楚地表明了战后德国旋即出现的智识状况:斯宾格勒(Spengler)的《西方的没落》和韦伯(Max Weber)的《学术作为一种志业》。[118]可以这样来描述这些出版著作的意义:斯宾格勒的著作最不留情面地攻击了现代科学和哲学(确实完全是科学和哲学)的有效性和价值,而韦伯的公开演讲集,则最为深刻地捍卫了战后德国出现的现代科学和哲学。

一 激进历史主义和朝向激进的历史理解、文本解释的冲动

(一)要理解斯宾格勒学说的影响,人们必须记住现代科学和哲学的最初主张:它们最初曾宣称要教授仅有的(the)真理,对所有人,实际上是对所有有理智的动物都有效的真理(如伏尔泰的《米克罗梅加斯》[*Micromégas*])。斯宾格勒宣称,这种科学和哲学不过是浮士德文化的一种独特精神(soul)、独特文化的表述,而且只是其自我表达的一种形式,它与艺术、经济、政策和其他东西的重要性不相上下。数学和逻辑的主张——例如,要绝对为真的主张——消失了:没有逻辑和数学的主张,只有各种逻辑和数学,它们与自己所属的各种文化保持一致。这种看法自然也适用于伦理学。现代科学或哲学并不比——比如说——中国的治理体系更真实。

一个理论工作者、一个哲人从中能够得出的唯一结论就是,哲学的任务就是把各种文化理解为其精神的表述。这种说法肯定比精心描绘更深层的现代逻辑要聪明,例如,现代逻辑不过是一种独特精神的表达。实际上,斯宾格勒通过理解那些产生各种文化的精神,理解这些作

为所有"真理"根源的精神,以取代理论知识或形而上学理论。

这样理解文化,自然就有一条判断真理的标准。但这种标准并不声称要绝对真实。因为,无论真理可能是什么,它肯定必须有意义。现在,历史研究对浮士德文化之外的文化毫无意义,其他文化甚至无法理解这一研究:[119] 我们可以说,历史的真理、最激进的真理、这种唯一的真理仅仅留给浮士德式的人,只是为他们而存在。

(二)对科学的唯心论阐释的准备:

第一、如果理性并不发现自然法,如果相反,恰恰是理性为自然规定其法则,那么真理就是理性的产物。理性有自己的历史。而且,该历史不一定由理性自身的种种紧迫需要(exigencies)决定。

第二、科学在于组织感官材料——但是组织感官材料的方法多种多样——牛顿和歌德(卡西尔)——西美尔(Simmel)各种"层面"(planes)的方法。

(三)斯宾格勒似乎代表极端的历史主义;但[我们]很快就可以看到,他还没有走到其道路的尽头。

第一、斯宾格勒的学说在哲学上的不足:它需要以这样的哲学为基础,即将人和人的生存精心描绘为本质上是历史性的存在者(being);这种哲学表明,人作为仅有的(the)历史性的存在者,是一切意义的根源;而且,这种对真理的假定性分析表明,真理本质上涉及人的生存。海德格尔就详尽阐述了这种哲学。

第二、斯宾格勒强调所有文化的某些共同特征:我们可以说它是文化的静态(艺术、科学、政治、宗教)和动态(发展中包括退化)法则。因此,他承认这类文化的本质与个别文化的独有特征之间的区分,承认文化中非历史要素与历史要素之间的区分。使用"文化"这个特别的词语暗含着这种区分,但是,能作出这一(a*)区分吗?难道"所有的东西"不都是历史的吗?难道最抽象的范畴体系不也是历史的,而且只适用于一种文化吗?更准确地说:斯宾格勒所使用的范畴,真的适用于他尝试解释的现象吗?如果用法国革命的词汇来阐释布鲁图斯(Brutus)是不理智的,那么,一位历史主义者谈论希腊城邦、希腊宗教等等,即用非希腊的范畴谈论希腊,就更不理智。如果每种"文化"真的是独特的,那么它就有其自身的一套范畴体系,而且,必须凭该文化自身的现象才能发现这套体系。这样,我们就必须直接研究各种文化,而不是像斯宾格勒很大程度上那样,研究关于这些文化的文献。[120]我们必须研究一手材料(documents)。然而,这首先意味着解释文本(interpreting texts),因为对其他一手材料,例如雕像的解释,比解释白纸黑字更容易流于主观。

因此,斯宾格勒赋予历史研究一种前所未有的重要性。因为,他实际上已经把哲学降格为对历史现象的理解。(战前的历史主义已经承认,至少逻辑和关于知识的理论[theory of knowledge]是非历史的学科。)正是现在,研究过去的不再是史学家,而是哲学家,他们的兴趣无非是理解过去,别无其他。

第三、如果哲学一旦降格为理解文本,哲学的兴趣就不得不集中于这种解释的现象,一般地说就是:集中于理解其他人的思想。这就是说:解释学(hermeneutics)占据核心性的重要位置。研究解释学,研究理解(≠解释)背后的法则将为哲学开道,这种哲学作为理解(understand)现象的尝试,不同于试图阐释(explain)现象的哲学。

第四、转向文本本身暗示着对解释的种种原初范畴的深刻不信任,在我们屈从对过去的考察前,我们就在使用这些范畴了。这种不信任尤为直接地反对这一(the①)作为浮士德式灵魂产物的"文化"一词。如果我们想精确和恰当地描述指导先民生活的那些思想和旨趣,我们就要使用那些更基本的、不那么复杂的词汇。我们必须抛弃由现代哲学和科学,并且事实上是由较古老的哲学和科学传统制造的所有概念工具;如果我们想全面理解前哲学的"文化",我们就必须回到一种前哲学或前科学的语言。

谁若已经尝试沿着这些路径认真地理解过去,他就发现了某种未曾改变,而且也不会改变的基本事实和旨趣。因而,历史的旨趣就转化为哲学的旨趣,转化为对人的永恒自然的旨趣。而且,这种转化得到历

---

① 〈a specifically〉.

史研究的支持,这种历史研究不同于一般哲学史。[121]最后,显而易见,所有"文化"的成员,*作为人们*,也许能够相互理解,而"浮士德式的"历史主义者则无法理解任何人,因为他没有看到人的永恒自然,*因为他只见树木不见森林*。

此外,通晓早期思想能够让人体验到一种本质上非历史(unhistorical)方法的实用性(practicability):激进的历史主义唤起一种对过去的热切兴趣,进而唤起直到18世纪的人还特有的那种非历史方法的热切兴趣。

二 证明一般意义上的历史研究和特殊意义上每一个别历史研究之显见合理性的需要

接下来要讨论的这种趋势的潜在假设是,哲学是处于其历史性中的人的自我知识。这种哲学采用历史研究的形式。如此得到理解的哲学或历史本质上纯粹是理论的。现在,一种纯理论的历史研究方法面临着异议,早在19世纪70年代,尼采就在《论史学对于生活的利与弊》(*Vom Nutzen und Nachteil der Historie für das Leben*)一文中提出了这种异议,但在[一]战前人们并没有很好地理解它。这种异议也许可以这样表述:历史知识作为人的自我知识、作为反思,危及自发性(spontaneity);人类生活和人类历史本质上是自发的;因此,历史意识、历史理解的大获全胜,将是历史本身的终结,将是被经历过的历史或已完成的历史(history lived or done)的终结。(如果过去的哲人们曾是历史学家,那么就不会有哲学史。或者,反过来说:如果我们想要理解过去的哲人,我们就必须以指导他们的那种基本兴趣为指导:这种兴趣是对真理、对关于整全的真理的兴趣,而非*历史的兴趣*——对他人意见的兴趣。)这样一来,历史意识就不应该自作主张,而应该受打造(make)历史的力量制约,应该使自己从属于这些力量:历史研究应该服务于生活。生活意味着当下。历史意识自作主张,历史意识具有至高无上统治地位,将意味着过去毫无限制地统治当下。[122]其结果就是:我们必须不再理所当然地认为,历史知识和历史研究有用、有趣而且必要。因为经验表明,几乎在所有时代的生活中,人类都没有这一著名的历史感("第六感")。

当然,我们在人类发展的极早时期就发现了历史兴趣以及历史编撰。但是,18世纪以前,历史从未具有哲学的重要性。可是,如果我们还未完全理解为什么当今的生活,为什么当今的哲学——不同于更早时代的生活和哲学——需要历史意识,那么,认为历史具有哲学的重要性——这种观点隐含于"哲学史"这个词语中——就应被认为是一种偏见。而且,这种需要,这种必要性不仅在一般历史研究中得以表明,而且还表现在,如果未能完全清楚地确保其"生存的"必要性,那么任何个别的历史研究都不能被认为有重要意义。

如果激进的历史主义深刻地(profoundly①)改变了历史研究的特点,在它为历史研究带来一种全新热情的范围内,它对于这类研究的确是极端的热情,通过强迫人们完全搞清楚一般意义上的历史研究和特殊意义上每一个别历史研究的动机,尼采对历史主义(还有存在哲学)的批评指明了这一热情。将历史研究引向对涉及我们最紧迫问题的解答或理解的那些文本作解释,这一点合乎情理。而且,它通过提问为何以及何种程度上历史意识是必要的,以此引出历史意识的意义这一根本问题。

三 我们时代使得历史意识成为必要的典型理由

为何以及何种程度上历史意识是必要的,这一问题本身就是一个历史问题。尼采的质疑和回答已经是非历史的:他已经从人性中解释了为什么人需要历史这类问题。他自然已经看出,在所有更早时期的历史旨趣与自18世纪才发展起来的激进历史旨趣之间,有一个基本差异。② [123]他反对这种激进的历史旨趣,但他没有试图理解其潜在必

---

① 〈radically〉.
② [作者用铅笔在页边注出:]但是,见尼采,《不合时宜的沉思》,页61。

要性。因此,必须更精确地表述尼采的问题:为什么现代人需要历史研究,为什么现代人被迫拥有历史的思想——其方式不同于更早时代人们曾采用的方式?为什么我们需要历史?

[人们]对这个问题给出了三个答案:

(一)人类生活本质上是历史的,即人类天然需要一个指导他们、使得他们可能交流和相互理解的传统。这个传统——建立在希腊科学和圣经宗教基础上的这个传统,自16世纪以来就已经逐渐遭到毁坏。因为,现代人试图摆脱所有偏见,即摆脱所有传统。但是以下事实表明现代人的确需要传统:同样是那些毁坏传统的现代人也被迫躲进历史的避难所:历史就是传统的现代替代者。

(二)现代人没有传统这种说法并不真实;每一代人必定都成长于某个传统,哪怕成长于一个反传统主义的传统。传统总是一种关键的决定力量(power)。谁决定突然在生活中质疑自己的偏见,这并不能瓦解传统;笛卡尔的命运清楚地表明,如此完全摆脱偏见并不可行;要(to①)以一种不带偏见而独立的方式,把我们的思想从那种阻止我们用自己的眼光观察事物的传统的枷锁中解放出来,我们首先必须知道我们起而与之斗争的力量;只有从根源上,从历史根源上去理解偏见,我们才能摆脱偏见。现在看来,假设对传统的解构——肇自笛卡尔的尝试——实际上已成功地实现了自己的目的是错误的。它将无法实现自己的目的,因为它对传统的攻击立足于信仰现实的或可能的进步(progress)。现在看来,进步充其量也只是确立一个真实可靠的传统,但不管怎样,它所确立的是一个新传统。因为"进步"意味着某种问题、基本问题可以一劳永逸得到解决,因而可以将这些问题的答案教授给孩子们,使得后代人可以轻易地立足于前代人找到的答案,不再受到基本问题的烦扰。[124]换言之,"进步"暗示着基本问题的答案乃是天经地义,暗示着允许这些答案成为其奠基父辈们(founding fathers)之后每代人的偏见(prejudice)。相应地,智识在现代世纪中的发展进程

---

① ⟨to prev⟩。

指,每一代人回应而且仅仅回应前一代人,不必提出在讨论中出现的全部基础——奠基父辈们所发现的基础——是否有效的问题。黑格尔认为,历史进程是正题、反题和合题的结果,这一结果必然会揭示真理,这种观点仅仅是现代世纪的真实过程的一种表述。这种过程也许可以概述如下:笛卡尔攻击并反驳后期经院哲学,洛克反驳笛卡尔,贝克莱(Berkeley)反驳洛克,休谟(Hume①)反驳贝克莱,康德反驳休谟,黑格尔反驳康德,等等;但是,笛卡尔所奠定的基础从未受到真正的检验,因为,前现代立场——亚里士多德哲学——的根基并未得到彻底讨论,而现代哲学的基础就是对这一立场的拒斥。因为,关于亚里士多德的所有讨论都采用现代的概念,使用这些概念就预定了讨论的结果。

穆西尔(Robert Musil)在他的小说《没有个性的人》(*The Man Without Qualities*)中,表达了对当时依然广为流传的观点的批评,他说,历史过程远非由理性的种种紧迫需要所指导,实际上,它是一个不断应付(weiter wurschteln)的过程。某个讨论的结果不依赖理性,而依赖"历史",而历史的裁决是我们相信被建立起来的真理。要抵抗这一倾向,就必须有一种至少是对引人注目(célèbres)的诸多原因——据称它们取决于历史——的激进修正。而且,我们比前辈们更需要这种修正,因为,现代思想的反传统主义特点会让我们无视如下事实,即我们是一个反传统主义的传统的继承者(heirs);因为,历史研究越来越向我们表明,我们在多大程度上还处于亚里士多德主义和圣经权威的中世纪传统的魔咒之下。[125]自笛卡尔以降,传统的压舱物(ballast)并没有变得更小,而是变得更大了。

(三)如果当今的人刚好不再知晓先辈们熟知的基本事实,换言之,如果我们过去拥有教师而现今没有的话,那么,历史研究的必要性就最紧迫。由于现代人的沦丧(bankruptcy),历史研究才必要。相当一部分人在宣称这种沦丧——它暗示出了对同一事实的不那么致命的观点,这一事实孕育了"西方的没落"这一标题。仅举一例:在瓦滕堡

---

① [作者原注]他对因果性的批评仅仅考虑霍布斯、克拉克(Clarke)和洛克——而非亚里士多德。

（Yorck von Wartenburg）给狄尔泰（Dilthey）的信中——此信发表于1926年，他曾说：现代人完蛋了，行将就木；肇端于文艺复兴或更早时期的运动，已经山穷水尽；海德格尔那些满腔热情的学生说，马丁·海德格尔（Martin Heidegger）标志着另一个马丁——马丁·路德（Martin Luther）所开启的时代终结了。我们见证了一个终结，现代人已机关算尽，这种感觉（feeling①）是历史研究、是转向过去思想的最重要动机。

> 就知识而言，我们完全被兜售一空——我们一无所知——如果我们愿意学习一些东西，这样，而且只有这样，我们的无知才不会十足地俗不可耐；即如果我们愿意翻开古老的书卷，进行阅读——但是，在阅读先辈们常读的书时，不是带着令人惊讶的超然和冷漠，而是带着假定自己希望得到教导的兴趣，带着自己希望获得一种教导的兴趣（艾宾豪斯[Ebbinghaus]）。②

这种看法也许可以用如下一种不那么独断的形式来表述：真理或探索真理的正确方法在遥远的过去就已经建立起来并被遗忘了（forgotten for）数个世纪，这毕竟还是有可能的。

四　当下的沦丧：从理性转向权威

在现代科学的危机之中似乎明显可以看到现代人的沦丧。根基上的危机（Grundlagenkrisis[所有科学和研究的根基上的危机]）的表述已成为一个口号。[126]当然，自然科学和历史研究的不断进步否认这种危机的存在。但是，现代科学的危机指向如下事实，科学整体上已经

---

① 〈fact〉。
② [译注]艾宾豪斯（Hermann Ebbinghaus，1860—1909），德国心理学家，首先采用实验来研究记忆，以发现遗忘曲线和间隔印象而著称，著有《记忆》《心理学原理》等。

丧失了意义,丧失了对于人类的意义,而科学直到 19 世纪末乃至上次大战都一直保有这一意义。对达尔文《物种起源》的争论曾一度波及每一位思想者;甚至对雷蒙德(Bois Reymond)《自然科学知识的界限》(*Die Grenzen der naturwissenschaftlichen Erkenntnis*)的争论也曾得到广泛反响;但是,战后时期的科学发现(除了那些直接与技术和医学有关的以外),只对专家们才重要。

科学、科学精神曾经享有的声望已经大打折扣,再没有什么比韦伯的《学术作为一种志业》更清楚地揭示了这一点,该书在战后德国替科学精神提供了最有意义的辩护。韦伯完全有资格在年轻一辈面前谈论传统科学的状况:他是一名具有极高声誉的学者(韦伯不仅仅是一位社会科学理论家,还拓展了社会科学本身)和教师,他还理解年轻一辈的雄心壮志和挫败感。在 1919 年的动乱中,部分有思想的学院年轻人比战前任何时候都更加渴望涉及人类行为基本原则或目的的真正知识、真正科学,就在此时,韦伯宣称,不可能有这样的科学,不要指望从科学或哲学里得到关于人类生活正确目的的真正知识。对于如下问题:科学、学问或哲学除了技术的意义之外还意味着什么,韦伯给出的回答是:认为科学等等是通向真正存在、自然、上帝或幸福的途径,除了"大孩子"再也没有人会认同这些"幻觉"。就实现各种最终可能目的的手段而言,科学能够教会我们许多东西;它甚至能够描述这些目的或价值的意义;但它无法解决不同价值之间的冲突:科学和哲学并不能告诉我们,在各种相互冲突的价值中哪种价值更可取。这种冲突并不能通过论证来解决,它必须通过每个人的自由决断(decision)来解决。[127] 在韦伯看来,这就是科学人(the man of science)与先知的区别:先知能够而且必须基于自己的决断,推许他认为的正确目标,而科学人必须避免任何这种推许。韦伯走到了这条路的极端,他说,科学或哲学本身最终基于"非理性"的决断,它远不能解决人之为人的正确生活这一根本问题:这种对科学精神、科学方法的拒斥,连科学也无法驳倒它,无法表明它是荒谬的。

韦伯的论题无异于此:理性和论证本质上都没能力为生活提供现实的指导。理性和论证并不能为那些分离不同团体的沟壑架桥铺路,换言之,每个团体都受其自己的一位明星(star)、一套价值体系的指导。现在看来,至少就基本道德问题而言,每一个人类共同体需要达成某种程度的一致意见。这种一致意见也许由某个传统提供;但是,传统在德国已经愈来愈多地丧失力量了。如果理性和论证没能力提供人们共同生活(living together①)所需的最低限度的相互理解,如果关于共同生活的实践基础的相互理解不能通过理性和论证达成,那么人们便别无选择,只能远离理性,转向权威。

最可见的那种权威——至少在德国最可见——是国家(State)。施米特(Carl Schmitt)在《政治的概念》(Der Begriff des politischea)(何为政治?)一文中指出了如下一系列思想:不存在单一的理想,有的只是各种相互冲突的理想;因此,理想无法具备一种义务的特点;更准确地说,任何价值判断都是自由决断,它仅仅考虑进行自由决断的个体本身;它本质上是一件私人的事;因此,谁也不要指望任何其他人,指望其他人为另一个人的理想奉献(sacrifice②)任何东西;但是,不宣称存在着能够凌驾于任何私人选择之上的义务(obligations),就没有哪个政治共同体能够存在;无论这些义务的最终来源可能是什么,它们决不会源自个体的自由决断,否则,它们就只是有条件的义务,而非绝对的义务——奉献生命本身的义务。[128]因为,施米特宣称,如果我们分析政治的义务,尤其是"政治的"[这个概念的]意义,我们就会发现,我们所指的任何"政治的"事实,都涉及区分我们所属团体的敌友,这种区分源于战争的可能性。战争的可能性这一基本事实为所有决断的自由设置了绝对界限:它创造了权威,于是,它给予共同体中所有成员一个普遍有效的指导。

在恽格尔(Ernst Jünger③)的一篇论文《论痛苦》(On pain,收入《树

---

① together,⟨people had no choice but to turn away from reason to authority.⟩

② 手稿:sacrifices。

③ [译注]恽格尔(1895—1998),德国作家,以《钢铁风暴》著称,此书描述他自己在战争期间的经历。《论痛苦》一文(1934 年)拒斥自由、安全、舒适等自由价值,主张对痛苦和牺牲的承受能力才是人的尺度。

叶与石头》[*Blätter und Steine*])中,可以发现这种看法的一种更为激进的表述。恽格尔宣称,在我们这个时代,更早时期的所有信仰和理想都丧失了其效力和根据。结果,所有涉及我们能够判断自己和他人的标准都不再有效了。但是,还剩下一个标准:忍受痛苦,忍受肉体痛苦的能力和无能。刚毅或勇敢是唯一仍然自明的德性,是唯一剩下的德性——而且这并非没有理由:$ἀνδρεία$[勇敢]是那(the)最初的德性。

无论人们把国家抬得多高,人们依然记得,国家永远不能成为绝对权威。绝对权威必须超越人类,必须是上帝的权威。在19世纪实证主义式的漠视宗教以后,自20世纪初以来,人们又开始谈论某种宗教复兴。这种复兴总是伴随着如下意见,即由于现代科学和批判所取得的成就,不可能毫无保留地回归《圣经》的教诲。然而在战后,这样一种向作为启示的记录的《圣经》的毫无保留的回归,对于许多人而言变得极有可能。一种对宗教的不信任取代了同期对启示和神学的旧的不信任。一位对神学极为感兴趣的著名哲学作家对于这一事实颇为得意,即"宗教"这个特定词汇一次也没有出现在他的著作中。认为不可更改和不可增减的《圣经》教诲已被现代科学和批评驳倒了,这种信念丧失了它的力量。特别是巴特(Karl Barth)坚持如下事实,即在17和18世纪,被驳倒的是一种虚弱的护教学,绝非加尔文和路德本人的教义。

接下来讨论的发展可以用如下词汇来描述:知识论已经提出了科学是什么的问题。[129]但是,它没有提出尼采[提出]的更为根本的问题:"为什么[需要]科学?""为什么[需要]科学"这个问题似乎暗示着有一条比科学更高的标准,事关能够判断这种科学的标准。在尼采看来,这个标准就是"生命"。但是,生命、人类生命并不是内在地优越于科学、人类科学:哲人总是自由地回答"生命消逝,哲学存续"(Pereat vita, vivat philosophia),于是[他]拒绝"生命"的权威。"为什么[需要]科学"这个*明显必要*的问题,唯有在涉及一些比所有人类事务优越的东西时,才迫在眉睫(compelling):"为什么[需要]科学"这一问题把科学传讯到启示权威的特别法庭面前。科学并非必要:人们可以选择它,或拒绝它(这在"为什么[需要]科学"这个特别问题中得到暗示)。除了神的诫命,再不能找到绝对的必然。

就根本问题、正确生活的根本问题而言,现代科学或哲学不能给予人们清楚的教诲,这使得人们从科学或理性转向权威,转向国家的权威或启示的权威。政治学和神学与所有种类的科学都不同,它们似乎比科学和所有文化都更加与人之为人的基本趣味紧密相关:政治共同体和活生生的上帝的话都是基础的;任何事情与之相比都是被引申出来的或具有相对性。"文化"被政治和神学取代,被"政治神学"取代。从斯宾格勒到现在,我们经历了一番长途跋涉。

在这种情况下,韦伯的一位学生曼海姆(Karl Mannheim)试图挽救论证和理性,以反对他的老师提出的怀疑。韦伯怀疑,在根本问题上,论证和理性没能力引导[人们]达成一致意见。曼海姆认为,在如下事实的基础上可以取得这样一种一致意见,即所有值得考虑的意见分歧都涉及当下状况,或者都由当下状况产生。我们意识到处于相同的状况,可能会为我们最紧迫的问题带来解决方案:在各种对立的团体中进行讨论,会带来分歧意见的辩证综合。这种说法如果指一种哲学提议而不仅仅指一种政治提议(而且有理由相信它正是指一种哲学提议),那么这种说法似乎是荒谬的:[130]例如,简直难以想象无神论和有神论的辩证综合。曼海姆可能会回答,今天,有神论除了是一种守时的意识形态,什么也不是,因为它没有真正地涉及当下的状况。无论如何,这正是许多人的说法:尼采声称,欧洲近代史上最重大的事件就是上帝之死,相当一部分作者明显或潜在地采用了这种说法(斯宾格勒、舍勒[Scheler]、哈特曼[Hartmann]、海德格尔)。据这种观点看来,当下时代是人类史上第一个激进地抱持无神论的时代。因此,反思当下时代的独有特点,确实可以发现一个潜在的理想,一个为所有当今的人或至少是欧洲人共有的理想。* 这个* 与我们时代的典型假设相一致的理想将是一种无神论的道德。

这种新的无神论不仅拒斥信仰位格的上帝和泛神论,还同等地拒斥《圣经》道德,拒绝信仰进步、信仰人类的兄弟情谊和平等、信仰人之为人的尊严,总之,拒绝所有道德标准——正如它相信的那样,这些标准一旦脱离其宗教基础就丧失它们的意义。同样,这种新的无神论不再(像希腊人那样)相信 Κόσμος[宇宙]:因此,希腊科学所暗含的对

$κάλλιστος\ κόσμος$[最美好的宇宙秩序]的羡慕态度,被勇敢和坚定(Standhalten)的态度取代了。此外,19世纪的无神论尝试用人类或人来取代上帝,因此它神化人,然而,人是有限的存在物。这种新的无神论坚持人的有限性:对人类敬若神明并不是真正的无神论。

这样一来,人们一方面面临这样一种无神论,它比——譬如马克思的无神论更为激进;另一方面,人们面临一种复兴神的启示(Divine revelation)信仰的尝试。这就是说,他们所面临的情况在欧洲已不复存在许多代了。他们的概念工具(如果我可以这样说的话)自然就完全不足以解决新的或倒不如说旧的问题。要对位格的上帝、天与地的造物主存在与否这个问题的紧要性视而不见是困难的,它甚至比社会科学的正确方法这种问题更加紧要。[131]如果这个问题应该得以解答,甚至如果它应该被理解为一个有意义的问题,人们就必须回到以该问题为讨论中心的时代——即回到前康德哲学的时代。

原因在于,其一,无神论不再证明而是宣称上帝死了,即人们不再相信那显然毫无证据的圣经上帝。认为圣经信仰已被现代科学和批判"驳倒"了,这种观点预设了对那种科学和批判的信仰,这种信仰在我们所讨论的[当今]时代完全破碎了。其二,就戈伽敦(Gogarten)、罗森茨威格(Rosenzweig)等人的圣经神学而言:它不再是《圣经》的圣经神学或加尔文和路德的圣经神学——那么,它本质上还是圣经神学吗?

回归启蒙哲学,或更准确地说,回归17和18世纪的哲学,似乎还受到另一种考虑的敦促。[我们]明显可以感觉到出现了一种令人信服的、普遍有效的道德教诲,出现了显然具有政治适当性的道德教诲。这样一种道德教诲似乎更可从17和18世纪的自然法学说而不是后来的学说中辨识出来。(特洛尔奇[Troeltsch]曾反复宣称,盎格鲁撒克逊人[Anglosaxons]的政治优越性归功于以下事实,即他们的自然法传统未曾在同样的程度上像在德国那样被历史主义所代替。)因为17和18世纪的自然法教师们已经谈论过法和义务,而不仅仅谈论理想和价值。

五 的回归理性和从历史主义那里最终解放

诸位无疑已经注意到,上文提及的倾向暗示出一种对失败主义的反作用(reaction),这种失败主义曾使得[人们]从理性转向权威。但这一反作用,这一向健全心智的回归,不是向19世纪或20世纪实证主义或新康德主义的回归。这种实证主义和新康德主义与进步的信念密不可分,因而也与一种历史哲学密不可分。[132]它与一种历史哲学密不可分的正是它的对立面(独裁主义和历史主义)。但是,历史主义之后的理性主义从杜尔戈(Turgot)及其学生向孟德斯鸠或17世纪的哲人们回归。因为,这种新的理性主义着力探寻永恒的真理和永恒的标准,而且,它明显认识到,永恒真理和永恒标准本身并不关心任何理论,也不关心它们被发现或被付诸实践的结果。"历史"再次成为机运的领域,即"历史"不再是它自己的领域,不再以某种方式成为一个场域,而据说自然正是以这种方式成为一个场域。历史主义肯定将得到克服。

让我对这一点稍作更充分的解释。认为真理是永恒的,并且有永恒的标准,这种观点与历史意识相抵触,即与如下意见相抵触,所有"真理"和标准都必然相对于某个特定的历史状况,而且其结果是,一套成熟的哲学能够提出的主张,不可能高于它所属时代的时代精神所表述的主张。现在,历史意识并不是一种启示;它宣称自己足以表明(demonstrably)优越于更早时期的非历史看法。但历史主义者究竟证明了什么?顶多证明,迄今为止人们做出的努力,即试图发现那些关于宇宙、上帝、人类生活之正确目标的最重要真理(the truths),都未曾带来一套普遍接受的学说。这显然并非一个证据,表明关于宇宙、上帝、人类生活之正确目标的真理问题是一个没有意义的问题。历史主义者也许已经证明了,尽管有最伟大的人做出的所有努力,我们还是没有知晓真理。但是,这除了意味着哲学——探索真理——永远必要之外,还意味着什么呢?它除了意味着没有谁是智慧的,更不用说没有哪群人是智慧的($\Sigma o\varphi o\varsigma$),顶多是个爱智慧者($\varphi \iota \lambda o \sigma o \varphi o \varsigma$),还意味着其他什么呢？历史主义拒绝所有的哲学体系——这样一来,它给了哲学的导因最大的帮助:因为一套哲学体系,一套探寻真理的体系毫无意义。换言之,历史主义由于是一种对哲学意图的拒斥,故误解了所有哲人不可避免的命运——哲人作为人有犯错(err[1])的倾向。历史主义充其量只是一种证明我们无知(ignorance)的证据——我们无需历史主义就能意识到这一无知,但是,这种证据并非源自这样的洞见,即正因我们无知才迫切需要探寻知识,[133]它暴露出一种可悲的或荒唐可笑的自满;它表明历史主义不过是众多也许已经被揭穿的教条主义之一。

哲学一词的最初意义预示着从历史主义中解放出来。我说的是从它那里得到解放,而不仅仅是对它的驳斥。驳斥是廉价的,往往一文不值;因为,它们没有要求反驳者事先理解对手的最终动机。从历史主义中解放出来,要求历史意识被看作一个难题,而不是自明的前提。而且,它必然是一个历史的难题。因为历史意识是一个或一堆意见,仅仅出现在一个特定时期。用历史意识的话说,历史意识本身是一种历史的现象,这种现象是产生出来的,因而注定会再次消失。历史意识将会被某些其他东西取代。

历史主义者将会回答:唯一能够取代历史意识的东西是新野蛮主义。仿佛历史主义未曾为这种新野蛮主义奠基似的。历史意识不是这样一种令人敬佩的东西,即一种难以想象还有什么比它更优越的东西。

[我们]需要做的是,应该将历史运用于它本身(history should be applied to itself)。历史意识本身是某种历史进程的产物,这种进程刚刚才为人知晓,而且肯定尚未恰切地即批判性地得到研究。换言之:历史意识是一个盲目进程的产物。我们当然不应该不假思索地接受一个盲目进程带来的结果。通过揭示这一进程,我们便可以从其结果的权威中解放出来。我们再次成为——之前我们所无法成为的——自然哲人,即以一种自然的、恰切的方式接近哲学的自然的、基本的和最初问

---

[1] 〈be mistaken〉.

题的哲人。

六 作为回归柏拉图和亚里士多德的回归理性

回归理性暗示或预设了对历史意识的起源作批评分析,这就必然是一种向前现代时代所理解的理性的回归。

[134]因为,认为历史意识仅仅是浪漫主义的产物,这种看法将是一种错误。浪漫派的历史意识仅仅是对启蒙运动的历史意识的一种修正(批评当下对立于满足当下及其种种潜能)。在现代时期的刚开端处——始于16世纪,我们首次看到哲人们转向作为历史的历史(这里的历史不等于史家记载的事实)。但我们在研究历史意识的起源时,我们去判断它、用批评的眼光审视它:我们正在(*are in*)①某些伟大事业上迈出头几步,处于其不完美的开端,但是,第一步偏离了正确的路径;因为我们从经验就得知这第一步所导致的最终后果(result②)。换言之,当我们研究历史意识的起源时,我们用前现代哲学的眼光来审视它——我们站在篱笆的另一边。我们只有这样做,才能够找到我们称为历史之物的正确(right)名称(Geschichte 不等于 Historie)。

为什么这样一种转向成了一种必然?为了试图回答这一问题,我得总结我前面在不同地方所作的一系列评论。

现代哲学以对传统哲学即对亚里士多德的哲学的驳斥而出现。现代哲学的奠基者们真的驳倒了亚里士多德?他们已经理解了他?他们肯定理解他们那个时代的亚里士多德主义者,但他们肯定不理解亚里士多德本人。但是,也许可以这样说,奠基父辈们(the founding fathers)没有恰切做到的驳倒,在此期间([校按]指一战后)有人做到了。谁做到的?如果他未曾被理解,那么他就不能被驳倒。这也许是德国上述时代的年轻人经验中最为刻骨铭心的事:在海德格尔的指导下,人们开

---

① 〈observe〉.
② 〈reason〉.

始看到,亚里士多德和柏拉图未曾得到理解。海德格尔阐释亚里士多德所取得的成就,我简直无法拿来与战后德国出现的任何其他智识现象做比较。海德格尔清楚地表明,现代哲人未曾理解柏拉图和亚里士多德,他不是通过断言,而是通过具体的分析来做到这一点——这是一项极为劳神费心的工作;[135]因为人们把他们自己的意见读进柏拉图和亚里士多德的著作;他们没有带着必要的热情阅读,以弄清柏拉图和亚里士多德的真正意图,弄清当柏拉图和亚里士多德在谈论任何事情时,他们脑海的现象(phenomena)究竟是什么。而且,在古典学者方面,他们的阐释也(*too*)完全依赖现代哲学,因为,他们翻译——即理解——柏拉图和亚里士多德的措辞的方式,取决于现代哲学对其脑海所施加的影响。因为,即便一位古典学者,他也是个现代人,因而也处于现代诸偏见的魔咒之下,而且,对某个前现代文本作恰切理解,不仅需要语言知识和古代知识,需要批判的秘诀,还要求持续地反思尤其是现代的种种假设,这些假设*可能*阻止我们理解前现代思想,若是我们不持续保持警惕的话。如果柏拉图和亚里士多德没有得到理解,因而没有被驳倒,那么转向柏拉图和亚里士多德就是一种开放的可能性。

这种可能的实行,在某种程度上得力于所有对现代哲学已经感到不满的人。因为一种向经院哲学的回归,在德国并不像法国那样受到如此多的重视。而且,这[是如此]不仅因为德国占支配地位的是新教,还因为与柏拉图和亚里士多德的原初(original)哲学相比,经院哲学的派生的本性(derived nature)能被太清楚地感受到。

海德格尔并不是唯一把年轻一代的注意力引向作为独有的真正的古典时代的希腊古代的人。耶格尔(Werner Jaeger)的活动也有类似影响。我认为,正是在耶格尔[营造]的环境下,"第三次人文主义"(third humanism)一词才被创造出来。"第三次人文主义"将是一场运动,它以最激进的方式延续第二次人文主义,延续德国古典人文主义——席勒的人文主义,例如,席勒曾在其论文《论素朴的和感伤的诗》(*On Naive and Sentimental Poetry*)中,使用如下词汇描述现代人之于古代人的关系:希腊人曾是(were)自然的,但对于现代人而言,自然——作为自然的,仅仅是一种应然、一种理想(ideal);现代人(modern men)渴望在希腊曾是现实的(real)东西。

关于科学、科学进路(approach)之独特特点的讨论,已经得出了这一点,即关于什么是希腊人的普遍印象,能够呈现出一个更加明确的意义。[136]辨别科学的世界观(现代科学精心描述的世界观)与自然的世界观已经成为现象学的一种隐含意义,其观念是,自然观先于科学观,而且是科学观的基础:凭借一种独特的进路上的更改,科学的世界观从自然观中产生出来。现在已经很清楚,那个基本的世界观是现代科学所精心描绘的那种世界观的起点,更准确地说:呈现在自然的观点面前,并被自然的观点所经验到的世界,才是柏拉图和亚里士多德分析的主题。似乎柏拉图和亚里士多德已恰切谈论的东西,现代哲学的创始人并没有谈论过,他们的后继者也未曾谈论过。因为,黑格尔确实曾试图理解"具体"(the concrete),即理解现象本身,但是,他已经尝试以"抽象"为起点去"构建"它们。而这恰恰是苏格拉底转向的意义所在:科学必须从已知的东西开始,从"我们所知"的东西开始,起始于日常经验所知的东西,而且科学由理解确实已知却尚未得到恰切理解的东西构成。(例如,否认运动是"疯狂"[madness],因为通过归纳推理这一点很明显[δῆλον ἐξ ἐπαγωγῆς];但什么是运动[τί ἐστι κίνησις]——那才是问题所在。)柏拉图和亚里士多德的措辞看起来很直接,而且,它们看起来与休谟所需要的那些"印象"有直接关联,而休谟在现代因果概念——他把自己的讨论限制在此——中确实无法找到那些印象——我想说,在所有预示着同自然知识决裂的现代概念中都找不到这种直接性,这些现代概念受到笛卡尔的影响,并且由所有笛卡尔的后继者延续了下来。① 因此,如果我们想恰切理解"自然的"世界,[137]我们绝对必须

---

① [作者原注]参例如黑格尔:"总之,应当指出的是,思维必须采纳斯宾诺莎主义的观点;那是一切哲学运思(alles Philosophierens)的本质的开端。如果一个人开始哲学运思,那么他就不得不首先是个斯宾诺莎主义者。灵魂必须在一个实体的以太(diesem Äther der einen Substanz)中沐浴,在其中,一个人认为是真实的一切东西都已消亡。"

向柏拉图和亚里士多德学习。

但是,无论情况可能如何,无论我们研习柏拉图和亚里士多德所取得的最后结果可能是什么,无论我们是否或在何种程度上能最终坚持他们在方方面面的分析,尤为重要的是,我们首先要学会把握他们的意图,然后他们的结论才得到讨论。必须更新古今之争(la querelle des anciens et des modernes)——必须以比17和18世纪所做的更为公正、有更多知识的方式重复这场古今之争。

海德格尔对亚里士多德的阐释仅仅是个开端,这种阐释如果没有胡塞尔的现象学将不会成为可能。就胡塞尔的工作而言,我只能说,我认为他的重要性超过了据我所知过去50年在德国发生的一切事情。像对伽利略物理学背后蕴含的几何学转变那样的一种分析,我们能够在胡塞尔最近出版的其中一部作品中找到,是任何分析现代科学和哲学之基本假设的典范。

但是,胡塞尔并不是唯一具有杰出思想、肩负着我们所见证的巨大变化的人。在这方面,具有同样影响力的至少还有尼采的著作。尼采改变了德国的智识风气,也许改变了整个欧洲大陆的风气,其方式类似于卢梭在120年前改变这种风气的方式。而且,我认为,从卢梭到尼采这段时间,未曾出现一种能与之匹敌的思想风气的改变。尼采的著作就像卢梭的著作一样模棱两可。因此,关于尼采的著作的真正意义是什么,[人们]对此意见不一非常可以理解。如果我对他的理解正确,[我认为]他思考得最深的是哲学,而非政治("哲学和国家水火不容");而且,这种哲学要成为真正的哲学,而不是某些教条主义,它就是为了自然人(is the sake of natural men①)的目的,为了人们有能力且有意愿在"天底下"生活,为了人们不再需要洞穴——任何洞穴的庇护。尼采发现,这样一个洞穴,这样一种阻碍[走向]基本问题的人为(artificial②)保护,[138]不仅存在于(有关神意的)前现代传统中,也存

---

① [原编者注]英文表达 is the sake of natural men,用德文来解释和表述就是 ist die Sache naturlicher Menschen,自然人的任务或主题。

② artificial⟨, if for all practical purposes necessary, ⟩.

在于现代传统中。它反对"历史",反对如下信念,即"历史"能够决定任何问题,进步可以使得对首要问题的讨论永远多此一举,它也反对如下信念,即历史——其实是任何人类事务——是哲学的基本主题,尼采假设性地重新主张永恒轮回的学说:他要让世人明白,哲学基本的和自然的主题,正如对于希腊人而言那样,曾是、仍是、总将是——κόσμος[宇宙],世界(the world)。

德国虚无主义[*]

丁耘 译

[中译编者按]本文原为施特劳斯1941年2月26日在美国作的一次讲演,由David Janssens和Daniel Tanquay根据手稿整理,原刊于《解释》(*Interpretation*),1999,Vol. 26 no. 3。

提 要

1. 问题:什么是虚无主义?何种程度上可以说虚无主义特别是德国式的。
2. 德国虚无主义是一种类型,民族社会主义是其著名的变种。
   A 德国虚无主义之下终极的、非虚无主义的动机。
3. 道德性(morality)与封闭社会不可分的联系:对现代文明原则的

---

[*] [校按]本文中的注释由两位编者对施特劳斯为此文打字稿所作的增删的校勘组成。值得说明的是,《解释》学刊2000年在其第28卷第1期发表了Wiebke Meier女士据施特劳斯手稿对前一年在同一学刊上出版的此文的勘误和校正。Meier女士辨读出一些原文编者没有识读出来的词句,并对原文中的一些错误进行了修正。本中译稿体现了Meier女士的修订。另外需要说明的是,注释中提到的部分校勘细节(尤其是标点符号),由于中英文语序差异较大,无法与正文一一对应,望读者见谅。

本文原标题为German Nihilism,因施特劳斯所指乃"发生在德国这个国家的一场智识运动"(迈尔),故文中German一词统译为"德国",但就这场智识运动的历史来源而言,在某些上下文中或作"德意志"理解更为贴切。谨此感谢迈尔(Heinrich Meier)教授赐教。

道德抗议。

B 非虚无主义的动机导致虚无主义的情形。

4. 德国虚无主义是某类年轻的无神论者对共产主义理想或预言的反动(reaction)。

5. 论青年与虚无主义的密切关系,以及青年解放运动的虚无主义后果。

6. 论进步主义与虚无主义的密切关系;进步主义没有对目的加以界定;因此它对既定的秩序提出了一种不确定的否定。

C 什么是虚无主义?何种程度上可以说虚无主义特别是德国式的?

7. 虚无主义是对文明本身之诸原则的拒斥。文明是人类理性之有意识的文化,也就是科学与道德(morals)。

8. 如此界定的虚无主义是当今德国而非任何其他国度的特性。

9. 德国虚无主义为了战争与战争德性之故拒斥文明本身的诸原则。

10. 德国虚无主义因而接近德国军国主义。

11. 德国虚无主义是德国军国主义的激进形态,这种激进化归因于浪漫派对整个现代发展的意见之胜利。

12. 德国军国主义与对现代理想的反动有关,这种反动是德国观念论哲学的特性:以自我牺牲与自我否定的道德对立于自我利益的道德;唯一一种毫不含糊的非功利德性是勇气。

13. 德国观念论在反对西方哲学的同时,声称自己综合了现代理想与前现代理想;这种综合是无效的;德国观念论的影响使得人们不可能接受现代理想;德国人不得不转而依靠前现代的理想:依靠被德国观念论解释的前现代理想,也就是说,该理想是以一种反对启蒙的争辩意图得到解释的;因此,德国人所依靠的是对前现代理想的现代歪曲。

14. 现代理想具有英国来源:德国传统是一种批判现代理想的传统。英国人建立了一种现代理想与古典理想的有效混合,德国人过于强调与传统的断裂,以至于他们最终从拒斥现代文明诸原则走向了拒斥文明本身之原则,走向了虚无主义。作为帝国民族的英国绅士(gentlemen)对立于作为外省的、怨愤的狂热者民族的德国老爷(Herren)。

一

什么是虚无主义？在何种程度上可以说,虚无主义是一种特殊的德国现象？我无法回答这些问题；我只能试着把它们搞得确切一点。因为我就要探讨的这个现象过于复杂,以往的考察又如此之少,以至于在我可以支配的不长的时间中无法给予充分描述。我所能做的只是勾勒轮廓而已。

二

现在听见"德国虚无主义"这个提法,我们中的大多数人自然立刻就想到民族社会主义(National Socialism)。但从一开始便要了解,民族社会主义只是德国虚无主义最有名的形态而已——是其最低级、最外省、最蒙昧和最不光彩的形态。很可能正是其粗俗带来了巨大的(虽然这很糟糕)成功。这成功后面可能会跟着失利乃至最终的彻底失败。但民族社会主义的失败并不必然意味着德国虚无主义的终结。因为,那种虚无主义的根基比希特勒的煽动蛊惑、比德国在世界大战里的战败以及所有诸如此类的事情都要深得多。

我想沿着以下线索来解释德国虚无主义。首先我要解释一下德国虚无主义底下的最终动机；这个动机并不自在地便是虚无主义式的。接着我想描述一下,在什么样情况下这一非虚无主义的动机导致了虚无主义的抱负。最后,我将试着给虚无主义下这样一个定义,从所虑及的非虚无主义动机的观点来看,这个定义不可撼动；并且,我们要在这个定义的基础上把德国虚无主义描述得更充分些。①

---

① 打字稿上是"并且来描述,基于那个定义"；手写的改动显示逗号前后的顺序应当颠倒过来。

三

虚无主义的意思也许是：velle nihil，意欲虚无、［意欲］（［译按］如无特别说明，正文中的方括号是译者为了文气贯通加的）包括自身在内的万物的摧毁，因此，首先是自我摧毁的意志。我听说有这样古怪愿望的人。但我相信这种愿望并非德国虚无主义的最终动机。不戴有色眼镜就不会注意到自我摧毁意志的任何确切征兆。不仅如此，就算把这一愿望证明为最终动机，我们仍会大惑不解，为什么这个愿望采取了这一形式，其状态不是所谓 fin de siecle［世纪末］或者纵酒主义，而是军国主义。用心理疾患来解释德国虚无主义，还不如把它解释成一个亡命之徒想要与几个警察和出卖他的同伙一起搞谋杀；我并非廊下派，无法把［这个亡命之徒的］那种愿望称为病态愿望。①

事实上，德国虚无主义并非绝对的虚无主义，并不意欲包括自身在内的万物全都摧毁，它只意欲特殊某物的摧毁：现代文明。也许我可以说，有所限制的虚无主义之所以成为一种几乎绝对的虚无主义，仅仅出于这个理由：对现代文明的否定，引导或伴随着那个"不"字的，不会是任何清晰的肯定性概念。

德国虚无主义意欲现代文明的摧毁，这是就该文明的道德意义而言。众所周知，德国虚无主义并不那么反对现代技术设备。德国虚无主义所反对的现代文明的道德意义可以表达如下：突出人的地位；或者捍卫人之权利；或者最大多数人的最大幸福。支持着对现代文明的抗议、对西方（特别是盎格鲁—撒克逊的西方）精神的抗议的究竟是一种什么动机呢？

答案势必为：它是一种道德抗议。这种抗议始于这样一个确信：现代文明所固有的国际主义，或者说得更确切些，建立一个完美的开

---

① 打字稿中是"我无法把那种愿望称作病态愿望"，"病态愿望"之前的"一个"与随后的"病态愿望"是手写上去的。

放社会(这种社会可以说是现代文明的目标),从而还有对这个目标的一切渴望,这些与道德生活的基本要求都格格不入。[对现代文明的]那种抗议始于这样一种确信:一切道德生活的根本本质上都是因而永远都是封闭社会。[它]始于这样一种确信:开放社会必定无涉道德,如果不说是非道德的话——它将是寻欢逐利者、追求无责任权力者的渊薮,不啻集各种不负责任、玩世不恭之大成。①

道德生活,据说意味着严肃认真的生活。严肃认真(seriousness),以及严肃认真之仪式(旗帜与对旗宣誓之类),是封闭社会的独特性质,照其本性,这种社会不断面临、基本上就是指向 Ernstfall [紧要关头]、非常时刻(serious moment)、动员日、战争。只有这种紧张气氛下的生活,只有其基础为时刻意识到牺牲(此乃其生命之所归)、意识到牺牲生命与一切身外之物的必要与责任的生活,才是真正人类的生活:崇高之事非开放社会所能知。② 声称渴望开放社会的西方诸社会,实际上是些处于分崩离析状态下的封闭社会:它们的道德价值与可敬之处,完全有赖于他们仍是封闭社会。

让我们沿着这个思路再走上一程。据断言,开放社会其实是不可能的。向着开放社会的所谓进步完全无法证明该社会的可能性。因为进步只是个巨大的幻想,也就是个说法而已。习惯了直言不讳的前辈们早就诚实地认准了人类本性的特定基本事实,如今却用些说法否认这些事实,用些合法幻想以及其他东西草草加以掩盖,比如

---

① 关于"封闭社会与开放社会"之间的区分,参看柏格森(Henri Bergson)《道德与宗教的双重起源》(Les deux sources de la morale et de la religion)第一、四章,University of Notre Dame Press,1977。

② 在"道德生活"之前的是一个句子,这个句子的开头是几个模糊不清的手写词,接下来就是打字的"据信开放社会的典型代表是好莱坞",后来这整个一句都给划掉了。"旗帜与对旗宣誓之类"是手写插入的。"道德生活"之后的逗号是手写插入的。

[校按]据 Wiebke Meier 女士的识读,此段"道德生活"之前的句子为:Cabaret des Westens Ullstein。据迈尔教授推测,这里 Cabaret des Westens 很可能是一个缩略的书名,Ullstein 是德国一家历史悠久的出版社。

说：相信可以通过无需武力（用以惩罚毁约者）后盾的条约来消除战争，或者把作战部门（ministries of *war*）叫做国防部（ministries of *defence*）、把惩罚称为制裁、把死刑称作 *das Scrafmass hoechste*［极刑］。①开放社会在道德上低于封闭社会，这还因为前者基于虚伪。

　　反现代文明的抗议立足于一种确信，这确信基本上与黩武主义、好战毫不相干；与民族主义也无丝毫关系，因为存在过并非民族的封闭社会；诚然它与所谓主权国家有些关系，但这也是就主权国家为上述意义的封闭社会提供了最佳现代例子而言的。再重复一遍，我试着描述的那种确信就其起源而言，并非好战（love of war），毋宁说它好德（love of morality），是对濒危的道德性的责任感。我们中的历史学家们从格劳孔（柏拉图的兄长）那里得知这种确信，或者说激情，即以高贵德性的名义激情洋溢地反对猪的城邦。他们更从卢梭、从尼采那里得知这一点。卢梭激情洋溢地反对趣味世纪（［译按］指 18 世纪）的慵懒、略带腐化的文明；尼采则同样激情洋溢地反对工业世纪（［译按］指 19 世纪）的慵懒、略带腐化的文明。如果我们没有弄错的话，正是这同样的激情（哪怕其形态会有更多的激情和无限缺少的智性）继而反对着战后（［译按］指一战）德国所谓的或真正的腐败：反对"大都市的亚人类"（the subhuman being of the big cities），反对"文化上的布尔什维克主义"，等等。正如柏拉图与卢梭的例子所显示的（如果确实需要例子的话），那种激情，或者说确信，就其本身而言并不是虚无主义的（有人甚至可能疑心，这其中是否有一种合理的［sound］因素，如果回想一下例如牛津学生不为国王与国家而战的决定以及一些更晚近的事实）。虽然这种确信就其自身而言不是虚无主义的，或许还并非全无道理，无论如何，在一系列情形的作用下，这一确信在战后德国导致了虚无主义。在以下概述中，我

---

　　① "据断言"是手写插入的。在"认准了"这个词上方，加了手写体的"直面"，也许是备选的。打字稿上是"直言不讳的一代"，"习惯"是手写加上的，因此把表示"直言不讳"的过去式的 ed 两个字母划掉了。手写加上了"比如说"来代替"也就是说"，后者给划掉了。"把惩罚称为制裁"是手写加上去的。

将仅仅提及这些情形中的部分,就是那些(在我看来)没有被这次研讨以及相关文献充分强调的。①

---

① 在打字稿中,"就主权国家"之后还包括了"[……],完美到极点的社会,[……]",这已经给划掉了。"提供"替代了"是",后者给划掉了。"最佳现代例子"是手写的,替代了"唯一重要的当代例子",后者被划掉了。在打字稿中,"濒危的道德性"之后是这样一句:"假如我们之中有个犬儒派人物,他很可能把那种对道德性的爱称为一种不快乐的或者无回报的爱",后来被括起来并划掉了。"确信""激情"与"猪的城邦"之后的逗号是手写插入的。
关于格劳孔的反对,见《王制》372c – d;也可参看施特劳斯《城邦与人》(Chicago:Rand McNally and Co.),页93 – 96。
打字稿中"正是这同样的激情"之前的是"同样的激情转而",后来被划掉了。"无限缺少的智性的形态"之后的逗号是手写插入的。文中"都市的亚人类"与"文化上的布尔什维克主义"上的引号是手写加上去的。"一个合理的要求"是手写加上去的,代替了"基本上合理的",后者给划掉了。"有人……的事实"外的圆括号是手写加上的。打字稿中的"合理的"给划掉了,手写加上了"并非全无道理"。
打字稿第5页采取了"德国虚无主义"的标题,后面两个段落大体上重复了上文最初的两段。标题以及那两个段落都给划掉了。可能这是打字第一稿开始的地方。很可能施特劳斯教授后来加上了前面4页:在被划掉的两段之后,文本接下来的一个段落上标着"4",这暗示他想略去原来的开头,从这一点继续这个讲演。出于完备的考虑,编者将这两个被划掉的段落附在下面:

德国虚无主义

1.(被划掉)什么是虚无主义?何种程度上可以说,虚无主义是一种特殊的德国现象?我且试着——而不是当真回答这些问题,只是把它们搞得确切一点。因为我就要探讨的这个现象过于复杂,而以往的考察又如此之少,在我可以支配的不长的时间中无法给予充分描述。我所能做的只是勾勒轮廓而已。在讨论之前,我预先对发言者表示感谢,他们无疑会帮助我以及那些不那么活跃的听众把这个对我们全体而言都如此重要的现象搞得更清楚。

2.(被划掉)现在听见"德国虚无主义"这个提法,我们中的大多数人自然立刻就想到了民族社会主义。但从一开始便要了解,民族社会主义

四

必须具备一种我完全缺乏的禀赋,也就是有抒情气质的报告者的禀赋,才能使你们中间那些未曾在[一]战后德国生活多年的人真切地了解到,是些什么样的情绪在支持着德国虚无主义。[①] 我姑且把德国虚无主义界定为一种摧毁当今世界及其潜能的欲望,至于应该用什么来填补摧毁后的空虚,这欲望并无什么清晰的概念。让我们试着理解一下,这种欲望如何能发展出来。

没人满意那个战后世界。在许多人看来,德国一切种类的自由民主政制似乎全都绝对无法克服德国面临的困难。这便产生了一种针对自由民主制本身的深刻偏见,或者说加强了既有的深刻偏见。摆在自由民主制面前的,是两条再明白不过的道路。一条道是干干脆脆的反动,正如巴伐利亚亲王鲁普莱希特(Crown Prince Ruprecht of Bavaria)就此所说的:"有人说历史倒车开不得。这不对。"另外一条道要有趣些。我们中间年纪大点的人兴许还记得,当时某些人断言,时局隐含的冲突必然导致一场革命,要么和另一次世界大战一道来,要么紧跟着就来——无产阶级的兴起与社会各阶层的无产阶级化预示了国家的消亡,预示了无阶级社会,预示了消灭一切剥削与不义,预示了终极和平的纪元。导致虚无主义的除了无望的时局,那种期待至少也起了同等

[①] 只是德国虚无主义的形态之一——是其最低级、最外省、最蒙昧和最不光彩的形态。很可能正是其粗俗带来了巨大的(虽然这很糟糕)成功。这成功后面会跟着失利乃至最终的彻底失败。但是民族社会主义的失败未必意味着德国虚无主义的终结。因为,那种虚无主义的根基比希特勒的煽动蛊惑、比德国在世界大战里的战败以及所有诸如此类的事情都要深得多。

① "4[四]"是手写插入的。"情绪"(emotions)是手写加上的,用来取代"情感"(feelings),后者给划掉了。

重要的作用。没有统治者与被统治者的太平的地球(planet)、仅仅致力于生产与消费(既有精神产品也有物质产品的生产与消费)的全球社会——对于一些为数不多、相当明智、相当正派的德国人(虽然很年轻)来说,这幅图景实在可怕。他们不是由于担心自己的经济、社会地位才反对这幅图景;因为在这方面,他们的确不再有什么东西可以损失。他们也不是出于宗教理由反对这图景,因为,正如他们的一位代言人(Ernst Jüengel[恽格尔])所说的,他们深知自己是不信神的人们(godlessmen)的后裔。他们厌憎的,是对这样一个世界的期待:那里每个人都幸福而满足,每个人都有他渺小的日间快乐、渺小的夜晚快乐,在这样一个世界,不再会有伟大心脏的跳动,不再会有伟大灵魂的呼吸,没有真实的、非隐喻意义上的牺牲,亦即一个没有血、汗与泪水的世界。对大同主义者而言似乎实现了那人类梦想的东西,对于这些德国年轻人来说,好像恰恰是人性的最大堕落,是人性的完结的来临,是末人的到来。他们未尝真正知道,因而也无法以一种足够清晰的语言表达,他们究竟渴望用什么来替代当今世界,替代其所谓注定的未来或结局,他们所能绝对确定的,只是当今世界及其一切潜能均须摧毁,以便阻挡否则必然来临的大同主义终极秩序,毫不夸张地说,似乎对他们来说,随便什么——虚无、混乱、丛林、野蛮的西方、霍布斯式的自然状态——都无限优于那个大同主义-无政府主义-和平主义的未来。①

---

① 打字稿上有"见后",后面的部分给划掉了。在"有趣"的上方,手写了"诱人的",可能是备选的。"国家的消亡"是手写体插入的。"精神的"手写加上,代替了"物质的",后者给划掉了;"物质的"手写加上,代替了"精神的",后者被划掉。

"然而,我们正身处实验之中;我们正努力尝试着在经验中从未有基础的东西。不信神的人们的子子孙孙们,对他们来说怀疑也是可疑的,我们正穿越以过高过低的气温威胁着生命的地带。"恽格尔,《劳动者;统治与形态》(Hamburg:Hanseatische Verlaganstalt,1932)页193-194;《著作集:随笔Ⅱ》(Stuttgart:Ernst Klett Verlag,1963),第6卷,页241。

在"最迟的"(latest)一词上方手写上了last,可能是备选的。"清晰的语言"之后的逗号是手加上去的。"潜能"之前加上了一个定冠词the,代替了its,

他们说"是"总含混不清——他们其实无法说出超出"不!"的东西。这个"不"终究充分地体现为行动或者说摧毁的行动的那个前奏,无论何时听到德国虚无主义这个说法,我首先想到的就是这种现象。

几乎没有必要指出这些德国年轻人的谬误。他们简单地接受了大同主义的观点:如果不想摧毁文明,就得搞无产阶级革命和无产阶级专政。但他们比大同主义者更强调,大同主义的预言是有条件的(如果不想摧毁文明)。这个条件就为选择留了余地:他们选择了在大同主义者看来除了大同主义以外仅有的备选道路。换言之:他们承认所有理性的论证都有利于大同主义;但他们以他们所谓的"非理性决断"来反对那个看起来不可战胜的论证。不幸的是,他们知晓的所有理性论证都是历史论证,说得更确切些,都是关于或然未来的陈述,[是]预言,这套东西的基础是对过去尤其对现在的分析。因为那种现代占星术——作预言的社会科学——曾经掌握了相当一批学院里的年轻人。我已经强调过这个事实,虚无主义者都是些年轻人。①

五

这个或那个现代学究兴许会觉得那种虚无主义也不是糟糕透顶。他会论证说,因为年轻一代里那些有理智的人会对老一代让他

后者被划掉了。"无政府主义-和平主义的"是手写加上的。

① 第一个"如果"下面的下划线被划掉了。"换言之"后面的冒号是手写插入的。"他们承认"是手写插入的。打字稿中"所有理性的论证"之后还有"[……]关于可能的未来,他们知道一切历史的论证,也就是一切建立在对过去的发展以及当下的状况分析之上的陈述[……]"。句子的这个部分给划掉了,它经过改动出现在下一个句子中。"所有理性的论证"后的 was 是手写加上的,取代了 were,后者被划掉了。"对于那个现代来说"以及前面的句子,是手写插在打字稿中的。句子"占星术[……]学院派年轻人"是在这一页的最下面手写插入的,有一个记号表明它应该插在文本的这个地方。这最后一句手写加在这页的最下面,有个"+"表明它应该加在前一句后面。

们相信的东西有所不满,他们会强烈需要一个新字眼来表达他们的渴求,考虑到节制并非年轻人的德性,他们会要一个极端的字眼——这一切并没有什么不自然嘛。可以想见他会继续说,况且青年人不能够在体制内找到新字眼,不能够以确切语言表达他们否定老一代的远大抱负——这也没什么不自然啊。吊诡爱好者或许不禁断言,年轻人本质上就深受虚无主义吸引。我应该是最不会否认我刚才试着描述的特殊虚无主义的青年特征的。但我确信,对于这些年轻人而言,最危险的事情或许莫过于所谓进步教育,就此而言,我便更要反对那个现代学究:那些年轻人需要的是老派的教师,当然是那种并不教条因而足以理解其弟子们的远大抱负的老派教师。不幸的是,在战后德国,对旧式教育的信念大大衰落了。威廉二世对古老高贵的由 19 世纪早期的自由开明人士建立的教育体系的危害,非但未被共和国制止,更有甚者还被加剧了。况且还有对青年的政治解放的影响,这个事实常常被当作儿童投票权提到。我们也不应该忘记,有些拒绝严格智性规训(intellectual discipline)的年轻虚无主义者正是那些经历过所谓青年运动感情规训(emotional discipline)的男男女女的子弟,正是那场青年运动鼓吹了青年的解放。我们的世纪曾被称为孩童的世纪:在德国,这体现为青少年时代。不消说,并非所有从青涩到衰老的自然演进当中都曾经会插入一个不管多短的成熟期。希特勒曾经无耻地对高龄总统兴登堡的临危垂死说三道四,这最生动不过地表达了对高龄的尊重是如何丧失的。

我曾经暗示这一事实,年轻的虚无主义者也都是些无神论者。宽泛地说,在世界大战之前,无神论专属于激进左翼,正如在整个历史当中,无神论总与哲学唯物主义相连。德国哲学大体是观念主义的,而德国观念论者都是些有神论者或泛神论者。据我所知,叔本华是第一个既不是唯物主义者又公开讲授无神论的德国哲学家。不过与尼采相比,叔本华的影响微不足道。尼采断言,对于一种激进的反民主、反社会主义、反和平主义的方针而言,无神论假设非但可以并行不悖,而且必不可少:在他看来,甚至大同主义信条也无非是有神论与神意信仰的世俗化形式。说起对战后德国思想的影响,没有哪位哲人可与尼采——无神论者尼采相提并论。我无法深究这个重要课题,因为我不是神学家。关于德国虚无主义的这一方面,一位远比我更加精通神学的绅士——研究生部的迈耶尔(Carl Mayer)教授——做了全面考察,可以参看他即将发表在《社会研究》①上的文章。

我刚谈到的青少年们原本需要这样的教师:可以用清晰的语言向他们解释他们远大抱负的肯定意义,而不仅仅是摧毁性意义。他们相信在这类教授与作者那里找到了这样的教师,这些人有意无意为希特勒铺平了道路(斯宾格勒、布鲁克[Moeller van den Bruck]、施米特、鲍姆勒尔[Bäumler]、恽格尔、海德格尔)。如果我们想理解这些作者(而非希特勒)的非凡成功,必须很快考察一下他们的论敌,这些人同时也是年轻的虚无主义者的论敌。这些论敌常常犯一个严重错误。他们相信,由于他们驳倒了那些年轻人说的"是",也就是驳倒了他们那前后不那么一贯(即使并非愚蠢)的肯定性断言,他们也就驳倒了"不"。但一个人无法驳倒他没有理解透的东西。许多论敌甚至没有试着去理解支持着否定世界及其潜能的炽热激情。结果是,那些反驳反而加强了虚无主义者的信念;所有这些反驳看起来都在回避问题;绝大多数反驳都由老生常谈(pueris decantata)组成,重复着年轻人早就记住的东西。对于现代文明的诸原则,那些年轻人开始严肃地怀疑,不仅仅是在方法上或方法论上;他们不再服膺现代文明的各种伟大权威;显然,如果要

---

① 手写加上"5[五]"取代"3[三]"。"体制内"之后的"能够"前面加上了"不"。"作为"(as)代替了"谁"(who),后者给划掉了。"关于政治的[……]事实"这个部分是手写加上的,代替了"在选举结果方面。那……",后者被划掉了。"儿童表决权"手写加上取代了"儿童投票权",后者给划掉了。"并非所有"手写加上,代替了"一些",后者被划去。"衰老"后面的"曾经"是手写加上的,代替了"未曾",后者被划掉了。"不管多短"是手写加上的。"我[……]《社会研究》"这长长的一段,手写加在本页的最下面,有一个标记表明它应该插在"兴登堡"后面。手写的"断言"代替了"显示",后者被划掉。"更加"出于编者的猜测,否则后面的话就难以理解了。

迈耶尔,《论民族社会主义的智识起源》,《社会研究》第 9 期(1942 年 5 月):页 225–247。

听取什么论敌意见的话,这些论敌应当是这样的:从自己的切身体验中体会了怀疑,并且已在漫长岁月中凭借艰苦和独立的思考克服了它。许多论敌并不满足这样的条件。培育这些论敌的便是对现代文明诸原则的信念;而一个培育人的信念很容易蜕化为偏见。结果,那些年轻的虚无主义者的论敌的态度往往成了辩护性的(apologetic)。于是,事情就变成这样:进步这个在本质上是进取性的原则,其最热切的支持被迫采取了防御姿态;而在精神王国中的防御姿态看起来像是承认失败。对于年轻一代而言,现代文明的观念是个陈旧的观念;因而进步理想的支持者便处于这样一种劣势,他们不得不以保守者(conservateurs)的态势抵御同时已被称为未来浪潮的东西。他们给人的印象是背着古旧陈腐传统的沉重包袱,年轻的虚无主义者则不受任何传统的束缚,拥有完全的活动自由——在精神战争以及现实战争之中,行动自由便意味着胜利。就像智识上的有产阶级面对着智识无产阶级(怀疑论者),年轻的虚无主义者的论敌拥有一切便利,也有一切无能为力。一般而言的现代文明及其支柱(即现代科学,包括特殊而言的自然科学与市民科学)的处境似乎可与17世纪新科学出现之前不久的经院哲学的处境相比拟:旧学派(包括大同主义在内)在方法与术语上的技术性完善似乎成了反对旧学派的强有力论据。因为,技术性完善往往遮蔽基本问题。或者,如果你们愿意,也可以说,智慧女神的猫头鹰日落时分才开始飞翔。战后德国思想的特征当然是:技术术语(在德国任何时刻都无法忽略这个)的数量达到了天文数字。能够打动虚无主义年轻人的唯一[思想]答案必须用非技术的语言给出。只有一个答案是中肯的,只有一个答案也许会打动虚无主义年轻人(如果他们确曾听到)。然而,这个答案不是由一位德国人给出的,而且它只是在1940年才出现。那些年轻人绝不相信,那个其后尾随着跃入自由制、尾随着大同主义世界革命的时期会是一般意义上的人类以及特殊意义上的德国的最美好时光,但他们会像我们一样被丘吉尔(于英国在佛兰德斯战败之后)就不列颠的美好时光所说的话打动。因为他们的一位最伟大的导师曾经教会他们在坎奈(Cannae)那里观察古罗马①荣耀生活的顶峰。

六

我已经试着描述了一种并非在其起源处便全然恶劣的虚无主义兴起的智识与道德环境。并且,我认为理所当然的是,年轻的虚无主义所反对的一切并非都是不可反对的;他们鄙视的所有作者、论者并非都是可敬的。我们要留神那种并不受审慎节制的固执。我们也别忘了学者的最高责任——求真或者公正,是不理会什么界限的。现在让我们立刻从虚无主义者自己的视角考察一下我所说的虚无主义这种现象。他们会说,"虚无主义"只是个口号,用它的是那些不理解新生事物的人,是那些只看到他们珍视的理想被拒斥、他们的精神财富遭摧毁的人,是那些仅凭起始的言行判断新生事物的人,认为那些言行必然是夸张的,远非什么恰切的表达。考虑到密涅瓦的猫头鹰黄昏时分才起飞,一个有理性的人怎么能够期望一开始就对新时代的理想做出恰切表达呢?

---

① "施米特"之后那些难以辨认的字是手写加在那行之上的。seemed 代替了 seems,最后的字母 s 给划掉了。consist of *pueris decantata* of[由老生常谈组成]中后一个 of 是手写的,下面加了下划线,代替了 be[是],后者被划掉了。打字稿中"进步"前面的是"诸原则"(principles),s 已经划掉了。"由于技术上的完善[……]。或者,如果你们愿意",是手写加以代替"由于"的,后者已经被划掉了。"密涅瓦的猫头鹰黄昏时才起飞。"(黑格尔,《法哲学》[牛津大学出版社 1975],页 13)"在佛兰德斯之败之后"是打字插入的。"他们最美好的时光"(丘吉尔先对下院做了这个演讲,随后广播),见《作战》(*Into Battle*)(London: Cassell and Company 1943),页 225-234。

施特劳斯教授指的是斯宾格勒,见《西方的没落——世界历史形态学大纲》(München: Oskar Beek, 1923)卷 I,页 49[导论,第 13 节]。在抵抗汉尼拔的第二次布匿战争中,罗马人在坎奈(位于阿普里亚)大败。

[校按]上述注释中"'施米特'之后那些难以辨认的字"由 Wiebke Meier 女士成功识读,应为 Alfred Bäumler,Meier 女士指出,此人是《尼采:哲人与政治家》(*Nietzsche: Der Philosoph und Politiker*)一书的作者。

[难道不能谈谈]纳粹?[谈谈]希特勒?关于他,谈得越少越好。他很快就会被忘却。希特勒无非是微不足道的"历史"工具:新时代、新精神的助产士;助产士通常丝毫不理解他所接生的婴孩的天赋,甚至可以不是个合格的妇科专家。新现实存在于创生之中;它正在改造全世界;同时存在着的是:无,然而——却是一种具有蓄息潜力的无(a fertile nothing)。纳粹有形无质,犹如浮云;目前,浮云遮蔽天空,预示风暴将临,但同时它也是甘霖之兆,将为久旱的土地带来新的生机;而且,(这里我简直是在引用[其他人的话])不要丧失希望;你们看来是世界的终结,不过是那个始于 1517 年左右的时代的终结。——老实说,我不知道这些人如何才能抵御塞壬歌声的诱惑,那些人期望从"历史"与未来本身得到所有问题的答案;那些人把对现在、过去或将来的分析误当作哲学人;那些人信奉朝着一个自身就是进步的因而无法界定的目标的进步;那些人并不受已知的、稳定的标准引导:这个标准稳定不变,被知晓而非仅仅被信奉。换言之,对虚无主义缺乏抵抗,其最终缘故似乎是对理性与科学的贬低与轻视,理性要么是一、是不变的,要么不存在。因为如果理性是可变的,它就依赖于那些引起它变化的力量,就是感情的仆人和奴隶;一旦人否认理性的统治,就很难在高贵与低下的感情之间做出并不武断随意的分别。一个可以夸耀自己终生与一切虚无主义的超人父亲打着密切交道的德国人已经告诉我们(与一切有灵感的作者一样,他的说法可靠),一切虚无主义的创始人承认:"尽管鄙视理性与科学这人类最高的力量吧,我已经完全抓住了你。"①

---

① "6[六]"是手写插入的。手写插入了"历史",代替了"世界精神",后者被划掉了。"助产士"之后的 who 是手写的,替代了 which,后者给划掉了。History[历史]中的 H 已经由手写改为大写。句子"因为如果理性"用手写加在本页末尾,有一个记号"+"表明它应该插在文本的这个地方。"理性"是手写的,代替了"它",后者给划掉了。"人类最高的力量"是手写加上的。歌德,《浮士德》行 1851-1855[译者附识:施特劳斯所引的是靡非斯特的话]。

七

我已经把在德国生活期间的所闻、所见、所阅压缩为上述片断评论,因为我必须传递的是一个非理性主义运动以及通常对它的非理性反应的印象,而非一个讲究推理的论证。无论如何,现在我可以试着给虚无主义下个定义。我这么做不是没有惶恐。这倒不是因为我要给出的定义不符合正常定义的要求(因为我知道不符合要求这类罪更容易得到原谅);也不是因为这定义有什么新奇,恰恰是由于相反的理由。① 在你们大多数人看来,它是一种老生常谈,而且由若干老生常谈构成。我能用来佐证自己的唯一东西是:我曾理所当然地期待在劳西宁先生(Mr. Rauschning)的名作中找到虚无主义的定义。只是由于未能在此书中找到这样一个定义,我才有勇气陷入你们认为的浅薄之中,哪怕是一种必要的浅薄。

那么我要说:虚无主义是对文明本身的诸原则的拒斥。因而一位虚无主义者便是知晓文明诸原则的人,哪怕只是以一种肤浅的方式。一个单纯的未开化者、野蛮人,并不是虚无主义者。这便是被恺撒击败的条顿人首领阿里奥维斯图斯(Ariovistus)与希特勒(换个角度看,他有着彻底的野蛮人的共同特征——傲慢与残忍)的区别。一位打扰了阿基米德画圆演算的罗马士兵不是虚无主义者,仅仅是个士兵。我说的是文明(civilisation),而不是文化(culture)。因为我注意到许多虚无主义者都是文化爱好者,并以之与文明区分、对立。除此之外,文化这个字眼对将得到教化(cultivated)的东西究竟是什么不予确定(鲜血、大地[译按:鲜血与大地是纳粹的民族主义口号]抑或心智),而文明这个字眼立刻表明了这样一种过程:将人变成公民(citizen)而非奴隶;变

---

① "7[七]"是手写添上的,代替了"5"。在打字稿中,orderly 之前的 a 已经改成了 an。"因为我知道[……]得到原谅"是手写添加在本页末尾的,有一个"+"表明它应该插在文本的这个地方。圆括号是编者加的,为了清楚些。

成城邦的而非乡村的居民;变成热爱和平而非战争的人;变成彬彬有礼而非粗野凶暴的人。一个部落联盟也可以拥有一种文化,可以生产、享乐、赞咏、歌唱,也可以精心修饰他们的衣服、武器与诗艺,也可以有舞蹈、童话以及诸如此类的东西;但它无法被文明化。① 西方人已经丧失了相当多的一度拥有的对自己文明化的自豪(这是一种沉静的、逐渐养成的自豪),我猜测,正是这个事实最终导致了现在无力抵御虚无主义。

我要试着讲得再确切些。我们把文明理解为人性的有意识的文化(the conscious culture of humanity)——人性就是那把人造就为人的——也就是说,理解为理性的有意识的文化。人类理性首先有两种能动方式:调节人的行为,并且试着理解人所能理解的随便什么东西;也就是实践理性与理论理性。因此,文明的支柱就是道德与科学,以及两者的统一。因为,无道德的科学会沦为犬儒主义,这样也就摧毁了科学努力自身的根基;无科学的道德则沦为迷信,从而往往成为狂热的残忍。科学是理解宇宙与人的尝试;因此它和哲学是一回事;它未必与现代科学是一回事。我们把道德理解为正派和高贵行为的规则,就像一个有理性的人所理解的那样;就其本性而言,这些规则适用于任何人,虽然我们承认这样一种可能性:并非所有人都有同等的趋向正派和高贵行为的自然资质。甚至最极端的怀疑派也不禁会鄙视,或至少宽恕这样那样的行为或这样那样的人;全面分析一下这种鄙视或宽恕行为中所隐含的东西,就会引出我粗粗讲过的、众所周知的关于道德的观点。我可以这样来说明正派高贵的行为:它既非没能力向人施加身体的或其他痛苦,也绝非从向人施加痛苦中获得愉悦;②对于我们当前的目标来说,这样的评议

---

① 见恺撒,《高卢战记》,I,30 – 54。李维,《罗马史》,XXV,xxxi,5 – 11。"享乐"前后的逗号都是手写加上的。

② 打字稿上是"[人]在宇宙中的地位",被划掉,改成了"宇宙与人"。"不时地"是打字插入的。"这样那样的人"后面的分号是手写插入的。打字稿中"没能力"后面还有"承受,并且",后来给划掉了。"或者其他"是打字插入的。

足够了。要么用其他评议,正派和高贵的行为与其说是与人的自然目的相关,不如说与实现该目的的手段相关:目的将手段神圣化这种观点,乃是对非道德主义(immoralism)尚属全面的表达。

我有意把"艺术"置于文明的定义之外。虚无主义最有名的斗士希特勒也是个著名的艺术爱好者,甚至他本人就是个艺术家。但我从未听说他追寻真理或把德性的种子撒入他臣民的灵魂。我观察到,文明的奠基父辈们教给我们科学与道德之所是,却从不了解大约最近180年以来的艺术这个术语;他们也不了解具有同样晚近起源的"美学"这个术语和美学学科——这个观察加强了我对"艺术"的偏见。这并未否认,毋宁说是断定了科学和道德这一方与诗艺以及其他模仿艺术的另一方的密切关系。但如果不把科学与道德看成那文明之柱,①那种密切关系势必会被误解,势必会损害科学和道德以及诗艺。

我提出的[文明]定义有另外一层意蕴,或者说另外一种优势,我必须讲清楚。② 起初我尝试性地把虚无主义界定为摧毁当代文明、现代文明的欲望。通过我的第二个[关于文明的]定义,我想表明,不能把现代文明本身最激进的批判者称为虚无主义者。

文明是理性的有意识的文化。这意味着文明与人类生命或人类生存不是一回事。曾经有(现在也有)许多人类存在者并不分享文明。文明有一个自然的基础,这是它发现而非创造的,它依赖于这个基础,对这个基础它只有十分有限的影响。征服自然,如果不被看成高度诗意的夸张,就是个荒谬的说法。文明的自然基础的一个例证是,与不文明的共同体一样,所有文明的共同体都需要武力来对付外敌内寇。

---

① 打字稿中 with 后面跟着 disinterested,这儿给划掉了。"学科"与"断定"后面的逗号是手写加上的。

② "优势"后面的逗号是手写加上的。

八

我认为,无须证明的是,在德国占统治地位的是上文界定的那种虚无主义,相比其他一些国家,上述那种虚无主义在德国更见其特征。例如日本就不会有像德国那样的虚无主义,因为按照上述定义,日本的文明化程度远不及德国。如果虚无主义是对文明本身的诸原则的拒斥,如果文明的基础是认可这样一个事实:文明的主体是作为人的人,凡根据种族、民族或者文化来解释科学与道德的,严格地说都是虚无主义。凡接受北欧科学、德国科学或浮士德科学(Faustic science)之类观念的,比如说,eo ipso[因此也就]拒斥了科学观念本身。不同的"文化"可以产生不同的"科学"类型。可只有其中之一才是真的、才是科学。① 对科学的民族主义解释的虚无主义含义,特别可以用以下说法给予略微不同的描述。文明与学习分不开,与向其他人(只要这人能教我们有价值的东西)学习的欲望分不开。对科学或哲学的民族主义解释意味着,我们无法真正从我们的民族或文化之外的人那儿学到任何有价值的东西。我们谈到希腊人时通常想到的那几个希腊人,他们与野蛮人的分别就在于所谓学习的意愿——哪怕向野蛮人[学习];而野蛮人呢(不管非希腊的野蛮人还是希腊裔的野蛮人),则相信他们所有的问题都被他祖先的传统解决了,或可以在此基础上得到解决。自然,一个人如果仅仅断言,一个民族在对某类现象的理解上较其他民族更为擅长,他并不是虚无主义者:对文明的定义来说,因此对虚无主义的定义也一样,起决定作用的并不是科学或道德的偶然命运,而是它们的本质意向(intention)。

---

① "8[八]"是手写来代替"6"的。"日本……德国"这句是手写加在本页底部的,有一个记号表明应该插到文本中的什么地方。"或者"是手写加上的,替代了"和",后者被划掉了,在"民族的"与"文化的"前面都是如此。"不同的文化……科学"这个句子是手写加在本页底部的,有个记号表明应该插到文本的什么地方。

九

一般而言的虚无主义者(特殊地说,德国的虚无主义者也一样)拒斥文明本身的诸原则。问题来了,德国虚无主义者为什么要拒斥这些原则? 我将试着解答这个问题,我将根据劳西宁先生的著作开始谈。① 这也给了我一个机会对上述关于虚无主义的定义作出更多的说明。

劳西宁先生把纳粹的内外政策称为"虚无主义革命"。这意味着,纳粹并不像自己声称的那样是一种"造就中的新秩序",而是"对一代代劳动成果累积而成的、不可替代的资源(物质、精神、道德)的浪费性、摧毁性开采"(XI)。他这番话的意思是,就后果而言,民族社会主义是虚无主义的,但这未必意味着它在意向上也是虚无主义的。可以设想,劳西宁这话也可以用来说大同主义革命。但却无法说大同主义是虚无主义运动。如果大同主义革命是虚无主义的,这是就其结果而非意向而言。这让我想到劳西宁的另一个说法:他把虚无主义等同于"对一切传统精神标准的摧毁"(XII)。我不同意的是,在虚无主义的定义里用到了"传统的"这个说法。很明显,不是所有的传统精神标准(就其本性而言)都能超脱于批判甚至拒斥之外:用亚里士多德的话说,我们追求的是善的东西(what is good),而非我们所承继的东西。换言之,我认为民族社会主义的反对者退缩到简单的保守主义是危险的,这种保守主义通过特定的传统来界定其终极目标。固然,从平庸无奇的现在倒退回激动人心的过去(但凡过去通常都激动人心),这个诱惑是巨大的。然而,我们不应该屈从于这种诱惑,即使不是出于其他理由,至少出于如下理由:只要还身陷争辩(polemics)或辩护(apologetics),这西方传统就不会像看起来那样具有同质性。可以举的例子很多,只要提一个就够了:伏尔泰代表的伟大传统就很难与贝拉明(Bel-

---

① "9[九]"用手写插入代替了"7"。劳西宁(Hermann Rauschning),《虚无主义革命:警告西方》(New York:Longmans,Green and Co.,1939)。

larmine)所代表的传统相调和,两者又同样与民族社会主义格格不入。① 除此之外,我倒希望劳西宁先生未曾说过什么精神标准;这暗示了唯物主义在本质上是虚无主义的;我相信唯物主义是错的,可我只需想起德谟克利特与霍布斯的名字就知道唯物主义并非在本质上就是虚无主义的。何况德国虚无主义的根源正是某种反唯物主义或某种唯心主义。

当劳西宁强调说纳粹缺乏任何确定的目的时,他就在一个稍微安全些的基础上运思了。于是他把德国虚无主义理解为为了摧毁的缘故进行的"纯粹摧毁之持久革命",理解为"为革命而革命"(页248)。他强调了纳粹的"无目的性";他说,他们除了行动别无其他纲领;他们用策略取代了学说(页75);他将纳粹的革命称为"无学说的革命"(页55);他认为纳粹的"总体拒绝"是针对"任何种类的学说"的(页56)。这好像有点儿夸张了。因为他还在别处说过:"民族社会主义并非一种学说或哲学。可它有一种哲学。"(页23)还有:"反对犹太教的斗争是党的学说的一部分,虽然这个斗争无疑是文化政策的中心要素,而不仅仅出于物质上的考虑。"(页22)②

看起来纳粹是严肃对待自己的反犹政策的。然而,即便起初党的纲领或党的学说中没有丝毫超出临时的和策略的意义,把一个党派、一个政府、一个国家理解为无任何目的的(甚至不仅仅是无纲领或学说),还是会令人摸不着头脑。因为,似乎很难设想任何人会无目的地行动。迪林格(John Dillinger)很可能没有什么纲领,但无疑有目的。换句话说,劳西宁没有足够仔细地考虑纲领与目的之间的差别。如果他把虚无主义定义为无目的的政治运动,那他就是定义了一个不存在的东西(nonentity);如果他把虚无主义定义为无纲领或无学说的政治运动,就将不得不(would have to)把所有的机会主义者都叫作虚无主义

---

① "甚至拒斥"手写插入。亚里士多德,《政治学》,Ⅱ,vii,1269a。"但凡过去通常都激动人心"是手写插入的。"贝拉明"(Bellarmine)是手写加上的,来代替"波舒埃"(Bossuet),后者给划掉了。

② "犹太教"后面的逗号是编者加上的,为了与劳西宁的文本协调。

者,这未免太苛刻、太离谱。①

事实上,劳西宁没有一直否认纳粹具有目的:"纯粹摧毁之持久革命,其方式是,暴力的独裁始终维系着其权力。"(XI以下)这里劳西宁讲出了纳粹的目的:那种目的是他们的权力;他们不是为了摧毁而去摧毁,而是为了维系他们的权力而去摧毁。② 于是,维系自己的权力,这在一定程度上有赖于他们能够让自己的臣民德国人快乐、能满足德国人的需求。这意味着,这么一来,为了维系自己的权力,他们就必须采取通向世界统治的侵略政策。

劳西宁这样纠正他关于纳粹无目的的说法:"现在德国人的目的是不确定的,这仅仅由于它们是无限的。"(页275)他们的"目标"是"世界范围内的极权帝国"(页58)。他们不仅具有诸目的,这些目的还形成了一个等级秩序以导出一个主要目的:"主要目的,重新安排世界。"(页229)按照劳西宁的描述,德国虚无主义是对德国人统治世界的远大抱负,而德国人自己又被一位德国的élite[精英]所统治;这种远大抱负成了虚无主义的,因为它为了达到目的而不惜采用任何手段,这样就摧毁了对于任何正派、理智的人而言使生活有价值的东西。不管我们对纳粹的评价有多低,我还是倾向于相信,他们并不是把德国的世界统治当作单纯维持权力的手段来意欲的,观照"德国统治世界"这个令人神往的目标,他们会产生可以说无利害之心的愉悦之感。我甚至还要进一步说,观照那些能使各民族进行征服的人类品质,纳粹也很可能产生无利害之心的愉悦感。我敢肯定,纳粹认为,在人类的尊严方

---

① 打字稿上是had probably[很可能],一个手写的记号表明其顺序应该颠倒过来。打字稿上是had doubtless[无疑有],手写记号表明顺序应该倒过来。迪林格(John Dillinger 1902—1934)是美国二三十年代著名的银行劫匪。"一个无……的政治运动"是手写所加,替代了"缺乏"这个词,后者被划掉了。"不存在的东西"(non-entity)代替了"幻象"(chimaera),后者被划掉了。手写加上了would have[就将]代替了had,后者被划掉了。

② "目的"之后的冒号是编者为了清楚加的。"纯粹摧毁之持久革命"之后的逗号是手写插入的。

面,任何轰炸机驾驶员或潜艇指挥员都绝对高于旅行推销员或者医师或者任何其他相对和平行业的代表人物。因为,一位远比希特勒本人更有理智、更有教养的德国虚无主义者说过:"没有谁的心灵能够比在索姆(Somme)或佛兰德斯(Flanders)随处倒下的任何士兵的心灵更深邃、更有觉悟——谁要是对此一无所知,他的心灵是何面目呢? 这便是我们需要的标准。"①在德国虚无主义中,把战士当作一种类型来崇拜,对作为战士的战士的无条件偏爱,不仅仅是真诚的,还是一个突出的特征。我们的问题是:德国虚无主义出于什么缘故拒斥文明本身的诸原则? 这个问题应该这样来回答:它拒斥这些原则乃出于武德(military virtues)之故。劳西宁先生谈到"英雄的虚无主义"时,他必定想到了这一点(21)。

战争是一宗摧毁性的事业。如果战争被看成比和平更高贵,如果战争而不是和平被看成终极目的(the aim),一切实践图谋(purpose)的目的不啻就是摧毁。有理由相信摧毁、杀戮、酷刑的事业是纳粹不涉利害的愉悦之源,相信他们从残忍的强者对无助的弱者的征服、盘剥与折磨中获得了真正的乐趣。②

十

因此,德国虚无主义为了战争与征服的缘故,为了武德的缘故拒斥文明本身的诸原则。由此,德国虚无主义接近德国军国主义。这就向

---

① "形成"(form)是打字机加上的,取代了"具有"(have),后者给划掉了。打字稿中"旅行推销员"后面原来还有"他们的外交部长倒可能是个例外",后被删去。"因为"之后的逗号是手写插入的。"甚至"是打字插入的。德文文本中,Das 代替了 Dies。参看恽格尔,《劳动者》,1932,页 201;《著作集》第六卷,1963 年,页 221。

② 打字稿中"……的事业"之前原来还有"摧毁",后采被划掉,并且以手写做了改动。

我们提出了"什么是军国主义"的问题。军国主义可以等同于老毛奇(the older Moltke)下面的观点:"永久和平只是个梦,甚至还不是个美梦。"①相信永久和平是个梦,还不是军国主义,只是个再平凡不过的常识;这一点无论如何并不与特定的道德旨趣联系在一起。但认为永久和平还不是个美梦,就等于相信,战争就其自身而言令人神往;这样看待战争,便暴露了一种残酷、非人道的性情。认为战争本身就是善,意味着拒斥正义战争与非正义战争之间的区别,拒斥抵抗战争与侵略战争之间的区别。最终,这与万民法(a law of nations)的观念相悖。

十一

德国虚无主义接近德国军国主义,然而两者并不是一回事。军国主义总是至少企图把战争的理想与 Kultur[文化] 协调起来;虚无主义的前提假设是,文化已经终结。军国主义总是承认,和平的德性与战争的德性具有同等或几乎同等的价值。军国主义虽然否认在对外政策中要运用正派得体的规则(the rules of decency),但在对内政策与私人生活中,它从未否认过这种规则。军国主义也从未断言科学在本质上就是民族的;它只是说德国人碰巧是劣等民族的导师。与此不同,德国虚无主义则断言,种种武德,特别是作为承受身体痛苦能力的英勇(北美印第安人的德性),是剩余的唯一德性(参看恽格尔在《树叶与石头》

---

① "永久和平是个梦,甚至还不是个美梦,战争是上帝之世界秩序的法则,通过战争,人最高贵的德性(勇气、自我否定、忠诚与自我牺牲乃至死亡)便发展了起来。没有战争,世界将朽坏为物质主义"。致布伦奇里(J. K. Bluntschli)博士的信,1880 年 12 月 11 日。见《陆军元帅毛奇伯爵通信集》Mary Herms 英译(New York:Harper and Brothers,1893 年),页 272。德文本,毛奇(Helmuth von Moltke)《文集与回忆录》(Berlin:Ernst Siegfried Mittler and Sohn,1982),第 5 卷,页 194。

[Blaetter und Steine]中《论痛苦》一文)。剩余的唯一德性,意味着我们生活在一个没落时代、西方没落的时代、一个与文化分离开来并转而与之对立的文明之时代,或者说,一个与有机共同体分离开来并转而与之对立的机械社会之时代。在这样一种沦落情形之下,能够生长的只有最基本的德性、首要德性、那种人与人类社会借以休戚与共的德性。或者换一种讲法也行:在一个全然朽坏的时代,唯一可能的诊治是摧毁朽坏的整座大厦——das System[系统、体系]——回到未曾朽坏、不可朽坏的源头,回到潜在而非现实的文化或文明状况:纯粹潜在的文明或文化阶段(自然状态阶段)的特有德性只是勇气,没有别的。因此,德国虚无主义是德国军国主义的一种激进化形态,这种激进化应当归因于这样一个事实:在上代人那里,关于整个现代发展(特别关于当前)的浪漫派的判断已经被广泛接受,其广泛程度远过于19世纪的德国。① 我把浪漫派的判断理解为受到这样一种意见引导的判断:在有史以来的某些阶段中,曾经存在着一种绝对优越的人间秩序。

十二

德国军国主义与德国虚无主义之间不管会有多大差别,这两种狂热之间的亲缘关系也很明显。德国军国主义是德国虚无主义的父亲。要透彻理解德国虚无主义,需要透彻地理解德国军国主义。为什么德国这么容易倾向于军国主义?在这里做点高度概括的评论也就够了。

要解释德国军国主义,仅仅参考以下事实是不够的:德国文明比

---

① "造成"(made)代替了"承认"(recognized),后者给划掉了。《论痛苦》,见《树叶与石头》(Hamburg:Hanseatische Verlaganstalt1934),页154-213,特别参看页213(《著作集:随笔I》[Stuttgart:Ernst Klett Verlag,1960],页151-198,特别是页197)。"系统"(das System)是手写加上的。

西方各民族的文明年轻得多,因此可以觉察到德国比西方各国更接近野蛮。因为,尽管斯拉夫各民族的文明比德国文明还要年轻,可斯拉夫各民族看起来不像德国那么军国主义。要找到德国军国主义的根源,更聪明的办法是撇开德国文明的史前史,直接观察德国文明本身的历史。1760年至1830年期间,德国的文学与思想达到了全盛时期,也就是说,这一全盛是在现代文明的理想几乎打造完毕之后,随着对该理想的修正或反动产生的。现代文明理想的源头在英、法两国而非德国。当然,这理想的意义是什么,这是个有很大争议的问题。如果我没有太离谱,可以这样来界定一定程度上在法国革命中突然迸发的智识发展倾向:降低道德标准与道德要求(这些标准与要求是以前那些有责任心的教师搞出来的),但比以前的这些教师更为关注把人类行为的准则付诸实践——付诸政治实践与法律实践。贯彻这一点的最有效方式是把道德等同于要求个人诸权利这样一种态度,或等同于被启蒙了的自身利益(或者说把诚信还原为最优策略);或者也可以有这样的贯彻方式:用工业和贸易解决公共利益与私人利益间的冲突(两位最有名的哲人:笛卡尔,他的所谓 générosité [慷慨]便无正义、无职责的说法;洛克,没有财产权就没有正义)。为了荣耀尚存的德国,德国思想起来反对道德的堕落以及随之而来的真正的哲学精神的沦落。然而,正是这种对17和18世纪精神的反动,奠定了德国军国主义的基础(就德国军国主义是一种智识现象而言)。17和18世纪把道德之善等同于被启蒙了的自身利益的目标(不管这启蒙方式如何),为了反对这一点,德国哲人们坚持认为,在道德之善与自身利益之间、在 honestum[诚信]与 utile[功利]之间存在着差别;他们坚持自我牺牲与自我否定[的德性];他们坚持得太过分,以至于快忘掉了人的自然目的是幸福;在德国哲学里,幸福、功利以及通识(Verständigkeit)差不多成了贬义词。在一种德性中,高贵与功用、义务与自利之间的差别最明显,这种德性就是英勇、武德:其他一切德性活动的完成都是有(或者可以有)报偿的;正义、节制、温文、慷慨等等都是有酬劳的;英勇活动的完成,也就是战死疆场、为国捐躯,绝无报偿:它是自我牺牲之尤者。① 英勇是唯一毫不含糊的非功利德性。为了捍卫受到威胁的道德(也就是非牟利性的道德),德国哲人不禁过分强调武德的价值,在几个非常重要的例子那里,在费希特、黑格尔与尼采那里,他们都屈从于那种诱惑。以这种以及其他种种方式,德国哲学开创了一种特别德国化的传统:鄙视常识以及常识所设想的种种人生目的。

无论德国哲学与西方各国的哲学之间的差别有多深,德国哲学最终还是把自己设想为前现代理想与现代理想的综合。这种综合并未收效:19世纪下半叶,它受到了启蒙的自然子嗣西方实证主义的妨害。德国已经从她的哲人们那里学会了蔑视西方哲学(Je meprise Locke[我鄙视洛克]——是谢林的一句名言);德国现在看到了,她的哲人们搞的那个前现代理想与现代理想的综合并未收效;她没有看到出路,除非完全清除现代文明各种观念对德国思想的影响,回归前现代的理想。民族社会主义是这一回归的最著名例子,因为它是最粗俗的例子。在其最高水准上,它是回归哲学的所谓前文献记载时期,回归前苏格拉底哲学。在一切水准上,前现代理想都不是真正的前现代理想,而是德国观念论者们所解释的前现代理想,也就是说,这种解释带着针对17和

---

① "说明德国军国主义"后面的逗号是手写插入的。"发现……的根源"中的"军国主义"是打字插入的,代替了"文明化"(civilisation)这个词,后者给划掉了。"……之历史"这个词是手写加入的。"最佳政策"后面的分号是手写插入的。打字稿中,"两个最著名的……"这句话只有末尾才加上了圆括号。这句话的简洁暗示了施特劳斯教授想把它当作旁注。由是之故,编者加上开放的圆括号。在"两个最著名的,"之上方,有个标记指向了本页底部的话:"也可参看莫尔的'快乐主义'乌托邦不=柏拉图质朴严峻的理想国。"打字稿中,"德国的荣耀"后面有一句"然而实施这种反动的方式过于受制于反对启蒙的争辩态度"。"被启蒙了的目标"是手写插入的。"以及通识"是手写插入的。在打字稿的边线,紧接着"为了反对……哲学"这句话有一个标记指向本页底部的手写注释"格罗特的《希腊史》(Grote's History of Greece)第8卷,常人,页342注释1里有个有趣的例子",编者无法进一步参考格罗特的《希腊史》。在"花"之前的"优美"一词被删除了。

18世纪哲学的争辩意图,因而是个被歪曲了的理想。①

对于战后德国来说,所有德国哲人(其实也是所有哲人)中影响最大、最该对德国虚无主义的产生负责的,乃是尼采。尼采与德国的纳粹革命的关系一如卢梭与法国革命的关系。这就是说,借着德国革命来解释尼采,对他是不公正的,但也不是绝对的不公正。如果引用出自《善恶的彼岸》且与我们的主题有关的一两个段落,想必不会错到哪里去:

> 这些英国人不属哲人之俦。培根代表了对哲学精神本身的攻击。霍布斯、休谟与洛克是一世纪开外的"哲人"概念的堕落和沦落。康德挺身而出反对休谟。关于洛克,谢林有资格说:"我鄙视洛克。"黑格尔、叔本华与歌德不约而同地反对英国人(牛顿)对自然的机械解释。
>
> 那被称为现代观念的,或被称为18世纪观念甚至法国观念的,一言以蔽之,德国精神怀着深深的厌恶所反对的理想——源于英国,这毋庸置疑。法国人不过是那些观念的模仿者与实行者,此外是它们最好的士兵,不幸得很,还是它们的第一批受害者、最深的受害者。(格言,252f)

尼采断言,德国传统正是对现代文明的理想、源于英国的理想的批判,我相信尼采大体上正确。但他忘了补充说,英国人几乎一向有着不那么德国式的审慎与节制,不会把孩子和洗澡水一起倒掉,那种审慎就是这样来设想现代理想的,即因势利导,合理地采纳一些古老永恒的理想:正派、法治、不流于放纵的自由。这种随遇而安、勉强应付以及事到临头再随机应变的态度也许有损英国思想的彻底性;可最终看来它也是英国人生活的幸运;英国人从未与传统彻底决裂,这种决裂在欧洲大陆却影响深

---

① "文明"之前的"现代"是打字加上的,取代了"西方",后者被删除了。打字稿中"真正的"前面的"回归"一词被划掉了。"也就是说"后面的"解释"是打字插入的。"因而被歪曲了"是手写插入的。

远。无论那些特别现代的理想有着什么样的错,那些创制了这些理想的英国人同时也对古典传统相当熟悉,并且英国人总储备了相当数量的必要解毒剂。尽管英国人创制了现代理想——前现代的理想、古典的人文理想在剑桥和牛津比在其他任何地方都得到了更好的保存。①

目前的盎格鲁 – 日耳曼之战因此有着象征意义。② 英国人在德国虚无主义面前捍卫现代文明,这就是在捍卫文明的永恒原则。谁也无法断言战争的结果究竟会怎样。可明白无疑的是:由于在紧要关头(在这种时候,追问"该由谁来进行全球统治",已经成了当今的常例)选择了希特勒做领袖,德国人的正当诉求也就到"成为一个地区性民族"为止了;配成为以及仍然是一个帝国性民族的是英国人,而非德国人;[编者注:手写体文字到此为止,接下来还是打字体]因为只有英国人而不是德国人才理解,为了配实行帝国统治,regere imperio Populos[行统理万民之责],必须花相当长的时间学会宽赦被征服者、制服傲慢自大者:parcere subjectis et debellare superbos[御降人以柔,制强梁以威]。③

---

① "出自……想必"是手写插入的替代了"在他的……",后者被划掉了。"与我们的主题有关……"是手写插入的,替代了"我们读到",后者被划掉了。围绕着"牛顿"的括号是手写加上的。

"一言以蔽之"是手写加上的,代替了"因此",后者被删除了。逗号是编者加上的。"站起来"(stood up)是手写加上的,代替了"兴起"(arose),后者被删除了。尼采《善恶的彼岸》252 – 253。在"彻底性"上方有"深邃"(profoundness)一词,可能是备选的。" – "是手写插入的,代替了一个逗号。打字稿中chassical[古典的]之前的 the 后面还有"……的理想",被划掉了。

② 前面有一句话"无论战争的结局如何,配有一个帝国的是英国人,而不是德国人"给划掉了。它上面有个" + "字符指向了页尾一段手写文字,给划掉的句子应该改写为这段文字。

③ "无疑"后面的一句话"是英国人,而非德国人,才应当成为一个帝国性民族"。"万民"(populos)是手写插入的,参看维吉尔《埃涅阿斯纪》(Virgil, Aeneid),VI,851。"宽赦被征服者、制服傲慢自大者"是手写加入的,在文本下方,有一个符号表明。参看维吉尔《埃涅阿斯纪》VI,853。在"强梁"(superbos)后面手写着"不是以阿里奥维斯图斯(Ariovistus)的方式,而仅仅以恺撒与奥古斯都的方式通向帝国"后来被删除了。

历史主义

叶然 译

[中译按]本文是1941年秋季施特劳斯在当时他就职的社会研究新学院(The New School for Social Research,位于美国纽约)的"综合研讨课"(the General Seminar)上的讲演。"综合研讨课"是该校特设的跨学科会讲,初衷是让欧洲来的流亡学者——如施特劳斯——更好地融入该校生活。① 本文原件是一份打字稿,上面有施特劳斯的不少修改。本文首次整理见J. A. Colen&SvetozarMinkov (eds.), Toward "Natural Right and History": Lectures and Essays by Leo Strauss 1939 – 46, Chicago: The University of Chicago Press, 2018, pp. 68 – 93。

本译文中方括号[ ]内的数字是原书页码。原文不少自然段落过长,译者进行了切分。译者还加了些带方括号[ ]的文词,以通顺文意。除了注明"施特劳斯自注"者外,所有注释均为译者注。有些译注加在"施特劳斯自注"中,则标记为"译按",以示区别。原编者加了两类注释:一类展示作者的修改过程,另一类注解文意。译注体现前者的一部分(即修改得不明确的部分)及后者的全部。

---

① 参 Peter M. Rutkoff & William B. Scott, New School: A History of the New School for Social Research, New York: The Free Press, 1986, p. 104。感谢刘振兄提及此书。

一

[72]只要我们能谈论一个时代的精神,我们就能自信地断言,我们时代的精神是历史主义。我们把"历史主义"首先理解成这样一种人类思潮,此思潮过于强调具有双重含义的"历史":①"历史"既是历史知识,也是历史知识的客体,此客体是一种织体(texture),它无所不包,仍未完结,碎片化,并持续变化着,而织就它的是人类诸行动、人类诸产品、人类诸习惯、人类诸遭遇、人类诸制度,最后但同样重要的,还有人类诸思想和诸言辞。我们会首先说,一个历史主义者是这样一个人,他把他所有的理智力量用于沉思和理解那个无所不包的织体,或此织体的一些单独阶段和方面,或现在或过去(最好是过去)人类生活任何显著的单个现象,而且他唯一的意图就是理解过去。

如此理解的历史主义,曾遭到尼采的攻击。1872 年,尼采写出《不合时宜的观察》②的第二篇,即《论史学对生活的利与弊》,并取得成功,令历史主义不再是我们不得不思考的一股力量。如今,相当多人承认,史学或历史知识本身不是一个目的,而且既可欲又必要的是,史学应该服务于生活,服务于行动。从这个观点出发,"历史主义"变得意指这样一种人类思潮:它过于强调过去,即历史通常的领域,以至于损害现在;它遗忘行动——行动总是关系到现在或未来——以便沉思或渴求不可逆转的过去。可是,如我前面所说,这样理解的"历史主义"就不再构成一个严重危险。

要想描述如今我们面临的历史主义,我们需要对历史主义下一个更宽的定义,这个定义要既适用于 19 世纪的历史主义,又适用于 20 世

---

① history:既可指"历史"也可指"史学",即本句稍后的"历史知识"。后文凡指"历史知识"的 history 均译作"史学"。

② 此书名一般译作《不合时宜的沉思》,按德文,"沉思"更宜译为"观察"。此书中译本:尼采,《不合时宜的沉思》,李秋零译,上海:华东师范大学出版社,2007。

纪的历史主义。由此,我们应该说,历史主义是这样一种人类思潮:它过于强调历史,以至于损害更重要的一些事。当我们强调性地使用"历史主义"这个术语时,[73]我们指的是这样一个倾向:它过于强调历史,以至于损害哲学。还有一种极端情况,这种情况显然没办法实现(incapable of realization),在这种情况下,历史主义会是这样一个倾向:它以史学取代哲学。而在典型情况下,历史主义是这样一个倾向:它抹杀哲学和史学之间的根本区别,尤其是哲学和智识[思想](intellectual)史之间的根本区别。而在最普通的情况下,历史主义是这样一个倾向:哲学家们关注过去或现在或未来,而不关注永远或永恒(what is always or the eternal)。

我建议的历史主义定义,胜过通常的历史主义定义,因为前者比后者更广。如果我理解得正确,人们通常把历史主义看成这样一种学说,即"一切都是历史的",换言之,在人类事物中,不可能明确区分不可变("永恒")因素和可变因素。这种学说立足于如下观察或论断:在不可变因素和可变因素之间作出任何此类区分,本身都取决于作出区分的学者的历史处境。由此,所有知识,所有信念,所有标准,所有制度,都只具备有限的有效性,受限于[刚才说的]那一切的历史处境。[这就是说,]不存在对人之为人有效的知识或行为标准。例如,当一个人主张一个学说为真时,限制这个主张的历史处境,可能只持续非常短的时间,但也可能持续两千年。

据说,科学命题也并不绝对为真或永恒有效。因为有人争辩道,一个甚至没有意义的东西如何能够为真?例如,现代科学命题对古希腊人就甚至没有意义。① 所以,现代科学本质上"相对"于现代人[才成立]。斯宾格勒已经非常清晰而严肃地表达了这个观点,②而许多拒斥——或相信自己拒斥——斯宾格勒学说的人同样持这个观点。因为我们还能怎么解释如下事实呢?从某个时候起,人们已经习惯于谈论

---

① 本句有两个 for example,兹删去一个。

② 参斯宾格勒,《西方的没落》,第一卷,吴琼译,成都:四川人民出版社,2020,页 134 – 145。此书德文本初版于 1922 年。

"现代科学"或"西方科学"或"古典科学"或"巴比伦科学",更别说"资本主义"科学和"雅利安"科学。这种谈论方式暗示,不存在对所有时代和民族都有效的同一种人类科学,而只存在为特定时期的特定民族所现实化(actualized)的人类科学。

这种谈论方式把科学——真正的有关诸原因的知识——降低到学说的档次,学说本身不必然为真,而可能是一堆迷信。[74]当我们所谓的现代科学兴起时,这种科学的斗士们并未攻击古代科学,或经院主义科学,而是攻击他们认为的一种伪科学,而且他们攻击时并未采用现代科学的名义,而是采用唯一真正科学的名义。所有科学,以及人类心智的所有其他"观念",都是历史的,即相对于确定的历史处境[才成立],而超出这些处境后就没有意义——以上观点是"历史主义"这个术语通常的所指。出于我当前的意图,我需要一个更广的定义,尽管某种程度上这也是一个更含糊的定义。根据这个定义,历史主义是这样一个倾向:它过于强调历史,以至于损害哲学。

二

这样界定的历史主义是我们时代的精神。当历史指有关过去的知识,或对过去的记录,或对过去的回忆时,可以说史学①几乎和人类一样古老。但史学从未像如今这样发挥作用。如今大学里教授史学,包括所有门类的史学,有政治史学、社会史学、经济史学、艺术史学、宗教史学、文明史学、文学史学、哲学史学、科学史学、医学史学,乃至史学之史学,我们认为这一切理所当然。可是,区区几个世纪前,欧洲的大学才首次设立史学教席,且只讲授政治史学。我们史学教学和训练的大多数②其他门类,产生于更晚的时候。正是德意志浪漫主义运动,导致史学化的法

---

① 如前文注释所示,此处"史学"和句首的"历史"原文均是 history。
② Most:此词在打字稿中本作 The,施特劳斯在 The 上方手书 Most,但未划掉 The。兹采用 Most。

学、史学化的政治科学、史学化的经济科学取代了自然的法学(即自然法)、自然的政治科学、自然的经济科学。

当我们考察柏拉图在他的《王制》(Republic)①和《法义》(Laws)里勾勒的学习计划时,我们发现有数学、天文学、辩证术——我们没有发现一丁点儿史学的踪影。柏拉图和亚里士多德在这方面没任何区别:亚里士多德②说过,诗比史学更哲学,即更科学。③ 这是古代所有哲人的典型态度,也是中世纪所有追随古代哲人的人们的典型态度。16世纪以前,史学一直不属于最高门类的学问,这个状况甚至在重要方面一直持续到18世纪以前。

过去盛赞史学的人,不是哲人或科学之人(men of science),而是修辞术师。在此提及两个事实也许并非不恰当:首先,人们常把奥古斯丁称为一位"历史哲学家",而他本来是一位修辞术教师;其次,[75]维柯是最富盛名的历史主义先驱之一,也是一位修辞术教授。西塞罗盛赞过史学,这见于他的修辞术作品,而非他的哲学作品。

千真万确,犹太人和基督徒曾对圣经史学相当感兴趣。可是,且不说犹太人和基督徒各自本身都不必然是哲人,他们感兴趣的并非作为史学④的圣经史学,而是作为一种记录的圣经史学,这种记录包括法律、道德、神学,且具有一种启示(revealed)品格,从而也具有一种绝对真实的品格。⑤ 确实曾经有些哲人攻击圣经的绝对论断,但他们出于有限的意图,致力于以真正的史学方式观察圣经和圣经传统。

仅仅从16世纪以来,情况才发生根本变化。据我所知,更早的政治哲人没有一个像马基雅维利、博丹、培根乃至霍布斯这样着重谈论史

---

① 通常译为《理想国》。

② Aristotle:施特劳斯在此词上方手书 One cannot quote often enough,但未划掉 Aristotle。兹略去 One cannot quote often enough。

③ [施特劳斯自注] 参亚里士多德《诗学》,第9章,1451b5。[译按] 参亚理斯多德,《〈诗学〉〈修辞学〉》,罗念生译,上海:上海人民出版社,2016,页45。

④ 指现代史学,或历史主义式史学。

⑤ [施特劳斯自注] 参阿奎那《神学大全》,第一部分,问题1,第2条,第2款。

学。甚至对于培根来说,以下状况仍是理所当然:历史学问的定位是回忆而不是理性,哲学学问——最高类型的学问——的定位是理性而不是回忆。至于培根之后的时代,可以说,对史学的兴趣几乎逐代增加,且增速也在不断增长。17世纪末以来,人们开始谈论"一个时代的精神"。18世纪中期,伏尔泰生造出"历史哲学"这个矛盾术语(1756年《风俗论》导论)。① 在黑格尔的哲学中,哲学和史学完全合并了。同样,孔德的实证主义哲学的核心论题,只能以史学术语来陈述。就人类事物(人类的知识、理念、制度)来说,19世纪后半叶的进化论同样如此。

19世纪末和我们的世纪[即20世纪]初,诸种严格科学及其最紧密相关的几个哲学学派,一度成为一种相对非史学化(nonhistorical)态度的最后堡垒。这些哲学学派坚持反对历史主义,是基于对如下两种追问的根本区分:一种是哲学追问知识和科学的有效性,另一种是史学追问知识和科学的起源。与此同时,这些哲学学派反对历史主义,也是基于如下设定:在等级和重要性上,上述哲学的追问胜过上述史学的追问。例如,针对一种特定类型的历史主义——它自称知识社会学——[这些哲学学派]展开攻击时,立足于区分哲学对有效性的追问和史学对起源的追问。[76]胡塞尔是我们世纪[即20世纪]最深刻也最极端的知识论者,②他拒斥他所谓的"那个从根本上区分知识论说明和史学解释的支配性独断"(das herrschende Dogma von der prinzipiellen Trennung von erkenntnistheoretischer Aufklärung und historischer Erklärung)。③

---

① 参伏尔泰,《风俗论》,上册,梁守锵译,北京:商务印书馆,2019,页16–229。
② epistemologist:习译为"认识论者"。但考其词源,当为"知识论者"。
③ [施特劳斯自注] Edmund Husserl, "Die Frage nach dem Ursprung der Geometrie als intentional–historisches Problem," p. 220. [译按]正文中这个引文是按施特劳斯的英译文译出。"施特劳斯自注"引用的是胡塞尔此文的初版,见 *Revue international de philosophie*, 1, no. 2 (1939), pp. 203–225. 后收入 Edmund Husserl, *Die Krisis der europäischen Wissenschaften und die transzendentale Phänomenologie*, ed. Walter Biemel, The Hague: Martinus Nijhoff, 1954, pp. 365–386(附录3)。中译文见胡塞尔,《欧洲科学的危机与超越论的现象学》,王炳文译,北京:商务印书馆,2001,页427–458。施特劳斯引用的话见中译文第448页。

对此,那些非史学化的知识论者[即前述哲学学派]必定会多么震惊啊!

因此,历史主义是这样一种人类思潮:它倾向于合并哲学和一般而言的史学,或合并哲学和特别而言的智识史学。可以稳妥地说,这种思潮如今无处不在。它不只是现象学的标志,同样是黑格尔主义、马克思主义、知识社会学的标志。这里的知识社会学,指向狄尔泰和斯宾格勒的追随者,也指向杜威的追随者。这种思潮以非常多种不同方式表达其自身,并在最为相异的诸种智识层面论证其自身之正当。但在所有这些情况中,它本质上都是同一种思潮,一种追求合并哲学和史学的思潮。

如今,我们全都首先是历史主义者。哪里还有敢于诉诸人类自然权利的自由主义者呢?他们[如今的自由主义者]更喜欢诉诸自由主义的传统。历史主义是当今的民主制、大同主义、法西斯主义共同的基本前提。在我们阅读任何哲人之前,我们就已经通过道听途说得知,每一种哲学本质上是历史的,换言之,是其时代的表达,是其时代的精神或灵魂的表达,是其时代的社会经济处境的表达。

几乎在我们能够读和写之前,就有人告诉我们,不存在不可变的人性这样的东西。[他们还说,]只需片刻反思,就足以反驳[不可变的人性]这个文盲论断。因此,当我们从幼儿园升到小学一年级时,就有人告诉我们,人的不可变的本性就在于人是"历史的",换言之,人实际上什么都不是,但人潜在地几乎是一切。或者再换言之,人类生活的可变方面比不可变方面更重要,因为有人争辩道,那些不可变方面的趋势导致人们"抽象"看待人性,[77]而那些不可变因素的"具体"意义完全取决于可变的历史背景。

为了避免误解,我必须顺便说,"不可变的人性"这个术语太含混。某种意义上,没人能否认,人可以改变且确实在改变人性。甚至古代非史学化的哲人也深知这一点。这些哲人的一个学生走得如此远,以至于声称人可以用一支干草叉驱逐本性,但他补充道,本性永远会返回。①

---

① 参贺拉斯《书简集》,1.10.24。中译本:贺拉斯,《贺拉斯诗全集》,上册,李永毅译,北京:中国青年出版社,2017,页623。本句中的"本性"(nature)亦指"自然",因为古人把人的本性看成自然的内在组成。

三

不论怎么理解历史主义，幼儿园的历史主义和可能的最高层次的历史主义有一个共同点，即二者都预设或要求合并哲学和史学。历史主义导致一种历史哲学，且某种程度上导致一种哲学史学。先说最后一方面：人们有理由说，在更早的时代，人类从未像19世纪以来这样，付出如此多智力和热情，去探究过去本身，去探究过去的所有阶段和方面。此前从未产生这样一种真正普遍的兴趣，去关注过去和现在人类生活每一种显著的单个现象。因此，人们会期待，一般来说，我们对过去的理解胜过任何更早时代的人。这[如今的状况]本身并不值得夸耀：如赫拉克利特所说，博学并不教人有理智（have sense）。① 这[如今的状况]变得至关重要，只是因为历史主义产生的这个特殊环境。

在历史主义之前产生的那个立场是进步信念，即相信比如18世纪后期在所有重要方面都胜过任何更早的时代，且希望未来不断进步。进步信念处于对哲学传统②的非史学化看法和历史主义之间。进步信念与哲学传统有一致之处，即二者都承认存在[真理和正义的]③普遍有效标准，这些标准不受任何史学正当性论证④影响。⑤ 但进步信念

---

① 此句系赫拉克利特残篇40（序号从 Diels‑Kranz 编本）。此句中的"理智"在希腊文中作 nous。参 Charles H. Kahn, *The Art and Thought of Heraclitus: An Edition of the Fragments with Translation and Commentary*, Cambridge: Cambridge University Press, 1979, p. 36。

② 指古希腊罗马哲学传统。

③ 方括号是施特劳斯加的。

④ justification：施特劳斯在此词上方手书 legitimation，但未划掉 justification。兹略去 legitimation。

⑤ are not susceptible of：此表述在打字稿中本作 do not require，施特劳斯在 do not require 上方手书 are not susceptible of，但未划掉 do not require。兹采用 are not susceptible of。

也偏离了哲学传统,因为它本质上是一种关于"历史过程"的看法。它的存在取决于如下论点:有"历史过程"这样的事,且本质地和一般地说来,这个过程是一种进步,一种对真理和正义的普遍标准的不断趋近。[78]结果,进步信念与哲学传统的看法区别开来,且基于纯粹史学理由,人们能够正当地(legitimately)批判进步信念。

这[种批判]曾由早期历史主义作出。在许多重要问题——最有名的例子是对中世纪的解析——上,早期历史主义表明,进步主义①对过去的看法,立足于对过去的一种完全不充分的理解。这对进步主义是致命的,因为这是一个关于过去的论断。显然,对于过去,对于过去每个单独阶段,我们的理解越充分,我们对过去的兴趣就越大。可是,如果一个人事先知道,在最重要的诸方面,现在或现代胜过过去,那么,一个人不可能对过去产生严肃的或强烈的(passionately)兴趣。

从这个[进步主义]前提出发的史学家们,曾感到没必要按过去本身来理解过去。他们把过去只理解成对现在的准备。(几乎只要扫一眼任何一本政治社会观念史学教科书,人们就足以发现,这种进路至今犹存[lingering on],如果说得温和点。)②当进步主义者研究一种过去的学说时,他首先不会问:提出这种学说的人有什么有意识的且深思熟虑的意图?他首先会问:从我们现在的观点出发,提出这种学说的人不知道这种学说的什么意义?对我们现在的信念,这种学说有什么贡献?进步主义者深信不疑,就理解过去的现象来说,他能比这个现象同时代的人理解得更好。[尽管他智力平平,或正因他智力平平,他才相信,就理解柏拉图来说,他能比柏拉图自己理解得更好。]③

与此不同,历史主义者试图复兴如下这种理解,即像过去每个阶段自己那样理解过去每个阶段。这种真正普遍的兴趣指向过去本身,或

---

① 从此处开始,施特劳斯把"进步信念"改称为"进步主义"。
② 圆括号是施特劳斯加的。
③ 方括号是施特劳斯加的。

更准确地说,指向人类生活每一种显著的单个现象本身。这种兴趣不只与进步信念相反,同样与哲学传统相反。这里所说的哲学传统不关注个别,而关注类型;或者说,不关注单个现象(如现代国家)的历史,而关注作为类型的现象(如政治共同体)的自然生成(natural genesis)。这些立场产生于历史主义之前,其兴趣不在于把过去理解"为过去现实之所是"(wie es eigentlichgewesenist),①或理解成过去对当时活着且经历着的人显现的样子。这些立场不从过去自身的观点理解过去,而从一种所谓的或实际上更高的观点理解过去。

因为历史主义特别拒斥进步信念,而赞同如下信念,即"[过去]每个阶段都与上帝直接相关(immediate to God)",②所以历史主义希望在史学上更加严格,而非像此前一样,在史学上仅有所谓必要的严格。如今,关于历史研究的正确方法,经历了一个多世纪的激烈讨论。所有真正的史学家都原则上遵守如下规则:

(1)应该按过去每个阶段自身来理解此阶段,而不应该以外加的标准判断此阶段。

(2)应该首先完全按过去的一个现象自身来理解此现象,然后才能判断此现象,或然后才能——比如说——按此现象的社会经济决定因素来解释此现象。要想判断或解释(explanation),就必须先充分解析(interpretation)。

(3)只有这样呈现一位早期著作家的观点,才能认定这种呈现是真的,就像是这位著作家自己的明确主张最终造就的。大师(a superior man)发明了意象(an image),如福斯塔夫(Falstaff)的性格,如《麦克白》中的敲门,如浮士德下到(descent to)母亲们那里,如堂吉诃德的历

---

① 兰克,《〈拉丁与条顿民族史〉导言》,收入《世界历史的秘密》,文斯编,易兰译,上海:复旦大学出版社,2012,页79。此引文按施特劳斯的英译文译出,中译本译法略有不同。下文的兰克引文亦然,不再另注。兰克此文初版于1824年。

② 兰克,《历史上的各个时代》,杨培英译,北京:北京大学出版社,2010,页7(指正文页码)。兰克此书成书于1854年。

险,如奥德修斯的旅行。① 当真正的史学家面对此类意象时,他会压抑此类意象在他自己或其他人脑中激发的那些梦一般的想法。他会做出不懈努力,直到揭示出一种清晰的想法,即著作家想要通过意象向清醒而严肃的读者传达的想法。

(4) 应该尽可能按过去每位著作家本身来解析此著作家。如果不能按字面意思把一个后起的术语翻译成一位[更早的]著作家的语言,而且这位著作家自己未曾使用过这个术语,或这位著作家的时代没有非常普遍地使用过这个术语,那么,[真正的史学家]解析这位著作家时,不应该使用这个术语。

如今的史学家是一群非常严苛的(exacting)人。他们禁止自己沾染前数代人的许多轻忽习惯。倘若一种哲学学说的提出者没有把其学说设想为一个"系统",史学家就禁止自己谈论一个哲学系统。或者说,史学家禁止自己谈论柏拉图的"形而上学",或作为"伦理学"创始者的苏格拉底,或圣经的"宗教",或圣经的"历史哲学",因为这样的术语没出现在上述著作或人的语汇中。因为柏拉图从未谈论"形而上学",苏格拉底显然从未谈论"伦理学",[古]希腊语没有任何语词可以译为"国家"或[80]"宗教",圣经希伯来语也没有任何语词可以译为"宗教"或"哲学"或"历史"。

史学家主张如下几点:第一,过去的大人物们把自己呈现为完全有能力表达任何想法,只要他们曾经表达,或曾经想要表达。而且如果他们的民族语言缺乏一个能表达他们想法的术语,他们完全有能力造一个新术语。第二,正因如此,如果这些大人物没有使用某个术语,他们绝不会产生这个术语表示的特定想法。第三,由此,如果我们非要用这个术语来解析这些大人物的想法,我们便往往在用一个现代的陈词滥调替换一个古代活生生的想法。第四,不论如何,我们[这么做就]会把一种外加的思想归给这些大人物,这就完全忽视了我们作为史学家的职责。如果现代史学家们知道自己的职责,他们会从经验中知道,只

---

① 以上诸意象分别见:莎士比亚《亨利四世》,莎士比亚《麦克白》,歌德《浮士德》,塞万提斯《堂吉诃德》,荷马《奥德赛》。

要他们发现自己不加审辨(uncritically)就用一个现代术语说明一个现代以前的现象,他们就受到引导而发现了一个非常严肃的哲学问题,这个问题在此之前一直逃过了他们的注意。

[尽管现代史学家认为我透露的这些规则有约束力,但现代史学家几乎没法践行这些规则,因为他们心有余而力不足(the weakness of the flesh)。事实上,从严格的历史研究的观点来衡量,我不知有哪一项历史研究无可指摘。据我所知,最接近史学严格性目标的研究,是克莱因(J. Klein)对希腊数学思想与现代代数学生成(Greek logistics and the genesis of modern algebra)①的分析。]②

当史学家做出严肃的努力,以践行史学严格性的诸标准时,史学家早晚必定获得一种有趣的体验。比如,人们注意到,在许多重要问题上,中世纪解析亚里士多德的人们,生活在与亚里士多德的历史环境有本质不同的历史环境中,且甚至不懂[古]希腊语,但他们比大多数现代史学家更有能力理解亚里士多德。[亚里士多德的]中世纪注疏家(commentators),如阿威罗伊和阿奎那,③并非历史主义者。这表明,为

---

① 克莱因的一部德文著作标题 Die griechischeLogistik und die Entstehung der Algebra 的英文直译。德文 logistik 和英文 logistics 都转写自古希腊文 logistike,此处按作者认可的英译本标题译为"数学思想"。该著作德文初版:J. Klein, "Die griechischeLogistik und die Entstehung der Algebra", in *Quellen und Studien zur Geschichte der Mathematik*, *Astronomie und Physik*, Abteilung B: Studien, Band 3, Erstes Heft, Berlin 1934, S. 18 – 105 und Zweites Heft, Berlin 1936, S. 122 – 235。作者认可的英译本:J. Klein, *Greek Mathematical Thought and the Origin of Algebra*, tr. E. Brann, Cambridge, Mass.: The M. I. T. Press, 1968。

② [施特劳斯自注]仅出于公正,我要补充一句,我还没能读到柯瓦雷(Koyré)教授关于伽利略的著作。[译按]此书有中译本:柯瓦雷,《伽利略研究》,刘胜利译,北京:北京大学出版社,2008。此书法文本初版于1939年。正文此处的方括号(原编者未说明是方括号还是圆括号,现暂用方括号)是施特劳斯加的。

③ 参阿威罗伊,《论诗术中篇义疏》,刘舒译,北京:华夏出版社,2009;阿奎那,《〈政治学〉疏证》,黄涛译,北京:华夏出版社,2013;圣多玛斯(即阿奎那),《亚里斯多德形上学注》,全四册,孙振青译,台北:明文书局,1991。

了充分理解过去的一个现象,人们不需要成为历史主义者,也不需要拥有一种"历史哲学"。人们仅仅应该使用自己的眼睛和头脑,且应该对所涉的这个过去现象产生一种严肃兴趣。

因此,当历史主义宣称它开启了对过去更充分的理解时,这种宣称变得越来越可疑。人们最终[81]会猜测,在最重要的问题上,历史主义阻止了人们理解过去。因为在理解一个现象时,人们应该严肃对待这个现象。比如,人们应该愿意认为,公元前 5 世纪或公元 12 世纪的某个学说,有可能是唯一真实的学说。人们应该实践一位著作家的视界(outlook),这样才能熟悉这种视界。人们不会理解一位过去的著作家,只要人们没有通过亲知(intimate knowledge)而明白,这位著作家本来会如何反击(reacted)我们现代人对他学说的驳斥。历史主义按其定义不承认,一种非史学化的哲学是合理的(reasonableness)。历史主义先天地(a priori)不承认,任何过去的学说可能是唯一真实的学说。

由此,历史主义者本身(perse)没能力充分理解一种非史学化立场:依据[曾经]占据支配地位的[非史学化]观点,正如 17 世纪的独断论(dogmatic)亚里士多德主义者几乎没能力也不愿意理解伽利略,我们时代的历史主义者也几乎没能力理解柏拉图或亚里士多德或圣经。历史主义曾经扮演过一股真正带来自由的力量,当时它瓦解了对欧洲过去的特定偏见。而今天,历史主义扮演着一股带来蒙昧的力量,因为它本身变成了一种偏见。我们不是要否认,但也没必要断言,在理解那些过去时代从来没人产生过严肃兴趣的其他现象时,历史主义比更早时代的大人物们理解得远远更好。可以设想,我们能稳妥地承认,在理解非洲黑人的塑造艺术(the plastic art)①时,我们同时代的某些人比柏拉图或亚里士多德或阿奎那或笛卡尔或康德可能②理解得更好。

一般来说,我们可以说,我们严肃对待历史主义,如果我们严肃对待"应该充分理解整个过去"这个观点,我们就在以最佳方式克服历史

---

① art 是原编者加的。所谓塑造艺术,可能指用泥土等材料制模。

② could have done:此表述在打字稿中本作 ever did,施特劳斯在 ever did 上方手书 could have done,但未划掉 ever did。兹采用 could have done。

主义。因为历史主义是一个非常晚近的事物：在实践中，整个过去一直都以非史学化方式进行思考(thought and thinks)。通过理解现代以前的过去，我们能熟悉一种本质上非史学化的进路。通过亲自融入这种非史学化的进路，我们将学习看待事物时采用非史学化之人的眼光，采用自然之人的眼光，这番学习是逐步的、缓慢的，也少不了痛苦。这就是说，历史主义认为，对于每一种历史上的个别性，只能用它自身的标准衡量它。他[历史主义者]不作判断，但一个理性的人确实作判断：如果这人傻傻的，他就傻傻地作判断，如果这人有智慧，他就有智慧地作判断。不过，现在我们要赶快从[历史主义]这个乌托邦回到我们不完美的当下。

四

历史主义的根本问题，不是历史主义能不能让我们充分理解过去，而是历史知识是否[82]与哲学相关，以及相关到什么程度。关于这个问题，我们面临一个建议，即应该立即完全放弃哲学和史学之间的传统区分，且在有些人那里，这个建议已经退化为一个理所当然的结论(has degenerated into a foregone conclusion)。因此，我们面临在如下两边作抉择：一边是一种非史学化的哲学，另一边是本质上史学化的哲学。非史学化进路还是史学化进路——哪个进路才是正确进路？这是一个哲学问题，而非一个史学问题。但如果我们想回答这个哲学问题，如果我们想充分知道这个抉择的每一方有什么所谓的利弊，如果我们想说透(elaborate)这个哲学问题，我们就不得不投身历史研究。① 因为不再有任何显著的哲学立场没有被历史主义染指：如果我们想知道到底何谓

---

① 这种历史研究指历史主义之前的古典式的、非[现代]史学化的史学。此文极少使用这种意义上的史学含义，首次使用是在第[74]至[75]页。第[74]页说："当历史指有关过去的知识，或对过去的记录，或对过去的回忆时，可以说史学几乎和人类一样古老。但史学从未像如今这样发挥作用。"

非史学化的哲学,我们就不得不回溯过去。

如果我们可以信赖某些浪漫主义著作家,我们也许就期待在 18 世纪的理性主义中找到一种真正非史学化的或未史学化的(unhistorical)立场。因为严格来讲,针对 18 世纪的理性主义,最成功的指控之一是,这种理性主义完全缺乏"历史意识":这种理性主义不仅信奉一种永恒的自然权利,甚至还沉迷于以完全未史学化的臆测来解释社会和政府的起源,正如关于一种前社会的(presocial)自然状态的诸学说所示。①

[这样的指控暗示,17、18 世纪这种革命性的哲学兴起之前,人类一直拥有"历史意识"。这种浪漫主义观点立足于一个严重的错误,即误以为传统主义思想(即过去时代典型的思想习惯)就是史学化的思想。实际上,传统主义思想预设了一个没法与历史主义兼容的信念,即一个人偶然坚持的传统绝对高于任何其他传统。例如,过去时代的罗马天主教(Romanist)法学家们接受罗马法,②与其说是出于史学化的理由,不如说是因为他们视罗马法为 ratio scripta,③即写成文字的最完美的人类理性本身。]④

然而,实际上,比起任何更早的哲学,18 世纪的哲学思想都远远更为史学化。严格来讲,这股史学化思潮最清楚的表征,是自然状态学说。这个学说可能就历史而言是错的,但这个学说意欲充当对文明起源的一种历史描述——哪怕是一种假设描述——以区别于并反对一种神迹(miraculous)描述。[按这种意欲,]当[有人]融贯地描述文明本身的统一过程时,上述[历史]描述将是这种融贯描述的前言。

[83]要论证那种浪漫主义判断有正当性,只能诉诸如下事实:18 世纪的理性主义深信现在胜过整个过去,但没有任何更早的哲学深信这一点。可是,对过去的蔑视本身不是一种非史学化思想方式的表征。相反,如果对过去的轻视内在于一个人的哲学,那么这表明,一个人的

---

① 其中最深刻的无疑是卢梭的自然状态学说。
② 指古罗马传下来的法律。
③ 拉丁文,字面意思是"写下来的理性"。
④ 方括号是施特劳斯加的。

哲学在本质上是史学化的。更悉心的研究表明，不只 18 世纪的哲学，17 世纪的哲学已经预设了从哲学转向史学，而这场转向发生在 16 世纪，其最大的主导者是博丹和培根。①

因此，如果我们想把握住一种毫不含糊的非史学化的哲学立场，我们就不得不回溯到古代和中世纪哲学。而且我们不得不着手把握住这样一个立场，倘若我们想说透如下哲学问题：非史学化进路还是史学化进路——什么进路才是正确的哲学进路？

这意味着，按如今的事态，在我们的时代，如果一个人不实际上变成一位哲学的史学家，②此人就没能力说透或回答一个根本的哲学问题。这可谓是历史研究的史学正当性论证。这当然不是也不想是一种哲学正当性论证。我们并不主张，哲学和对哲学的历史研究之间有本质联系，因为如果我们这么主张，我们就将回避掉决定性问题。我们只主张，[哲学和对哲学的历史研究之间]有偶然联系：由于从某时以来，某些可能性遭到了遗忘（且这并非不可避免的必然遗忘），故应该通过历史研究来恢复这些可能性。没有什么阻止我们设想这样一个时代，在此时代中，史学将再次陷入其过去在哲学上的微末境地（philosophic insignificance）。因为难道历史主义自身不主张，每一种人类学说作为一种历史现象都"就历史来说是相对的"？难道历史主义不是一种人类学说？

五

在我们的时代，要说透基本的哲学问题，就需要严肃而集中的历史研究。就在一代人以前，许多人仍深信，现代进路——文艺复兴以来兴

---

① 参博丹，《易于认识历史的方法》，朱琦译，上海：华东师范大学出版社，2020；培根，《学术的进展》，刘运同译，上海：上海人民出版社，2015。

② 这种史学就是第[82]页"我们就不得不投身历史研究"这个表述中的史学。参此页的译注。

起的思想习惯——胜过更早的进路。柏格森和詹姆斯(W. James)这样的哲学家曾反对现代思想的支配性潮流,他们要求以一类本质上全新的方式搞哲学,这一类哲学应该不仅不同于 17 至 19 世纪的思想,而且更不同于现代以前的思想。就在[84]这时,越来越多人开始质疑如下观点,即现代哲学本质上胜过现代以前的哲学。新托马斯主义①取得成功,是一个代表性事件。但新托马斯主义只是一种远远更为浩大的思潮最大众化的形式,而这种思潮最有力也最深刻的代表,一直是(was, and still is)人们并不[真正]了解的尼采。

现代人胜过古人,还是古人胜过现代人? 这个问题再次变成了一个问题,而且甚至变成了最根本的问题。因为这个问题关系到探究所有哲学问题的进路,所以这个问题关系到所有哲学探究的方法。这个问题曾是 17 世纪末和 18 世纪初一场著名论争的议题,这场论争就是 la querelle des anciens et des modernes[古今之争]。② 你们中的多数人会想起斯威夫特的《书籍之战》,这本书把现代人比作蜘蛛,把古人比作蜜蜂:蜘蛛吹嘘道,它不欠任何其他生物什么东西,而是从它自身内部抽出并结出了一切;蜜蜂则"在普遍范围内,凭着对万物的长期探索、潜心研究,还有辨识,带回了蜂蜜和蜂蜡","从而为人类提供了两个最高贵之物,即甜蜜与光明"。③ [人们曾相信,"历史"已经裁判了这场争执,且站在现代人一边。但此处"历史"不过是两个世纪的公共意见,这种"历史"的裁判不能决定什么。胜利的事业不必然是好事

---

① 这里的托马斯指托马斯·阿奎那。
② 这个法文表述的字面义是"古人与现代人的争论",国内常简称"古今之争"。
③ 斯威夫特,《书籍之战》,收入《图书馆里的古今之战》,李春长译,北京:华夏出版社,2015,页 204 - 206。引文中译稍有改动。引文中的强调出自施特劳斯。斯威夫特是"古今之争"中的崇古派主将,名著《格列佛游记》的作者。《书籍之战》英文本初版于 1704 年。施特劳斯此文的原编者把正文中的"它不欠任何其他生物什么,而是从它自身内部抽出并结出了一切"也当成了直接引语。但实际上这是转述,兹去除引号。

业——如果人们从前不知道这一点,人们如今总该能够认识这一点了吧。]①

因此,古人和现代人的问题仍然是一个开放的问题,只有傻子才会给出一个现成答案。要回答这个问题,并实在地理解何谓这个问题,我们需要历史研究:严格地面对古人和现代人。我说的"严格地面对",就是在面对的时候,从古人自己的观点来呈现古人,而不是从现代观点来呈现古人。因为,如果我们从现代人的观点来呈现古人的思想,我们就会回避掉决定性问题:我们就会沉默地预设,现代进路胜过[古代进路]。当然,这些历史研究本身不是终点,而只是在为一种未来的努力做准备,这种未来的努力就是解决哲学问题。

[有人也许会反驳道,我们不需要新的历史研究,因为我们懂得古人:19、20世纪的大学者们写过一些书,尤其我们时代的古典学者也写过一些书,[85]难道所有这些书都没有清晰而充分地传达古人的学说吗?答案必然是否定的。因为只要一个古典学者还是一个古典学者,就不可能指望他理解古代思想。古典学者不是一个古代思想家,而是一个现代人:他的现代偏见必定干预他对古人的理解,倘若他没有在方法上反思现代前提本身。这样一种反思会超越古典学术的极限,我们必须把这种反思任务交给哲学的史学家。]②

六

因此,我们面临如下自相矛盾的事实:哲学的历史领域的广泛研究,即不只一代学者的毕生心血,变成了哲学研究的先决条件。这个自相矛盾的事实是现代发展的必然后果,且尤其是进步信念的必然后果,

---

① 方括号是施特劳斯加的。
② 方括号是施特劳斯加的。末句中的"古典学术"无疑指现代的古典学术。"哲学的史学家"这个表述首次出现在第[83]页。请注意:下一段开头的"哲学的历史领域的广泛研究"与此处"哲学的史学家"中的史学完全相反。

进步信念是现代思想的支配性潮流之标志。现代哲学之父们无疑是真正的哲人,但他们在设想哲学时认为,哲学思想已变得不可避免要退化。我们会说,哲学是这样一种尝试,即做到自由而无偏见地理解所有事物或最重要的事物。这就是说,哲学理解根本不同于且反对一种传统理解。哲学和一种既定传统也许有一致之处,但从哲学的观点看,这种一致是纯粹偶然的。当现代哲学之父们把经院主义当作一种传统来反对时,他们只是做了任何真正哲人都会做的事。

但现代哲学之父们走得比这远得多。也许可以说,他们从如下事实出发。如果一个人拥有与自己的老师同等的智力和勤奋,且外部条件与自己的老师相同,那么,比起自己的老师拥有的知识,这个人的知识似乎必然(seems necessary)会变得更多、更高级。此刻,一切都取决于我们把"更多"知识理解成什么。如果我们把更多知识理解成更广泛的知识,那么,学生的知识将必然比老师的知识更多。但如果我们把更多知识理解成一种更深刻的知识,那么,学生的知识并不必然比老师的知识更多。因为很有可能老师把他全部的理智力量用于阐释最根本的问题,而学生仅仅接过老师对这个问题的答案,同时并未太关心这个问题。

当所有其他情况都同等时,完美学生的知识将最终胜过完美老师的知识——现代哲学之父们不只主张这一点,[86]而且进一步主张,正如每个人的知识在自己一生中不断进步,全人类的知识也必然与日俱增,即一代比一代增进。在这么主张时,现代哲学之父们低估了继受的知识与独立获取的知识之间的区别,前一种知识是一个人在中小学和大学里获取的知识,后一种知识是一个成熟学者获取的知识。因此,实际上,[现代哲学之父们]为继受的知识与独立获取的知识赋予了同等的认知(cognitive)地位。(注意这个短语:现代研究成果。)①

事实上,哪怕继受的知识几乎无异于偏见,但在典型情况下,继受的知识是一些真实偏见的集合。这最终解释了,为什么所有现代

---

① 圆括号是施特劳斯加的。

哲学和所有现代科学——区别于现代以前的哲学和现代以前的科学——绝对取决于哲学的历史和科学的历史。由于现代知识由海量继受的知识构成（我们通常理解的知识进步[progress of knowledge]观念暗示了这一点），所以不可避免的是，[我们]应该把继受的知识或我们的真实偏见转化为真正的知识。为了这么做，我们不得不回溯到[某人]最初[独立]获取我们继受的知识时。某些情况下，[人们]首先视为继受知识或真实偏见的东西，碰巧被证明是一个继受的错误。

如果古人和现代人的问题是一个问题，这就表明，我们不再能想当然地认为，存在"历史"这样一种东西，即根本不同于"自然"的一种客体或领域或维度。① 因为作为历史知识的客体的"历史"，是现代思想的一种发现或发明。哲学学者最紧迫的职责之一是以古代思想的方式描述我们[现代]语言所谓的"历史"。一旦这么做，我们就有能力讨论如下问题：古代对事物的看法弱过还是胜过现代对事物的看法？几乎不必多说，像"历史"本身一样，"历史哲学"这个术语也受到严重质疑。

七

古人和现代人的问题是一个开放的问题——我们承认这个可能性，就预设了不仅与"思想必然进步"这种信念决裂，而且与通常意义上的历史主义决裂。因为历史主义断言，每一种哲学都本质上与其兴起的时代相关。由此，[87]不可能考虑恢复更早那些立场。[据说每一次复兴（renascence）都是一种变形。有人指出，在许多问题上，一种更早学说的所谓恢复只是这种学说的一种变形。但这并未证明，不可能有严格意义上的恢复。比如，莫尔的《乌托邦》是对古典诸原则的一

---

① 施特劳斯把"历史"和"自然"的首字母都大写了，但没加引号，兹加引号，以示突出。下文首字母大写的这两个词亦如是处理。

次完美恢复。莫尔把这些原则应用到了16世纪英国的经济处境,这完全没有影响这些原则本身。]①

从这种观点出发,我们来思考新托马斯主义的例子。历史主义者会说,新托马斯主义的尝试十分荒谬,因为新托马斯主义试图在现代世界恢复一种中世纪立场,但一种中世纪立场本身(per se)不能适用于现代条件。但就算[历史主义]揭示出,托马斯主义所有本质信条在本质上具有中世纪特性,[我们]仍然可以追问:中世纪是否不只是最有利于唯一真正学说兴起的时期,②以至于现代人只有追随最精致的中世纪立场,才算[在思想上]做到了最好?有人会争辩道,托马斯主义只是对亚里士多德的解析,而且现代科学已经驳倒了亚里士多德的哲学;就算我们对现代科学一无所知,我们总该知道,现代科学有效(works)吧。但现代科学真的有效吗?当然,我们没资格对现代自然科学评头论足哪怕一个字。不过,说到现代社会科学,能说它有效吗?毕竟,它的客观性是一个未解决的问题。毕竟,我们面临这样一个[两难]选择:一边是客观的社会科学,不导致任何"价值判断",另一边是不负责任的个人"决定"。

我们可以谈谈根本的历史主义谬见,这个谬见认为,历史证明了有关任何学说真假的任何事情,a tempore ad veritatem valet consequentia[从时代到真理的因果进程有效]。③ 可以说,历史证明不了任何事情,因为一种学说与它兴起的时代之间具有本质上含混的关系:对于发现一种真理,一种学说兴起的时代可能有利,也可能不利。要想解析一个学说和它的历史背景之间的关系,我们只有对这个学说本身进行哲学研究,即着眼于它的真实或虚假或偏颇。

那个历史主义谬见的另一种形式认为,伦理学或形而上学诸学说的历史,因其本身是历史,从而向我们揭示出,所有伦理学或形而上学

---

① 方括号是施特劳斯加的。
② 意即中世纪不只如此,而更意味着唯一真正学说本身。
③ 可能是对法律谚语 ab abusuadusum non valet consequential[从误用到使用的因果进程无效]的改装。

学说的"绝对"主张都不成立。① 据说,仅仅发现诸[学说]系统之间处于无政府状态,就已经证明了所有[学说]系统都无效。实际上,[88]不同的学说之间只是相互矛盾。并非史学家而是哲学家,才有责任弄清楚,两个相互矛盾的学说中哪一个才是真实学说。或者[这个要弄清楚的问题]也许是,我们掌握的证据是否一方面允许我们回答刚才的问题,另一方面却强迫我们投身于其他哲学研究。通常意义上的历史主义只是理智懒惰的流行形式。

　　历史没有证明,所有哲学都具有历史相对性。历史至多证明了,迄今所有哲学都具有历史相对性,即我们所知的所有哲学家都已经失败——他们都曾作出尝试,想发现有关上帝、宇宙、人类的真理,所有这些尝试迄今都已经失败。但难道这不正意味着,哲学是探究有关最重要事物的真理,且这种探究永远必要?多亏了历史主义,[我们知道]这远远不是一个新观点,以至于"哲学"这个名词就已暗示了这个观点。"哲学"这个名词意味着,无人有智慧,无人知道真理,人至多只能是真理的探究者。② 历史主义[的存在]也许已向我们证明,我们对最重要的论题一无所知。但就算没有历史主义,我们也能意识到这种无知。但历史主义没有通过发现我们的无知而热切探究知识或哲学知识,故历史主义暴露出一种可悲或可笑的自满。

---

　　① 这后半句是意译,若直译则作"为我们提供了对所有伦理学或形而上学学说的'绝对'主张的驳斥"。
　　② 按哲学的古希腊语词源,哲学就是 philo[热爱] – sophia[智慧]。

评肖特维尔的《史学史》

刘振 译

[中译编者按]本文是施特劳斯为 James T. Shotwell 的 *The History of History*（Volume 1，Revised edition of An Introduction to *The History of History*，New York：Columbie University Press，1939，页 407）所写的书评，原刊《社会研究》(*Social Research*)，8：1(1941 年 2 月，页 126 – 127)。

可以试图借助两种方式阐明史学的含义。人们可以着手探究史学现象本身的诸多原因，也就是说，搞历史哲学。或者，人们可以提出一个更为原初的问题，为何某类现象被看作"史学的"，换言之，被赋予一个最初并非意指现象而是意指人类对于现象的某种态度的名词——一种特定类型的探究。肖特维尔教授这本书的标题表明，他已经认识到这个原初因而真正哲学的问题的迫切性。而且，这本书本身在相当程度上证实了这个印象。

眼下这一卷处理从史前时代至奥古斯丁《上帝之城》的史学发展。作者从 19、20 世纪科学的史学观点出发讨论这段发展。他说，我们时代的"这种不偏不倚的科学的史学就其冷漠的不偏不倚而言近乎不近人情"，它不为任何其他目的服务，除了"实现科学精神的命令式要求——发现和揭示真理"（页 11）。这一卷的主要论点是，就史学这个语词的严格意义而言，史学始于希腊人（页 8）；在希腊人看来，史学"不过是科学亦即批判分析的另一个名称"（页 20），在他们当中出现了伏尔泰称为探讨和批判精神(l'espirit de discussion et de critique)的东西，相反，那些阻碍科学探究之途的力量却决定了巴比伦人、亚述人、埃及人、犹太人和基督徒的未来。卢克莱修(Lucretius)的《物性论》(*On the*

Nature of Things)"是一部为20世纪而写的诗作",这个看法(其实听起来像祷告而非陈述事实)最为清楚地表达了作者的倾向。

不论是否认同肖特维尔教授的观点和同情心,人们都不能指责他无视那些他必然认为是古典史家缺点的东西。如果说他的批判性评论与他从开篇就提出的主要问题绝非毫不相干,概述这些评论也无助于任何有益的目的。只有一个问题必须提出。他基于现代科学精神"发现真理和揭示真理"的要求评判古典史家。毫无疑问,这些作家对于发现真理有兴趣。但是,他们在多大程度上有兴趣毫无保留地说出真理,或者,他们在多大程度上能够说出真理?如果我并没有完全搞错,只有通过回答这个据我所知至今从来没有被公开讨论过的问题,我们才能理解肖特维尔反复强调的古典史学与古典诗学和修辞学的关系。

我们能够从政治理论中学到什么

何祥迪 译 叶然 校

[中译编者按]本文是1942年7月施特劳斯在纽约的社会研究新学院夏季综合研讨课程上所作的学术报告,讲稿虽经施特劳斯本人仔细斟酌和修订,但未曾发表。中译依据塔科夫(Nathan Tarcov)教授整理的讲稿文本(刊于 *The Review of Politics*,卷69,第4期,2007,页515-529)迻译。

塔科夫刊发这篇文稿时的按语说:本文分三个部分,施特劳斯首先表述了反面论点,即我们从政治哲学中学不到任何东西,第二部分论证来自"权威"看法的"矛盾",最后才提出正面论点,我们能从古典政治哲学中学到什么。正面论证显得是对反面论点的修正,而非全面否认。施特劳斯表述了古典政治哲学的"合法乌托邦主义"与现代政治哲学的"虚假乌托邦主义"的对立。后来,施特劳斯对此进行了修正或发展。在此基础上,施特劳斯敦促我们看到人类进步的绝对限度,但不要因此而愤世嫉俗或放弃努力,而应该理性快乐地生活。

此次讲演的题目并非完全由我自己选择。① 我不是很喜欢政治理论(theory)②这个术语;我更愿意谈论政治哲学。这个术语问题并不完全是.语词问题,请允许我对此说一两句。

"政治理论"这个术语暗示,存在这样一种东西,即关于政治事物

---

① 用笔删去"决定"(making),并插入"选择"(choosing)。
② 用笔在"理论"下划线。有下划线的所有手写字和打印字都斜体了。[译按]中译处理为楷体。

的理论知识。这种隐含意味绝非自明。以前,①一切政治知识都被视为实践的知识,而非理论的知识。我想起了传统上将科学划分为理论科学和实践科学。据此划分,②政治哲学或政治科学,连同伦理学和经济学,都属于实践科学,正如数学和自然科学都属于理论科学。谁使用"政治理论"这个术语,他就暗地里拒绝这种传统的区分。这种拒绝意味着以下两种或其中一种情形:(1)拒绝区分理论科学和实践科学:一切科学最终都是实践的(scientia propter potentiam);③(2)一切合理实践的基础都是纯粹理论。④ 一种有关政治事物的纯粹理论而超然的知识,乃是政治行动最可靠的指南,正如一种有关自然事物的纯粹理论而超然的知识,乃是征服自然最可靠的指南:这就是政治理论这一术语所隐含的观点。

政治理论这个术语还有一个重要的隐含意味。据当今的用法,理论在本质上不仅异于实践,而且最主要的是不同于观察(observation)。如果某人被问起:"你如何解释这事或那事?"他可能会回答:"我有一个理论",或"可以提出许多理论"。有时,某人会被问及:"你的理论是什么?"在这些情况下,"理论"所意指的就是,对所观察事件的某个起因本质上是假设的断言。这种断言本质上是假设的,它⑤[516]本质上是独断的:我的理论。看到的东西——例如,看到希特勒掌权——并不是一个理论,但我们对希特勒掌权的不同解释则是我们的理论。理论一词的这种用法是相当晚近的事。同"理论"相关的希腊动词是 θεωρέω,该词的原初含义是,作为派去求神谕的使节,去献某种祭品,作为在节日中的献祭:⑥去看、去注视、去检阅、沉思、考虑、比较……,亦

---

① 用笔删去"最初"(Originally),并插入"以前"(Formerly)。
② 删去"区分"(distinction),在其上面打印"划分"(division)。
③ [译注]此句拉丁语的意思是,源于政治权利的科学。
④ 下面的手写注释附加在此页底端:科学源于预见性;预见性源于行动(孔德)。
⑤ 此处用笔插入"它"(it)。
⑥ 用笔删去了"因此"(hence)。

即，该词的原初意义根本不允许把理论从观察中区分开来；毋宁说它排除那种区分；它肯定不会证明，理论与一种本质上是假设的知识相等同或几乎等同。

对于理论一词的这两种内涵，我有一些疑虑，重申一下，它们是，(1)这样的暗示，即对政治问题的一种纯粹理论讨论是可能的，(2)这样的观点，即政治知识整体而言包括对"数据"的观察，以及对这些"数据"的假设性解释；因此，我偏好政治哲学一词，该词没有暗含这些假设。通过政治哲学，我们可理解具有政治头脑的人对政治生活本质的连贯思考，以及他们的这一意图，即在这种思考的基础上，建立判断政治制度和行为的正确标准；政治哲学就是意图发现这种政治真理。据此，我不会谈论希特勒的政治哲学，例如，希特勒对真理并不感兴趣，他依赖于直觉，而非有条理的思考。然而，谈论纳粹的政治思想，或政治观念是合理的。一切政治哲学都是政治思想，但并非所有政治思想都是政治哲学（例如，"法律"和"父亲"这些术语暗含着政治思想，但并不暗含政治哲学。政治思想与人类同样古老，但政治哲学却是在过去有文字记载的某个确切时期才出现）。我认为，我们应把政治哲学归于哲学，这样，我们才不会白用其高贵之名。

一

因此，接下来，我将讨论"我们能够从政治哲学中学到什么"这个问题。为了进行一个概要性的讨论，最好先概述其反面论点。我们似乎不能从政治哲学中学到什么。因为：(1)人们可能会怀疑是否存在这样的一种东西，它配得上称为政治哲学；(2)即使存在一种政治哲学，我们也不会需要它；(3)即使我们可能需要它，它的教导也必定毫无成效。

(1)没有政治哲学，因为有许多政治哲学；其中只有一种（如果有的话）会是真的，而且外行人肯定[517]不知道哪种为真。当我们问，我们能够从政治哲学中学到什么，我们意指的当然是，我们能够从真正的政治哲学中学到什么？我们从错误的政治哲学中什么也学不到，尽管我们可能偶尔从中学点东西。政治哲学的状况同哲学其他分科的状况没有根本性的差异。哲学意味着尝试(不断得到更新地)发现真理,正是哲学这一术语暗示了,我们并不拥有真理。哲学顶多对诸问题拥有清晰的知识——它对问题的解决并不拥有清晰的知识。在今天,所有哲学分科的基本问题都未得到解决,正如它们在任何时期都未获得解决那样;新的问题不断涌现,兴趣在转移,从这类问题转到那类问题,但最根本的问题、真正的哲学问题仍未得到解答。这当然不是对哲学本身的否定:但它是对这一期望或宣称的否定,亦即,哲学是行动的一个可靠向导。人们也许会尝试——人们确实已尝试,将那些问题与哲学的领域隔绝开来,因为这些问题似乎不容许有一个普遍可接受的答案,但人们这样做不过是逃避这些问题,而非回答这些问题。我已尽力提醒过诸位,这种令人沮丧的景象可称为系统的无序,这种现象几乎同哲学本身一样古老,而且,似乎深深植根于哲学及其对象的本性中,因此可以合理地想见,它将同哲学本身一样长久。如果有人按政治哲学或社会哲学本身来思考政治哲学或社会哲学,这种景象也许会变得更令人沮丧。人们可以绝大多数根本的政治哲学问题为例,他可以表明,这些问题不存在普遍可接受的答案——对于诚实的真理探索者而言,更不用说对于各种阵营的党派人员。(例如,国家的本质是正义的吗?)①

(2)但是,就算我们能够合理地确定,某种既定的政治哲学是真正的政治哲学,还会有人说,就政治行为而言,我们从政治哲学中学不到任何重要的东西。因为,那类与合理的政治行为密不可分的知识并不是哲学知识:实践智慧、常识、实际知识、对情况的精确估量,这些都是构成各类事务的成功人士的智性品质(intellectual qualities);他并不需要以政治哲学为指导。我可以提及那个英格兰的故事,说威尔斯(H. G. Wells)去会见丘吉尔(Winston Churchill),并询问战事的进展。"我们正在遵照我们的想法做。"丘吉尔说。"你有一个想法?"威尔斯问。"是的,"丘吉尔说,"遵照我们总方针的路线。""你有一个总方针?"威尔斯又问。"是的,"丘

---

① 添加的这句插入语为手写。

吉尔答,"K. M. T. 方针。""什么是 K. M. T. 方针?"威尔斯问。"这就是,"丘吉尔答,"勉力应付(Keep Muddling Through)。"

事实上,就新加坡(Singapore)和利比亚(Libya)①而言,这种勉力应付给他们造成了灾难,这明显不能证明政治哲学的必要性,这让人想到,日本的将领们②或隆美尔(Rommel)③都不能说是政治哲人。我根本不怀疑,要设计出明智的国际政策完全有可能,丝毫不用求助于政治哲学。但要洞晓如下情况显而易见的本质,人们并不需要一门特别的政治哲学课:比如,这场战争必须获胜;战胜之后,能确保较长和平时期的唯一保证是,盎格鲁-撒克逊和俄国(Anglo Saxon Russian)签订一条友好协约;盎格鲁-撒克逊民族和其他民族关注的或依赖的是,盎格鲁-撒克逊要保持优势,务必不能解除武装或放松戒备;而你将武器扔出窗外,并不能避免首位见到的强盗拿起来使用的危险;全世界公民自由的存在取决于盎格鲁-撒克逊的优势。实际上,奉行截然不同的政治哲学的人们,得出了这些相同的结论。

(3)但是,就算没有政治哲学的指导,即那种真正的政治哲学的指导,我们真的会迷失于政治世界中,我们依然可能认为,政治哲学提供的方向徒劳无益:政治哲学也许会教我们应该做什么,但我们可以肯定,这种知识对始料未及的事件毫无作用:用一包细菌毒死希特勒,比起最清楚和最好的政治哲学讲解课,似乎具有更重大的政治意义。如果我们环顾所有政治哲学史的课程,我们似乎会认识到,"政治概念都是实际政治关系的副产品,这几乎是政治思想发展的法则"。④ 如黑格

---

① 用笔删去"加利波利"(Gallipoli)和"埃及"(Egypt),插入"新加坡"和"利比亚"。

② 删去了"东条"(Tojo),手写"日本的将领们"(the Japanese generals)。

③ [校按]隆美尔(1891—1944),纳粹德国著名将领,二战时任北非战场德军司令官。

④ Charles Howard McIlwain,《西方政治思想的发展:从古希腊到中世纪末》(*The Growth of Political Thought in the West, From the Greeks to the End of the Middle Ages*),New York,1932,页391。

尔所言,密涅瓦的猫头鹰在黄昏起飞,哲学在指导政治行为上总是姗姗来迟;哲人总是马后炮(post festum);哲学只能解释政治行为的后果;它能使我们理解国家:它无法教会我们应该为国家做什么。人们也许会怀疑,是否有任何重要的政治概念或观念,是政治哲学的产物:一切[519]政治观念似乎应回溯到政治斗争者、政治家、律师、先知那里。哲人可能谈论混合政制吗,如果像吕库戈斯(Lycurgus)这类非哲人的立法者不曾设计过这种政制?① 在 1748 年,孟德斯鸠可能教导,执法、立法和司法权分立是可欲的吗,如果在某种程度上,英国 1709 年的嗣位法(Act of Settlement)未曾实现这一分立?柏拉图和亚里士多德的政治哲学除了是希腊政治现实的反映,还能是什么?亚历山大大帝对政治事件的影响,比其师亚里士多德的影响要深远得多——而亚历山大的政治行动截然对立于亚里士多德制定的原则。

二

现在,即便我们没有我们自己的知识来反驳这些论点,但来自权威人士的相反论证不禁使我们深受感触。如果政治哲学是一种明显的失败,那么,这一点又如何理解呢:不少出类拔萃之士已信服,政治哲学是公民社会维持正确秩序的必要条件,或者,引用这些人中最优秀和最著名的人的话就是:除非哲人为王,或王为哲人,否则城邦的罪恶不会终止?我们是否应该像帕斯卡(Pascal)那样说,柏拉图的《王制》(Republic)对柏拉图本人来说只意味着一个玩笑?对此信以为真,肯定是轻率的。帕斯卡这样进一步评论柏拉图和亚里士多德的政治哲学:

> 他们书写过政治,仿佛是在整顿一所疯人院;他们装模作样,把政治当作某种重要的东西来思考,因为他们知道,听他们讲话的

---

① 这句话用手写添在页末。

那些疯子,都以为[自己]是君王或帝王。他们接受了这些疯子的假设,以尽量让这些人的疯狂变得无害。(《沉思录》[*Pensées*],Brunschvig, n. 771)

即便在帕斯卡看来,柏拉图和亚里士多德也确实认为,政治哲学有某个实际用处。

三

这样,让我们先考虑第二个论点,它的大意是:我们无需任何政治哲学也能知道,在政治领域中(比如关于国际政策)应该如何做。现在,我将按照以下路线提出一条合理的政策:如果人类自身没有先变好,人类的关系就不会变好,因而,如果能为持续两代以上的人奠定和平,这确实会是一项丰功伟绩,[520]从而,问题就不在于选择帝国主义,还是选择消灭帝国主义,而在于选择那(the)①可忍受且正派的盎格鲁-撒克逊型的帝国主义,还是选择那(the)②不可忍受且不正派的轴心型帝国主义。众所周知,这种政策绝非受到普遍接受;它不仅受这些人攻击,他们讨厌与正派霸权相伴随的义务和责任,而且尤其受到较慷慨大方的政治思想家的攻击,他们否认暗含在那一合理政策中关于人的自然本性的假设。纵然不为其他目的,至少为了捍卫合理的政策,抵制过度的慷慨大方或乌托邦思想,我们也需要一种真正的政治哲学,提醒我们内在于所有人类希望和愿望中的局限。换句话说,就算一个人真的不需要绝对意义上所讲的政治哲学,只要某种错误的政治教诲会危害某种合理的政治行为,他还是需要政治哲学。如果芝诺(Zeno)未曾否认运动的真实性,就没有必要去证明运动的真实性。如果智术师们未曾破坏政治生活的基本原则,也许柏拉图就不会被迫精心营造

---

① 删去 a,手工插入 the。
② 删去 a,手工插入 the。

他的《王制》。或者,用另一个例子来说,如果政治哲人们未曾说服人们,反抗异端的政府并不是他们的宗教责任或道德责任,那么,人们就会不愿意接受宽容政策,这是能够远离16和17世纪宗教战争和仇恨的唯一途径;政治哲人确实没有创建宽容政策,这是明智的政治家完成的,但是,如果没有启蒙公共意见的政治哲人的协助,这些政治家绝不会取得成功。

这些以及类似的例子仅仅表明,政治哲学对捍卫合理的行动进程是必要的,这些行动进程的发现和实施独立于政治哲学,政治哲学反对据称是真正的政治教诲,即危及那一合理行动方针的教诲;我想说的是,这些以及类似的例子仅仅表明,政治哲学作为一种政治的辩护是必要的。显然,这种辩护有用处,而且,既然它们必定受到自身所支持的政客或政治家的支持,它们就不是必然无效的。严格来说的政治哲学涉及的难题,不在于它是某种合理政策的婢女,而在于其设计师可以这样说。

让我以这种方式来表述该问题:真的是这样吗,所有重要的政治概念或主题,都是政治生活的副产品,或只是政治家、政客、律师和先知的成果,而非哲人们的成果?出于论证的需要,在我们细查证据之前,我将假定,这一点在所有情形下都正确,即便只是看似正确。肯定有一个基本的政治概念必然与哲学同根共源,因为,[521]可以说,这一概念等同于哲学本身的出现。这个概念就是自然法(natural law)或自然正当(natural right)。因为,"自然"是那个根本的哲学发现。"真理""存在"乃至"世界",以及所有其他指称哲学的对象的术语,无疑都比哲学要古老,但首个使用"自然"一词的人——我认为是奥德修斯,或赫耳墨斯,即小偷、商人和雅典民主制之神——是第一位哲人。我们能绝对肯定的哲学对政治的唯一贡献,就是自然法或自然正当概念,这种法或正当既不是人为制造的,也不是诸神制造的,它在任何地方都具有相同的效力,它为人类的恣意妄为设置了一个绝对的界限。

我认为,"自然"是哲学的首个发现和决定性发现,而且是最清晰的发现。但是,如果我们没有谨记有别于自然的东西,以及自然所反对的东西,那么,我们就无法理解自然一词的含义。如果一切都是自然或自然的,自然就是一个非常空洞的概念。发现"自然"的人,把自然设想为习俗或法律的对立面。他们观察到,自然事物处处一样,但国与国、城邦与城邦之间的习俗却多种多样。火在波斯燃烧,也在希腊同样地燃烧,那种火的燃烧是必然的;人生人,狗生狗——这些东西都是必然的,但关于遗产、偷窃、献祭等方面的法律,不同的国家各不相同,即使同一国家,在不同的时期也不尽相同:这些法律本质上是专断的,它们是习俗。根据这一区分会滋生这样的想法,应该可以发现一种生活秩序,它在各个地方都好而正确,因为它符合一种不变的人的自然本性;对于君主制和共和制专断制定的法律,这种自然秩序是唯一正当的(legitimate)评判标准,它也是改革和改进唯一可靠的指南。在此之前,人们或隐或显地把善等同于祖传或古老;打那以后,人们就开始区分善和古老:"我们在探求善,而非古老。"(亚里士多德《政治学》1269 a 3 - 4)鉴于这一事实,我们可以说:哲学是那反传统的力量;从过去的各种意见中解放出来,向各种新景观敞开,这是,并曾经一直是哲学的本质。只要哲学遵从自己的固有标准,哲人本身,就他们仅仅作为哲人而言,便能阻止那些愿意倾听他们的人,将任何无论在诸多方面何等令人满意的实际秩序等同于完美的秩序:政治哲学是庸俗之人(the philistine)的永恒挑战。过去和将来绝没有一个时期,政治哲学使用的药剂曾是过量的,将是过量的,尽管它永远必须审慎地得到使用,正如所有的药剂都必须得到审慎使用。这在我们这个时代尤其正确;因为,在我们[522]这个时代,我们不仅面临着古老的庸俗之人,他们把善等同于古老或现实,还面临着进步的庸俗之人,他们把善等同于新或未来。但对于这一点,我只能在后面稍微谈及。

如果某个自然法的概念或某个自然秩序的概念,真的与哲学本身同源共生,那么,我们就有理由说,正当的乌托邦思想内在于哲学本身。这种乌托邦思想正是柏拉图和亚里士多德政治哲学的灵魂,其政治哲学首要和主导的目的就是,发现那个"自然"的"政制",那个"自然"的公民社会秩序。这种乌托邦思想是正当的,因为它没有欺骗性:我正在谈论的哲人们把完美的社会秩序称为εὐχή的一个目标,εὐχή既指希望又指祈祷——这个完美秩序是所有正派人士的希望或祈祷的目标。既然这种秩序是可接受的,而且有意成为可接受的,成为只有正派人士才可接受的,它就不是一种理论的建构,而是一种实践的理想。他们[柏拉图与亚里士多德]直言不讳地称它为一种希望或祈祷的目标,这表明,他们很清楚理想与现实的鸿沟,他们认为,理想的实现是个机运(chance)问题,是幸运的环境能不能出现的问题。他们不作任何的预言。尽管他们完全悬搁了自己关于理想之实现的判断,但他们对理想本身一清二楚:这个理想是,而且有意成为某种标准,即对现实真诚的、不妥协的判断的标准。重申一下,这种乌托邦思想的实践意义,并不是对事情的未来走向作任何预言,而仅仅是指出要获得改善所应采取的方向。他们并不当真相信,完美的社会秩序将会成为一种现实;因为,作为一种希望或祈祷的目标,它没有应该成为现实的必然理由;但是,他们认为,任何现实秩序都能经受改进,经受实质的改进。正如他们所设想的,理想或乌托邦与现实的关系可以用这种方式来描述:存在一种公共的、日常的公民正义,它就是服从当地的法律及那种法律的正义的治理;这种正义与法律本身的正义无关;正是这个原因,一种对于每种法律和法律秩序都非常不完美的正义,必定只是不完美的正义;因此,正义必须由公平(equity)来补充,公平是对朝向完美的正义的法律正义的纠正;公平的秩序,或者正如我们可能更喜欢说的,仁慈(charity)的秩序是乌托邦的秩序;本质上,这种乌托邦秩序本身就是希望和祈祷的目标,而非政治行为的目标;如果没有那种稳固的、多少有点残酷和不完善的正义,以及公共正义的基础,那么,公平或仁慈本身就无立锥之地;公共正义必须由对公平或仁慈的思考来"完成"和纠正——公平或仁慈永远无法取代公共正义,尽管所有正派人士都希望或祈祷能有这种取代。

正是出于这个原因,传统政治哲学或道德哲学,才经常采取劝谕或道德忠告的形式。因为,如果[523]你不相信政治行动能带来完美的状态,那么,你所能希望的只是这一点:通过道德呼吁、忠告、劝谕和说教,可以引导这个或那个掌权者,在其职位上尽可能沿正派和人道的路径行事。这种方法尤其成了一种独特体裁的政治作品的基础,该体裁即君王之鉴照(the mirrors of prince)。

提到君王之鉴照时,我已来到政治哲学的重大转折点,来到这一发展过程的起点:哲人们(我们还可加上神学家们)的传统乌托邦思想,逐渐被社会工程师的现代乌托邦思想取代。君王之鉴照激起了马基雅维利不满的、厌恶的和激动的反应。马基雅维利反对整个政治哲学传统,他不再愿意研究人应当如何行为,而是研究人实际如何行为。他不无道理地认为,君王们不大会听从道德忠告。他从这一点得出结论——好人不会得出这样的结论:他应当教导君王们如何才会行之有效,哪怕是心狠手辣。马基雅维利是现代政治哲学之父,而且(and,为手写)尤其是作为对他的学说的一种反应而出现的那种现代政治哲学之父。因为,很少有哲学家预备追随他那危险的路线。通常的倾向是遵循这些路线:人们接受马基雅维利对哲学和神学传统的乌托邦思想的批判;他们承认传统的理想是难以实践的空中楼阁,但他们争辩,我们不能只局限于描述人是怎样的和如何行为的;必须教导人们,他们应该是怎样的及应该如何行为。因此,马基雅维利主义与传统之间的一种妥协出现了:这种观念低于传统的行为标准,旨在确保这些较低标准的实现。因此,政治哲学试图发现会必然或自动实现的标准,这样,它们便不再仅仅是一个希望或祈祷的对象。各种人类社会的自然标准是共同利益;问题在于协调共同利益与私人利益。[现代政治哲学]给出的答案是:共同利益是启蒙了的自我利益的目标,或者说,德性等同于启蒙了的追求私利。据此,政治哲学的首要任务成了启蒙人们[认识到]他们的自我利益。对自我利益进行普遍启蒙,其结果必然会产生这样的观念:人们不再会干预那个要不是人们愚蠢的干预就能带来社会和谐的自然而自动的进程。

自我利益是所有人的主导动机,这个"实在论的""马基雅维利主义的"假设,隐含在这个现代乌托邦思想中。自我利益,正如我们实际所发现的,它是未启蒙的自我利益,必然[524]会导致人与人之间的冲突和战争,但这种冲突绝非必然:每个人都能认识到,他在和平时处境更好。你不得不做的是,启蒙人们[认识到]他们的自我利益:经启蒙的追逐私利者将会相互合作,正如未启蒙的追逐私利者难以驾驭。启蒙将逐渐使强力的使用变得多余。

这种思想的麻烦之处,或不如说这种思想隐含的谬见是这样的:无论一个人的自我利益得到了怎样的启蒙,他那启蒙了的自我利益的目标,并不必然等同于他最强烈欲求的目标。这意味着:道德要求与欲望的最初冲突仍毫无改观——它只会变得更难以处理。因为,道德要求与欲望的冲突有其自然的矫正方式:那就是诉诸[某种]责任感、荣誉感,或者你爱怎么称呼它都行。诉诸经启蒙的自我利益必然缺乏那种道德激励。启蒙了的自我利益要求的牺牲正如其要求的正义本身一样多——但是,仅仅诉诸启蒙了的自我利益,会削弱人们的道德品格,从而使得他们无法做出任何牺牲。如果自我实现取代了自我利益,事情会变得更糟糕、更复杂,而非更好、更清晰。

这种乌托邦思想的另一种隐含意味是这一假设:从根本上讲,人们真的想要他们那个启蒙了的自我利益的目标,只不过,信息的缺乏妨碍他们实现那个渴望。实际上,至少有些人想要更多的东西:权力、优先权、统治。而且这些危险的人,即使为数甚少,他们有能力通过采用(employing,为手工插入)各种策略抵消启蒙的全部努力,这些策略有时比低调的启蒙理性更具效力。我所指的是如下众所周知的事实,这种现代乌托邦思想自然而然地遗忘了"邪恶力量"的存在,而启蒙是无法战胜这些力量的。我们知道,许多非常诚实的人承认,他们已经遗忘邪恶的存在;我们只能希望他们永远不要再遗忘。人们有时会听到这种推理:在过去的世纪中,人类成功征服了自然;自然科学成就斐然;让人错愕不已、遗憾万分的是社会科学的失败;对比自然科学取得的成就,社会科学在建构社会和谐方面的失败显得悖谬。不过,仅仅是从现代乌托邦思想来看,这才是悖谬的。自然科学的成功对人类有什么意义呢?那就是人类的力量前所未有地增强了。但是,通过变得更强大,一个人会必然成为更好、更正派的人吗?

让我们考虑一下在哪个时刻哪些条件下,可以合理地说,人类通过变得更强大能变得更好。[525]如果所有的邪恶(wickedness)、龌龊(nastiness)、恶意(malevolence)和侵犯(aggressiveness)都是愿欲(want)的结果,那么这一点就言之有理。因为,就这种情况而言,通过满足他们的愿欲,一个人就能使他们变得更好。有关挫折和侵犯的著名理论正是基于这种观点。这一理论所展现的重大谬见是如下假设:挫折是可以避免的,没有这种或那种挫败的生活完全有可能,或者说,各种愿欲有可能完全得到满足。我必须尝试更为充分地解释这一点。

认为启蒙了的自我利益会带来公共精神,乃至社会和谐,而只有未启蒙的自我利益才会导致社会冲突,这种观点并非完全错误。错误的悄然产生是"愿欲"(wants)这个词的模棱两可造成的一个结果。哪些愿欲的满足才是启蒙了的自我利益的目标,以此区别于未启蒙的自我利益的目标?早先的哲人们曾区分必需品与多余物。他们认为,如果所有人都满足于必需品,满足于真正的必需品,满足于身体确实绝对需要的东西,那么,大地的物产足以满足人类的这些愿欲,人类之间就不会有任何斗争是必然的。换句话说,他们认为,普遍和谐的唯一保证是普遍的禁欲主义。据此,他们认为欲求多余物、欲求奢侈品,①乃是根本的邪恶,是一切社会冲突的根源。现在,现代乌托邦思想的首要行为之一就是为奢侈平反昭雪(rehabilitation)。随后,现代乌托邦思想便假定,如果所有人都仅仅热衷于提升他们的生活标准和舒适度,热衷于舒适的生活(commoda vitae),那么,社会和谐就会随之而来;它假定,经启蒙的自我利益的目标,不是勉强糊口度日,而是最高可能的生活标准。我们深受这种趋势的胜利带来的巨大福祉,但凡明智者都会注意到这一点,不过,人们可以合理地怀疑,现代乌托邦思想有没有带来任何较高层次的社会和谐,或者,它有没有使我们更接近普遍的和平。显然,19和20世纪战争的数量和范围均不比早期的战争小。

当今的乌托邦主义者最离奇的地方是,身着最坚硬的实在论者的服装现身。他不谈论道德理想——他谈论经济问题、经济机会和经济冲突。与此同时,他认识到,只是启蒙、只是改变意见还不行,他坚持,有必要改变[526]制度;他毫不犹疑地推崇社会革命,不流血②或流血

---

① [施特劳斯的手写注释]柏拉图的《王制》(*Republic*)——格劳孔(Glaucon)将真实的城邦、健康的城邦称为猪仔的城邦,他不满足于友好安宁的民人的素食,他获得他的肉——并获得随肉而来的东西:战争。

② 删去"流血"(bloody),在上面打印"不流血"(unbloody)。

都行。我意识到那一点了。然而,我必须坚持他与其18世纪祖辈之间的基本一致。

没有人会误解我,好像我说了什么反对经济学家的东西。我仍记得去年夏季课程上菲勒(Feiler)博士和马斯卡克(Marsckak)两位博士宣读的文章,①他们的文章的中心思想是,最重要的经济问题必然超越经济领域,而进入道德决断的领域。

但是,回到我所讨论的那种趋势上来,现代乌托邦思想与经济主义(不同于经济学)密不可分,这不无道理。因为,现代乌托邦思想最终取决于,将共同利益等同于经启蒙的自我利益的目标,而这一目标乃是生活的高标准。它的最初主题是,如果一个人是启蒙过的,那么,他就会受经济冲动的左右,但事实上,他不过是受骄傲、声望等等这些愚蠢的冲动所左右。接下来它断言,事实上人类主要受经济冲动和经济因素的左右。基本的社会事实或政治事实都是经济事实:"第一位私人所有者是国家的真正奠基者","权力伴随着财富"。以其充分阐述的形式来说,正是这种对历史的经济阐释,吹嘘自己胜过马基雅维利的实在论,它除了蔑视自己所取代的空想社会主义之外,什么也不是。更不必说国家的消亡——这仍会是一个虔诚的希望或不虔诚的希望在马克思主义消亡后的很长时间里才会实现的问题——这比马克思的名句所暗示的东西更为空想:"迄今为止,哲学家们仅限于解释世界,而问题在于改变世界。"②可是,为什么哲学家仅限于解释世界?因为他们知道,世界——这个词在精确的、非隐喻的意义上即宇宙——是无法被人改变的。马克思这句看似无辜的话暗示了用人的小世界取代真实的世界,用整个历史进程取代真实的整全,这种取代之所以变得可能,是因为整个历史进程给真实的整全设定了绝对的界限。这种取代是黑格尔唯心主义哲学的一个遗产,是马克思乌托邦希望的最终理由。因为,期望一个在本质上会消亡的完美的社会秩序,难道不是一种空想?期望

---

① 菲勒和马斯卡克是新学院经济系的同事。
② [译注] 见《马克思恩格斯选集》(第一卷),北京:人民出版社,1972,页19。

人们把他们所有的意志、希望、信仰和爱,都灌注在那些公认为非永恒的且并不比我们这个星球更持久的东西中,难道不是一种空想?将很长的一段时间——数十亿年的时间——错误地当成永恒,这是不热爱智慧的人们(nonphilosophicmen)的特权;谁宣称要成为一位哲学家,就是一种道德罪过。如果一切人类成就,包括跃进自由世界都不是永恒的,那么,[527]即便在人类的最高成就中,最终解体的开端也是显而易见的,因此,所谓地球上的完美秩序注定是一种幻象。

古代哲人们坚持如下事实,理想的实现本质上是一个机运问题,或古代神学家们坚持这一事实,人无法预测神意,这些古人要现实得多。现代乌托邦思想基于这样的假设:理想的实现是必然的,或几乎是必然的。提到"几乎必然",我的意思是说,要不是因为人类一个可避免的弱点,理想必然是可实现的。现代乌托邦思想在19世纪表面上最少空想的政治哲学中达到顶峰,也即在黑格尔的政治哲学中达到顶峰。柏拉图和亚里士多德及其追随者们都曾坚持,理想与现实之间,合理的与现实之间有着根本的差异,但与之相反,黑格尔宣称,合理的就是现实的,现实的就是合理的。

纵观政治哲学史容易产生这样的印象:没有哪门政治哲学能让我们学到什么,因为存在各种政治哲学的不光彩的多样性,它们彼此斗得死去活来。较深入的研究显示,这种印象是误导。这样说是荒唐的:较深入的研究向我们表明,所有政治哲人都完全一致;然而,它却向我们表明,存在一个政治哲学传统,其拥护者认同苏格拉底、柏拉图和亚里士多德创立的基本原则和传统,在怜悯和谦卑这些圣经德性的影响下,这个传统有所转变,但未断裂,而且就基本原则来说,它仍为我们提供最需要的指导。为了辨别丘吉尔的进路的健全性,我们无需从这个传统中吸取教训,不过,要是没有目前讨论的这个传统的影响,丘吉尔的政策要去捍卫的事业就不会存在。

今天,伪造的乌托邦思想威胁到了这个传统。没有谁会否认,那个乌托邦思想产生的基本动力是慷慨大方。然而,这种慷慨大方必定会导致灾难,因为,它使我们低估了正派和人道的事业所暴露出来的,而且将一直会暴露的危险。现在看来,政治哲学的首要职责似乎就是抵制这种现代乌托邦思想。

但是,为了描述政治哲学不仅今天而且在所有时期都能提供服务,一个人将不得不说,政治哲学教导我们,要保护那些最低限度的正派、人道和正义是何其困难,在少数自由国家中,这些东西已被视为理所当然,而且仍会被视为理所当然。通过向我们启迪那些看上去微不足道的成就的价值,政治哲学教导我们不要过多寄望于未来。归根结底,政治哲学不是别的,而是从哲学的角度来审视政治事物——从哲学的角度看,亦即,从永恒的视角看(sub specie aeternitatis)。因此,通过使我们的希望变得适度,政治哲学保护我们免于心灰意冷。进而,通过使我们免于庸俗之人的自命不凡,政治哲学同时使我们免于不切实际的幻想。[528]经验似乎表明,常识本身不是①抵御这些错误的极端的论据:常识需要由政治哲学来强化。

人类的现代冒险,在许多方面已取得了惊人的成就,它使我们不信任所有坚持如下事实的教导,即人类的进步有某些绝对的限度:许多据说存在的限度,不都证明可以克服吗?但问题在于,为了这些征服,我们不得不付出的代价是否在某些情况下太高了,换言之,这一点是否仍然正确:人确实能用草叉驱逐自然,但自然总是强有力地卷土重来。通过建立现代文明这座引以为豪的大厦,而且经过数代人在这座舒适的大厦生活后,许多人似乎已经遗忘了自然的基础,这些基础不依赖人类意志并且是无法更改的,它们深埋于大厦的根基之中,并为该大厦可能达到的高度设置了一个界限。

实际上,这意味着,这代人面前的任务是为一个长久的和平时期奠定根基:它不是也不可能永远废除战争。引用19世纪一位伟大的自由主义者哈勒姆(Henry Hallam)的话就是:

> [制定]政策的科学就像医学一样,本身必须满足于设计应对紧急危险的疗救措施,而且顶多只能阻止内在腐化的蔓延,这种内

---

① 删去了"一个充分的保障"(a sufficient guarantee)。

在腐化似乎是所有人类事务的法则,而且遍布每种人类制度,这些制度像人的可朽躯体一样,终有一天会灰飞烟灭。(*Const. His.* 1:182)①

这听上去有点悲观主义或宿命论色彩,但其实不是如此。尽管我们无比确信,我们注定要死,难道我们不再活着了,不再带着合乎情理的喜悦活着? 难道我们不再尽力做到最好?

在《亨利六世》(*King Henry the Sixth*)第三部分的结尾处,爱德华四世在赢取了自己的王朝后说:"我希望从此永远歌舞升平!"②所需要的一切评注都暗含在这一事实中:爱德华的皇兄理查,即后来的理查三世,当时在场保持了沉默。在《理查三世》(*Richard III*)的结尾处,当噬血的僭主被诛灭后,获胜的亨利七世总结自己的演讲时说:"和平如今再缔:斯土永享太平,上帝说,阿门!"③审慎的亨利七世——培根(Bacon)最喜爱的君王——比命途多舛的爱德华四世更明智。一位智者所说的不能比亨利八世的父王所做的更多,而且他不能严肃地希望更多。亨利七世获胜后,上帝对什么确实说过"阿门",这记载在历史剧中。

不变得愤世嫉俗就难以面对这些事实,但并非不可能面对。哲人们建议我们热爱命运,严酷的命运。《圣经》向我们允诺上帝的怜悯。但是,来自上帝的慰藉就像[529]热爱这命运一样,它给我们肉体所带来的欢愉甚少。因为肉体是脆弱的,它欲求一些实际的慰藉。这种实际的慰藉——人造的永恒和平与幸福——不会实现(non datur)。我们不得不在哲学与《圣经》之间选择。

---

① Henry Hallam,《英格兰宪法史:从亨利七世就职到乔治二世覆灭》(*The Constitutional History of England from the Accession of Henry VII to the Death of George II*),New York,1880。

② [译注]见《莎士比亚全集》(史剧卷·上),朱生豪等译,译林出版社,1998,页268。

③ [译注]见《莎士比亚全集》(史剧卷·上),前揭,页394。

论社会科学与自然科学

科伦(José A. Colen)　闵科夫(Svetozar Minkov)　编
刘　振　译

[英文编者按]这里首次刊出的两篇论文,是施特劳斯在1945年或1945年前后写的,当时他在纽约的社会研究新学院任教。里茨勒(Kurt Riezler,1882—1955)是施特劳斯在新学院的同事之一,他虽然是古典学博士,但他作为一个实践政治家的经历更为杰出:在帝国和魏玛德国,他都是内阁高级成员,而且是魏玛宪法的起草者之一。里茨勒的学术兴趣十分广泛,著作涉及政治的理论基础、艺术、古代哲学以及社会生活的基本结构。由于都关心社会科学的基础,他与施特劳斯在1940年代共同开设了一些课程(关于亚里士多德的《论灵魂》)、笛卡尔的《灵魂的激情》[与阿什(Solomon Asch)合作]以及柏拉图的《泰阿泰德》[与柯瓦热(Alexandre Koyré)合作])。在1955年为里茨勒写的一篇纪念文章中,施特劳斯表达了他对里茨勒的持久敬意,该文1959年重刊于《什么是政治哲学》。

下面呈现的文章构成一种争辩。施特劳斯和里茨勒都认为,当前形式的社会科学站不住脚。经济学家、社会学家、人类学家、心理学家、政治科学家和历史学家全都研究人类和他们构造的社会,这种构造出自各种视角,采用不同的方法,并且被证明无力解释这些不同学科的发现如何能够形成整体或彼此相关。然而,就应对这种混乱而言,施特劳斯和里茨勒有分歧。

在下面刊出的第一篇文章中,施特劳斯认为,要解决这个问题,只有形成一个"参照框架",亦即"一个反映或描述社会本身——因而每一个可能社会——本质结构的概念框架。这个本质结构是由社会的目的或者其诸目的的自然等级(hierarchy)决定的"。但是,施特劳斯认识到,许多社会科学家否认,存在或可能存在任何这种"本质的"结构或"参照框架"。相反,他们发现有许多不同的社会存在于不同的时间和地点,而这些社会的成员必然从他们自己的视角看待事物。施特劳斯反对说,只要"科学家们"仅仅从其自身视角探究其他社会,他们就永远无法像其他——比如说——"原生"社会的成员理解那些社会那样理解它们。这种"科学家"甚至无法理解他们自己的社会,因为只有与其他社会对比,他们自己的社会的独特之处才能变得清楚。施特劳斯认为,在科学家追求的对一个社会的"客观"理解与那些没有经过科学教育的文化的自我理解之间存在一个根本差异。他的结论则是,如果我们要实现名副其实的社会科学,我们必须尝试将科学理解与我们探究的所有社会的自我理解结合起来,途径是一种囊括两者的更全面的理解。

"社会"的概念本身在西方思想史上相对晚出,所以施特劳斯看到,关于这个论题,我们需要寻找一种几乎适用于所有时代与地方的更基本的表述。通过与"在此地有我们方式的我们(we here with our way)"——不同于"在彼地有他们方式的他们"——对比,我们可以发现它,因为,这样一种表述符合"普遍适用和普遍可理解"这"两个决定性条件"。但是,我们如何能够摆脱以"我们的方式"看待事物给我们的视野施加的限制?

施特劳斯看到,"我们的方式"在西方事实上是希腊和希伯来两个差别极大的传统的产物。通过研究这两个根源,我们发现它们有一个共同基础,一个"神圣法的观念,可以表明,所有民族起初在说到他们的方式之时所指的东西,神圣法的观念就是其必然结果和更为思想性的表达"。一旦人们充分认识到古老或神圣方式的多样性,这个神圣法的观念就受到了怀疑。从这种怀疑之中产生了自然和科学的概念;"凭借自然和科学的观念,希腊人考察了他们能够接触的各个部族。对于这些考察,他们使用了一个我们依然能够直接理解的清楚简单的系统"。因为,"历史地看,这个系统如此接近起初所有民族所共有的东西……以至于它最不可能依赖于任何特定的成问题的假设"。施特劳斯得出结论,通过恢复"古典作品使用的参照框架","我们可以恢复自然的[非任意的]参照框架"。

在一篇刊于《社会研究》(Social Research)的题为《对人关于人的科学的一些批判性评论》的文章中,①里茨勒主张发展关于人的单一科学,而不是回到古典作品中去发现"自然的参照框架"。在下面的第二篇文章中,施特劳斯首先概括了里茨勒的思路或抱负的优点。关于人的单一科学"即使不是唯一根本的科学,也将是一门根本科学。通过就其完整性理解'人'这一个不可分的现象,通过理解这一个现象如何产生不同的'方面(aspects)'……具有不同重要性和'深度'的'方面',它将为处理人之各个'方面'的许多科学提供……主题"②。所以,这似乎构成了自然的"参照框架",施特劳斯争辩说,后者是严格意义上的"社会科学"的必然起点和基础。

然而,施特劳斯反对说,"对关于人的统一科学的要求不是不言自明的"。如果是的话,追求这种科学的哲人将充满哲学史的记载。事实上,"人的统一科学在古典哲学中没有任何位置:它将关于人的探究分为理论哲学和实践哲学,或者分为逻辑学、自然学和伦理学"。而且,作为哲学或科学的这种古典划分的一个结果,"人们仍然很自然地接受将关于人的探究分为一系列不同学科"。那个"引导我们要求关于人的统一科学的同样的理由,引导我们要求关于'整全'的统一科学……正如人的统一的自然包含身体与心灵、个人与社会、物理经验与精神经验,'统一的自然'包含人的自然和非人的自然"。但是,施特劳斯解释说,"现代自然科学不能满足对统一性和可理解性的这种合理追求",它"完全不能正确对待'人'这个现象",因为,它对自然的理解基于特殊的假设,"这些假设取决于一种特殊方法而非事物之自然本身的要求"。里茨勒的观点所指向的这种普遍科学"不会与现代自然科学相似,而是与亚里士多德或歌德的自然科学相似"。然而,里茨勒否认一种包含人的自然与非人自然的全面科学是可能的,因为,他认为

---

① 里茨勒,《对人关于人的科学的一些批判性评论》("Some Critical Remarks on Man's Science of Man"),《社会研究》(Social Research) 12, no. 4, 1945,页 481 – 505。

② [译按]最后一个省略句略去的内容使这一句与下面的施特劳斯原文略有出入。

这样的"宇宙体系"依赖于它们从中产生的人类生活的"动态环境"。施特劳斯反对说,"如果人的宇宙观必然随着他生活于其中的'动态环境'的变化而变化",那么,生活在不同时代与地方的不同个体或人群的观点就是我们所有的一切。我们没有一门统一的"人的科学";事实上,我们根本没有任何真正意义上的"科学"。

针对里茨勒的这次未刊争论表明,在《论古典政治哲学》——施特劳斯差不多就在这时候(1945年)发表在《社会研究》上的一篇论文——以及后来的《什么是政治哲学?》中,施特劳斯不仅仅试图重建或复兴古典政治哲学。他力求阐述任何真正意义上的社会科学——现代与古代皆然——的唯一非任意、普遍可行和普遍可理解的基础。

但是,正如在批评里茨勒时所言,施特劳斯也认为,"对统一性和可理解性的合理追求"要求一门"普遍的自然科学",这一科学在现代科学自然科学的基础上无法实现,现在并不存在,而且我们或许永远得不到。施特劳斯因而表达了他后来提出的原理,即哲学是对智慧的一种苏格拉底式的探究,而非对知识的拥有。

编者注:我们转写了文章中的手写部分,使用了标准拼写和标点,标题和外文词用了斜体,订正了一些小错误,用括号插入了一些语词,用脚注标明了施特劳斯自己的改动并提供了相关信息。方括号中的数字表示原件页码,这些原件存于"施特劳斯文献"第10盒(分别在第10格和第9格)。以下两篇文章的版权均属施特劳斯遗产。感谢施特劳斯遗稿保管人塔科夫(Nathan Tarcov)允许我们出版,感谢扎克特(Catherrine Zuckert)帮助我们为这些文章在《政治学批评》(*Review of Politics*)刊出做准备。

社会科学的参照框架①

[1]社会科学是一门经验科学,它处理事实(facts)及其原因,而且

---

① [译按]本文现存于芝加哥大学保存的"施特劳斯文献"第14盒第10格(Leo Strauss Papers, Box 14, Folder 10)。

仅仅处理事实及其原因。让我们假设我们知道什么是事实,什么是原因。所以,第一个困难就源于这个情况,社会科学并不想处理所有社会事实,而只想处理相关的(relevant)事实。所以它预设了相关性的标准。这些标准的系统可以称为参照框架(frame of reference)。没有参照框架,社会科学就没有任何主题(subject matter)。没有参照框架,就没有事实。所以问题在于,我们如何得到一个合理的参照框架?最佳解决方案是一个绝不任意和偶然的参照框架:自然的参照框架,也就是说,一个反映或描述社会本身——因而每一个可能社会——本质结构的概念框架。这个本质结构是由社会的目的或者其诸目的的自然等级决定的。这个本质结构和目的等级将引导社会科学家,它们将告诉他,什么是本质性的因而是重要的,什么是偶然的因而是不重要的,且不说它会告诉他什么是好与坏这一事实。偶然的不会被认为绝对不重要。对于此时此地的某个特定人群,也就是说,就行动而言,它十分重要,因此值得政治家或公民最小心地留意。但是,从社会科学家的角度——他本身不是一个政治家或公民,而是政治家或公民的教师;他作为科学家是一个世界公民,不是某个特殊国家的公民——这些在实践上重要的偶然而暂时的事物应该被放在恰当的位置上:一个从属位置。[2]举个例子:一个独裁者的癖好对于所有必须与这个独裁者共同生活的人极其重要,但这些癖好并非独裁制的本质。①

今天的社会科学倾向于拒绝的正是这个自然的参照框架。它倾向于认为自然的参照框架这个概念源于一个根本错觉,或者源于对一个至关重要的事实的忽视。这个事实被称为历史。如果社会作为社会并没有一个永恒或不变的特性或结构,就不可能有一个自然的参照框架。可人们争辩说,社会的变动极大。也就是说,社会的结构因时代或因文明而不同。进一步说:如果人不能使自己从其历史处境上升到一个不受历史变化影响的"本质"领域,就不可能有一个自然的参照框架。可人们争辩说,人类思想本身是彻底历史性的;人不在真空中思想,人类

---

① 施特劳斯手写但后来划掉了下面这个句子:"本质的事情是在独裁制中某一个人的癖好具有可怕的影响。"

思想总是属于一个历史的变动的环境(context),人类思想本身随其变化而变化。所以,有多少历史处境,就有多少参照框架。即使承认在每一个历史处境下,核心都是"社会中的人"①,亦即某种永恒的东西,也不可能以一种永恒有效的方式——以一种原则上对所有人和所有时代都有效的方式——把握和表达这个永恒的东西。人对于人和社会的理解总是与个体思想者恰好身在其中的某个历史处境相关。或者,说得更简单些,社会科学的参照框架是我们对社会现象提出的全部基本问题。这些问题取决于提问者的视角或兴趣方向。但视角或兴趣方向取决于历史处境,也就是说,取决于某种彻底变动的或历史的东西。[3]因此,不可能有一个自然的参照框架,亦即一个原则上最终的、总是有效的概念系统。唯一可能的结构是一个属于我们的处境、我们的时代的系统——这个系统严格来说是暂时的。一旦我们的时代结束了,我们当前的系统就会被另一个所取代。我们的处境、我们的历史命运加诸我们的系统必须得到揭示,它必须得到阐明,它必须被从更早的、已经过时的思想方式的残余中解放出来。经过这个处理,我们的系统才准许我们以一种科学的方式研究社会现象,它才允许我们研究那些从我们当前的视角看来有关的社会现象,并且依据其由我们当前的视角呈现的相关性研究这些社会现象。这个系统并不反映社会的本质自然。它反映的是我们此时此地被迫对社会现象提出的那些问题。这个系统并不对应于主题的结构。与主题相比,我们的系统具有构造特征,具有人为模型的特征:我们的系统由诸多观念类型构成。所以,我们的系统只是描述社会现实的工具,没有任何自在的认识价值。

以这种类型的参照框架为基础的社会科学是否可能?我的回答是不可能。因为这种参照框架毫无疑问反映的是我们自己的社会在我们自己的时代理解自身的方式。所以,通过使用这样的参照框架,当我们在解释与我们自己的社会不同的社会之时,我们是在用对那些社会完全陌生的语词解释它们。我们强迫那些社会躺上我们概念体系的普罗

---

① 施特劳斯划掉了 and。[译按]指施特劳斯用 man in society 取代了 man and society。

克汝斯忒斯之床(Procrustean bed)。我们不像那些社会理解自身那样理解它们。但是,一个社会理解自身的方式是其存在(being)的本质要素,且不说这是每个社会的唯一本质(the very essence)。所以,我们没有如其所是(are)地理解那些社会。而且,如果我们不理解与我们自己的社会不同的社会,我们就不能充分理解我们的社会,[4]因此,我们就连我们自己的社会也不能理解。所以,我们必须将自己从命运加诸我们的参照框架中解放出来,以使我们能够像它们理解自身那样理解那些与我们自己的社会不同的社会,并因而最终理解我们自己的社会。否则,在走向遥远的时代和国家之时,我们永远脱离不了我们的此时此地,我们将始终囿于学究式的狭隘。

如果我们的参照框架本质上属于我们的历史处境,它就是我们理解其他社会的障碍。如果我们要理解其他社会,我们必须借助他们的参照框架理解它们。在抛弃自然参照框架的概念之后,我们现在必须抛弃任何一个参照框架将会有效这一看法。我们所具有的必须是对应于不同社会的不同参照框架。社会科学必须成为严格历史的或解释性的。举例而言,我们不能将"国家(State)"这个概念[一个典型的现代概念]①或者"国家"与"社会"的区分归于任何与之不相干的社会。或者"艺术"的概念,以及"艺术""宗教""道德"和"科学"之间隐含的区分。毫无疑问,"文明(civilization)"本身这个关键概念也是如此。除了19和20世纪的西方社会,没有任何社会将自身理解为"一个文明"。我们必须向如下可能性敞开心智,一类完全不同的概念必须成为我们的指导概念。

但事情不可能到此为止,不论社会之间的差异多大多深,它们全都是社会。如果社会科学这个语词要有任何意义,它必须最终关注一个自我同一的对象(one self-identical object)。在说到诸社会之时,我们表达的是这个同一性。但问题来了,尽管"社会"这个概念不像"文明"这个概念那么过时(dated),它是不是同样与一种特殊的取向(orienta-

---

① 方括号是施特劳斯加的。

tion)有关。要看到这一点,人们只要试着将我们所用的"社会"这个语词翻译成希腊语。如果用"在此地有我们方式的我们(we here with our way)"——不同于"在彼地有他们方式的他们(they there with their way)"——代替社会,①我们似乎就进入了一个更深的、更基本的层面。似乎这个取[5]向是真正普遍的,亦即普遍被理解的(understood)。通过将"在此地有我们方式的我们"这个概念作为关键概念,我们似乎就留在了每一个可能社会的视域——有意识的(conscious)视域——之中。这类概念将满足两个决定性条件:普遍适用(applicability)和普遍可理解(intelligibility)。

然而,无论我们试图多么小心克制,我们难免把我们自己的某些东西附加到我们研究的对象上,因而扰乱了它。社会研究经常由环境与文明之间的区分所引导。研究者们试图将某个文明或某个民族的世界理解为其环境的产物。这种做法已经受到怀疑,因为它没有考虑一个文明或一个世界的产生背后的自由因素。因此,人们将一个文明看作对环境的一种反应(response)的产物。要正确地反对这种看法,人们可以说,许多社会都不以那种方式理解它们的世界。我们所谓它们的环境——这指的是它们的世界的条件(condition),对于它们而言是它们的世界的一个部分。里茨勒用易拉罐和安达曼群岛人(Andaman Islands)的例子顺带解释过这一点。②对于安达曼群岛人来说,这些易拉罐不是易拉罐。如果我们要理解安达曼群岛人的世界,我们必须仅仅以安达曼群岛人理解它们的方式理解那些被我们认作易拉罐的物体。而且,我们必须承认,如果我们考虑到这些物体是易拉罐这一事实,我们就更好地理解了处境。我们能使自己比自己更无知吗?如果

---

① [译按]此处原文为 we here with or way,根据前文,or 当改为 our。
② "一个人类学家报告说,安达曼群岛人收集(空)易拉罐。可以说他是借助他自己的环境描述安达曼群岛人的生活。但'客观上'这些是易拉罐;它们在费城(Philadelphia)作为易拉罐被制造出来。的确,但这种客观性无关紧要。它们在安达曼群岛人的环境中体现的意义——稀罕的圆形光滑物体,是由于它们在安达曼人生活中扮演的角色。"(里茨勒,《一些批判性评论》,490)

能,我们为什么要这样做? 由于我们知道这些物体是易拉罐,[6]而安达曼群岛人却不知道,我们被迫比那些人理解自己更好地理解他们。为了理解他们的世界,我们超出了(transcended)他们的世界。用一个著名①哲人的话说,社会科学必须同时理解事情就其本身(in themselves)是如何,以及事情对于某个特定民族是如何:对一个社会的全面理解同时包括这个"就其本身(in itself)"和这个"对于他们(for them)"。

一个人类学家来到一个此前从未有人类学家到访的部族。通过一些办法,他在加入他们之前充分掌握了这个部族的语言知识。他心智开放。通过与这些人一起生活并避免先入之见,他将试图逐渐发现他们的参照框架是什么:他们认为什么东西极其重要或极其根本。他们或许不知道有任何东西他们认为极其根本或极其重要;正如汝尔丹先生(Mr. Jourdain)不知道他一辈子都在谈论散文,②他们的参照框架恰恰是隐而不显的。他想要从他们那里知道某种他们并不真正知道的东西[他们只是隐约知道它],③仅仅这个事实就影响了处境。通过让他们注意某种对于他们并非一个论题的东西,他改变了他们理解自身的方式。也就是说,他改变了他们的世界。他接近他们是为了理解他们的方式,不是为了侦查他们、跟他们做生意或者藏在他们之中,仅仅这个事实就影响了处境。由于瞥见不带功利地追求知识这一科学观念,他们不再是他们从前所是的人。

总结一下:不可能仅仅停留于试图像其他社会理解自身那样理解它们。我们被迫超出各种社会的自我理解。

我们不能借助我们的参照框架理解与我们自己的社会不同的社会。我们不能通过它们的参照框架理解它们。还有别的选择吗? 有没有一个参照框架既不是我们的,也不是他们的? 只有一个参照框架不

---

① 手写的 famous 取代了划掉的 a[n] earlier。
② 这是手写加上去的,指莫里哀(Molière)《贵人迷》(Le bourgeois gentilhomme)第二幕第四场。
③ 方括号是施特劳斯加的。

属于任何特定社会,只有一个自然的参照框架才行得通。[7]我们如何获得这样一个参照框架?

为了发现一条路,让我们回到我们迷路的地方。一切看起来都很好,只要我们能仅仅停留于我们的参照框架,停留于我们西方的(western)参照框架内,它似乎对应于人类从古至今文化发展的最后、最丰富阶段。我指的是如下观念背后的那个系统,[这个观念]认为一个民族的方式就是一个文明,一个文明由艺术、道德、宗教、经济、法律、科学等等构成。这个系统已经变得可疑,因为我们已经意识到它本质上与特定的文明相关,只有用于那个特定的文明才真正有效。我们可以把这一点表达得更准确一些。我们的参照框架源于[希腊和希伯来]①两个极端不同的传统的结合,或者说,两种特殊方式(peculiar ways)的特殊结合(peculiar combination)。问题在于,就其特殊性质对我们的参照框架进行一种更好的理解,是否会使我们摆脱这一框架的局限。

重复一下,我们的参照框架是两种特殊方式结合的产物。不过,这两种极端不同的方式,希腊的方式与希伯来的方式,有一个共同的基础。如果我们从顶峰回到根基,这个共同的基础就会展现出来:从柏拉图对话到斯巴达人眼中的吕库古斯(Lycurgus),从 Jesyah ②或保罗(Paul)到希伯来人眼中的摩西(Moses)。暂时地讲,这个共同基础是神圣法(divine law)的观念,可以表明,所有民族起初在说到他们的方式之时所指的东西,神圣法的观念就是其必然结果和更为思想性的表达。因为,"我们的方式"是古老的方式,我们祖先的方式,但是,如果我们的祖先并不比我们优越(superior),坚持我们祖先的方式就没有意义。对于我们的优越性最终指的是对于人类本身的优越性,也就是神圣性。

[8]当人充分熟悉各种祖先的或神圣的方式,或者熟悉③这些方式

---

① 方括号是施特劳斯加的。

② 施特劳斯划掉了 Jo 和 Jesaya。施特劳斯可能指《出埃及记》(Exodus)、《民数记》(Numbers)和《约书亚记》(Joshua)中的约书亚(Joshua)是一个顶峰,就他作为摩西的后继者进入应许之地而言;也有可能指耶稣(Jesus)。

③ 施特劳斯划掉了 between。

之间的冲突,这时候神圣法的观念就变得可疑了。从这种经验中,自然的观念或科学的观念出现了。凭借自然和科学的观念,希腊人考察了他们能够接触的各个部族。对于这些考察,他们使用了一个我们依然能够直接理解的清楚简单的系统。同时,历史地看,这个系统如此接近起初所有民族所共有的东西,以至于它最不可能依赖于任何特定的成问题的假设。在我看来,通过恢复古典作品使用的参照框架,我们似乎可以恢复自然的参照框架。

"对人关于人的科学的一些批判性评论"的评注①

[1]既然人是一(one),就应该有一门人的科学。这门科学即使不是唯一根本的科学,也将是一门根本科学。通过就其完整性理解"人(Man)"这一个不可分的现象,通过理解这一个现象如何产生不同的"方面",具有不同重要性和"深度"的"方面",它将在一个坚实的、不再是假设的基础上给出处理人之各个"方面"的许多科学。它将会用它们的真正和谐——源于对它们的主导计划的一种理解——取代流行的巴比伦混合(Babylonian confusion),这个混合源自处理人的许多科学的自由放任的"合作"。通过小心地甚至谨小慎微地对"人"这一个现象

---

① 文中圆括号内的数字表示所引里茨勒文章即本文"英文编者按"的第一个注释所注文章的页码。标题旁的一个 x 标示的一个脚注(编辑者在括号中的插入语)说:"参关于历史主义的夏季学期第 4 张。参兰德格雷布(Landgrebe,The World as a Phenomenological Problem, 38 – 48),见《现象学期刊》(*Philosophy and Phenomenological Research* 1, no. 1 [Sept. 1940])页 47 第一段等处:同时作为历史主义者的超历史不变者('世界'[world],'无限性'[infinity]…)——根本上因为现代自然科学被采纳了(隐含在理解[understanding]的概念中≠不可理解的自然[unintelligible nature])→隐藏的宇宙论基础:没有任何宇宙论上相关的立场。"左上角有:"24 – 26.12.1945;参阿奎那,《神学大全》I ,第 75、78、84 题,特别是其开头。"[译按]本文现存于芝加哥大学保存的"施特劳斯文献"第 14 盒第 9 格。

的自然描述,它将会为各门特殊科学"切分"它们的主题(subject matter)。它将会表明,在一般认为的特殊科学中,哪些科学——如果有的话——处理并非由事物的自然而是由任意的假设构成的主题。它将会阐明适合各门特殊科学之主题的那种研究方法或诸多研究方法。虽然它以这种方式完成了一种真正方法论的任务,它将会比任何单纯的方法论更有意义:从语词、符号和命题勇敢地回归现象本身的青草地,它将使心智从一切既定科学或伪科学的真正经院主义中解放出来:这种回归看起来冒失,但实际上比那些更自以为是的"知识体"产生的占有式傲慢审慎或智慧得太多。

[2]关于处理人的诸科学尤其诸社会科学,里茨勒的提议给出了一个将其复原(restitutio in integrum)①的如此伟大合理的承诺,以至于对此提出任何反驳都是一个不得人心的任务。为了避免任何误解,必须一开始就表明,这里将作出的反驳,其基础与里茨勒关于事情目前的状况所说或暗示的完全一致。我们根本不会为不可辩护的东西辩护。

里茨勒的表达产生了这样的印象,似乎之所以缺少他所要求的关于人的统一科学,是因为在19世纪出现了处理人的"诸多方面"的专门化的、非哲学的科学。所以,人们并不能清楚地表明,要求关于人的统一(the one)②科学,并非所有理智之士都必须同意的一个自明要求。换句话说,人们并不能清楚地表明,里茨勒的要求建立在十分特殊且绝非自明的前提之上。

引导我们要求关于人的统一科学的同样的理由,也引导我们要求关于"整全"的统一科学,要求统一的"第一哲学"。如果不允许人们"顺从"心灵与身体、物理经验与精神经验、个人与社会之间的"分裂",那么也就不允许人们"顺从人与自然之间的分裂"。所以,正如统一的自然包含身体与心灵、个人与社会、物理经验与精神经验,"统一的自然包含"人的自然和非人的自然(483)③。我们对统一性和可理解性

---

① "复原(Restoration to its integrity)"是一个罗马契约法术语。
② 施特劳斯用 a 取代了 the one。
③ [译按]括号中的数字指里茨勒文章在《社会研究》中的页码。

(unity and intelligibility)的合理追求不能停止,除非我们已经至少把握到对那一门普遍自然科学的需要。现代自然科学(natural science)不能满足这个需要。首先,现代自然科学事实上完全不能正确对待"人"这个现象。最重要的是,现代自然科学在理解[3]自然之时,停留在十分特殊的假设提供的框架之内,这些假设取决于一种特殊方法而非事物之自然本身的要求(参504)。里茨勒的论证引导人们设定的那种普遍科学,不会与现代自然科学相似,而是与亚里士多德或歌德的自然科学相似。

里茨勒所要求的人的统一科学,其特殊前提基于对这个意义上的普遍科学的拒斥。他的理由可以这样表达。亚里士多德的普遍科学或歌德的普遍科学在一个"宇宙体系(cosmic scheme)"中发现作为科学之必然目标的"永恒事物的系统"。但是,所有的"宇宙体系"都依赖于某种更根本的东西,它们是这个东西的一个功能;它们在人类生活的"变动不居的环境"中"产生和消亡"(488)。人们不禁想问,何以这些属人的"体系"——"永恒事物的系统"是在人类生活"变动不居的环境"中被发现的——应该摆脱这些"宇宙体系"的命运:是否可以认为它们处于"静止的"彼岸或持存于"动态环境"之外? 如果人的宇宙观必然随着他生活于其中的"动态环境"的变化而变化,他对自身的观点也必定因为同样的原因、以同样的程度变化。历史主义(Historicism)不是一辆可以随时停车的出租车。① 另一方面,作为理性的动物(*animal rationale*),如果人有可能通过发现寓于人类生活结构之中的恒定的永恒事物超出他的"历史"局限,就没有理由认为他不可能同样发现宇宙的恒定秩序。人比宇宙更接近他自身,这个事实显然不会是一个充分的理由。如果②人本质上是宇宙的一个部分,如果统一的自然同时包含人的自然和非人的自然,那么,除非在一个清晰的"宇宙体系"之内,我们不能真正理解人。

通过表明里茨勒在拒斥"人与自然的分裂"之时所指的并非他看

---

① 见 *What Is Political Philosophy?*,72。
② 施特劳斯划掉了 For if。

来想说的东西,人们不能避免这个结论。的确,人们可以支持这样的观点,里茨勒拒绝的分裂实际上不是人与自然的分裂,而是人与他的世界("人的世界")、人与"我们在其中生活、操劳和行动的世界"、以及"人群(grope)"与"被人群所解释的事物的世界"之间的分裂(499 – 502)。可是,既然"我们的世界"并不就是"世界",既然我们的"世界"依赖于那个世界(the world)——我们需要太阳,但太阳并不需要我们和我们的工作——我们就不能避免作为人的"世界"的国中之国与世界本身的关系问题,前者是世界本身的一个部分。如果不理解人在宇宙中的位置,人们就不能理解人。如果不抛出关于石头、植物和动物之自然的一些暗示,里茨勒自己甚至无法说明他认为人的自然是什么(495 以下)。

也许有人相信,要求一门依据整全同时理解人和矿石、植物、动物的科学,与要求一门关于人的附加科学是相容的——这门科学依据人的生活理解人和他的世界。可是,试图依据人的生活理解人,似乎会导致这门人的科学的"对象"解体和消亡;它的结果似乎是瓦解人的统一性(oneness)。里茨勒表明,在"生活的动态环境"中,我们根本碰不到人:我们碰到的总是"这个人或那个人,这群人或那群人"(492、494)。倘若如此,依据人的生活理解人关于人的科学,充其量只能理解个别的人、个别的人群、个别的社会。不仅如此。正如前面表明的那样,很难看出里茨勒如何避免承认,他的[5]人的科学本身就属于人类生活的"动态环境"。既然这个环境总是个别的环境,人的科学的"主体"的统一性就会消失,其"对象"的统一性也是如此。哲学就会转变为自传、抒情诗和诸如此类的东西;而且,这种转变不会到此为止。如果要有人的统一科学,就必须有优先于"任何特殊的具体观察者"的"匿名观察者——没有任何[具有同等智性]①的可能的观察者能够反对他的资料",这与里茨勒明确表达的意思相反(492)。试图依据人类生活的"动态环境"理解人及其"世界"的人的科学,似乎已经至少完全放弃宣称"客观性"。

---

① 方括号是施特劳斯加的。

从下面的考虑可以看到，这种担忧并非完全没有根据。任何意义上的社会科学都免不了研究各种社会的"世界"。它必须理解"由于(with respect to)"个别社会而是其所是的"所有事物"——以它们被那个社会理解或解释的方式。但是，人们必须问，如果社会科学不同时就其真实存在或像人们如今所说的那样"客观地"考虑(consider)[①]同样这些事物，它是否能恰当地完成这个任务。当里茨勒说"这种客观性无关紧要"(490)时，他足够前后一致。他这样解释他的观点：

> 那些不属于地理或物理环境的事物，或许在功能环境中起到重要作用：树和河流中的精灵，死者的灵魂。(493)

这在某种意义上是正确的：在一定限度内，同样的结果也恰恰适用于那些巫术信仰者的生活，不论巫师是否存在。可是对于科学家，甚至对于社会科学家，相较于同持有这类信仰的人具有最完美"通感"，对巫术、树和河流中的精灵或死者的灵魂存在与否这一问题的正确回答，绝对要重要得多。因为，对于世界上的每一种理性态度，这一点不是至关重要吗，尽管树和河流绝对存在，以至于每个人都能够借助感觉意识到它们的存在，巫师和精灵（至少据我所知）并不绝对存在，相反，它们的"存在"仅仅源于特定人类群体的信仰？尤其对于必须以某种方式区分较高或较低文明、较高或较低信仰的社会科学家来说，这个差别不是至关重要吗？将里茨勒的安达曼群岛人或其他野蛮人文明化，也就是说，用另一个"世界"、一个更好的"世界"取代他们的"世界"，这个想法是完全错误的吗？断言对各种文明的"客观"思考是无关紧要的，或者，只有从它们自己的角度理解各种文明才是正当的，这或许是必须的，如果人们想从人的生活的角度理解人的生活，但是，这相当于永远放弃获得如下标准的所有希望，这些标准将使每个足够理性而勤勉的人都能够合理地评判各种文明、评判它们的习俗并且评判其信仰的正

[①] 施特劳斯在 consider 之后去掉了 to begin 两个词。

确性。这当然不是否认,出于某些必要但次要的目的,亦即出于历史理解的目的,以其理解自身的方式理解每个特定的"世界"是必需的事情。

如果人们说里茨勒所理解的人的科学是一门理论科学而非实践科学,这只是同样的反驳的另一种说法。引导这门科学的是阐明"一切(人类)生活"之"确切结构"的意图,引导它的不是正确生活方式的问题。如果不从正确生活方式的问题的角度考虑人的生活,人的生活说到底能否[7]就其"确切结构"得到理解,里茨勒没有讨论过这个问题。

对统一的人的科学的要求不是自明或几乎自明的,只要看一眼哲学史,人们就会确信我们的主张。如果里茨勒的要求是对人的问题的每一种①真正哲学关切的自然结果,那么我们就可以期待哲学史上充满对那种哲学家的记载,他们从事的就是对这样一门科学的追求。这个要求对我们的时代尤其具有吸引力;不过,这并没有别的原因,除了如下事实,现代哲学的"观念论"取向在观念论哲学本身崩溃之后依然存在:黑格尔认为"主体就是那个实体",②"人是那个实体",就是这个观点的子嗣(参里茨勒对"主体"与"存在本身"的等同:496);今天的哲学人类学所理解的"人",延续的是(is the heir to)③早先诸代现代哲人的"观念"或"意识"。正如胡塞尔所说,"源于文艺复兴的那些偏见仍然笼罩着我们"。④人的统一科学在古典哲学中没有任何位置:它将关于人的探究分为理论哲学和实践哲学,或者分为逻辑学、自然学(physics)和伦理学。直到很近的时代,哲学或科学的古典划分仍然是哲学方向的灯塔。这引出的结果是,人们仍然很自然地接受将关于人的探究分为一系列不同学科。这也解释了为什么哲学史很少谈论统一的人

---

① 施特劳斯划掉了 any。
② 例如,《精神现象学》,序言,第 1 和 25 段;"绝对知识",第 803 段。
③ to 这个词重复了。
④ 引文也许出自胡塞尔,《欧洲科学的危机与超越论现象学》(*The Crisis of the European Sciences and Transcendental Phenomenology*, Evanston, IL: Northwestern University Press, 1970),第一部分,第 3 段。

的科学。

在那些要求这种科学的哲人中,没有人比培根(Bacon)更令人记忆深刻。培根区分了"自然哲学"与"人的哲学"。这个区分不能与亚里士多德在自然哲学与关于人类事务的哲学之间的区分混为一谈;因为,根据亚里士多德,对人的自然的探究是自然哲学的一个部分,但是根据培根,这种探究是人的哲学的一个部分;且不论如下事实,亚里士多德的区分相当于理论哲学与实践哲学的区分,但对于培根而言,理论哲学与实践哲学的区分不再根本。培根完全清楚这个事实及其原因,他通过要求人的统一科学反对古典传统。他说:

> 上帝的诸多作品……的确显示了造物主的全能和智慧,但不是造物主的形象。因此,在这方面异教徒的意见不同于神圣真理,因为异教徒认为世界是上帝的形象,而人是世界的一个精确或浓缩的形象,但是圣经从未将这种作为上帝之形象的荣耀赐予这个世界,相反,它只是上帝之手的作品——除了人,圣经也没有说到上帝的其他形象。"①

所以,同时处理人的自然与人类事务的人的统一科学的观念,似乎最终建基于圣经关于人的观点。

哲学传统将人的探究分为两个主要研究分支——对人的自然的探究,被看作自然科学的一个部分,对人类事务的探究,实际上等于广义

---

① 见《论学术的进展》(*Advancement of Learning*, Everyman's Library ed.),页85、88和99[卷二,第6章,第1段]。亦参霍布斯(Hobbes)《论人》(*De homine*)的计划。另一方面,参托马斯·阿奎那(Thomas Aquinas)《神学大全》(*Summa Theologica*) I - II,前言:"既然如达玛斯克涅(Damascene)所说(《论正统信仰》[*De Fide Orthod*],卷二第12章),人据说是照着上帝的形象造的,因为这个形象指的是一个被赋予自由意志和自我运动的存在:既然我们已经探讨这个典范,亦即上帝,以及那些依据上帝的意志从上帝的能力产生的事物;接下来我们要探讨他的形象,亦即人,因为他也是其行为的原则、对他的行为具有自由意志和控制力。"

上的政治哲学,要理解这个事实,也许只要理解《尼各马可伦理学》(1141a22-24)的一个段落就够了。亚里士多德说:"'健康'和'好'用到人或鱼身上是不同的,但'白'和'直'总是一样的。"如果我们称某个东西是健康的或好的,我们指的是它对人来说是健康的或好的。但如果我们说一个身体①是白的,或者一条线是直的,我们不是指这个身体仅仅对人来说是白的,或者这条线仅仅对人来说是直的。有就其自身而存在的事物,有仅仅对于作为人的人而存在的事物,且不说还有其他事物仅仅对于属于特定群体的人而存在。理论与实践哲学的区分,尤其是对人的自然的探究与对人类事物的探究之间的区分——它探究仅仅对于人而存在的事物——以这个根本区分为基础。考察里茨勒如何使用这个根本区分是有意思的。他将它等同于"主体"与"客体"的区分:"主体"具有绝对存在,而"客体"只有一种相对的存在。因为,"客体"对于某个人有用或没用,好或坏,健康或有毒。比如,一块石头是一个"客体"。这意味着"石头是某种用来扔、用来绊人或者用来盖房子的东西"(496)。困难在于,如果石头不首先具有它自身的一种特定存在,它就不可能有这种"功能"意义,而且,正是它自身的那种特定存在,而不是它的"功能"意义,使之成为一块石头。对无论如何无生命之自然的这种人类中心论解释与《创世记》给出的解释——它将日月星辰作为划分昼夜的光,作为"确定记号、节令、日子、年岁"的事物——之间的相似性,难免让人吃惊。所以,里茨勒是否也②属于那些期待通过回到神学观念复兴哲学的人?

---

① 此处和下一处出现的 body,施特劳斯最初用的是 color。
② 后面的词是手写的。

自然正当

叶然 译

[译按] 本文是1946年1月9日施特劳斯在当时他就职的社会研究新学院的"基础研讨课"①上的讲演。此讲演于同年次月还在美国马里兰州的安纳波利斯(Annapolis)做过一次。这里的"安纳波利斯"可能指圣约翰学院(St. John's College)安纳波利斯校区,施特劳斯的老友克莱因(J. Klein)从1937年起即在此任教。本文原件是一份打字稿,上面有施特劳斯的少量修改。该原件收藏在芝加哥大学图书馆"施特劳斯文献"(Leo Strauss Papers)第6盒第15格。本文的首次整理见 J. A. Colen & Svetozar Minkov (eds.), *Toward "Natural Right and History": Lectures and Essays by Leo Strauss 1939 – 46*, Chicago: The University of Chicago Press, 2018, pp. 221 – 252。

本文的译文中带方括号的数字是原书页码。原文有些段落过长,译者进行了切分。译者还加了些带方括号的文词,以通顺文意。除了注明"施特劳斯自注"外,所有注释均为译者注。有些译者注紧随"施特劳斯自注"之后,则标记为"译按",以示区别。英文原编者加了两类注释:一类展示作者的修改过程和笔误问题,另一类注解文意。译者注中仅体现前者中的笔误问题,但体现后者的全部。

---

① 参本书《历史主义》(1941)一文开头的译按。

[221]我打算谈谈自然正当①的历史②的某些方面。自然正当的问题当然是一个哲学问题,而非一个史学问题。但如今我们处于一种不幸境况,因为甚至在我们[刚刚]能够思考关于自然正当的哲学讨论之前,我们就不得不从事历史研究。我们的境况是这样:自然正当不再是理所当然的。至少,非天主教徒普遍认为,自然正当是一个错觉。自然正当不再处于讨论的核心,不再处于哲学讨论的核心,而是或多或少受到鄙视。结果,不再有人真正知道自然正当。但自然正当曾经处于讨论的核心,过去有人知道自然正当。倘若我们想要熟悉自然正当的哲学问题,我们就有必要回归到过去,有必要从事某种历史探究。③

自然正当是一个问题,一个最严肃的问题——[我们]能直接看到这一点。换言之,就算没有历史反思,我们也能看到这一点。自然正当独立于人类任意性(human arbitrariness)。对于"存在一种自然正当"这个观点,似乎有如下这个与之竞争的主张:一切权利都取决于人类任意性,或一切权利都是人造的即实证的(positive)权利。[我们]知道,这种主张就是法律实证主义,但[我们]实难维系这种主张。因为如果本来不存在正当,而只存在实证权利,或实证法,那么,我们不再可能谈论不义的法律。但我们经常被迫谈论不义的法律。法律实证主义最冷酷

---

① right:如施特劳斯名著《自然正当与历史》(中译本作《自然权利与历史》,彭刚译,北京:生活·读书·新知三联书店,2016)所示,"正当"是 right 的古代含义,right 在现代则指"权利"。在本译文中,当不特定指古代还是现代时,则把 right 译为"正当"。如第[223]页:"如果一个人理解'正义的理念'时取它的一个严格含义,如在柏拉图那里的含义,或在康德那里的含义,那么,至少出于所有实践意图,正义的理念等于自然正当。"而当明确分别指古代或现代时,则按语境把 right 分别译为"正当"和"权利"。

② history:如本书中《历史主义》(1941)一文开头所示,此词既可指"历史",也可指"史学"。本译文按语境翻译为"历史"或"史学"。

③ 参本书《历史主义》(1941)一文第[83]页:"按如今的事态,在我们的时代,如果一个人不实际上变成一位哲学的史学家,此人就没能力说透或回答一个根本的哲学问题。"亦参当页的译者注。

的主导者①最终被迫承认,实证的法律或权利虽不可能是错的(wrong),却可能是谬误的(erroneous)。

更有甚者,实证法不可能确保其自身的强制性(obligatory character)。因为实证法不可能回答这个[222]问题:在不考虑警察会随时出现时,为什么我们应该遵守实证法?如果法律是民主地颁布的,而非一个专政者(dictator)[组建的]未经审查的议会(rubberstamp parliament)颁布的,那么,为什么我们尊重这些法律,而非仅仅畏惧这些法律?到头来因为我们相信,唯有多数人的意志能正义地要求(has a just claim to)我们服从[这种意志]。

多数人统治的正义性既不是也不可能是民主或非民主立法的产物。因为多数人统治的正义性源自比实证法更高的诸原则。相当多人承认,我们需要这样的原则,而且若没有这样的原则,人类生活就会成为不可能。但有些人说,这些原则不是一种自然正当,而是我们社会的理想。这种说法显然不充分。因为,难道我们不被迫质疑我们社会的理想?难道我们不想知道,我们的社会及其理想是文明的还是野蛮的?难道没有一些理想独立于任何教区或地区的偏爱或偏见,而且我们不想以这些理想衡量[我们社会的]那些理想?

但仅仅从我们社会的理想诉诸理想还不够。因为我们通常把理想理解成这样一种东西:我们可能会,也可能不会,去不计后果地(without any consequence)渴求它,但对于它,我们不会在一个情况下是理想主义者,在另一个情况下又是别的什么身份。我们不会把理想理解成这样一种东西:它是普通义务(plain duty)的对象,并强制我们基于自己的良知(conscience)服从它。这种为理想这个术语所模糊的强制性,为自然正当这个术语所方正地(squarely)传达。此外,我们经常把理想理解成信仰的对象,但信仰不是知识。纳粹分子的理想中有信仰,正如民主派的理想中也有信仰。存在无限多种信仰,它们相互排斥。我们不

---

① 施特劳斯在这个表述旁边写下"伯格博姆"(Bergbohm)。这位学者全名 Karl Bergbohm(1849—1927),德国法学家。参施特劳斯,《自然权利与历史》,前揭,页 12 注(正文页码)。中译本此处把 Bergbohm 译为"贝格玻姆"。

禁好奇:倘若有正当的信仰,哪一种才是正当的信仰呢?我们被迫超越信仰的领域,走向可以理性讨论的领域,以便获得知识,如果我们能够的话。

自然正当的问题是个严肃的问题,就像我们对一些标准的需要(our need for standards)那样严肃,人之为人能够认识这些标准,这些标准是自然的,即独立于人类的任意性。如果不存在这样的标准,则所有人类行动都是盲目的,因为所有人类行动都不知道,其最终目的是否正当。如果不存在这样的标准,则一切都被允许,或都是正当的。①

如果一个人说,我们的超越法定的(translegal)标准就是便利性或有用性,那么,此人只不过回避了问题。每一种便利或有用的事物,都只对于某种东西便利或有用。正如多数人会说的,这里的"某种东西"就是社会。但对社会中一部分人便利或有用的东西,也许对另一部分人有害。我们应该同等地考虑社会中所有部分的人吗?或者,我们应该首先考虑社会中最可敬的那部分人?又或者,我们应该首先考虑社会中最大多数的那部分人?便利性是否主要意味着对更高生活标准的便利性,或对道德福祉和精神福祉的便利性?

另一些人认为的标准是"社会的[223]团结和可持续"。但人们拥有社会的团结和可持续,可能是在最相异的诸层面上:在印度种姓社会层面上,在中国层面上,在斯巴达层面上,在威尼斯层面上,在不列颠层面上。基于压迫的社会团结和可持续,像一种自由社会的社会团结和可持续那样好?如果人们主张,应该更喜欢自由而非压迫,那么,难道人们没有沉默地诉诸正义,或正当,或一种并非任意建立的而是内在的正当?因为,难道人们没有暗示,每个人都能正义地要求自由?

如果一个人谈论正义的理念(idea),那么,此人同样模糊了问题。

---

① legitimate:此词也可指"合法的",但更精确地讲,legal 才指"合法的"或"法定的"(该词在本文中也出现过,如在下一段的合成词 translegal 中),故 legitimate 在本文中译作"正当的"。施米特(Carl Schmitt)有文集标题作《合法性与正当性》(*Legalität und Legitimität*)。在下文中,现代语境中的"正当",通常都是 legitimate 一词或其衍生词。

因为如果一个人理解"正义的理念"时取它的一个严格含义,如在柏拉图那里的含义,或在康德那里的含义,那么,至少出于所有实践意图,正义的理念等于自然正当。如果一个人理解"正义的理念"时取它的一个含混含义,那么,此人当然模糊了问题。我相信,作为普鲁士保守党创始人,斯达尔(Fr. J. Stahl)①以正义的理念或正当的理念(Rechtsideen)取代了自然正当。为了排除任何革命的权利,为了阻止任何人从实证法(不管多么不义或不合理)诉诸一种更高的法,斯达尔曾主张,法律的超越法定的标准(the translegal standards of laws)不具有正当或法律的特性(the character, not of right or law),而具有理念的特性。因此,我可以说,他曾主张,法律的超越法定的标准仅仅具有理念的特性。

如果[我]这些评论实质上正确,这就表明,某种自然正当的观念(notion)——不管正确还是错误,也不管清晰还是含糊——必然引导着我们。在我们的时代,在[美国]这个国家,许多人实际上信奉,每个人的自我实现②乃是自然权利,③不管这些人是否知道这种自然权利。因为当这些人要求给予每个人实现自我的机会时,他们并不诉诸任何法定权利,或任何特定的美国式渴求(这种渴求本身只关系到美国人),或我们社会的一种原则。因为这些人把[自己的信念]应用到所有社会,他们声称,现在或过去但凡不认可自我实现的社会,均是落后的或反动的社会。这些人也没有只诉诸理想,因为他们认为,那些在理论上或实践上反对自我实现的人,不只是非理想主义的,而且是不义的或邪恶的。因此,这些人诉诸某种内在的权利,哪怕直到前不久,这种权利仍然遭到忽视。以上关于自我实现所说的话,也适用于"各[224]

---

① 原编者认为,与其说斯达尔是德国保守党(Deutschkonservative Partei)创始人,不如说是该党的激发者。该党创立于1876年,在"一战"末消失。

② self-realization:绝妙的是,这里的"实现"在英文中亦指"认识",而自我实现的人不一定能认识自我。

③ 由于自然正当和自然权利是同一个表述,故这意味着,在"我们的时代"的美国,自然正当的某种错误或含糊的观念就是自然权利。

尽所能,按需分配"①规则,以及其他每一个此类规则。

我们对自然权利的需要,当然不确保自然权利的存在。根据我们时代通行的观点,②不存在自然权利。为了支持这个观点而引证的平常论据,像平常论据在平常情况下那么强有力。在平常情况下,可以用圣乔治(Saint George)或堂吉诃德之类的人那同样令人生畏的(formidable)论据来反驳这些论据,这里说的这类人会跨上理想主义的高贵战马整装出发,迎战名为相对主义者的龙或羊。③

在此,我请求采用一种更通俗的(pedestrian)方式来表述。如今人们反对自然权利,是出于两大动机。第一,人们对法律的安全性感兴趣,即欲求确保[这个国家的公民]绝对遵守这个国家(the land)的法律。如果一个人求助于比这个国家的法律更高的一种法,这似乎会根本上危及[这个国家的]公民[对这个国家的法律的]遵守。第二,人们有"历史意识",即相信所有观念都本质上相对于特定的民族、阶级、时期等[才成立]。如今反对自然权利的典型论据是:

(1)关于自然法的诸学说之间处于无政府状态,这样的学说无限地多种多样,这种多种多样是可耻的——这证明了所有这些学说都有缺陷。因为如果存在知识,就会存在一致。一旦人们承认,所有所谓的自然权利都只是特定历史处境的一种表达,这种无政府状态就不再是绊脚石。

(2)如果所有自然法学说都共有某些原则,那么,这些原则太宽

---

① 马克思,《哥达纲领批判》,收入马克思、恩格斯,《马克思恩格斯文集》,第三卷,中共中央马克思恩格斯列宁斯大林著作编译局编译,北京:人民出版社,2009,页436。施特劳斯对这句话的一个变体的引用见:施特劳斯,《自然权利与历史》,前揭,页150。在彼处,这句话中的"需"(needs,马克思原文作Bedürfnissen)作"绩"(merits)。

② 这当然不是说美国名义上认可的观点,而是说实际上社会上奉行的观点。

③ 在西方语境里,龙和羊分别喻指凶恶的人和易被左右的人。圣乔治(约260—303),罗马帝国的基督教殉道者,常在后世文学艺术作品中充当屠龙英雄。在这些有关故事中,羊是原先恶龙要求的祭品。

泛、太形式化,以至于没任何意义。人们通常把如今对自然权利的拒斥,追溯到19世纪所谓对"历史"的发现:"历史"就是从前叫做历史过程的东西,这种东西现在叫做人的历史性(historicity)。这一点之所以正确,是因为一场决定性的变化,此变化的肇因是历史法学派(the historical school of jurisprudence)攻击自然权利法学(natural right jurisprudence)(德意志的萨维尼和[225]英国的梅因)。① 但如果这是实情,当今对自然权利的拒斥就立足于非常不稳固的基础上。因为历史法学派对抗的是现代的自然权利,即18世纪的自然权利。历史法学派没有真正考虑中世纪和古典古代②的自然正当。历史法学派当然沉默地预设,现代的自然权利已抛弃前现代的③自然正当。这个预设要么曾立足于对一种进步法则(a law of progress)的普遍信念,要么曾立足于黑格尔的历史哲学,依据这种历史哲学,每个显著立场的种种真正要素,都必然保存在后继的立场中。现代自然权利的创始人们批评前现代的自然正当时,并未提供一番清醒的分析,也就无法确证上述这类乐观主张。

如果当今对自然权利的批评还有一点价值,[其价值就在于]这种批评没有预设所谓对"历史"的发现。这种批评只是在重复对自然正当的古老批评,④这种古老批评的最终观点是,所有关于正义或道德的观念都是习俗性的(conventional)。这个主张明显有待某种解释。习俗

---

① 二人是历史法学派的代表。萨维尼(Friedrich Carl von Savigny,1779—1861)代表作包括《论占有》(朱虎、刘智慧译,北京:法律出版社,2007)和《论立法与法学的当代使命》(许章润译,北京:中国法制出版社,2001)。梅因(Sir Henry James Sumner Maine,1822—1888)代表作包括《古代法》(沈景一译,北京:商务印书馆,1959/2011)。

② classical antiquity:古希腊罗马的古典时代。请注意本文用到"古典"一词时,均不包含任何近代以来的古典,如法国古典主义,德国古典哲学等。

③ premodern:古代和中世纪的统称。

④ 下文会指出,这种古老批评来自习俗主义。习俗主义在古希腊就有了,当时还没有权利学说,故right在此回到"正当"这个译法。

性的观念立足于①自然和习俗之间的根本二分,这种二分暗含在自然法和实证法之间的区分中。某些人认为,自然和习俗之间的区分是智术师及其精神后裔的标志。事实上,并非如此。对于柏拉图和亚里士多德,自然和习俗之间的区分当然同样具有根本性。例如,亚里士多德区分自然正当和实证正当,区分自然奴隶制和法定奴隶制,区分自然的声音和习俗的文字,如此种种区分均暗示了自然和习俗之间的区分。

19世纪,人们逐渐摒弃自然和习俗之间的区分。历史法学派把所有法律都理解成历史的,从而声称[它自身]已经最终消解(dissolved)了自然法和实证法之间的古老二分,即声称[它自身]已经在一个更高的统一之中化解(resolved)了自然法和实证法(基尔克,《阿尔图修斯》,②页338)。要想考察这种声称在多大程度上成功了,人们也许可以看看,[226]这种声称的最后拥护者(基尔克)供认了什么:

> 对这种思想的哲学阐释至今仍不完美。

因为历史法学派实际上的所作所为,不是用历史的更高统一取代自然法和实证法的古老二分,而是主张,尽管人们从前认为,有些东西根本上是习俗性的,或取决于人类制度,但[实际上]这些东西具有自然属性。因为历史法学派没法把所有法律理解成历史的,而只能把所有法律理解成"一种有机的群体意识的表达"。历史法学派不得不把民族——尤其是伦理性的群体——解释成一个自然单位,即一个有

---

① 施特劳斯原作"属于",今意译为"立足于"。
② 此书原文为德文,出版信息为 Otto Gierke, *Johannes Althusius und die Entwicklung der naturrechtlichen Staatstheorien: zugleich ein Beitrag zur Geschichte der Rechtssystematik*, Berlin: 1880。施特劳斯在本文凡引此书,均引的是英译本:Otto Gierke, *The Development of Political Theory*, tr. Bernard Freyd, London: Allen & Unwin, 1939。此英译本有2018年Routledge出版社的重印本。相关的中译作品:基尔克,《私法的社会任务》,刘志阳、张小丹译,北京:中国法制出版社,2017。

机体。

这种尝试面临一些困难,要解决这些困难,只能引进一个全新的区分,即自然和历史之间的区分。特别是,[历史法学派]曾经最终把人类群体设想为历史的,而不是自然的。正是自然和历史之间的区分,潜在于如今所有的导向之中。这种情况已经发展到如下程度:唯一与自然权利的主张形成竞争的,似乎是"所有权利都是历史的"这个观点。我认为,这个观点,即历史主义观点,最终会退回到古老的习俗主义观点。我来解释一下。

习俗主义的主要论点是,任何正当都不是自然的,每一种正当——包括超越法定的正误标准——之所以存在,之所以是正当的,仅仅是因为一个特定的社会赞同或接受了这种正当。历史主义的主要论点则是,任何权利都不是自然的,每一种权利之所以存在,是因为有某种比社会法规更根本或更少任意性的东西。例如,萨维尼曾主张,首要而言且根本而言,每一种权利之所以存在,不是因为有意识的立法或任意的决定,而是因为"全民族的共同信念,或者说,[全民族]同等而共同地分有的内在必然感觉(felling of inner necessity)"。① 从任何哲学观点看,一个民族的共同信念,或一个民族的内在必然感觉,只能是一种广泛接受的意见,它之所以有效,不是因为它真实,而是因为它得到广泛接受或赞同。如今,历史主义者通常主张,[227]一个特定社会采纳的超越法定的权利标准,由这个社会的特定品性或特定需要所决定。

问题当然在于,多种多样的社会的标准,是否真的由这些社会的需要所决定,而非由这些社会关于自身需要的意见所决定,或由统治性群体关于自身需要的意见所决定,这样的意见首先关乎上帝、世界和人。如果这是实情,如果这些标准取决于意见而非知识,那么,这些标准本质上是任意的或习俗性的。因为意见自身没法稳定自身,稳定意见的只能是习俗。

---

① Friedrich Carl von Savigny, *System des heutigen Römischen Rechts*, Berlin: Veitund Comp, 1840–1849, p.19. 中译本出了首卷:萨维尼,《当代罗马法体系》,第一卷,朱虎译,北京:中国法制出版社,2010。

习俗主义高于历史主义,因为习俗主义不会毫无必要地主张,每个社会都知道自己需要什么,或普遍意志①不可能产生谬误(err)。有鉴于更早的那类历史主义面临的那类困难,我们时代更智术化的(sophisticated)历史主义者把所有超越法定的权利标准都追溯到"历史的决定"。可是,通过把这些标准追溯到这些决定,这些历史主义者几乎公开表明,所有标准都是任意的,即习俗性的。

因此,人类过去一直面临一个抉择,现在仍然面临这个抉择,即自然正当和"所有正义观念都是习俗性的"这个观点之间的抉择。唯一与自然正当形成竞争的,不是历史主义的软垫,而是习俗主义的磐石。② 正因为这是实情,自然正当的问题才是我们最严肃的问题。

为了在某种程度上讲清楚这个问题,即自然正当的成问题性,我们现在转向自然正当的历史。不仅大众文献,还有一部分学术文献,③都把这段历史呈现如下。自然正当或自然法,因为廊下派(Stoics),尤其是罗马廊下派,而广为人知。罗马法律人士(lawyers)曾采纳廊下派自然法,[基督教的]教父们(Church Fathers)则把廊下派自然法和圣经教诲调和起来。廊下派-基督教自然法是西方社会哲学的脊梁骨。17、18世纪的自然法只是廊下派-基督教自然法的世俗化版本。前几代人有如下这个最严重的谬误看法:17、18世纪是自然法的全盛时期,而且格劳秀斯(Hugo Grotius)是自然法之父。关于自然法在现代诸世纪的世俗化有多重要,不同的学者有不同的评价。人们广泛认为,卡莱尔(A. J. Carlyle)[228]是这个领域最大的权威。卡莱尔后期显然认为,

---

① the general will:卢梭的重要术语,参卢梭,《社会契约论》,何兆武译,北京:商务印书馆,2014,页131-134。此中译本将"普遍意志"译作"公意"。

② 参第[226]页:"唯一与自然权利的主张形成竞争的,似乎是'所有权利都是历史的'这个观点。"right 在此句中作"权利",而在此处的句子中作"正当",是施特劳斯的暗示所在。

③ 参下文对卡莱尔(A. J. Carlyle)的征引,芝加哥大学图书馆"施特劳斯文献"第14盒第9格的一篇文稿,以及施特劳斯名文《论自然法》(收入他的《柏拉图式政治哲学研究》,张缨等译,北京:华夏出版社,2012,页182-195)。

自然法在现代诸世纪的世俗化不是非常重要。因为他说：

> 至少从 2 世纪的法律人士到法国革命的理论家,政治思想史是连续的,形式在变化,内容在更改,但其种种根本概念仍然保持同一。①

卡莱尔把这些根本概念主要理解成自然权利观念及其推论。

现在我来评论一二。[我]不必细说如下明显事实:在廊下派之前很久,例如,亚里士多德、柏拉图,还有许多智术师,已经认识到自然正当。人们有理由说,自然正当与政治哲学一样古老,尽管确实并非与一般意义上的哲学一样古老。

对于我们的直接意图,更重要的是驱散一个鬼魂,即自然正当在现代的所谓世俗化。何谓这个语境里的世俗化？区分自然正当与神启（divinely revealed）正当？对于整个古典哲学,这种区分是理所当然的结论,中世纪哲学也没有拒斥这种区分。或者说,世俗化意味着区分自然正当与自然神学（自然神学就是立足于理性而非启示的上帝学说）？柏拉图、亚里士多德的自然正当与任何神学之间,都没有必然的或明显的关联。而且格劳秀斯曾宣称,就算没有上帝,自然权利仍会有效——这种宣称实乃源自经院主义（of scholastic ancestry）。[我们]不可能把自然正当在 17 世纪的变形描述为自然正当的一种世俗化。

这意味着,自然正当的历史并非一段无断裂的连续过程。毫无疑问,17 世纪见证了与自然正当传统的一次断裂。以下几个事实足够清楚地揭示了这一点。首先,我们观察到,在 17、18 世纪,有人对整个传统自然正当学说表达最直言不讳的不满。故某些杰出的人要求一种全新的[229]自然权利学说。其次,传统的自然正当曾主要是一种保守

---

① R. W. Carlyle and A. J. Carlyle, *A History of Mediaeval Political Theory in the West*, vol. 1, Edinburgh: William Blackwood and Sons, 1903, p. 2。全书共六卷,1936 年出齐,这里引的第一卷是 A. J. Carlyle 写的。

学说,而从 17 世纪开始,自然权利变成了一种革命学说。尽管低地国家①反对西班牙的起义立足于实证权利,但英国内战、1689 年光荣革命、美国宣布独立、法国革命至少部分地立足于自然权利的诸原则。[我们]不必把这种从一种保守学说向一种革命学说的变化追溯到社会环境的变化,因为从自然正当的含义在这个时期经历的变化中,[我们]可以完美地理解这种从一种保守学说向一种革命学说的变化。自然正当在 17 世纪经历的变化,是自然正当的历史上真正开创新纪元的事件。

我要首先列举现代——17、18 世纪——自然权利的几个特征。

(1)例如,比起中世纪的自然正当,现代自然权利在远远更大程度上是宪法的②自然权利,或公共的自然权利。公共权利规定共富国③及其与公民的关系,私人权利规定公民之间的关系,这两种权利之间的区分可以追溯到[古]希腊人。但仅仅从 17 世纪开始,我们才发现一门新学科,叫做 jus publicum universale sive naturale④[普遍的或自然的公法]——一种对所有国家都有效的公共权利,⑤故这种权利不立足于习俗或先例或实证法,而只立足于自然理性(荷兰人胡贝尔[Ulrich Huber]1672 年出版了《国法三书:普遍公法这门新学科之读本》[*De iure civitatis libri tres novam*⑥ *disciplinam iuris publici universalis continentes*])。霍布斯的《利维坦》、洛克的《公民政府》、⑦卢梭的《社会契约论》这样

---

① Low Countries:荷兰、比利时、卢森堡三国的统称。

② constitutional:译为"宪法的"是采用了自由主义行话。下文中,凡是现代语境下,此词均译为"宪法的"。凡是古代语境下,此词均按其本来含义译为"政制的"。同一个词从古代的"政"之义转变为现代的"法"之义,不可不察也。

③ commonwealth:一般译为"共和国",但字面意思更突出"共富"。

④ 原文作 natural,不合此处要求的中性主格,兹改作 naturale。

⑤ 现代法学就是权利学说,故此处用一种权利解释一种法,乃是现代法学常识。

⑥ 此词的下划线是施特劳斯加的,而且在打字稿上此书名不是斜体,但这个词是斜体。相应的,笔者在此拉丁文书名的译文中将"新"字加上下划线。

⑦ *Civil Government*:洛克著作《政府论》的下篇。

的著作均致力于普遍的即自然的公共权利。《社会契约论》的另一个书名是"政治权利的诸原则",这里的政治权利当然属于每个社会。

乌尔比安①曾把自然正当描述为私人正当的一部分。不过,前现代的人们认为,作为一种规则,自然正当在某种程度上暗示政制的②正当。但这种暗示非常宽泛,从而相当平淡(innocuous)。这种暗示止步于主张僭政并不正当。然而,在现代自然权利中,[230]对宪法的暗示远远更为尖锐。最早出现的此类暗示是主权学说,因为整个主权学说是主权者权利(the rights of the sovereign)的学说,当然也是自然的宪法权利(natural constitutional right)的学说。决定主权者权利的不是特定社会的习俗或先例或法律,而是普遍意义上政治社会本身的本性。③结果,对于所有种类的混合政府,或对于任何宪法加诸主权者的限制,其正当性——而非仅仅其便利性——都得到了争论,争论的基础就是自然的宪法权利。

现代还有其他一些传授自然权利的人,尤其是洛克,他们基于自然权利而认为任何绝对政府都不正当。卢梭提出一种自然权利学说,主张唯有共和制政府才正当。出于所有实践意图,潘恩(Thomas Paine)主张,根据自然权利,只有民主制才正当。这样的学说的实践意义很清楚,即以下两种说法有天壤之别:一种说法是,比如说,君主制不是最佳政府形式,或君主制不可欲或不便利;另一种说法是,君主制不正当(illegitimate)。前一种说法没有论证革命是正义的,后一种说法则论证了革命是正义的,且最着重地论证了这一点。

自然的公共权利是[美国]《独立宣言》的基石,而且首先是1789年、1793年、1795年法国《人权宣言》的基石。自然的公共权利是这样一个观念的基石,此观念就是,一个制宪会议和成文宪法均有必要。因为自然的公共权利规定了制宪议会和成文宪法。人们常常没法理解:

---

① Ulpianus:约170—223,古罗马五大法学家之一。

② constitutional:参此词在稍前正文中出现时的注释。此处就是古代语境下的 constitutional,故译为"政制的"。

③ nature:在英文中,"本性"和"自然"是同一个词。

为什么法国革命原则的伟大敌人柏克①可以把他对法国革命原则的反对立足于自然权利?答案当然是,柏克的自然权利并不要求宪法权利的种种尖锐后果,或者说,柏克的自然权利根本上是前现代的自然正当。②

(2)确切意义上的现代自然权利的第二个特征,是提出现代自然权利时所用的形式。提出现代自然权利时,它完全独立于实证权利。在前现代,[人们]区分自然正当和实证正当,但这没有导致把自然正当确立为一个独立学科,更别说在大学里为自然正当专门开设教席。[前现代的人]明显感到,把自然正当视为完整而独立的,要么不可能,要么没太大的价值或重要性。唯有在现代,自然权利才具有了系统的形式,即演绎系统的形式。所有传授现代自然权利的伟人,至少都倾向于一种被展示为更加 geometrico [具有几何学性质的]自然权利。在更低的领域,③这种倾向导致了[人们]详尽阐述自然权利的完整法典,[231]甚至包括采邑的自然权利,即自然的封建权利。

> [在这个时期,人们]④把自然法视为理性传授的法典,把私法视为法条(ordinances)系统,颁布此系统就是为了强制实施此系统。(基尔克,《阿尔图修斯》,页353)⑤

---

① Burke:全名 Edmund Burke(1729—1797),英国思想家,著有《法国革命论》(何兆武等译,北京:商务印书馆,2011)。

② 在这个意义上,前一句中的问句中应该作"把他对法国革命原则的反对立足于自然正当"。但在热火朝天地讨论自然权利时,没多少人发现其实柏克讨论的是自然正当。故人们的问法依然应该是:何以"把他对法国革命原则的反对立足于自然权利"?

③ the lower regions:在英文中这是一个习语,指地狱。但此处似只能按字面翻译。

④ 英文版中把"在这个时期"放在圆括号里,也许是施特劳斯对此引文的补充。现将圆括号改为方括号。中译文此处方括号里的"人们"为中译者的补充。

⑤ 此书出版信息参第[225]页注。

(3)确切意义上的现代自然权利的第三个特征,是现代自然权利关系到自然状态观念。自然状态就是公民社会建立之前的人类生活。在前现代,不存在上述关系。前现代的自然正当是所有实证法典的纲领,而不是为了一种特定状态(即自然状态)而建立的完整法典。人们时常发现,对自然状态的描述见于一些文献中,如智术师们、卢克莱修、马里亚纳①的教诲中。但这些文本本身压根儿没有涉及自然状态。自然状态这个术语并非源于对自然正当的反思,而是源于基督教神学。自然状态区别于神恩状态(the state of grace),而且自然状态通常细分为两种:一种是纯洁自然状态(a state of pure nature),即亚当堕落之前的状态,另一种是腐化自然状态(a state of corrupted nature),即亚当堕落之后的状态。

严格来讲,在17、18世纪,自然状态这个术语有其直接意图,即指出在纯洁自然状态和腐化自然状态之间作区分没有任何意义,亦即指出亚当的堕落没有任何意义,如果不是说没有任何历史性。传统神学关于人和社会的看法,以圣经关于人类起源的看法为基础。现代的自然状态学说则意在提供一个非圣经的、理性的基础,以便得出关于人和社会的新看法。某种意义上,现代的自然状态学说是如今所谓人类学的早期形式,卢梭关于不平等起源的论述②尤其清楚地表明了这一点。另一方面,当霍布斯、洛克、卢梭这样的人,用自然状态和公民状态之间的区分,取代自然状态和神恩状态之间的区分时,他们是为了指出,对于自然状态的缺陷或不便,有序的政府而非神恩才能提供救治。在这种意义上,自然状态这个术语在霍布斯那里首次获得了核心意义,霍布斯还为[这个术语]明显全新的用法而自我辩解(excuses himself)。

(4)明确意义上的现代自然权利还有第四个特征,也是最重要的

---

① Mariana:全名 Juan de Mariana(1536—1624),西班牙史学家。参 Harald E. Braun, *Juan de Mariana and Early Modern Spanish Political Thought*, Aldershot:Ashgate Publishers, 2007, pp. 16 - 21。

② 参卢梭,《论人类不平等的起源和基础》,高煜译,桂林:广西师范大学出版社,2009。

特征,即现代自然权利是——或倾向于是——权利而非义务的学说。本质上,前现代的自然正当是义务的学说。仅仅在非常晚近,即16世纪后半叶,经院主义才开始着重谈论自然权利,以区别于自然义务或自然强制(obligations)。阿奎那专门处理自然正当时,甚至16世纪末胡克(Richard Hooker)专门处理自然正当时,连提都没提[232]区别于自然义务的自然权利。我们观察到,16世纪,对义务的强调彻底转变成了对权利的强调,这种转变至今仍然决定着政治思想和社会思想。首先,区分权利和义务,变得比之前的时代远远更加重要。特别是,这时人们首次认为,政治社会主要或仅仅服务于"保障自然权利"这个目的,而非"保障人类自然义务的履行"这个目的。

霍布斯的教诲为这个根本变化提供了最引人注目的表达形式。卢梭的教诲也展现了这个根本变化,对卢梭来说,社会契约产生之前,只存在自然权利,而根本不存在义务。斯宾诺莎的教诲也展现了这个根本变化,对斯宾诺莎来说,自然权利仅仅意味着这样一种权利,此权利为人类所拥有,区别于束缚人类的那种正当。潘恩把这种观点最清楚地表达在他的书名《人类权利》(*Rights of Man*)中。康德和费希特的自然权利学说本质上就是人类权利学说。对康德来说,已成问题的是:为什么人们通常把道德哲学称为义务学说,而非同时也称为权利学说?关于洛克,人们只需比较洛克基于胡克而提出的观点与胡克在自己作品语境里的说法,这样人们就能发现,洛克的自然权利与胡克的自然正当之间没有真正的连续性。至于笛卡尔,他在其几种伦理学论著里没有提到义务,而在这些论著的核心篇章里,他确实谈论了权利。

有些人在某种程度上间接认识到了现代自然权利的这种特征,这些人把现代自然权利称为个人主义式的或主观主义式的。不那么含混的描述是,现代自然权利主要关注权利而非义务。

要理解现代自然权利,第一步是确定它的起源。因为一旦我们知道了创始现代自然权利的那个人或那类人,我们就知道了现代自然权利的精神。为了简短和简明,我将仅限于追问:对权利而非义务的强调,起源于什么?至少从黑格尔开始,人们习惯于把人类权利学说追溯到基督教本身,追溯到对所谓"单个灵魂的无限价值"的发现。特别是，基尔克发现，所有中世纪文献都"不只暗示而且多少明示了"如下思想，即"通过每个人的永恒命运(eternal destiny)，每个人在他至深的本性(inmost nature)中神圣不可侵犯"。在我的印象中，基尔克原话没有这么清楚。

[233] 在我看来，一个人可以轻易在中世纪洞察到人类权利，只要这个人犯一个或更多如下错误。第一个错误是，误把如下这种东西当作自然权利，这种东西就是自然法允许的东西，这种允许是因为这种东西要么不可惩罚，要么甚至十分体面(decent)。第二个错误是，误把自然法命令或禁止李四施于张三的行为当作张三的自然权利。例如，"禁止谋杀"这条自然法并不构成每个人对生命的自然权利。又如，"应该救济困窘的人"这条自然法并不构成困窘的人对救济的自然权利。第三个错误是，误把实际上的自然义务当作自然权利。例如，现代文献经常提到反抗的权利，但在更早的时代，所谓反抗的权利通常是反抗的义务，或至少是"仅仅作为一种服从形式而被允许"的东西(菲吉斯①)。现代通常所谓反抗的权利，原本是对上帝而非对人的服从义务。或者说，对于中世纪的自然正当，自我保存是一种义务，而非仅仅是一种权利，但在现代，这是一种权利，且不必然是一种义务。

英国的里奇②和德国的耶利内克③把人类权利追溯到英国清教徒，这种做法更正当一点。事实上，人们只需读读《克拉克文存》④或克伦威尔的讲演，就能撞见自然权利。但人们是否有理由说"清教徒的英国造就了自然权利理论"(里奇)？里奇的这个论点与他关于宗教改

---

① Figgis：全名 John Neville Figgis(1866—1919)，英国思想家。此处引文来自 John Neville Figgis, *The Divine Right of Kings*, Cambridge：Cambridge University Press, 1914, p. 221。

② Ritchie：全名 David George Ritchie(1853—1903)，著有《自然权利》(*Natural Rights*, 1895)。

③ Jellinek：全名 Georg Jellinek(1851—1911)，著有《人和公民的权利宣言》(*The Declaration of the Rights of Man and the Citizen*, 1895)。

④ the Clarke Papers：英国政治家 Sir William Clarke(逝于1666年)的一批文稿，为英国内战和空位期(Interregnum)的重要资料。

革的总体看法密不可分。里奇关于宗教改革的总体看法是：

> 自然权利理论只是新教①对传统权威的反抗在逻辑上的发展，[234]即新教对私人判断的诉求在逻辑上的发展，这里说的私人判断就是个人的理性和良知。

这种关于宗教改革的看法站不住脚，故把人类权利追溯到清教的尝试也站不住脚。此外，菲吉斯作了更精确的探究，他表明，在英国清教之前的重要时段，即16世纪末和17世纪初，在西班牙某些耶稣会会士（Jesuits）和多明我会会士（Dominians）那里，就已有自然权利学说。不论如何，如下两件事完全不同：一件事是直接承认而且甚至强调自然正当，另一件事是直接或间接偏爱自然权利，而非自然义务或自然强制。

现代自然权利的起源问题，就是权利——而非义务——导向的起源问题。如果我们这样表达这个问题（我们必须这么做），我们就不可能质疑这个问题的如下答案：现代自然权利的真正创始人只能是霍布斯。霍布斯区分了自然权利和自然法（即自然义务），他作这种区分时的清晰程度和着重程度，在过去的时代并不常见。不仅如此，霍布斯甚至使自然权利（区别于非自然义务）成为所有强制性的基础，从而也成为所有强制性的限度。霍布斯认可的自然权利，即一个人对生命的权利，是真正不可剥夺的。不可能因任何罪行而丧失这种权利。只有这种权利既必要又充分地决定着政治社会的本性、意图和绝对限度。为了保障人类自然的、不可剥夺的权利，而非为了其他任何目的，霍布斯的利维坦在人们之中组建起来。不论性别、肤色、信仰、年龄、品性（merit），乃至是否犯罪，每个人都有这种权利，这不仅反对其他每个人，而且反对每个主权者或每个社会。

这是每个人都具备的一种甚至反对上帝的权利。人们会受到诱导而声称，就反对上帝来说，这种权利超出了霍布斯教诲的字面，但这种

---

① Protestantism：上文清教（Puritanism）的上位概念，清教是英国的新教。

权利几乎没有超出霍布斯教诲的精神。实际上,如果人们不考虑现代自然权利原则的神学暗示,人们不可能理解现代自然权利原则。"权利优先于义务"预设了,应该否定任何超越人类的(superhuman)秩序或意志。另一方面,17世纪以前,人类权利学说完全不在场,或至少相对处于弱势,这种状况无疑是因为圣经教诲具有压倒性影响力。纽曼(Newman)主教已把圣经的观点表述如下:

> 当造物主(the Creator)在场时,造物(the creature)的所有权利和主张都根本不在场。造物[为造物主]提供服务,而造物主对这种服务提出不可计量的(illimitable)主张。[235](《大学的理念》,①页183)

在此我们只需提及《约伯记》,②以及圣经中对神恩(divine mercy)必要性的坚持。

> 看哪,正如奴隶们的眼睛望向他们主人的手,亦如女仆的眼睛望向她主母的手,我们的目光也停留在主身上,即我们的上帝身上,直到祂施予我们恩典。(《诗篇》,章123)③

不存在反对上帝的权利,是因为不存在要求恩典的权利。不可能存在反对上帝的人类权利,是因为人类把自己的整个存在归因于上帝造物(creation by God)这个自由行动,而且尤其是因为人类的道德存在可以说由上帝加诸人类的义务构成。因为如果这是实情,那么,人类在实践中与其说关切人之为人的原初状态或自然状态有何尊严,不如说

---

① 完整出版信息作 John Henry Newman, *The Idea of a University*, London: Basil Montagu Pickering, 1873。
② 《圣经·旧约》中的一卷。
③ 《诗篇》为《圣经·旧约》中的一卷。施特劳斯引用的是钦定本(KJV)英文《圣经》。此处中译文按英文译出,同时参考了和合本中文《圣经》。

关切人类实际上充满罪恶(即人类被出卖给罪恶),或关切人类从罪恶中如何获得救赎,这种救赎是因为上帝自由的恩典,而非因为人类自身的绩效(merits)。

关于人和上帝的关系,[现代]产生了一种完全不同的、完全非圣经的观点,这种观点刻画了有利于坚持人类权利的精神氛围。首先进行这种刻画的是如下事实:人类从前意识到自己充满罪恶,此刻这种意识则退到幕后。基于独断论(In dogmatic terms),亚当的堕落不再具有决定性,甚至不再十分重要。现代的自然状态概念曾经关注这一点,因为对于纯洁自然状态和腐化自然状态之间的区别,现代的自然状态概念保持中立。①

英国清教徒令人类权利首次在实践和大众方面变得重要。英国清教徒中最伟大的诗人似乎认为,[亚当的]堕落不具备那种[被古人]夸大的重要性:亚当和夏娃"落下了一些自然的泪水,但很快抹去了这些泪水;整个此世存在于他们面前"。② 此世不再是泪水谷,而是变成了所有可能的世界中最好的那个,因为在最坏的情况下,罪恶也曾经只影响过大地,③而大地不过是一颗小行星,它所在的无限宇宙没有受到罪恶的污染。甚至大地很快也变成了一个潜在的乐园(paradise)。因为上帝严厉的正义和上帝的荣耀已让位于上帝无限的爱慈(unqualified loving kindness),让位于上帝高糖的甜蜜(sugary sweetness)——一位仁慈的父亲会给他的孩子们发糖,而不是杖责他的孩子们。培尔(Bayle)

---

① [施特劳斯自注]参我的《霍布斯》,页123,注2。[译按]《霍布斯》完整的出版信息:Leo Strauss, *The Political Philosophy of Hobbes*: *Its Basis and Its Genesis*, trans. Elsa M. Sinclair, Oxford: Clarendon Press, 1936, p. 123, n. 2. 对应中译本:施特劳斯,《霍布斯的政治哲学》,申彤译,南京:译林出版社,2001,页147,注54。这个注指向 T. Hobbes, *Leviathan*, introduction by A. D. Lindsay, London: J. M. Dent & Sons, 1914, p. 65。这一页在《利维坦》第13章。对应中译本:霍布斯,《利维坦》,黎思复、黎廷弼译,杨昌裕校,北京:商务印书馆,1986,页95第二段中间到页96第三段。

② 弥尔顿《失乐园》,卷十二,行645–646。

③ 在古代语境下,"大地"即此世,区别于彼世。

已指出过这一点,见于他反对圣经传统的诸论述之一。①

[236]有一种古老的观点把人视为此世的公民,那些偏爱一种更严厉语言的人曾把这种观点解释成如下意思:人作为此世的公民,有反对此世的主权者(即上帝)的权利。正是莱布尼茨曾说,在上帝的诸观念(the ideas of God)中,每个单子(monad)都有权利要求上帝在安排其他单子时眷顾它自己。在这方面,莱布尼茨和他最有名的反对者伏尔泰之间没有根本区别。在里斯本(Lisbon)地震②时,伏尔泰写下了几行诗,我现在将其译为散文:

> 相信我,如果大地打开一道道深渊,那么,我的抱怨很无辜,我的哭泣很正当……我尊敬我的上帝,但我爱这个宇宙。如果人类敢于抱怨这样可怕的不幸,人类就并不骄傲——唉,人类很敏感。③

上帝把人类创造为一种感觉着的存在者(a feeling being),这个事实使人类有权利抗议上帝的旨意(God's providence),即有权利坚持自己反对上帝本身的权利。

若问何为[这方面]可能的最强有力的主张,我们不得不转向康德。康德主张,正是通过[亚当的]堕落,人类变得与天使和上帝本身平等,因为人类主张自己是自己的目的。换言之,从这种主张中,衍生出了人类的尊严和权利,人类把这种尊严和权利不归于人类的被造,而是归于人类的起义,即[亚当的]堕落。[再换言之,亚当]从乐园中被逐是一种"变化",这种变化确实危险,却十足光荣。总结[康德的]这个观点,我们可以冒险地说,人类权利在如下这样一个世界里突显了出

---

① 可能在引用 Pierre Bayle《历史的和批判的词典》(*Dictionnaire Historique et Critique*),关于俄里根(Origen)的条目,评论 E,第 4 部分。

② 1755 年葡萄牙首都里斯本发生地震。

③ 伏尔泰原诗名为 *Poème sur le désastre de Lisbonne, ou examen de cet axiome*:"*tout est bien*"(1756)。引文中对"但"和"唉"的强调可能来自施特劳斯。

来,这个世界试图保存人类被上帝所造(man's being created by God)时的所有特权,却又蔑视[这些特权带来的]种种负担,但[前现代的人]曾认定,[人类]如此高贵的起源必须要求[人类扛起]这些负担。不过,这不可能是这个问题的终极论断。因为[我们]有理由认为,人类权利学说取得胜利,是因为采用了神学外观,但实际上,这种神学外观只不过给一种本质上非神学的努力涂上了保护色。

在谈论这种[本质上非神学的]努力之前,我想考察现代自然权利的道德暗示,以便[进一步]展示现代自然权利。尽管前现代的自然正当是一种服从的学说,或至少是一种遵守命令的学说(这里的命令不起源于人类意志),但现代自然权利是一种自由(freedom)的学说。不过,自由是一个含混的术语。自由似乎意味着,有自由(liberty)去做仅仅好、正义、诚实的事。自由似乎也意味着,有自由去同时做其他事。现代自然权利就培育这后一类自由,[我们]可以从如下例子认识这类自由。

洛克解释了,对财产的自然权利,不受[237]任何慈善(charity)义务的限制,而指向无限的资本积累。康德解释了,传播自己思想的自然权利,指向对他人说话或允诺,不论真诚且坦率,还是不真诚且不坦率。这就是说,言论自由不受真诚这种义务的限制。弥尔顿解释了,出版自己思想的自然权利,论证了人们可以正义地主张自己有不受审查的出版自由,这里的出版不仅包括出版合乎道德和正统的书籍,而且包括出版有可能"玷污生命和学说"的书籍。[①]

在人类权利学说的意义上,自由就是有自由既做好事又做坏事,这种自由只受一种东西的限制,这种东西就是,[一个人]认可所有其他人都有这同一种自由。这种自由不只追求理性,也追求非理性。我们不应该忽略,加诸这种自由的限制,即对他人的这同一种自由的认可,

---

① John Milton, "A Speech for the Liberty of Unlicensed Printing", in *The Prose Works of John Milton*, vol. 1, ed. Charles Symmons, London: T. Bensley, Bolt Court, 1806, p. 302。此文有单行中译本:弥尔顿,《论出版自由》,吴之椿译,北京:商务印书馆,2011。

非常脆弱。在贪婪本能的自由(the liberty of the acquisitive instincts)方面,如今几乎人人都承认上述脆弱性。因为造物主①为有些人赋予了强大的贪婪能力,这些人会高兴地承认,这种放纵自己贪婪倾向的自由(即这些人为自己要求的这种自由)同样也为他人所具备。因为这些人在这笔交易中不会损失任何东西。

现代自然权利的这些方面,必定一直自相矛盾且令人迷惑,只要人们不在更广阔的背景里思考这些方面。这个更广阔的背景就是,在现代的开端,[有人]曾尝试建立一种新政治科学。这种尝试源于这样一个信念:传统政治科学,根本上说,即古典政治科学,已经完全失败了。古典政治科学曾经尝试揭示最佳政治秩序,在可能的限度内,即在不假定人性有神迹式或非神迹式(miraculous or nonmiraculous)改变的情况下,这种政治秩序达到了美德——人类卓越性——的要求,而且实现这种政治秩序是偶然(chance)事件。

马基雅维利开启了现代政治哲学的起义,这种起义反对我们所谓古典政治哲学的乌托邦特性。这种乌托邦特性是[古典政治哲学的]这样一种导向,这种导向由最有利的条件下最佳可能的解决方案所支配。同时,这种乌托邦特性也是[古典政治哲学的]这样一种无能力或不愿意,即无能力或不愿意从偶然之外的因素之中期待实现最佳可能性。当我们指称现代政治哲学本身时,我们是在强调,现代政治哲学并非仅仅延续古典传统。事实上,现代政治哲学本身是对一种特定政治秩序的探究,实现这种政治秩序很有可能,②就算没法确定。现代政治哲学[238]关注如何保障可欲的政治秩序的实现,或关注如何征服偶然。

古典派和现代派都把可欲的秩序理解为自然秩序。不过,对古典派来说,实现自然秩序是偶然事件,而对现代派来说,实现自然秩

---

① 偏偏在这个现代语境里用"造物主"这个概念。对比第[235]页的"上帝高糖的甜蜜"。

② 本文区分probable[很有可能]和possible[有可能],后文会统一按这两种译法处理。

序是一种必然,或几乎是一种必然。因为只要没有愚蠢的人类干预,或者说到底,只要没有无知,自然秩序就会凭它自身在所有地方生成。因此,自然秩序的知识,以及这种知识的扩散,是实现自然社会秩序(the natural order of society)的决定性途径。知识的扩散如果不是决定性途径,至少也不可或缺。倘若没有斯密(Adam Smith)的教诲的影响,斯密所说的"看不见的手"不会造就自然的经济秩序。这就好像,倘若没有卢梭[本人]的帮助,卢梭在《爱弥儿》中所说的自然人不会生成。

尽管根据柏拉图的看法,只要哲人们不实施统治,恶就不会在诸城邦中停止,但根据现代派的看法,只要哲学不实施统治,即只要得知了哲学或科学结论的非哲人们不实施统治,恶就不会在诸城邦中停止。在时间的流逝中,人们曾变得越来越怀疑启蒙的结论,但人们没有放弃如下尝试,即保障可欲的秩序的实现。19世纪,人们不再期待启蒙,而是期待"历史",来提供以上这种保障——或者说,通过适者生存(the survival of the fittest),"自然"在进步中会通向可欲的终点。当今的观点非常期待,通过观念的自由市场,真理会出现。

如果人们想发现那种可欲的政治秩序或社会秩序,即很有可能实现的那种秩序,或有可能在所有地方实现的那种秩序,人们就不得不依据人们实际之所是,而非依据人们应该之所是,来找到自己的定位。换言之,人们不得不依据人们大多数情况下之所是,而非依据人们极少情况下之所是,来找到自己的定位。① 在极少情况下,人们才更不追求快乐、财富、荣誉,而更追求真理和正义。因此,现代政治哲学试图确立一个目的,这个目的比前现代的哲学或神学的目的都远远更低。只要人呈现出大多数情况下之所是,人就能达到这个目的。这种尝试取得了

---

① [施特劳斯自注]参《利维坦》,页77,以及《社会契约论》:调和正义和利益。[译按]如第[235]页注释所示,施特劳斯引用的《利维坦》版本是 T. Hobbes, *Leviathan*, introduction by A. D. Lindsay, London: J. M. Dent & Sons, 1914。此版本的页77对应中译本(见第[235]页注)的页113第三段到页114结束。

一种引人注目的成功:普遍自由和社会稳定相结合,在西方世界的某些地方,已经达成了一段时间,而且胜过去[即前现代]在这方面已经达成的一切。但正因为这是一个非常高的成就,人们曾经不得不为此付出很高的代价。[239]为了现代的福祉,即很高程度的普遍幸福,人类曾经不得不付出这个代价。这个代价就是把巅峰降低,就是把人类的终极目的降低。

仅仅从这个观点看,人们就能理解现代自然权利的诸特征。

(1)为了拥有一个有可能达到的目标,人们不得不把对最佳秩序的探究,替换成对有效政府(不论其档次高低)的探究,或替换成对正当①政府的探究。第一个备选方案通向马基雅维利主义和国家理性(reason of state)。第二个备选方案通向自然的宪法。② 换言之,最佳政治秩序这个古典观念与一个信念密不可分,这个信念就是,最佳政治秩序的存在取决于品格(character)极高程度的发展,即所有公民道德品格非常高度的发展。自然的宪法这种现代观念暗示,得到恰当建构的诸制度会完全——或决定性地——解决③政治秩序问题。

康德是现代最严厉的道德哲人,他抗议如下观点,即正当的政治秩序会预设一个由天使组成的民族。康德说,不!正当的政治秩序可以在一个由魔鬼组成的民族中建立起来,只要魔鬼有理智。④ 古典派远非看不到制度有多重要,对这一点的一项充分证明是,混合政府就起源于古典派那里。然而,对古典派来说,制度仅仅是建立或保障有德者统治的手段。制度并非理所应当取代美德。如果强调品格,人们就会承认,偶然至关重要。因为品格的形成取决于多少偶然

---

① legitimate:参第[222]页对此词的注释。

② natural constitutional law:对比第[230]页的"自然的宪法权利"(natural constitutional right)。

③ take care:直译为"照顾"。

④ have sense:参本书收录的《历史主义》一文第[77]页引用的赫拉克利特残篇:"博学并不教人有理智(have sense)。"此句中的"理智"在希腊文中作nous。

因素啊！如果强调制度，[人们]就会对征服偶然抱有远远更大的期望。

(2)根据前现代的观点，从自然正当的诸公理中，不可能演绎出自然正当更特殊的诸规则，因为所有更特殊的规则都允许有例外。在特定情况下，特殊规则和例外哪一个起作用，只能基于对环境的知识作判定，而且这种对"在环境中规则还是例外必定起作用"的判定应该凭借明智(prudence)或实践智慧作出。"在特定情况下什么会是正义的"这个问题，绝大多数时候没有普遍答案，而只有如下答案：一个有理智能力的①人在环境中会选择的就会是正义的。在此，要有实践智慧，就需要成熟，即需要经历过人和处境的所有种类和状态，且经历过多年。故实践智慧通常是长者的专属。因此，关于在更特定的情况下什么是正义的，人们要想得到很好的引导，就不得不[240]听从老人们的言语或著作。因此，在实践中，真正的自然正当不可能严格区别于 ius gentium[万民法]，后者即诸文明民族尤其接受的那种正当。因此，不可能[脱离 ius gentium 而]单独处理自然正当。

从现代观点看，前现代的观点似乎承认，存在极端的任意性、不确定性、偶然性这些因素。现代派反驳道，谁才能判定"谁是有理智能力的人"？如果在一个可设想的情况下，两个或更多有理智能力的人达不成一致，那么，应该做什么？这是一种不确定性，也是"一个有智慧的人会如何决定"这个原则的明显含糊之处，为了去除这种含糊之处，自然正当在现代变形为一个演绎系统[即现代自然权利]。因为凭借从自然权利的诸公理进行简单演绎，每个人都能发现，在特定情况下，什么依据自然权利而存在——而如果不能发现这一点，那么，这[处于人们面前的东西]就不会是自然权利，而且主权者不得不任意地决定这个问题[即这处于人们面前的东西]。因此，智慧和

---

① sensible：参上一个注。虽然 sensible 和上一个注中的 sense 同源，但在古代语境下，这个 sensible 指有 good sense[好的理智]，而不是仅仅有 sense。因为施特劳斯常把古希腊的 prudence[明智]（正文中本段出现过此词）译为 good sense。

愚蠢[在人们中]的自然分配并不平等,而且这种不平等不可预测——这种状况中暗示了,存在偶然和不确定的因素,但现代自然权利的几何学特征和系统特征根除了这样的因素。① 培根和笛卡尔曾经主张,方法把认知的机会平等化,从而跨越了有智慧的人和愚蠢的人之间的鸿沟。方法不只做到了这一点,而且具备额外的魅力,即让智慧成为多余。

(3)现在我们试图理解现代的自然状态概念。这个概念的特性并未暗示,无需人类现实地生活在社会里,或无需人类服从社会规训,人性便已是完整的。当亚里士多德说"人依据自然是政治动物"时,②他似乎在暗示,人类生活不可能外在于公民社会。③ 但实际上,通过["人依据自然是政治动物"]这句名言,亚里士多德意指,人依据自然而有能力生活在社会里。依据亚里士多德的看法,如果一个人并未现实地生活在社会里,那么,这个人不必然是一个残缺的人。④ 因此,从这种亚里士多德式观点出发,可以正当地区分人的自然状态和人的公民状态,即区分人归于自然的东西和人归于人类制度的东西。

其实,现代派和亚里士多德之间的区别是:亚里士多德着眼于人的自然完美性来判定人的自然状态,⑤而现代派判定人的自然状态时,仅仅考察平常人(normal human being)必然具备的诸属性。如果[241]以人的完美性界定人的自然状态,那么,即便要达到自然状态,人也得满足非常高的诸要求。但如果以每个人现实地具有的自然属性界定人的自然状态,那么,人只需满足最低的诸要求,倘若还存在要求的话。这就为勾勒一种社会秩序作好了准备,实现这种社会秩序似乎不太难,或

---

① 显然,这里的"根除"只是现代自然权利学说的声称而已。
② 亚里士多德《政治学》,卷一,章2,1253a1-4。
③ "公民社会"在现代有特指,但此处指古代城邦公民的社会。
④ 参那句名言的上下文。
⑤ [施特劳斯自注]请思考:依据现代派的看法,普通人(average man)完全外在于社会;依据亚里士多德的看法,只有更高的人(superior man)完全外在于社会。

并非很没可能(improbable)。①

马基雅维利为自然状态这个现代概念作了决定性的准备。马基雅维利看似比古典派更加相信偶然的力量,因为他不厌其烦地谈论 fortuna[机运]。但他不再把偶然仅仅理解成本质上不受任何人类控制的东西,而是也理解成这样一种东西,即不只可以使用而且实际上可以主宰的(mastered)东西。主宰偶然比使用偶然远远更伟大,甚至比最好地使用偶然也更伟大。因此,有这么两种人,一种人在有利环境下建立最佳政治秩序,另一种人通过主宰偶然而建立任何政治秩序;对马基雅维利来说,伟大的政治家不再是最好情况下的前一种人,而是后一种人。

除了由于这个原因,还由于马基雅维利不相信古典派的乌托邦主义,故马基雅维利主要关注建立政治秩序本身,即建立有效政府,而不管其档次高低。为了这个意图,马基雅维利不得不退回到每一种已建立的秩序背后,并理解伟人能够如何——或通过什么人类属性——从混沌中生产(produce)秩序。结论就是,伟人要做到这一点,不得不使用一些道德属性,并做出一些行动,而一旦伟人建立了秩序,伟人必然谴责这些道德属性和这些行动。因此,马基雅维利得出如下观点:公民社会产生以前的状态下的道德,本质地且正当地低于公民社会的常规道德,而且我们所谓自然状态下更低的道德——或者更准确地说,[公

---

① [施特劳斯自注]以上这种对亚里士多德的解释暗示了,道德本身必然预设社会规训,且不属于人的自然完美性。[对亚里士多德的]托马斯主义解释不同于[对亚里士多德的]阿威罗伊主义解释。参[亚里士多德]《尼各马可伦理学》,卷十;[伊本·图斐利]《哈义·本·叶格赞》(Hayy ibn Yuqdhân);巴伽(Ibn Bagga,又作 Ibn Bâjja)《离群索居者的统治》(Tadbîr al-mutawahhid)。参下文,页 XXX 以下。[柏拉图]《王制》(Republic),558b3 以下,以及 496c3-5。[译按]"托马斯主义"中的托马斯是阿奎那的"名",阿奎那是"姓"。伊本·图斐利的书有中译本:《觉民之子:哈义·本·叶格赞的故事》,王复、陆孝修译,北京:商务印书馆,2019。巴伽有更著名的拉丁化名字,即"阿维帕斯"(Avempace),他的《离群索居者的统治》有英文节译本,收于 J. Parens and J. C. Macfarland, eds., *Medieval Political Philosophy: A Sourcebook*, Ithaca NY: Cornell University Press, 2011。另外,施特劳斯此注中的"参下文,页 XXX 以下"所指待考。

民社会]建立时期更低的道德——以多种方式影响着马基雅维利建议的公民社会本身的道德。"征服偶然"这种观念导向,决定性地导致了现代[道德]标准的降低。

(4)前现代的政治哲学基于诸义务来界定其所设想的最佳政治秩序。因此,前现代的政治哲学[242]之所以是乌托邦式的,是因为人不大可能(not likely to)履行全面的(comprehensive)义务。为了勾勒一个很有可能实现的社会秩序,最有帮助的决定是依据权利而非义务来找到自己的定位。因为人的权利非常接近人的自我利益(self–interest),即每个人都能理解的人的自我利益。当然,并非每个人都发现了,人的义务和人的自我利益之间存在关联。因此,相比于信赖人类去履行自己的义务,远远更值得信赖人类去为自己的权利而战斗。

> [人们]很容易学习人类权利的教理问答,①[因为]其种种结论饱含激情。(柏克)②

[人们]不那么容易学习人类义务的教理问答,因为其种种结论并不饱含激情。在此,我们理解了现代自然权利的革命性,与之形成对比的是前现代的自然正当的保守性。

只要人们依据义务来找到自己的道德定位,人们就不得不在履行义务方面省察(search)自己而非他人。由此,人们就不会在主要和本质方面关注自己的统治者们有何恶行。同时,始终成问题的是,被统治者是否有权利因自己的统治者违反自然法而惩罚自己的统治者。③ 不

---

① catechism:显然是比喻性用法。

② Edmund Burke, "Thoughts on French Affairs", in *The Works of the Right Honorable Edmund Burke*, rev. ed., vol. 4, Boston: Little, Brown, 1866, p. 342.

③ 一个生动的例子是,罗马皇帝尼禄杀弟并弑皇太后(他的生母),他的傅保、一代贤臣塞涅卡没有不假思索地想要推翻他。仅仅在后来尼禄失道达到一定程度时,罗马人才推翻了他,当时塞涅卡早已被尼禄害死。参塔西佗《编年史》后半本书。

仅如此,被统治者也许不会尤其关注自己的统治者有何不道德。统治者违反自己的义务,不会自动招致惩罚。也没有什么自动确保统治者保持在自然法限度内行事。前现代的自然正当并不自我强制实施(self-enforcing)。一旦人们根据自己的自然权利来找到自己的道德定位,就会出现一个完全不同的情况。如果这是实情,统治者违反自然法限度,便恰恰意味着侵犯被统治者的权利,而且这实际上等于触碰伤口(touching them where it hurts)。所以,可以说,这就自动确保了自然权利的惩罚性条款得到强制实施。现代自然权利几乎自我强制实施。

现代自然权利对自我保存这种自然权利有所解释,这种解释很有可能是现代自然权利中最重要的要素。自我保存的权利暗示,有权利采用自我保存的方式——这毫无疑问。但问题在于:什么是自我保存的适宜方式?或者说,谁有权利决定多种多样方式的适宜性?依据前现代的观点,这种决定由有智慧的人作出。如果追查到这种思想的最[243]终结论,[可以说]这种思想导致人们承认,有智慧的人实施绝对且无责任的①统治是正当的。现代自然权利给出了截然相反的回答:不论有智慧还是愚蠢,每个人都依据自然而有权利选择自我保存的方式。

[这个回答的]理由可以陈述如下:尽管人们必定认为,愚蠢的人会作出愚蠢的选择,但人们也必定认为,比起自己的任何有智慧的建议者,愚蠢的人会更多考虑自己,必定对自己的保存更有兴趣。② 换言之,自我利益会填补智慧的缺乏(supply the want of wisdom)。出于所有实践意图或政治意图,每个人都比自己的任何有智慧的护卫者③能更

---

① irresponsible:这里不指"不负责任",从而不作贬义解。参施特劳斯,《自由教育与责任》,收入《古今自由主义》,叶然等译,上海:华东师范大学出版社,2019,页11。

② have a greater interest:interest 在此虽译为"兴趣",但随后则据文意而译为"利益"。实际上,此处的 interest 同样暗含"利益"之义。若然,则此处译作"有更大利益"。

③ guardian:柏拉图《王制》中的哲人王称为"护卫者"。

好地判断自己真正的利益——这种想法必然会导致民主的后果。这种想法很有可能是现代自然权利最重要的结论,而且我相信,这种想法也是支撑我们的民主原则的最强有力、最清醒的论证。我们把这种论证归于霍布斯和卢梭。

当现代自然权利生成时,它反对前现代的自然正当所谓的或真正的乌托邦主义。现代自然权利有意成为强调意义上的"现实主义的"。毋庸置疑,比起诉诸如此频繁又如此容易遭到嘲笑的美德,诉诸生命、自由、财产等权利远远更有吸引力且更有效果。我们应该开始追问:既然正如卢梭注意到的,这个现代的、现实主义的、没感情的(hard-boiled)世界已经用经济取代了美德,那么,这个世界难道没有从其自身中发展出一种远远更具毁灭性的乌托邦主义?既然[现代派]相信,通过降低自己的目的,一个人能确保实现这些目的,那么,难道这种信念不是乌托邦式的?既然[现代派]期待,社会和谐来自启蒙的自我利益,或来自启蒙的或未启蒙的自我实现,而非来自自我克服(self-denial),那么,难道这种期待不更是乌托邦式的?难道真的像现代论证假定的,人类如此不喜欢追求美德?

> Les hommes, fripons en détail, sont en gros de très honnêtes gens: ils aiment la morale[人类中有个别恶棍,但人类总体上非常正直:他们热爱道德](孟德斯鸠)。①

如果我们不理解前现代的自然正当,我们就不可能适宜地判断现代自然权利。前现代的自然正当的经典论述者是阿奎那。但正因为他是这样的经典论述者,正因为他的解决方案如此完美、如此优美,当人们从阿奎那的教诲出发时,人们才很难变得意识到自然正当的问题。为了理解自然正当的问题,人们应该把托马斯②主义学说[只]看作亚里士多德自然正当学说可能的解释之一。

---

① 孟德斯鸠《论法的精神》,章25,节2。
② 托马斯是阿奎那的"名",阿奎那是"姓"。

亚里士多德的学说当然需要解释。因为亚里士多德[244]在他的著作中只花了一页处理这个重大论题。① 因此,我们的头脑里首先产生的问题是:为什么亚里士多德关于自然正当说得如此少,以至于少到这种地步?对于柏拉图,甚至对于廊下派以前的所有哲人,这个问题同样存在。为什么至少显然在廊下派以前的哲学中,自然正当发挥着这样一种相对可忽略的作用?

通常的回答立足于对柏拉图和亚里士多德的通常解释,即对柏拉图和亚里士多德的黑格尔式解释。可以说,黑格尔把自然和习俗之间的古典区分,替换成了另一种区分,在这种区分中,一方是主观精神(subjective mind)及其反思性推理(reflective reasoning),另一方是在活生生的诸制度中表达自我的客观精神(objective mind)。在黑格尔的解释中,从前所谓的习俗成了客观精神的作品,或理性②的作品,或更高形式的理性的作品——这里所谓"更高"是相对于在个人反思中呈现自我的那种东西而言。对客观精神的发现,令黑格尔区别于康德和17、18世纪的理性主义。

基于这种观点,黑格尔解释了柏拉图和亚里士多德。黑格尔:18世纪 = 柏拉图和亚里士多德:智术师。③ 因此,[黑格尔]把柏拉图和亚里士多德的政治哲学理解成如下这种尝试,即把希腊城邦生活理解成理性或理念(Idea)的体现。在柏拉图和亚里士多德那里,不可能存在一种不同于希腊城邦生活秩序的自然权利。只有在希腊城邦消逝后(亚历山大),④自然权利才变得从城邦那里分离出来,也才变成一种无体现形式的规范(a disembodied norm)。

这种关于柏拉图和亚里士多德的观点站不住脚。对于黑格尔,最佳政治秩序必然等于某种现实秩序,但对于柏拉图和亚里士多德,最佳

---

① 可能指亚里士多德《政治学》,卷一,章2,1253a1-4前后。
② 本句中的两个"理性"(Reason)原文都大写了首字母。
③ 这里有意使用了数学符号。等于说:黑格尔之于18世纪,正如柏拉图和亚里士多德之于智术师。
④ 指亚历山大大帝开创的希腊化时代。

政治秩序有可能——而且甚至通常——不同于任何现实秩序,且超越于任何现实秩序之上。对于黑格尔,规定国家应该如何存在——这区别于在国家的内在合理性中(in its intrinsic reasonableness)理解国家——是愚蠢的。但可以说,柏拉图和亚里士多德恰恰致力于规定城邦应该如何存在。在这个决定性方面,柏拉图和亚里士多德与17、18世纪的理性主义和康德形成统一战线,共同反对黑格尔。因此,在解释廊下派之前的哲学对自然正当的相对沉默时,我们不得不采用另一种思路,或者说一种非黑格尔式思路。

[我们]也许可以把那种[相对]沉默的理由陈述如下。决定性的[245]理由是这样一种信念,即自然正当作为一种社会行为规范相当成问题。倘若没有一种根本上习俗性的正当来稀释自然正当,自然正当就不仅不足以给社会带来秩序,而且甚至会毁灭社会。

色诺芬的《居鲁士的教育》中讲了如下这个故事。① 少年居鲁士像所有其他波斯少年一样接受正义教育。② 一天,[老师]让居鲁士判断这样一个案子:一个大男孩有一件小外套,一个小男孩有一件大外套,大男孩拿走了小男孩的大外套,把自己的小外套给了小男孩。居鲁士判断道,这做得好啊。[老师]驳斥了居鲁士,[老师所用的]论证至今仍然普遍用于驳斥福利法学(jurisprudence of welfare)。为此,居鲁士挨了[老师的]教鞭,老师告诉他,[老师]没有要他判断什么是最适宜的,而是要他判断什么是正义的,即在这个特定情况下谁是大外套的正当持有者。这里的暗示如此明显:严格来讲,自然正当的事情就是适宜的事情,但自然正当的导向会破坏整个既定的生活。

柏拉图的整部《王制》间接呈现了,自然正当的事情会如何摧毁几乎每一件我们珍视并认为正义的事情——财产、一夫一妻式家庭、乱伦禁忌、老年特权等。严格意义上,自然正当会是,真正有智慧的人拥有绝对且无责任的权力,并基于此而给每个人分配每个人真正值得的东

---

① 色诺芬《居鲁士的教育》,卷一,章3,节16-17。施特劳斯在《自然正当与历史》中也讨论了这个故事(见中译本《自然权利与历史》第149-150页)。

② a school of justice:直译为"正义学校"。

西,即每个人真正适宜的东西,也就是使每个人成为更好的人的东西。自然意义上正当的事情是自然意义上更高的人实施统治,但这种自然正当与人们普遍相信正当的事情相互冲突。人们相信,正当的事情是,每一种社会秩序都应该立足于同意,不论那些表示同意的人有智慧还是愚蠢。

唯一能够实践的解决方案是,以人们认为正当的原则(即同意)来稀释自然正当原则(即智慧统治),①即以习俗正当原则(即平等,或者说所有人轮流统治和被统治)来稀释自然正当原则(即不平等)。② 或者用一个更具体的例子来说,亚里士多德区分了依据自然正当而存在的奴隶制和依据习俗正当而存在的奴隶制。一个人可能在自然上是自由人,却依据习俗正当是奴隶。此人之为奴隶,是反自然正当的,却是正义的。此处潜在的观点是,从一种引发冲突的(conflicting)习俗正当诉诸自然正当,会摧毁既定的社会生活。

这个难题甚至会发展得更严重。自然[246]正当是,有智慧的人实施绝对统治。当然,这种统治服务于不那么智慧的人或不智慧的人的利益。但这里产生了一个可怕的问题:更好的服务于更差的,更高的服务于更低的,这能是自然正当的吗(参迈蒙尼德《密示拿笺注》[Comm. on Mishna]——海涅曼,《超人》;③[亚里士多德]《政治学》,1254b33以下)?④ 如果社会生活可以排除虚构或神话或高贵谎言,自然正当才可能本身成为一种社会行为规范。但实情恰好相反:并非真理而是意见才是社会生活的要素(除了可参考[柏拉图]《王制》,还可

---

① [施特劳斯自注][柏拉图]《法义》,757,另请对比[柏拉图]《王制》,501b。[译按]这里的757指757a-e。另外,本条注释及下一条注释均为施特劳斯夹在正文中的注释,由于中译文此处容易眼花缭乱,故均挪为脚注。

② [施特劳斯自注][亚里士多德]《优台谟伦理学》,1242b28以下。

③ Heinemann, *Uebermensch*:完整出版信息可能是 Isaac Heinemann, "Der Begriff der Übermenschen in der jüdischen Religionsphilosophie", in *Der Morgen* 1 (1925)。

④ [施特劳斯自注]有智慧的人不会选择实施统治([柏拉图]《王制》卷一)。[译按]参《王制》347d6-8。

参考我所藏的卢梭著作,331,①页2以下)。②

亚里士多德极端限制自然正当这个话题[的展开],从而调和了这个难题与对自然正当的明显需要。根据亚里士多德,自然正当依据自然而通行于一个政治社会的所有成员之中。本质上,[亚里士多德]把自然正当限定在这个群体的成员之中,即限定在一种 Binnenmoral[道德之内]的范围当中。但这显然造成了新的难题。这最简单地体现为,对于亚里士多德的自然正当,阿奎那的解释方式和伊斯兰-犹太哲人们的解释方式截然相反。根据阿奎那的看法,亚里士多德的教诲是,存在一种自然正当,而且这种自然正当的原则不可改变,即完全不存在例外。根据伊斯兰-犹太哲人们的看法,亚里士多德的教诲是,不存在严格意义上的自然正当,却存在一种习俗正当,即所有政治社会的必然习俗,而且这种准自然正当(quasi-natural right)完全可以改变,即存在例外。这种"阿威罗伊主义"③解释明显违背了亚里士多德的一个直接主张,即"存在一种自然正当"。另一方面,那种托马斯主义解释同样明显违背了亚里士多德的一个直接主张,即"所有自然正当都可以改变"。我主张如下解释。

---

① 据原编者所说,这里引用的是卢梭的《论科学与艺术》。但331指什么,并不清楚。

② [施特劳斯自注]基尔克,《阿尔图修斯》英译本,页337,注25:"主人身份和所有者身份的存在,导致违反纯粹自然法。"页114,注12:埃吉狄乌斯(Aegidius Collonna)第三卷第1部分第6章认为,国家有三种可能的起源:第一种是纯粹自然的起源,即从家族中生长出来,第二种是部分自然的起源,即 concordia constituentium civitatem vel regnum[公民政制和王权政制的调和],最后一种是仅仅靠强力和征服。纯粹自然的 = 仅仅正义的。[译按]《阿尔图修斯》英译本出版信息参第[225]页注。埃吉狄乌斯又叫罗马的吉勒斯(Giles of Rome),是13世纪末、14世纪初的神学家,施特劳斯此处引用的是他的《论元首政制》(De regimine principum)。参 C. F. Briggs, *Giles of Rome's De regimine principum: Reading and Writing Politics at Court and University, c. 1275 – c. 1525*, Cambridge University Press, 1999。

③ 参施特劳斯,《如何着手研究中古哲学》,收入《古典政治理性主义的重生》,重订本,潘戈编,郭振华等译,叶然校,北京:华夏出版社,2017,页293。

亚里士多德没有把自然正当理解成任何规则，而是理解成对特定情况的一些正义决定，这些决定仅仅要么立足于[247]交换正义原则，要么立足于分配正义原则，意即这些决定并不预设任何实证正当。例如，如果一种实证法不包含任何任意要素，或者说，如果在不包含任何任意要素的情况下，一种实证法正义地解决了一个特定时间里一个特定国家产生的问题，那么，这种实证法就是自然正当。因此，如果一个东西的价钱等于劳动的价值加上这个东西的生产者的开支，这就在自然上是正当的。或者说，如果罪与罚相称，这就在自然上是正当的。又或者说，如果一个共有的企业依据每个成员的入股比例分配利润，这就在自然上是正当的。又或者说，如果国家依据[人的]品性等标准分配公职，这就在自然上是正当的。又或者说，如果人们想获得自然正当的规则，对谋杀、偷盗等行为的禁止之类的规则就会是自然正当的规则。

可是，在使用交换正义原则和分配正义原则时，或在使用任何普遍或特殊的自然正当规则时，始终要服从一个关键限制，即这种使用不应该与整个共同体的存在之间有严重冲突，亦即这种使用不应该现实地危及整个共同体的存在。所有自然正当规则都要服从如下条款：salus publica suprema lex[公共福祉即最高的法]。作为一个规则，自然正当的诸原则应该得到实行，但在例外情况下，对 salus publica[公共福祉]的考虑正义地胜过自然正当的诸原则。由于自然正当的诸原则作为一个规则而得到实行，故所有教育都应该仅仅传达这些原则。为了有效地这么做，应该没有任何限定地传授自然正当的诸规则。所谓"没有任何限定地"，是指没有"如果"和"但是"，比如在"汝不应杀人"之后直接划上句号。删除所有限定，使自然正当的诸原则有效，却同时使这些原则不真实。关于自然正当任何无限定的规则，阿威罗伊都是正确的：[他认为，]这些无限定的规则不是自然正当，而是习俗正当，哪怕是所有公民社会的一种必然习俗。

如果我们考虑到，阿奎那求助于神性分配，从而可以允许自然正当的诸规则有例外，那么，阿奎那和亚里士多德之间将显得没有那么大差异。阿奎那能够主张，自然正当的诸原则不可改变，仅仅是因为他承认，除了存在自然正当，还存在一种神性正当。（[阿奎那]《神学大全》,第二部分,第 2 篇,问题 64,第 6 条,第 1 款;基尔克,页 340,注 39:①"为了那个全能的会议(the omnipotent Council)的利益,兰多夫(Randorf)主张,如果那个会议的福祉需要的话,那个会议就会抛弃道德法。")

[248]自然正当的所有规则都有例外。但任何普遍规则都无法让我们预先决定,什么情况要用这个规则,以及什么情况属于例外。这些只能基于对环境的知识来决定("这些环境对某些人来说毫无意义"),而且只有具备实践智慧的人们能正当地做出这些决定。

自然正当的例外包括:陶片放逐法(Ostracism),即对无辜的甚至有德的人们的惩罚(参[孟德斯鸠]《论法的精神》,章 26,节 16 以下);刺杀潜在的僭主;间谍活动,这至少不可能不说谎,或欺骗,或煽动叛乱!在此,人们可能还会想到,孟德斯鸠说过,在有些情况下,为了自由,人们不得不暂时为自由蒙上面纱(同上,章 12,节 19)。

可以说,亚里士多德的自然正当学说是在回答如下问题:目的是否论证了手段(意即任何手段,甚至不义的手段)是正义的? 亚里士多德认为,作为一个规则,共同之善(the common good)就是目的,但它仅仅论证了正义的手段是正义的。salus publica[公共福祉]是国家更长远的意图,正义是国家最紧迫的意图。作为一个规则,在后者之中,前者完全被吞噬。但在例外情况下,作为目的的共同之善论证了对真正正义(justice proper)的违背是正义的,换言之,使违背真正正义成了真正正义的。但正如我们把毒药(poison)的分配仅仅委托给有技能且诚实的医生,我们也把这种政治毒药②的分配仅仅委托给政治共同体(body politic)最有技能的医生,即真正的政治家。

---

① 所指著作的出版信息参第[225]页注。
② "这种政治毒药"即前一句中的例外情况。

论柏拉图政治哲学新说之一种

彭磊 译

[中译编者按]原文刊《社会研究》(Social Research 13:1/4,1946),页326-367。洛维特曾就此篇书评与施特劳斯有过书信讨论,见《回归古典政治哲学:施特劳斯通信集》(朱雁冰、何鸿藻译,北京:华夏出版社,2006),页324-335。

一

韦尔德(John Wild)教授论柏拉图的近作并不全然是一部历史著作。① 怀着满腔革新者的热切之情,他阐述了柏拉图关于人的学说,意图对"文化哲学"进行一次根本性的重新定位。韦尔德彻底不满于现代哲学的方方面面,又不想苟安于托马斯主义(Thomism),于是他转向了古典哲学——柏拉图和亚里士多德的教诲,以之作为真正的教诲。当下,极少数人对接受他的基本前提作好了准备。但可以预见,他的著作在这个国家([译按]指美国)所引发的这场运动或许在多年后影响会日益深远和重要。不管一个人

---

① John Wild,《柏拉图的人论:走向现实的文化哲学》(Plato's Theory of Man. An Introduction to the Realistic Philosophy of Culture),Cambridge:Harvard University Press,1946。[译按]John Wild(1902—1972),时任哈佛大学哲学教授。除上书外,还先后撰写过《柏拉图的现代敌人与自然法学说》(Plato's Modern Enemies and the Theory of Natural Law,1953),《存在主义的挑战》(The Challenge of Existentialism,1955)等等。

会怎样评价韦尔德的论点,或者评价他的书,与我所知的近来公开提出的任何其他问题相比,他的著作底下的问题——他的论点就是对这一问题的一种回答——更加深入地触及了社会科学各种问题的根基。

这一问题涉及与古典路向(classical approach)截然不同的整个现代路向(modern approach)的正当性。在一个多世纪的沉寂之后,这一问题重新唤起了所谓"古今之争"(la querelle des anciens et des modernes)的命题,一般都假定,这一命题已经解决了,即便不是牛顿和卢梭,那至少黑格尔已经解决了。韦尔德的书确切地表明,这一表面上过时的命题再度成为一个问题。确实,只有那些敢于冒险踏入明智者不敢涉足之地的人才会宣称,这一命题已经找到或能够找到一个充分的答案。我们几乎还未开始认识这一命题蕴涵的意义和范围。韦尔德书中的这一根本问题必须引起每位社会科学家最认真的关注,假使他不想做或者不想被称为一位蒙昧主义者(obscurantist)的话。

在我们眼前,现代文明在行动层面上正经受着极为严峻的考验,与之相伴,现代文明的原则遭受着一种日益坚决的理论性抨击。不能仅仅以辩护来回应这种抨击。可辩性(defensibility)并不是真理。这个世界到处是可为之辩护的立场,而这些立场彼此却互不相容。退守于对一种立场的辩护,这意味着声称既有规则的好处(claim the advantages of prescription);但是,这或许是在保卫某种并未受到不偏不倚的第三方考察的既得利益,如果没有经受这一合理的怀疑,就无法享有这些好处。声称既有规则的好处尤其对那些现代原则的追随者们不相宜——现代原则与把人的心智从一切偏见中解放出来的要求密不可分。可以说,为一种立场而辩的决绝之心要承受失去一种最重要的自由,而正是对这种自由的践行导致了现代冒险的成功:辩护者们经受不起丝毫的质疑。现代原则的追随者们无力与现代原则拉开关键的距离,他们不是从自己惯常的视角而是从对手的视角察看那些原则,他们已经承认失败:他们通过自己的行为表明,他们的原则只是对一个既定立场教条般的固着。

对现代原则的抨击的正当性奠立于这些原则自身之上,面对这些抨击,唯一的回应就是对现代原则进行自由与不偏不倚的重审。这样一种重审所采取的方法是受现代原则的性质所限定的。在与古典哲学原则的对立中,并且借由对古典哲学原则的转换,现代原则发展而来。直到今天,现代原则的追随者们之能够确立现代原则的地位,无不是通过对古典原则明确甚或激昂地进行抨击。因此,对现代原则的自由检审,必然要以它们与古典哲学的原则自觉的(conscientious)对峙为基础。

拿中古哲学的原则来与现代原则相对峙并不足以作为重审现代原则的基础。概而言之,中古哲学与现代哲学有一个共同之处:尽管是以不同的方式,两者事实上都受到了《圣经》教义的影响。如若拿中古哲学来与现代哲学相对峙,这种影响未必会成为一个批判式研究的主题,而如若拿古典哲学来与现代哲学相对峙的话,它必定会即刻成为关注的核心。此外,现代哲学的奠基者们攻击的并非中古哲学,而是古典哲学。无论如何,现代政治哲学的奠基者们设想他们的工作直接与古典哲学的各种形式相对立;在他们的著作中,一些段落最为清晰地表述了他们的意图,其中,他们甚至没有把中古哲学视为一位有分量的对手而提及。①

有人错误地相信,从哲学史家的著作中,可以轻易地获知彼此冲突的原则,尤其是古典哲学的那些原则。古典哲学的现代学人都是现代人,因而几乎无可避免地都是从一种现代视角来着手古典哲学。研究古典哲学,只有同时对现代原则进行坚决而无情的反思,并由此从对这些原则的天真的接受中解放出来,现代人才有望能充分理解古典哲学。是否有哪项研究完全满足了这一必需的要求呢,这值得我们认真怀疑。其迹象之一就是,事实上罕有谁没有大量运用现代术语来研究古典哲学,并不断地把非古典的思想带进据称是对古典哲学的确切表达之中。

直到不久前,现代哲学绝对优于古典哲学这一假设才成为早期哲

---

① 参见马基雅维利,《君主论》第 14 和 15 章(对观《李维史论》,前言及第 58 章);博丹(Bodin),《国是六书》(*Six livres de la Répulique*),前言;霍布斯,《论公民》(*De Cive*),XII 3(对观前言)及《利维坦》第 21 章。

学的大多数学人的出发点。这样一来,他们就被迫努力要比古典哲学理解自己更好地理解古典哲学,这意味着,他们不能全心依从真正的历史理解的要求,或说不能依从历史确切性的要求,而根据这种历史确切性的要求,一个人就得如同故去的思想家们理解自己一样来理解他们。显然,越充分地理解古昔的思想,就会越发对古昔的思想兴趣浓厚;可是,如果事先就认为现今的思想绝对优于古昔的思想,那就不会对古昔的思想有严肃的兴趣,不会凭哲学的激情而被其所吸引。

下一事实可以确证这一点。普遍接受的观点认为,与18世纪的哲学相比,"历史学派"(the historical school)——就这一术语的宽泛意义而言——带来了更好的历史认识,而且更敏锐地意识到历史确切性的要求:这些"浪漫主义者"不相信他们的时代本质上优越于古昔。特别是在1800年左右的德国,我们能够观察到哲学兴趣和历史兴趣的融合,这种融合受对古典世界的"灵魂的渴望"(longing of soul)激发,而对古典哲学的现代研究正是从这种融合中破土而出的。对古典哲学的现代理解所取得的伟大成就和失败都能追溯到那具有深重影响的岁月:如果有谁仅仅因为施莱格尔(Friedrich Schlegel)和黑格尔等人的诸多断言已经被其追随者或反对者们否决,而认为他们的基本思想已经不再是我们理解古典的哲学根基,那他就只是在自欺欺人罢了。受席勒(Schiller)对"素朴的诗"与"感伤的诗"的分殊的指引,这些思想家随之认为:古典思想是"素朴的",即直接与生命相关,古典思想也正因此缺乏对现代式的"自我意识"的"反思"。因此,不论这些思想家的历史理解超越了启蒙运动多少,对于现代哲学和古典哲学各自的优点,他们的最终评价却与其前辈如出一辙,因为,至少从哲学的视角看来,素朴(naivete)的瑕疵盖过了其光彩。这一看法早已盛行,如今依旧盛行不衰:尽管发现了"历史",或恰恰因为对"历史"的发现,古典哲学没有提出根本性的、涉及"主体性"的"反思"特征的问题,而随着现代的发展进程,这些问题愈加清楚地提了出来。

与其说我们时代平庸的史学家是黑格尔本人的精神后裔,不如说他们是19世纪历史主义(historicism)的精神后裔。历史主义假定所有的时代都同等"接近"(immediate)于"真理",并因此拒绝参照我们时代的"真理"而评价古昔的思想。历史主义的目的就是,举例来说,要如柏拉图理解柏拉图自己的思想一样来理解柏拉图的思想,或者参照柏拉图思想(而非现代思想)的核心观点来阐释柏拉图的表述。然而,它始终无法实现这一目的。历史主义假定,一般而言,在其他方面相同的情况下,所有时代的思想都是同等"真理性的"(true),因为每种哲学本质上都是其时代的表达;①历史主义对古典哲学的阐释正以这一假定为基础。但是,古典哲学宣称它教授了独一真理(the truth)而不仅仅是古希腊的真理,它是不能依据这一假定而得到理解的。历史主义认定古典世界的这一宣称缺乏理据,即便不是荒谬透顶,由此它就如启蒙运动和德国观念论(German idealism)一样断定现代路向(因为历史主义当然也是典型的现代产物)绝对优于古典路向。与其他现代学派一样,历史主义几乎没有为以古典哲学理解自己的那种方式来理解古典哲学的真正的历史努力提供一种哲学动机。

为了理解古典哲学,必须对它有严肃的兴趣,必须尽可能严肃地看待它。但是,如果不准备考虑这一可能性,即古典哲学的教诲完全就是真理性的,或古典哲学绝对优于现代哲学,那就无法对它有严肃的兴趣,也无法严肃地看待它。对受珍视的现代信念的任何偏见,都不应该妨碍历史学家们姑且依赖古昔的思想家们。当他开始钻研古典哲学时,他必须停止以他从孩童时就熟悉的现代路标作为方向;他必须要学会以那曾指引了古典哲人们的路标作为方向。那些古老的路标不是即刻可见的;厚重的灰尘和石砾蒙盖了它们。对古典的真正理解,其最明显的、尽管绝非最危险的障碍就是教科书和许多专著所给出的肤浅之论,它们似乎用一句套话就倾尽了古典哲学的奥妙。要想使用那些曾引领古典的路标,必须先复原它们。而在此之前,这位史学家难免陷

---

① 在一种今天颇为流行的观点看来,历史性的论题能够由历史证据证明:据说,历史证据能证明所有的哲学学说都是"相对于"(relative)它们的"时代"的。即便如是,也从中推导不出任何东西,因为一个学说之于其时代的"相关性"(relatedness)本质上是模糊的,而且未必意味着这一学说取决于其"时代";一个特别的时代或许特别有助于独一真理的发现。

人十足的困惑：他惊觉自己处身于黑暗之中，只有他的无知之知，亦即关于他什么也不理解的知识，在照亮这黑暗。当他开始钻研古典哲学时，他一定要知道，他踏上了一场旅途，而这场旅途的终点完全杳不可见。启程离开了我们时代的岸边，他就不会不为所动地返回那里。

我们没有充分地阐释古典哲学，这归因于我们欠缺这么做的哲学动力。现在，这一欠缺首次得到了弥补，因为经过几代人，我们洞见到对现代原则做一次自由的重审的必要性，这一重审必然预设对古典哲学的充分理解。初看之下，这一结果仅源于要求历史确切性，实际上则源于要求对我们的基本设想做一哲学重审。如上所述，在当前的情势下，坚持哲学与史学之间的根本区别，一个事关哲学存废的区别，或许是甚为误导人的，甚至对哲学自身是危险的。

二

我们讨论了评价现时古典哲学方面的著作应当所持的标准，以此为基础，我们现在要转向韦尔德论柏拉图的人的学说的著作了。非常清楚的是，不管一些读者怀着怎样的疑惑，对韦尔德来说，古今之争已然消弭。他站在古典一方认为，古今之争彻底平息了。在处理了这一理论性、根本性问题之后，他得以据古典教诲为基础继续致力于一种实践性或政治性的目的。

这带来了危险的后果。古典教诲无法产生即时的实践效用，因为今天的社会不是城邦（polis）。说人一成不变，说现代社会与古典著作所展现的社会之间的差别仅仅在于前者比后者更"复杂"，或者仅仅在于规模上的差别，这并不能说明问题；因为，即便如是，古典著作恰恰认为规模对于决定一个社会的品质至关重要。具体而言，柏拉图关于僭政的教导确实对理解今天的"极权主义"（totalitarianism）不可或缺，但简单地把"极权主义"等同于古代的僭政，就会曲解这一当代现象；在这里仅指出一点就足够了，即今天的"极权主义"本质上是基于"意识形态"，最终是基于通俗化的或被歪曲的科学，而古代僭政并没有这样一种基础。正因为现代社会与古典著作所展望的社会之间有着许多本质差异,所以古典教诲无法即刻应用于现代社会,只有使之变得(made)能应用于现代社会,这就是说,必须将它现代化或对它加以歪曲。

韦尔德并非没意识到他所面对的危险。他的书一开篇就声明如下:"这本书不是试图如人们通常理解的'历史性'评注那样阐述整个柏拉图的哲学,甚至也不是要阐述柏拉图哲学的某个单独部分。与揭示柏拉图的思想相比,它的目的更多在于,以哲人柏拉图作为向导,揭示人类文化的性质以及这种性质的倒转。尽管视史学为古代研究的观点或许对这样的目的感到陌生,但我确定柏拉图对此一定毫不陌生。"当然,柏拉图把"最佳政治秩序"这一哲学问题看得比"某某人关于最佳政治秩序的思想"这一历史问题重要得无比多;所以,柏拉图从未就别人的"关于人的理论"写过任何书。同样肯定的是,比起一项捉襟见肘的哲学研究,柏拉图无疑更心仪一项力所能及的历史研究:"与不自量力地完成一项重大任务相比,漂亮地完成一项小任务更好。"

假如韦尔德以自己的名义来阐述了他自己的"文化哲学",或者,学习莫尔爵士(Sir Thomas More)的好榜样,像他那样写了一部大胆模仿《王制》(Republic)的作品,①也就是说,假如韦尔德敢于承认这实际上是自己的教诲,而不是拿柏拉图的威名作为挡箭牌,那么他会更接近柏拉图的这一精神:漠视甚至鄙视单纯的历史真实。如此一来,他也就能随意利用一切场合表明自己从柏拉图那里受益良多。

著书讨论柏拉图"关于人的理论",韦尔德就此踏上了这场非柏拉图式的冒险之旅,因而他就没有任何权利诉诸柏拉图对历史真实的置之度外,并且不得不屈从于历史确切性的标准。他既没有达到这些标准,也没有围绕着"关于人的理论"或"实在的文化哲学"写出一部非历史性的著作,这些失败仅仅造成了这一结果:他并没有当真

---

① [译按]指莫尔所著之《乌托邦》(参戴镏龄中译,商务印书馆,2006)。

被迫证明他最重要的主张。这将他暴露在如下危险中:他会用某种表明正在讨论的观点具有合理性的哲学推理,取代对柏拉图持有该种观点的历史性主张的证明;并且,他还会征引柏拉图断言某些哲学论题的字句来取代对那些论题的论证。比如,他无疑相信一种自然神学必要且可能;①既然他写的这本书论述柏拉图,他就能仅仅征引柏拉图的字句——这些字句所暗含或所证明的就是,理论理性不假外物就可以认知上帝的存在——而他就不需要自己直接来论证上帝的存在。

韦尔德拒绝阐述柏拉图"关于人的理论"的整体,他又认为对古典教诲的拒绝造成了我们的灾难,两者是相矛盾的;因为,假如他的看法对头,那就必须得先从整体上复原古典教诲,才可能思考从中择取的部分。在完全复原之前,每种择取都是武断的,所秉持的原则只会是现代的偏好。如果古今之争确乎是最高的命题,那么用一种现代化了的柏拉图教诲取代全然现代的教诲,这么做只会混淆这一命题。

出于我们所说的原因,韦尔德被迫假定,我们能在古典教诲中发现我们的现代问题的解决之道。我们的问题是由现代哲学的缺陷所造成的。因此,不得不设想古典作家能给我们提供一种对现代病的分析、诊断与疗治。韦尔德以古典哲学的"实在论"(realism)反对现代哲学的"观念论"(idealism),他还断定,"观念论"等同于被柏拉图当作智术(sophistry)的现象。②

将现代哲学等同于智术,这确实颇有诱惑力,而且韦尔德并不是屈服于这一诱惑的第一人。但是,这种等同经得起推敲吗?韦尔德的攻击主要针对德国观念论,后者一直倾向于设想它与启蒙哲学的关系类似于古典哲学与希腊智术师的关系。事实上,韦尔

---

① 韦尔德,前揭,页 11、30、109、220、229、290、292。

② 韦尔德,前揭,页 4 及其下,页 12 及其下,页 21、234、249、254、271、301、304、页 310 及其下。[校按]这里 idealism 亦作"理想主义"或"唯心主义"。

德有时给人的印象是，他只不过把"智术师运动之于古典哲学就如启蒙运动之于德国观念论"这一论题置换成了"智术师运动之于古典哲学就如德国观念论之于韦尔德"。事实上，虽然德国观念论从未忽略各种形式的现代思想与各种形式的古典思想之间的根本差异，而韦尔德却仅仅满足于径直（tout court）把观念论——尤其是现代观念论，德国的以及非德国的——比附于智术。假如他认真考虑自己在这一点上的那些主张，他或许就只能断言，智术是现代哲学本质上非智术的、真正哲学的努力所造成的遥远的、间接的、无意的甚或必然的结果，他或许还得费心为这一影响深远的论断提供一些非修辞的、非智术的证据。①

韦尔德本人的犹豫充分说明了把观念论等同于智术这一做法所面对的困难。一方面，他无条件地将观念论等同于智术（页311）；另一方面，他又断言观念论是智术的根源（页271、279以降、79），因而观念论不同于智术。他暗示观念论仅仅是智术的根源之一，由此更加减轻了观念论的罪名。他说，智术的根源是"超验的混淆"（tran-

---

① 韦尔德提到了"观念论"的下列特征：本体论从属于逻辑学（页2）；否认思维的意向性（页280、301）；认为"万物都在不停地思维，或说，没有无意识的或不思维的思想"（页214）；将质料与形式即思维的对象混淆起来，并因此否认物质、运动和变化（页5、234、238、290）。关于这一主题，他的最后评价就是：观念论等同于"混淆人与造物主"（页311），即等同于这样的观点，亦即全部意义、秩序和真理都源自"意识""理性""主体""人"或存在（Existenz），或都与它们相关。（比较胡塞尔，《纯粹现象学的观念》[Ideen]，页47、49、55，以及海德格尔，《存在与时间》，页44，另见《胡塞尔纪念文集》[Festschrift für Edmund Husserl]中的"根据的本质"[Vom Wesen des Grundes]，Halle 1929，页98及其下。我提到胡塞尔和海德格尔是因为他们最为清楚地揭示出，韦尔德把观念论等同于否认意向性，等同于本体论从属于逻辑学，这并没有触及问题的根本。）

韦尔德的立场反对德国观念论，也同样反对英国经验主义。不过，他选择把德国观念论作为最终的祸根。谁宣称自己是一位柏拉图分子，那他就有责任强调，德国观念论事实上试图复原柏拉图和亚里士多德教诲的重要成分以反对西方（英法）哲学，即便它所基于的是西方哲学所奠定的根基。

scendental confusion),某些"超验的混淆"造成不同于观念论的谬误,这些谬误也造成智术(页229以降、234、297)。但是,即便"超验的混淆"也未必就是智术的最终根源,因为它时而被说成"智术的终极根源"(页232),时而又被说成"近乎智术的根源"(页238)。受其引导,我们一步步地得出这样的观点:"超验的混淆"会造成观念论,也会造成其他异端邪说;观念论会造成智术,其他谬误也会造成智术。这种观点貌似有理但并没有什么见地,因为即便真理也会被智术式地滥用(页273)。

对于这一点,可以想象韦尔德或许会如下回答:"超验的混淆"是一种"能动的趋向"(active tendency),这一趋向按照自身的法则走向"智术无法再超越"的一个极端,换而言之,走向"千古卓绝的智术师先祖"普罗塔戈拉(Protagoras)的立场(页239);而且,普罗塔戈拉的立场就是观念论(页239、254、306)。难以理解,一个人怎么能将普罗塔戈拉的"观念论"与康德、黑格尔或胡塞尔的"观念论"看作根本一致呢,况且,据韦尔德在别处所说,智术能够超越普罗塔戈拉,走向"十足的自然主义"(页254)。换句话说,把现代哲学中的观念论与智术相等同,从而暗示康德和胡塞尔之流都是"主观主义的骗子",说他们"听命于(观众)的感官喜好……而且不关心真理","用一点论证技巧和劝说的本领"炮制出"一种原创理论",让它"看上去起码像真理一样好,就算不能比真理好很多的话"(页284、310;最后一句引文所在的段落明确探讨了智术的实质),这些做法无疑出离了正当的论辩热情的限度。婉转一点说,韦尔德取得了莫大的修辞成就,成功地激起了读者对那些为"超验的混淆"或"超验的漠然"难辞其咎的卑劣之徒的怒火(页297),而他并未使人信服的是,普通的混合或普通的漠然必然是对"超验力量"(transcendental agencies)过于集中的沉思所带来的结果(页298)。

为了看清韦尔德怎样得出他的奇论,我们只需要将他所认为的智术的实质与现代观念论最突出的特征加以对比。他断言,智术实质上就是构建关于实在的"理论""系统"或"观念复制品",而哲学"的任务完全在于如其所是地捕捉(实在)"(页280、308、310)。现代观念论明确认为,存在是由"主体"的自发性所"构建"或"组成"的,或者说取决于"主体"的自发性;无论如何,"古典"形式的观念论所基于的观点却是,我们能够真正理解的只有我们"制作"或"构建"的东西。构建"诸多主体理论",是因为有人否认科学与意见或感知之间有着根本区别(智术),构建"观念的""模式",则是因为有人认为,只有这样的建构才使得知识得以区分于意见或感知(现代观念论)——但是,这两者在世上难道不是处处不同?依照韦尔德对智术这个词的理解,现代观念论迥异于智术,甚至连相似也谈不上,现代观念论的成败在于柏拉图-亚里士多德对科学与意见或感知所作的区分。

韦尔德不能正确看待现代哲学,①这归因于他没有认真思考现代哲学为什么会反叛古典传统这一问题,换句话说,他没有认真思考古典哲学曾经暴露出并且依然暴露出的困难。在古典作家看来,科学预设世界是可理解的,而且柏拉图和亚里士多德认为,假如理智(intelligence)不"主宰"这个世界,那么世界可理解这一点就不可能。有人为了简化讨论或许会说,古典知识最终取决于自然神学作为一种科学是否可能(对比韦尔德,页258)。特别是由于《圣经》的影响,这一古典观点变得成问题,甚至对它的许多追随者都是如此。亚里士多德的科学是古典科学的终极形式(页11、17、292),其成败在于可见宇宙永恒的学说,而此学说与《圣经》的上帝创世说截然对立。要是有谁敢于断言,只有智术师才能质疑迈蒙尼德和托马斯·阿奎纳对圣经教诲和亚里士多德教诲所做的令人赞叹的调和,那他就得有胆量把路德和加尔文称为智术师。可是,在说到现代与古典哲学决

---

① 举一个更为深入的例子:"这种对普遍知识的不可思议的不信任被柏拉图视为社会败坏的根源……在源出于康德的对'理论的'与'实践的'严格区分中,也可见到这种怀疑。"(页122)作者明显没有考虑康德的"论共同格言:它在理论上或许正确,在实践上却不可行"(Über den Gemeinspruch: Das mag in der Theorie richtig sein, taught aber nicht für die Praxis)。他一定把康德误当作了柏克。

裂的起源时,韦尔德几乎没有提及宗教改革。对于这一观点,无论如何我们至少能举出一个例证:在《圣经》的上帝创世观指引下所进行的反思最终带来了一种学说,认为由上帝创造的世界或"物自体"(thing-in-itself)是人的认知无法企及的;或者最终带来一种观念论的断言,认为我们所能够理解的世界,即人的知识所探究的世界,必定是人类心智的"作品"(work)。①

尽管如此,读韦尔德的书会让人突然意识到关于现代哲学的首要动机教科书版说法的价值,这一动机——如果记忆可靠的话——始于一个众所周知的事实,即古典哲学所遭逢的困难如今最充分地体现在自然科学的成功当中。韦尔德似乎相信,他虽然不敢拒绝现代科学,却能拒绝现代哲学。他当然无比幼稚地采用了晚近对哲学和科学的区分(页78以降、页200以降),丝毫没有考虑到在古典哲学或科学那里并没有这种区分。② 他由此视为默认地设想,现代"科学"能够与古典"哲学"相调和,或者能够将现代"科学"整合进古典"哲学"。但他压根没有提及这如何能够实现。或许,他相信,洋洋得意地宣布"在亚里士多德和阿奎纳那里,以及在现代经院主义全面衰退之前,古典哲学……以其对自然的探讨而无疑且无可挽回地成了一种进化论哲学"(页5),就能弥合现代生物学的"进化论"与亚里士多德的物种永恒说之间的鸿沟。不论现代自然科学的局限何在,它显赫的成功使得自然神学的可能性已经丧失了它先前所拥有的一切证据,为了遏制对自然神学"不负责的、智术一般的思辨"(页79),需要进行比韦尔德以为必要的更为

---

① 参见康德,《纯粹理性批判》(*Kritik der reinen Vernunft*),Vorländer 编,页131,及《判断力批判》(*Kritik der Urleilskraft*),页84以降;霍布斯,《论物体》(*De corpore*),XXV 1,《论人》(*De homine*),X 4-5,及《利维坦》第37和31章;另参培根,《学术的进展》(*Advancement of Learning*),页88、94以降、132以降(人人文库),及笛卡尔,《沉思集》(*Meditationes*),I。

② 在谈及柏拉图对数学和辩证法的区分时,韦尔德将 dianoia 视为"科学的洞见",而将 noesis 视为"哲学的洞见"(页189、197及其下),因而与柏拉图在《王制》中明确所说的(533 c–d,对勘《书简七》342 a–b)相矛盾。

认真的反思,而为了把自然神学复原为一门真正的科学,我们需要做得更多。

为了维护这一观点,即现代观念论与智术是一致的,韦尔德不仅完全忽视现代哲学与古典哲学的冲突所牵涉的根本问题,而且曲解现代哲学;他还不由自主地曲解柏拉图关于智术的学说。韦尔德解释《智术师》(Sophist)时说,柏拉图在对"人工构建""新异理论和原创思辨"或"系统"的"制造"(production)中,以及在"对最普遍和最重要的事物"的"制造性的"或"创造性的"思考中,看到了智术的实质所在(智术不同于哲学,哲学是对真理的"复制"[reproduction])(页280以降、304以降、308)。柏拉图自然没有对"新异理论""原创思辨"或"系统"置过一词。在对智术之实质的"重要探讨"中(页279),①韦尔德所说的只是:智术就是用言辞不精确地模仿所有事物而进行的制造,或是对实在的表面部分的言说中的形象进行的复制。

韦尔德本人实际上承认(页281以降),如此得到理解的智术与哲学本身具有一模一样的"制造性"或"创造性",而在同一文脉中(《智术师》235 d1 - 236 c7),哲学可能暗指在言辞中准确模仿事物而进行的制造,或是对实在的真实部分的言说中的形象进行的复制。即便假定不能以准确的语言把哲学描绘成对实在的精确模仿的制成品,依旧不能说柏拉图认为智术实质上就是用言辞不精确地模仿最重要之物所进行的制造;因为,不管其他因素,在柏拉图看来,不仅智术师具有这一特征,大众演说家尤其众多头脑简单的"市井之人"

---

① 在"初步的"讨论中(《智术师》221 c5 - 231 e),爱利亚异乡人(Eleatic stranger)提到,智术师事实上会"制造"出他们所出售的教诲,但他极为清楚地表明,不论智术师是自己"制造"他们的教诲还是由他人向他们提供教诲,都无关紧要(224 e2)。恰是从未见识过智术师的年轻人泰阿泰德(Theaetetus)(239 e1;对勘《美诺》92 b7 及其下)强调了智术的"制造性"。不管此为何意,爱利亚异乡人此后不久就说,这个方面肯定不是智术最典型的一面(232 b3 - 6;对比 233 c10 - d2)。

(men in the street)也有这一特征,①事实上(因为仅仅关于整全的意见上的不同并不足以把人从那些意见的迷咒中解放出来)所有的非哲人都有这一特征。② 有一种观点认为,智术师造成或肇始了他人的"想象物"(fancies),这同样没有正确表达柏拉图的论题,因为柏拉图相当清楚地表明,智术师所捍卫、阐述或摧毁的"想象物"来自一个全然不同的类型。③

如果智术就是构建"理论",那每位错误地用自己的"理论"取代真理的哲人就是一位智术师。韦尔德一再把"智术"和"伪哲学"(false philosophy)当作同义词使用(页64、232、234)。这肯定不是柏拉图的看法。韦尔德引用《泰阿泰德》(*Theaetetus*)的一段(172 c3以降)来讨论哲学与智术之间的对立(页254),恰是这一段将泰勒斯(Thales)作为哲学态度的代表,而从柏拉图的立场来看,泰勒斯无疑持有一种"伪哲学"。如果韦尔德正确,智术师之名不仅要归之于年高德劭的帕默尼德(Parmenides),④他把太一等同于他"想象"的"一个空间整体"(页221),而且"造成了无宇宙论(acosmism)""绝对主义"及"泛神论",也得归之于柏拉图本人,他的"能动本体论"(dynamic

---

① 对勘《智术师》268 a - c 与《苏格拉底的申辩》(*Apologia Socratis*)22 d7。

② 为了避免这一困难,韦尔德建议,"正如所有的人都是哲人,而苏格拉底是人的典范(a typical man),因此所有的人都是智术师"(页275)。从这一点可以推出,苏格拉底也是个智术师,而不是智术师的对立方,正如韦尔德在别处暗示的(页38、306)。此外,《智术师》的整个论证,甚至韦尔德著作的整个论证都预设,智术师是人的一种特有类型,不仅不同于哲人,而且不同于演说家、猎人、僭主、情人、政治家、画匠、商贾等等。这不是要否认柏拉图有时候以甚为宽泛的含义来使用"智术师";但这宽泛的含义并不是准确的含义。说普通人是"智术师",几等于说泥瓦匠或鞋匠是"科学家"(参《治邦者》258 c6 - e7,《泰阿泰德》146 d1 - 2)。

③ 《王制》493 a6 - 9;《治邦者》303 b8 - c5。

④ 韦尔德在页128以降的陈述暗示,赫拉克利特、帕默尼德还有其他大名鼎鼎的人物都是智术师。

ontology)("一项卓越且富有成效的提案")受害于"逻辑与本体论的混淆"(页292、296),甚至还得归于亚里士多德,他否认世界的创造并由此否认造物主(页311)。可能除了一些神学家外,没人能逃脱这样的命运。

在古典观点看来,智术并不是伪哲学,而是哲学阙如的一种特殊模式,更准确地说,智术就是哲学被那些有望获得更好认识的人即那些多少意识到哲学高于所有其他追求的人用于非哲学的目的。智术师的特征不在于构建"原创理论"——在这一点上,所有前苏格拉底哲人以及《蒂迈欧》(Timaeus)的作者跟现代哲人们一样难辞其咎——另一方面,其特征也不在于自满的怀疑主义,而在于利用其"建设性的"或"破坏性的"言辞所服务的目的。①

韦尔德相信智术师造成了最根本的谬误(页305、118、121),所以他由此断定,智术就是哲学的"颠倒":"在各种形式的无知中,智术师的无知无疑……最可畏。"(页278、305)在柏拉图看来,起码有两种同等"可畏"的恶行,它们与哲学截然对立,而且彼此对立:智术以及错把意见当作知识的无知者的自满的愚蠢(《智术师》267 e10 及其下与229 c),韦

---

① 亚里士多德,《修辞学》1355 b17 - 22,《形而上学》1004 b22 - 26。对比(《高尔吉亚》中的)卡里克勒斯(Callicles)与智术师可以确证上面所勾勒的观点。卡里克勒斯不是智术师(韦尔德暗示了这点,见页38、306),他鄙夷智术,他之所以如此是因为他丝毫没有意识到哲学或智慧高于所有其他的追求。尽管他因此比高尔吉亚(Gorgias)和玻洛斯(Polos)更加对立于苏格拉底,另一方面他却比高尔吉亚和玻洛斯更为接近苏格拉底,因为他和苏格拉底是"爱欲者"(对勘《高尔吉亚》481 d1 - 5 与《智术师》222 d7 以降)。苏格拉底和卡里克勒斯都热切地从事着各自心中最好的追求(分别为哲学与政治),但是智术师对哲学的追求颇为冷淡,因为他热衷于来自理解或共同的理解(真正的友谊)之外的享乐,尤其是热衷来自"威望"的享乐。韦尔德对《王制》487 b - 497 a 的解释(页121 - 131)也说明他没有区分开"卡里克勒斯"与"智术师"这两类人。他无端地假定,谈论智术师的段落无疑也是在谈论政治家。在同一个上下文中,他还错误地把智术师等同于半个哲人,或等同于天分不足却从事哲学研究的人——尽管其天性注定只能从事低等的技艺(对勘《王制》495 d7 与《斐德若》245 a7)。

尔德在一处几乎公开承认了这一点(页128)。这两种恶行的彼此对立允许哲人甚至迫使哲人用一方攻击另一方:为了反对智术对"常识"(commonsense)的鄙夷,哲人诉诸由"常识"直观发现的真理;为了反对大众对"常识"的满足,他又与智术对"常识"的怀疑结成一派。① 单方面坚持哲人与智术师的同样根本的对立,就模糊了哲人与"心智未开的"非哲人的根本对立,最终带来一种与柏拉图完全抵触的断言:"所有人都是哲人。"(页275)在一层意思上,智术师是哲人的天敌;在另一层意思上,既非智术师亦非哲人的人才是哲人的天敌——不同于俗众的智术师或许是哲人的"朋友"。②

(柏拉图意义上的)智术绝不像韦尔德所揭示的那样类似于原罪(页305以降、311、169),从哲学的视角来看,它是游戏或童稚的玩乐;智术师绝非恶魔,也非恶魔的役使,应当把他们刻画成一位从未长大的成年人。③ 正如柏拉图不是以"言辞"而是以更为信实的"行动"——他对智术师的亲证(demonstratio ad oculos),尤其在《普罗塔戈拉》和《欧绪德谟》(*Euthydemus*)中——所指出的,从哲学的视角来看,智术严格来说是荒唐可笑的,而荒唐可笑之物是没有危害的扭曲(harmless deformity)。④ 如果有人反驳说,苏格拉底提醒年轻人希珀克拉底(Hippocrates)小心普罗塔戈拉对他的危害,显然可以回答说,苏格拉底同样也提醒普罗塔戈拉小心这位蠢人和蠢儿子——希珀克拉底及其同类对他的危害,况且对"希珀克拉底"这类人有危害的东西,未必对其他人

---

① 参见《智术师》239 e5 – 240 a2;《泰阿泰德》196 e1 – 197 a4;《普罗塔戈拉》352 b2 – 353 a;《王制》538 e5 – 6。围绕着同一主题(《高尔吉亚》490 e9 – 11),韦尔德的话前后矛盾,有一处几乎表达了我上面的观点,从而与他的主导情绪相抵触(页99)。另参他的评论:"公开的僭主"——而不是智术师——"是最颠倒的人"(页167)。

② 《王制》498 c9 – d1;《苏格拉底的申辩》23 d4 – 7;《斐多》64 b1 – 6;《法义》821 a2以降;《希琵阿斯前篇》285 b5 – c2。

③ 《智术师》234 a – b、239 d5、259 c1 – d7。对比《帕默尼德》128 d6 – e2 与《王制》539 b2 – d2。

④ 《斐勒布》49 b5 – c5;亚里士多德,《诗学》1449 a34 – 37。

也有危害。① 不明智地愤懑智术师,不是苏格拉底的特征,而是那些迫害和杀死苏格拉底的凶手们的特征,是韦尔德将它强加给了苏格拉底。②

韦尔德把智术("最大的邪恶")溯源到某类有意的无知(页306),这显然迥异于柏拉图始终坚持的教诲:所有恶行与所有过错最终都是无意为之,因为它们都是出于无知(《法义》731 c2 – 7 及 860 c7 – d1)。韦尔德认为智术实质就是"创造性思维"或"伪哲学"或哲学的"颠倒"(the "inversion" of philosophy),这似乎是因为他不是以柏拉图的心法(spirit)来读柏拉图,而是以圣经的心法来读柏拉图。他把智术师等同于"偶像制造者",③把智术等同于《歌罗西书》和《提摩太前书》中的"空洞的哲学"和"伪称的科学"。在他的笔下,智术完全成了作为"一切罪孽的起因、开端与结尾"的偶像崇拜,也成了因骄傲而滋生的悖逆。

为了避免上述评论受到误解,必须指出,它们仅是部分针对任何以圣经措辞来诠解柏拉图哲学的尝试。尽管所有这种尝试都极成问题,但韦尔德丝毫没有必要以自己所选择的特殊方式进行这样的尝试——他对柏拉图哲学的阐发以及对现代哲学的批评都是如此。这种特殊方式得不到哲学的支持,同样,它也得不到圣经的支持。

---

① 《普罗塔戈拉》316 c2 – 5 及 319 b1 – e1(对勘《普罗塔戈拉》310 c3 – 4 与《王制》549 e3 – 550 a1);《泰阿泰德》151 b2 – 6;《王制》492 a5 – 8;《美诺》91 e2 – 92 a2。

② 《美诺》91 c1 – 5;对勘《王制》536 c2 – 7。

③ 韦尔德,页284(另见页81):"偶像(eidolon)制造者"。不论是在韦尔德所引用的《智术师》的段落,还是在《智术师》其他地方(235 b8 – 236 c7、264 c4 – 5、265 b1、266 d7 – 8、268 c9 – d1),柏拉图所使用的 eidolon 意指的这个种(genus)同时涵括了"复制品"(哲人的作品)与"想象物"(智术师以及其他人的作品)。特别参见 266 b2 – c6,柏拉图在那里谈到了由神所造的"偶像"。

三

在古典教诲中能找到我们的问题的解决之道——这一主张面对着另外一项困难,我们或许可以把这一困难的起因称为"柏拉图与亚里士多德的根本对立"。为了替自己的事业找到一个正当的理由,韦尔德不得不断定,这两种哲学有着根本的一致。他承认两者有某种"矛盾":柏拉图"总是倾向于从实践的或道德的视角考察事物,亚里士多德总是倾向于从超然的理论视角考察事物"。但他认为,这一"矛盾"只不过代表了"同一种哲学的两个不同却不可分割的阶段"。

在韦尔德看来,在实践哲学上,柏拉图的答案要比亚里士多德更为详尽,更令人满意;在理论哲学上则恰好相反(页 6、11、16 以降、22、42)。在讨论柏拉图的理论哲学时,韦尔德追随主流的解释路数,断定柏拉图在其"晚期"对话中放弃了各种理式(ideas)和可感事物之间的"分离",转而采取了一种与"早期"对话以及亚里士多德的转述所阐发的"静态"观迥异的"动态"观(页 215 以降、233 以降、289 以降)。韦尔德没法证明自己的观点,因为他一开始就是用亚里士多德的术语(即便不是经院学或现代术语)来阐述柏拉图的核心论题,因而没有把柏拉图的答案理解成对柏拉图的问题的回答,而是理解为对亚里士多德的问题的回答;亦即,他回避了实质问题。

我们有理由猜想,柏拉图并没有就他最重要的问题为他的读者提供明晰的或最终的答案;但是,这并不意味着我们有资格把亚里士多德明晰的或最终的答案塞进柏拉图的论证——就像韦尔德不断所做的那样(页 199、223、225、245、267 以降、287、290 以降)——除非我们细致考虑了一种可能,即柏拉图探索性的答案与亚里士多德所选择的答案背道而驰,而且除非我们通过正确的推理排除了这一可能。韦尔德没有考虑这一可能性。要是谁不满足于柏拉图的明晰之言,那他就得首先——而且要极小心地——考虑亚里士多德对柏拉图的教诲的转述，这些转述远远超过了柏拉图的著作所提供的证据。韦尔德几乎没有提及它们。

韦尔德是从一个错误的方向来探求柏拉图的核心问题的答案，下面的例子或许最容易揭示出这一点。韦尔德讨论柏拉图"能动本体论"这一论题所根据的段落不多，其中之一就是《智术师》247 e。该段暂时性地把"存在"(being)界定为"能力"(power)，而韦尔德认为这一定义是"一项不完善的提案"或"权宜之法"（页 291 以降）。在解释这一段落的语境（"对唯物主义和观念论的批评"）时，他断定"唯物主义者"和"观念论者"确实曾试图界定存在，而"多元论者"和"一元论者"——柏拉图不久前就讨论过他们的观点——"只是想当然地认为存在是显而易见的"（页 285、288）。但是，柏拉图极为清楚地表明，他认为"多元论者"和"一元论者"要比"唯物主义者"和"观念论者"更加准确（《智术师》245 e6-8, 242 c4-6），亦即是说，柏拉图相信，前两者比后两者更少把事物看作理所当然。为了拔高"存在即能力"这一暂时性定义的意义，韦尔德不得不忽略了这一关键信息。柏拉图之所以提出这一陈述，是因为他认为，要是没有提出"一和多"的问题，就根本没有提出存在的问题。[①]

为了证明柏拉图与亚里士多德之间有着基本的一致，最重要的任务似乎就是，表明两者要么都承认理论是最高的，要么都承认实践或道德是最高的。然而，韦尔德却认为理论和实践两者都不可能是绝对最

[①] 基本相同的曲解出现在韦尔德宣称从《治邦者》284 e-285 而来的另一断言："低等技艺处理自然事物，……采用数量性的衡量尺度，比如建筑和石艺"，而"高等技艺处理非自然的构造（比如教育），采用质量性的衡量尺度，用'适中''合适'来评估工作……认为后一种技艺因此不如那些采用数量性的衡量尺度的技艺'准确'，这是个莫大的错误"（页 47）。柏拉图明说过，编织的技艺，不，所有的技艺都要以适中或合适来衡量（《治邦者》284 a5-b3、d4-6），而且建筑的技艺要比音乐更准确，尽管音乐是教育技艺最最重要的部分（《斐勒布》56 c4-6；《王制》376 e2-4）。

高的:"实践是更丰富、更多样的范畴;而理论则是更高的,更具决定性的范畴。"(页25)这既非柏拉图的观点,也非亚里士多德的观点。如果假定柏拉图认为,智慧本质上是实践性的(phronesis[明智]),或"善"的理式[the idea of good]("认知的最高对象")本质上是实践性的(页30),那就必须说柏拉图认为实践范畴最高。至于亚里士多德,毫无疑问,他认为理论绝对高于实践,或者说他认为实践或道德范畴(页25及其下)远远不能涵括理论范畴。①

---

① 参见《尼各马可伦理学》1141 a18 以降、1177 a17 以降、1178 b7 以降。韦尔德断言"智慧或哲学"必定"既是理论的又是实践的"(页17、76),既然这种说法主要是基于托马斯的《神学大全》(Summa Theologica),因此人们也可参见《神学大全》2,2 q. 45 a. 3 与 q. 19 a. 7,这些地方明确表明:在哲学看来,智慧完全是理论的,而在神学看来,智慧既是理论的,又是实践的;亦可参见 1,2 q. 58 a. 4-5,该处表明道德德性与(哲学意义上的)智慧完全互不相干。

韦尔德断定实践或道德范畴比理论范畴要更多样,似乎是依据这一三段式推论:实践范畴涵盖行动的所有对象;而行动由理论与真正意义上的行动组成;因此实践范畴涵盖了理论的所有对象与行动的所有对象(对比韦尔德,页23)。韦尔德显然把作为一种生活方式的理论(其本身是选择或行动的一个对象)误作为理论的对象(其本身并非选择或行动的对象)。他还断言,亚里士多德认为理论范畴高于实践范畴,"因为要想设计出实现目的的有效手段,必须要知晓这一目的"(页17),这也犯了同样的错误。亚里士多德在这里(《尼各马可伦理学》1145 a7 以降,韦尔德引用)所说的目的是指作为人类努力的目的的智慧或理论,即作为真正的幸福的智慧或理论,它不属于理论范畴,而属于实践范畴(比较托马斯的《伦理学》注疏,1,第十九讲)。也可以说,韦尔德无端地假定,所有善的事物或所有目的都属于实践或道德范畴(页23与57;参见《尼各马可伦理学》起首,《形而上学》993 b20 以降,《论灵魂》433 a27-30)。

韦尔德认为,实践范畴的特征在于对立性(contrariety),而理论范畴则超出了一切对立(页28、31、35)。可是,作为一种习惯的理论跟所有的道德习惯一样有对立(页28、68),此外,不仅"柏拉图的实践概念"——如韦尔德所主张的,而且柏拉图的理论概念(诸如存在与非存在、同与异、动与静、硬与软、重与轻)也分割为对立性。

韦尔德对柏拉图主义与亚里士多德主义的"综合"是因为他忽略了一个真正的问题。有些学者（比如弗兰克[Erich Frank]）认为，柏拉图与亚里士多德之间有着根本性的对立，他们断言：亚里士多德认为，不仅理论，而且理论的或哲学的生活方式截然不同于——而且绝对高于——实践的生活方式；而柏拉图认为，哲学的生活方式本质上是实践的或道德的。韦尔德承认这些学者对柏拉图的看法无误（页39以降），却试图含蓄地证明这些学者对亚里士多德的观点是错的，但他最终失败。至于韦尔德的解释，我们最多只能说它丝毫没有改变这一争论。

这并不是要否认韦尔德的下述主张的有效性，即柏拉图著作中以专题方式处理的所有主题都是从一种实践的视角来讨论的——换言之，柏拉图在讨论这些主题时从未忽略苏格拉底关于人应该如何生活的基本问题——而亚里士多德的辨析则将这一问题远远抛诸脑后。韦尔德以"规劝的"（protreptic）、"显白的"（exoteric）或"助产术"（maieutic）等等来刻画柏拉图的实际做法，强调柏拉图的实践进路与各种比喻（images）或神话的运用之间的关联，这些都颇有见地。① 但是，韦尔德急于得到"结论"的热切之情再次使他没有充分注意一个至为重要的理论问题。他没有驻足斟酌一下"显白的"一词清清楚楚透露出来的巨大困难。简言之，假如柏拉图对话的教诲是显白的，那就难以想象一个人如何能领会柏拉图的隐微（esoteric）教诲或严肃教诲。如果一个人接受《书简七》（*The Seventh Letter*）作为柏拉图的真作——像韦尔德那样（页13），那他就不得不进而说柏拉图从未就他认真关注的那些主题写过一本书，况且，据柏拉图最强调的宣称，那些透彻理解了这些主题——"自然的最高和最初的事物"——的人，不会就它们而写作（《书简七》341 b5及其下、344 d4-5）。由于柏拉图任何一项教诲的意义都完全取决于柏拉图关于"自然"的教诲，所以，我们似乎可以得到这样的结论：柏拉图的严肃教诲对我们并非真正敞

---

① 韦尔德，页6、11、16、31及其下、43、74、174、205以降、291。

开着。

对我刚刚引用的段落,切尼斯(Harold Cherniss)教授不久前曾有过一番评论,他比所有人都更有力地阐述了这一困难,同时也更为无意地指明了解决方法。他说:"至于我本人,我不相信柏拉图写作了(第七)书简;但要是我相信的话,我应该承认,柏拉图是预先给自己作证,以防备我就其思想的真正意旨可能写的[有违他本意]任何内容,而且,我应该说,妄图说明甚至是发现某人的严肃教诲——一个已经责难了所有那些曾作此尝试或将要尝试的人——这种疯狂之举来自顽固的傲慢。"①

据《书简七》,另据《斐德若》(Phaedrus)所说,一位严肃的人的著述不可能非常严肃。② 切尼斯没有考虑到这一点,因此对于自己立论所根据的那些段落,他也没有考虑到在理解它们时必须对其有所存疑。《书简七》没有谴责发现严肃教诲的尝试,因为,既然严肃教诲有意成为真正的教诲,那么这种谴责无异于谴责哲学;《书简七》仅仅否认严肃教诲跟其他教诲一样易于传达。它也没有完全谴责在作品中传达严肃教诲的努力。《书简七》的作者进而说到,如果严肃教诲对人们有益,他会把在作品中向"多数人"传达严肃教诲看作一生中最高贵的行为;但他说,这种努力对人们并无益处,"还是留给那些能够通过蛛丝马迹来自己发现(严肃教诲)的少数人吧"。③ 据《书简七》,没有什么能够阻止柏拉图以这样的方式围绕至高的主题来写作:柏拉图给某些读者一些细微的暗示,对他们而言,这些细微的暗示足矣,由此他得以对大多数读者在至高的主题上保持缄默。对话作品中有

---

① Harold Cherniss,《早期学园之谜》(The Riddle of the Early Academy, Berkeley 1945),页13。切尼斯坚称对话作品是理解柏拉图教诲的唯一可靠的基础,而且他提醒"一个易犯的错误:误把(能将全部对话作品安插进来的三大组相对的编年顺序上的)大体一致当作证明"(页4)。我完全同意这两点。

② 《书简七》344 c3 - 7;《斐德若》276 d1 - e3 及 277 e5 以降。

③ 《书简七》341 d2 - e3。对勘《斐德若》275 d5 - e3 与 276 a5 - 7,另及《普罗塔戈拉》329 a、343 b5、347 e。

充分的证据表明柏拉图就是这么做的,①因而也表明对话的作用不在于向"一些人"传达,而是提示最重要的真理,同时对话还有一项更为显见的作用,即为所有人带来有益(教化、人性化、宣泄净化)的影响。

尝试发现柏拉图的严肃教诲是一回事,在自己的著作或任何其他公开的"言辞"中展现个人对这种严肃教诲的阐释,则完全是另一回事。切尼斯强调,《书简七》事实上表明柏拉图预先与所有声称展现了"他思想的真实意旨"的著作划清了界限,这一点是正确的。《书简七》暗指,所有依循柏拉图的暗示而理解了他的教诲的人都不会想到要公开地阐明这一教诲,因为这会让大多数读者充满没理由的鄙薄,或者让他们充满一种"志得意满而空洞的期待,以为他们学到了什么了不起的东西"。换言之,《书简七》暗指,那些不负责任的人或那些对柏拉图的告诫心不在焉的人,对柏拉图的严肃教诲绝不会有一丝半毫的理解。

柏拉图"禁止"对他的教诲进行付诸文字的阐发,要明白这一点并不需要《书简七》中的证据。因为,柏拉图克制自己不去"完全清晰地"展现他最重要的教诲,所以这一禁令是自我执行(self-enforcing):每个拿出自己的阐发的人都会变得——借用柏拉图最爱的一个措辞——"荒谬不稽"(ridiculous),因为对话作品中有许多段落与他的阐发相抵牾,从而能轻而易举地驳倒他,让他窘迫不已。② 对柏拉图教诲的解释不能由历史证据得到充分证明。对于其解读中的核心部分,解释者不

---

① 《王制》506 b8 – 507 a5、509 c3 – 10、517 b5 – 8、533 a1 – 5;《智术师》247 e5 – 248 a1、254 c5 – 8;《斐勒布》23 d9 – e1;《治国者》262 c4 – 7、263 a、284 c7 – d2;《蒂迈欧》28 c3 – 5。

② 举例来说,切尼斯的解读最终得出论点认为,"没有哪个理式本体上先于或后于其他理式",而且柏拉图"事实上根本不可能把理式的世界设想为一套等级"(页53 及其下)。这一论点显然与《王制》中的教诲相左:《王制》认为,"善"的理式是所有其他理式的成因并且统摄所有其他理式(对比切尼斯关于"善"的理式的注解,页98)。

得不转而依靠个人的才学:柏拉图并没有免除他的责任,他必须自己来发现论证的核心部分。对于这一点,"善"的理式的含义所起的亘古争论是一项极为清楚的说明。要是一个人没有自己去发现——尽管有柏拉图的暗示作指导——确立那种"理式"的必然性和准确特征的精确的或科学的论证——亦即独此一项即会让柏拉图满意,而他又拒绝在《王制》或任何其他地方向我们呈现的论证——谁能说他理解了柏拉图所说的"善"的理式的含义?

柏拉图以这种方式撰写他的著作以永远杜绝它们成为专断的文本。他的对话提供给我们的与其说是一个对存在之谜的答案,不如说是一个对这个谜题至为明晰的"模仿"。他的教诲绝不能成为思想灌输(indoctrination)的主题。归根到底,除了用来搞哲学外,柏拉图的著述不能用于任何其他目的。尤其,任何社会团体和党派——曾经的或将来的——都不能正当地把柏拉图称作他们的守护神。

这并不意味着对柏拉图的解释本质上是武断的。相反,这意味着:与解释大多数著作相比,解释柏拉图的著作所要求的精确性规则要更为严格。对话中有许多段落谈论了好作品的特征,细致思考它们,把柏拉图的这一信号用来解读对话,这会慢慢教人获得非常特定的诠释规则。可以尝试性地把这些规则的原理陈述如下:为了呈现他的教诲,柏拉图不仅运用了其作品的"内容"(众多角色们的言辞),也运用了其作品的"形式"(总体上的对话形式,每篇对话的特殊形式,每篇对话中每一部分的特殊形式,情节、人物、人名、地点、时间、场景,诸如此类);对对话作品的恰切理解就是根据"形式"来理解"内容"。换言之,与理解多数著作相比,理解柏拉图的著作需要对每一个陈述所处的细微的与宏大的文脉进行远为细致的思考。恰切理解了柏拉图的对话,将使得读者能够发现柏拉图严肃教诲中至关重要的暗示。它并不会为他提供对柏拉图最终且最重要的问题的现成答案。

韦尔德在某种程度上意识到了柏拉图对话非教条(undogmatic)的特征。他说,柏拉图"特别告诫我们千万不要严肃地对待他本人的思想,尤其是他本人的言辞,除了把它们看作我们中间以及我们周围的真实事物的可能的指引或'提醒'"(页1)。如果我们为了简便而假定这句话正确表达了《斐德若》中对写作的缺陷的讨论,我们仍旧很难明白:假如一个人并不知道柏拉图的思想,他怎能以这些思想作为指引来理解现实?不聆听柏拉图的言辞,一个并非先知的人(《法义》634 e7以降)怎能认识柏拉图的思想?不管怎样,对于一项关于写作本身的缺陷的陈述——其作者以无与伦比的谨慎来写作他的作品,韦尔德并不倾向于把它看作一个暗示——对话事实上是想尽可能弥补这些缺陷,因而亦不倾向于把它看作一个告诫——要至为谨慎地阅读对话作品,而是倾向于认为它是在鼓励草率的阅读。

韦尔德因此经常将柏拉图的陈述——更确切地说,是柏拉图的笔下人物们的陈述——从其文脉中剥离出来,把它们整合为一个整体,而这个整体在柏拉图那里并没有任何根据。① 他甚至没有采取一般的预防措施,防止自己把并非由苏格拉底或柏拉图的其他"代言人"而是由普罗塔戈拉之类的智术师所表达的观点归之于柏拉图(页101以降)。他甚少费心向读者展示从作为讨论起点的流行观点到讨论所达到的较为确定的观点的"上升",由此他就对分量殊为不同的陈述等量齐观。韦尔德从正确的原则出发——我们必须根据柏拉图的哲学来解释他的神话而不是根据他的神话来解释哲学(页180),却忽略了对话作品"内容"与"形式"的关系,由此他就相信,必须根据柏拉图笔下的人物非神话的陈述来解释柏拉图的神话。换言之,由于韦尔德忽略了柏拉图把付诸文字的言辞或不付诸文字的言辞比作生命体的含义(《斐德若》264 b3 - e2)——即这样的原则,在一部好作品里面,不论每一部分多么微小却都是必需的,绝没有多余之处——所以他倾向于相信,对话中出现的意象

---

① 除了本文在别处提及的例子,我还提请读者留意韦尔德对《斐勒布》34 c以降的解读(页153以降)。

或神话在对话中得到了充分解释。①

比如,在解释《王制》卷七起首的洞穴喻时,韦尔德假定,洞穴喻的四个部分——对应于被分割的直线的四个部分(柏拉图在前文把四种理解能力比作被分割的直线的四个部分)。② 由此他不能清楚地把握洞穴喻超出《王制》中的其他陈述的程度。此处仅提及最显而易见的一点:在《王制》的其他陈述中,特别强调的是可感对象与可知对象的区分,而洞穴喻则把重点转移到了对人工之物与自然之物的区分——洞穴居民(非哲人)完全没有"自然"这个概念,因此他们甚至不知道如其所是的人工之物;他们所理解的人工之物(即他们习俗性的意见的对象,"人工之物的影子")被他们当成了独一真理。③ 有感于柏拉图的暗示的力量,韦尔德多少看到,洞穴生活的特征在于"社会主观主义"和"人工性"(页191以降)。但是,由于他没有认识到这一关键信息代表着神话超越非神话的陈述所达到的那个程度的一部分,所以他既没

---

① 见页150、188以降。韦尔德并没有清楚阐明他认为神话的功能何在。据一组陈述所说(页180、205及其下),神话是要带读者对神话地呈现的主题进行"形式分析"。在其他地方(页31及其下、155以降、174、179),他说神话旨在表明"形式分析"无法领会的"历史性"。而在另外几页(页73以降、123),他说神话意在为我们提供关于"至高原理的性质,以及灵魂的最终命运"的"牢靠的意见"。

② 见页181以降。"被分割的直线"的四个部分是:猜想,确信,推理,理智感知。洞穴喻的四个部分是:洞穴中的恰然生活(515 c3),恰然生活被短暂地、徒然地扰乱(515 e5),逃离洞穴(516 e2),下降到洞穴(517 a7)。迫于他的假设,韦尔德不得不把洞穴喻的第二部分看作在描写一次"上升"(页183以降、196),即描写一次实际的觉醒,而柏拉图认为,在洞穴里面不可能有什么觉醒:对"自然"的怀疑在那里受到了持有这种怀疑的人的压制(或完全曲解)。"卡利克勒斯"就是这一阶段的戏剧性呈现(特别参见他在自己"哲学的"说辞中对"自然"的运用,《高尔吉亚》482 c4以降)。至于"推理"与"逃离洞穴"之间的关联,以及这种关联的隐含意味,应该注意洞穴喻最高的阶段并不是"看到"太阳(关于"善"的理式的理智感知),而是关于太阳的"推理"(516 b8以降、517 c1及其下)。

③ 我认为,这就是理解《王制》卷十讨论人工之物的理式的线索。

有看到洞穴代表着城邦,①也没有领悟这一信息的特别分量。最终致使对柏拉图关于哲学与政治的关系的观点蔽不可见。

四

现代作家要是不充分反思现代思想的本质特征,就必定会把古典思想现代化,并由此歪曲古典思想。正因为此,韦尔德把柏拉图的政治哲学理解成一种"实在论的文化哲学"。他深表同意地引用一位学者的评论:托马斯·阿奎纳"没有专门撰文讨论文化的主题",而且"他根本没有在文化这个词的现代内涵之中使用过这个语词"(页7)。可韦尔德并没有追问,同样的评论是否不能用于柏拉图。

"文化哲学"是德国观念论的产物,作为一个哲学词的"文化"暗含着一项根本的区分:"文化"是自由和"创造力"的国度,"自然"则是"必然性"的国度;它意味着否认"文化"活动的自然规范。另一方面,柏拉图首先关注的是发现"必定指导人的种种努力的自然秩序"(韦尔德,页v)。我们的"文化"概念的历史渊源就是"自然"的含义的根本变化——它首先显露于17世纪,特别是在霍布斯"自然状态"的概念之中。柏拉图以及亚里士多德,甚至还有"智术师们"都认为,自然(the natural)就是可以宽泛地称为观念(the ideal)的东西,而自从17世纪以来,自然转而意味着在谈及"控制"自然或"征服"自然时所暗含之意,换言之,自然成了人的理性努力所针对的东西。韦尔德昧于这一根本的区别,这使他甚至谈到了"卡利克勒斯-霍布斯的自然状态"(页95)。

---

① 参见(除514 b4的"墙"以外)539 e2-5近乎直白的陈述(比较479 d3-5、517 d8以降、520 c、538 c6-d4及e5-6)。同样要注意《王制》"政治的"部分中的洞穴比喻的"政治的"形式(414 d2以降)。洞穴居民唯一看到的自然之物的影子就是人的影子(515 a5-8),这也暗示了洞穴的政治性;对此的解释,对勘《泰阿泰德》174 a8以降、175 b9以降。

以"文化"来理解柏拉图的政治教诲,这自然使得柏拉图被韦尔德强加了一些观点:诸如存在着所谓的"对自然的科学控制"(页253),以及技艺或工艺的目的在于实现"最大可能地对每一种人之自然与次人之自然的理性操控"(页88、46、54)。① 韦尔德或许感到了"文化"一词的不妥,但他明显对自己书中的核心主题的清晰性关注不够,他不能决定"文化"是否等于"技术的等级(technical hierachy)",是否完全不同于"生活"(如他在一些地方所说,见页88、135);或者"文化"等于作为整体的"伟大的实践秩序",因此囊括了所有正常的人类行为(如他另外一些地方所说,见页46、vi、33以降、43以降)。② 鉴于现代哲学渐渐在"文化"和"历史"之间建立的联系,也就不用稀奇,韦尔德在马克思③、海德格尔还有天知道什么其他人而绝非柏拉图的感召下谈论"对未来的系统预测","超验颠倒的历史性质"等等(页29、119、165、174、179)。

适用于"文化"的同样适用于"实在论"(realism),或者更具体地说,适用于韦尔德归之于柏拉图的"讲求实际的实在论(hard-headed realism)"(页v)。如果有人要用一句口号以并不足以误导人的方式来标明那些古典政治哲学的最伟大的批评者(诸如马基雅维利、霍布斯、斯宾诺莎、洛克、卢梭、联邦党人)的意图,那他就不得不说他们以一种"实在论的"学说反对古代和中古"观念论的"学说。韦尔德的阐述丝毫没有触及这一点,他对政治"实在论"

---

① 柏拉图对自然与技艺之关系的见解特别见于《王制》341 d7 - e。

② 与此相应,韦尔德仅有一个段落解释了他所理解的"文化哲学",其中,他首先说它是"政治哲学的一个分支,伦理学的一个部分",而此后马上又表示"文化哲学"等于"彻底实践的哲学"(页6;比较页42)。

③ [原注38]韦尔德(页62):"一旦实现对人类环境真正的技术控制,这些强制的权宜之计(利用军事力量或秘密力量控制人)就会式微。"从《泰阿泰德》176 a3 - b1可以看到,这一观点截然对立于柏拉图的观点。另一方面,马克思的"信条即所有战争都起于经济原因的学说"并不像韦尔德认为(页97注27)的那样对立于柏拉图的观点;参见《斐多》66 c5 - 8,《王制》372 d7 - 347 a2。

的颂扬只不过表达了一桩既成的"历史"事实:"观念论"已经不再是主导的潮流。

现代的"实在论的"政治哲学否弃以"超验的"标准来定位自身,其政治意义在于,它事实上提高了人的地位,即提高了每个人的地位,因此有史以来第一次为民主制——更准确地说,是自由民主制——的抱负提供了哲学依据。谁想依照"我们时代的活生生的抱负"(页8)来复原柏拉图的教诲,那就得果敢地直面这一事实。

把现代思想等同于智术,循着这种理路,韦尔德就把"社会唯物主义者……比如卡利克勒斯和格劳孔(Glaucon)"的社会契约学说等同于"在现代思想中意义重大的著名的社会契约论"(页93以降)。如此一来,他就忽视了一个事实:卡利克勒斯以及柏拉图和亚里士多德的观点都预设人之间的自然不平等,而现代著名的"社会契约理论家们"则假定所有人的自然平等,或者至少假设人之间的自然不平等于自然权利无关紧要。

事实上,韦尔德几乎缄口不谈平等这一棘手的问题,而柏拉图对此则论述颇多。然而,正如韦尔德在前言中所标明的,他转向古典是因为他相信,"我们民主的生活方式"是基于古典的人性观,而共产主义和民族社会主义都源自德国观念论。他转向柏拉图,尤其是因为他担心"历史上的亚里士多德主义的反动趋向"(vi、页7以降)。

韦尔德声称,柏拉图认识到个人高于社会或国家,而且"柏拉图以及古典哲学对这一基本事实的认识总体上造成了对人之个体的普遍尊重,这种尊重贯穿西方文化的进程,至少一直延续到现代"。我们能从柏拉图那里学到"什么是个人权利的根基",而现代哲学是"反个人的",由此造成"对具有理性能力的个人的鄙夷"。换言之,这一现代观点被认为造成了"极权国家的理论","引用黑格尔的话说,这种理论'使国家权力、宗教和哲学的诸原则碰巧重合'(Staatsmacht, Religion und die Principien der Philosophie zusammenfallen)"(页123以降、2、vi、132 – 136、158)。

如果有谁还无法马上明白这一点,那就烦请他读一下韦尔德的引文所在的上下文，他就会明白黑格尔只不过改述了柏拉图的陈述——除非哲学与政治权力碰巧重合，否则政治灾难就会无休无止，而且黑格尔改述的理由在于，他意识到柏拉图的思想中欠缺"主体自由"的原理，即"新教良知"（Protestant conscience）的原理。黑格尔绝不是什么"极权主义者"，他之所以拒绝柏拉图的政治哲学，正因为他认为它是"极权主义的"。黑格尔断言，柏拉图并不知道自由的观念——"个人之为个人（the individual as such）具有无限的价值"——是基督教教义的一个产物；在柏拉图看来，只有哲人才是自由的。① 黑格尔把个人自由的观念或者说人权的观念追溯到基督教，不管怎样评价他的这一努力，他无比透彻地洞见到，柏拉图在表明"个人"绝对高于社会或国家的时候，他并不是在说每个个人，而只是在说哲人。

韦尔德希望把柏拉图变成一位政治自由派，这使得他断定柏拉图认为"所有人都是哲人"，或智慧"对所有人敞开着"（页275、108），尽管柏拉图不厌其烦地申明没有特定天分的人成不了哲人，而且这种哲学天分举世罕见。② 韦尔德征引了唯一一个文本，以证明他的或许最"原创的理论"，即《普罗塔戈拉》中的一段，他的解读是："一个活生生的共同体中，每一个活生生的成员通过其每日的思考成为一位哲学技艺的实践者。"（页101以降）这个段落是智术师普罗塔戈拉讲辞的一部分，所以韦尔德无意中就把他归之于柏拉图的观点描绘成智术师式的，因而可能是以某种多少非柏拉图的方式来探讨柏拉图的观点。③

---

① 《百科全书》（*Encyclopädie*），页552及482。当然，尊重每个人作为理性能力的拥有者是康德的观点，而不是柏拉图或亚里士多德的观点。如果谁不同时更加着力于讨论柏拉图明言的废除家庭（韦尔德对此完全缄口不言），他就没有权利探讨《王制》中暗表的"废除"奴隶制（韦尔德，页107注63）；前后两者是不可分的。

② 《王制》428 d11 - 429 a4、476 b10 - c1、491 a8 - b5、495 a10 - b2、503 b7 - d12；《蒂迈欧》51e；《书简七》343e - 344a。

③ 对勘《泰阿泰德》180 c7 - d7 与《普罗塔戈拉》316 d3 - 317 b6。

如果人们接受柏拉图的论题,认为智慧拥有唯一绝对正当的资格进行统治或参与统治(页111),而且智慧(严格意义上就是美德)要求某种自然的天分(natural gifts),那就得承认人与人之间在才智(intellectual gifts)上的自然不平等具有重大的政治意义,也就是说,民主违背自然正当(natural right)。为了调和他的民主信念和他的柏拉图主义,韦尔德不得不断定把 aristokratia 译为"贵族制"(aristocracy)"欠缺考虑",而且他还断定"柏拉图的《王制》是一个'无阶级的社会'",其中"国家的各个方面或各个部分都是由并不专属于某个个人或某个群体的智慧来统治"。① 难道还有必要提及,在柏拉图的完美城邦中,只有哲人——一个小之又小的群体,就算不是只有一人——有权利统治,而这一权利完全独立于大众的认可,更加独立于大众的控制? 至于说到柏拉图的完美城邦"无阶级"的特征,只需要指出:柏拉图把它的三个部分——其中之一就是哲人——称为"种族"(或"阶级")和"民族"(或"部族"),而且明确地说,众多不同阶级的成员资格通常是世袭的。②

韦尔德用哲学(大众化的哲学或科学)对整个公民群体头脑的"统治"取代了柏拉图的哲人(特定的一类人)对整个公民群体头脑的统治。正因为他没有试图理解现代哲学,所以他才对"贵族式的"(aristocratic)哲学或科学概念与"民主式的"(democratic)哲学或科学概念之间的根本差异视而不见——前者是古典哲学的特征而且与大众启蒙的观念水火不容,后者则首先经由培根、笛卡尔和霍布斯诸人

---

① 韦尔德,页107。在一个脚注中,他补充说:"护卫者的人数并无关轻重。他们可以是'一个或多个'。"韦尔德使用的"多个"一词在上下文中的意思是"(比一)更多";比较《王制》487 a、503 b7 – d12。

② 《王制》415 a7 – b1、420 b7、428 e7、460 c6、466 a5、577 a1 及 b3;《蒂迈欧》17 c7;《克里提阿》110 c3。柏拉图的完美秩序与埃及的等级体系之间的关系,特别注意《蒂迈欧》24 a – b 及 25 e。对《王制》415 a7 – b1 的解释,参见《克拉底鲁》394 a – d,亚里士多德,《诗学》1255 a40 以降。

的努力而出现，①它是大众启蒙的哲学根基，或说是哲学对社会整体翻天覆地的影响的哲学根基。

假如所有人都是潜在的哲人，那无疑哲学与政治之间就有着一种天然和谐——大众启蒙的观念正假定了这一点。不管柏拉图对大众启蒙的态度如何，要是他认为离开了政治生活的"洞穴"却再次下降到"洞穴"是哲人的实质（韦尔德认为柏拉图如此认为），他就会相信这样一种和谐。② 而在《王制》中——柏拉图在这里比他处更为全面地处理了这一主题，哲人的"下降"是出于被迫或强制，而且只有在最完美的社会秩序中这种被迫才是正当的：在一个不完美的社会中，哲人根本不想参与任何政治活动，而宁愿过一种

---

① 培根，《新工具》(*Novum Organum*)，I. 122；笛卡尔，《方法谈》(*Discours de la méthode*)，I，开头部分；霍布斯，《利维坦》，第 13 和 15 章，《法之要素》(*Elements of Law*)，I 10 章 8 节；康德，《论永久和平》(*Zum ewigen Frieden*)，附录 2（比较 Julius Ebbinghaus，《论德国命运的转变》[*Zu Deutschlands Schicksal - swende*]，Frankfurt a. M. 1946，页 27 以降）；黑格尔，《精神现象学》(*Phänomenologie des Geistes*，Lasson 编，Vorrede，第二版，页 10)，及《历史哲学》(*Rechtsphilosophie*，Gans 编，Vorrede，第三版，页 13)。关于霍布斯的"民众渐渐被开化"（paulatim eruditur vulgus[译按]见氏著，《论人》，XV, 13），比较路德所说"常人会变得明理"（der gemeine Mann wird verständig），见《论此世的威权》(*Von weltlicher Obrigkeit*[译按]此书全名《论人在多大程度上最当顺服的此世威权》[*Von weltlicher Obrigkeit, wieweit man ihr Gehorsam schuldig sei*]，1523 年 3 月由路德亲自编定）。韦尔德错误地把哲人当作每个人，这似乎归因于柏拉图对教育与政治技艺或立法技艺之间关系的讨论表面的含混（页 67）：柏拉图"好像对哪个指导哪个犹豫不决"（页 66)。为了帮柏拉图解决这一难题，韦尔德一方面断定"政治家的才干理性地照料人们一切非理性的需求"，而且"教育理性地照料理性动物特定的理性需求"（页 68)，另一方面又断定柏拉图的国家是神权政治，并不认可教会与国家的分离（页 109 以降、117、122），因而显然照顾到"理性动物的理性需求"。《王制》的主题恰是教育与政治的关系，柏拉图在里面区分了两种教育——对所有人的教育、对潜在的哲人的教育（522 a2 - b3)，由此解决了这个难题。

② 韦尔德，页 180、273 以降、123、136。一项分歧颇大的陈述见页 160。

私人的生活。①

在哲学与政治之间是否有一种天然的和谐？如果依据柏拉图的措辞来阐述这一问题，答案事实上取决于一个人是否相信：最完美秩序的实现究竟是"常理之中"（normal），还是一个近乎无法企及的可能性。如韦尔德所承认的（页108），柏拉图当然持第二个选项。于是最终的答案就取决于一个人如何忽略或然性的考量来判断最完美秩序实现的可能性。《王制》卷七末尾确切无疑地表明，柏拉图否定了这种可能性。

尽管如此，针对韦尔德其人（ad hominem），这一问题能够解决如下。柏拉图反复声明，如果进行统治的哲人们欠缺关于"善"的理式的直接且充分的知识，最完美秩序就不可能实现；而韦尔德暗示这种知识是不可能的。② 既然哲人下降到"洞穴"是在其已经获得了关于"善"的理式的直接且充分的知识之后，那么按照韦尔德的理路，下降就绝不会发生：哲人将不得不毕生从事哲学未竟的以及无法完成的任务。尽管韦尔德的暗示与《王制》中的诸多章节相左，但似乎可以获得《斐多》的佐证，而且他也谈到了《斐多》。③ 对于两篇对话的教诲之间的不同，可以用其对话场景的不同来加以解释，并且可以说明这一点：与《王制》的场景相比，《斐多》的场景允许对哲学进行更为"实

---

① 《王制》519 b7 - 520 c3、529 a7 - b6、496 c5 - e2。韦尔德说，按《王制》518 a - b5 的教导，上升与下降对哲学而言至关紧要，而智术师与此不同，他们"从不移动"。柏拉图在这一段落中把上升与下降归为两种不同的类型。韦尔德说智术师"从不移动，也不会遭受任何真正的混淆带来的困惑"（页274），这一陈述不仅与柏拉图对智术师的刻画以及《智术师》254 a4（韦尔德在同一文脉中引用）矛盾，而且与他本人反复陈说的哲人与智术师"向相反的方向移动"矛盾（页305 以降、240、254、294；重点为韦尔德所加，中文以楷体标示）。

② 韦尔德，页175 以降、188、203、30、74、143。特别参见《王制》505 a4 - b1（比较504 c1 - 4）与516 b4 - 8、532 a7 - b3。

③ 韦尔德，页143、188。对勘《斐多》99 c8 - e1 与《王制》516 b4 - 8。参见《法义》897 d8 - e1、898 d9 以降。

在论的"呈现。①

如果有人得出结论,说韦尔德近乎超越了对柏拉图哲学"政治的"阐释,那就大大误解了他的意图。韦尔德承认哲学具有一种本质上支离破碎的特征,而这仅仅是一个前奏,其背后的暗示是,哲学必须屈从于神学。② 只有以这一暗示作为依据,他才能在柏拉图的框架内坚持哲学与政治之间的天然和谐,同时又否认有可能获得对"至高原理"的直接且充分的知识;因为,哲学独力无法企及的,或许可以由神学烛照之下的哲学来达到。神的启示(divine revelation)——而不是哲学,提供了实现最完美秩序不可或缺的关于"善"之理式的充分的知识。

秘而不宣地如此假设,韦尔德借此找到了一个柏拉图的完美城邦的实例:在早期的使徒教会(Apostolic church)中,"同一个智慧……要求……教会主体所有的重要活动屈从于总体的教义计划,这一计划由大公会议制订和监护,由教会各学派与行政部门支持和实施"(页108)。我们无需详述韦尔德"柏拉图式-基督教国家"的概念——他亦称之为"理性的或柏拉图式的国家"(页116以降)。不消说,在柏拉图的教诲中,并没有这样一种神学的位置,这种神学"树立一些决定哲

---

① 可以说,《王制》是刻意"空想的"(utopian),不仅对政治如此,对哲学亦如此:它所设想的公民和统治者是"诸神或诸神之子"(《法义》739 d6)。但是,尽管政治空想不能指导政治行为(除了在含混的意义上"激发"政治行动),而哲学空想则能够而且必须指导哲学"行动"。换言之,尽管真正的"政治秩序"没有一个实例(比较《治邦者》293 c5-7),真正的哲人却有诸多榜样。至于哲人为什么必须"下降",韦尔德说这是因为哲人"由于自然关系而受到洞穴中的狱友的束缚"(页273以降),《斐多》同样也能阐明韦尔德的这一断言。然而,《斐多》表明了苏格拉底丝毫不受骨肉血亲的束缚,不受克桑提佩(Xantippe)和孩子们的束缚(60 a)。还请注意《斐多》与《王制》关于战争的稍有出入的评论(《斐多》66 c5-8,《王制》372 d7-347 a2)。见前注38([译按]即"原注38")。

② 下一陈述暗含的正是这一意思:"因此,亦即基于某种[混淆]可以用哲学来阐释神学,用科学阐释哲学,用技术程序来有效地阐释科学。"(页200)同见页77。

学总体形式的规范"（页77），当韦尔德将用他自己的语言来说是神学的东西命名为神话学的时候（页73及其下、203），他就离柏拉图近了一些。柏拉图以其哲人的统治取代埃及祭司的统治，并非没有很好的理由。

有人或许会补充说，韦尔德认为，完美社会秩序仅有的实例极为短命。柏拉图的贵族政制一衰而为荣誉政制（timocracy），再而为寡头政制（oligarchy），而早期教会一衰而为后君士坦丁大公教（post-Constantinian Catholicism），再而为现代生活——其基本原则在于教会与国家的分离，韦尔德断定两者有种类比。如果韦尔德依旧相信哲学与政治之间有一种天然的和谐，这只能归因于他期望着我们当下的"无政府状态"（民主制）早日转变为"柏拉图式－基督教国家"（页109以降、117）。读者会为此疑惑，韦尔德有何权利反对马里坦（Maritain）所说的"只有宗教能把人从极权主义中拯救出来"，有何权利暗中声明"这一理论与事实完全不一致"（页9）。我能想到的唯一解释就是，韦尔德有一阵被哲学的光芒刺得眩晕了，而不是受到其启迪。

五

一个人假托讨论柏拉图的政治哲学来著书讨论我们时代的政治问题，这情有可原。尽管这样的著作作为对柏拉图的诠解是糟糕透顶的，但或许可以作为我们时代困境之中的一位出色的向导。韦尔德要求我们"努力把柏拉图的社会性语汇翻译成现今的术语，用熟知的现代例证为他的讨论作证，使字面的、'历史的'准确性（accuracy）隶属于哲学的精确性（philosophical exactitude）"（页106以降），由此韦尔德几乎承诺了他的著作就是这样的向导。

我们已经看到，韦尔德宣称是从对美国式"民主生活方式"的一种"进步"论视角来审视我们时代核心的政治问题。把他自己的反法西斯观点栽到柏拉图头上——勿论此举对错，韦尔德显然意在抵消法西斯分子对柏拉图教诲的滥用，并要由此剥夺法西斯主义最强大的"意识形态"武器之一。他认为,只有所谓的学者才会"把《王制》诠解为一种'贵族政制'",正是"这一最为19世纪德国学术研究所热衷的谬见"造成《王制》被臆解为"法西斯主义最早的哲学纲领",而且这一谬见"如今正在美国大行其道"(页116、107)。我们必须稍事考虑,这位作者无疑是一位真正的学者,他无疑通过显赫的成就得到了道德权利,把19世纪德国伟大的史学家们以及语文学家们称为"所谓的学者",此外,他还身披"哲学的精确性"的盔甲——我们要考虑的是,这样一个人如何拯救民主,并摧毁法西斯主义。

他表明,"法西斯政治思想的根源概念"就是对"立法部门绝对高于行政部门"的否弃,这种否弃是由使用"'主权者''领袖',甚至还有'执行官'这些语词"所导致的(页100、104)。在对所有人都显而易见的诸多反驳中,只需要提及其中之一:韦尔德的观点是对民主制的拙劣辩护,因为——如每位学子所知——立法权可以被授予一个人或一些人,同样可以被授予所有人或所有人的代表。关于立法部门所受到的大众的影响,韦尔德说得太少,无不完全含糊其词,关于"立法程序"与"智慧"的关系,他说得却太多,可谓矛盾百出(页103、106)。从他对柏拉图与法西斯主义的关系的看法中,能够得出意味更严肃的推论。如果否弃立法部门的至高权威就是法西斯主义,或说危险得近于法西斯主义,而《治邦者》(Statesman)的作者原则上恰恰否认了法律的必要性,遑论政府中的立法部门,那这位作者无疑就是法西斯主义最卓越的先驱之一。不管怎样,不论是柏拉图还是亚里士多德,都绝无意与洛克(John Locke)争当这样的立法部门的至上权威的毫不含糊也毫不妥协的捍卫者。

韦尔德区分了"'民主制'现今的含义"与实际的民主制(页111-117):"'民主制'现今的含义就是驶离"法西斯主义"的运动";实际的民主是介于寡头制("生产性等级制中的高等阶层"的统治)与无政府主义("个人主义的消费对生产秩序的征服")之间的东西。唯一的出路是某种形式的社会主义。但是"实际操作中的社会主义必定转变成某种形式的威权主义(authoritarianism)、基督教社会主义或国家社会主义(State socialism),或则转变成某种形式的如同所谓的民族社会主

(national socialism)的僭政"（页113）。与"正统社会主义"（socialism proper)显然相同的"国家社会主义"之所以受到拒斥，是因为它是"唯物主义的"，企图"把所有人变成游手好闲者"（页113）。因此，最终的方案就是"某一理性的威权主义，要么是基督教社会主义，要么是纳粹社会主义，要么是理性权威的统治，要么是非理性权威的控制"（页117）。与正统社会主义不同的民族社会主义显然应被划分为非理性的威权主义，最终却获得了理性的威权主义的地位。韦尔德以非同寻常的清晰陈述了这一理由："无政府主义（民主制）无法再向前了……我们伟大的民主制必须走这条或另外一条路。必须要实现秩序……再没有可能推延作出选择"，选择就是基督教社会主义或者民族社会主义（页117；强调由笔者所加）。人们会无比强烈地要求立即废除民主制，以施行两种形式的"理性的独裁主义"中的一种——基督教社会主义或者民族社会主义。

这一要求与法西斯主义的下述诊断极为一致。在他们反对"寄生性的'政治头目'"（大概是指联盟领袖）的斗争中，"那些生产性等级制中的高等阶层"（依然葆有"些许法律和秩序"的"规矩的阶级"）或"规矩的富人""被迫联合起来以抵抗'民主制'的入侵。若他们获胜，他们将建立一个法律和秩序完备的法西斯政权，强化国家的传统等级制度，无情地镇压一切'民主制'。仅有的其他可能性就是，一位政治天才或者一个会蛊人的游手好闲者或许会'保护'人们免遭这样一场阶级革命，并成为一位十足的独裁者"（页115）。

我始终不相信韦尔德是想鼓吹法西斯主义或民族社会主义。在作出上一段落所引用的这番陈述之后，他接着说到，"甚至纯粹'民主制'的无政府主义也优于"法西斯主义，而且"僭政国家"是"人类生活所能下沉的最低点"（页116及其下）。用《王制》卷十中的那位先知的话说，对那些受韦尔德的陈述鼓动而优先选择民族社会主义而非民主制或者优先选择民主制而非民族社会主义的人们，韦尔德能理直气壮地说，"责任在于作选择的人，我韦尔德并没有责任"。我毫不怀疑，韦尔德关于"民主制对立于法西斯主义"这一问题的言论是他全书所彰显的同一种"哲学的精确性"的产物，或说是他归之于"民主派"的"对须臾的臆想抱有傲慢的武断"的产物（页165）。

一个人自称是一位柏拉图主义者，而且在这个时候在这个国家发表了一部论述柏拉图的政治哲学的著作，那么他所承担的就比每位作者所承担的普通责任更多。韦尔德不仅十分严重地没能对柏拉图的观点——尤其他的政治观点——给出一个不那么误导性的图像，还为柏拉图和柏拉图研究的众多敌人奉上了他们梦寐以求的最强大的武器。必须有人来著文（比如眼前这篇文章），以防止韦尔德的著作底下的问题——尽管对韦尔德从未是一个问题——遭受到他的著作完全应得的相同命运，只要这可能或者必要。

论卢梭的意图

冯克利　译　刘小枫　校

[中译编者按] 本文原刊《社会研究》(Social Research), 1948, XIV:4, 页455–487。自然段落编号为中译校者所加。

一

[1] 有关卢梭意图的古旧论争, 隐藏着有关民主性质的政治论争。"民主的方法"等于"理智的方法"的主张, 似乎既能支持也能击倒现代民主。为了理解这种主张的含义, 自然就要回到卢梭, 因为, 卢梭把自己视为民主的第一理论家,① 他认为, 民主或一般的自由政制与科学的相容性, 并非人尽皆知的事实, 而是一个重大问题。

[2] 为充分理解卢梭的论点, 要预先细致地解读卢梭的《社会契约论》和《爱弥儿》。姑不论其他理由, 限于篇幅, 本文只讲卢梭的"第一篇论文", 感谢哈文斯先生(Mr. George Havens)那个注疏详尽的精良版本,②

---

① "迄今为止, 有关民主政制的研究极不充分。所有谈及民主政制的人, 要么对它不理解, 要么对它兴趣索然, 要么有意错误地展示它。……民主政制肯定是政治技艺的杰作, 但是, 这项人为技艺越令人赞赏, 越难以纳入(appartient)所有洞穿它的眼睛。"《山中书简》(Lettres écrites de la Montagne), VIII, 页252, Carnier编; 重点为笔者所加。

② 卢梭,《论科学和文艺》(Discours sur les sciences et les arts. Édition critique avec une introduction et un commentaire par George R. Havens, New York: Modern Language Association of America, 1946, xiii & 278页, 考订版, 哈文斯编, 附导言和笺注)。下面提到该书时略为Havens; 提到卢梭的《论科学和文艺》时略为 Discours, 页码和行数指哈文斯版标注的第一版。

我们现在可以很方便地读到这篇论文。卢梭本人说过,他的全部著述表达的是同样的一些原理。而且,卢梭式的诸原理恰恰就在这篇讨论科学和文艺的短文底下,尽管在这本最早的重要著作中,他对这些原理的表达或许还不够完善。③

[3]《论科学和文艺》的直接写作目的,多少有些使论文的特别题旨变得晦暗不明。卢梭撰写此文是为应征第戎科学院的问题:"科学和艺术的复兴是否有益于敦化风俗?"因此,读者的第一印象是:卢梭敢于在启蒙运动的巅峰时期,为了道德的旨趣而"谴责科学,颂扬无知"。然而,否认文明与道德之间的和谐,并非卢梭的特别题旨,第戎科学院征文题目已经预设了这个观点。有一种传统也早就预设了这一点,它最著名的代表似乎是蒙田和塞涅卡(Seneca),出于一定程度的公平,尚可追溯至苏格拉底。④ 事实上,《论科学和文艺》一字不差地(in extenso)援引柏拉图的《苏格拉底的申辩》的相关段落,在《论科学和文艺》中,卢梭诉诸苏格拉底称赞无知的事实占据重要位置。不过,仅仅把这段引语还原到它原来的文脉中就能认识到:《论科学和文艺》与这一相关传统之间有着最为显著的差别。卢梭引用苏格拉底对诗人和"艺人"的谴责,可是,他未能引用苏格拉底对政客的谴责。⑤ 与苏格拉底"赞扬无知"时不同,卢梭

---

③ "我写过各种主题,但始终遵循着相同的原理。"(《致博蒙书》[Lettre à Beaumont],页437,Garnier 编)另参见同书,页457。另见1762年1月12日卢梭致马勒塞尔伯(Malesherbes)的信(Havens,p. 5)。哈文斯正确地说:"卢梭的第一篇论文是他的全部著作的基石。"卢梭本人对《论科学和文艺》的评价见 Discours,"致读者",以及 Havens,页169注24。

④ Discours,1-2;13.8-14.5;30.10-12;Havens,页25、64-71,以及167。另比较 Discours,47.9-15 与 色诺芬的《治家者》(Oeconomicus),4.2-3和6.5ff.,以及比较 Discours,57.16-19(农业和哲学的比较观)与《治家者》的主题。关于《论科学和文艺》的一般观点,可比较色诺芬的《居鲁士的教育》(Cyropaedia),卷一2.6,《斯巴达政制》(Resp. Lac.)和《回忆苏格拉底》(Memorablilia),卷四7。

⑤ 比较 Discours,22.12-24.9 与《苏格拉底的申辩》(Apology of Socrates),21b 以降。苏格拉底说的不是艺术家而是手艺人。"手艺人"(artisans)被改成了"艺术家"(artists)也许是因为卢梭的民主意图;这一改变无论如何与那种意图是相符的。

"赞扬无知"时并没有把矛头指向民主派或共和派政客或治邦者,他甚至是受到一种共和冲动或民主冲动的激发:他抨击启蒙运动,把它视为专制主义或绝对君主制的支柱。⑥

[4]卢梭的观点并非理智上不可理解。马基雅维利和霍布斯这两个人一向被流俗地视为近代专制主义最伟大的卫士,他们都同意启蒙是绝对君主制的支柱。只要想一想卢梭对其在《论科学和文艺》中予以痛击的启蒙运动的看法,即可明白这一点。他认为这场运动本质上敌视宗教,⑦由此可知,他把启蒙运动视为专制主义支柱的含义是:专制主义与自由政府的区别在于,前者能消除宗教信仰。马基雅维利不就说过吗,自由的国家(free commonwealth)反而绝对需要宗教,甚至把宗教视为最强大的纽带,对君主的恐惧倒可以取代对上帝的恐惧。马基雅维利在同一语境下还说,贤明的罗马皇帝时代,而非罗马的共和时代,才是黄金时代,那时人人都能坚持和捍卫自己喜欢的任何意见。⑧至于霍布斯,他的政治诉求只有在绝对的世袭君主制中才能得到完全落实,他教导说,公民秩序基于对暴死而非对"看不见的力量"即宗教的恐惧。恐惧看不见的力量当然会削弱恐惧暴死的效用,所以,霍布斯提出的整个方案即便不是为了消除前一种恐惧,也是要弱化它的作用;霍布斯的方案所要求的这种人生观的彻底转变,只有通过传播科学知识才能实现。被霍布斯尊奉为高于其他一切政制的绝对君主政制,严

---

⑥ *Discours*,6.6–27;16.21以下;21.1;28;54.18–21(比较《社会契约论》1,6)。另参见卢梭后来有关《论科学和文艺》的主旨的一些言论(Havens,页5、53和172)以及狄德罗和达让松(d'Argenson)的评论(Havens,页31和33)。卢梭在《论科学和文艺》中对路易十四的赞美,只要看一眼前面一段话(同书,28,11–22),其真诚便显然值得怀疑。

⑦ *Discours*,36.8–37.4;59.6–60.3;11.3–16。

⑧ 马基雅维利,《李维史论》(*Discorsi*),Ⅰ,10–11(比较Ⅰ,55)。另参见斯宾诺莎《政治论》(*Tractatus politicus*),Ⅵ 40(君主政制中宗教与国家的分离)和Ⅷ 46(贵族政制——并且暗示着民主政制——对公共宗教[public religion]的需要)。

格说来只能是经过启蒙且仍在启蒙的君主政制。⑨

[5]孟德斯鸠《论法的精神》已经为卢梭抨击专制政制设置了依据,该书约在卢梭构思《论科学和文艺》的前一年问世。孟德斯鸠拿作为民主原则的德性来对照作为专制主义原则的恐惧。他把这种德性描述为政治德性——爱国主义或热爱平等,并且明确把它跟道德德性(moral virtue)区分开;但他又被迫暗中把政治德性等同于道德德性。⑩可以说,孟德斯鸠从古典的古代找到了德性的自然家园,他用古典国家的公民的人性伟大来对比现代君主制的臣民的"渺小灵魂"。⑪他强调古典政治科学和现代政治科学的对立,前者以德性为取向,后者则要从经济中寻找德性的替代品。⑫他大谈民主原则与禁止奢华、禁止过度自由和妇女权力有密不可分的关系。⑬孟德斯鸠指出,培养卓越的才

---

⑨ 《论公民》(*De cive*),第十章,18－19;《利维坦》(*Leviathan*),12章(页54－57,Everyman's Library版),14章(页73),29章(页175),30章(页180和183),及31章(结尾)。另比较Ferdinand Tönnies,《霍布斯》(*Thomas Hobbes*),第三版,Stuttgart 1925,页53－54、195和273－276。最近的讨论见Louis Marlo,《反抗的权利》(Le droit d'insurrection),载《近代政治学说》(*Les doctrines politiques modernes*),Boris Mirkine-Guetzévitc编(New York,1947),页111－134。Marlo说:"科学的进步助长剧变,从物质上和道德上摧毁反抗势力。"(页124)

⑩ 比较孟德斯鸠,《论法的精神》(*Esprit*)的"作者致读者"(Avertissement de l'auteur)和V 2与III 3,III 5 and IV 5。*Discours*也有着同样的暧昧性(例如参见20.3以下和44.7以下)。另见Havens,页183注72,以及页200注137。

⑪ 《论法的精神》,III 3,III 5,IV 4,XI 13与*Discours*,6.17－18;20.3以下;26.5以下;29.1以下;47.9－49.3;51注。

⑫ "生活在平民政治中的希腊政治家知道,支持他们的唯一力量来自德性。今天的政治家只向我们谈工艺、贸易、财政、财富,乃至奢华。"(《论法的精神》,III,3)"古代政治家不停地谈论风俗和美德,而我们的政治家只谈生意和金钱。"(*Discours*,38.12－15)

⑬ 《论法的精神》,VII。比较*Discours*,6注,论奢华与君主政制的关系(关于亚历山大和食鱼者[Ichthophagi]的例子,比较《论法的精神》,XXI 8)和37.12－45.12。

华并非民主制度的第一需要,甚至根本不是它的需要。⑭ 他着眼于一个健康和蓬勃的共和政制的要求,质疑"纯理论科学"和"思辨生活"。⑮

[6]卢梭必须从孟德斯鸠对民主或一般共和政制的分析中抽离,必须把孟德斯鸠某些未明示的要点讲清楚,才能抵达《论科学和文艺》的论点。确实,他如果不偏离作为一个整体的孟德斯鸠的教诲,或不去批判孟德斯鸠,就做不到这一点。⑯因为,孟德斯鸠虽然赞赏古典的古代精神,但至少从表面上看,他摇摆于古典共和政制与现代(受到限制的)君主政制之间,或更确切地说,他摇摆于古罗马所代表的共和政制与18世纪英国所代表的共和政制之间。⑰ 这种表面上的摇摆,乃因孟德斯鸠意识到,作为政治原则的"德性(virtue)"有着内在的问题。德性的要求与那些政治自由的要求并不一致,事实上它们有可能相互对立。对于德性统治的诉求,可能无异于要求大面积干涉公民的私生活;这种要求很容易与人类放任自流的种种任性和弱点发生冲突,而孟德斯鸠似乎已把这些视为人性不可或缺的部分。这种观察使他断定,德性的要求必须受制于"审慎"的考虑,因而,他把立法者的德性等同于节制(moderation),尽管在他看来,这种德性次序较低。就有别于德性的自由而言,孟德斯鸠更喜欢英国的制度而非古典时代的共和政制;从不同于德性的人性来看,他则更喜欢商业共和国而非军事共和国。因此,孟德斯鸠转向或者说返回现代立场,即试图从商业或封建荣誉观所

---

⑭ 比较《论法的精神》,V 3(才能的平庸)和 Discours,53.6 以下,及《社会契约论》,Ⅳ 3(才能的平等)。

⑮ 《论法的精神》,Ⅳ 8,XIV 5 和 7。另比较 Discours(16.13 – 17.18)对中国的指责。

⑯ "佩蒂骑士根据自己的计算推论,一个人在英国的价值等同于他在阿尔及尔被出售的价值。这只能对英国有利。在有些国家,人的价值一文不值,也有的国家,人的价值尚不及一文不值。"(《论法的精神》,XXIII 18[译按:应为第 17 章])"有人会告诉你,一个人的全部价值也就是他能在阿尔及尔被出售的价值;有人按这种计算会看到,在一些国家,一个人一文不值,还有些国家,一个人连一文不值也不如。"(Discours,38.15 – 26)

⑰ 《论法的精神》,Ⅱ 4,V 19,XX 4 和 7;比较 VI 3 和 XI 6。

培养的精神中寻找德性的替代物。⑱ 在返回或修订现代原则方面,至少卢梭从一开始就拒绝追随孟德斯鸠。因此,卢梭虽然对德性仍抱持信心,但并未显示出断然拒绝促使孟德斯鸠转向现代性的德性批判。

[7]无论如何,这种说法不会有错:在《论科学和文艺》中,卢梭首先得出了最为极端的结论,这是一个共和党人能够从孟德斯鸠对共和政制的分析中所得出的结论。卢梭的矛头毫不含糊地且挟着暴怒进攻,不仅指向奢靡和现代政治的经济取向,还指向"科学与艺术",他认为,科学与艺术既以奢靡之风为前提,又滋养了奢靡之风。卢梭尤其抨击科学或哲学,他认为,就其本源、践行和作为而言,科学或哲学与社会的健康、爱国主义、智慧或德性水火不容。他异常坚定地赞扬斯巴达人对他们中间的艺术和艺术家、学术和学者毫不宽容,他甚至称赞奥玛尔(Caliph Omar)把亚历山大图书馆的典藏付之一炬。⑲ 他认为科学同样是不道德的,现代科学甚至比异教的科学更危险。卢梭没有谈到现代科学的特殊品格是不是来自其根源性的特殊品格,他仅限于指出:科学之前通常是无知状态,而现代科学之前是一种比无知更恶劣的东西,即中世纪的经院主义。他并不把从经院主义下解放出来归因于宗教改革,而是追溯到"愚蠢的穆斯林"(对君士坦丁的征服)。⑳ 他认识到严格意义上的德性与政治德性之间的区别,它们甚至可能是对立的,因此,他本着后来抨击公民社会时的精神,偶尔赞扬野蛮人的生活。㉑《论科学和文艺》的立论基础,无非是历史归纳和哲学推理,即完全可以由"自然之光"获得的思考。虽然卢梭对启蒙运动的抨击与圣经传统的观点部分

---

⑱ 《论法的精神》,III 5,XI 4,XIX 5,9 – 11. 16,XX 8,XXIX 1(比较 III 4)。对这个问题的讨论参见柏克 1791 年 6 月 1 日致 Rivarol 的信,*Letters of Edmund Burk*,*A Selection*(《柏克书信选》),H. J. Laski 编(Oxford World Classics),页 303 – 304。

⑲ *Discours*,13. 8 – 14. 5;17. 2 – 7;21. 3 – 5;29. 6 – 11;32. 7 – 21;34. 12 – 35. 2;37. 13 以下;49. 16 – 18;51. 28;54. 3 – 18;60. 15 以下。

⑳ *Discours*,4. 7 – 21;7. 6 – 14;25. 1 – 5;37. 18 – 38. 15;59. 6 以下。参见 Havens,页 219 注释 196。

㉑ *Discours*,5. 14 – 6. 27;19. 15 – 24;44. 7 以下,比较 Havens,页 9、49、54、181 注释 62。

一致,并且也偶尔提到这些观点,但他的论证肯定不是以特别的圣经信仰为基础,㉒甚至不能说它是建立在自然神学的基础上。卢梭在介绍他的重要权威人物之一时,几乎言之凿凿地称其为多神论者,并且暗示,清白状态(the state of innocence)的特征就是多神教。㉓ 当他以科学对宗教信仰有害为由抨击科学时,心里想到的是"公民宗教"(civil religion),即那种仅仅作为社会纽带的宗教。

二

[8]批评卢梭"颂扬无知"的同时代人有这样的印象大可以理解:卢梭否认科学或哲学有任何价值,他主张消灭一切学问。可是,卢梭在答辩中声称,他们并没有理解他,他认为那些被普遍地加诸他头上的观点相当荒谬。但是,既然卢梭在实践上否认自己说过的那些话,人们似乎只能断定他言不由衷。据《论科学和文艺》编者的看法,卢梭只是想说,千万别把科学看得重于道德,或使其摆脱道德。但是编者又补充说,卢梭忘情于对德性的狂热或其修辞的力量,这使他夸大其词,坚持一种"稍微幼稚的观点",且不自觉地自相矛盾。㉔ 这种解释似乎可以

㉒ *Discours*,3.4–5;31.2–4;32.1–4;44.2–4;Havens,页85、页173注释88和页177注释48。另参见本文注7提到的段落。比较《论人类不平等的起源》结尾的注 i。卢梭在这方面显然从未改变自己的观点,不仅前面提到的一般表述(见本文注3),而且他对这问题的最后表述都是如此。在《孤独漫步者的遐思》中他说:"在我如今还偶尔阅读的为数不多的书中,最吸引我、使我获益最大的是普鲁塔克(也就是说,不是《圣经》)。"(IV,开头部分)比较这段话与《孤独漫步者的遐思》,III。

㉓ 比较44.7以下与26.11(假托法比基乌斯讲辞的开头部分,这是整个《论科学和文艺》的核心)。比较大主教博蒙(Beaumont)的《主教训谕》(*Mandement*),§7的开篇语。

㉔ Havens,页36、38、46、52、58、59、64、80、87、88、页176注45、页179注54、页239注259、页248注298。

由《论科学和文艺》自身来证实。尤其是在该书的结尾处,卢梭明确地同意科学与德性能够相容。他盛赞学人社会成员一定能把学术与道德结合起来,他说,培根、笛卡尔和牛顿都是人类的导师;他主张一流学者应当庇荫于君主的宫廷,以便从那里启蒙人民,为人民的幸福做出贡献。㉕

[9]哈文斯所采纳的关于卢梭意图的观点,曾直接导致且仍在导致康德关于实践理性优先的断言,这个观点暴露出一个我认为无法克服的困难。这个观点是《论科学和文艺》出版后旋即抨击它的人们中的某个人提出来的。㉖ 可是,大约十年后,卢梭说,抨击他的人没有一个能成功地理解其思想中的要害。

[10]不消说,卢梭是自相矛盾的。《论科学和文艺》的标题页就使我们面临这种矛盾。标题下面有一句引自奥维德(Ovid)的箴言,其下注明奥维德的名字,而《论科学和文艺》的正文又谴责他,说他是"光名字就足以使贞洁骇然的淫猥作家"之一。㉗ 为了解决这个难题,又不至于冤枉卢梭的才华或文字功夫,人们不禁会说,他给两个相互矛盾的论点——赞扬科学与反对科学——赋予了不同的品格,或者他在《论科学和文艺》中说着两种品格不同的话。这种建议并不像乍看上去那样

㉕ *Discours*,55.4 – 56.22;62.15 – 16;64.3 – 65.6;24.10 – 25.2。尤其比较 66.3 – 12 与"萨瓦本堂神父的信仰自白"中类似的言论。比较 Havens 对这一段的注解,以及 Havens,页 32 – 33 以及页 173 注 35 中哲学家们对《论科学和文艺》的欣然接纳。至少在最后几段(65.8 以下),卢梭似乎取消了他对普通看法的让步。但正是这些段落,似乎足以解释卢梭为何在《论科学和文艺》中一以贯之地强调科学与德性的不相容,由于把自己的最后建议限定在"事情的当前状态",卢梭似乎是要指出,《论科学和文艺》的一般论点只有在社会没有发生激烈变革时才有效:只有在腐化的社会中,科学和德性才会水火不容。不过请参见下文注 40。

㉖ Havens,页 239 注 259。另见 Havens,页 40 – 41:哈文斯认为——但卢梭否认——《论科学和文艺》的某个批评者"抓住了问题所在"。

㉗ *Discours*,15.13 – 15。[译按]卢梭引用奥维德的那句话是:"在这里我是个野蛮人,因为人们并不理解我。"

稀奇古怪。在文章最后的段落,卢梭自称是"素朴的心灵"或"常人",这样的他并不在意留文名于青史。可在前言中,他又让我们清楚地知道,作为一名作家,他意图超越自己的时代而活着。㉘ 卢梭把自己与另一类人区分开,他本人一无所知,既非真正的学者,亦非才智超群(bel esprit),只是一个常人;另一类人则向人类传授种种有益的真理。但是他知道,作为《论科学和文艺》(它在传授关于科学危险的有益真理)的作者,他不可能不同时属于另一种人,即哲人或科学家。㉙ 可以说,《论科学和文艺》有两类不同的作者,同样也可以说,它在向两类不同的读者说话。卢梭在最后一节清楚地表示,作为一个常人,他只能对常人说话。但在前言中他却宣布:他只为那些不屈从于他们的时代、国家或社会的意见的人们写作,也就是说,只为真正的学者写作。换言之,他宣布《论科学和文艺》不是为"人民"或"公众",而是只为"少数读者"而作。㉚ 所以我认为,当卢梭拒绝科学,说它多余或有害时,他是以常人的身份向常人说话,以这种身份说话时,他对科学的彻底否定根本不是夸张之词。但他远不是常人,他只是个装扮成常人的哲人,作为对哲人说话的哲人,他当然要站在科学一边。

[11]可以说,这便是正确解读《论科学和文艺》及卢梭思想的基调。当卢梭针对那个批评者(可能也是卢梭意图说流行观点之始作俑者)为《论科学和文艺》辩护时,他对《论科学和文艺》的卷首版画*做

㉘ *Discours*,11.14 – 16 和 65.8 以下。卢梭在构思其作品之后,很快便写下《论科学和文艺》中的这一节,这很难说是偶然的。

㉙ *Discours*,1.1 – 11;1.7 – 9;56.11 – 22;64.19;65.8 以下。比较 Havens,页 201 注 142。

㉚ 比较 *Discours*,1.4 – 11.16 与 2.1 – 5。参见 Havens,页 56。

* [中译编者按]《论科学和文艺》的卷首版画由卢梭亲自挑选,左上方是手持火把的普罗米修斯,正从云端下降,画面正中是一个站在石座上仰面望着普罗米修斯的人;右下方走来森林之神——萨图尔(Satyr,半人半羊的怪物,耽于淫欲,故其转义为好色之徒),画上写道:"萨图尔,这个你不懂。"相关解释可参见迈尔《卢梭〈论不平等〉的修辞和意图》,朱雁冰译,载于《经典与解释 2:柏拉图的哲学戏剧》,上海:上海三联书店,2003,页 189 – 236。

了如下解释:

> 普罗米修斯的火把是科学的火把,它为激励那些伟大天才而设……第一次见到火就跑过去想拥抱火的萨图尔代表着受到文学光芒引诱的常人轻率投身于学问。向他们大呼危险的普罗米修斯则是那个日内瓦的公民。这是个既恰当又精彩的比喻,而且我斗胆认为,它也是个崇高的比喻。人们会如何看待一个对此百思而不解的作家呢?[31]

向常人发出科学危险这一警告的卢梭,非但不认为自己是常人,反而大胆地把自己比作普罗米修斯——给少数人带来只为他们而存在的科学之光或对科学的热爱。

［12］约十年后,卢梭在《致博蒙书》中宣布:"启蒙和罪恶在当时的发展具有相同的道理,但不是发生在个人身上,而是发生在全体人民中间——我一向很谨慎地做出这种区分,攻击我的人从未理解这种区分。"[32]科学与"全体人民"的德性不相容,但它与某些个体,即"伟大天才们"的德性是相容的。科学是坏的,但不是绝对坏,它只对人民或社会而言是坏的。它是好的,甚至是不可或缺的,但这只是对少数人而言,卢梭把自己也算作他们中的一员。如他在《论科学和文艺》中所说:精神像肉体一样也有自己的需求,肉体的需求是社会的基础,而精神需求只带来社会的装饰物;精神需求的满足对于社会不是必要的,因而对社会有害;[33]但是,对于社会并非必需品

---

[31] 比较 Havens,页 227 注 224 和页 247 注 297。

[32] "……这一反省使我对公民状态下人的才智进行新的研究;我发现,启蒙和罪恶在当时的发展具有相同的道理,这并非发生在一些个体身上,而是发生在全体人民(les peuples)中间——我一向很谨慎地做出这种区分,而攻击我的人却从未理解这一点。"(《致博蒙书》,页 471,Garnier 编)

[33] Discours,5.14 – 6.6;33.3 – 9;34.15 – 35.6。比较《致达朗贝尔的信》(Lettre à d'Alembert),页 121,Fontaine 编。

因而危险重重的东西,对某些个人而言却是必需品。肉体的需求是首要"需求",所以卢梭能够说,社会是建立在"需求"之上,㉞科学则不是这样,所以卢梭会暗示:含有极端"自由"的科学有着比社会更高的尊严。他在反驳《论科学和文艺》的批评者时说,"科学不适合常人","不适合我们","不适合一般人";科学只对某些个人、为数甚少的真正学者和"天纵奇才"有益。这不禁让人回想起亚里士多德对哲人生活的赞美:唯一自由的生活,本质上超社会,常人难以过这种生活,除非有神的参与。㉟卢梭真诚地希望,只向能够投身于科学生活的少数人说话,不仅《论科学和文艺》如此,他的所有著述皆如是,或许只有为数不多的申辩不在此列。㊱

㉞ *Discours*,6.6-8。

㉟ *Discours*,62.12-14 和 63.3-10。参见 Havens 页 36、37、45、52、53 和 60。比较亚里士多德,《尼各马可伦理学》1177a32 以下和 b26-31;《形而上学》982b25-983 整段。

㊱ "所有这一切都是对的,尤其那些不是为人民(le peuple)而写的书,我的书一向如此。……[至于《爱弥儿》]它涉及新的教育制度——我以此为贤哲之士们的研究提供方案,而非给父母亲们使用的方法——我从未想过这种事。如果说我有时候透过某种足够平庸的形象,显得似乎在对他们说话,那么,这要么是为了使我得到更好的理解,要么是为了用更少的话来表达想法。"(《山中书简》,第五书,页202,Garnier 编)另见同书第九书,页283:"如果我只是对你,我是可以用这种方式的;可是《山中书简》的话题涉及全体人民……"《山中书简》恰好也是一本辩护的著作。另见同书,第三书,页152-153 做出的区分,一方是"受过教诲、懂得运用理性"、独自就可以具有"坚定可靠的信念"的智慧之人,另一方是"那些善良正派的人,对他们来说,哪里有正义,那里就有真理",他们易于因自己的炽热情感而受骗,是"在任何事情上都受自己的感觉奴役"的"人民(le peuple)"。在《致达朗贝尔书》的前言中,卢梭有以下言论,它对于理解《论科学和文艺》尤其重要:"此处不再是一些无意义的哲学废话,而是对所有人民都重要的关于实践的真理。不再是对少数人说话,而是对公众说话;不再是促使另一些人思考,而是浅白地表达我的思想。因此,必须改变风格:为了让所有人听懂,我用更多的话语来说更少的事情……"(强调为笔者所加)[译按]中译参黄群译文。

[13]《论科学和文艺》证明了上一段提出的观点,尽管其根据只有一些表面的随意评论,而非主导性论点。㊲ 其实,其中一些论点尚在反驳我们的解读,因为卢梭在《论科学和文艺》的最后一节似乎主张:科学与社会相容。但他实际上仅仅是说,极少数天性命定研究科学的人,从社会观点的角度来看,用自己的天赋来启蒙人民明白其义务,他们研究科学才会是允许的,甚至是健康的;他在《论科学和文艺》中明明白白所做的事不过恰恰就是这件事而已:在义务方面启蒙人民。卢梭不赞成甚至拒绝哲人应当向民众开放哲学或科学知识本身的主张,他认为,科学就其本身而言,只有当它不是一个(这样一个)社会要素时,才被允许或者才会有益。科学的社会后果必然是灾难性的——启蒙为专制主义铺平道路。因此,卢梭持续地、竭尽全力地攻击普及科学或传播科学知识。㊳ 毫无疑问,当卢梭反对普及科学时,他不是在夸大其词,而是直截了当地、充分地表达自己慎重考虑过的观点。

[14]我们必须补充一条重要的附加条件。当卢梭断言社会与科学之间有着自然的不相容性时,他是在亚里士多德的意义上理解"自然"一词,㊴他的意思是,真正的(genuine)科学与健康的社会不相容。

㊲ 这显然是在向"全体人民(the peoples)"说话(29.18);卢梭表达了他对真正的学者(2.5)或极少数人的崇敬,他们足以在人类心智的荣耀方面树立丰碑(63.8 – 10);他表示无知是可鄙的(4.12 – 13);他说民众不配进入科学的圣殿(62.1 – 4)。尤其是他引用了蒙田的话:"我喜欢争辩和论说,但这只能和少数人一起,并且只为了我自己。"(12 注)

㊳ *Discours*, 11.6 – 14; 24.19 – 21; 36.10 – 37.11; 59 注; 61.12 – 63.7。"难道人们再也看不到那幸福时代重新出现了吗? 在那样的时代,人民并不参与穷究哲理,但是像柏拉图、泰勒斯和毕达哥拉斯这样的人则抱着热烈的求知欲,只为研究学问而长途跋涉……"(《论人类不平等的起源和基础》[*Discours sur l'origine de l'inegalité*],附释十;强调为笔者所加)比较《孤独漫步者的遐思》,III,页 18,以及 VII,页 72,Garnier 编。

㊴ 见《论人类不平等的起源和基础》的卷首题词。[译按]卢梭引用亚里士多德《政治学》(卷一第五章)的一句话作为卷首题词:"不应根据变了质的事物,而应根据合乎自然的良好状态的事物去考虑,什么是自然。"

在答复《论科学和文艺》的一名批评者时,他警告读者不要得出以下结论:"应当烧掉今天所有的图书馆,毁掉一切大学和学院。"(强调为笔者所加)在腐败的社会,在被专制地统治的社会,科学是唯一可取的东西;在这种社会里,科学和社会是相容的;在这种社会里,科学知识的传播,或者换言之,公开抨击所有的成见是正当的,因为社会风气之恶劣已经变得无以复加。但是,希望超越自己的时代而生活并且预见到一场革命的卢梭,他为一个健康社会的需要而写作,他认为有望在革命之后建立起的健康社会必须以斯巴达而不是雅典作为楷模。这一前景注定波及他本人的文学生涯。㊵

[15]每个人都会同意,卢梭在《论科学和文艺》中为社会着想而抨击启蒙运动。然而,被普遍忽略的是,他也是为了哲学或科学而抨击启蒙运动。实际上,卢梭认为,科学的尊严高于社会,因此人们只能说,他首先是为哲学着想而抨击启蒙运动。当卢梭抨击传播科学知识有益于社会这种信念时,他首先关心的是这种信念对科学的影响。哲学已然堕落为一种时尚,或者说消除成见的战斗本身已成为一种成见,这种荒谬局面使他大为震惊。假如哲学就是让人们的精神摆脱一切成见,那么站在人的立场来说,如果哲学堕落为成见,就会永远摧毁智识(intel-

---

㊵ "有些成见必须尊重……然而,当事情的状态已经不可能变得更糟时,成见还能如此值得尊重,以至于可以为之牺牲理性、德性、正义,以及真理能够为人们带来的善吗?"见《致博蒙书》,页 471 – 472,Garnier 编,同一原则的另一次应用见《致达朗贝尔的信》,页 188 – 190,Fontaine 编。比较 Havens,页 45、46、54,以及页 229 注 232。关于卢梭对革命的预言,见 Havens,页 38、46 和 50。

卢梭在《论科学和文艺》的结尾处指出,"在事情的当前状况下"他不会追求文名,也不想教导人民明白自己的义务,他这里的意思不是科学与社会的不相容要归因于"当前状况",而是认为"当前状况"毫无希望,所以他在履行自己的哲人的社会义务时,不会超出他在《论科学和文艺》中的所为。这里的表述也许反映着他的信心危机(参见 Havens,页 226 注 222)。《论科学和文艺》取得的成功诱使他继续履行他的社会义务,写下了第二篇论文(《论人类不平等的起源和基础》)、《社会契约论》以及《爱弥儿》。

lectual)自由的可能性。㊶

三

[16]卢梭自己承认,他在《论科学和文艺》中没有明示隐藏在这部作品下面的原理。㊷ 该书的主旨是警告人民切莫触碰科学,因此当然不可能强调科学有着更高的尊严,如此行事无异于鼓励读者研习科学。换言之,既然能够从市场上获知的哲学只能是庸俗化的哲学,因此,对庸俗化哲学的公然抨击不可避免地会变成抨击哲学,仅此而已(tout court)。于是,卢梭在《论科学和文艺》中抨击科学时,他才会夸张地说,科学是个彻头彻尾的坏东西。但他这样做并不是出于不负责任的热情或修辞,而是因为卢梭十分清楚他的原则赋予他的责任。在他已公开发表的关于科学与社会不相容的言论中,本着自己的原则,卢梭坚决地站在社会一边反对科学。这与另一件事并不矛盾,即《论科学和文艺》终究只是对"少数人"发言,因为不管什么书,并不是只有那些它只想对其发言的人才能读到,而是面向所有能阅读的人。我们的论点并非不符合如下情形:卢梭在随后的著述中透露了某些《论科学和文艺》没有明示的观点;因为,由于在后来的著作中并没有透露某些《论科学和文艺》已经明示的观点,卢梭成功地做到了绝不以连贯从而充分的方式透露自己的原则,因此,他通过自己的出版物仅是对自己想要传达的人说话。只有把《论科学和文艺》及其后来著述所提供的信息结合来看,人们才能理解他的每部著述及全部著述的潜在原则。《论科学和文艺》虽没有明确宣布抨击科学的精确限定条件,却比后来的著述更为明晰地阐述了科学与社会不相容的关键性原因。

㊶ 比较本文注38指出的段落,尤其前言中一段精彩的话:"在今天,一个自由思想和哲人的所为,出于同样的原因,兴许不过是在成为同盟时代的狂热分子而已。"

㊷ 比较Havens,页51和56。另见本文注36。

[17] 上述评论并不赞同一种相当普遍的意见,即卢梭极为坦诚。这种意见显然从卢梭说自己无比真诚的声明中获得了看似有力的证据。[43] 因此,我们必须尽可能言简意赅地解释一下卢梭对诚实义务的看法。

[18] 卢梭在《孤独漫步者的遐思》的第四篇"漫步"中讨论过这个问题。马虎的读者很容易忽略这一讨论的重要性。首先,整部书雕琢的品格将会证实卢梭的习惯,他宣称,自己在一种审慎的考虑已不起任何作用的处境和心态中写作此书;它甚至要比《忏悔录》更加直言不讳,因为据说该书仅为作者本人而写,完全没有想过或打算与他的读者见面。此外,卢梭运用自己的良心原则所阐述的事情极其琐屑;他以不同寻常的严谨精神,用大量笔墨讨论这样的问题:一个作者是否可以谎称自己的著作是某个希腊手稿的译本,[44] 以及他曾不幸说出的一些无关紧要的错误。至于那条原则本身,即他自称成年后一贯遵循的原则,可以概括为这样一个命题:说出真理的义务仅基于真理的效用。由此推断,人不但可以掩盖或伪装没有任何可能效用的真理,甚至可以主动欺骗、说反话,并不会因此而犯下说谎罪。卢梭不厌其烦地补充道,他成年后说过的不多的谎话是出于胆怯或懦弱。[45] 大概更为重要的是,

---

[43] 如在《孤独漫步者的遐思》一开始,他便对自己有这样的描述:"[我这个人]既无智谋,又乏心计;既无城府,又乏审慎;坦诚、敞开、没耐心、脾气暴躁……"

[44] 这个问题是对另一个更切题的问题的取代:卢梭是否有资格把这种信仰表白归到一个天主教神父名下。这种表白恰好是前一篇"漫步"的中心论题。

[45] "任何时代都有人们和哲人沉思这个主题,他们一致否认创造[亦即创造物质]的可能,大概只有极少数例外,这些少数人貌似真诚地让自己的理性服从于权威;由于动机是自己的利益、自己的安全和自己的宁静,这种真诚显得可疑,而且,既然说真话要冒损失点儿什么的风险,想确保真诚便将会永远也不可能。"(《致博蒙书》,页 461,Garnier 编)在该书中,卢梭还把他在《孤独漫步者的遐思》的原则表述如下:"至于我,我曾答应在一切有用的事情上说出[真理],就按我心里的所思所想"(强调为笔者所加),以及"坦率、坚定地向公众说话,是所有人的权利,甚至就一切有用的事情而言是所有人的义务"(页 495 注;强调为笔者所加)。另比较有关改变公众意见的艺术的言论,见《致达朗贝尔的信》,页 192 以下,Fontaine 编。关于卢梭的"审慎"问题的一般说明,见 Havens,页 165 注 8 和页 177 注 48。

他把自己限于只讨论没有任何效用的真理即完全无用的真理之一种：对于兴许必须被称为危险的真理的另一种，他没有说过任何话。但是，我们有权从他的一般原则中推论：他也许认为自己有义务掩藏危险的真理，甚至说相反的真理——假如有这种真理的话。

[19]根据这一结论，我们便可以理解《论科学和文艺》对阐明卢梭的原理的特殊贡献了。卢梭在前言中宣布，自己站在真理一边。通过教导科学与社会不相容这一真理，他做到了这一点。但这是一个有用的真理。《论科学和文艺》远没有如他所言的那样站在真理一边，抨击科学，恰恰是因为科学只关心真理，不在乎它的效用，因此，就其意图而言，科学不能防止产生无用真理甚至有害真理的危险。卢梭认为，大自然向人们隐瞒的全部秘密是使人们免于如此多的恶，易让人接触的科学犹如孩童手里的一件危险武器。[46] 这一主张导致的实践性后果，不能引用卢梭的如下观点来回避：在极为败坏的时代，任何真理都不再危险，因为他是为后世而非为自己的时代写作。何况，在卢梭的时代，迫害并未完全消失。[47]

[20]与《论科学和文艺》的基调一致，卢梭坚持认为，科学或哲学的真理（关于整全的真理）并非只对人民而言不可接触，而是根本就不能接触，所以他阐明探求知识的危险性而非已然获得知识的危险性：[48] 求知之所以危险，是因为不可接触真理，追求真理导致危险的谬误或危险的怀疑主义。[49] 科学以怀疑为前提且助长怀疑；它禁止在真理不明确的任何情况下表示赞成，至少在涉及最重大问题方面，有可能无法确定真理。可是，社会需要其成员确信某些基本教条（fundamentals）。这些确定性的东西——"我们的信条（dogmas）"，不但不

---

[46] *Discours*, 1.9 – 11; 3.2 – 5; 29.11 – 30.4; 33.18 – 19; 34.12 – 13; 36.5 – 10; 55.6 – 20; 56.18 – 22。比较《致达朗贝尔的信》，页115注，Fontaine 编。

[47] 参见本文前一页和该页注45。

[48] 《论科学和文艺》的核心论点并不受这种不一致的影响，因为，两种看法都导致同样的结论：追求知识对社会是危险的。

[49] *Discours*, 11.14 – 16; 29.6 – 15; 33.8 – 34; 60.1 – 2。

是科学的产物,而且从根本上受到科学的威胁——它们会受到怀疑,因为一旦科学研究插手,这些缺乏证据的东西就会遭到揭发。它们不是知识的对象,而是信仰的对象。它们或者说它们所侍奉的目标是神圣的。㊿ 卢梭在称赞无知时,萦绕于心的正是对社会的神圣基础的信仰,或者说对那种使社会基础神圣化的信仰:他称赞伴随虔敬赞同(reverent assent)的无知。这从根本上有别于他同样赞颂的另一种无知——伴随着悬置赞同的无知,这种无知大概是科学努力的最终结果。在卢梭引领下,我们可以区分出两种无知——大众的无知和苏格拉底式的无知;他把这两种无知都与伪科学或大众化科学的教条主义对立起来。㊶

[21]既然卢梭相信,真正的信仰只能是可靠推理的产物,从而是这位智者的一项特权,因此毋宁说,按他的观点,社会的基础与其说是信仰不如说是意见。与这种立场相一致,他在《论科学和文艺》中指出,只有真正的学者才不会屈从于自己的时代、自己的国家或自己的社会的意见,而大多数人必然如此。㊷ 据此,可以把《论科学和文艺》的论点表述如下:既然社会的要素是意见,那么试图用知识取代意见的科学

㊿ 假如社会的基础就是公民宗教,假如公民宗教就是福音书的信仰,那么,压制福音书以外的所有书籍或所有科学书籍就是正当的。卢梭在赞扬奥玛尔下令焚烧亚历山大图书馆的藏书时,正是指出了上面这句话的第二个条件句中所暗含的问题:"假设教皇大格雷高里处于奥玛尔的位置,代替古兰经的是福音书,图书馆恐怕还是要被烧掉,而且或许还会是这位负有盛名的大主教一生中最漂亮的举动哩。"(*Discours*,60.23-27)比较《新约·使徒行传》19:17-20,以及 Havens,页46。

㊶ *Discours*,36.20-37.4;1.8-9;23.18-24.14;34.6-8;34.18-24;55.18-20。应当指出,《论科学和文艺》意在阐述的真正学说——科学与社会不相容——并不是以信仰,而是以推理为基础(参见本文第一节最后一段)。

㊷ 《山中书简》,III(见前注36)。比较前注30。另参见 *Discours*,37.6-7 的评论,科学的普及者是"公众意见"之敌。公众意见是自由社会的要素,并且某种意义上是它的标准,但从超政治的观点看,公众意见却是成问题的。比较《致达朗贝尔的信》,页192:"公众意见"仅仅是"别人的意见"。比较 *Discours*,65.18 和《社会契约论》,II 12 和 IV 7。

本质上威胁社会,因为它瓦解意见。从根本上说,似乎正是为了这个理由,卢梭才认为科学与社会不相容。只有当探求知识成为人的一种可能性,尤其一旦成为人的最高可能性时,把意见看成社会要素的观点才会变得危险。所以,卢梭才会在《论科学和文艺》中说,科学本身有害,这不仅仅针对社会而言。当他用一种夸张的方式说出他想传达的这一有用的真理时,他是用最为节制的方式在表达。

[22]不妨根据少数几个更特别的考虑来说明《论科学和文艺》下面的推理,这些考虑至少在该书中有所暗示。按卢梭的看法,公民社会本质上是一种特殊的社会,或更确切地说,是一个封闭的社会。他认为,公民社会必须有自己的品格才会健康,这就要求民族性的和排他的制度来产生或培养公民社会的个性。这些制度必须由一种民族性的"哲学"、一种无法移植到其他社会的思维方式提供活力:"每个民族的哲学几乎不适用于其他民族。"另一方面,科学或哲学从本质上说具有普世性:它对所有智者都一样。哲学或科学的传播必然削弱民族"哲学"的力量,从而削弱公民对其共同体特殊生活方式的依附。换言之,科学或哲学本质上是世界主义的,而社会却必须靠爱国主义的精神提供活力,这种精神与民族仇恨绝非不可调和。就本质而言,政治社会是一个必须跟其他国家对抗以保卫自己的社会,它必须培养武德,这通常会形成尚武精神,而哲学对这种尚武精神具有破坏作用。(53)

[23]不仅如此,自由社会的前提是:其成员为了约定的自由而放弃他们原初的或自然的自由,也就是说,服从于共同体的法律或统一的行动规则,每个人都能为制定这种规则做出贡献。公民社会要求一致

---

(53) 在《论科学和文艺》中,卢梭主要是从社会的角度说明这种情况(11. 12 – 14;27. 15 – 17;45. 10 – 49. 15),因此他接受"罗马人的军事理念"(Havens,页206)。但不能说他"不加批判地"(同上,页206)接受;在 *Discours*,33. 2 – 3,他毫不含糊地谴责战争,就像他谴责僭政(tyranny)一样。比较《论人类不平等的起源和基础》,附释十;《关于波兰政制的思考》(*Gouvernement de Pologne*),第二和第三章;《山中书简》,第一书,页 131 – 133;《社会契约论》,II 8(结尾处);以及《爱弥儿》的前面几页。另见 Havens,页 187 注 85。

性,或是把人从自然存在改塑成公民;相对于人的自然独立,一切社会都是一种奴役的形式。但哲学要求哲人极为真诚地遵从他"自己的天才",不考虑任何公意或共同的思维方式;人在哲学思维中宣示自己的自然的自由。因此,只要哲学变成一种社会因素,它必然跟社会发生对抗。⑭

[24]再者,契约平等取代自然不平等产生了自由社会。追求科学却要求培养才华,即自然的不平等;它对不平等的培养是如此醒目,甚至可以猜想,对卓越的关切,即对荣耀或高傲的欲望,难道不是科学的根基吗?对政治荣耀不管有何论说,它都不像致力于取得智识成就的荣耀那样卓绝——斯巴达就不如雅典辉煌。再说,以需求作为根基的社会不可能以高傲为本。⑮

四

[25]说科学与社会不相容是一回事,说科学与德性不相容则是另一回事。假如德性本质上是政治的或社会的,后一个论点可以从前一个论点推导出来。无疑,卢梭不时把德性等同于政治德性。但是仅从他有时以德性的名义抨击公民社会,赞美原始人的德性这一点,即可证明他将政治德性与另一种德性区分开来。⑯ 这并不是说

---

⑭ *Discours*,5.17 – 6.2;63.3 – 11。比较《关于波兰政制的思考》,第二章;《社会契约论》,I 1、6 和 8;以及《爱弥儿》的开头几页。

⑮ *Discours*,53.6 – 12。比较同书 2.14 – 16;19.10 – 11;21.17 – 18;29.8;30.8 – 17;32.12 – 13;41.1 – 2;41.11 – 14;65.8 – 11;66.11 – 14;Havens,页 211 和 172、页 223 注 215、页 226 注 222;《社会契约论》,I 9(结尾处)和 II 1。

⑯ 比较本文注 10 和注 21。*Discours*,14.1 – 15;21.17 – 21;26.5 – 28.10。比较 49.18 与 50.2 – 3 和 51.3 以下;比较 8.18 – 19("德性是心灵的力量和生气")与 47.9 – 15 和《关于波兰政制的思考》第四章("这灵魂的生气,这爱国的热情……")。一定不要误解卢梭有关科学与政治德性不相容的言论,因为这与他关于福音书教诲或福音书意义上的人性与爱国主义之间的不相容的言论确实属于完全不同的层面。福音书的教诲是关于义务的教诲,正像它是关于政治社会的教诲一样。基督教与政治社会的冲突是超道德的冲突,而科学与社会的冲突则不是这样。

他以德性的名义抨击科学仅仅是一种夸张,因为至少可能表明他对两种德性的区分只是权宜之计。在其后来的著述中,卢梭对“好”(goodness)和“德性”做了明确区分:好属于作为自然存在的人,而德性或道德属于作为公民的人,因为德性本质上以社会契约或约定为前提。好人不同于有德之人,好人只是对自己而言是好的,因为只有当他从做好人本身获得快乐时,他才是好的,或者说得更为通俗一点:若不能从中获得快乐,他什么事也做不了。当一个人是自足的、“孤独”或不需要别人的,并因此获得绝对的幸福,就此而言他才是好的。所以,一个只有好而没有德性的人不适于社会或行动。最为重要的例子是:那个孤独的沉思者(*contemplatif solitaire*),他在由纯粹而超然的沉思——譬如泰奥弗拉斯托(Theophrastus)*那样全神贯注地研究植物——带来的享受和狂喜中获得完美的幸福和神一般的自足。这种人就是哲人,就他只关注学习而非教导来说,哲人是无用的社会成员,因为他只关心自己的快乐,“凡是无用的公民,都可被视为有害的(pernicious)人”。(57)

[26]这里顺便指出一种稍有误导性的说法,即在卢梭看来德性

---

* [中译编者按]古希腊哲人泰奥弗拉斯托(Theophrastos,公元前371—前287年),泰奥弗拉斯托早先师从柏拉图,后来师从亚里士多德,最后成为漫步派掌门人。泰奥弗拉斯托著有《植物学研究》《植物学成因》《论儿童教育》《论教育》《论自然》等,参见第欧根尼·拉尔德《名哲言行录(上)》,马永翔等译,长春:吉林人民出版社,2003年,页293-308。

(57) *Discours*,35.4-6;《孤独漫步者的遐思》,V-VII;《社会契约论》,I 8和III 4;《爱弥儿》,IV,vol.1,页286,和V,vol.2,页274-275,Garnier编,比较前注38,以及Havens,页183注74和页172注32。“有谁不愿意追随那个受到无上崇敬的卢梭,他在孤独的漫游中与人类为敌,却倾心关注植物和花卉王国,凭自己真纯而执着的精神力量去结识那些悄然诱人的自然的孩子们。”(歌德,《作者自述其植物学研究史》[Der Verfasser teilt die Geschichte seiner botanischen Studien mit],见《歌德的形态学著作》[*Goethes morphologishce Schriften*],Troll选编,Jena 1926,页195)卢梭的《孤独漫步者的遐思》对歌德的全部作品尤其《浮士德》的重要意义,似乎一直没有得到充分评价。

是积极的品质,而好仅仅是消极的品质。这种说法只适用于一种好,这就是前社会的人或原始人的好,他们是"愚蠢的动物"。这种好并不完全适用于好且兼具智慧的人。智慧的人活得不积极,甚或生活得很"闲适",这意味着他已然从积极生活的催逼中抽身,转而投入孤独的沉思中。换言之,如果不记住下面这个事实,便误解了卢梭的自然之好的概念,这一概念是指两种不同类型的人,他们处于人性对立的两极(原始人和智者),他们作为自然人,作为自足的存在,或"数值单位"(numerical units),又共同有别于一种中间类型——公民或社会人,即受到各种义务或责任约束的人——这样的人只是一个"分数单位"(fractionary unit)[58]。卢梭自传式声明的作用在于:为读者提供一个自然人或好人的典范(并且为其辩护)——自然人或好人是(或者正变得)智慧却并非有德性的人。

[27]回到我们的论证上来,在创作生涯之初,卢梭就以日内瓦公民的身份在《论科学和文艺》中抨击哲学或科学,视之为极端自私地追求愉悦。[59]在《孤独漫步者的遐思》的结尾,他坦承自己一直是个无用的社会成员,从未真正适应公民社会,只有在孤独沉思的快乐中,他才能找到完美的幸福。在《孤独漫步者的遐思》中,他隐晦地提到自己在

---

[58] 《孤独漫步者的遐思》,VIII,页 80 和 VII,页 64 和 71;《爱弥儿》,I vol.1,页 13,比较 Havens,页 184 注 74。把"自然人"与"智慧人"联系在一起的概念是"天才"(比较 Discours,10.1;61.20;62.13 - 14、19;63.5 - 11; Havens,页 227 注 224)。爱弥儿被称为自然人,他是"寻常的灵魂"或"常人"(见本文第二节第三自然段),他作为一个孩子,既可以变得接近于自然人,也可以变成未来的公民;也就是说,他只是自然人的近似物。比较《爱弥儿》,I,vol.1,页 16 以及 32。比较孟德斯鸠,《论法的精神》,IV8:"推理的科学……使人孤僻。"

[59] 献身于科学的人生与献身于义务的人生不可调和(33.3 - 9);"令人惬意的"科学不同于"有用"或"有益"的东西(54.11 - 12;56.21 - 22;53.15 - 16;5.14 - 22;36.7 - 10);一方面,科学与闲暇有必然联系,另一方面又与奢华相联系(37.14 - 18;34.15 - 16;36.11 - 12)。比较《致达朗贝尔的信》,页 120、123、137,Fontaine 编。

《论科学和文艺》中暗示的,有关社会与肉体需求之间联系的论述。卢梭说,任何与其肉体利益相关的东西都不曾真正地盘踞心头。但是,即使在那里,或者说正是在那里,卢梭觉得有义务在社会的审判面前为自己的生活辩解,他要解释:种种不幸如何迫使他接受真正属于自己的生活方式,并因之获得自己的幸福——人们的怨恨(malice)使他与世隔绝,想象力的衰退让他与美梦无缘,咀嚼个人遭际的恐惧令他停止思考,因此,他才沉浸在植物学研究带来的甘甜淳朴的快乐中。[60] 卢梭现在承认,他本人——日内瓦公民——现在是一个无用的公民,且向来如此。他不能再大度地允许社会把他视为一个有害之人:他在《论科学和文艺》中说,"无用的公民都可以被视为有害的人",而他在《孤独漫步者的遐思》中却说,他的同代人做错了,不是错在把他当作无用之人赶出社会,而在于把他当作有害的成员逐出社会。因此,对于他的中心论题,卢梭最后要说的话似乎是,科学与公民身份固然不可调和,但社会可以容忍少数几个毫无好处之人生活在它的边缘,只要他们确实无所事事,不用颠覆性的教诲去搅乱社会——换言之,只要社会别去管他们,或别拿他们太当真即可。[61]

五

[28]行文至此,要完整地理解卢梭的意图,我们的努力仍然面临着最大难题。我们已经得出的结论如何与卢梭的自白一致呢——他认为,对卓越的头脑而言,科学与德性是协调的,或者只有在"全体人民"中间才会不协调?卢梭承认自己一向是无用的社会成员,事实上不适

---

[60] 《孤独漫步者的遐思》,V - VIII。尤其比较"孤独的沉思者"卢梭(页46、64、71)和《爱弥儿》,III(vol. 1,页248,Garnier 编)对闲暇的评论,我们在这儿读到,"无所事事的公民都是坏蛋"。比较《孤独漫步者的遐思》,VII,页68和 *Discours*,5.14以下。

[61] *Discours*(36.11 - 16)中指出过这种观点,比较同书35.2 - 6与《孤独漫步者的遐思》,VI(结尾处)。

应社会或具有德性和义务的生活,这又如何与他的公共精神和责任感相一致呢?他这种公共精神和责任感可以由他的政治著作和他的信念来证实:"萨瓦本堂神父的信仰自白"中那善解人意的读者,会"无数次祝福这个有德性且坚定的人,他敢于用这种方式教导人类"。[62] 人们可以回答,其实也只能这样回答,科学与社会(或科学与德性)之间的自然敌对性,并没有排除这样的可能:可以靠强力使科学与社会达到某种协调,就是说,哲人可以在社会或作为公民的自己迫使下,用自己的天资服务社会,[63] 教导全体人民明白自己的义务,同时要克制自己,避免向他们传授哲学或科学。但这种回答显然不充分。卢梭并没有把自己局限于教导全体人民明白自己的义务;他还教导全体人民要明白自己的权利。他的政治教诲并非通俗的或全民的教诲,毋庸置疑,这是一种哲学的或科学的教诲。他的政治教诲是整个哲学或科学大厦的一部分,它以自然科学为前提,并将其看得至高无上。[64] 既然社会和科学不相容,既然科学在任何情况下都不可以变成社会因素,那么打算成为一种实践性教导的社会科学似乎也不可能。如此说来,根据卢梭关于科学与社会关系的观点,他本人的政治哲学如何可能呢?

[29] 卢梭承认,在腐败的社会(譬如他生活于其中的社会),唯有科学,甚至是普遍启蒙,才能给人提供解救的尺度。在没有必要也不应当继续尊重成见的社会里,一个人可以自由地讨论社会的神圣基础,不但可以自由地寻找治病良方,还可以自由地寻找解决政治问题的最佳方案。[65] 在这种情况下,以直接的科学的方式提出解决方案,再怎

---

[62] 《山中书简》,第一书,页 124,Garnier 编。比较本文注 40。

[63] 比较柏拉图在《王制》(519c4 – 520b4)中对这个问题的阐述与 Discours, 56.1 – 11 和 57.1 – 6。

[64] 卢梭对政治哲学的地位和性质的观点见 Discours, 3.10 – 4.3(参见 Havens 的注释),以及《论人类不平等的起源和基础》的前言。

[65] 比较本文第二节倒数第二个自然段。卢梭的论点是对更为普通的观点的修正,按这种观点,不允许私人就他们所属社会的最佳政治制度进行辩论。比较加尔文《基督教要义》(Institutio), IV. 20.8(vol. 2, 页 521, Tholuck 编)以及霍布斯《利维坦》,第 42 章(页 299, Everyman's Library 版)。

糟糕,也只能算是一种清白的消遣;但是,假定存在着革命的前景,新政治科学就可以做公共舆论准备,不仅为了恢复健康的社会,还为了建设一个比过去更完美的社会。

[30]从卢梭的观点看,除非以彻底的社会批判或对我们前面一直在关注的社会与科学的关系的根本性反思为基础,否则就不可能看清楚社会问题,当然也不可能使其得到真正解决。这种基础性的反思显示,社会本质上是一种束缚;科学与社会的敌对是自然的自由与人为束缚对峙最重要的例证。人的自然独立性与社会的对抗,决定着政治问题最佳解决方案的一般性质:最佳方案是一个使人尽可能自由的社会。

[31]为发现严谨的解决方案,卢梭推进的方式如下。像霍布斯和洛克一样,他从每个人自我保存的自然欲望中找到了社会的充分自然基础。只要人的能力发展超出一定范围,不靠别人的帮助便没有能力保存自己。可见,社会的基础其实不过是身体需求,是每一个体利己的、最为紧要的需求。正是这些需求直接促动了对自由的关切:不能设想任何更高的东西对个体的自我保存有着与个体同样的关切。为了享有社会的好处,人人必须接受社会的负担;每个人必须让其以自己的好为取向的属己意志服从于以共同的好为取向的公意。只有在这些限制下,社会中的自由才可能。如果人只服从非人格的社会意志,不服从其他任何个人的或由个人组成之团体的人格意志或私己意志,那么就政治意义而言他便是自由的。为避免任何类型的人身依附或"私有政府"(private government),一切人与事都必须服从社会意志,而社会意志只能以普适性法律的形式体现自身,对于这种法律的创立,每个人本应能够用自己的一票为其做出贡献。卢梭相当清楚,"每个人将其所有权利全部让渡于整个共同体",或让私己意志完全服从于公意,以使其合理或具有正当性,这需要满足一些难以满足的条件。他的公意说遭遇的真正难题——在它打算解答的问题层面上所面临的难题——体现在这样两个问题上:公意总是以社会的好为取向,从而总是有着良好意图,何以才能假定,公意总是被启蒙为社会的好?完全受私己意志左右的自然人,何以才能实现向总是把公意置于私己意志之上的公民的

转变?⑥⑥

　　[32]以卢梭之见,这个难题如今只能用政治哲学来表述;它不能用政治哲学来解决;或者更确切地说,它的解决恰恰受到导致这一难题的这种政治哲学的威胁。因为,难题的解决是这个立法者或一个民族之"父"的行动,那是一个智力超群者的行动,他为自己设计出的一部法典注入神圣起源,或者以自己的智慧来敬奉诸神,以便劝诱公民体自由地服从他的法典。这种立法者的行动必然受到哲学的威胁,因为,立法者为使公民坚信他的神圣使命或他的法律得到了神的批准而采用的说法,其可靠性肯定可疑。⑥⑦ 有人可能会想:一旦这部法典得到认可,"社会精神"得以形成,这部智慧的立法凭据其业已得到证实的智慧而非凭据其捏造的起源被接受下来,也就不再需要对这部法典的神圣起源的信仰。可是,这种设想忽略了一个事实:古老的法律亦即"古代的成见"对于社会的健康不可或缺,公开"揭穿"涉及这些法律的[神圣]起源的阐述,才会使得对这些法律的既存敬重难以为继。换言之,自然人向公民的转变是一个与社会本身同时并存的难题,因此,社会至少一直需要立法者神秘且令人敬畏的行动的种种等值品。立法者的行动,以及它后来的等值品(各种传统和情感)服务于这样一个目的:"以一种[全体之一]部分的、道德的存在取代我们从自然那里获得的物理的、独立的存在。"只有假设社会造就的种种意见或情感克服掉而且仿佛是在绝灭自然情感,才能够有一个稳定且健康的社会。⑥⑧ 这就是说,社会必须尽

---

⑥⑥　"个别人看到好,[公众]却不要它;公众意愿好,却看不到它……正因如此,才必须产生出一位立法者。"(《社会契约论》,卷二,6)

⑥⑦　比较卢梭在《山中书简》,第二和第三书对神迹问题的讨论。

⑥⑧　《社会契约论》,卷二 6 和 7;卷三 2 和 11。在论立法者的一章(卷二 7),卢梭明确地只提到摩西和穆罕默德作为立法者的事例;但是他在一条脚注中引用了马基雅维利的一段话,在另一条脚注中又提到神学家加尔文(日内瓦的立法者)是一流的政治家,这些都充分表明了他的立场。比较柏拉图《法义》634d7 – c4(757 d – e 和 875al – d5),以及亚里士多德《政治学》1269a15 ff.(另见《形而上学》995 a3 – 6 和 1074 b1 – 14)。

一切可能让公民忘掉那些事实,而政治哲学恰恰把那些事实作为社会的基础纳入自己关注的焦点。社会的成或败端赖于一种特别的蒙昧,哲学必然造反蒙昧。要想政治哲学提出的解决方案得以生效,就必须忘掉政治哲学提出的问题。

[33]这种立场在理智上说得通,虽然不太舒服,却可以满足卢梭,他有"善于谋划的头脑,对于这颗头脑来说,怀疑是个好靠垫(cushion)"。走出这种困境的捷径,亦即"下一代人"兴许不得不选择的道路便是:接受卢梭最后的实践性解决方案(他对"共同体的再发现"、他的公意说、良知或情感和传统优先),抛弃或忘记卢梭的理论前提("自然状态"、绝对个体、理性思考优先)。卢梭问题最为简便的解决方案是"浪漫主义的"。这个方案可以说是真格的,因为卢梭本人要求接下来的纪元是建立或恢复真正的社会,即忘掉"个人主义的"前提,让所有个人的思想和愿望保持在人的社会生活的圆规之中。必须直接或间接地为此付出的代价是:让哲学屈从于社会,或把哲学整合于"文化"之中。

[34]其实,卢梭的立法者学说是要昭示社会的基本问题,而不是为现代欧洲提供实践的解决之道,除非这一学说预示着卢梭属己的职责。他为何必须超越立法者的古典概念,其确切理由是:这一概念易于模糊人民主权,也就是说,实际上,它易于导致用法律至上取代充分的人民主权。立法者的古典概念与卢梭如此强烈要求的东西不相容:他要求整个法律和宪政秩序定期诉诸人民的主权意志,或上一代人的意志定期诉诸当下一代人的意志。[69] 因此,卢梭必须为立法者的行动找一个替代物,一个与人民最大可能的自由度相容的替代物。根据他最

---

[69] 《社会契约论》卷三 18(这种解释可参考潘恩[Paine],《论人权》[*Rights of Man*],页12以下,Everyman's Library 版)。比较《联邦党人文集》(*The Federalist*),E. M. Earle 编(Washington:National Home Library Foundation),编号49,页328-39:多次诉诸人民会阻止共同体的意见或成见获得必要的力量。

后的建议,最初委托给立法者的最基本的职能,(70)即把自然人转变为公民,必须托付给一种公民宗教,《社会契约论》和《爱弥儿》从略微不同的角度对这种宗教做了描述。我们不必探问卢梭本人是否相信他在萨瓦本堂神父的信仰表白中提到的宗教,引用他因信仰自白而受到迫害时说的话,无法回答这个问题。关键在于这样一个事实:按照卢梭对知识、信仰与"人民"的关系的明确看法,公民体(the citizen body)对这种宗教或任何宗教的真理,都只能持有意见而已。根据卢梭对这一问题最后的发言,甚至可以怀疑任何人在这方面能否获得真正的知识,因为萨瓦本堂神父宣讲的宗教有着"各种无法解决的异议"。(71) 因此,说到底,任何公民宗教似乎都与立法者对其法典的[神圣]来源的阐述具有相同的性质,就此而言,两者从本质上讲都受到"危险的质疑做派"的威胁,而这种怀疑主义恰恰是哲学或科学的严格要求培养出来的;"各种无法解决的异议"乃是危险的真理,甚至连所有宗教中最好的也无法回避。卢梭对不宽容的切身恐惧以及焦躁首先得为此事实负责:《论科学和文艺》之后,他在自己的著述中不再讨论这种观点所导致的后果。

---

(70) 关于立法者必须解决的另一个问题,即对公意进行启蒙,使其明白它的目标,卢梭似乎已然相信,在一个复杂的社会里,不是这个问题的解决方案而是其前提来自一种政治制度,这种制度有利于富人和乡村居民,与"无赖"(la canaille)针锋相对。这种政治要求把他的公意说中的平等主义含义转化为类似古典政治学中的"智术"的东西(比较亚里士多德《政治学》,1297a14 以下,以及色诺芬《居鲁士的教育》卷一 2.15)。卢梭也意识到了这一点,这从他赞成塞尔维乌斯·图利乌斯(Servius Tullius)实施的政制改良即可看出(《社会契约论》卷四 4;比较同书卷三 15)。

(71) 《孤独漫步者的遐思》,III,页 23 和 27;《致博蒙书》,页 479;《山中书简》第一书,页 121–136,以及第四书,页 180。比较前注 36 和 45。关于"各种无法解决的异议",参见莱布尼茨,《神义论》(*Théodicée*),导论,§§24–27。

六

[35]总之,卢梭在写作生涯之初提出的观点最令人难忘,他坚持着自己的观点,直到最后。再说一遍,这个观点大意是:社会的要求与哲学或科学的要求之间有着根本的不协调。它与启蒙运动的观点针锋相对,依照启蒙运动的观点,哲学或科学知识的传播无条件地于社会有益,或更通俗地说,在社会要求和科学要求之间有着天然的和谐关系。可以把卢梭的观点直接追溯到笛卡尔对改进个人思想的规则与改进社会的规则所做的区分。[72] 但是,考虑到笛卡尔与启蒙运动的暧昧关系,以及卢梭是以古典政治学的名义抨击现代政治学,因此,卢梭重申古典政治哲学的基本论题,以及他对启蒙运动论题的抨击,倒不如理解为他在古典政治学名义下抨击现代政治学的一部分,尽管这是最为重要的部分。[73] 下面不妨大略谈谈他的政治哲学与古典政治哲学的关系,作为这篇讨论卢梭意图的文章的结语。

[36]为了正确地理解这种关系,必须忽视那种偶然性的差异:哲学的社会地位在古典时代与卢梭的时代有所不同。有关科学与社会的古典表述,尤其柏拉图的表述,是为了对抗针对哲学的普通成见,而卢梭所必须对付的是一种有利于哲学的,有可能更为危险的成见——到了他那个时代,哲学不但已经形成受到普遍尊崇的传统,而且成了一种时尚。为了领会这种基本的差别,不妨作以下说明。古典政治哲学的基本前提是这样一种观点:理智能力的自然不平等具有或应当具有决

---

[72] 笛卡尔,《方法谈》(*Discours de la méthode*),II – III.《论科学和文艺》中两次提到笛卡尔(34.19 和 62.15)。另比较同书 63.6("孤独前行")与《方法谈》II(Adam – Tannéry 16,30)。

[73] 关于卢梭与古典政治学的关系,比较本文注 5、11、12、20、22、35、39、63 和 68。比较 *Discours*,41 注释明确提到柏拉图的《王制》和《法义》,同书 19 注释。

定性的政治重要性。因此,上智者不受限制的统治,绝不迎合臣民,看来是解决政治问题的绝佳方案。这种要求明显与一切带有政治共同体性质的实践目的没法调和。科学要求与社会要求之间的不合度导致的结果是:真正的或自然的秩序(上智对下愚的绝对统治)必须被其政治复制品或模仿取代,这就是,在法律之下,贤人统治那些并非贤人之人。

[37]这种学说整体上所面对的种种困难,诱使政治思想家在很久以前就把所有人的自然平等作为他们思考的起点。当智性能力不平等的自然性质受到明确质疑时,这些努力获得了相当可观的意义,从而古典立场的大本营受到攻击,这是一种拔高了的信念出现的结果,即相信有别于自然天赋的方法德性。正是这一剧烈的变动,导致了受到卢梭抨击的启蒙运动。他与启蒙运动唱反调,重申人类智力的自然不平等具有极端重要性。[74]可是,他回避了古典政治从这一原则得出的结论,转而求助于另一条古典原则,即科学要求与社会要求的不一致;他否认从自然不平等的事实得出政治不平等的要求具有有效性。科学要求与社会要求的不一致,使卢梭基本上建立起一种平等主义的政治学,它承认甚至肯定在最重要的方面人们天生不平等。人们不禁要说,在柏拉图和亚里士多德的反省层面上,卢梭是直面柏拉图和亚里士多德对民主挑战的第一人,正是这一点为他在民主学说史上赢得了独一无二的地位。

[38]不消说,卢梭在古典政治哲学层次上进行的讨论,并没有穷尽他与那些古典思想家之间的关系。卢梭接受了马基雅维利对古典政治哲学的批判,在现代自然科学基础上创建了自己的学说,从而彻底离弃古典政治哲学。这引导他以人是自由施行者的定义取代了人是理性动物的古典定义,或用人的可完善性取代了人的完美性的观念,从而把政治德性与真正的德性之间的差别夸大为德性与好的对立,最后,但并非最不重要,他率先把道德标准的下降与"真诚"的道德情感要命地结合起来。即使接受本文提出的原则,在理解卢梭的教诲时,难题仍然不

---

[74] 比较 *Discours*,61. 20;62. 13 – 14 和 19;63. 5 – 11;另比较《论人类不平等的起源和基础》的结尾,以及《社会契约论》卷一 9 和卷二 1。

胜其扰,所有重要的难题都可以追溯到这样一个事实:卢梭试图在现代科学的基础上保留哲学的古典理念。只在极少数情况下,有必要借助他的个人性情去澄清其教导中那些表面的或真正的矛盾。具体而言,我不打算否认,在不多的场合,卢梭过于敏感的自爱(amour-propre)也许使他那令人称奇的锐利眼光蒙尘。[75]

---

[75] 参见 *Discours*,29.1–5。

理性与启示

叶然 译

[中译编者按]本文为1948年1月8日施特劳斯在位于康涅狄克州的哈特福德神学院(Hartford Theological Seminary)所作的学术报告,未曾发表。文稿为手写稿,含正文和"哲学与启示笔记"两部分(后者的开头一段参考了1946年11月13日的讲演"耶路撒冷与雅典")。正文部分写在十页稿纸上(正反两面),笔记部分写在五页稿纸上(正反两面),中译依据 Heinrich Meier 整理并首次刊布的文本(见氏著 *Leo Strauss and the Theologico-Political Problem*, Cambridge University Press, 2006),经迈尔教授授权迻译。迈尔用[1正]和[1反]标注了手稿页码,由于中文读者无从得到手稿,我们删除了这类标注,带方括号[ ]的内容是译者加的补充性或说明性文字。

1. 为了明晰论题,我们以"哲学–启示"代替"理性–启示"

我把理性与启示的问题理解成哲学与启示的问题。"理性"是中立的:理性的那些权利看来会①同时为启示信仰者们与无信仰者们所承认。如果我们以对理性的一种特定解释——理性的终极(the)完美性是哲学,因此人的终极完美性亦是哲学——来面对启示,那么,我们便超越了中立或琐屑的层面,进入了冲突的竞技场。哲学

---

① [原编者注]"看来会"(would seem to be)原作"是"(are)。

与启示不相容:哲学必须试图驳倒启示,与此同时,即使不是启示,无论如何神学也必须试图驳倒哲学。

2. 启示必须试图证明哲学之荒谬

作为一个非神学家对神学家们进行言说,我不会斗胆去定义启示。只有一点必须说明。无论把启示理解为〈作为〉一种教诲的启示,还是理解为一个偶然事件,启示的主张首先通过一种基于启示的教诲而变得显著。对启示的信仰(faith)必然导致对启示信息的布道或宣讲,因而最终导致一种教诲——即便是一个总是无法完成其使命的教诲。那些展现这种教诲的人,不能忽视与启示的主张不相容的哲学的主张。而且他们不能止步于诅咒(anathematizing)①或禁止哲学:他们不得不驳倒哲学的种种主张。这种必然性造成一个严重的问题。如果我们基于对堕落(Fall)的描述而假设,人的终极选择是哲学或者服从上帝启示,那么驳倒哲学看来可以等同于证明启示真理。但最极端的神学家们认为,这样一种证明与启示的根本观念(the very idea)不相容。对启示的回应是信仰,而信仰是知识,尽管是一种特殊类型的知识。每一个尝试——不仅尝试以任何其他确定性取代信仰的确定性,而且甚至尝试以任何其他确定性支撑信仰的确定性——都与信仰的本性相矛盾;每一个这类尝试都等于以对肉体的信赖取代对上帝的信赖。不可能存在任何有利于启示的证据,除了通过信仰而被知晓的启示的事实。然而这意味着,对于那些没有信仰经验的人,有利于信仰的一丝一毫证据都不存在;无信仰的人没有一丁点理由质疑自身的无信仰;启示无非是一个 factum brutum[朴素的事实];无信仰者②能够生活在真正的幸福之中,而一丁点都不关注启示的主张:无信仰者可以得到宽恕——这与

---

① [原编者注] 编者已将 anathemizing 订正为 anathematizing。

② [原编者注] "启示无非一个 factum brutum[朴素的事实];无信仰者"原作"他"。

保罗所清楚教诲的相反。接下来,人们不能止步于如下想法:不存在一丝一毫有利于启示的证据,除了启示的事实。尽管对启示的直接证明与启示的本性相矛盾,但间接证明不可避免。这个间接证明在于证明哲学立场自我不一致(inconsistent),也就是荒谬。这个并非基于信仰的证明,并未取消信仰知识与仅仅属人知识之间的区别。因为"哲学抑或服从启示"这个选择并不完整:第三个选项是逃避主义或绝望。对哲学主张的反驳没有导致信仰,而是导致绝望。将丧气的人转化成一个有信仰且感到安慰的人,不是人的行动,而是上帝恩典的行动。

3. 哲学是什么,如今不能直接知晓

对我来说更适合的是尝试解释哲学是什么。在我看来,当今种种讨论中,神学家们和其他人所预设的哲学观念,模糊了那些决定性方面。结果,哲学对神学的挑战被低估。人们受到引导而相信,所有严肃的哲人都曾明确地或含蓄地拒斥无神论,而且由于所有关于上帝的哲学学说都明显不充分,故对于每个诚实之人来说,启示的可欲性——即便不是启示的事实——看来变成了早已确定的结论。当然,人们不禁会承认存在一种哲学无神论,但这种无神论据说是现代现象、后基督教现象,正因如此,它预设了基督教,而且是基督教信仰的间接见证。确实能够提出论据支持如下观点:所有专属现代的观念都只是诸圣经观念的世俗化版本,因而若没有圣经支持就站不住脚。

不过问题恰在于,是否不存在任何替代性选项,可以一方面代替圣经信仰,另一方面代替现代的无信仰。唯有这样一个选项之存在得到实现,哲学对神学的挑战才将①得到适当理解。我思索的这个选项,正是原本的或前现代的意义上的哲学。

如今,我们没有直接途径接近哲学原本意指的东西。我们的哲学

---

① [原编者注]"将"(will)原作"能"(can)。

概念衍生自现代哲学,即哲学的一种衍生形式。现代哲学并非始于重启哲学的原初动机,而是接收了作为遗产的那种哲学观念。如今较好的一类哲学史家正在做的,无非是尝试弥补(make good for)现代哲学创立者们犯下的疏忽罪(a sin of omission)。① 这些史家试图将区区一份遗产转化为活生生的力量。迄今,对于仍然衍生自现代哲学的普遍哲学概念,这种历史研究几乎没有产生影响。因此,人们通常以为,比如说,哲学本质上是一个系统;遭到遗忘的是,果真如此的话,哲学作为爱智慧或求索智慧或求索真理便会成为多余。哲学原本在任何意义上都不具有系统性。如黑格尔所见,系统观念预设,进行哲学探究的个人发现,"抽象形式"——即诸概念的一种上下文——是"现成的"。但原初形式的哲学在于上升到抽象形式或概念明晰性,或在于获得诸概念。或者转而使用更简单的例子,依据如今普遍接受的哲学观,不得不区分哲学与科学。18世纪下半叶之前,这种区分一直完全不为哲学所知;出于所有实践目的,这种区分等于承认有非科学的哲学与非哲学的科学。这两种追求中,科学自然享有最高威望。因为有谁能够不蔑视非科学的哲学呢,既然它是个不值得尊重的东西,就像得不到为正义而战斗的意志来支持的正义?② 这种非哲学的科学不再追求哲学原本追求的东西,即对整全的终级说明。科学设想自身具有进步性,也就是产生于超越整个早期人类思想的人类思想的一种进步,同时将来仍能取得更大进步。科学的精确性与科学对自身本质进步性的自我意识之间,存在令人震惊的不相称,只要科学没有伴随之以下努力:这努力至少渴求(aspiring)精确性,并想证明进步的事实,也想理解进步的那些条件,因而还想确保将来有可能取得更大进步。这就是说:现代科学必然伴之以科学史或人类思想史。这种历史现在实际上——即便沉默地——占据着哲学从前占据的地位。如果人类思想史以科学精神得到研究,人们便会得出如下结论:整个人类思想都受历史条件制约,或被历史地决定,或者说把人们的心智从所有偏见或整个历史决定论(his-

---

① [译注] omission 或可译为"删除",即对前现代哲学的删除。
② [译注] 此问号作者原作句号,译者据文意改。

torical determination)中解放出来的尝试具有幻想性。一旦这变成了为日益增多的新观察所不断强化的确定信条,对整全的终级说明——它本身可以超越历史决定论——看来就出于每个小孩都能明白的种种原因而没有了可能。此后——我们就生活在这个"此后"之中——便不再存在直接途径可以接近原初意义上的哲学,这哲学就是求索关于整全的唯一真实而终级的说明。一旦达成了这种状态,要接近哲学的原初意义、哲学的根本观念,就只能通过回忆哲学过去所意指的东西,也就是通过哲学史。

4. 哲学的原初意义

那么什么是哲学的原初意义呢？哲学原本是对真理、终极(the)真理的求索——对所有事物的终极(the)开端的求索：在此,哲学与神话(myth)[1]一致。但哲人根本不同于神话讲述者或编造者。分离哲人与神话言说者的是对 φυσις[自然][2]的发现：第一个哲人曾是 φυσις 的发现者。φυσις 曾不得不被发现：若不进一步费神,人就不知道存在自然这样一个东西。对勘旧约。[3] 当对诸开端的求索曾变得为如下两个根本区分所引导时,自然就被发现：

a) 区分传闻与亲眼所见——以所有人光天化日之下都能一直看见的东西为基础,或者通过从可见事物上升,所有事物的那些开端必须得

---

① [译注] 希腊文词源 μῦθος 本义为故事,不专指神话。
② [译注] 此词没有加音调号,下文有些希腊语词亦然。
③ [原编者注：此注附以星号用铅笔加于页面下端。]自然并非现象的全部。φυσις 的前哲学对应物：习俗(custom)或方式(way)；永久方式＝正确方式；正确的＝古老的、祖传的、人们自己的——正确方式必然暗示着对祖先们——对最初诸事物——的描述；祖先们必须是诸神；法典(codes)的多样性——矛盾——；通过正确描述最初诸事物而求索正确的法典——如何进行：a) ακοη [听]——ὄψις[看](→ 人是所有事物的尺度)——以属人知识的眼光去审视所有所谓超人知识——最高的超人知识是 τέχνη[技艺]；b) τέχνη——φυσις。

到显明或论证(demonstrated)。

b)区分人造事物与非人造事物——人造事物的开端是人,但人显然不是最初事物,不是所有事物的那个唯一开端。因而比起人造事物,并非人造的那些事物更直接地指向最初诸事物。人造物的产生是出于设计,出于预谋。最初诸事物生产出所有其他事物,可能并非通过预谋,而是通过盲目的必然性,这种可能性曾得到实现时,自然就被发现。我是说:这种可能性。但并不能排除如下状况:所有事物的起源是预谋,即神的预谋。但从现在开始,这个断言需要论证。对自然的发现的典型产物就是,要求严格论证神性存在者们的存在,要求从每个人都明白的现象分析开始进行论证。因为没有任何论证能预设这个 demonstrandum[应得到论证的东西],①故哲学具有极端的无神论性质。如果相比于柏拉图与任何基于宗教经验的学说之间的区别,柏拉图与德谟克利特这样的唯物论者的区别就会失去意义。柏拉图和亚里士多德之尝试论证神(God)的存在,远未证明他们的教诲具有宗教特征,实际上恰证明了这种特征不存在。

柏拉图和许多其他前现代哲人的语言,把这种事态弄得含混不清。潜在于这个特殊类型的言说之下的原则,从未得到适当解释。因而请允许我对此说几句。

哲学作为对所有事物的那些真正开端的求索,就是尝试把关于这些开端的意见替换为关于它们的真正知识或科学。不过,这是不是一个正当(legitimate)追求,则完全不确定。不仅曾存在过公众偏见反对尝试窥探②诸神的那些秘密,而且一些强势的理由暗示如下观点:意见而非知识才是属人的或社会的或政治的生活的根本要素。如果意见是政治生活的要素,质疑诸意见本身的哲学便会消解社会生活的根本要素:哲学本质上具有颠覆性(败坏青年)。从哲学的观点看,这种说法并不是对哲学的异议,因为求索真理绝对比政治生活更重要:哲学探究就是学习赴死。当然,哲人不得不达到社会的那些合法要求,或肩负起

---

① [原编者注] demonstrandum 原作 demonstration[论证]。
② [原编者注] 编者把 preying into 订正为"窥探"(prying into)。

他自己作为公民的责任。他要做到这一点,就需要克制住不去公开教授他认为是唯一真理的东西,只要这真理可能变得危及社会。他把他真正的教诲隐藏在对社会有用的显白(exoteric)①教诲背后。

关于哲学与生活(即哲学与社会)的关系的看法,预设了哲学本质上为天性适于哲学的极少数个体所专有。智慧之人与俗众(the vulgar)的根本区别,对于哲学的原本概念具有本质性。哲学本身可能变成属人生活的要素这种观念,对于整个前现代思想完全陌生。柏拉图要求哲人们②应该变成王者,但并不要求哲学③应该变成统治者:在他的完美政制中,只有两三个个体拥有接近哲学的某种途径;绝大多数人都为种种高贵的谎言所引导。④ 求索知识暗示着,在充足证据尚缺的所有情形中,必须拒绝表示赞同,或必须搁置判断。然而,在需要立即决定的极端紧急的问题上,不可能拒绝表示赞同或搁置判断:在生死攸关的问题上,人们不能搁置判断。哲学事业的成或败(stands or falls)有赖于搁置判断的可能性,因此这事业需要所有生死攸关的问题预先得到解决。所有生死攸关的问题能够归约为人们应该如何生活这个问题。哲学事业预设,人们应该如何生活这个问题可以预先得到解决。要解决这个问题,就需要前哲学地证明如下论题:正确的生活方式,这一个必要的东西,就是献身哲学而非他物的生活。这个前哲学证明后来在哲学内部为人性分析所证实。无论如何,依据原本意义,哲学是唯一正确的生活方式,是人唯一的幸福。所有其他属人的追求据此都被认为具有根本缺陷,或是属人的可怜状态的诸形式,不论多么华丽。作为道德生活的道德生活,不是哲学生活;对于哲人,道德无非是哲学探究的条件或副产品,而不是自身有价值的东西。哲学不仅超越社会、超越宗教,而且超越道德。⑤ 哲学断言,人最终只能在哲学与由错觉(delu-

---

① [译注] 直译为"对外"。
② [译注] 作者以斜体强调 philosophers 的 - ers。
③ [译注] 作者以斜体强调 philosophy 的 - y。
④ [原编者注:此注作者用铅笔加于行间。]哲学与社会之间的和谐。
⑤ [原编者注] 以上两句话是后加的。

sion)伪装的绝望之间选择:只有通过哲学,人才得以审视现实的严厉面相而不失其人性。哲学的主张之极端,不下于启示的主张。

哲学的成或败有赖于搁置关于那些最根本问题的判断的可能性。这就是说:如果取这个语词的原初意义,哲学本身具有怀疑性(sceptical)。σκεψις①指观看事物,思索事物。哲学关注的是理解处于整个复杂性中的现实。其复杂性也许会妨碍对那些根本问题的种种论证性回答:有利于多种多样不相容的答案的那些论证也许并非定论。这不会令哲学事业无用:对于哲人,完全理解一个问题绝对比任何区区回答更重要。从哲学(即理论)观点来看,重要的是把主题阐释为如下这种阐释:支撑这种阐释的是有利于两个矛盾答案的那个论证,而非这些答案本身。原本意义上的哲学具有争论性而非决断性。争论只对于如下这些人才可能:他们并不关注决断,并不仓促(in a rush),没什么对他们来说很紧迫,除了争论。诸系统之间的无政府状态,那种 pudenda varietas philosophorum[诸哲人之间值得羞愧的多样性],绝非对哲学的反对。

当哲人们说唯一可能的幸福在于哲学探究时,他们并非意指哲学能确保属人的幸福;因为他们知道,人并非其命运的主人:εὐημερια②指以食物、栖身之所、健康、自由和友谊为条件的好日子,即并非由哲学产生的好日子,但它为哲学探究,因而也为幸福所需要,尽管它并不构成幸福。用宗教语言来说:σὺν θεῷ[与神同在]=ἀγαθῇ τύχῃ[拥有好运]。

5. 哲学的替代性选项是启示——哲学必须试图证明启示没有可能③

对于哲人,哲学的合法性看来并非严肃的问题,只要他仅仅面对异教神话和礼法。因为这些神话和礼法本质上先于对如下问题的意识:这问题产生于多种多样神性礼法之间的那些矛盾,也就是说,对此问题

---

① [译注] sceptical 的希腊语词源。
② [译注] 由εὖ[实践层面的好]和ἡμέρα[白昼、日子]构成。
③ [原编者注] 此标题原作"哲学必须断言启示没有可能"。

的认识直接预示着哲学的出现。一旦哲学面对圣经,哲学的处境便根本上得到改变。因为圣经宣称自身展现了令哲学得以诞生的那个问题的解决方法,而且圣经的解决方法与哲学的解决方法完全相反。圣经质疑如下观点:哲学是神话的唯一替代性选项;依据圣经,①神话的替代性选项是活生生的上帝的启示。圣经对最初诸事物的叙事,尤其对某个时期发生的事——即从天地的创造到亚伯拉罕(Abraham)的绝对服从行为——的叙事,在当前的上下文[即圣经]中能够被最佳地理解为,尝试解释一部特定的可能的法典(code)何以能成为过去和将来唯一的神性法典。这同一个描述把在希腊哲学中达到成熟的如下可能性拒斥为不正当的:人能够通过吃知识树的果实找到其幸福或其平和。在古典哲人们看来是人性完美性的东西,圣经将其描绘成人对其创造者的不服从的产物。当古典哲人们把人的认知欲望设想成他最高的自然欲望时,圣经便通过断言这种欲望是一种诱惑而提出抗议。对于哲学的观点,即人的幸福在于自由的探究或洞察,圣经以如下观点表示反对:人的幸福在于服从上帝。因此,对于哲学的主张,圣经提出了唯一能够合理提出的挑战。人们不能以比如说政治或诗的名义严肃地质疑哲学的主张。倘若不提其他一些思索,人的最终目标是真正好的东西,而非仅仅看起来好的东西,而且唯有通过关于好的知识,人才得以发现好。但确实存在如下问题:人们是否能够通过其理性的那些独立努力,获得关于好的知识(没有这种知识,他们就不能在个体层面和集体层面引导其生活),或者说人们是否为了这种知识而依从神性启示。只有通过圣经,哲学或对知识的求索才受到知识的挑战,这种知识为全知的上帝所启示,或者说等同于上帝的自我交流。没有任何选择比如下选择更为根本:属人指引或神性指引。Tertium non datur[没有第三个选项]。哲学与启示之间的选择,不能通过任何和谐化或"综合"来回避。因为这两个对抗者中每一个都宣称某物是那一个必要的东西,是唯一最终重要的东西,而且圣经宣称的那一个必要的东西是哲学宣称

---

① [原编者注]"圣经"的定冠词是后加的。

的那一个的对立面。在每一次和谐化的尝试中,在每一次无论多么令人印象深刻的①综合中,这两个对立要素中的一个都会为另一个牺牲,这种牺牲或多或少很微妙,但在任何情况下都确定无疑:意在成为女王的哲学,必须变成启示的婢女,或者与之相反。当面对启示的主张,而且只有面对启示的主张,哲学作为极端自由的追求才变得极端可疑。因此,面对启示的主张,哲人被迫驳倒此主张。不仅如此:他必须证明启示没有可能。因为如果启示有其可能,哲学事业便可能根本是错的。

6. 哲学不能驳倒启示

你们不要期望我全面而详细地评价哲学对启示的批判。我将简要陈述通过批判地省察斯宾诺莎对启示的批判,可以学到哪些主要教益。我选择斯宾诺莎是因为他对启示的批判最详尽(elaborate)。

斯宾诺莎拒斥启示是因为它的想象特征。由于正是想象而非理智才是启示的工具,故启示不能提供真理。斯宾诺莎指出的那些圣经事实无疑证明,想象在启示行动中提供助力(cooperates in the act of revelation),但那些事实并未证明不存在如下可能性:在启示行动中,想象也许服务于真正的超人的启蒙(illumination)。他抛弃了这种可能性,换言之,通过表明启示的那些决定性特征等同于纯粹而完全的属人想象的那些决定性特征,他证明了神性启示无非是属人想象。想象本质上不确定:我们绝不能确定我们想象的东西是否正在现实地发生,或将要发生。而启示也不确定,正如下列事实所表明:要确立启示的事实,就必须有预兆(signs)或神迹,而若没有这些预兆和神迹,启示就可能绝对不确定。再者,想象本身并不显露真理。而启示本身也不显露真理。表明这一点的是圣经中的那些矛盾,也就是所有所谓以启示为基础的

---

① [原编者注]"令人印象深刻的"(impressive)原作"微妙的"(subtle)。

陈述的矛盾。所以,神性启示无非属人想象。证实这一点的是圣经启示与异教预言之间的亲缘性。传统神学解释真正启示与异教预言之间的差异,是通过把前者追溯到上帝,并把后者追溯到诸命神(demons)或魔鬼(the devil)。因此,启示信仰便会暗含对命神信仰或魔鬼信仰的接受。以启示为基础的教诲的整个织体,有赖于接受这些以及类似的迷信想法。

这种论证的缺陷显而易见。由始至终,此论证立足于僵化而愚蠢地限制于信仰者与无信仰者可以同样接触到的每一段话的字面含义。斯宾诺莎并不思考对圣经的肉体理解与灵性理解之间的根本差异。如果他的论证有什么意义,它便必须由一种更极端的思考构成。斯宾诺莎说,启示需要神迹来证实;这也许也会受到质疑。但当他断言启示在圣经意义上本身就是神迹时,他不会受到攻击。① 他对神迹的批判是他的启示批判的核心。

神迹是超自然事件。为了确定一个给定的事件是超自然的,而不是比如说想象的一个自然的错觉,人们将不得不认识到这事件不能是自然的。也就是说:人们将不得不认识到自然力量的那些限度。这将需要我们拥有关于自然的完全知识,或需要自然科学得到完成。这种条件没有得到满足,也不能得到满足。因此,如果我们面对我们不能在自然层面解释的事件,我们便只能说,这事件尚未得到解释,它迄今未得到解释。神迹绝不能被认识为神迹。

这种论证明显有缺陷。它预设,对于自然,每一事物都会有可能,而斯宾诺莎本人被迫承认存在一些依据自然不可能的东西。关键的例子就是死后复活。斯宾诺莎消除这个困难是通过提出如下问题:我们如何知道这些依据自然不可能的事件?我们知道它们,并非通过亲眼看见,而是通过一些报道。谁报道它们?是不带激情地看待这些事实的那些训练有素的科学观察者,还是不具备任何科学的训练和态度的人们?显然是第二类人。神迹没有发生在为科学精神所催促的社会之

---

① [原编者注] 这句话原作:"但他暗示启示在圣经意义上本身就是神迹。"

中,这是一种偶然吗?关于神迹的断言本质上关乎人类的前科学阶段。神性启示是属人想象,正如它仅在前科学阶段才能活跃起来。神性启示等同于一个古代民族的偏见。

斯宾诺莎从他的圣经批判①的结论中,获得了对他观点的进一步证实。如果摩西不是五经(the Pentateuch)②的作者,那么报道那些摩西神迹的,便不仅是未经训练的观察者们,而且是年代十分靠后的人们,他们认识这些偶然事件,仅仅是通过口头传统即传奇这个中介。

这整个论证倾向于表明,启示信仰本质上属于前科学的或者说神话的心智。没有人能否认,斯宾诺莎的断言中存在真理要素。但这种真理要素并非定论。因为我们有正当理由反驳道,相比于人把自身限制于科学方法从而使自身摆脱自身之存在的那些根基之后,人在此之前更能朦胧地(dimly)③预言启示真理。前科学视野比科学视野更有利于启示信仰,这一点仍未证明启示与神话视野绝对相关。

只要斯宾诺莎的推理没有得到基于非信仰的理性对所谓启示的动机进行的描述作为补充,它就仍有缺陷。对于斯宾诺莎,启示信仰是一种迷信形式。迷信是人的前哲学生活用以保护自身不在绝望中崩溃的行动和思考的方式。前哲学生活是受想象和情绪左右的生活;在这种生活中,人以他的整颗心使自身依附于有限且可朽的各种事物;这些事物实际的或可预见的朽坏,迫使他对他自身确保其幸福的力量绝望;他不能审视现实的面相,不能以平静的灵魂(equanimity)④认识到他的命运和他那些更可贵的对象彻底没有意义;他渴望舒适;他富有激情地要求他的命运具有宇宙意义,而且通过生产那些必需的影像,他无拘无束的想象服从他欲望的那些要求。

此时此刻,我们只限于注意到,斯宾诺莎完全忽视了圣经和神学在

---

① [原编者注]原有两个限定"批判"的词"文学的"(literary)、"文本的"(textual)。

② [译注]指圣经前五卷,即律法书(Torah,音译"托拉")。

③ [译注]不仅指模糊地,而且指在昏暗中。

④ [译注]由拉丁文 aequus[平静的]和 anima[灵魂]构成。

那些尤其具有宗教性的情感方面教诲的东西。当言说比如畏惧的至关重要性时,他一点都不提奴颜婢膝的(servile)畏惧和孝顺的畏惧之间的差异。通过说自己不理解圣经,他似乎没有为自身赢得信誉。

关于他这类论证,人们最多能说,它讲清了在没有先前的对启示的信仰的情况下,启示是怎样非自明的或不确定的。但由于这一点为神学所承认,故一种足以保护非信仰抵制启示诸要求的广泛①论证,看来几乎无味。换言之,就算无信仰者可以令人满意地解释启示信仰如何可以展开为一个错觉,他也不会已然证明启示没有可能。的确,对启示可论证性的整个哲学质疑,只有把自身转化为对启示或神迹不可能性的论证,才变得要紧(relevant)。

证明启示或神迹没有可能,意味着证明它们与作为最完美存在者的上帝的本性不相容。所有这类证明预设存在一种自然神学。因此如今,当自然神学的可能性普遍遭到否认时,对启示信仰的反驳甚至不可想象。然而另一方面,一种假设性自然神学足矣,这种神学为了最完美存在者的区区概念而争辩。因为任何人都难以否认,如果存在一位上帝,他就必须绝对完美。纯粹哲学性的上帝学说,即作为绝无歧义地具有自然性的神学的那唯一的神学,曾立足于智慧之人的类比(analogy):从经验得知的最完美存在者,即智慧之人,给予我们关于最完美存在者本身的唯一线索。比如,智慧之人会怜悯愚人们,而非渐渐对他们罪恶的或可怕的行动义愤填膺;他会对每个人都友善,他不会特别关注任何人,除了他的朋友们,即那些现实地或潜在地有智慧的人。据此,不能设想上帝判处人们接受永罚(eternal damnation)。甚至不能设想他施行个别神意(individual providence)。不能设想他爱人们,即智慧上无限低于他的诸存在者。但在这一点上,对自然神学来说,产生了一个最严重的困难。② 一位智慧上无限高于人的上帝,可能被说成深不可测:他(He)很神秘。自然神学看起来保护人们免于遭遇的所有困难再次出现:一位神秘的上帝很可能就是启示的那位上帝。因此仅存在

---

① [原编者注]"广泛"是后加的。
② [原编者注]这句话是后加的。

一种方式排除启示或神迹的可能性：人们必须证明，上帝绝不神秘，或我们拥有关于上帝本质的充分知识。这一步曾为斯宾诺莎所采用。他的整个论证的成或败有赖于他否认任何关于上帝的类比性知识的正当性：我们能具有的任何上帝知识，都必须清楚明晰得有如我们能具有的比如说三角形的知识。

问题是他如何确保这个根本教条。通常的回答是，他使其学说立足于关于上帝观念的直觉知识。但能够表明，斯宾诺莎的直觉知识并非他哲学的开端，而是其终点，或者说斯宾诺莎的直觉知识并非关于上帝的知识，而是关于区别于上帝的自然的知识。斯宾诺莎得出他的上帝学说，是通过自由地构造一个清楚明晰的上帝观念来作为所有事物完全可理知的原因：他在方法上对清楚明晰的知识的要求，而非任何类型的证明，去除了上帝的神秘性。人们会称之为证明的东西，由如下事实提供：关于上帝的清楚明晰的观念，导致关于所有事物或关于整全的清楚明晰的观念，而每一种其他上帝观念都导致一种混乱叙述，比如圣经中给出的叙述。我们会说，斯宾诺莎的神学是纯粹假设性学说，它若要变得超越假设，只有通过现实地导致对整全的清楚明晰的叙述。但它绝不能导致那个结果：它不能导致对整全的叙述，因为它武断地排除了整全的那些不能得到清楚明晰理解的方面。

斯宾诺莎的教诲的那些限制，对如下理由具有普遍意义：这种教诲展现了关于现代科学可能所是的东西的最全面或最有野心的计划。因此，认识到斯宾诺莎未能驳倒启示，意味着认识到现代科学不可能已然驳倒了启示。现代科学在其种种主张上比斯宾诺莎的哲学远远更为节制，因为前者已把自身分离于自然神学；因此，没有任何对启示教诲的反对能够立足于现代科学。只提一个例子：人们有时断言，圣经对创世的叙事已然为现代地质学、古生物学等所反驳。但是：所有科学描述都预设神迹没有可能；通过预设这一点，它们证明，地球或地球上的生命等的年龄是数百万年；但种种自然过程仅仅在这样一些时期才可以达成的东西，可以片刻为上帝神迹般地(miraculously)完成。

总括一句：哲学会成功证明，不可能向无信仰者们论证启示的事实；因此，它还会成功捍卫无信仰立场；然而，这绝对无关紧要，因为启示有意(meant)只让信仰接近,或以信仰为基础。关于启示事实的经验知识,仍然绝对不可动摇。

7. 对哲学反驳启示的印象,由对现代神学的哲学式批判的影响所创造:这似乎表明,启示的极端立场只在诸神话视野中才有可能

我们本可以就此止步,若没有如下事实:在哲学和科学对启示的攻击的影响下,现代神学已然放弃传统神学的许多立场。这个事实看来表明,基于我简述过的一般思考,启示信仰并不像它看起来的那样无懈可击。现代神学家们当然主张,通过放弃某些传统立场,他们比传统神学更清楚地表达了启示纯粹而核心的意义。他们主张,他们所放弃的只是神学的一些外围要素,而他们把自身限制于核心的或本质的神学教诲。然而,问题在于,这种区分是否站得住脚,也就是说这些外围要素是否并非核心论题必然的结论或推论——因此问题还在于,放弃外围教诲的现代神学是否自我一致。现代神学明显的自我不一致,已导致了尼采等人猛烈攻击现代神学缺乏理智诚实。

当今许多神学家毫不犹豫就赞同斯宾诺莎的如下论题:圣经并非在任何场合都具有真实性和神性。因此,他们拒绝信仰圣经言辞的神启性(the verbal inspiration),以及圣经记载的历史真实性。他们尤其拒绝信仰神迹。他们承认,圣经充满神话概念。他们会说,在向较早世代的人们启示自身时,上帝允许他们在其神话视野中理解这种启示,因为这种视野根本不妨碍充满信仰地或虔敬地理解启示。从过去神话世界观向现代科学世界观的转变,在启示的意图方面完全无关紧要。但由于神话视角已然变得不为人信,故通过把启示教训保存[6 反]于神话外壳之中(对早先启示的记载曾在此外壳之中传到我们手中),人们最大地损害了信仰。

现代神学有赖于区分圣经核心的或真实的要素与外围的或神话的要素。这种区分的圣经基础或支柱(point d'appui)是区分精神性事物与肉体性事物,或区分上帝与肉体。得到神佑的(Blessed)是信赖上帝

的人,得到诅咒的是依赖肉体的人。① 启示是作为天父(the Father)、审判者(Judge)和救赎者(Redeemer)的上帝他自己的启示——而绝非他物。回应启示就是信仰上帝他自身——而绝非信仰他物。但人总是受到诱惑而不信赖上帝,而信赖肉体。人以对自身作品或偶像(idols)②的崇拜来取代上帝崇拜。他以对可触事物的信仰,以对他能以其感觉、理性或行动来控制的东西的信仰,取代除了上帝的直接自我交流以外没有任何支持的纯粹信仰。因此,通过信仰诸如传统或文本或神迹这样的事实,他试图确保上帝信仰。这已经发生于传统神学中,而且这已经在现代神学中得到彻底改正。真正理解信仰,要求彻底地区分仅作为救恩论(soteriology)的神学,与仅作为世界知识或宇宙论(cosmology)的真正知识本身。必须拒斥自然神学,它既非拯救论又非宇宙论。必须把如下观念当作谬论加以摒除:圣经包含能够为科学所驳斥或证实的任何关于信仰的东西。信仰不预设比任何其他明确的世界观更可取的任何明确的世界观。它不需要关于如下事实的任何知识:这些事实并非内在地从属于关于上帝作为拯救者的经验上的-实存意义上(experiential-existential)的知识。仅仅在决断之中并为了决断,启示和信仰才"存在",也就是说它们充满意义,而作为事实的事实独立于任何决断。因而,启示与信仰的根本存在方式(manner of being),根本不同于任何事实的存在方式,或世界之为世界的存在方式。启示与事实知识之间不可能存在任何冲突,因为启示不言说任何关于事实的东西,除了言说事实具有此世性(worldly)和肉体性。信仰者与无信仰者可以同样接触到的所有知识,对那些信仰断言绝对无关紧要,而且科学③因此而拥有完美自由:哲学或科学应该④成为神学的婢女这种想法,立足于一种极端误解。

---

① [原编者注] the man who puts his trust in flesh 的 who 是编者所补。
② [译注] 本义为神像,这里直解为人把神像当成神亦通。
③ [原编者注] "科学"原作"它"。
④ [原编者注] "应该"(ought [to])原作"能够"(can)。这个 to 是编者加的。

在我看来,这类神学把精神与肉体之间真正具有圣经品质的区分,等同于表面上相似但实际上完全不同的那些源自现代哲学的区分:区分心智与自然,历史与自然,实存者(the existential)与仅仅现实者(the merely real)(即区分尽责的且能作出积极响应的诸存在者的存在[the being of responsible and responsive beings]与诸事实或事物或事务的存在)。借助对历史与自然的区分,一位现代神学家说过,启示信仰需要特定历史事实有真实性,因此历史批评与圣经信仰之间的冲突至少有其可能,而启示信仰暗示,关于自然的任何断言都没有可能,因此科学与圣经信仰之间的任何冲突也都没有可能。

许多当今神学家提出的解决方法,容易导致如下结果:那些信仰断言具有纯粹内在的意义,或者说归于这些断言的真实性是纯粹情感和道德的真实性,而非真实性[或真理]本身。因此,存在如下危险:只有信仰经验的内在价值才把此经验区别于任何幻觉(hallucination)或错觉。不论如何,精神与肉体之间,或上帝与此世(the world)之间的合法区分,并不证明核心与外围的区分有正当性——至少像今天经常做出此区分那样。我想说明的是:尽管信仰并不属于此世,但它必然不仅导致此世之内的行动,而且导致关于(about)此世的断言。信仰暗示如下断言:此世是出于创造。由于区分了上帝与此世,故戈嘉顿(Gogarten)①试图把创造[即创世]的论题限制于人的创造:创造的论题②一点都不言说外在于人类的诸存在者。这是明显的荒谬。他还断言,上帝对人言说,仅仅通过其他人们,尤其通过福音的传布。然而无疑,那些旧约预言包含许多上帝直接对人类言说的例子。布尔特曼(Bultmann)③否认[耶稣]复活——不同于被钉十字架——能被理解为此世之内的现象,即发生于过去一个给定时刻的事件。他当然不否认,

---

① [译注] F. Gogarten(1887—1967),德国路德派神学家,辩证神学创立者之一。

② [原编者注] "创造的论题"(the thesis of creation)原作"作为创造的创造"(creation as creation)。

③ [译注] R. K. Bultmann(1884—1976),德国新教神学家。

被钉十字架曾是此世之内的现象。考虑到被钉十字架与复活之间的联系,布尔特曼的区分并不令人信服,而且明显是出于他不愿断言毫无歧义的神迹。十字架对每个人都可见,而复活只对有信仰的眼睛才可见,这个事实并不排除如下事实:对于有信仰的眼睛,复活之可见,同样是作为过去的事件,而非仅仅作为属于终末论的现在(the eschatological Now)的事件。

不可能有任何上帝信仰不是信仰我们绝对存在于上帝手中,不信这一点就意味着不信上帝的全能,因此也不信神迹的可能性。诚然,神迹不能成为真正信仰的基础;但声称真正信仰并不导致神迹信仰,或声称其与神迹信仰不相容,则完全是另一回事。不过,如果对神迹可能性的承认是信仰的本质,那么根本没有理由武断地区分人们不由称之为可理知的神迹的东西①(尤其复活)与不可理知的神迹的东西(太阳停在亚雅仑[Ajalon]谷中)。② 如果我们当真确信我们的绝对不足以及上帝的隐匿,我们就将谦卑地倾向于坦承(confess),一番给定的圣经描述并未触动或启迪我们,而不倾向于说,能把这番描述当作不真实者或神话残余来拒斥。

然而,现代神学变得自我不一致,不仅是因为武断地区分它所承认的和它所拒绝的那些神迹;而且它模糊了神迹本身的意义。根据传统观点,神迹是上帝的超自然行动,或者说干预或打断自然秩序的行动。比如布鲁纳(Brunner)③就拒斥这种观点。他解释神迹是通过运用生

---

① [原编者注] what one is tempted to call intelligible miracles 的 what 是编者加的。

② [译注]《旧约·约书亚记》:"日头啊,你要停在基遍;月亮啊,你要止在亚雅仑谷。"(10:12,和合本译文)

③ [译注] E. Brunner(1889—1966),瑞士新教神学家。[原编者注]Emil Brunner,《启示与理性:关于信仰的知识的基督教学说》(*Offenbarung und Vernunft: Die Lehre von der christlichen Glaubenserkenntnis*, Zürich: Zwingli-Verlag, 1941)。下面施特劳斯引用了 O. Wyon 的英译本 *Revelation and Reason: The Christian Doctrine of Faith and Knowledge*, Philadelphia: The Westminster Press, 1946。施特劳斯引用或参考的段落见德文版页码 256,276,277,280,299,300,323,329,419,420。

命如何使用无生命(inanimate)物质这个类比:那些生命过程并不干预无生命物质的那些过程,或使之停止运行,而是出于与无生命物质不相干的(alien)一个意图而使用这些过程。依据类比(Analogously),启示"没有以某种方式闯入属人存在领域,以致启示要么把属人要素推到一边,要么使之停止运行;不过,启示通过使用属人事物来发挥作用(it enters by using the human in its service)。耶稣基督是属人存在者,'为一个女人所生'等等。他是'真正的人',正如教义所说"(页303)。在基督那儿,神性事物与属人事物相互渗透:属人事物没有遭到去除(页304)。① 像这样的陈述看来回避了真正的问题。耶稣不仅为一个女人所生,而且为一个处女所生;最重要的是,他并非为一个属人父亲所生。如果这不是对自然秩序的打断,我真不知道这是什么。如果人本质上像亚里士多德所断言的那样为人所生,耶稣作为基督便不可能是真正的人。因此,这种教义有赖于如下事实:就算并非为属人父母所生,一个存在者也能是属人存在者。这种可能性的圣经证明就是亚当。在其他方面,亚当与基督之间的对应也对基督教神学具有基础性。

我想在布鲁纳的神学这儿停留一会儿,因为布鲁纳异常保守而清醒。我只提一个例子:布鲁纳拒斥基尔克果(Kierkegaard)的论题,根据此论题,基督教信仰所需要的无非是使徒的(Apostolic)报道,这些报道就是,他们相信,某一年(in that and that year)②上帝以仆人的形式显示自身,他活过,教诲过,然后死去。布鲁纳清醒地承认,"主要方面福音叙述的可信性是真正基督教信仰的必要根基"。但就连布鲁纳也放弃本质的神学立场。他的原则是,"圣经是上帝之言,因为——而且仅仅因为——圣经带给我们基督",也就是说圣经的本质教诲具有拯救论性质,而非宇宙论性质;因此他还毫无疑虑地拒斥关于圣经的所有宇宙论论题。他承认,基督教信仰"确实包含某些历史陈述"。但他明确认为,任何对信仰具有本质性的历史断言,都不具有宇宙论的隐含意味。

---

① [原编者注]这句话是后加的。
② [译注]此英文表述即本文倒数第四段的 in such and such a year[某一年]的变体。

尽管他最强烈地坚持耶稣生活和复活的历史性,但他拒斥亚当和关于人类起源的整个圣经描述的历史性。不过,难道圣经终末论不是严格对应关于那些开端的圣经诗学(poetology)或描述吗?正如非信仰的终末论(即如下设想:属人生活有一天将从地球上消失,不留下任何痕迹,也没有终末审判)对应非信仰的诗学(现代科学的进化论)。如果人们接受进化,难道人们不承认人未曾被创造得完美吗?难道人最大的那些失败不是因为人类最初在地球上出现时所具有的不完美形式吗?难道人不是可以得到宽恕吗(这与保罗的断言相反):早先的人如何可以认识上帝的律法,倘若人未曾被创造得完美并居住在伊甸园中,而是在心智与物质上被草草装备起来?难道人的多神论,人的偶像崇拜,人的道德恶行(monstrosities),不是与罪(sin)相区别的必然错误吗?但若不考虑原初的人何时①变成真正的属人存在者,那么人们会反对道:那个时刻,人曾经可以在服从与罪之间进行选择:那个时刻,堕落发生了(不论堕落多么频繁地再现),而且现在仍在发生。② 然而,如果进化式描述是正确的——也就是说,如果人并非真的出于创造,而是"被抛(cast)到这个星球上的",并可以把人的全部人性归功于人的革命性努力——那么关于可宽恕的无知这份遗产(真正的人以此遗产开始其事业),我们又能说什么呢?我无法知道人们如何能够避免如下两难:要么拥有一个罪紧随其后的完美开端,要么拥有一个不完美的开端,因而没有原罪。通过否认堕落的历史性,布鲁纳重复了一个典型错误,由于这个错误,他如此严厉地谴责道成肉身(incarnation)和复活这两方面的观念论神学家们:他以一个外在概念或符号取代了一个独一无二的事实。

这类观察也许对现代神学具有致命性;可无论如何它们最终没有任何影响。现代神学的自我不一致,一点都没有推进哲学的立场。因为就算哲人成功撕碎了每一种神学,他也没有在驳倒启示的尝试方面

---

① [原编者注] "何时"(when)原作"是否"(whether)。

② [译注] 强调堕落在人有选择余地的那个时刻首次出现,即把罪业归于人自身。

前行哪怕一步。

8. 启示不能驳倒哲学

现在让我们看看这幅图景的另一边。我们想想,如果受到启示拥护者的攻击,哲学会怎样。我说过,神学家被迫反驳哲学。因为,如果他无法这么做,哲人便能声称不存在一丝一毫证据反对正确的生活方式是哲学生活这个观点:启示无非一个 factum brutum[根本事实],而且不确定。我们的最初印象是,反对哲学的所有神学争论都有缺陷,因为它们是循环论证(circular):它们仅在信仰的基础上才是定论。

请看帕斯卡(Pascal)关于人在没有上帝——亚伯拉罕、以撒和雅各的上帝——时的可怜状况的著名论点,此论点有意成为"依据自然"(par nature)的定论。这个论点根本反驳不了柏拉图的如下论题:哲人,尤其以苏格拉底为典范的哲人,生活在那些福人(the blessed)①岛上。如果帕斯卡说柏拉图不曾有帕斯卡的基督教经验,柏拉图便可以以同等权利回答道,帕斯卡明显不曾有柏拉图关于哲学式平静(philosophic serenity)的经验。帕斯卡会回答,所有哲人都低估了恶的力量,他们太肤浅或乐观。他会提到卢克莱修在开启他那致力于解释伊壁鸠鲁(Epicurean)哲学的诗篇时所用的方式,即赞扬属地的[即尘世的]爱的仁慈力量。② 但卢克莱修可以回答,这番带教化意味的(edifying)祈祷只是开端:此诗的结尾是描绘一场最可怕的瘟疫:哲学的平静灵魂超越了乐观与悲观的冲突。

然而,神学家会继续说道,恶主要不是自然之恶,而是道德之恶。哲人们对罪的事实和力量很盲目。"哲学的伦理学……对(道德之)恶的认识比市井之人(the man in the street)更少。"(布鲁纳,页327)但由

---

① [译注]本义为得到神佑的人。

② [译注]直译为:"他会提到卢克莱修通过赞扬属地之爱的力量,开启他那致力于伊壁鸠鲁哲学解释的诗篇时所用的方式。"

于这种盲目,哲人们绝对无法阐释并使用他们那以智慧之人的类比为基础的自然神学。自鸣得意地断言上帝不会带着永罚光顾人们的哲人——因为他这位哲人绝不会严肃看待不那么智慧的存在者们的种种罪——仅仅以这个论点表示他的无情,或者说他至多揭示出他的如下朦胧想法:他会迷失,假如上帝严肃看待种种罪的话。

对此,哲人会通过质疑诸道德标准的具有决定性的、最终的意义来回应。对所有哲学式道德的松弛性的所有神学攻击,可以①为对一种论证的要求所驳斥,这种论证就是,唯一的宇宙式原则,或唯一的第一原因,在任何情况下都关乎道德。任何支持此观点的证据都未曾被提出过:市井之人并非权威。因为,难道神学不是普通人所思甚至所感的最终资源吗?换言之,哲人会说罪预设了一种道德法,而且他会否认一种道德法的存在。他会否认比如路德视为无可怀疑的事实的东西,即否认每个人都会经历与上帝——在依据道德法对每个人实施审判的良知(conscience)那儿,上帝让每个人直面他——的现实性有关的东西。哲人会征引亚里士多德关于 αἰδώς [羞耻感] 所说的话:羞耻感只适合年轻人,完全成熟的人必定不会做他们感到羞耻的任何事。至于那些意图(≠行动),那些βουλησεις [意图] 是 ἄδηλοι [不明显的]。在亚里士多德那儿不存在 synderesis [良知]。② [柏拉图的]《斐勒布》(Philebus) 的公开秘密:最高的好是 θεωρια [静观]③加 ἡδονη [快乐]。④

神学家:但对于哲人,不承认最严格的那些道德要求,便是自我不一

---

① [原编者注]"可以"(could)原作"将"(will)。

② [译注] 此词被中世纪基督教学者在亚里士多德伦理学意义上使用,指实践理性的能力。一般认为此词是希腊文 συνειδησις 的错误拉丁文转写。συνειδησις 由 συν- [共同] 和 ειδω [看、知道] 构成,本指共同的知识,引申为良知。上文刚刚出现的 conscience [良知] 的词源 conscientia 似乎是 συνειδησις 的正宗拉丁文对应词。conscientia 由 con - [共同] 和 scio [知道] 构成。

③ [译注] 本义为观看,引申为静观,理论。

④ [原编者注] 这句话是后加的。

致;因为哲学宣称自身是爱真理,而且每一种道德松弛都等同于承认自我主张(self-assertion)或追逐私利或幸福论(eudemonism)①的权利,而此权利不相容于每一种真正的真理求索中暗示的极端自我否定。哲学之自我不一致,是因为它会需要却又排除一种重新诞生、一种重新生成。

哲人:否认属人的自我主张不相容于对真理的爱。因为我们拥有对真理的自私需要。我们需要永恒事物、真正的永恒事物(柏拉图的 ἔρως[爱欲]学说)。φιλοσοφια[哲学,即爱智慧]和φιλοτιμία[雄心,即爱荣誉]之间的亲缘性:只有通过关于真理的知识,持久的声誉才是可能的。最有远见的自私把自身转化成了——不,把自身启示为——完美的无私。

神学家:哲学是自我神化;哲学根源于高傲。

哲人:如果我们把上帝理解成作为人身(person)的最完美存在者,那么不存在诸神,除了那些哲人([柏拉图的]《智术师》[Sophist]开篇:θεος τις ελεγκτικος[某位善于反驳的神,见216b5-6])。贫乏的诸神?确实,他们为各种想象出来的标准所衡量。——至于"高傲"(pride),如下两个人谁更骄傲(proud)?一个说他的个人命运对宇宙的唯一原因很重要,另一个则谦卑地承认他的命运对任何人都完全无关紧要,除了对他本人和他不多的几位朋友。

神学家:哲学对人的理解很肤浅;他们[哲人]没有测量过人的那些深渊(depths),人的绝望,以及隐藏在人对分心(distraction)的渴求以及那种烦闷心情之中的东西,这种东西比人所有的理性活动都启示出更多的人的现实。

哲人:这些以及类似的现象的确启示出,对幸福的所有平常的属人追求的性质都成问题,这些追求并非对沉思的幸福的追求。作为哲人的哲人从不渴求分心(尽管他时常需要放松),而且他从不感到烦闷。神学的灵魂学(psychology)是非哲学的人即常人的灵魂学,因为引导它的并非对人的自然目标即沉思的理解。如果哲人们并不强调人们的某些最"有

---

① [译注]其词源εὐδαίμων[幸福的]由εὖ[好]和δαίμων[命神]构成,指受好命神庇护的。δαίμων即第六节第二段出现的"命神"的词源。

趣的"方面,他们便为一种最高贵的教育(pedagogic)意图所引导:对人们来说,记起他们内心高贵而合理的东西,要好过因生活丑陋面(the seamy side)的一些令人感动且令人女里女气的(effeminating)①场面而沮丧。

哲学不能解释②启示——?

也许最令人印象深刻的神学论点,产生于哲学对启示信仰的解释的不充分。哲学必定把启示解释为神话。也就是说,它必定忽视神话与启示之间的本质差异。

神话	启示
多神论	— 单一且全能的上帝
诸神为非人格命运所控制	— 上帝的那些行动
反复出现的现象	— 绝对唯一的、不可重复的诸事件——决定、历史(History)
与诸历史事件没有明显联系	— 与诸历史事件有本质联系(旧约历史;"被彼拉多[Pontius Pilatus]③钉死于十字架")

布鲁纳,页259:

> 在所有形式的宗教中,除了畏惧,还有尊敬;除了对幸福的属

---

① [译注] effeminate 作动词已不见于一般词典,但可发现于近代文献如 J. Florio 于 1603 年英译的 Montaigne《论说文集》(Folio Society, 2006)第一卷第134页。转引自 http://en.wiktionary.org。

② [原编者注]"解释"(explain)原作"反驳"(refute)。

③ [译注] 公元26至36年任罗马帝国犹太行省总督(Prefect),曾主持审判耶稣。

人欲望,还有对神性完美性的真正渴求;除了社会有用性,还有与神(the deity)的交流方面的真正努力,以及对更高的、神圣的命令的真正服从;而且在所有位居幻想之列的情感式思考的生长的(all that rank fantasy growths of affective thought)①背后,存在一个根本不可能衍生自幻想的要素:关于不受限制的、终极的、具有规范性的、超此世的(supra-mundane)、超时间的某种东西的知识。

哲学的解释之所以看起来不充分的诸原因:

a)哲人不愿公开把圣经教诲的根本内核等同于迷信——因此不存在关于圣经与其他迷信(神话)之间差异的真正公开的讨论。

b)《神学-政治论》,第九章,第42节开头,第60节结尾:②那些极其罕见的灵魂学现象,对于哲人的典型经验来说生疏得无以复加——因此哲人对这些现象的描绘不完美。

现在考虑哲学的解释——哲人会承认圣经与神话之间的本质差异:正如哲学自身,圣经预设了对神话的问题的认识:③神话-哲学/神话-启示。

神话与启示彼此相属:批判-怀疑精神不占优势。

神话与哲学彼此相属:道德不占优势。

哲学对启示的解释的出发点因而会是如下事实:启示信仰的根基是对道德的核心重要性的信仰。

---

① [原编者注] 编者把 growth 改作 growths。

② [原编者注] 斯宾诺莎,《神学-政治论》(*Tractatus theologico - politicus*, ed. Bruder, C. H., Leipzig:1843),第九章,第42节开篇,第60节结尾:"我不明白迷信能够揭示什么,也许这么做是因为他们认为两种读法同样很好或可接受,所以,为了它们中任何一个不致遭到忽视,他们倾向于写下一个并读出另一个。""……因为我不必然认识到,什么样的宗教因素促使他们不那样做"([译注] 笔者参考 R. H. M. Elwes 英译文从拉丁文译出)。

③ σημεῖον[预兆]:圣经大部分内容的"历史"特征——参对希腊 ἱστορίη [探究](≠神话、诗)之中真实性的坚持。[译注] ἱστορίη 亦指对探究的记述,尤指历史探究;希罗多德以此词为书名,英文 history 即源于此词。

（布鲁纳,页 424：①

依据新约,"这种关于痛苦和需要的绝望知识,即罪的意识",来自仅仅发出命令的律法。这种律法"绝对属于人可以告诉他自身的东西"——也就是说,它被认为可以为作为人的人所接近。

页 333：

圣经②和教会中最好的老师们一致为之作证的一个事实是：作为人的人认识上帝的律法……的确,关于这种律法的这种知识是自然的属人存在③的核心,也是人的自然的自我理解的核心。"）

哲人的任务是理解 θεῖος νόμος［神法］的原初（神话式）观念如何为对道德暗示的极端理解所修改,并因此被转化为启示的观念。

1）人的需要 → 社会,否则社会性便不可归约（irreducible）：对礼法的需要。

2）对于好礼法［的需要］：④评判好（goodness）的原初标准：祖传的。理性基础：a）经过检验的一些东西,b）对稳定性的关注。

3）礼法取决于祖先们 = 父亲（the father）⑤或父亲们,即一个人的存在的唯一渊源,有爱的（loving）（慈爱的［beneficent］）并要求服从（参库朗热［Fustel de Coulanges］）。⑥

---

① ［原编者注］编者已把 423 改作 424。
② ［原编者注］the Scriptures 的复数词尾是编者加的。
③ ［原编者注］the natural human existence 的 the 是编者加的。
④ ［译注］原编者把"对于好礼法"增补为"对好礼法的需要"。不补亦通。
⑤ ［译注］可能指天父。
⑥ ［译注］1830—1889,法国古史学家,代表作有《古代城邦》,谭立铸等译,上海：华东师范大学出版社,2005。

4)祖先们的绝对卓越地位:超人存在者们,神性存在者们——神法:最初那些事物,我们的存在的渊源是诸神。

[5)多种多样的神法之间的矛盾:只有一部神法。

6)完全服从礼法:礼法必须是所有神佑(blessings)的渊源 → 这位神必须全能 → 只能存在一位上帝——制作者(Maker)、创造者 ≠ 生成者(Generator)。①]②

7)完全服从礼法:服从不仅是为了得到某种其他东西作为回报而去履行的义务:完全服从是以一个人的整颗心、整个灵魂和全部力量对那一位上帝的爱。

8)完全服从礼法:没有任何属人关系留给不可信赖的武断性 →爱所有人。上帝是所有人的父亲,而且所有人都是兄弟。בצלם אלהים[按上帝的形象——《创世记》,1:27]。③

9)完全服从礼法:不仅要一些外在行动,而且要正确的意图——心的纯洁(以一个人的整颗心爱上帝)——人不可能达到这一点[即心的纯洁]——罪——需要仁慈——这位施爱并宽恕罪的上帝比作为审判者的上帝更重要。

10)完全服从礼法:拒绝任何意义上的ὕβρις[肆心]、自我主张:批判诸城邦、诸技艺、诸君王——尤其批判作为属人自我主张的唯一途径的科学。发生于过去的唯一最终启示,是绝对服从、绝对屈服的唯一关联项。

不要(No)科学:不要普遍者——好衍生于一个特殊的、个体的现象(好 = 做基督教徒、犹太教徒……)。终极的指引并非关于普遍者的知识,而是对那位神秘上帝的种种行事的记录。

---

① [译注]《创世记》原文篇名的希腊文译名γένεσις以及拉丁文、英文等译名 genesis 的本义均是"生成",而非"创造"。

② [原编者注]施特劳斯把第5条和第6条用括号框在一起,要么是想强调这两条相互属于对方,要么是想把他的系谱从十一级缩减为十级。

③ [译注]此处以及下文另一处对希伯来文的方括号解说是作者所加。

11) 完全服从礼法：必需的礼法必须是上帝的礼物：如果我们的心要变纯洁，上帝就必须纯化我们的心——如果我们的嘴巴要发表对他的赞颂(His praise)，上帝就必须开启我们的双唇。上帝必须把他自身传达给人 → 他必须亲近人：道成肉身。

异议

a) 神的临在(the presence)、[神的]呼召(the call)的问题——并非圣经所特有。比如阿斯克勒庇俄斯(Asclepius)①的临在——那是什么呢？幻觉——亦参迈耶尔、②海德格尔：上帝是死亡。

b) 那种解释不能解释对上帝和邻人③的真正的爱的事实——但问题是，这些是否事实而非对事实的解释——不得不解释的只是对这样的爱的要求。

c) 那种解释立足于神学家们的圣经——它利用(utilizes)他们 → 它预设他们：如果那种解释当真有效，那么哲人们本应能够独立于圣经——即出于所有实践目的，在古典的古代——设计出那整个主张。然而：为什么作为圣经教师打算奔赴相反方向的哲人们本应能够发现只有专注于反哲学可能性的完全不同的一类人才可以发现或发明的东西？

---

① ［译注］希腊神话中的医药神，阿波罗之子。

② ［原编者注］即 C. F. Meyer(1825—1889)，瑞士历史小说家。此处意在对比迈耶尔的短篇小说《佩斯卡拉的诱惑》(*Die Versuchung des Pescara*)与海德格尔赋予死亡的意义：在这篇小说第 3 章和第 4 章，佩斯卡拉称死亡为他的神(divinity)。关于迈耶尔和海德格尔的关联，参施特劳斯，"《斯宾诺莎的宗教批判》序言"(Preface to *Spinoza's Critique of Religion*, 1965)，见《古今自由主义》(*Liberalism Ancient and Modern*, New York: Basic Books, 1968)，注 23。

③ ［译注］宗教语境下即作为同胞的他人(fellow human being)。

哲学与启示笔记

圣经的论证

1)两种考量主导着圣经的创世叙事:上帝把名字赋予诸事物,而且他见到他创造的事物是好的。出于这些考量 → 贬低天和天体 → 圣经反对对天的赞赏性的沉思——巴比伦的星象术基地:巴别(Babel)塔——哲学。

2)《创世记》第一章中仅有的未明确称其为好的东西是:天和人。天成问题的好和人成问题的好之间的关联:天诱惑人。为什么以及怎么样[诱惑]?此问题为《创世记》第二、三章(堕落故事)所回答。

3)禁止吃"知识" = 贬低天 → 拒斥哲学。

受造的人生活在孩子般的服从中,生活在盲目服从中:没有关于好与坏的知识。他献身于大地,献身于他在大地(≠天)上的生活:人仅命名、统治属地事物。关于善、恶的知识 = 知识本身(上帝的关于完成了的作品的知识 = 关于此作品之好的知识)。吃"知识" = 不相容于吃"生命":这并非自然而然,而是因为上帝意欲如此。出于这个原因,人不得不被强力阻止在吃"知识"之后吃"生命"(人被逐出[伊甸]园)。

4)人曾如何堕落?有关堕落的叙事解释了在什么条件下可以存在关于善与恶的属人知识,以及为什么此条件不可能达成。

夏娃而非亚当立即受到诱惑(她把"摸"加诸"吃"之上——比上帝更严密)。但决定性的一点是:蛇的介入。

蛇说出了真理——据说这真理与上帝的话相矛盾:你们将不会死……为什么蛇是对的?凭借推理:因为上帝知道,从你们吃的那天起,你们将像上帝(Gods)……上帝不能杀死你们,因为他知道——他的知识限制了他的能力——他的知识关乎独立于其意志的某种东西——$\mu o \tilde{\iota} \rho \alpha$[命运](Deum fato subicere[把上帝置于命运之下])、诸理式(ideas)、$\dot{\alpha} \nu \dot{\alpha} \gamma \varkappa \eta$[必然性]、$\varphi \upsilon \sigma \iota \varsigma$[自然]。

蛇是对的这个事实表明,对它来说存在某种东西——但接下来发生的事(被逐出)表明,蛇决定性地错了:不可预料的某件事①发生了。

蛇的真实陈述决定性地错了,因为它所立足的那个理由(reason)错了:上帝的能力的限度,为上帝的力量的各种显现的有限的特征所证明。蛇看不见上帝隐蔽的、保留的力量。蛇式(Serpentine)原则是:否认神的全能。

5)这一点之为决定性的一点,为蛇受到的惩罚所表明。尽管不可预料:蛇曾被创造得很好——它的狡诈是好的,②蛇未曾被禁止诱惑夏娃——它受到的惩罚是poena[处罚],即crimen sine lege[无法之罪行]的一个清楚例子——蛇默默把上帝的律法等同于他所公布的律法——它为此而受到了惩罚。正如上帝的作品并未启示出上帝的完全③力量,他启示出的言语并未启示出他的完全意志。

与《创世记》第一章的关联:从天体运动等事物的规律性一直到这些事物的种种内在必然性,这些全都是蛇式结论。

6)把经过完全发展便会成为哲学或科学态度的那种态度归之于蛇。

根本的(Brutish):④人的尊严或高贵不在于他那产生于知识的自由,而在于他的服从的简朴性。此外:女人。⑤ 这并非否认那是一条现实的(real)蛇。

7)蛇的自我确信立足于对上帝未公布的律法的盲目。另一方面,极端服从 → 预言上帝未公布的律法。为了拯救受诅咒的诸城中少数⑥正义之人,亚伯拉罕与上帝讨价还价。(对比该隐——他兄弟的护

---

① [原编者注]something *unexpected* happens 原作 the *unexpected* happens。
② [原编者注]"蛇曾被创造得很好——它的狡诈是好的"是后加的。
③ [原编者注]"完全"(full)是后加的。
④ [译注]前面出现的 brutum 一词的英语化,还可指野兽的,未开化的。
⑤ [原编者注]这句话是后加的。
⑥ [原编者注]"少数"(few)是后加的。

卫者——与诺亚①对大洪水的那些受害者的漠视。）——亚伯拉罕的行动是高潮。比עקדה[捆绑以撒——《创世记》,22:9]——即最大限度服从启示律法——更重要。②

8) 堕落的故事,尤其蛇受到的惩罚 → 人不能知道上帝将做什么——这就是"我将是我所将是"的意义(= 我将对我将施恩[be gracious]的人施恩)。隐匿的上帝——"主(the Lord)说过他会居于浓厚的黑暗中"。人不能知道上帝是什么(他不能看见上帝):如果他可以知道上帝是什么,他就会知道上帝将是什么。上帝将是他所将是的一切,而不是他现在所是,或为人所知的所是。人能知道的关于上帝的东西,人将其归于上帝——归于他的自由启示——自由或恩典 → 特殊启示、偶然启示(≠永恒启示)③→ 特殊律法是唯一的神法、唯一的绝对律法。

9) 堕落的故事并非圣经关于知识的最终论述。圣经的普遍原则:人出于反叛而设计出的诸事物,最终为上帝所接受,并被转化为恩典的途径④(城市、农业、技艺、王权……)。同样的状况也适用于知识。上帝提供知识:他的律法,并变成知识树,这树对于所有依恋生命树的人来说就是生命树。堕落之后,人不再能生活在未经教导的服从之中。他现在需要智慧、理解:但不需要哲学,而需要神性启示。

10) 最终结论:圣经向哲人们保证,如果真的不存在能够并确实启示出了自身的上帝,他们便会是对的。唯有哲学而非技艺、道德等才是启示的唯一替代性选项:属人指引或神性指引。Tertium non datur[没有第三个选项]。如果上帝没有禁止,吃知识树 = ὁμοίωσις θεῷ[与上帝一样]就会是唯一最高的属人可能性。[柏拉图的]《治邦者》中的神话:如果不存在神性指引,属人指引就是唯一一个必要的东西。哲学与圣经在这一点上一致:唯一的两个选项是哲学或神性启示。

---

① [原编者注] Noah 的 h 是编者加的。
② [原编者注] 这句话是后加的。
③ [原编者注] "偶然启示(≠永恒启示)"是后加的。
④ [原编者注] "并被转化为恩典的途径"是后加的。

哲人对圣经的论证的回应

哲人们不会对此印象深刻:记起充满嫉妒的诸神的异教故事——因为上帝不会充满嫉妒,故他不会禁止人通过理解好坏而变得像他。

圣经之坚持人对上帝的信仰和信任,会被嘲笑为暗含一种贤人关于第一原因的观点:每位贤人都会因人们不相信他或他的话而受到冒犯([色诺芬]《居鲁士的教育》,卷七,2:15—17)①——一个智慧的存在者②不会为怀疑所冒犯,反而会鼓励对每个不显而易见的东西进行怀疑。

最重要的是:$νόμος$[礼法]和$μῦθος$[神话]。比起其他$νομοι$[诸礼法]和$μῦθοι$[诸神话],圣经在某些方面更好,在某些方面更坏。

唯一不可避免的二选一:哲学抑或启示

1)不能通过把不同领域或层面归于哲学与启示来避免进行选择——因为:哲学与启示作出的断言关乎同样的主题:关乎此世和属人生活。(参考达尔文主义、圣经批判等方面的争议:冲突不仅可能而且现实。)

2)进行选择并不与西方历史上[哲学与启示之间]不计其数的和谐化这个事实相矛盾。因为:事实是对和谐化的尝试,而非和谐化本身。③ 每一次和谐化之中,二者中的一个都会微妙但确定无疑地为另一个而牺牲。

哲人接受启示。④ 如果存在启示,信仰便绝对比哲学更重要——哲学不再是唯一的生活方式——通过接受启示,哲人不再是哲人——

---

① [原编者注] 此后原有一句话:"圣经看来把这一点用在上帝身上。"
② [原编者注] "存在者"(being)原作"人"(man)。
③ [原编者注] "事实是对和谐化的尝试,而非和谐化本身"是后加的。
④ [原编者注] 这句话是后加的。

如果他不把启示转化成哲学(黑格尔)并因此为了哲学而牺牲启示。

神学家接受哲学①——能够做到这一点,如果他相信,哲学得到许可,哲学以启示为基础而被证明有正当性。哲学如此得到许可,如此得到承认,便必然是神学的一个谦卑婢女,而非那些科学的唯一女王。

选择的本性只允许存在尊卑(subordination),②而不允许存在合作(coordination)。一个要求要么对要么错:因为每一个都主张自身是唯一一个必要的东西。

3) 异议:难道哲学不暗含不可容忍的教条主义?难道它不暗含 a limine[从一开始]拒斥启示?或者说拒斥信仰?难道哲学不是爱真理,难道 a limine 拒斥不是不诚挚的预兆?哲学是爱真理,即爱显而易见的真理。

恰恰出于这个原因,对哲人来说具有本质性的是,在赞同将会以不充分的证据为基础的所有情形中,搁置他的判断而不表示赞同。

如果任何人在这样的情形中没能力搁置判断并生活在这样的搁置之中,如果任何人无法知道,怀疑是拥有优良构造的头脑的好枕头,他便绝不能成为哲人。

但生活需要种种决断——这并不精确:行动才需要[决断]——但有谁说过哲学生活是行动的生活呢?哲学对实用主义式(pragmatist)反驳的回应,歌德已经给出:实干家总是没良心(der Handelnde ist immer gewissenlos)——作为行动着的人(或如亚里士多德所说:作为仅仅属人的存在者们),我们不得不接受不显而易见的诸前提——但这恰表明行动具有较低地位。

转向决定性难题

只有启示成为显而易见的、可论证的事实,哲学才可以接受启示。

---

① [原编者注]"神学家接受哲学"是后加的。
② [译注]原文以斜体强调 sub。

出于所有实践目的:如果启示可以为历史证据所证明。①

但启示不能为历史证据所证明。

宗教改革者们(the Reformers)的教诲与现代历史批判之间的巧合。

现代历史批判未曾驳倒启示信仰——但它驳倒了据称证明了启示事实的历史论证。但是,这事它真的做到了。

启示不能驳倒哲学

大量论证——我在此将只提最流行的一些。

政治争论:社会需要启示→稳定的秩序;哲学没能力建立种种道德标准(苏格拉底不能驳倒卡利克勒斯[Callicles]②等)——

至多证明启示的神话(高贵的谎言)有必要。

没有上帝的人之凄惨:但——苏格拉底([拥有]安慰而非源自嫉妒的凄惨,限于伊壁鸠鲁、廊下派[Stoics])。③

道德论证:哲学道德低于圣经道德(其幸福论;placere sibi ipsi[取悦自身]≠placere Deo[取悦上帝];请对比自我主张与自我否定——请对比以一个人的整颗个心灵去爱上帝与以一个人的整个心灵去爱此人的理解力的完美)。

然而:这个标准本身能够得到质疑——即极端的道德要求,亦即对诸意图绝对纯洁性的坚持。

所有反对哲学的信仰争论都预设信仰:它们是循环论证。

启示没有除启示之外的支持:为维护圣经而写作的唯一书籍就是

---

① [译注]"如果……"独立成句,客气地表示一种期盼。

② [译注]见柏拉图的《高尔吉亚》。

③ [原编者注]这句话是后加的。括号里的文字(consolation, not M. due to envy, limited to Epicurus, Stoics)的前四个语词很难理解,尤其 M. 看起来像一个缩略语。Consolation 和 envy 后的逗号为编者所加,以便施特劳斯以极简略的形式仅为自己记下的思想能得到更好的理解。

圣经自身(莱辛)或——纽曼(Newman)①的"我知道,我知道"。②

由于启示没有除自身之外的支持,由于启示的诸论证是循环论证,故哲学能够无视启示。

哲学不能驳倒启示

再次限于最流行的那些方面。如下二者之间的根本差异:驳倒启示拥护者们(= 属人存在者们)与驳倒启示(= 上帝)——参加尔文:se nobiscum litigare *fingunt*[他们捏造他和我们之间的争执]。

现代地质学对《创世记》第一章的著名反驳——错误的回答是:圣经不是一本科学书籍,而仅关注信仰和习俗(manners)的问题——因为:信仰与科学之间有重叠,比如在神迹问题上——如果圣经并不认真对待与自然世界和其中的事件相关的问题,那些圣经报道便可以归于没能力进行精确观测等活动的人们。好的且具决定性的回答是:反对圣经对创世等问题的叙事的所有科学论证,预设不可能有神迹(依据科学必须经过数十亿年的诸事件,一瞬间神奇地成为可能)——也就是说,它们回避问题。

或:圣经批判——这些论证预设[圣经]言辞的神启性没有可能:摩西可能描绘他死后诸世纪发生的事件,然而上帝并非不可能向摩西启示真理等等。

启示的多样性——各种启示相互反驳——一个尤其浅薄的论证:因为

1) 如果 una est religio in rituum varietate[一种宗教有多种多样的礼仪],如果每一种启示宗教都是对上帝召唤的一种属人解释,那么属人解释的多样性并不取消如下事实:一位身位化上帝自由而神秘地召唤人们到他自身那儿。诚然,这会预设一种极端容忍的态度。但这甚至

---

① [译注] J. H. Newman(1801—1890),英国神学家,1845 年皈依罗马天主教,1879 年任红衣主教。

② [原编者注]"或——纽曼的'我知道,我知道'"是后加的。

不必然;因为:

2)丑闻必定出现,异端必定兴起——对启示来说具有本质性的是,持续受到伪启示、异端等的挑战。

为什么启示不能驳倒哲学,反之亦然

一般来讲:

a)属人知识总是如此受限制,以致启示的可能性不能被驳倒,①而且对启示的需要不能被否认。

b)启示总是如此不确定,以致它能够得到拒斥,而且人得到如此构造,以致他能够在探究之中、在明晰性的进步之中找到他的满足、他的幸福。

从这种事态中得出的诸结论

第一个建议——中立态度比那两个选项更高明——
中立态度意味着:

a)我们的论题能够在双方面前得到证明,尽管这两个相反论题②——启示的正确与哲学的正确——中任何一个都不能在另一个面前得到证明。

b)尝试理解并公正对待这两个立场。

双方的相互欣赏的糟糕状态。信仰者们正确地为哲人们关于启示所说的或所透露的东西所震惊,而哲人们对信仰者们关于哲学所说的东西只能耸耸肩而已。

(参斯宾诺莎论圣经;帕斯卡论伊壁鸠鲁派-廊下派;尼采论作为怨恨[resentment]的圣经;基尔克果论不同于柏拉图的苏格拉底。关于托马斯[阿奎那],一个问题为路德对经院神学的不满所呈现。)

---

① [原编者注]"驳倒"(refuted)原作"否认"(denied, and)。
② [原编者注]编者把 thesis 改成了 theses。

人们可以说,双方的每一方都已试图反驳另一方,这个根本事实指示出①一种②深深的误解。

但:中立态度是一种哲学的态度 > 哲学的胜利。

对哲学种种限度的根本洞见是哲学的胜利:因为它是一种洞见。

然而:

第二个建议:哲学没能力驳倒启示,这揭示了哲学成问题的基础。

启示或信仰不是被其原则所强迫去驳倒哲学。但哲学是——受到它不能驳倒的启示的根本可能性所威胁:哲学不能止步于防卫;它必须攻击。③

为什么哲学为启示的根本可能性所威胁?

一、a. 唯一的选择是哲学或启示,这就是说,最终重要的要么是神性指引,要么是属人指引;如果不存在神性指引,属人指引便是唯一一个必要的东西。

反过来说:如果存在启示,哲学便变成了某种无限不重要的东西——启示的可能性暗示哲学可能没有重要性。如果启示的可能性仍然是一个开放的问题,哲学的重要性便也仍然是一个开放的问题。

因此,哲学的成与败有赖于主张哲学是那一个必要的东西,或哲学是人的最高可能性。哲学不能提出更少的要求:它不可能负担得起自身的谦虚(afford being modest)。④

b. 但哲学不能驳倒启示的可能性。因此,哲学不必然是那一个必要的东西;因此,选择哲学并非基于显而易见的或理性的必然性,而是基于不显而易见的、根本上盲目的决断。哲学的主张似乎有理,但并非令人信

---

① [原编者注]"启示出"(reveals)原作"表明"(shows)。

② [原编者注]"一个"(a)原作"那个"(that)。

③ [译注]"但哲学是"在语意上可能直接衔接"为哲学不能反驳的启示的根本可能性所威胁",也可能独立成句,与前一句形成对比,意即:"但哲学是为其原则所强迫去反驳启示。"

④ [原编者注]这句话是后加的。

服;它是verisimile[像真的],但不是verum[真的]。

哲学的主张是,哲学智慧地搁置其判断,而信仰斗胆或鲁莽地作决断;这种主张站不住脚;因为哲学自身依赖一个决断。

如果哲学不能正当地证明自身是一种理性的必然性,那么献身于求索显而易见的知识的那种生活,便使自身依赖一个不显而易见的假定——但这证实了信仰的论题,即如果不信仰或相信启示,就不可能有自我一致性或自我一致的生活。

二、有人可能会建议这样的出路(suggest this way out):哲学不必证明启示的不可能性;因为启示的可能性如此遥远,如此无限遥远,以致它不是一个实际的主张。

这种论证对实干家们(business-men)很适合,但它是一个耻辱——我不是说对于哲人们如此——而是说对于任何声称已然接近(come within hailing distance of)①哲学或科学的人都如此。

哲学不能证明启示是不可能的;因此,除了证明启示最不太可能(improbable)或极端不确定以外,哲学不能证明更多。但这离驳倒启示如此遥远,以致这甚至并不要紧;正因为启示自夸为神迹,所以它最不太可能也最不确定。哲学暗含着拒绝接受或拒绝依循不显而易见的任何东西;但启示自身并不显而易见;所以哲学并未驳倒启示的主张;它回避问题;它依赖一个教条主义假定。并非哲学的任何特定论证,而只有哲学的真理标准,才可以解决这个问题。哲学预设它自身。②

哲学拒斥启示是因为启示的不确定性——但不确定性对于启示具有本质性——启示否认哲学的真理标准(不能变得显而易见的每个东西都可疑;αἰτοψια[亲眼所见];显而易见的必然性……)。以哲学的真理标准为基础,哲学拒斥启示,哲学断言其自身的必要性:对哲学正当性的证明是循环论证——也就是说它是个丑闻。

基于哲学的最初假设(哲学是人的最高可能性),哲学面对启示的主张时能容易地维系自身——但它不能否认,这个基本前提是而且肯

---

① [原编者注]编者把in改成了within。
② [原编者注]"哲学暗含着……预设它自身"是后加的。

定一直是一个假设。

我总结一下:启示不能驳倒哲学,反之亦然,这个事实作出了有利于启示的决定。或:启示与哲学之间中立态度之不可能,作出了有利于启示的决定。

(请考虑这一点:启示不能得到证明——但哲学能得到证明:人确实进行哲学探究,这一点能得到证明:哲学的事实能得到证明,但启示的事实不能得到证明。)①

对哲学造成的后果:显现了,如果我们把问题作如下重述:如果没有启示,哲学便是人的最高可能性;但不存在启示,因为绝不可能存在关于启示事实的显而易见的知识。这种论证预设"存在"被默默地等同于"显而易见可知的"。哲学本质上是"观念论的"(Laberthonnière,《希腊观念论与基督教实在论》[L'idéalisme grec et le réalisme chrétien])。② 正是这个事实造就了康德的《纯粹理性批判》,造就了他对现象与物自身的区分:康德的"观念论"是对古典哲学的"观念论"的攻击。然而,参柏拉图论 $\alpha\sigma\vartheta\acute{\epsilon}\nu\epsilon\iota\alpha\ \tau o\tilde{\upsilon}\ \lambda\acute{o}\gamma o\upsilon$ [理性的无力]。③

一种相信自身能反驳启示可能性的哲学——和一种不相信这一点的哲学:这是古人与今人的争执(la querelle des anciens et des modernes)的真正意义。

对哲学造成的后果:顺着康德《纯粹理性批判》的行文极端地修改古典哲学的一些根本反思(人 = animal rationale[理性动物]——他的完美性 = 哲学等)。

---

① [原编者注]带括号的这句话是后加的。

② [原编者注]这个书名是施特劳斯凭记忆写出的,原来应该是 Lucien Laberthonnière,《基督教实在论与希腊观念论》(Le réalisme chrétien et l'idéalisme grec, Paris:1904)——参施特劳斯1933年3月14日致克吕格(G. Krüger)的信,见施特劳斯,《文集》,卷三(Gesammelte Schriften, Band 3, Heinrich Meier 编, Stuttgart:2001),页427([译注]汉译见施特劳斯等,《回归古典政治哲学:施特劳斯通信集》,Heinrich Meier 编,朱雁冰等译,北京:华夏出版社,2006,页84)。

③ [原编者注]这句话是后加的。[译注]作者以斜体强调 $\lambda\acute{o}\gamma o\upsilon$。

第三个建议①——希腊哲人会顺着如下这些行文来回应——

哲学不需要启示,但启示需要哲学:哲学拒绝被传唤到启示的法庭面前,但启示必须承认哲学的法庭。因为启示拥护者们会说 credo quia absurdum[正因为荒谬我才信],而他们不可能意指这一点;他们能够被迫承认信仰的那些对象必须有其可能——但阐释什么有可能或不可能,则是哲学的任务。②

然而,哲学的审理权不限于可能的事物,因为存在关于现实事物的属人知识。由于哲学与信仰都作出关于现实事物的断言,故二者有可能相互冲突或相互反驳。作为信仰的信仰必须作出能够为无信仰者们所检验的断言——它必须在某一点上③立足于所谓的或真正的知识——但这种"知识"(由于基本的谬见)必然只是关于信仰的所谓的知识,只是把绝对重要性归于道德(纯粹的心)。④

要彻底地排除驳倒[启示]的可能性,只存在一种方式:信仰在关于现实事物的属人知识中没有任何基础。这种信仰观不属于犹太教和天主教。它为宗教改革者们所提供,并在基尔克果那里达到顶峰。尽管宗教改革有赖于圣经——为多种多样的属人探究所支配的一本书——的绝对真理,但基尔克果抛弃了现实知识领域与信仰领域之间的最终联系。他说(《哲学片段》[*Philosophical Fragments*],87):对于信仰,如果与耶稣处于同一时代的那代人留下的只是如下这些话语,便绰绰有余:"我们相信,某一年上帝以仆人的谦卑形象在我们中现身

---

① [原编者注]作者在"第三个建议"下划了两条线,而前面的"第一个建议"和"第二个建议"下只划了一条线,因此"第三个建议"得到特别强调。

② [原编者注]is the sake of philosophy 这个英文短语被解释并可以被理解成对如下德文短语的翻译:ist Sache der Philosophie[是哲学的任务或主题]。

③ [译注] on some point,原编者把 on 改成了 at,作为英文短语的 at some point 指在某个紧急时刻,如 at the point of a sword[在剑刃面前]。改得妙,但未必是作者原意。

④ [原编者注]这句话是后加的。

过,而且他在我们的共同体中生活过、教诲过,并最终死去。"如果我们无视如下困难——即人们将不得不知道,"这个小告示"(advertisement)真的可以归于与耶稣处于同一时代的那些人——那么这样一个基础之上的信仰,在面对 assentire his quae sunt fidei, est levitatis[赞同那些属于信仰的东西,是轻率之举]([阿奎那]《反异教徒大全》[*S. c. G.*], I:6)这个异议时能得到辩护吗? 如果是这样,难道我们不是必须承认此二者有可能相互驳倒,并因此彻底重新着手(start)这番讨论? 或者毋宁说,通过拾起我今晚只是略加暗示的那些具体问题而开启(begin)这番讨论?①

总结一下,我已然能够在有关那个重大问题的迷宫中辨识出的每样东西,可以说,我都将其归功于一个人,在此我想点他的名:②莱辛。我不是指某个传统的那个莱辛、为某类华丽辞藻(oratory)所称颂的那个莱辛,而是指那个真正的不为人知的莱辛。莱辛的态度的特点是天生反感在各种严肃的即理论的问题上的种种妥协:他拒斥索齐尼主义(Socinianism),③即经过启蒙的基督教(关于它,人们不知道它在什么意义上具有基督教性,以及在什么意义上经过了启蒙)与自然神论(deism),他还会拒斥德国观念论(如雅可比与谢林[Jacobi vs. Schelling]的对比所示)。他仅仅④承认如下选择:要么正统(在他的例子中当然是路德宗),要么斯宾诺莎(即哲学,因为不存在斯宾诺莎哲学以外的任何哲学)。他决定赞同哲学。——至于为什么他采取这一步,他已在他的著作中不止一次指出——但我认为没有哪里比《古事通信》(*Antiqu. Briefe*)第 45 篇结尾指出得更清楚,在那里他总结了他关于古代与

---

① [原编者注]旁边空白处有一个删去了的表述"小纸条 a)和 b)"[Die kleinen Zettel a) und b)]。

② [原编者注]"点……名"(name)原作"提到"(mention)。

③ [译注]意大利神学家 Fausto Paolo Sozzini(1539—1604,拉丁名为 Socinus)创立的学派。

④ [原编者注]"仅仅"(only)是后加的。

现代绘画透视法①的不同处理的讨论:

> 我们所见比古人多,可是我们的眼力也许比古人弱;古人所见比我们少,但是他们的眼力也许比我们更②锐利——恐怕对古代人和现代人进行整体比较会得出这个结论。

驳倒启示的可能性暗含于柏拉图-亚里士多德的哲学中。至于他们的特定论证是什么,我们在理解了他们的整个教诲之前不能进行言说。由于我不能主张我已完成了这种理解,故我必须让这个问题保持开放。③

---

① [原编者注]"古代和现代绘画透视法"是后加的。[译注]这里把古代和现代的思索暗喻为作画。

② [原编者注]"更"(more)原作"更好"(better)。

③ [原编者注]最后这段是后加的。

评柯林武德的历史哲学

余慧元 译 李致远 校

[中译编者按]本文是施特劳斯为柯林伍德的《历史的观念》写的书评,原刊 Reviews of Metaphysics,1952,V:4(June),页559－586。柯林伍德是二战后西方主流学界的著名史学理论家,其《历史的观念》一书(有中译本)闻名遐迩,对汉语学界也有广泛影响(史学大师余英时教授极为推重)。

一

柯林武德(R. G. Colingwood)的《历史的观念》(The Idea of History, Clarendon Press,1946)"是一部关于历史哲学的论著"。据柯林武德的理解,历史哲学起源很晚近。历史哲学随着19世纪后半叶"科学的史学"(scientific history)的兴起而出现(页254)。如果有人认为"科学的史学"是人关注自身过去的最高和最终形式,那么,对"科学的史家们"的作为的理解或史学认识论就会变得具有哲学旨趣。如果旧式的或传统的哲学的分支都不能搞懂"新的史学方法",不能解决"由于组织化或系统化的史学研究的存在而创造出来的"问题,或者换言之,如果"种种传统哲学本身都意味着史学知识不可能"(页5－6),那么,史学认识论就必然会变成某种哲学旨趣或一门具有哲学意味的学科。不过,历史哲学肯定不仅仅是史学认识论。首先,史学认识论仅仅对某些技术人员才显得至关重要,而对作为人的人而言却并非那么重要。更重要的是,对史学思想的思考同时必定也是对史学思想之对象的思考。因此,历史哲学也必定既是史学认识论,也是史学形而上学(页3、

184）。如此看来,历史哲学似乎就是传统哲学诸多分支的补充而已。但哲学很难允许某些单纯的补充。历史哲学当然不能是某种单纯的补充:历史哲学必然包含"一种从史学的观点来思考的完整的哲学"（页7、147）。历史哲学基于对一切人类思想特征的发现;因此,这种发现也会导致一种对哲学的全新理解。换句话说,人们通常承认,哲学的核心主题是追问人是什么,而史学则是有关人们已经做了什么的知识;但现在,人们已经认识到,人的本质就在于他能做什么,而"了解人能做什么的唯一线索"就是他已经做了什么（页10）。因此,"所谓人性科学或人类精神科学把自身归结为史学"（页220、209）。历史哲学就等于哲学本身,哲学已经完全史学化了:"哲学作为一门独立的学科,因皈依史学而得到了结。"（页 x）

柯林武德因英年早逝而未能建立起完整意义上的历史哲学。他相信自己只能试着"从哲学上探究历史的本性,把它看作一种具有某种特定对象的特定知识类型或形式"（页7）。不可否认,狭义上的历史哲学指向广义上的历史哲学;因此,柯林武德似乎不恰当地推迟了对基本问题的讨论。不过,或许更公平的说法是,广义上的历史哲学以狭义的历史哲学为前提,或者说,哲学与史学的融合以"科学的史学"的健全性或恰切性为前提:如果最近四五代人的历史理解根本上并不比过去可能的历史理解更优越,那么,哲学转化为史学也就失去了其最令人信服的正当辩护,至少失去了其最大的有说服力的正当辩护。

"现在人人都能理解"的科学的史学（页320）是为数甚多的当代人共同努力的结果,其目的在于获得关于"普遍历史"（universal history）的"理想"形式的某种知识,或关于"整个人类过去"的知识（页27、209）。这是一种理论追求;它"完全出于一种追求真理的欲望",此外别无他求（页60-61）。然而,科学的史学家们的态度不同于旁观者的态度。关于人们已经做了什么的知识就等于关于人们已经思考了什么的知识:"一切史学都是思想史。"（页215、304）科学的史学就是关于思想的思想。除非重思、重演、复活或复制过去的思想,否则就不可能知道过去的思想（页97、115、218）。对科学的史学家来说,过去并不是某种陌生的、已死的或他心灵之外的东西:人类的过去活在他的心中,尽管也只是作为过去而活着。但这并不意味着,每个科学的史学家都能重演整个过去;在史学家的思想和研究对象之间必须有某种同情;为了真正地复活过去,"史学家的思想必须源于他全部经验的有机整体,必须成为他整个人格及其实践与理论兴趣的一种功能"(页305)。既然"所有的思想都是批判的思想",而不只是让思想的对象牵着鼻子走,那么,重思早先的思想就等于批判早先的思想(页215 – 216、300 – 301)。科学的史学家批判过去思想的出发点就是现代文明的观点。因此,科学的史学似乎就是史学家试图从自己所处的现代文明角度去看待人类的整个过去(页60、108、215)。然而,如果史学家以现代文明的眼光去看待过去,却不把现代当作自己的首要课题,那么,史学就不是一种自我认识(self-knowledge)。因此,科学的史学家的使命在于表明,他自己所处的现代文明、当代精神或他那个时代的"特定人性"是如何形成的(页104、169、175、181、226)。既然科学的史学是现代西方思想的特产之一,那么,也就可以如此描述这种史学:它是当代西方人理解并保护或丰富其特定人性的努力。

既然关于过去的真正知识就必然是从当代的观点去批判和评价过去,那么,对当代亦即当前某种既定的国家或文明来说,关于过去的知识就必然是"相对的"。某个特定的史学家的观点"只对他自己或处境类似于他的人们有效"(页60、108)。"每一代新人都会以其自身的方式重新书写历史。"(页248)因而,普遍有效意义上的客观性似乎是不可能的。然而,对于"科学的"史学面临的这个危险,柯林武德并不担心(参页265)。他的自信来自两个方面。首先,他思想中残留着进步信仰,并因而相信当代比过去更优越。因此,他相信,历史知识对当代来说若是相对的,那么,它对迄今达到的最高点来说也是相对的。若要了解柯林武德思想中存在的进步信仰,只需浏览一下《历史的观念》一书的目录几乎就够了:他在克罗齐(Croce)身上花费了大量笔墨(更不用说其他当代思想家了),远远超过对希罗多德和修昔底德的讨论。柯林武德想当然地认为,史学家能够且必须在他研究的现象中区分"倒退因素与进步因素"(页135)。他花了一半多篇幅比较科学的现代的史观与"谬误百出的中世纪的史观"(页56)和带有重大"缺陷"的古典的史观(页 41 – 42)。柯林武德之所以不担心一切历史知识的"相对性",其原因之二在于,他相信所有时代都是平等的。"当代总能成功地达到其努力达到的目标,在这种意义上,当代总是完美的",或者说,当代没有比它自身更高的标准(页 109)。因而,没有任何衰落或衰败的时代。奥古斯丁从一位早期基督教徒的观点出发来看待罗马史,而吉本从已经启蒙的 18 世纪英国人的观点出发来看待罗马史:"没有任何理由去问哪个观点才是正确的。每个观点对采用这个观点的人来说都是唯一可能的。"(页 xii)史学家从当代的观点看待过去的时候,完全用不着担心历史知识在未来的进步前景:"史学家的问题是当代的问题,而不是未来的问题:只管去解释现在可以得到的材料,而不要去等待未来的发现。"(页 180)科学的史学家排除了未来可能蕴含的惊人发现之后,尽可以满足于那种相对于当代而言的史学知识;这种史学知识基于当代可以得到的材料,可以满足一切确定性或科学要求。一切史学知识其实都是相对当代而言的知识,这个事实意味着,史学知识都只是相对某个唯一的立场而言的知识,而这个立场只有在现在才可能,并且不低于任何过去可能的或将来可能的立场。不管柯林武德是否有办法调和上述两个不同的理由,这两个理由如果合情合理,都能证明他的观点:从当代的观点去理解过去无可非议,并且事实上也不可避免。

我们刚才勾勒的那个过程正是《历史的观念》的特点。柯林武德自觉而热情地朝向他那代大多数人多少有点不自觉且有点踌躇地正在接近的目标:哲学与史学的融合。但是,柯林武德却无意去检审他试图借以达到那个目的的手段。他在两种不同的历史观之间摇摆不定:一边是黑格尔的理性主义观点,一边是某种非理性主义的观点。他从未清楚地认识到,这两种观点根本互不相融。这种失误的历史原因在于,他不了解尼采对"科学的史学"的划时代批判。

有一种观点认为,在史学中,"当代的精神本身就是通过过去的精神发展才存在的,因而理解这种产生过程"(页 169)。这种观点与普遍历史的观念之间有某种紧张关系。如果现代西方的史学家研究古希腊的历史,人们可以说,他会重演他自己文明的起源——这种文明正是"通过在它自己的精神中重建古希腊世界的精神"才塑造了它自身——从而开始享有他自己的遗产(页163、226-227);人们也可以说,他将试图把他自己理解为一个现代西方人,或试图思考他自己的事情。然而,现代西方的史学家在研究中华文明或印加文明时,显然是另一种情形。柯林武德并没有反思这种差别。他倒是正当地反对了斯宾格勒的观点:后者认为"一种文化与另一种文化之间不可能有任何关联"。事实上,有许多文化彼此之间没有任何实际联系;但柯林武德没有想想这个事实及其含义:他武断地否认了"孤立的、分离的"文化的可能性,因为这会危及作为普通历史的"历史连续性"这个教条式的假定(页161-164、183)。——根据柯林武德的一个观点,科学的史学观念,即"关于过去的想象画面的观念,用康德的话来说,就是一种 a priori[先验之物]……每个人都具有这种观念,并将其作为自己精神结构的一部分,而且他一旦意识到具有这样一种精神意味着什么,就会发现他自己具有那种观念"(页248)。因此,科学的史学是对人性中某种潜能的现实化。根据柯林武德的另一个观点,人们不能说什么人类精神的结构,甚至不能说人类精神本身,因为这样就会使人类精神受制于"各种永恒不变的规律";科学的史学观念原则上并不与人类精神同步,它本身也是"历史的";这种观念是西方人基于自己的独特经验(尤其基于基督教的经验)而获得的;它植根于现代西方思想及其需求之中;这种观念只对现代西方思想才有意义(页xii、12、48-49、82、224、226、255)。——柯林武德把史学看作一种理论追求,但他又说过,史学家的思想必须是"他整个人格及其实践与理论兴趣的一种功能"。——柯林武德反复强调,一切史学都是思想史,或理性活动的历史,或自由的历史(页215、304、315、318);人们一旦放弃了"黑格尔的信念,即历史是理性的",就肯定等于放弃了史学本身(页122);史学家只要说到"历史的偶然性",就等于"表达了他思想的最终崩溃"(页151)。因而,柯林武德坚持,要理解过去的思想,不仅不排斥用当代观点批判过去的思想,甚至离不开当代观点。而另一方面,柯林武德却倾向于相信:史学的最终事实只是某些自由的选择,没有理性活动可言;或者,史学的最终事实只是一些信念;因而,历史不是理性的,或者说,历史是极端偶然的,或还可以说,历史是不同的原罪的一个后果。因此,柯林武德倾向于认为,史学家不可能批判过去的思想,而只能满足于理解过去的思想(参页316-318)。

柯林武德之所以没能充分澄清自己的立场,部分是因为他觉得有必要与实证主义或自然主义(亦即"混合历史进程与自然进程")"进行一场持续的战争"(页228、181-182)。柯林武德的当务之急是为"史学的自主性"辩护,以反对现代自然科学的种种主张。有一种观点认为,史学知识部分地依赖于现代自然科学,这种观点基于一个事实,即人的历史生活依赖于自然;而人关于自然的知识并不等于现代自然科学。因此,柯林武德被迫无条件地坚持"史学的自主性":"史学家是他自己家里的主人,他不必向自然科学家或任何其他人承担义务",因为若正确地理解的话,"普通的史学在它自身中就包含着哲学"(页155、201)。史学并不依赖于权威或记忆(页236-238)。"……在史学中,恰当地说没有任何权威,同样恰当地说也没有任何材料(data)。"(页243)

> 史学家摆脱了某些固定的外部立场之后,他对过去的描绘在每个细节上都是一幅想象的图画,这幅图画的必然性在每一点上都是 a priori[先验的]想象的必然性。凡进入这幅图画中的东西,都不是因为史学家的想象被动地接受它,而是因为他的想象积极地需要它。(页245)

正是因为历史的"自主性",历史才必须成为一种普遍的历史(页246):真理就是整体。柯林武德应该毫不犹豫地把这种观点称为"观念论的"观点(参页159)。这确实不是一种唯我论的观点:史学思想既是自主的,也是客观的;史学家的家(house)是"所有史学家的居所"(页155)。更准确地说,史学家的家是所有当代史学家的居所。这个家没有窗户:当代的精神是自主的或自己家里的主人,因为它如果不批判过去的思想,也就是说,它如果不用某种当代思想的模式去转化过去的思想,就无法理解过去的思想;或者说,因为它不担心它不能解决的那些问题("问一个你自己根本没指望找到答案的问题,这是科学中最基本的罪过。"——页281);或者说,因为它不关心未来的可能性("搞清人已经做了什么是搞清人能够做什么的唯一线索。"——页10、180)。柯林武德的观念论有一个特别值得注意的后果,即它把传记从史学中驱逐出去了:传记局限于"某些生理事件,即某个人的有机体的生死:因此,传记的框架不是思想的框架,而是自然过程的框架"(页304)。驱逐传记的决定还带来了额外的好处:这样就可以在对柯林武德来说合理的限度内保持科学的史学的主观性。如果"传记"是次于史学的(sub-historical),那么,它就既不会有助于主体研究者获得或拥有史学知识,也不会成为史学知识对象的一个要素。史学知识不会变成相对于个别史学家而言的知识。史学知识是相对于"当代精神"而言的知识,因而仍然会保留其客观性。如果"史学家的思想必须源于其全部经验的有机整体",就会产生一个难题:人们可能认为,史学家的总体经验包含他的"当下经验和各种感觉与情感之流",还包括"那些与身体生活情景密切相关的人类情感"(页304):"总体经验"似乎就包括那些最"个人化"的经验。

人们要公正地看待柯林武德的史学观,就必须先检审一下他作为史学家的实践。柯林武德用大部分篇幅书写一种关于史学知识的历史。这种历史总体上说是习俗性的(conventional)。在研究早期思想家的过程中,柯林武德从未考虑当代读者可能从什么样的角度看待那些思想家,也没有考虑到,他向那些思想家提出的问题可能需要从根本上改变一下提法。他根据早期思想家们是否促进或阻碍了科学的史学出现,来褒扬或指责他们。柯林武德从未试着从早期思想家们的视角去思考科学的史学。在柯林武德的史学中也有一些相当不守习俗的(unconventional)东西,那就是他的某些判断:他有勇气质疑修昔底德或塔西佗是否称得上史学家(页29、38-39)。此外,柯林武德没能始终如一地避免某种模糊性,这在某种程度上使他关于史学知识的史学显得含混不清。柯林武德论及"人的天性与人的历史"时,集中表达了如下论断:史学知识与历史过程同步进行,因为历史过程就是人继承过去成就的过程,而史学知识则是人着手占有那种遗产的方式(页226-227,参页333-334)。于是,在这个至关重要的语境中,柯林武德把史学知识等同于接受某种传统或生活在某种传统中。然而,柯林武德在总体上认为,史学知识并不与历史生活同步进行,史学知识是在古希腊的某个时候被"发明"出来的(页19),后来又被希腊的继承者们发扬光大。

在柯林武德关于史学知识的史学考察中,最具启示意义的部分是他对古希腊人的历史概念的说明。古希腊人创造了科学的史学。这个事实是自相矛盾的,因为古希腊思想基于"一种极端反历史的形而上学"(页18–20)。那种形而上学的"第一范畴"是"实体范畴"(substance)。而"一个实体论者的形而上学暗含某种知识理论,根据这种知识理论,只有不变的东西才可能被认知"(页42)。"因此,史学应当是不可能的",也就是说,史学不可能成为一门科学;史学必须降格到"意见"领域。不过,真正存在或真正可知的东西是永恒的这种观点恰恰意味着,永恒之物与可变之物之间有某种基本区分,于是才有变化是必然的这种洞见:希腊人对永恒的追求假定了"短暂之物(temporal)的不同寻常的生动意义"。另外,那些希腊人生活在一个瞬息万变的时代:因此,他们"对历史特别敏感"。然而,正由于这个原因,"他们的历史意识"是一种特殊的历史意识:

> 不是对悠久传统的意识,即把一代又一代生活铸入某个统一的模式之中;而是对那些强烈的περιπέτειαι[突变/突转]的意识,即从事物的某种状态突然灾难性地转到其对立状态。(页22,对参页26、34)

然而,他们既然相信只有永恒之物才是可知的或可理解的,就认为"人们生活中的那些灾难性突转"是不可理喻的。他们并不否认:"这些变化具有一定的模式,其中一定的前因通常导致一定的后果";通过观察可以建立起这些因果顺序。但他们讲不清为什么"从一定的前因通常导致一定的后果":"这里绝没有任何因果理论"。"这种历史的概念正是决定论的对立面":某些因果顺序并不是必然的;知道这些因果的人可以更改它们;"因此希腊人有某种活泼的但也确实幼稚的感觉,即觉得人有力量控制自己的命运"。希腊人出于被迫才思考历史:他们认为史学"根本不是什么科学,而只是诸多知觉的集合",既然如此,他们不得不把"事件目击者对事实所作的转述当作历史的证据"。他们也不是不加批判地接受这些记录。但他们的批判不外乎在于澄清目击者是否真的陈述了自己亲眼见到的事情,并决定接受那些相互矛盾的不同记录中的哪一个。这种关于历史证据的概念使史学仅限于研究"这样的事件——这些事件已经发生,但还鲜活地保存在人们的记忆里,并且史学家本人还能够接触到这些人";这样,就不可能有关于遥远过去的科学的史学了:史学家最多不过是"他那一代的自传作家"(页22-27)。

这里似乎有必要评论几句。柯林武德断言,历史性地思考与借助实体进行思考,这两种思考方式互不相容,他说这话时,已经预设了这样的前提,即"一个行动者,作为一个实体,永远不可能产生(come into being),也不能经历任何自然的变化,这是形而上学的公理"(页43)。举例来说,难道希腊人真的就不知道人类如何吗?或者难道有必要借用亚里士多德的话,即只有说到实体,才能说产生吗?希腊人为什么就不能够观察到或描述实体的变化呢?柯林武德断定,在"实体论者"的古典历史编纂学中,"历史舞台上出现的一切行动者都必须被认为是在史学开始之前就是现成的(ready-made)"(页45),因而,古典作家们把民族与城邦当作实体,当作"不变的和永恒的"(页44)。柯林武德甚至都没试着证明一下,古典作家们是否真的把民族与城邦设想成实体。不过,古典作家们即便真的那样想,他们的日常经验差不多也会使他们相信:城邦无论如何都不是"不变的和永恒的"实体,城邦一旦建立,就会壮大、衰败和摧毁,更不用说还会经历其他变化了。那么,希腊人为什么未能观察并描述城邦的产生与变化呢?况且,事实上我们还可以从人们已经做了什么推出人们能够做什么呢。"……希腊人甚至都没有想到要提我们所谓的希腊人的起源问题。"(页34)就最明显的情况来说,难道真的没有这样的思想家:他告诉人们,人类如何产生,人类如何一开始在森林里游荡,没有任何社会联系,尤其没有语言,更没有希腊语?这些思想家当然不仅想到要提出希腊人的起源问题,而且他们确实也提出了这个问题,并且也用他们自己的方式解决了这个问题。

柯林武德没有看出,希腊哲人们关于语言性质和起源的反思其实就相当于对各民族性质和起源的反思。他们之所以没有以史学的方式说明这个或那个民族,抑或任何民族的起源,那也只是因为:在他们的思想结构中没有这类事件的历史证据;他们把城邦看作一种高于民族的社会形式;他们认为,处于全盛和成熟时期的社会较之于新近产生的社会,对于实现人的最高可能性而言更有助益。这些观点与"实体主义"之间可能有某种关联。显然,柯林武德甚至没有想到要去揭示这种关联,注意到这一点就够了。柯林武德可能会出于审慎(prudence)的律令而避免论及"实体主义",他所能接受的说法是:古典作家们不管出自什么理由,更关注永恒之物,更关注反复出现的事物,而不那么关注一时一地的特殊事件;或者说,他们相信,只有理解了永恒与反复的东西,才能最终理解独特的东西。由此,柯林武德本来可以合理地得出如下结论:从古典的观点来看,史学在地位上低于哲学或科学。此外,为了证明他的命题,柯林武德本来也有必要表明,对永恒或反复之物的关注会妨碍或危及对此时此地或彼时彼地发生的事情的严肃关注。但柯林武德没有表明这一点,更不用说其他一些考虑了。一个人可能主要关注永恒或反复的特征,同时认为,某个既定的独特事件(比如伯罗奔半岛战争)可以为可靠的观察提供唯一的有用基础,而这些观察可以使人们就某些非常重要的反复事件做出准确的判断。坚持这种观点的人当然会极其仔细地研究那种独特的事件,并以为自己是个优于常人的人,以为自己已经超越了作为一个史学家,即一个理解人类行动的人的身份,自以为自己已经超越了19世纪和20世纪所有的科学的史学家们。

柯林武德坚持,希腊人有某种特别的"历史意识":这种历史意识不是"对悠久传统的意识,即把一代又一代的生活铸入某个统一的模式",而是一种对"灾难性突转"的意识(页22)。退一步说,这种说法很容易产生误导。"希腊人"完全意识到了"把一代又一代的生活铸入某个统一模式中的那些悠久传统的存在"。但他们相信,至少柏拉图相信或暗示过,希腊人的生活——尤其与埃及人的生活方式相对立——并不以那些传统为主导:

> 你们希腊人永远是孩童……你们,你们所有人,在灵魂中都是年轻人;因为在你们的灵魂中,你们丝毫没有保守古老传统传下来的古老意见,也没有从久远的岁月中学到任何东西。

希腊人不像其他民族那样深受某些悠久传统的支配,因为在希腊人中间生活着一些惯于质疑这些传统的人,也就是哲人们。换言之,希腊人比其他地方的人更清醒地意识到,祖传的东西与好的东西之间有本质上的差别。正是基于这种见识,古典时期的希腊才存在着"某种历史意识";这种历史意识不仅仅是对"巨大突转"的意识,更是对变得更好的意识,是对进步的意识;这种意识也不仅仅是对进步的意识,更是对未来进步之可能性的意识。但柯林武德甚至都没间接地提到"希腊历史概念"的上述因素。他显然从未试着理解这种"历史意识",比如,亚里士多德在《形而上学》第一卷就表达过这种历史意识。柯林武德只要看看《形而上学》第一卷,就不会匆忙草率地写下"希腊史学家只是他那个时代的自传作家"这样的话(页27)。

但是,让我们姑且承认,一个像修昔底德那样的人首先关注的是"重大突转",而不是那些实际上没有发生任何变化或者只有缓慢改善的漫长时期;让我们姑且假定柯林武德在修昔底德工作的基础之上,已经说明了这种偏好(即对重大突转的偏好),尽管他其实甚至就没尝试这样做。柯林武德凭什么说,希腊人被迫把重大突转看作不可理解的,亦即认为根本无法追溯出决定性的原因呢?事实上,柯林武德禁不住还要去审查修昔底德作为"心理史之父"的身份,因为心理史是"一种特殊的自然科学"(页29),这个事实似乎就可以证明,至少有一个希腊人认为重大突转可以理解。按照柯林武德的观点:希腊人把变化——从一种极端的富裕或强大的状态转变为一种极端贫乏或软弱的状态——看作某种神秘的节奏:

> 一切富人都会变穷,这个普遍判断……在亚里士多德看来,也仅仅在某种程度上才是科学的判断,因为没有人能说清楚富人为什么会变穷。(页24)

柯林武德要是考虑到亚里士多德在《修辞学》(Rhetoric)第二卷中对富人和有权者之特征的分析,或在《政治学》中对僭主和寡头统治的分析,他也许就会对我们说,亚里士多德已经很好地解释了下述现象,即富人和有权者若没有德性或好运,就会衰落。柯林武德误认为这里毫无因果论,其实却有一种因果论,这种因果论暗示,机运是诸历史事件的原因之一。

柯林武德只是因为无视古典作家关于机运之力量的看法(且不说他还无视其他的看法),才自信地断言:"希腊人有某种活泼但也确实幼稚的感觉,即觉得人有力量控制自己的命运"(页24);或者对希腊思想来说,"自我意识就是一种征服世界的力量"(页36),或者古典思想暗示,"无论历史上发生着什么,都不过是人类意志的直接结果之一"(页41)。让人颇费思量的是,这个人在上述这些句子之前何以竟能写道:"对希腊人来说,人类生活条件下的这些重大突转是历史的恰当主题,但这些突转却不可理解。"(页22)

柯林武德认为,史学对希腊人而言"根本上……只是一堆知觉的集合"(页24),要明白这一点,只需看看柯林武德在随后一页中的提示:他注意到,希罗多德和修昔底德等就他们研究的那些事件成功地呈现了一幅相当"连续的""历史图画"。柯林武德在讨论希腊概念中的史学证据时,丝毫不提亲眼所见的证据与道听途说的证据之间的基本区分,也不提古典史学家在评价传统或传闻时对此区分的使用。他尤其没有考虑到,亲眼所见包含对人性和政治事物之本性的理解——这种理解在希腊的史学中发挥的作用就像"史学的想象"在柯林武德的"科学的史学"中发挥的作用。

按照柯林武德的说法:古典的史学为了遵循自己的历史真实标准,必定"在每个细节上都是一幅想象的图画"(参页245),这个说法比该书随后所有章节更多地间接揭示了"历史的观念"。历史的观念不仅是这样的观点,即有可能或有必要认识人们已经做过或想过什么。它更是这样的观点,即这种经过恰当理解的知识就等于哲学,或必须取代哲学。这样理解的历史的观念确实与古典思想相去甚远。根据柯林武德的看法,在古典"实体主义"尚未遭到抛弃和古典"人文主义"尚未得到深刻改造之前,不可能出现历史的观念。如果史学叙述或研究的是人们已经做过的事情,而哲学研究的是一切人类作为(doings)的前提条件,那么,历史的观念首先要求的就是,必须把一切人类作为的明显前提都分解为人类作为的结果;这就是柯林武德要求放弃"实体主义"的意图所在。一切人类作为的明显前提是人类知识的对象,根本上不同于人类行动(action)的结果或产物。因此,走向史学观念的第一步就是区分知识与行动或区分理论与实践。必须把知识看作一种制作(making)或生产(production)。柯林武德照例引了维科(Vico)的"verum et factum convertuntur[真理与事实可相互转化]"(页64)。但柯林武德未能返回到维科的思想源头,即霍布斯,因而,他只能满足于以惯常的方式描述史学观念的起源。即使思想者或制作者是人本身或者没有时空背景的任何个体,哲学也仍然是"非历史的"。如果思想或思想的内容与时空之间有某种本质的联系,那么,我们的所知所想必定也是一种制作(making),这种制作本质上依赖于前人的制作,或更确切地说,依赖于曾经生活"在此"的前人的制作,不过,这种制作必定有别于先前的思想。如果我们的所知所想都是已经被预先考虑过的,亦即被前人思想过的,那么,我们的所思所想就不可能不同于先前的思想:它必定是先前的思想未曾料到且无法预料的结果。柯林武德提出要摒弃或者彻底改造希腊的"人文主义"时,心中所存的就是上述要求;他认为,希腊人文主义"太不重视某种盲目的动力——这种力量开启了某个行动过程,却不能预见这个行动过程的结果,或者没有被这个行动过程本身的必然发展引向那个结果"(页42),也就是说,这种力量没有在某个神的计划或自然计划的指引下推动那个过程走向结束(页55、57、58、81、104)。柯林武德在对比希腊思想与17世纪自然科学的决定论(正是基于这种决定论,他才把思想本身和思想的各个"阶段"都看作必然的、无意识的"某个过程的产物")时,更为准确地描述了上述要求(页23、57、58、81、87)。然而,由于前面提到的原因,柯林武德并没有质疑"思想就是制作"(thinking as making)的观点与现代自然科学中特有的"决定论"之间的关系。因而,他也就没有看到:"历史的观念"就其基本结构而言,不过是结合了"思想就是制作"或"创造性的"这个观点与这个观点所引起的那种需要而已——即,需要对思想活动作出某种"决定论式的"说明,或某种只能假定"运动"或"过程"的"起源"说明。柯林武德的"观念化"使他的眼界超不出"观念化"与"自然主义"的对立,或者说,使他看不出"史学"与"科学的唯物主义"彼此不可分离的关系。(不过,请比较该书页 269 对科学的史学与培根式自然科学之间关系的评论。)

二

柯林武德并没有"从事实上"(by deed)证明科学的史学相对于常识性史学的优越性,后者过去曾在许多不同层次上极为流行。柯林武德的最重要的说法都是错误的,而早先的能人们肯定不会犯这些错误,这仅仅是因为他们比我们更细心地阅读。科学的史学基于下述假设:当今的历史思想是正确的历史思想。科学的史学一发现早期历史思想其实不同于当代历史思想,就想当然地断定,早期历史思想有缺陷。一个人既然事先都知道那些学说或方法在最重要的方面都有缺陷,那么,也就难怪他不那么细心地去研究了。柯林武德曾严厉指责 18 世纪的史学家们不该以普遍的方式书写历史(history in general),其实,他自己也差不多以同样的方式书写了自己的史学史。18 世纪的史学家们指责过去的思想缺乏充分的合理性;柯林武德指责过去的思想缺少历史的真实感。

这里并不是要否认,柯林武德也相信一切时代的平等性,因而倾向于认为任何时期的历史思想都同等地合理可靠。有人可能会想,柯林武德既然坚持上述信念,那么,他就应该会试着以过去每个时期本身的方式去理解过去每个时期的历史思想,而不是以科学的史学的标准去衡量过去每个时期的历史思想。然而,相信一切时代平等,其后果就是,我们对过去思想的解释尽管并不比过去思想本身的自我解释更为优越,但至少与过去思想的自我解释同样合法;此外,其后果还在于相信,我们今天对过去的思想解释是我们今天能够有的解释过去的仅有方式。与此相应,就不再有这样的必要性,即严肃对待过去思想的自我理解的方式。换句话说,对一切时代之平等性的信仰只是一种更巧妙的进步信仰形式而已。这里所谓的关于一切时代平等的见识,据说可以激起我们对不同时代的思想的强烈兴趣,这种见识必然自以为自己超越了一切早期思想,因而是一种进步:一切早期思想都错误地把自己看待事物的立足点"绝对化",因而不可能严肃地对待其他时代的思想;因此,一切早期时代都不可能有科学的史学。

柯林武德思想中有两种相互竞争的信念,这两种信念都暗示,早期的思想必然只是对于早期的时代而言才有意义。

> 柏拉图的《王制》(Republic)不是对政治生活之不变理想的说明,而是对他自己所接受并重新阐释的希腊理想的说明。亚里士多德的《伦理学》(Ethics)描述的也不是某种永恒的道德,而是希腊贤人的道德。霍布斯的《利维坦》阐发了17世纪英国式专制主义的政治观念。康德的伦理学理论表达了德国虔敬派的道德信念……(页229)。

这样,柯林武德就根据某个时代本身理解了这个时代的思想。他不再重演那个时代的思想。因为,重演柏拉图《王制》中表达的思想就意味着,要把柏拉图描绘的完美社会秩序理解为社会的真正模型,必须根据这个模型去判断一切时代和国家的一切社会。柯林武德对过去思想的态度实际上是一个旁观者的态度:他从外面去观察某个早期思想与那个时代的关系。

柯林武德历史编纂学的缺陷可以追溯到一个基本的两难困境。同一个信念既迫使他试图成为一个思想史家,同时又阻碍他成为一个思想史家。柯林武德是被迫试图成为一个思想史家,因为他相信,认识人类的精神就等于去认识人类的历史,或者说,自我认识就是历史的理解。不过,这种信念与一切先前思想的隐性前提相抵触,那个前提是这样的观点,即认识人类的精神在根本上不同于认识人类精神的历史。因此,柯林武德就认为过去的思想在最重要的方面是不真实的,并予以否弃。这样一来,他就不可能严肃地对待过去的思想,因为严肃地对待某种思想就意味着认为那种思想可能是真实的。因此,柯林武德缺乏重演过去思想的动力:他根本就没有重演过过去的思想。

我们得出了如下结论:为了理解过去的思想,人们必须怀疑科学的史学的基本观点。人们必须怀疑"当代精神"的典型原则。人们必须放弃从当前的观点去理解过去的企图。人们必须严肃地看待过去的思想,或者说人们必须准备好承认,过去的思想在决定性的方面可能高于当代的思想。人们必须认识到:我们今天生活的时代在决定性的方面可能还不如过去;或者,我们生活在一个衰落或衰败的时代。人们必须倾向于诚挚地向往过去。

柯林武德不得不谈起浪漫主义之时,也就不得不面对上述必要性。柯林武德认为,浪漫主义有可能发展为"一种徒劳的怀古病",这样很危险,但"浪漫主义中出现了一种进步的历史观,阻止了这种发展趋势"(页87)。这个评论不太准确,部分是因为柯林武德不太熟悉1800年左右的德国知识运动。举例来说,他对席勒的论述(页104 – 105)就仅限于考察席勒关于普遍历史之价值的演讲,一点儿都没注意席勒关于素朴诗与感伤诗的论文。同样,柯林武德还断言:"黑格尔在海德堡写《哲学全书》(*Encyclopaedia*)时就草就了其历史哲学的初步轮廓。"(页111)我们宁愿说,浪漫主义灵魂的特征在于一种渴望、"徒劳的"渴望——这种渴望被认为高于任何可能的满足,即高于"现在"的满足,高于欧洲后革命时代的满足。《包法利夫人》最完美地表达了浪漫主义:爱玛尽管或者正因为有一种 esprit positif[积极的精神],才把一生的时光都抛掷在某种渴望上,而最终,这份渴望只给她带去了失败和耻辱,已死的爱玛仍然活着,甚至比古代信仰和现代信仰的当代继承人更有活力,这两派继承人在爱玛的尸体两边相互争吵不休,亦即都分享了19世纪的主导原则。真正的浪漫主义把19世纪或20世纪的最高可能性亦即"徒劳的渴望"看作人的最高可能性,因为它认为,要想恢复过去的荣光,完全是基于某些幻象,而这些幻象现在已无可挽回地烟消云散了。真正的浪漫主义相信:尽管在"生活""文化""艺术""宗教"或上帝或诸神[与人]的方面,过去优于现在,但在对"生活""文化"等的理解上,现在优于过去。因此,真正的浪漫主义相信,在关于决定性真理的知识上,即在决定性的方面,现在优于过去。因此,真正的浪漫主义也拒绝让自己关于"生活""文化""艺术"或"宗教"等的概念受制于某种批评:这种批评深受"生活"或"文化"等的种种假定的典范的启发,明确地对这些主题加以思考。这样,浪漫主义就巩固了关于现代思想高于先前思想的信念,浪漫主义的思想史和非浪漫的进步主义思想史一样,都是不充分的或"非历史的"。

柯林武德相信,"在历史上,实际上并没有发生过纯粹的衰败现象:每次衰落其实也是一次兴起"(页164)。这个说法自信而乐观,却不符合他的下述论断:我们若放弃科学的史学,"我们就会成为文明垮台的例证,甚至加速这种垮台,某些史学家已经宣明了这一点,也许只是有点儿言之过早"(页56)。柯林武德在这里承认,某次衰落可能并不"总是一次兴起"。不过,这种暂时的洞见并没有影响他对先前思想的理解。柯林武德指责塔西佗说,他把历史描绘成"本质上是各种角色的冲突,即被夸大的好人与被夸大的坏人之间的冲突",他还指责塔西佗时代的哲学是"各种失败主义的哲学:这些哲学的出发点是,认为好人不可能征服或控制邪恶的世界,它们只教导好人如何才能保全自己而不受其邪恶的玷污"(页39-40)。既然柯林武德已经教条般地排除了绝对衰败的可能性,那么,他就无法想象,可能在有些时代,根本不可能有高贵的政治行动,失败主义者的撤退是仅有的理智健全的行动之道;他也不会考虑下述可能性:这种时代可能容许残暴的统治者们的过度邪恶,并任由英雄的德性沦为他们的牺牲品,而在某些更幸福的时代根本不会有这种情况。柯林武德的"历史意识"或史学想象中完全容不下塔西佗视为某种既成事实的可能性。柯林武德的历史意识并没有因为研究塔西佗而变得开阔起来,因为科学的史学不承认任何权威,它只是自己家里的主人:科学的史学不受某种假定的领导——这种假定赞同古代智者们对他们自己时代的判断。

柯林武德在讨论进步在什么条件下才可能的时候,被迫承认了衰落的可能性。因为,承认进步是可能的而不是必然的,就意味着承认衰落的可能性。但柯林武德对进步之条件的讨论恰恰表明,他仍然极其着迷于必然进步信仰的魔咒,或者远远没有理解史学知识的功用。柯林武德说,进步"只以一种方式发生:只要某一阶段的精神中保留着前一阶段所取得的成就"。对先前成就的保留就是"史学知识"(页326)。因此,"只有通过史学知识,[进步]才可能最终产生"(页333)。柯林武德认为,"前一阶段所取得的成就"只是不得已才被保留下来的(retained);他没有考虑到这样的可能性,即先前的成就可能必须得到恢复(recovered),因为它们已经被人遗忘了。与此相应,柯林武德也就没有把历史知识等同于对先前成就的恢复,而是等同于对先前成就的保留:他把亚里士多德对柏拉图哲学的知识、爱因斯坦对牛顿物理学的知识当作史学知识的例证(页333-334)。柯林武德还进一步认为,进步要求将先前成就整合到后来成就所提供的某个框架中。但他并没有考虑到这样的可能性,即进步在于把新近成就从当前的框架中分离出去,并将这些成就整合到某种先前的框架之中,而那种先前的框架必须借助史学知识本身来恢复。不过,无论真正的进步是什么,进步意识一定要求:应该如其过去实际所是的样子去认识过去的思想,亦即,按照过去思想家们实际所想的方式去认识过去的思想。因为,如果理解过去的思想必然意味着以不同于过去思想家的方式去理解它,那么,人们就永远不可能在现在的思想与过去的思想之间作比较:人们就只能在他自己的思想与其思想在古代材料中的反映之间作比较,或者,当他自己的思想与先前的思想发生交流而产生某种混合体,他就只能在他自己的思想与这种混合体之间做比较。我们可能倾向于认为过去的思想不知晓某些决定性的洞见,而事实上,这种看法也许不过是由于我们遗忘了过去思想家们曾经知道的某些东西而产生的错觉。进步意识预设了"按其过去真实的样子"去理解过去的思想的可能性。它预设了史学客观性的可能性。

柯林武德暗中否定了史学客观性的可能性。因为他断言,要从整体上理解过去的思想,就必须从现在的观点出发去批判过去的思想(页215)。史学家被迫提出了"下列问题:这种或那种政策是否有智慧?这种或那种经济体系是否健全?科学、艺术或宗教上的这种或那种运动是不是一种进步?如果是,为什么?"(页132)史学家只能从自己时代的角度出发去回答这些问题(页60、108)。这个结论首先依赖下面这个前提,即根本没有不变的标准来判断人类的行动或思想。不过,这个结论还依赖另一个前提,即史学家的首要使命就是把判断加诸过去。然而,举例来说,一个人在自己能够判断某项既定政策是否有智慧之前,必须先确定那项政策的特征。

> 举例来说,为了重新构造出某次政治斗争的历史,比如公元1世纪罗马皇帝和元老院反对派之间的斗争,史学家必须看看,两派如何看待当时的政治局势以及如何筹划去推动那种局势:史学家必须掌握他们的各种政治观点,既包括他们对目前实际局势的看法,也包括他们对未来可能情况的看法。(页115)

如此看来,政治史家的首要使命似乎就在于要像当事人那样理解某个既定的局势或者某些既定的目标。那些面临着类似罗马皇帝与元老院反对派之间斗争的当代人,较之于那些缺少这种特殊政治经验的人,更容易理解那种历史现象。但是,这并不能说明,对那种历史现象的理解就各种不同的具体处境而言是相对的:达到目标的方式可能在范围和难度上有所不同,但这种差异并不影响目标本身。此外,"史学想象"也使史学家可以摆脱他自己时代的特有经验所造成的种种局限。

对此,可能有人会反驳说,对主题的选择本身就暗含着不可避免的主观因素:史学家对某个既定局势感兴趣的原因不同于当事者感兴趣的原因。史学家对某个历史现象感兴趣的原因表现在他对相关现象及其原始材料提出的那些问题上,而他的问题原则上不同于他的材料。

> 科学的史学家无疑花费了大量时间阅读……希罗多德、修昔底德、李维和塔西佗等等……但他阅读他们的时候……心里带着某个问题,并且由于已经决定了想要从他们那里发现什么,从而取得了主动权……科学的史学家对他们进行拷问,从中摘取某段话,表面上将其曲解成某种相当不同的东西,以此回答自己已经决定询问的某个问题。(页269-270)

无疑，人们可能把古典史学家们当作一个矿藏或一堆堆废墟，他们可以为我们提供材料，以便建造我们的大厦，比如古代经济史。人们这样做的时候，已经假定了经济史是一项值得从事的事业，这个假定确实明显关系到19世纪或20世纪的当务之急，但也确实明显无关于古典的史学家们。要想巧妙或谨慎地利用古典史学家们来达到某种不为他们所知的目的，就必须清醒地认识到下述事实及其原因：科学的史学家的目的其实不同于古典史学家的目的。因此，首先必须以古典史学家们自己的方式来理解他们，也就是说，必须首先回答他们自己的问题，而不是回答现代的史学家强加给他们的问题。柯林武德以自己的方式承认了上述必要性：

> [科学的史学家]自问："这个陈述意味着什么？"这个问题并不等于下面的问题："做这个陈述的人想用这个陈述说明什么？"尽管史学家无疑必须且能够回答后一个问题。（页275）

不过，这个承认太勉强了。必须首先回答"做这个陈述的人想用这个陈述说明什么"，然后才能回答"这个陈述在我的问题背景中意味着什么"。因为"陈述"总是作者赋予意义的陈述。人们必须首先理解某个陈述，亦即，首先必须按照作者有意识地赋予它的意义去理解某个陈述，然后才能使用或批评那个陈述。不同的史学家可能出于不同的理由而对同一个陈述感兴趣；但那个陈述并不因为这些不同而改变其真正的意义。

柯林武德严厉地批评"剪刀加糨糊式的史学家"：他们只是以"一种纯粹接受的态度去发现他们说了什么"，去阅读古典的史学家们，"这种史学家认为，凡是古典史学家们没有用许多话告诉他的东西，他就根本不能从他们那里找到"（页269）。但是，柯林武德没有认识到，"剪刀加糨糊式的史学家"和科学的史学家都犯了同样的错误：他们在公正地对待古典的史学家的目的之前，就已经为了某个不为后者所知的目的而利用了古典的史学家们。这两类史学家之所以犯同样的错误也是出于同样的原因：他们想当然地看待"历史"。今天的史学家不管出于什么样的观点、兴趣点或主导问题，如果他一开始就不使自己的问题严格地服从于原材料的作者想要回答的问题，如果他一开始就不把自己的问题等同于作者（他打算使用其作品的那个作者）有意识地提出的问题，他就不可能恰如其分地运用他的材料。举例来说，某个史学家要想援引希罗多德，那么，在大多数情况下，他的主导问题就必须变成这样的问题，即希罗多德心中最高的问题是什么，亦即，希罗多德的真正意图是什么，或希罗多德以什么视角看待事情。现代的史学家们带着各式各样的问题走近希罗多德，但这些问题的多样性无论如何不能影响希罗多德的主导意图这个问题和对这个问题的回答。要试图回答希罗多德的意图这个问题，我们甚至都不能假定希罗多德是个"史学家"。因为若这样假定的话，就很可能暗示希罗多德不是一位"哲人"，从而也就很可能不假思索地排除下述可能性，即若不彻底修正我们的"诸范畴"，就根本理解不了希罗多德的意图。柯林武德不只是没有适时地理解这个事实，即史学家实际上必须暂时使自己的问题服从于作者（他引以为材料的那些作者）意图回答的那些问题。同样，柯林武德也没有考虑这个可能性，即史学家可能最终不得不收回自己的问题，以便更利于回答他引以为材料的作者所提出的那些问题。

然而，史学家的批判功能在大多数时候甚或永远都不会引人注目，尽管如此，史学家也必然是批判者。史学家挑选一项他认为有价值的论题：他在解释之前就已经做出了"这个论题有价值"这样的批判性判断。他只是暂时使自己的问题服从于他的作者的主导问题；但史学家最终还是会重申自己的问题。在严格意义上，任何解释都无法与批评相分离：解释活动发生在合理地选定论题之后，而会扩及史学家的服从行为——史学家使自己的问题服从于他的作者的主导问题。正如柯林武德所说，"[例如，]去探究'柏拉图想了什么'，却不同时询问'它是否正确'，这是一项自相矛盾的任务"（页300）。人们若不去"重演"某个推理过程，也就是说，若不去检审那个推理过程是否有效，就不可能理解那个推理过程。人们若不把某些前提当作前提去理解，也就是说，若不问一问那些前提是否自明，或在本质上是否必然，就不可能理解那些前提。因为，如果那些前提不是自明的，人们就必须去寻找支撑的推理。按照作者的理解,那个支撑的推理是作者的教诲中至关重要的一部分,如果人们不去寻找那个支撑的推理,它就很容易被忽略掉,但人们通常也不会去寻找那个支撑的论证,除非他认识到上述前提的非自明的特征,并受此驱使去寻找那个支撑的推理。因此,对事实(如果说得上是个事实的话)——即说某个作者做了一个教条的假定——的建立,可以说与对这个作者的解释密不可分。

事实上,史学家必然是个批评者,但这个事实当然并不意味着,史学家的批评必然会以部分或总体的拒绝臻于顶峰;他的批评倒很可能以总体上接受被批评观点臻于顶峰。此外,这个事实也不意味着,史学家必然会从当代思想的角度去批评过去的思想。恰恰是他试图严肃地理解过去的思想这个事实,使他抛弃了当前[的思想]。他开始一次航行,而航行的目的地却向他隐而不露。他既然离开过自己时代的海岸,那么,他回来时就不可能完全是离开时的他了。他的批评倒也很可能达到对当代思想的一种批评:从过去思想观点的角度批评当代的思想。

事实上,解释与批评在某种意义上密不可分,但这个事实并不意味着二者就是一回事。"柏拉图想了什么"这个问题的意义不同于"那个想法是否真实"这个问题的意义。前一问题最终必须通过参照文本予以解答。后一问题却不可能靠参照文本予以解决。对柏拉图某个论点的每一个批评都暗示了一种区别,即区别柏拉图的论点(必须按照其本身予以理解)和对这个论点的批评。但解释与批评不仅可以彼此区别。在某种程度上,解释与批评还可以相互分离。柏拉图自称其思想是对整全的某种模仿(imitation);就此而言,柏拉图的思想本身就是一个有别于纯粹整全的整体。若看不到原件(the original),就不可能理解模仿品。但是,无论依照或不依照模仿品所提供的某些指示,都有可能看见原件。依照模仿品所提供的某些指示去看原件,这意味着,试着像柏拉图理解整全那样去理解整全。像柏拉图理解整全那样去理解整全,这正是解释柏拉图这项工作的目标所在。这个目标是我们预先假定的标准,只要我们发现某人对柏拉图学说的解释有缺陷,我们最终都指向这个标准:我们若不是已经"看见"那个目标,就不可能发现某个解释有缺陷。试图像柏拉图理解他自己的思想那样去理解柏拉图的思想,这种尝试与批评不可分离,但那种批评服务于对柏拉图思想的竭力理解。作为历史的史学追求对过去的理解,因而必然预设,我们对过去的理解是未完成的。与解释不可分离的批评在根本上不同于那种与已完成的理解相一致的批评。如果我们把"解释"称为那种仍限于柏拉图自己的那些指示范围内的理解或批评,并且如果我们把"批评"称为那种无视柏拉图的指示的理解或批评,那么,我们就可以说,解释必然先于批评,因为追求理解必然先于已完成的理解,从而也先于那种与已完成的理解相一致的判断。那种根本就不幻想取消自己与柏拉图之间等级差别的史学家,将对自己有一天达到对柏拉图思想的充分理解这种可能性极其怀疑。不过,对大多数人来说不可能的事情并不因而在本质上是不可能的事情。如果人们否认目标(我们称之为充分理解柏拉图的思想)的合法性,也就是说,如果人们否认历史客观性的可能性,人们就不过是用一种关于主观性和随意论断的虚假权利代替了真诚的坦白,即承认我们对人类过去的大多数重要事实都很无知。

如此看来,的确,"去探究'柏拉图想了什么',却不同时询问'它是否真实',这是一项自相矛盾的任务"。的确,人们如果不关心柏拉图所关心的东西,也就是说,如果不关心最高事物的真理,如果不询问柏拉图关于最高事物的思考是否真实,那么,他就不可能理解柏拉图的任何一句话。的确,如果不去思考,也就是说,如果不清楚地表达出柏拉图所思考的各个主题,就不可能理解柏拉图的思想。对柏拉图的各个主题的思考不能仅限于柏拉图说过和想过的东西。必须重视和考虑一切相关的东西,不管柏拉图是否考虑过那些东西。也就是说,若试图理解柏拉图,就必须始终忠实于柏拉图的主导意图;而忠实于柏拉图的主导意图意味着要忘掉柏拉图本人,唯独关注那些最高的事物。但柯林武德却假定,我们一定不能忘掉柏拉图,尽管或毋宁说正是因为这个事实,即我们必须以关于最高事物的真理为目的,此外别无其他目的。如果这个假定意味着,我们不得不向柏拉图学习一些有关最高事物的东西(没有他的指引,我们对此可能一无所知),也就是说,我们必须把柏拉图当作一个可能的权威,那么,这个假定就是合法的,就不因其后果而废。但是,把柏拉图当作一个可能的权威意味着,把柏拉图暂时当作一个实际的权威。的确,我们必须亲自表达出柏拉图所思考的那些主题,但在这样做时,我们必须顺着柏拉图的指引,搞清应该用什么样的方式表达出这些主题。如果柏拉图将我们通常怀疑甚至否认的东西当作理所当然的东西,或者,如果他没有使自己对某个既定主题的分析超出某个点,那么,我们就必须认为,他很可能有某些充分的理由在他停下来的地方停下。如果有必要理解柏拉图的思想,那么,就有必要像柏拉图理解他自己的思想那样理解柏拉图的思想,因而也有必要在柏拉图停下来的地方停下,并向四周望一望:也许,我们就会渐渐理解柏拉图停下来的理由。只要我们还没有理解柏拉图的思想,我们就根本不可能说"它是否真实"。"哲学的史家"是这样一个人:他知道自己还没有理解柏拉图的思想,他严肃地专注于去理解柏拉图的思想,因为他猜想自己可能不得不向柏拉图学习某些极其重要的东西。正因为如此,柏拉图的思想不能成为史学家的一个对象或景观。让人担心的是,柯林武德低估了发现"柏拉图藉他那些陈述想表达什么"或"他所想的是否真实"的困难。

如果有充分的理由相信,我们能够从过去的思想中学到某些我们从当代人那里学不到的极其重要的东西,那么,史学亦即对过去思想作为过去思想的关注,就显示出了重要的哲学意义。对那些生活在一个智识衰落时代的人们来说,史学显示出了重要的哲学意义。对那些生活在一个智识衰落时代的人们来说,学习过去的思想者们变得必不可少,因为这是他们能够恢复对诸根本问题的某种恰当理解的唯一可行方式。鉴于这些情况,史学还有进一步的使命:它必须说明对诸根本问题的恰当理解为什么渐渐失落了,而这种失落为什么在刚开始还表现得好像一种进步。对根本问题之理解的失落在哲学的史学化或历史主义中达到了顶点,如果这个判断是真实的,那么,史学的第二个功能就在于通过理解现代的"史学"概念的起源而使得该概念可理解。历史主义否认根本问题的持久性,藉此批准了对人类思想之自然视域(natural horizon)的失落或遗忘。正是那种自然视域的存在使"客观性"成为可能,因而尤其使"史学的客观性"成为可能。

神学与哲学的相互影响

林国荣　译

[中译编者按]本文原刊 Peter Emberley/Barry Cooper 编,《信仰与政治哲学——施特劳斯与沃格林 1934 至 1964 年间的通信》(*Faith and Political Philosophy*: *The Correspondence Between Leo Strauss and Eric Voegelin*,1934 – 1964),Pennsylvania,The Pennsylvania State University Press,1993,页 217 – 233。

一

当我们试图回归西方文明的根源时,很快就会发现,它根系于相互冲突的两支源流,即圣经和希腊哲学。这就开启了我们颇不协调的考察。但是,意识到这一点,也有让人感到宽慰和舒适之处:西方文明的生命是一个生存于两种密码之间的生命,有一种根本性的张力。因此,在西方文明自身,在其基本构造当中,没有根本的理由可以让自己放弃这种生命。然而,只有当我们经历并体验那种生命及其冲突时,这种宽慰的想法方可得到确证,也就是说,没有人可以同时集哲学家和神学家于一身,或者,就此事而论,也不会存在一个超越哲学和神学冲突的第三方,或者某种对两方面的综合。但是,我们每一个人都能够而且应该择取其一,哲学家当敞开面对来自神学的挑战,神学家当敞开面对来自哲学的挑战。在圣经与希腊哲学之间存在着根本的差异或冲突。这种根本的冲突一定程度上被某些密切的相似性弄得模糊不清。比如,有些哲学似乎与圣经的教诲走得非常近,它们构想一神论式的哲学教义,也谈论爱上帝和爱人,甚至认同祈祷等等,不一而足。如此一来,其间的差异有时几乎消失于无形。然而,如果我们作一考察,便会立即认出其中的差异。对于一个哲学家或者一种哲学来说,绝对不会存在一种特定或偶然事件的绝对神圣性。自18世纪以来,这种特定或偶然的东西被冠之以历史的。由此,人们渐渐趋向于认为启示宗教就是历史宗教,与自然宗教有别,哲学家能够拥有的是一种自然宗教。而且较之自然宗教,历史宗教有着本质上的优越性。由于这种将特别的和偶然的解释为历史的,出现了这样一种越来越为人普遍接受的观念,即圣经在强调的意义上是历史的,圣经(或圣经作者们)仿佛发现了历史,而哲学之为哲学本质上是非历史的。这一观点支配了当今大量对圣经思想的解释。所谓存在主义,其实不过是这种解释的一个更精致的形式。至少就圣经的基本部分而论,我不相信这种方式会有助于对圣经的理解;作为一个解释,我在此只提出一个考虑,即今天的概念——比如以大写H开头的History(历史),是非常晚近的和衍生性的概念,仅凭这个事实不足以向我们揭示早先的思想,早先的思想处在传统的开端,绝非衍生性的。

人们可以去描绘圣经与希腊哲学的基本差异,做这一工作时可以从纯历史的角度出发,即从这样一个事实出发:我们首先考察两者关于道德及其不足的大量一致之处;分歧则关涉到弥补这一不足的那个X。对于希腊哲学,那个X指theoria[静观/理论]、沉思;而圣经的弥补方式,我认为(这么说不会造成任何误导性的理解)是虔敬,对神性垂怜和救赎的渴求以及恭顺的爱。更确切地说——"道德"一词本身是一个衍生的术语,不足以领会更早的思想——我们可以用"正义"一词代替"道德"一词,它是二者共有的。正义起初意味着对法律的遵守,法律在其充分和广泛的意义上意味着神法。甚至再向后追溯,我们可以提供一个整个人类道德发展的起始点——如果可以这样说的话——即原始的善与祖先[宗法]的等同。从这种今天仍为我们所理解、仍应用于实际生活的原始等式当中,神法的观念必然地诞生了。然后,我们再进到神法的问题:神法或神授法典(divine code)的原初观念暗示着它们中间存有着巨大的多样性。这种多样性更具体地说,是不同神法之间的抵触,使得神法一词在其原初的意义上非常成问题。

对这一问题有两种截然相反的可能的解决办法,一是哲学的,另一种则是圣经的。哲学的解决可以用下面的语句描述:哲学家们全然超越了神法的维度,超越了整个虔敬的维度和对预先给定的法典的虔诚的遵从。相反,他们转而致力于对各种始基(beginnings)、首要原理以及各种原理的自由的探寻。他们假定,基于有关各种原理、有关首要原理以及有关各种始基的知识,决定何为出于自然的善将是可能的,这种自然的善有别于仅仅基于约定的善。这种对于各种始基的探寻经历了感官知觉、理知推定(reasoning)和我们所称的 noēsis——在字面上可将之译为"知性"(understanding)或"理智"(intellect),或者可以更为谨慎地将之译为"意识"(awareness),一种伴随心智眼睛的意识,而非感官意识。虽然这种意识会有其圣经的类比物、甚至神秘的类比物,但在哲学背景中,这等类比绝对离不开感官知觉以及在此基础上的理知推定。换句话说,哲学决不会遗忘与技艺和工艺的亲缘,与匠人们所使用的知识的亲缘,与这种卑微(humble)但牢固的知识的亲缘。

现在转向圣经的方式。在此,基本前提是:一种特定的神授法典被接受为真正神性的;一个特定部族的特定法典是神性的法典。但是,所有其他所谓的神法的神性品格遭到彻底否定,这意味着对神话的激烈拒斥。拒斥神话同样标志着哲学的原始脉动,但是,圣经拒斥神话的取向与哲学恰恰相反。为了给出我此处不得不用的神话一词的含义,我可以这么说,神话的标志是诸神和诸神背后的非人身力量之间的冲突。例如,在希腊有时称之为 moira[命运]。现在,我们可以说,哲学以自然和可理知的(intelligible)必然性取代了非人身的命运。另一方面,圣经将上帝设想为万物的起因,包括非人身的必然性在内。圣经的解决之道全赖于对上帝全能的信仰。全能的观念当然要求一神论,因为如果有多个上帝,那么很明显,将没有一个会是全能的。可以说,只有圣经的作者能领会全能的真义,因为只有在上帝是全能的时候,一部特定的法典方能成为绝对的法典。但是,鉴于知识在某种意义上意味着权力,因此,一个原则上完全可以为人所知的上帝将在某种意义上屈从于人。因此,一个全能的上帝一定是神秘的上帝,正如人们所知道的,这正是圣经的教义。人不能看到上帝的脸,尤其是那圣名,"我将是我所是",

意味着在任何场合都绝无可能知晓上帝之所是。但是,如果人对于圣经中的上帝无所把握,上帝和人之间如何可能有某种联系呢?圣经的答案是 Covenant[立约],在上帝一方,这是一种自由和神秘的爱的行动;在人这一方,与之相应的态度是信赖或信仰,这截然不同于理论上的确定性。在与人相关的意义上,圣经中的上帝只有通过它的行动和启示才能被认知。《圣经》这部书就是叙述上帝所做和所应许的,而不是对上帝的沉思。可以说,在《圣经》中,人们在对上帝的体验的基础上谈论上帝的行为和应许。这种体验——而非基于感官知觉的理知推定——是圣经的智慧的根源。

圣经与希腊哲学的尖锐差异也体现在各自的文学特征上。希腊哲人的作品是实实在在的书本、著作,是出自某人之手的著作,这个人从他认为是必然性始基的东西开始,要么是纯粹的始基,要么是将人们引向他所认为的真理的最好的始基。这种一个人、一本书的模式,从荷马(Homer)开始就是希腊思想的特征。但是,圣经则像今天所普遍认为的那样,基本上是各种文献来源的汇编。这意味着圣经是以最低限度的变动性延续着一个传统,因此也是圣经研究者所关注的一个显著困难。我认为关键点是这样的:这里没有出自单个人的起始点(beginning),说到底,没有人为的起始点。这种写作风格与犹太传统所偏爱的风格——评注——有亲缘关系,即总是参照早先的东西,个人并不营造开端。

在我的分析中,我预设了善与祖先[宗法]的等同是原始的等同。在年代学的术语上可能是如此,但当然不能局限于这一点,因为会出现这样的问题:为什么就该如此,这种等同的证据何在?这是一个非常悠久的问题,我现在无意于解答。我这里只能借用一个希腊神话,按照这个神话,Mnemosyne[记忆]是缪斯(the muses)之母、智慧之母。换句话说,善也好,真也好,无论你怎么叫它,主要因其古老才能被知晓,因为在智慧出现之前,记忆占据着智慧的位置。我想,最终还得凭借人固有的二元格局来理解圣经与希腊哲学的冲突,回到行与言(deep and speech)、行动与思想的二元格局,这一格局势必提出谁者为先的问题。人们可以说,希腊哲学断言思与言的优先,圣经则断言行优先。我清楚知道,这么说有可能为种种误解敞开大门,但请允许我暂时到此为止。

二

我们不管怎样都面临着圣经与希腊哲学的尖锐对立,这对立一开始就孕生了世俗中的冲突。这种冲突是西方的特质——我是在更广泛的意义上使用西方这一语汇的,当然甚至包括整个地中海盆地。据我看来,这一冲突似乎是西方文明勃勃生机的秘诀所在。我敢斗胆说,只要存在这样一个西方文明,就会有质疑哲学家的神学家和为神学家所烦扰并感受到这种烦扰的哲学家。就像人们所说的那样,我们必须认命,况且这也并非人们所能想象到的最坏命运。我们拥有这样一个尖锐的对立:圣经拒绝被整合进哲学的架构,哲学同样拒绝来自圣经的整合企图。关于圣经的这种拒绝,有一个经常性的评论:亚里士多德的上帝不是亚伯拉罕、以撒、雅各的上帝,因此,任何将圣经的理解整合进哲学的理解之企图都是对亚伯拉罕、以撒、雅各的上帝的意涵之抛弃。至于哲学,情况可能会为一些事实所模糊。因此,我们必须多花些时间详细阐明。我相信,这种模糊最终归因于这样一个事实:在有关哲学和神学的关系的讨论中,哲学被等同于完整的哲学体系,在中世纪当然首要地等同于亚里士多德。我的意思并不是说,亚里士多德有一个体系,尽管有时人们相信如此,但是,在现代则肯定等同于黑格尔,当然,那仅仅是哲学的一种特殊形式;它不是哲学必然和首要的形式。我必须对此加以解释。

在哈列维(Yehuda Halevi)写的一部中世纪著作《库萨里》(*Kuzari*)中,我们看到下面的陈述:"苏格拉底对人们说:'我不反对你们的神的智慧,我只是不理解它。我的智慧只是人的智慧。'"对于苏格拉底,正像这一警句所表明的那样,人类智慧意味着不完善的智慧或对智慧的一种探寻,意味着哲学。既然他意识到人类智慧的不完善性,那就很难解释为什么他没有由此走向神的智慧。这个文本[译按:《库萨里》]暗含的理由是这样的:作为一个哲学家,他拒绝上升到对他来说并非自明的任何东西,启示之于他无异于一种非自明的、未经证明的可能性。面对这样一种未经证明的可能性,他不加以拒绝,只是悬置自己的判断。但是,在此出现了相当大的困难:关涉到具有极端紧迫性的事情,关涉到生死存亡的事情时,悬置判断是不可能的。现在,有关启示的问题显然具有极端的紧迫性。如果启示存在,不信或不从"启示"将是致命的。对于启示的悬置判断由此变得不可能。因无法明证而拒绝上升到启示的哲学家拒斥启示。但是,如果启示无法被证伪的话,这种拒斥就无法得到确证。这意味着哲学家面对启示似乎被迫与哲学观念相矛盾:他拒绝启示却没有充分理据。我们怎么来理解这一点呢?哲学的回答是这样的:有着极端紧迫性的问题、不容悬置的问题,是一个人应该如何生活的问题。这一问题在苏格拉底那里,是通过他作为哲学家这一事实得到解决的。作为一个哲学家,苏格拉底明白我们对于一些最重要的事情是无知的。这一无知以及无知的显见事实证明了,对于我们来说,最重要的事情恰恰是对关于最重要的事情的知识的探寻。哲学因此显然是正确的生活方式。按照苏格拉底,这一点进一步由下述事实得以确证:在获取最大可能的清晰性的过程中,苏格拉底找到了他的幸福。他看到没有任何上升到对他来说并非自明的某种事物的必要性。如果苏格拉底被告知他对启示的不尊奉可能致命时,他会提出这样的问题:致命是什么意思?在极端的情况下,它可以是永罚。过去的哲学家们完全相信,一个全智的上帝(an all-wise God)将不会以永罚或任何其他方式来惩罚寻求真理和明晰性的人们。我们接下来必须考虑这种回答是否充分。无论如何,哲学不意味着——这是关键点——一套命题、一种教诲,甚或一个体系,而是一种生活方式,一种为特殊的激情——哲学的欲望或爱欲(eros)——所激发的生活,它并非人之自我实现的一种工具或一个部门。被理解为一种工具或一个部门的哲学当然相容于关于生活的每一种思考,因此也相容于圣经的生活方式。但是,这已不是这一术语原初意义上的哲学。我相信这一点已经被西方文明的发展极大地模糊了,因为,在基督教的中世纪,哲学肯定已经被剥夺了其作为生活方式的特性,仅仅成为一个非常重要的组成部分。

因此,我必须努力申明,为什么按照哲学的原初观念,哲学必然是一种生活方式,而非单纯的学科——哪怕最高的学科。换句话说,我必须解释,何以哲学不可能导向这样一种见地,即不同于哲学的另一类生活方式是正确的生活方式。哲学是对关涉整全的知识的探寻。既然本质上是追问,既然没有可能成为与哲学不同的智慧,问题总是较之其解决更为显见。所有的解决方法都是可加质疑的。现在,除非明了了人的本性,否则不可能有效地确立正确的生活方式;除非明了了整体的本质,否则不可能充分地弄清人的本性。因此,除非有一个完成了的形而上学,否则就不可能在形而上学层面建立正确的生活方式,因此,生活的正确之道尚处在疑问之中。但正是所有解决途径的不确定性,正是对于最重要的事情的无知,使得对知识的探寻成为最重要的事情,奉献于它的生活也由此是正确的生活方式。因此,哲学在其原初和充分的意义上注定了与圣经的生活方式不能相容。在人类灵魂的戏剧中,哲学与圣经是无法兼有的或者是敌对的。它们中的每一个都声称知道或握有真理、决定性的真理、关于正确生活方式的真理。然而,真理只能有一个:因此会有这些声称之间的冲突,也必然会有能思考的存在者之间的冲突;这意味着无可避免的论辩。千百年来,双方都在试图驳倒对方。这种努力在我们今天仍继续着,而且经过几十年的沉寂又达到了一个新的激烈程度。

三

我必须就今天的论辩谈一些想法。我们可以说,由于哲学的解体,今天有利于哲学的论证实际上是不存在的。我曾在一个场合谈论到今天所理解的哲学和科学的区别,这一区别必然导致哲学信誉的丧失。哲学缺乏成果跟科学的巨大成功的对比,引致了这种丧失信誉。科学是今天能够成功地自称是人类理解力的完善的仅有的智识追求。对于启示,科学是不偏不倚的。哲学自身已经变得摇摆不定。这里只需引用当今一位最著名的哲学家的说法:"启示信仰是真实的,但并非对哲学家而言。拒斥启示对哲学家是真实的,但并非对信仰者而言。"我不会在当今最流行的论辩上浪费词句,让我们转向今天更具前途的一个有利于启示的论辩——采自当今文明之所需、当今危机之所需的论辩,这就是:为了跟共产主义竞争,我们今天需要一种作为神话的启示。这种论辩不是愚蠢就是亵渎。无需多言,我们在锡安主义(Zionism,一译犹太复国主义)中也发现了类似的论辩。我想,陀思妥耶夫斯基(dostoievsky)很久以前就在《群魔》(*The Possessed*)中对这整个论辩作出了处理。

有利于启示的严肃论辩可陈述如下:不存在任何有利于启示的客观证据,这意味着,除了人与上帝遭遇的个人经验,以及对任何非信仰立场的不足性的消极证验这两点之外,不存在有利于启示的丝毫证据。第一点——除了个人与上帝相遇的经验外,没有有利于启示的客观证据——衍生出了下面的问题,即这种个体体验与圣经中表达的体验是什么关系?必须区分先知所体验的(我们可以称之为上帝的召唤或上帝的临在)和先知所叙述的(这应被称为对上帝行为的人类阐释),像今天所有非正统神学家所说的那样,它不再是上帝行为本身。人类的阐释不可能是权威性的。但问题来了:难道每一种加诸上帝召唤或上帝临在的特定意义不都是人类的阐释吗?例如,与上帝的遭遇可以用根本不同的、一方面是犹太人而另一方面是基督徒的方式来阐释,更不用说穆斯林和其他教派了。然而,只可能有一种阐释是真的。因此,在不同的启示信仰者之间需要一场论辩,这场论辩势必在某种程度上导向客观性。关于第二点——对于非信仰立场的消极证验——鉴于它表明了现代进步主义、乐观主义或犬儒主义的缺陷,而且通常非常强而有力,在此程度上,我认为它具有绝对说服力。

但这不是决定性的困难。决定性的困难关涉到古典哲学,就我所知,这里的讨论并没有牵扯到真正的困难。仅仅提出一点,古典哲学据说建立在一种可以被证明为幻象(delusion)的幻象之上,即建立在整个是可理解的(intelligible)这一没有得到确证的信念之上。这是一个颇为由来已久的问题。这里请允许我仅限于论及古典意义上的哲学家原型苏格拉底。他知道自己一无所知,因此承认整全不是可理解的,他只是想知道,说整全不是可理解的是否就意味着,我们不承认对整全可以有所理解(have some understanding)。对于我们完全无知的东西,我们当然无话可说。对我来说,这似乎就是如此遭到误解的 intelligible[可理解的]这个词的含义,即人之为人必然对整全有一个意识。让我对这一点作出总结。就我所知,今天有利于启示反对哲学的各种论证,是建立在对古典哲学不充分的理解之上的。

为了找到我们今天的方位,让我们返回到一个更基本的冲突层面。在今天的论辩中,真正具有意义的将会变得更清楚,我们也将明白,在今天的神学中有利于启示的论辩为什么要抽离客观性。更早先的关于启示与理性的典型观点,今天仅仅被天主教会、正统派犹太人和正统派新教徒完全接受。我当然只谈论犹太教版本。问题在于,我们何以知晓托拉(Torah)来自西乃山(Sinai)或出自活的上帝之言?犹太教的传统答案首先是:我们的父辈告诉我们的,他们从自己的父辈那里知道这一切,经过这样一条不间断的稳靠的传统之链回归到西乃山。如果问题以这种方式得到回答,不可避免的质疑将是:传统是可靠的吗?我只从更早的讨论中提取一个范本。在其法典的开端,迈蒙尼德(Maimonides)给出了从摩西以降至塔木德时代(Talmudic times)的传统链条,这中间出现了一个叫作 Ahijah the Shilonite 的人物,据说他曾经从大卫王那里接受了托拉,他也被说成摩西的一个同代人,从摩西那里接受了托拉。无论迈蒙尼德插入这样一个塔木德传说的意图何在,依我们的观点,它表明了这样一个事实,即这条传统链条——尤其较早的部分——蕴涵了我们今天称之为神秘的也就是非历史的因素。对于圣经中的这种为人熟知的错位,我不再详加论述。关于"五经"(Pentateuch)由谁作的问题,传统的回答当然是摩西,以至于当斯宾诺莎质疑托拉的摩西起源时,这种质疑被认为是在否认托拉的神圣源头。谁作的"五经",是摩西本人还是仅仅道听途说或从非直接的途径得知启示的其他人?在此,细节对我们并不重要;我们必须去考虑原则。

关于启示之事实的历史证明可能吗?说起来这种证明可以比之于布鲁图斯(Brutus)和卡修斯(Cassius)暗杀恺撒(Caesar)这一事实的历

史证明,论证它是不可能的。就合宜的历史事实或就通常意义上的历史事实而言,总要存在不偏不倚的观察者或隶属于当事双方的目击者的证实——比如,恺撒的敌人和朋友。就启示而言,没有这种不偏不倚的观察者。所有的目击者都是追随者,所有的传道者都是信徒。而且,不可能有假暗杀、假战争,但却可能有假启示、假先知。历史的证验因此预设了甄别真假启示的标准。我们知道圣经的标准,至少在我们的境遇中是决定性的标准:如果一个先知有悖于此前的经典的启示,即摩西启示,他就不是真先知。由此,问题就在于如何确立经典的启示?

常用的传统回答是"神迹"。但是,困难以这种形式产生了:神迹之为神迹是不可论证的。首先,一个神迹之为神迹,乃是一个事实,我们不知道它的自然的原因,但是,我们对于一定现象的自然原因的不知晓并不意味着我们可以说这一现象的产生只能是由于超自然的原因而非自然的原因。我们对于自然的力量的无知——这是斯宾诺莎的论辩语汇——我们对于自然的力量的无知使得我们无从了解超自然原因。由于下述原因,这种形式的论辩并非十分充分:我们对于自然的力量所知非常有限,有些事情——我们知道,或者至少像斯宾诺莎这样的人知道——出于自然是不可能的。我只提出死人复活作为最强有力的例证。对此,斯宾诺莎认为不可能自然地发生这种事情。因此,由对自然力量的无知而得来的论辩就为下列的论辩所增补:在给定的一些事例中,从理论上可以确证某些现象之为神迹是可能的,可是,所有这些被宣称为神迹的事件也有可能仅仅是根据传闻得知的,许多从未发生的事情都是根据传闻来的。更确切地说,对于犹太人甚至新教徒(天主教的情况就有所不同了)来说,重要的是所有神迹都发生在前科学时代。没有神迹曾经于一流的物理学家在场时出现,等等。出于这些理由,今天的人们因此说——过去的一些著名神学家也曾说过同样的话——神迹预设了信仰;神迹并不意在确立信仰。但是,这一说法是否充分、是否与圣经的神迹观点一致还是一个问题。一开始,可以作出这样的反驳,即如果你认同了以利亚先知在迦密山上的故事,就会看到上帝与巴力(Baal)之间的问题是经由一个客观的事件得到解决的,这一客观事件同样为信者和非信者的感官知觉所接受。

第二个有利于启示的日常意义上的传统论辩是预言的实现。但是无需我告诉你,这同样面临着巨大的困难。首先,预言是含糊不清的——甚至在不含糊的预言事例中也如此。例如,在《以赛亚书》第四十章中古列王居鲁士(Cyrus)的预言,今天普遍被认为是一个事后的预言,个中推理是这样的:如果得到确立的话,这样的预言会是一个神迹;但它仅仅由传闻而得知,因此,对于其来源的历史批评问题便产生了。

更为令人印象深刻的是另一条论辩线路,它通过启示的内在品质来证明启示。神启法(revealed law)是所有律法中最好的。然而,这意味着神启法赞同(agrees with)关于最好律法的理性标准;然而,如果是这样,神启法事实上不就成了理性的产物——人类理性的产物吗?不就是摩西而非上帝的作品吗?可是,这种神启法尽管绝不会有违理性,却有超过理性之处;它是超理性的,因此不可能是理性的产物。这是非常著名的一个论辩,但我们不得不又一次怀疑超理性意味着什么?所谓的超越必须得到证实,而它又不能被证实。无所支援的理性所看到的仅仅是非理性的因素,这个因素虽不违理性,但其自身却也不是由理性来支持的。从理性的视角来看,超越是一种无关痛痒的可能性:可能真、可能假,或者可能好、可能坏。如果超越要被证明为真或好,就不会无关痛痒了。这意味着,超越之为真、为好要依据自然理性。然而,这样一来,超越将再次成为理性的产物——人类理性的产物。我不妨以一种更为通俗的语言来说:神启法要么是完全理性的,在这种情况下,它就是理性的产物;要么它并非完全理性的,在这种情况下,它也一样可以是人类非理性的产物,就像它可以是神圣的超理性的产物一样。更通俗地说,启示要么是在纯粹人类经验中无法直接找到对应物的赤裸事实,在这种情况下,它是无关于人的一个异物,要么是一个有意义的事实,这一事实为人类的经验所要求,以便解决人类的基本问题。在此情况下,它很可能是理性的产物,是人类试图解决人类生活问题的产物。情况会因此显得让理性、哲学去同意启示之为启示是不可能的。再者说,神启法的内在品质并不被神启法自身视为决定性的。神启法并不将其重点放在普遍性上,而是放在偶然性上,这导致了我前面所表明的困难。

现在让我们转向图景的另一方面：这些事情当然蕴涵在今天的所有世俗主义当中。所有这些类似的论辩只不过证明了无所支援的人类理性不屈不挠地对神圣启示的无知。它们不能证明启示的不可能性。且让我们假定，启示是一个事实，即便是一个人类理性无法接近的事实，而且，它有意成为无所支援的理性不可接近的东西。因为，如果有确定的知识，就不需要信赖、信仰，不需要真正的恭顺和对上帝的自由屈从（free surrender to God）。在这种情况下，对启示的所谓的客观历史证据的所谓的拒斥的整个反驳，将是彻底无关宏旨的。我举出以利亚在迦密山上的简单例子：难道被以利亚或上帝说服的巴力的信徒们是不偏不倚的科学观察者吗？在一篇有名的短论中，培根在偶像崇拜者和无神论者之间作出了区分，他说神迹仅仅对偶像崇拜者——而非对无神论者——的信念有意义，对原则上承认神的行动的可能性的人们有意义，这些人恐惧、战栗，而不像哲学家们那样超越希望或恐惧。是哲学而非神学在回避问题。哲学要求启示在人类理性的审判席前确立其要求，但启示拒绝承认那个审判席。换句话说，哲学仅仅承认那些在光天化日之下能够被所有人在所有时间把握的经验。可是，上帝曾经说过或决定过，他想要居于朦胧之中。只要哲学将自身局限在回击神学家凭借哲学武器加之于哲学身上的攻击，哲学就可以稳操胜算。但是，只要哲学打算发起自己的攻击，只要哲学试图驳倒启示本身而不是那必然不充分的启示的证据，它就自然会遭受挫败。

四

我相信，今天仍有一个通行的观点，这观点通行于19和20世纪的自由派思想家中：现代科学和历史考证学已经驳倒了启示。而我会说，他们甚至还没有驳倒最基要派的正统学说。我们来考察这一点。有一个著名的例子，它在19世纪、在我们那些出身保守和正统的人们中间、在我们的生活中，仍然扮演着这样的角色。地球的年龄远远超出圣经的叙述的设定，但这显然是一个有缺陷的论点。这种驳斥预设所有的事情都是自然发生的,而这恰恰是圣经所否认的。圣经谈论创世,创世是一个神迹——特有的神迹。只有在没有神迹介入这一预设前提之上,由生物学和考古学等提供的所有反对圣经的证据才有效。自由派思想家的论辩确实建立在贫乏的思考之上。它回避了问题。圣经文本考据批评学面临着同样的局面,这种批评指出圣经文本的矛盾、重复以及其他明显的缺漏:如果圣经文本是由神性灵启的,那么所有那些事情将完全不同于我们将圣经假设为仅仅是一本人为的作品。神性灵启的这一点可以恰恰是缺陷,但也可以是秘密。

历史考证学预设了对字句灵感说的不信任。那种攻击——由科学和历史考证学发起的对圣经的攻击,基于要清除神迹和字句灵感说的可能性的独断。我只谈对神迹的分析,因为字句灵感说本身也是神迹的一种。如果我们知道神迹是不可能的,由科学和历史的论辩所支配的这种攻击就可以站得住脚,我们也确实可以得出所有的这些结论。但是,这意味着什么呢?我们要么必须持有全能的上帝不存在的证明,要么必须持有神迹与上帝本质不相容的证明。除此之外别无选择。第一种关于证明全能上帝不存在的选项会预设我们对整全有着完善的知识,仿佛我们知道所有角落的东西,从而没有上帝容身的地方。换句话说,这种预设是一个完成了的体系。我们有着对所有谜团的解答。我想我们可以将此可能性视为荒诞。那将神迹视作与上帝本性不相容的第二种选项会预设人类对上帝本性的认知,用传统的语言来说即是自然神学。确实,现代自由思想的根基——被遗忘的根基就是自然神论。当那决定性的战役在17、18世纪,而非19世纪打响时,反驳神迹等等的尝试就建立在对上帝的本性所谓的认知之上——自然神学不过是其技术上的代名词。

让我们来描绘一下这种论辩的一般性特征。上帝是最完善的存在者。这是所有人认定的那种上帝,无论他是否存在。哲学家们宣称,他们能够证明启示及任何其他神迹与神性之完善不相容。这是一个历史悠长的故事,不仅在17、18世纪如此,在中世纪亦然。我将尝试通过回到其人类的根源来描述这一论辩。基本上,自然神学中的哲学论辩基于一个来自人之完善的类比。上帝是最完善的存在者。但是,我们仅仅在人类的完善形式中从经验上知晓何为完善,而人类之完善的代表是有智慧的人或最高程度上接近于有智慧的人的那类人。例如,正如有智慧的人不会将无限的惩罚加诸犯错的人,同样,上帝因其更为完善,则更不会这么做。有智慧的人不会去做傻乎乎(silly)或漫无目的之事,例如用字句灵感说的神迹去告知一个先知数个世纪之后将要施行统治的异教国王的名字,那会是傻乎乎的。我的意思是说,这是那种支配着诸如此类的事情的论辩。对此,我的回答如下:上帝之完善意味着上帝之不可理解。上帝之道(God's ways)在人看来可能是愚蠢的(foolish),这并不意味着它们是愚蠢的。换句话说,为了驳倒启示,自然神学必须摆脱掉上帝之不可理解性,而这一点它从未做到。

有一个人试图通过否认上帝本质的不可理解性来逼近问题,这个人就是斯宾诺莎——请容我顺便提一下,在我对这些事情的分析中,我非常倚重斯宾诺莎。人们可以从斯宾诺莎那里学到很多东西,他是启示最极端的批判者——当然这是就启示的现代批判者而言,这并不必然表现于他的思想,但一定表现于其思想的表达之中。我乐意引用霍布斯的一个评论。大家知道,霍布斯是一个胆大得出了名的人物,但他说他不敢像斯宾诺莎那样大胆地写作。斯宾诺莎说:"我们对上帝的本质有足够恰切的知识。"如果情形真的是这样,上帝就是完全可知的了。斯宾诺莎所说的关于上帝本质的足够恰切的知识导致了任何种类的神迹都不可能这一结果。但是,什么是斯宾诺莎所谓的关于上帝本质的足够恰切的知识呢?我们得花些时间来考虑这一点,因为这不是一个单独和偶然的情况——你们中很多人势必看过斯宾诺莎的《伦理学》(Ethics),那是他对那种知识的阐释。大家知道,斯宾诺莎的《伦理学》是从一些定义开始的。这些定义本身是绝对武断的,尤其是那个关于实体的有名定义:实体是在自身内并通过自身而被认识的东西。一旦你接受这一定义,所有其他[推论]都将顺理成章,就没有神迹是可能的了。但既然定义是武断的,结论就也是武断的了。然而,如果我们联系其功能观之,基本定义就不是武断的了。如果整全是完全可知的,斯宾诺莎通过这些定义就限定了为此必须满足的条件。但它们并没有证明这些条件在事实上得到了满足——这取决于斯宾诺莎冒险的事业成功与否。证明伴随于成功之中。如果斯宾诺莎能够给出一个对万物清楚、明确的阐述,我们就面临这样的局面。我们有一个对整全清楚、明确的梳理,另一方面,我们有一个对整全朦胧不清的梳理,圣经的阐述是其中之一。任何一个明智之人都会首选清楚、明确的那种。我想这就是斯宾诺莎想要给出的真实的证明。但是,斯宾诺莎对整全的梳理是清楚、明确的吗?你们中那些亲自证验过譬如其对激情的分析的人,对此将不会那么确信。但不止如此,即便是清楚、明确的,它就必然是真的吗?难道其清楚、明确不是归因于斯宾诺莎抽取掉了整全中所有那些不清楚、不明确以及不能变得清楚、明确的因素这一事实吗?从根本上说,斯宾诺莎的程序乃是依照其原初构想的现代科学的程序,这种原初构想即让宇宙变成完全清楚明确的、变成一个可数量化的单位。

让我来小结一下:对启示的历史性驳斥——在此我想说,如果你在最基要主义的意义上采用启示这一术语,情况也不会改变——预设了自然神学,因为历史性的驳斥总是预先假设神迹不可能,并且这一不可能最终只能由对上帝的知识来担保。符合这一要求的自然神学同样预设了一个证明,即上帝的本性是可理解的,这就必然要求对整全之真实或足够恰切的描述的那个真实体系的完成。鉴于这种对整全的真实的或足够恰切的描述(有别于仅仅是清楚、明确的阐述)注定不可能,哲学从未驳倒启示。回到我前面所说的,启示和神学同样从未驳倒过哲学。因为,从哲学的观点来看,启示只是一种可能性;其次,人类——尽管神学家们有其说法——能够如哲学家那样生活,也就是说,非悲剧性地生活。我觉得,像帕斯卡和其他人作出的所有那些证明哲学的生活从根本上看乃是可悲的企图,也预设着信仰:作为一种对哲学的驳斥,这是不能接受和不可能的。一般而言,我会说,所有自称的对启示的驳斥都预设了对启示的不信,所有自称的对哲学的驳斥也已经预设了对启示的信仰。依我看,不存在对二者皆通的根基,因此也不存在同时优于二者的选项。

可以通俗一点说,哲人从未驳倒启示,神学家从未驳倒哲学,考虑到各方面的巨大困难,这听起来显得似是而非。在这一程度上,人们可以认为我说了一些琐碎之事。但是,为了表明这并非琐碎,我在结论中向你们提供这样的考虑。在此,当我使用哲学这一术语时,我是在其通常的、模糊的意义上使用的,它包括世界中所有的理性的取向——包括科学和你们所拥有的常识。如果这样,哲学必须承认启示的可能性。这意味着哲学的生活之道可能并非正确的生活之道。它并非必然是正确的生活之道,并不明白无误就是正确的生活之道,因为存在着启示的可能性。但在此种情况下,哲学的选择意味着什么?在这种情况下,哲学的选择以信仰为基础。换句话说,对显明知识的探寻本身有赖于一个非显明的前提。依我看,这种困难支配着今天所有的哲学探寻,正是这一困难位于社会科学所说的价值问题的基底:哲学或科学——或者无论你怎么叫它——是不能就自己的必然性给出显明的阐述的。我并不认为我必须去证明,表明科学——自然科学和社会科学——的实用性,当然一点也不能证明其必然性。我的意思是说,我不会去谈论社会科学的巨大成功,因为它们并不是如此令人印象深刻;但是,谈到自然科学的巨大成功,身处氢弹的时代,我们仍有着尚完全处于悬置中的问题——即关于其实际效用,这一努力真的合理吗?从理论上讲,这当然不是最重要的理由,但从实践上讲,其重要性则相当有分量。

批点沃格林《新政治科学》

帕特拉德(Emmanuel Patrad)　整理
叶然　刘亮　译

　　[译按]译自 Eric Voegelin und Leo Strauss, *Glaube und Wissen. Der Briefwechsel zwischen Eric Voegelin und Leo Strauss von* 1934 *bis* 1964, hg. Peter J Opitz, München: Wilhelm Fink Verlag, 2010, SS. 129-147。根据整理者按语,施特劳斯以英文对沃格林《新政治科学》作了批点,这些批点用铅笔写在9张纸上,原件存芝加哥大学图书馆的"施特劳斯文献"(Leo Strauss Papers)第5盒第4格。这9张纸包括两组带有页码的纸:第一组有3张纸,其中有两张的两面都有书写,包括一份详细大纲;第二组有4张纸,两面都写有连贯的文段,但第2张有一面①与本批点无关,且被划掉了,故未予整理。此外还有两张纸没有页码,纸上一部分写有连贯的文段,一部分写有一些关键词。第1张无页码的纸上标注"我上次专门……",故施特劳斯的批点也许至少有一部分用于报告或者研讨课。当然,他也有可能打算将其用于写作书评。以上9张纸的内容收入《施特劳斯文献指南》(*Guide of the Leo Strauss Papers*),题为《施特劳斯所藏沃格林〈新政治科学〉中的散记》(Loose notes from Strauss's copy of Voegelin's *New Science of Politics*)。据潘戈(Thomas L. Pangle)说,施特劳斯的这本藏书上有大量铅笔标记,这

---

　　① 内容是施特劳斯批点 David Easton, *The Political System: An Inquiry into the State of Political Science*, New York: Alfred A. Knopf, 1953。这位作者在"前言"第 ix 页写道:"第9章和第10章从施特劳斯教授友善的评论和具有挑战性的研究中获益良多。"

些标记指向本批点中相应的文段。①

施特劳斯在本批点中引用的页码源自:Eric Voegelin, *The New Science of Politics: An Introduction*, Chicago: The University of Chicago Press, 1952。这些页码以边码形式标记于如下中译本:沃格林,《新政治科学》,段保良译,北京:商务印书馆,2018。整理者没有说明本批点作于何时,但可推定为1952年或其后不久。

本批点的所有注释均为中译者基于整理者的注释增益编订而成。施特劳斯划掉的短语或句子,在注释里以尖括号的形式标注出来,划掉的段落也在注释里加以说明。所涉古希腊语和希伯来语均转写为拉丁字母(整理者转写的)。批点中的方括号内容均为中译者所加。施特劳斯原文也用了一些方括号,为与中译者的方括号区别,一律改为鱼尾括号【】。本批点的整理者按语及注释(均为德文)由刘亮译出,叶然据此完成全部译注并最终统校。

[第一组]
[第 1 张纸正面]
评沃格林
1)方法②——当沃格林称他所用的是亚里士多德式方法时,他把"公民"之类的事物叫做语言符号——有关方法的一次陈述的③内容[第 27 – 32 页]。

在亚里士多德那里,什么是符号?语词就是思想或观念的<u>符号</u>。"公民";"民主制"对亚里士多德来说不是符号,而是某种并<u>不代表</u>(standing for)其他事物的事物。

---

① 潘格尔(潘戈),《施特劳斯和沃格林眼中的柏拉图政治哲学》,收入恩伯莱、寇普编,《信仰与政治哲学》,谢华育等译,上海:华东师范大学出版社,2006,页 424 – 458。

② 《新政治科学》段保良译本把"方法"(procedure)译为"做法"。

③ < and > the。尖括号后面是替换的内容。如尖括号后无内容,则表示仅仅删除。删除的内容若较长,则译为中文。

以上区别意味着什么？第 29 页第 1 段。亚里士多德不知道这样的事物,即那些政治观念,它们起源于理论①中,却发生在政治争论中。但我们知道他会如何称呼这些事物?

"自由王国"(Realm of freedom)不是一个符号,而是一个目标。批判性分析也许会导致如下结果,即它是一个不可能的目标,从而是错觉或谬误的产物——它也许会有助于发现谬误的原因——可能变成政治科学的主题。②

"符号"的用法不必然含混:前科学的言辞比这类政治科学更精确。

为什么沃格林谈到"符号"? 种种政治目标③,即一般意义上的种种政治事物,代表(stand for)——或代表(represent)——其他某种东西——超政治的某种东西。

2) 他的计划(三个层面的代表[representation])

在纯粹描述的层面[第 33 页下部],"代表"太狭隘了:有许多形式的非代表制④政府。

至于存在的(existential)意义上[第 49 页],我已经指出,[沃格林]把⑤统治团体错误地⑥理解成了被统治者的代表:在许多场合,[沃格林]连这个主张也没有提出来。

至于超越的(transcendent)层面[第 76 页],谈论"代表"是否正当⑦

"罗马帝国里的代表之争"[第 76 页]——异教和基督教对真理的

---

① 指现代政治理论(实证主义或历史主义),参第二组第 1 张纸正面和第 3 张纸反面。
② <The>。
③ <goal> goals。
④ <preprepresentative> representative。
⑤ <这个概念表明,社会的一种连属化(articulation),更根本地讲,社会[本身],先于政治社会> the。
⑥ <simply> wrongly。
⑦ <第 84 页下部至第 85 页上部;第 87 页>。正文中的句子为问句,却未加问号。

代表之争。但:第 84 页下部至第 85 页上部;第 87 页。

[第 1 张纸反面]
3)对政治社会的真正理解立足于基督教启示。

犹太人、穆斯林、印度人、中国人——不可能理解政治社会 → 放弃政治科学这个观念。

但沃格林主张追随亚里士多德式方法。

他的论证:古典哲学和基督教都依赖宗教体验①——只不过,古典哲学依赖较狭隘的宗教体验,基督教依赖较广泛的宗教体验——这就是说,基督徒体验了柏拉图和亚里士多德体验过的所有事物,而且体验了更多的某种东西——但这是"更多的"知识吗?传统上把这叫做信仰——第 122 页。

柏拉图和亚里士多德的哲学,尤其是他们的政治哲学,立足于信仰吗?[柏拉图]《王制》②卷六结尾:

noêsis[理智] → eidê[诸理式] → 好的相(idea of the good)

dianoia[思想] → 数学对象

pistis[信念] → aisthêta[可感事物]

eikasia[想象]

noêsis[理智]和"体验"之间的关联——但:需要 noêsis[理智],logismos[推理]——

第 80 页注——总之,沃格林理解的"体验"不是真正的③体验。第 87 页④:奥古斯丁忽略了某种东西——那是什么?

第 88-89 页——政治神话是对异教诸神的体验——这些神存在

---

① 《新政治科学》段保良译本将"体验"(experience)译为"经验"。
② Republic,习译《理想国》。
③ <the>true。
④ 潘戈说,施特劳斯在藏书《新政治科学》第 87 页空白处强调了沃格林的如下几句话:"奇怪的是……异教的非真理。"参恩伯莱、寇普编,《信仰与政治哲学》,前揭,页 435。

(are),存在(exist)——　　第98页第1段;

第107页开头　　→ 真理是<u>主观性(subjectivity)</u>(参雅斯贝尔斯)①——但如果是这样,我们就需要一个客观标准,以便区分<u>唯一(the)</u>真理和半吊子真理。

如果宙斯和雅典娜<u>从未存在过</u>,"体验"就可质疑——

简单来讲:多亏了基督教教会接受亚里士多德,[人们]才变得有可能接受亚里士多德的哲学教诲,认为它在原则上足以理解政治现象。

一种论证的对等物(≠ 宣称信仰):沃格林的历史论断:

他没有为了这些论断而主张神性启示(claim for them divine revelation)。②

我们来看看这些论断。

　　　　　　eti[还有]③——他的论题关系到:灵知主义(gnosticism)某种程度上出现在犹太人作者们(约纳斯④……)的作品里 → 基督教信仰不可能是新科学的全部基础。

[第2张纸]

评沃格林

4)<u>历史论断</u>。

a)关于:柏拉图——

第70页第1段——<u>alethos pseudos</u>[真正的谎言]不是[柏拉图原

---

① 参 K. Jaspers, *Philosophie*, Bd. II: *Existenzerhellung*, Berlin: Springer, 1932, Kap. 12; K. Jaspers, *Vernunft und Existenz*, Groningen: Wolters, 1935, Dritte Vorlesung, S. 66 ff。

② 此处标记指向该页底部最后一句话。另外,正文中的短语用法 claim for sb. sth. 含义存疑。

③ 施特劳斯在本批点中经常使用这个古希腊语副词。

④ H. Jonas, *Gnosis und Spätantiker Geist*, Teil 1: *Die mythologische Gnosis*, Göttingen: Vandenhoeck & Ruprecht, 1934; H. Jonas, "Gnosticism and Modern Nihilism", in *Social Research*, Vol. 19, No. 4 (Dec. 1952), pp. 430–452.

本用的]希腊语[表述]——[原本表述是]to ôs alêthôs pseudos[真正意义上的谎言]①——灵魂中关于 ta onta[诸存在者]的谎言(≠言辞中的谎言)——不等于关于诸神的真理。

theologia[神学]问题(《王制》第二卷)——其与"好的相"何干？

第 74 页下部——苏格拉底式对话 >②肃剧③——对谐剧④保持沉默。

b)关于：西塞罗。

第 91 页——罗马人西塞罗,哲学没有触碰他出生的土地

a)西塞罗信仰他的祖传宗教的真理吗？不

沃格林没有以一种直接方式提出这个问题。

b)哲学的唯一影响本会迫使他走向宇宙城邦主义(cosmopolitanism)？希腊哲学的政治后果曾是宇宙城邦主义？不——柏拉图,亚里士多德

c)西塞罗《论法律》第二卷第 5 章所说的与沃格林认为西塞罗所说的恰好相反——

参[西塞罗]《[论]共和国》第六卷第 20–22 章。

前提：历史主义——对真理的关注减弱,对历史效力的关注相应⑤增强。

c)关于：现代性——就是灵知主义。

改装了一个相当流行的观点：现代性是世俗化的基督教——乍看上去有点道理——但为什么尤其是灵知主义？

---

① 柏拉图《王制》382a。
② 此符号表示"源于"。
③ tragedy,习译"悲剧"。
④ comedy,习译"喜剧"。
⑤ < proportionate > proportionate。所删和所补为同一词,后面这种情况经常出现。

灵知主义：①gnôsis②［认识］在场，而不只有 pistis［信念］③在场——④以上是按它［灵知主义］本身来理解，这是每一种独断论（dogmatic）哲学的主张 → 人们将不得不表明，现代思想的基本立场<u>不</u>是一种特殊类型的独断论哲学，而是具有种种"神话"根源——

沃格林举的唯一具体的例子：约阿西姆（Joachim di Fiori）所说的三个时代——孔德、黑格尔、马克思各自所说的三个时期——但这必然是灵知主义式的吗？《以赛亚书》谈 qryh n'mnh［忠信的城］⑤——旧约弥赛亚主义——这恰恰是灵知主义的对立面—— eti［还有］：约阿西姆所说的简单进步⑥（圣父，圣子，圣灵），以及黑格尔、孔德、马克思各自所说的［简单进步］＞卢梭：原初的完美或和谐⑦＝<u>最终</u>和谐的保证

eti［还有］——那种三联结构对现代思想<u>本身</u>并不具有本质性

至于约阿西姆的源头 ＞ 什叶派（Shi'a）＞ 柏拉图的《治邦者》（*Statesman*）⑧

［第 3 张纸正面］
<u>评沃格林核心的历史论断</u>

1）什么是现代性？据沃格林所说，现代性也许早在 9 世纪就开始了（第 133 页）——对比"通常的观点"：现代性开始于 1500 年左右。

---

① ＜Voegelin：＞Gnosticism：。
② 施特劳斯误把长音 o 写作短音 o，今改。"灵知主义"的词根即希腊文 gnôsis。
③ 在基督教语境里作"信仰"理解。
④ ＜——关于存在的意义的知识——"上帝被引入人的存在"＞——。
⑤ 参《圣经·旧约·以赛亚书》1.21 和 1.26。
⑥ ＜progress＞progress。
⑦ "或和谐"写在"原初的完美"之下。
⑧ 参 1950 年 12 月 10 日的编号为 39 的书信开头。本批点所涉所有施特劳斯信件均收于前引《信仰与政治哲学》。另外，《治邦者》习译为《政治家》。

解决:通常的观点本身是灵知主义运动创造的一个符号(第 133 页)——人文主义者、新教徒、启蒙知识分子相继使用过中世纪和现代之间的区分(第 134 页)

【→ 新教是灵知主义[运动]。①】

但:通常的观点符合一个存在的(existential)事实——宗教改革确实造就了一个时期,倘若把它理解"成灵知主义运动对西方制度的成功入侵"(第 134 页)

【②原则:如何区分不同历史阶段? 如何设想历史的统一性? 例如伯罗奔半岛战争(前 431—前 404)——意义的统一性:雅典和斯巴达为了争夺希腊霸权的战争,结果是雅典投降——

从普遍历史(general history)的观点看:宗教改革——摧毁西方基督教制度统一性——

能把宗教改革解释成灵知主义[运动]吗? 强调 pistis[信念]和经院理性主义之间的张力,而非其对立面③

但:现代性——一种新原则——宗教改革是否引入了某种新事物? 没有依据它[宗教改革]的意图——偶然地——困难④:种种偶然后果能归因于这场运动吗?

更稳妥的是:自我解释 → 宗教改革是一种对新约的回归——正如人文主义是一种对古典自由主义的回归——

只有相对的创新(相对于中世纪)——唯一的断裂 = 创新的意识——政治哲学:霍布斯——博丹——马基雅维利——只有疯狂(insanity)能在马基雅维利那里辨识出灵知主义。沃格林论马基雅维利:

---

① ＜ ？ ＞。

② 此鱼尾括号没有后半截。后文括号残缺的情况不再注明。

③ 这句中的"张力"是意译,原文中 pistis[信念]和"经院理性主义"之间仅有 vs.(versus)。若按"张力"理解,这里的"对立面"即宗教改革,参《新政治科学》第 140 - 141 页。

④ "意图"和"困难"皆为名词,相互之间无语法联系。也许此处意思是,没有依据它的意图,则在偶然层面会导致困难。

第 170 页。①

2)霍布斯是灵知主义(清教)的**反对者**,但[霍布斯]仍为灵知主义所迷惑——(第 152 页下部)

他的意图:第 155 页　　——【但:服从与信仰

第 156 页第 1 段　　自然的法　　基督教神学

第 159 页至第 160 页上部。以及:完全没必要建立基督教——或任何公共宗教】。

而且:这不是霍布斯的意图。

第 160 页下部至第 161 页上部:霍布斯的灵知主义——但:西塞罗《[论]共和国》第三卷第 34 章,第 41 章

[梅因]《古代法》第 209 页第 2 段结尾②

旧约弥赛亚主义是"灵知主义"吗③

参芬克(Fink),《古典共和派》,1945④

第 162 页上部——不:现世权力和精神权力的二元论⑤

第 179 页第 1 段——在这方面,霍布斯与伊壁鸠鲁主义之间有任何区别吗?

---

① 该页底部有笔记:"沃格林论马基雅维利:第 170 页。"此处有标记显示,这条笔记应该放到这个地方。

② 施特劳斯所用的此书版本:H. S. Maine, *Ancient Law*, with Introduction by C. K. Allen, London: Oxford University Press, 1931。施特劳斯在《霍布斯的政治哲学》(1936)中引用了此书,参《霍布斯的政治哲学》中译本(申彤译,南京:译林出版社,2012)页 121–123、页 189。此中译本把"梅因"译作"梅恩"。

③ 该句出现在此页底部。此处有标记显示,这句话应该放到这个地方。

④ 施特劳斯 1946 年为此书写过书评,收录于《什么是政治哲学》(1959)。参《什么是政治哲学》中译本(李世祥等译,北京:华夏出版社,2014)页 283–285。

⑤ 参施特劳斯,《霍布斯的政治哲学》,前揭,页 84 以下。

第 178 页第 1 段——我对韦尔德(Wild)的评论①——

[第 3 张纸反面]
沃格林对奥古斯丁的评论表明这样一个事实:他[沃格林]自己的动机主要不是神学的,而是"历史主义的"。

第 1 页第 1 段开头——政治理论 = 历史的理论——

第 1 页第 2 段　　把这种观点归于柏拉图

　第 79 页②——理论取决于体验——体验在历史中可变 → 理论的历史相对性——【但:需要证明这些③事物是体验,或证明"体验"具有④认知价值——参对宙斯和雅典娜的体验⑤→ 人们不得不采取这样一个立场,这个立场"外在于历史的实质(substance)"[第 79 页]⑥——为什

---

①　施特劳斯,《论柏拉图政治哲学新说之一种》(1946),见本书。施特劳斯指出,韦尔德(John Wild)在论著《柏拉图的人论》(*Plato's Theory of Man*)中打着批判政治扭曲的幌子来扭曲政治。在 1946 年 10 月 16 日的编号为 14 的书信(伯莱恩、寇普编,《信仰与政治哲学》,前揭,页 51 – 52)开头处,施特劳斯的评论显示,他与沃格林对韦尔德此书的看法一致(此信中译文注释有误)。不过,韦尔德的后期论著(*Plato's Modern Enemies and the Theory of Natural Law*, Chicago: The University of Chicago Press, 1953)则批判了围绕柏拉图作品进行的意识形态式的自由主义解读。沃格林对此表示肯定,尽管他也认为韦尔德的批判有学术缺陷。参 Eric Voegelin, "Book Review: *Plato's Modern Enemies and the Theory of Natural Law*, by John Wild", in *The American Political Science Review*, Vol. 48, No. 3 (Sep. 1954), pp. 859 – 862。

②　潘戈指出,施特劳斯藏书《新政治科学》第 79 页的"理论受到历史的约束……理论的退步"这几句旁有强调标记。参伯莱恩、寇普编,《信仰与政治哲学》,前揭,页 428。

③　<they> these。

④　<comp> have。

⑤　参第一组第 1 张纸反面。

⑥　另参第 78 页对"历史的实质"的界定。中译者段保良将此短语译为"历史的本体"。

么会有那种对历史的信念?

后果:只需参考种种古典体验就够了——而无需表明这些体验曾是对某种存在(is)的事物的发现——

重复一遍:为什么会有那种对历史的信念?唯一的正当性论证:历史过程充满意义(例如后来的时期必然高于早先的时期——因为:持续的探究)——但:

第120页 → 历史是一种无意义的①过程——

历史没有eidos[理式]。

第125页②——但:历史拥有一种实质——

保证种种"体验"有时产生效力,

种种相不也可能③产生效力吗?④

第167页第1段 → 历史有一种隐藏的意义

第167页第2段至第168页第1段 → 历史 = 存在(Existenz) ≠ 本质(essence)⑤【暗示:表面的事物就是本质,真实的存在者(true being)就是存在(existence)——　　柏拉图在《王制》473d 和499b - c 的分析:正确的秩序要求哲学和政治权力碰巧结合——对哲学和政治权力的本性(nature)的理解使⑥如下问题变得可理解,即为何⑦"二者应该碰巧结合"并不必要,甚至不大可能(improbable)——

→根本不可理解的是 tuchê[机运],但它预设了一种可理解的结

---

① ＜meaningl＞meaningless。

② 潘戈指出,施特劳斯藏书《新政治科学》第125页的"历史的实质可以在体验的层面找到,而无法在相(ideas)的层面找到"这几句旁有强调标记。参伯莱恩、寇普编,《信仰与政治哲学》,前揭,页427。idea 与eidos 是同义词,参第一组第1张纸反面。

③ ＜cant＞cannot。

④ ＜第167页至第168页第1段 → 历史 = 存在(Existenz) ≠ 本质(essence)＞。

⑤ 按照后文,"本质"和eidos[理式]用作同义词。

⑥ ＜shows＞makes。

⑦ ＜there is not nec＞it。

构→eidê[诸理式]（即"诸本质"）具有首要性——

[第二组]
[第1张纸正面]
实证主义:否认那些重要论题充满意义(因为不可能解决它们)

与之相反的另一极:有现成①方案解决那些论题——a)形而上学"系统"——如今②马克思主义、托马斯主义③作为哲学。

b)启示—— → 政治神学。

就信仰的定义来说,根本不可能批评信仰——但:[可以]批评有关西方历史的事实论断④。

沃格林的《新政治科学》(1952)是一本政治书——充满激情地反对极权主义(anti‑totalitarian)——处理那些"对社会充满意义的"问题——而且当他政治地言说时,他也在合理地言说⑤。但我们在此关注他的政治科学。

沃格林想恢复过去存在过⑥的那种政治科学——但恢复那种政治科学不可能意味着回归一种更早形式的政治科学(19世纪)。过去两代人的工作为这种恢复做了准备——他们从1900年左右以来对抗(reaction to)19世纪的实证主义[第2-4页]。   实证主义=把真理等同于科学真理 → 事实≠价值——

沃格林拒斥[对事实和价值的]这种区分:更早的关于人或社会的科学并不包含"价值判断",而构成一种关于灵魂秩序的科学。

关于过去两代人的这种准备,沃格林专门提到韦伯(M. Weber)的

---

① ＜at least＞available。
② ＜only＞。
③ Thomism,即托马斯·阿奎那主义。
④ 该句被划掉。
⑤ ＜says＞speaks。
⑥ ＜once＞existed。

工作——沃格林区分了韦伯做过的工作和①(≠韦伯如何解释他所做的工作)②——可以把它[韦伯做过的工作]归结为:韦伯处理了种种相对的③问题,同时他也意识到,什么使这些问题成为相对的——即意识到人的尊严、高贵——[沃格林的以上看法]极不同于[他]之前评论凯恩斯(Cairns)时的看法④:[他之前]对韦伯的评价正面得多。

关于方法⑤——
对政治生活的前科学理解先于政治科学——政治科学显明了那种理解——如"公民""民主制"……沃格林把这些事物称为"语言符号":
　a)首要的语言符号 →
　b)政治科学的语言符号。政治科学不可能保留所有首要的符号,政治科学不得不创造新符号。[第28-29页]　　根本上讲,这是亚里士多德式方法(第31页第1段)

[第2张纸]⑥
　⑦新政治科学:分析"代表"
总体说法(General speech):"代表制度"——这个术语指:第32页——这个回答并非错的——还能提出好些相关的问题,同样基于这

---

　①　"和"字被涂灰。
　②　这句在语法上是残句。其意思可能是:沃格林区分了韦伯做过的工作和韦伯如何解释他所做的工作。
　③　"相对的"被涂灰。
　④　Eric Voegelin, "The Theory of Legal Science: A Review", in *Louisiana Law Review*, Vol. IV, 1942, pp. 554-571。沃格林此处写道:"这个领域的每一位学者都知道,韦伯……是过去一代社会科学家中的巨擘。"凯恩斯原书信息:H. Cairns, *The Theory of Legal Science*, Chapel Hill: University of North Carolina Press, 1941.
　⑤　< see separate sheet. >。从这里到该页结束,大意见于第一组第1张纸正面。
　⑥　整理者已把数字3更正为数字2。也许施特劳斯原本对纸进行了标号。
　⑦　< specimen of > The。

种"初级"进路来回答。但人们不得不超越这种进路。

问题:苏联制度是代表制度吗?通常的回答:不是——因为:没有自由选举,没有真正的选择。共产主义制度:必需排斥多党制,以便使制度<u>真正</u>代表人民。　→ 问题:多党制<u>还</u>是一党制?——什么是代表的本质?

可是:国父们①拒斥对代表来说必需的<u>所有</u>政党【卢梭亦然】

【一个错误的论证——第 32 页的定义根本没有谈及多党制——关键在于大多数成年(男)人在其政府方面有真正的<u>选择</u>——这是否由多党制造成是次要的】

【此外,人们真的必须超越②单纯③描述 → 什么是代表制度的<u>意义</u>?也就是说,什么是代表制度的<u>意图</u>?我们来看沃格林怎么推进】

第 36 页第 2 段——不可否认④苏联政府代表着作为政治社会的苏联社会——一般来讲:<u>每个</u>有效政府都是其政治社会的代表(第 37 页下部)

一个社会被连属化(articulated),是通过如下方式,即人们、统治者们能为社会行动起来——(第 37 页第 1 段)

连属化是代表的状态——⑤社会<u>先</u>于代表(第 41 页)

⑥【看起来,通过连属化,一个社会变成一个<u>政治社会</u>。

沃格林心里所想的现象是一个 politeia[政制]——<u>它构成</u>(constitutes)一个政治社会,并为一个政治社会赋予其品格——它未曾被设想为代表制——如斯巴达人和希洛人(helots):dêmos[民众]未曾<u>代表</u>贵族;⑦布尔什维克没有<u>代表</u>苏俄资产阶级残余。

---

① 在这里的语境里似尤指美国开国者们,尽管也可理解成一般的开国者们。

② < beyond > beyond。

③ < the mere > mere。

④ < is > undeniably。

⑤ <(第 41 页) >——。

⑥ 以下整个鱼尾括号的内容均被划掉。

⑦ 希洛人是斯巴达的农奴阶层。后一句的"民众"暗指民主雅典的统治阶层。

为什么沃格林谈论代表? 什么是他的诸前提?】

为了显明他的代表概念,沃格林转向福蒂斯丘(John Fortescue)爵士的《英格兰法律赞》(*De Laudibus Legnum*①*Angliae*,约 1470 年)②[第 42 页]。

沃格林没有追问代表制度的意图,而是追问代表制度的构成所需的那些条件——这无疑是一个必要的追问。但他没有回答这个追问。他简单地从"代表"这个术语转向任何得到解释且适于行动的社会所需的条件,这个条件就是一个有效的统治权力的存在。[沃格林]把这个统治权力说成这个社会的代表。但:斯巴达社会还包括希洛人、乡民(perioeces)、③奴隶(serfs)——斯巴达公民们(Spartiates)④代表他们? 罗马元老院代表罗马的被统治者? 英格兰国会(Parliament)代表爱尔兰人? ……)⑤

eti[还有]——代表一个社会——暗示着社会已经存在——但具有特定⑥品格的社会由政治秩序所构成——　第 116 页第 1 段

[第 3 张纸正面]⑦
二
1) 霍布斯 → 前理性的、前道德的自然状态中的人　　三 8 113c⑧
→ 自然状态如何能保持充当一个标准?　　48.1c⑨
关注自由

---

① 施特劳斯或整理者误作 *Regnum*,今改。
② 施特劳斯 1943 年曾评论过该书的一个校勘本,参施特劳斯,《什么是政治哲学》,前揭,页 269 – 273。
③ 对应希腊文 perioikoi,住在城郊的原住民,有自由身,但无政治权利。
④ 对应希腊文 Spartiatai,有政治权利的成年男性斯巴达人。
⑤ 此圆括号没有对应的前括号。
⑥ <actual> specific。
⑦ 整理者已把数字 4 更正为数字 3。
⑧ 8 后空了一格。此类数字(包括随后的 48.1c 和 49.1c)代表什么? 待考。
⑨ 此处的 1c,以及下面 49 后的 1c,均被涂灰了。

2) 在人性层面考察自然状态　　49.1c

　　a) 自然社会

　　b) 爱

　　c) 孤独沉思(solitary contemplation)

　　沃格林没有追问代表制度的<u>意图</u>,而是追问代表制度的构成所需的<u>条件</u>——这无疑是一个必要的追问——但他没有回答这个追问——他简单地从"<u>代表</u>"这个术语转向<u>任何</u>得到解释且适于行动的政治社会所需的①条件——,这个条件就是"<u>一个有效的统治权力</u>"。[沃格林]把这个统治权力说成这个社会的代表。【非常值得追问:斯巴达"社会"还包括希洛人、乡民、奴隶——斯巴达公民们<u>代表</u>他们的被统治者? 罗马②元老院代表罗马的被统治者?】③

　　一场运动<u>脱离</u>了这个政治现象——这为如下事实所强调,即沃格林转向第三种代表结构——④社会自身是一种超越性实在(a transcendent reality)或一种超人秩序(a super human order)<u>代表</u>(第54页)。即:在统治权力背后,存在着诸观念(ideas)⑤——有关整全(the whole)的诸观念,它们是公民社会的最终支柱——政治社会是"<u>真理</u>的代表"⑥(第59页)。

　　但:只能有<u>一种</u>真理——而有多种构成社会的"观念"——哪一种才是<u>唯一</u>真理? 唯一真理在某种程度上为柏拉图和⑦其他希腊思想家所辨识:⑧发现<u>灵魂</u>及其秩序才是社会的一个<u>标准</u>,且发现<u>上帝</u>才是人

---

① ＜of any＞of。

② 施特劳斯或整理者误作Romans,应作Roman。

③ 该页从开头至此处均被划掉。以上这段的大意见于前一页。

④ ＜( )——＞。

⑤ 此词在柏拉图语境下译为"相",参第一组第1张纸反面。但此处与柏拉图语境无关。

⑥ 引文下划线由施特劳斯所加。

⑦ ＜却为基督教所启示＞and。

⑧ ＜<u>上帝</u>作为哲学式神学的一种尺度。＞。此处所删内容是一个残句:<u>God</u> as a measurement philosophic theology。

类灵魂的尺度①——灵魂学在神学中还在继续②。

③(第70页第1段——"对诸神的误解构成最大的谎言(the arch-lie),即alethos pseudos[真正的谎言]"

参《王制》382a-d——alethos pseudos 不是[柏拉图原本用的]希腊语[表述]——[原本表述是]to ôs alêthôs pseudos = 真正意义上的谎言(≠言辞中的谎言) = 误解了一个人灵魂中最不可能的事物——柏拉图没有说这些最不可能的事物是诸神——诸神与好的相[idea of the good]之间的关系问题)

(民主制或肃剧充当苏格拉底式对话的准备(第74页)——但对谐剧保持沉默)

[第3张纸反面]

但古典哲学仍有不足——在决定性的一点上,基督教扩展了潜存于古典哲学之下的体验复合体。④　　古典[哲人]:有灵魂朝向属神事物的运动,但没有从神性事物朝向人类灵魂的运动。基督徒恰恰体验到了这样一种从上帝而来的运动:由于道成了基督的肉身(the incarnation of the Logos in Christ),上帝启示了祂的恩典——[基督教把]古典哲学导向了这个不可见的尺度——此刻,这个尺度自身启示自身。

正是基于基督教,沃格林⑤试图理解现代性。6次讲座⑥中有3次致力于分析现代性。

---

① "所辨识"后的这句出现在该页底边处。有标记显示它应该被放到此处。

② 施特劳斯误作 continuating,当作 continuing 或 continuate 或 continuative。

③ 从此处直到该页末尾的文段都被划掉。其大意见于第一组的第2张纸。

④ 对沃格林观点的概括,而非施特劳斯的观点。

⑤ ＜he＞ Voegelin。

⑥ 《新政治科学》由6次讲座构成。

[第4张纸]①

分析②现代性。

基督教把政治权力去神化(de-divinization)——现代把政治社会再神化(re-divinization)——但这不意味着现代思想是新的异教(neo-pagan),现代思想实际上是一种基督教异端。

这种异端就是灵知主义……现代性本质上是灵知主义。

gnôsis[灵知]取代 pistis[信念]——人能够知道存在的意义＝把上帝引入人的存在＝把存在的意义"内在化"(immanentized)。

这会导致纯粹神秘主义——但:内在的积极主义(activism)是 gnôsis[认识]的最极端形式——因为把人神化最为极端,倘若把人的整个存在(不只人的 pneuma[灵])考虑进来(taken in)——

以这种方式准备:基督教中出现如下张力,张力的一端是对[基督]二次降临的期待,另一端是千禧年,到那时,基督将与他的圣人们一道君临大地——而(正统)二次降临则指永恒王国在天外(in the Beyond)来临 → 俗史(profane history)没有任何方向:它一直在等待终末。

约阿西姆(13世纪)的宗派性(sectarian)方案:a)三个时代——圣父时代、圣子时代、圣灵时代([约阿西姆]期待从 1260 年开始)——一种去除制度化或圣礼化(sacramental)权威的弟兄关系(brotherhood)——有关如下这种统治者的观念③便出现了,这位统治者将带来最后的时代——

通常意义上,现代性始于宗教改革——宗教改革是灵知主义[运动](第134页),第152页第2段

清教是"灵知主义革命"的一个案例——属于灵知主义④的一个特殊类型——第138页下部至第139页上部——【暗示:作为伊斯兰教的伊斯兰教是灵知主义式的——关于[加尔文的]《[基督教]原理》(In-

---

① 整理者已把数字 5 更正为数字 4。
② ＜V' central assertion＞ Analysis。
③ ＜notion＞ notion。
④ ＜Gnosticism＞ Gnosticism。

stitutes)(它从未声称传授了新真理)和《古兰经》之间的比较,我用不着说一些绝对无意义的话】

这类灵知主义的第二个特点:第 140 页【原教旨主义(fundamentalism)本质上是一种灵知主义现象吗?】①

不论如何:清教不是一场基督教运动　　第 145 页上部

【但:大公(Catholic)教会对异端国王们的处理惯例……】　　第 151 页。

②对抗灵知主义,却仍为它所迷惑:霍布斯的《利维坦》。③

许多评论在一定程度上很卓越,这些评论关乎当前的④处境,尤其关乎"二战"前后(prior to, during⑤, and after)西方政府的错误——[沃格林]把所有⑥典型的现代政治运动(自由主义、大同主义、纳粹主义)都称为"灵知主义"运动——我不同意这个观点——但:沃格林确实意识到,现代哲学极端不同于前现代哲学,那些谈论"意识形态""神话"之类事物的人就没有这种意识。

[无页码的第 1 张纸正面]

⑦我们首先回忆一下,哲学,尤其政治哲学,意图成为什么。在原初意义上,哲学显然对于作为人的人(man as man)充满意义——是对于作为人和人的一种关切。哲学是一个问题的精细化版本,每个思考中的人都被迫提出这个问题:我应该如何生活＝什么是好生活?古老的哲学家们认为,好生活是哲人生活,是致力于理解的生活。这个回答并不自明。但无论真正的回答是什么,我们都能稳妥地说,任何哲学或

---

① 关于原教旨主义,参《新政治科学》第 143 页。
② 从这里开始到该页结束,大意可参考第一组第 3 张纸正面。
③ <(第 152 页下部)什么是他的意图? 第 155 页>。
④ < mistakes > present。
⑤ < and after > during。
⑥ < all > all。
⑦ 这一段以及下面两段每段旁边都有两道斜线。

科学事业都将无关紧要,如果它无关乎这个根本问题——好生活的问题。应该以可理解的方式来理解这个问题:某个人可能关切伦理学(传统上这个[哲学]部门致力于好生活的问题),同时完全不为这个根本问题所触动,故他的工作将毫无意义——另一个人可能是矿物方面的学者,却可能为求真的激情所驱动……

其实,有些主题或追求,相比其他主题或追求,<u>自然而然</u>更接近这个根本问题。此外:有些<u>学派</u>的要义①直接指向这个根本问题,而②另一些学派<u>阻碍</u>对这个根本问题的思考。我对实证主义的批评可以归结于此:至少在今天,在大学里面,实证主义是对种种根本问题的思考的最大障碍。要么实证主义公开宣称这些问题毫无意义——要么实证主义在实践中极度轻视这些问题,哪怕口头上颇为尊崇这些问题。

关于<u>政治科学</u>,绝对有必要追问:"什么是政治的?"实证主义<u>逃避</u>这个问题——实证主义政治科学家关切事实及其原因,这诱使这种科学家满足于以明显不充分的方式回答其所从事的科学的种种根本问题。

我上次专门讨论了沃格林的<u>《新政治科学》</u>。③

严格来讲,什么是政治神学问题?[政治神学]这种<u>重要的</u>政治理解预设对启示的信仰,即对这种或那种<u>特定</u>启示(犹太教的、基督教的、穆斯林的启示)的信仰…… → 政治神学要么是犹太教的,要么是基督教的,要么是穆斯林的——而且如果例如基督教的,要么新教的,要么大公教的,等等。④(想想沃格林关于清教和宗教改革说了什么) → <u>信仰</u>解决了种种决定性问题 → 我们<u>放弃</u>了关于政治事物的一种科学或哲学的观念。或者:我们在一定限度内承认这种观念——[我们]将不得不清楚地研究这些限度。沃格林实际上所做的事是概述西方智

---

① < core > tenets。
② < whereas there may be schools > and。
③ < Storing 的评论 >。这位 Storing 可能是施特劳斯的学生 Herbert J. Storing。
④ 这句话是一个残句。

识和宗教的一种特定历史,这种历史本身明确限定在知识(≠信仰)范围内——尤其是他关于现代性的灵知主义品格的种种论断,以及他关于柏拉图、西塞罗等人的说法。

此刻,有人会把特定的启示接受为<u>唯一</u>真实的、最终的启示——①

政治哲学或政治科学依据其自身意义而独立于信仰——沃格林暗示,知识本身不够——因此,他有义务去<u>证明</u>这一点——对比阿奎那——他[阿奎那]就甚至没有<u>尝试</u>这么做。更特别的是,他[沃格林]主张,有一种宗教体验说潜存于柏拉图和亚里士多德的政治哲学之下,这种宗教体验比圣经中自我表露的那种宗教②体验更狭隘 → 需要证明

a)柏拉图和亚里士多德的政治哲学依赖宗教体验。

b)圣经的宗教体验超出柏拉图和亚里士多德的宗教体验,且是<u>真正的体验</u>——不可能把这种体验直接展示给那<u>些</u>缺乏这种体验的人——但有可能<u>间接</u>展示——参考帕斯卡尔的论证。③

沃格林提供的唯一论证是,他能让现代性变得可以理解,而其他人也许<u>没有</u>能力这么做。但:他对现代性的分析是一张由种种幻觉式论断织成的网……他的论证适于<u>证伪</u>而非建立政治理论。

gnôsis[认识]取代了 pistis[信念]④——但这是每一种(独断论)哲学的情况⑤——参[柏拉图]《高尔吉亚》[464c,465a]:gnôsis[认识]与 stochazeisthai[猜测]之间的张力)⑥。

[无页码的第1张纸反面]

他[沃格林]的神学论证存在疏忽,无疑关系到他的关键概念:代

---

① 这句话被划掉了。
② ＜underly＞religious。
③ 以上三段话的大意见于第一组第1张纸反面。
④ 这句的大意见于第一组第2张纸和第二组第4张纸。
⑤ 这句见于第一组第2张纸。
⑥ 此圆括号没有对应的前括号。

表——政治社会本身是超越性真理的一种代表 → 所有健康社会都最终依赖宗教体验——但这些［宗教体验］是真正的体验吗？第87页，第88页：罗马人体验过他们的诸神——奥古斯丁会说，他们体验过的是恶魔(demons)——　　第89页第2段第2-3行：政治神话——【弱化"真理"：真理=主观性——】

　　沃格林的论点：最终可以把政治事物仅仅理解成对超越性实在的代表——即并不理解成人类的如下尝试，即尝试为了①幸福而为人类事务赋予秩序＝把人的目的当作对人来说可知的东西 → 政治事物为宗教所吸收(absorption)——正如在其他现代理论中一样，政治事物失去了自己的身份，因为其为社会学或心理学或心理分析所吸收。此外：哲学或科学为宗教或神学所吸收(→ 古典哲学是对宗教体验的解释)。这一切的唯一基础：体验和 noêsis［理智］之间的联系——但：noêsis［理智］，logismos［推理］② ≠ 在沃格林那里"体验"与 logismos［推理］相互分离＝回到游叙弗伦的立场。③

　　一种神学狂热(fanaticism)——但与之形成强烈对比的是，神学论证不可靠。神学主义(theologism)(>④帕斯卡尔)与历史主义的一种结合。

　　沃格林的历史论证的最后例子——他对霍布斯的解释。

　　⑤沃格林的历史主义。

　　第1页第1段开头　　政治理论＝历史的理论

　　第1页第2段　　——把这种观点归于柏拉图【这是错的】

　　【→历史主义＝把政治哲学等同于历史哲学——预设了存在"历

---

① ＜with the＞in。
② 以上两句见于第一组第1页反面。
③ "游叙弗伦"也可能指《游叙弗伦》这部对话。因为本批点中标题不用斜体。另参施特劳斯，《论〈游叙弗伦〉》，收入《古典政治理性主义的重生》，重订本，郭振华等译，叶然校，北京：华夏出版社，2017，页260以下。
④ 如前所述，＞这个符号表示"源于"。
⑤ 从这里到本页结束，大意见于第一组第3张纸反面。

史"这样的东西——一个特殊的预设——政治哲学的观念没有暗示这个预设】

【为什么政治哲学必然是历史哲学？】第 79 页　理论取决于体验——体验在历史中可变——理论取决于生活，而生活是"历史的"——【对比奥勒留（Marcus Aurelius）：一个活到四十岁的人……①】

【为什么这些可变的生活处境重要？因为在不同②时代见到的特定事物在另一些时代见不到 > 重要的是，据说被见到的事物是真的被见到了。但沃格林宽泛地使用"体验"——如宙斯、雅典娜——不关切真理。

潜在的观点：对历史的信念——为什么？

第 125 页：【为什么种种相不可能产生效力？】历史拥有一种实质。

↓

但第 120 页：历史没有意义——没有 eidos［理式］　【这些主张是追随柏拉图和亚里士多德！】

解决　第 167 页第 1 段 → 历史的意义不可知。【→ 人类思想取决于神秘的命分（mysterious fate）】

第 167 页第 2 段至第 168 页第 1 段 → 历史＝存在≠本质【真实的存在者就是存在③——本质④是衍生的——

柏拉图《王制》473d 和 499b－c：正确的秩序要求哲学和政治权力碰巧结合 → 对哲学和政治权力的本性的理解使如下问题变得可理解，即为何⑤"二者应该碰巧结合"并不必要，而是不大可能→ 根本不可理解的是 tuchê［机运］，但它预设了一种可理解的结构 → eidê［诸理式］具有首要性。

---

① 参奥勒留《沉思录》(*Ta eis eauton*) XI,1。
② 为语句通顺起见，此处"不同"当作"特定"。
③ ＜essence＞ existence。
④ ＜existence＞ essence。
⑤ ＜there is not nec＞ it。

[无页码的第 2 张纸]
衍生于沃格林的历史主义概念
历史主义是这样一种观点,即人类思想彻底取决于历史——
最初这意味着:人类思想在进步——历史过程实质上是进步的——然而,进步遭到怀疑 → 历史过程没有意义,有起有落——
至少:不可理解(unscrutable)①
→人类思想取决于神秘的命分
理论表达:存在先于本质——而且普遍(universals)根源于具体(the individual)——

与此对立的另一极是柏拉图和亚里士多德——但沃格林把这种观点等同于柏拉图和亚里士多德[的观点]——②
为什么?鱼与熊掌不可兼得——这个特定情况下的"保守的政治","西方传统"——
→要想充分批评历史主义,就要研究单纯(clear)版本的历史主义 = [后者]明明白白拒斥柏拉图和亚里士多德等等。尼采。
关于一般层面的讨论——我对哈茨(Hartz)文章的评论③

---

① ＜not a＞unscrutable。
② 从本页开头到这里,大意见于第一组第 3 张纸反面以及无页码的第 1 张纸反面。
③ 此哈茨可能指 Louis Hartz(1919 – 1986)。施特劳斯的评论待考。

《关于马基雅维利的思考》段落标题

张缨 译

[英文版编者注]笔者1994年11月于夏洛蒂斯维尔(Charlottesville)造访简妮·施特劳斯·克雷(Jenny Strauss Clay)教授时，她向我出示了若干源自她父亲{列奥·施特劳斯}遗著的手稿、笔记和其他文献。在这些物品里，有一份是《关于马基雅维利的思考》的手稿。当我看到施特劳斯用钢笔写就的文稿时，我注意到作者不仅为每一章的所有段落添加了序数，还偏离他通常的做法，为每一段写了标题。我后来将这些标题誊录下来，跟朋友们分享。

这份在此首次公开的誊录稿，一模一样复制了施特劳斯在写下书中那些段落之前为自己所记的所有标题。他用铅笔做的补充都一一指明。缩写和简略的表达一如其旧，为的是保留这些记录的私人特征，因为这些标题原本并不打算付诸出版。我同样收录了施特劳斯所记录的这份手稿的日期，这是施特劳斯保持几十年的习惯，他为自己记下写作这些文本的时间段(periods of time)。

《关于马基雅维利的思考》是20世纪最伟大的哲学著作之一，其手稿已自1995年由芝加哥大学图书馆特藏部"施特劳斯文献"(Leo Strauss Papers)组收藏。这份段落标题誊录稿的公布得到施特劳斯遗著执行人塔科夫(Nathan Tarcov)教授的慨然应允。

慕尼黑，2015年9月20日
迈尔(H. M.)

[译按]此稿原文有三种括号:( )，为施特劳斯所加；< >，其中内容是施特劳斯划掉或没有采用的；[ ]，其中内容为编者迈尔

添加的说明性文字,中译文用仿宋体以示其与施特劳斯段落标题的区分。中译保留这三种括号。中译也用( )表明某些关键词的英文原文;另外还使用{ },其中内容表示(1)英语之外其他语言的中译,(2)为( )中语句的个别语词注明的原文,(3)中译为顺通文意而补的内容或说明性按语。原稿中,施特劳斯将马基雅维利的名字缩写为 M.,中译径作"马";他将《李维史论》(*Discourses on Livy*)缩写为 *Disc.*,中译作《史论》。其他缩写如 pol.{ = political}或 class.{ = classical}等按其原词译出,不再一一注明。在用到数字时,施特劳斯有时用阿拉伯数字,有时用英文数字,中译保留阿拉伯数字,英文数字译成中文。

引言及第一章

1956 年 3 月 2 日至 3 月 25 日;1956 年 7 月 25 日至 8 月 16 日

引言

1 马{:}一个{传授}邪恶的邪恶教师(M. a wicked teacher of wickedness)。
2 马{:}独一无二的(*the*){传授}邪恶的邪恶教师。
3 思虑复杂者(the sophisticated)对头脑单纯者的观点的攻击。
4 称马为一位爱国者或一位科学家是误导。
5 马有可能是一个{传授}邪恶的教师,尽管——或毋宁说,因为他是一位爱国者或一位科学家。
6[无标题,原本不是独立段落]
7 =6 由于其影响力对其邪恶的否认。
8 =7 有必要从前面(from the front)而非从后面来理解马。
9 =8 马{:}一个堕落的天使——一个理论人(a theoretical man)。
10 =9 马与美利坚合众国。

11［无标题，原本不是独立段落］

12＝10 我们的任务：重新发现恒久的问题。

第一章　马基雅维利的教诲的双重（＜dual＞twofold）特征

1 两部著作的关系是晦暗不明的（obscure）。

2《君主论》:《史论》(Disc.) ＝君主国（principalities）：共和国（republics）。

3 由于共和国不合时宜，《论共和国》(De rep.) 成了《史论》。

4 种种异议。

5 两部著作的每一部都包涵马所知晓的一切——主题（subject matter）上没有区别。

6 关于马的知识的广度。

7［无标题，施特劳斯插入此段作为 6a］

8＝7 两｛原文为阿拉伯数字2｝部著作由其写作的对象（addressees）来区分：实际的君主≠潜在的君主。

9＝8《君主论》：简短、紧迫、呼唤行动——《史论》：与之相反。

10＝9《君主论》：主子（master）——《史论》：朋友。

11＝10《君主论》不如《史论》来得直截了当。

12＝11《君主论》的第一外观比《史论》更传统。

13＝12《君主论》的种种缄默（reticences）。

14＝13《史论》也并非完全坦率。

15＝14《君主论》在某些方面比《史论》更坦率。

16＝15 马的视角等同于《君主论》的视角抑或等同于《史论》的视角，或者与两者都不同？

17＝16 如何阅读马［用铅笔：］——如他阅读李维（Livy）。

18＝17 按照马的说法，李维通过沉默最清楚地揭示他的种种意见（＝他不赞同公共的意见）。

19＝18 马的沉默：对此世、此生、地狱、魔鬼和灵魂保持沉默。

20＝19 他对｛世界｝恒在－创世（eternal－creation）的影射，对基督教的人的起源{教义}的影射。

21＝20 他在《君主论》开端对教会的问题的影射。

22＝21 审查制度→隐匿(concealment)。

23＝22 — —

24＝23 明显的错误(blunders)是有意而为的(intentional)。

25＝24 马,作为一个聪明的(clever)敌人,是有才智的(intelligent)但不是有道德的。

26＝25 自相矛盾——这里:他不能引入新事物,除非首先诉诸远古的古代(ancient antiquity)。

27＝26 各章标题与各章主体(bodies of chapters)之间的差异:马没有在标题上指明罗马贵族利用宗教或欺骗以便控制平民(theplebs)。

28＝27 马的意图(intention):近乎不可能的对重与轻的结合。

29＝28 影射知晓他的敌人的意图的困难。

30＝29 戏仿经院学辩论——(3个冒充者{imposters})——马利用基督教的敌人以便说出关于基督教的真相。

31＝30 各种重复。

32＝31 各种离题。

33＝32 各种模棱两可的措辞。

34＝33 各种数字。

35＝34 马基雅维利的渎神(blasphemy)。

36＝35 各种数字续。

37＝36 结论。

第二章 马基雅维利的意图:《君主论》

1956年8月22日至1956年10月6日

1 一部{理论性}论章(treatise)。

2——也是给时代的一份{具有实践意味的}短章(a tract)。

3《君主论》的运动是上升随后下降：< descent（下降）> 中心即巅峰。

4 第一部分的运动：从熟悉之物、此地、此时、寻常事物向不熟悉之物、古代、稀有事物{运动}，随后下降。[在不熟悉之物、古代上面用铅笔加注：最高的论题。]

5 第2部分的运动：很快上升到对最伟大的行动者的传统理解的种种根基处。

6 第15-23章的运动：向最伟大的行动者的完整真相上升，这意味着将那个伟大传统（the Great Tradition）连根拔起，然后下降。

7《君主论》第4部分的运动。

8 传统→无时限的真理（≠给时代的短章）与时代有关，因为它是新的、革命性的（≠传统的）。

9 "{理论性}论章-{实践性}短章"必须根据"传统的-革命性的"来理解。

10 由"{实践性}短章"所引起的特定的困难（=第26章）：对解放意大利的种种政治条件保持沉默。

11 在第3-5章偷偷地呈现解放意大利的各种政治条件。

12 解放意大利要求彻底的革命，尤其涉及：道德。

13 教会的世俗化——与基督教决裂。

14《君主论》的论题：君主，但尤其是新君主。

15 "新君主"的模棱两可性。

16 建议《君主论》的写作对象去成为一个摹仿者。

17 ——一个摩西的摹仿者→他不会征服意大利。

18 在第26章诉诸宗教足以证明第26章给出的特殊劝告（particular counsel）的显白特征。

19 马——福尔图娜（Fortuna{幸运女神/机运女神}）的敌人——试图成为洛伦佐{·美第奇}（Lorenzo）——福尔图娜的青睐者——的顾问。

20 马{：}不仅是洛伦佐的顾问，而且是一个无穷多数的人的教师。

21 马{：}新的喀戎（Chiron），不是区区一个人（他取代了基督）。

22 令人震惊的新学说被第 26 章所隐匿。
23 马的爱国主义。
24 他的教育学策略:使人坚强(toughening up)。
25 马{:}新君主、新摩西。
26 但马是一位没有武装的先知——难道他不是注定要失败?

第三章 马基雅维利的意图:《史论》

{1956 年}10 月 26 日至 12 月 23 日;{19}57 年 3 月 26 日至 5 月 27 日

1《史论》→共和国 = 各民族→更坦率:《史论》是关于马的修辞的主要资源。
2《史论》:新模式、新秩序 = 古代的种种模式与秩序。
3《史论》:关于古代的种种规则和秩序能够也应当由现代人来摹仿的论据。
4《史论》:没有返回古人的种种规则和实践。
5《史论》:李维 I - X——统一的意大利由一个霸权式共和国(hegemonial republic)所控制。
6《史论》的意图→典型的那章——但有一种涉及章中之章(chapter of chapters)的巨大的多样性。
7《史论》典型的那章(III 7)→《史论》处理的是内在于终极原因的种种恐怖,并且:→涉及源自古代、现代的事例的人类行为的一般法则(≠古人比现代人优越{superiority}的论据)。
8 马迫不得已用辩证的方式来论证:他诉诸一种有利于古典意义上的古代(class. antiquity)的偏见。
9 马迫不得已要确立古罗马或李维的权威:古罗马{:}已知的 πατριον{祖先}→李维{:}马的圣经。
10 在其从古埃及到古罗马的路上,马绕过了圣经。
11 马:罗马、李维 = 神学性的护教学(apologetics):圣经。

12 马的所图(purpose)≠李维的所图→马的主题根本不是罗马——至少它里面亚洲的成分跟罗马的成分一样多。

13 马的李维≠李维的谋篇(plan)：当马的谋篇之光变得暗淡，李维[谋篇]的次序的权威得以声张(asserts)。

14《史论》卷 II 的谋篇——马在李维的质料上印下(impresses)他的形式——《史论》卷 II 致力于对基督教的批判

15《史论》卷 III 的谋篇：关于私人利益的私下磋商(private counsel)；以及：为什么不是"利用李维"而是"参考李维"。

16《史论》卷 III 的谋篇：奠基者 – 船长；大众(multitude)；马本人

17 马{：}另一位法比乌斯(Fabius)：他对西米尼亚森林(Ciminian-Forest)的探索 <{他的}事业(enterprise)> 的难以置信性，使他安全地抵御了侦查(detection)。

18 第一次用拉丁语引述李维由彻底跟权威决裂或彻底跟 $άγαϑον$[好人] = $πατριον$[祖先]决裂做好准备。

19 第一次用拉丁语引述涉及宗教的李维{文本}：需要李维的权威来攻击基督教——马改变了李维的故事以便利(facilitate) < use(利用) > 现代人对古代宗教的摹仿。

20 第二次用拉丁语引述李维({引述的}密度)在卷 I 40 章：涉及僭政的完美的中立性——自由——基督教与僭政间的关联。

21 第一次提及李维(卷 I 7 – 8 章)——古罗马：现代佛罗伦萨、古代托斯卡纳 = 政治：宗教 = 各种指控(accusations)：各种污蔑(calumnies) = 贵族制：民主制。

22 在对照罗马共和国的有节制的(moderate{或译：适度的})奠基与摩西的王国的野蛮的奠基之后对罗马的批评→并非罗马而是李维、一部著作，才是独一无二的(the)权威→全新的样式和秩序。

23 马对罗马的权威的"信仰"在从《史论》卷 I 6 章至卷 I 59 章的进程中遭受了一次彻底的改变。

24《史论》卷 II 对罗马的批评：罗马受到批评，不仅基于政治根据，而且也是作为教会的创始者(trailblazer)和模型(model){受到批评}；罗马人本身并不相信权威。

25 卷Ⅲ对罗马的批评→罗马人是宗教人(religious)——马是罗马人的敌人,因为他是非宗教人(irreligious{或译:不信宗教者})——并非宗教而是必然性(necessity)造就了最高的德性。

26《史论》的教诲在《史论》的掩盖物(covers)与李维的掩盖物之间得到传递;李维{:}马的神学权威:关于(as [regards])福尔图娜(Fortuna)的权威。

27《史论》卷Ⅰ1-57章对李维的批评:史撰的成问题的特征;李维在事关德性及平民方面的错误。

28《史论》卷Ⅰ1-57章整体上对权威的批评:"信仰"(belief)与"民众"(people)间的关联。

29 马在卷Ⅰ58章攻击所有作者和权威本身:理性、青年、现代起来反抗权威、老年和古代。

30 马基于民主制攻击整个传统;就此他暗示民众(≠ ἐπεικεῖς{合乎理性的})是道德和宗教的独裁者们(depositories)。

31 马的民主制论(democratism)出自反讽的前提即道德乃最高事物,出自他是个革命者=自命不凡者(upstart),出自总是诉诸某些ἔνδοξον{公认的意见/权威的意见}的必然性。

32《君主论》:《史论》=奠基者:民众(圣经)——《史论》更接近ἔνδοξα{各种公认的意见},因为它包含了关于ἔνδοξα的更详尽的毁灭性的分析。

33 马让古罗马人变得"更好",亦即让他们比他们原本所是较少宗教性和道德性。

34《史论》卷Ⅱ前言——假如一个基督徒变成一个土耳其人,这没什么问题(nothing wrong)——技艺作品、著作(works of art, writings)比行事(deeds)有更高的等级。

35《史论》卷Ⅱ1章:马不赞同李维以及罗马民众:事关对运气(fortune)的恐惧;但{他}区分了李维与他笔下的人物:李维或许不仅{是}详述者(expositor),而且也{是}异教神学的批评者。

36 李维在《史论》卷Ⅱ-Ⅲ里行文的种种独特之处(peculiarities):

李维≠他笔下的角色;对李维文本的布道(sermons);①李维 fa fede｛证实｝且 è testimone｛是一位见证者｝。

37 通过用罗马的敌人作为他的角色,李维成功地不仅成了异教神学的详述者,而且成为其批评者:他的《历史》既包涵了罗马人的欺诈(fraud)也包含了对其的侦查。

38 马把李维的著作用来作为他的圣经批判的一个工具(quâ｛作为｝异教神学的详述者)和一种样式(quâ｛作为｝对其的批评)——李维｛:｝马的一个角色。

39 由于圣经的作者没有用圣经的敌人作为他们的代言人,人们就必须用异教文献来发现事关圣经的真相;异教文字被｛对异教｝进行迫害的圣经宗教保存下来,因为后者"被解除了武装"(disarmed)。

40 圣经因种种神迹而具有特殊的难以置信性——因而特别需要圣经外的选民。

41 圣经作者们的自我欺骗→上帝:圣经的作者们＝李维:李维笔下的角色。

42 圣经的作者们"让"上帝说和做他们构想中一个完美的存在者应当说的和做的。

43 李维有意识地创造了完美的船长(圣经的作者们无意识地创造他们伟大的船长),由此李维(≠圣经)纠正了他的创造。

44 将应当(Ought)视作是(Is)的功用:创造希望;需要完美的存在者们来主宰τυχη｛机运｝:完美的存在者们是τυχηεα｛机运的/幸运的｝原因。李维利用角色中的角色或利用罗马人对不同的听众说话来呈现对罗马宗教的批评。贵族:平民＝教士:平信徒。

45 "法比乌斯"无视预兆(auspices),揭穿一个独裁者的神圣狂热

---

① [译按]这里的 sermon 指的是,在形式上,马基雅维利在《史论》卷 II 2 章、23 章和卷 III 10 章的谋篇——以一句李维引文起始,并在该章围绕对这句引文的解释展开论述——跟基督教会的神职人员在教会仪式上进行布道的形式一样:在教会那里,神职人员的布道从引用一个圣经段落开始,继而围绕对此段圣经引文的解释展开论述。这里的 sermon 可以理解为"解说"。

并侥幸成功。

46 一旦他自己的意图成为论题(即在卷 III 35 – 49 章),马即抛弃了"应当(Ought)的教师李维"。

47 马在新的领地针对新的敌人发动了一场新的战争——为了他的所图,他必须是一个李维笔下的种种地点(sites)的知晓者。

48 前两场对李维｛文本｝的布道:爱或仁慈的首要性导致了虔诚的残酷(pious cruelty)。

49 第三场布道:现代人信任福尔图娜,古人引诱(tempted)福尔图娜。

50 "权威—理性"位于中间那卷的中心(卷 II 10 – 24 章)→最大的罪在于缺乏傲慢自负(presumption)。

51 塔西佗(Tacitus)被视为最典型的权威(authority par excellence),因为他是论及犹太教和基督教起源的最伟大的史学家。

52 马被他 credere｛相信｝的塔西佗改变(converted):从爱变到畏惧(变到摩西),并从保存者变为奠基者。

53 基督是温和与严峻(severity)的综合——他的骄傲。

54 通过否认爱的首要性并主张恐怖的首要性,马攻击权威的原则→一个谦虚且人道的目标——没有天堂但因此也没有地狱。

55 马向所有人传达新的样式和秩序,但它们的根基(无神论)他只向年轻人传达。

56 与其说马是个阴谋家(conspirator),不如说他是后来世代的败坏者(corruptor)。

57 基督教的终结——能因马的行动而加快。

58 马的希望在于分开热忱的基督徒与冷淡的基督徒 =｛分开｝天国的热爱者与尘世祖国的热爱者。

59 马通过宣传摹仿基督(≠牺牲性的死｛sacrificialdeath｝)。

第四章　马基雅维利的教诲

四章 1 – 42 段:1957 年 8 月 31 日完成

1 为我自己以及为马 Captatiobenevolentiae｛博得青睐｝——隐微术（esotericism）与哲学.

2 马不是一个"异教徒"，而是一位 savio del mondo｛关于此世的智慧者｝，亦即一位 faylasûf［写成阿拉伯语］｛哲人｝。

3 马对圣经保持沉默不是由于无知或不在乎。

4 关于基督教本质的第一个断言（statement）：基督教使世界变得虚弱同时并没有使世界更畏惧上帝（God - fearing）。

5 关于基督教本质的第2个断言→基督教尚未（has not）展现真理——谦卑（humility）以及被认为是蒙羞（humiliation）的上帝。

6 第三个断言：不抵抗恶的荒诞性。

7 我们的论证的样本：马看似错误实则正确。

8 现代人的虚弱：没有现代帝国，也没有强壮的现代共和国。

9 基督教出自奴颜婢膝的东方（servile East）和一个虚弱的东方民族。

10 基督教→教士们（priests）的统治＝最具僭政性的统治。

11 对基督教的胜利的理性的解说。

12 基督徒的力量和好基督徒士兵：爱——一团吞噬性的火——地狱——火刑柱（stake）→虔诚的残酷（pious cruelty）和疯狂的热情（fanatical zeal）。

13 Propria gloria｛属己的荣誉｝（对卓越的意识）vs. gloria Dei｛上帝的荣耀｝（对罪的意识）——因为：罪的必然性。

14 人性与善 vs. 谦卑和残酷。

15 良心（conscience）为 prudenza｛审慎｝所取代。

16 神意（Providence）：马没有在圣经的核心与边缘之间作出区分；他把神意等同于作为正义君王的上帝。

17《佛罗伦萨史》（I. F.）中的神意：上帝藉异教徒（infidels）｛的力量｝威胁其代理人（his Vicar｛即教宗｝）来救助佛罗伦萨人。

18 上帝是一位中立者（a neutral）。

19 否认神意并否认灵魂不朽。

20 否认人是恶与罪的原因→否认创世。

21 需要求助"阿威罗伊主义"(Averroism)以便理解马。

22 没有丝毫证据有利于启示。

23 圣经的种种现象与异教的种种现象旗鼓相当。

24 透过李维(理性)来看,基督教显得是一种流产的民粹主义运动。

25 一神教:当下的不幸(misery)——对未来的希望——多神教:当下的辉煌且没有希望。

26 在实践上,对启示的整个批判是亚里士多德式的——只不过,谦卑的对立面不是人道(humanity)而是宽宏大度(magnanimity)。

27《史论》对上帝的存在或诸神的存在保持沉默。

28 马用 Cielo{天}或 Cieli{诸天}——用福尔图娜——取代上帝。

29 马的尝试性的神学:在空中存在着仁慈的智能者们(intelligences)(≠愤怒和残酷的诸神)。

30 马用"偶然"(accidents)取代"{神迹的}征兆"(signs)。

31 福尔图娜{:}圣经上帝的一个改进了的形象。

32 福尔图娜 = 外在的偶然[用铅笔:]——不是种种希望,而是管控(regulate)福尔图娜。

33 福尔图娜远非天(heaven),她在天的内部有一个从属的位置;她不可能完全受人控制→$\dot{\alpha}\tau\alpha\varrho\alpha\xi\iota\alpha${沉静}(≠对机运的征服)

34 在 $\tau\upsilon\chi\eta${机运}与欺诈的合作中出现了诸神。

35 全能(omnipotence)与自由之间的矛盾。

36 与亚里士多德决裂——转向"德谟克利特"(Democritus)。

37 较之亚里士多德,马更偏爱"阿里斯提珀-第欧根尼"(Aristippus - Diogenes)。

38 宗教本质上是不真实的信仰。

39 有益的宗教——? 它出自心智的虚弱(weakness of mind)并培养这类虚弱。

40 畏惧上帝(fearofGod)能被畏惧君主所取代——一位君主不能是宗教人。

41 甚至在共和国,宗教的功能也能由其他方法来履行。

42 宗教是被需要的,尤其对大众而言。

43 马(及其后继者)的难以理解(incomprehension)是由于我们身处后法国大革命的景观的魔咒之下。

44 马对道德比对宗教更直白,因为宗教比起道德更是个严重的问题。

45 马的道德-政治教诲(≠关于宗教的教诲)是彻底新的——通过人们{实际上}如何生活(how men live)(≠他们应当如何生活)来获得人自己的方向——实践者的观点,从而具有规范性(normative)。

46 马复制了ἔνδοξα{各种公认的意见}:善{——}=道德德性,或=无私地有益于他者——是幸福(或通往幸福之路)——onesto{诚实者}≠onorevole{可敬者}。

47 ἔνδοξα{各种公认的意见}(λογοι{各种言辞})与ἔργα{各种行事}的冲突→λογοι{各种言辞}之间的冲突;公开的λογοι与私下的λογοι之间的差别。

48 作为中道(mean)的德性:镇静(equanimity)只有一个相反的恶行(vice),它只是显得像两个彼此对立的缺点。

49 作为中道的德性:大方(liberality)不是在极度慷慨(prodigality)与吝啬之间的好的中道——吝啬为正义所要求。

50 正确的道路(κατάφυσιν{依据自然}的生活)确实是一种中道——可它不是两种对立的恶行之间的中道,而是德性与恶行之间的中道。

51 马拒绝 via del mezzo{走中间道路},因为它与 summum bonum{至善}以及 ensperfectissimum{最完美的存在者}亦即一种完美地摆脱了恶的善的概念相关联。

52 德性是自愿的(voluntary):马为 liberum arbitrium{自由意志/自由选择}辩护以反对福尔图娜(上帝)[插入铅笔字:]人可以是他的命运(fate)的主人[插入结束]——但是:机运基于自然和必然性→什么是自由与必然性之间的关系?

53[插入为新的段落:]德性与必然性不相容,但{德性}也=屈从于必然性[用铅笔加入:]——因为:必然走向罪。

54[原本53:]人们依据其自然本性迫不得已以种种特定方式行事——超拔的德性是(并非自愿地)强迫(compelling)其拥有者的自然的一个礼物(a gift of nature)——愚蠢(stupidity)同样如此。

55[原本54:]造成人行得好(causes men to operate well)的那种必然性是仅仅通过违背人们的自然倾向的各种行动来避免对暴死的恐惧。

56[原本55:]造成人行得好(<makes>causes men to operate well)(公正且勤勉)的那种必然性是饥饿(→财产的至关重要性)。

57 使人成为好人(makes men good)的那种必然性是由法、由政府实施的强制(compulsion)。

58 不过,选择:必然性=奠基者:民众=强者:弱者→并非必然性而是智慧的选择才使人行得好(makes men operate well)。

59 选择(野心、荣誉)本身具有必然性(necessary);它使人、使高人(superior men)行得好;让人行得好的必然性必须如此来知晓。

60 行得好有赖于机运;但质料有可塑性(malleability);最重要的{是}:人只有通过关于必然性的知识才能够是他命运的主人。

61 着眼于人是坏的这个事实,马攻击古典政治哲学。

62 德性预设了社会→社会不能基于道德而只能基于非道德。

63 社会的目的不是德性而是共同的善;共和国的德性(≠道德德性){:}为了共同的善的手段。

64 共和国的德性≠道德德性。

65 目的使手段变得正当→道德的=寻常的(ordinary),非道德的=超乎寻常的(extraordinary)。

66 共同的善要求甚至牺牲共和国的德性。

67 一首爱国主义的间奏曲(intermezzo)。

68 道德德性=使共同生活的种种要求绝对化。

69 支持君主国的理据=以私人的善的名义(意见的自由)质疑共同的善。

70 支持君主国的理据:人性要求对腐败的接受;君主的审慎的自私(prudent selfishness)足以使他成为一个好君主;德性=审慎和强烈的自私。

71 城邦中(in city)统治阶级的集体的自私;完美的共和国的德性

归因于一种特定的脾气(temper),而非 προαιρεσις{选择}。

72 支持僭政的理据。

73 支持僭政的理据——续。

74 自私的考量。

75 压迫与社会共存→最佳共和国与最坏的僭政之间仅有程度上的差异。

76 因为:人是坏的——亦即自私的。

77 马的治邦术(statecraft)的原则:人的自私与对自力更生(selfreliance)的需要(→virtù{德性})。

78 马的中立性事关"共和国-僭政":仅有的纯粹的共同的善是真理(thetruth)。

79 政治上的共同的善在同一个平面上由严格意义上私人的善(爱)来补充→探求真理=重与轻的综合。

80 对荣誉的渴望→将真理作为有益的真理来探求(≠超脱{detachment})→偏爱共和国的成见(bias)。

81 关于荣誉的错觉→独一无二的(the)动机是对真理的渴望——重:轻=关于真理的知识:知识的交流。

82 马与整个苏格拉底传统决裂——他忘记了苏格拉底。

83 他忘记了肃剧(tragedy)。

84 他只看到道德的社会性根源:他忘记了灵魂。

85 哲学的晦暗不明(obfuscation)及其地位→彻底的新(novelty)的外表(appearance)。

86 哲学→哲人们与δημος{民众}之间的鸿沟→惩罚性修辞;马接受τελητουδήμου{民众的目的},因为大众性的(popular)——征服自然——对标准的降低。

87 马的批判的切入点:鼓励事关战争的创新——没有周期性的大灾变(cataclysms)——需要重新表述"自然的馈赠"(beneficence of nature)。

Finis – LausDeo.{终-赞美神。}
1957 年 12 月 9 日

瓦尔克的马基雅维利

刘振 译

[中译编者按]本文是施特劳斯为瓦尔克的《李维史论》英译笺注本(*The Discourses* of Niccolò Machiavelli, Translated from the Itlian with an Introduction and Notes by Leslie J. Walker, S. J. Yale University Press,1950. 2 vols. 585 & 390 pp)所写的书评,原刊 *The Review of Metaphysics*, Vol. 6, No. 3(1953 年 3 月,页 437 – 446)。

瓦尔克给他译出的《李维史论》(*Discorsi*)写了一个长篇导论作为序言,他在这个导论中提出了自己的解释,同时批评马基雅维利的观点。他认为,马基雅维利可能是"迄今为止世界上出现的对政治最有影响的作家"(页6)。他确信,马基雅维利的原创性部分地——如果并非主要地——在于发现了一种新方法(页 80 – 82)。这种新方法的目的就是发现"经验法则",这些法则表现"原因与结果之间,亦即人类行为与其有害和有益结果之间"的关系(页 2、63、69)。所以,这种新方法带来"总是基于目的论的各种普遍原理和准则":种种目的事先得到设定。这并不意味着马基雅维利预设——亦即认同——任何目的:他教导政治人"为了实现其目标必须做什么,不论这些目标可能是什么"。"他教导所有人和各色人等,因为他想要让他的读者相信,他的方法普遍适用"(页 72 – 73、69、118)。这等于说,马基雅维利的新方法不仅是其划时代成就的一部分,而且是其核心。马基雅维利发明的新方法是"归纳法"。在培根"从哲学上思考"这种方法很久以前,马基雅维利就在使用它。马基雅维利使用的这种方法就是,通过小心地"收集全部与同一个观点有关的例子"(页 85、82 – 83),在原因和有利或不利的结果方面证明一个一般命题。所以,"这种方法的基本立场"是"权宜

(expediency)的立场",而非"道德的立场"(页8)。

瓦尔克感到,他关于马基雅维利方法的新奇性的主张需要证据。他断言"圣托马斯(St. Thomas Aquinas)远比马基雅维利更广泛地采取考虑反面情况的做法,在这方面,马基雅维利不过是个初学者"。"但是,圣托马斯和其他中世纪思想家都没有……通过援引取自古代和当代历史的类似情况[证明他的]定理",且不论他们的做法与马基雅维利的做法之间的其他区别(页84)。瓦尔克承认,在马基雅维利与亚里士多德之间"存在……方法上的类似之处,有些类似之处还相当显著"。但是,"也有明显的区别"。

> 与马基雅维利的《李维史论》相比,亚里士多德《政治学》包含的规条和准则即使不是更多,至少也一样多,但是,亚里士多德几乎没有通过援引哪怕任何历史上的例子表明它们实际上有效,而马基雅维利总是援引几个例子……

不仅如此,与亚里士多德的方法不同,马基雅维利的方法"本质上是史学的"。"马基雅维利对历史有兴趣,并且意识到历史对于政治人的重要性,毫无疑问,这显然并非源于他对亚里士多德的研究,而是源于他对古代史家们的解读。"(页86-89)那么,新方法的出现似乎靠的是,在亚里士多德的政治哲学与"史学"亦即连贯地记录过去的事件之间进行综合。

瓦尔克没有十分清楚地说出,在他看来什么是"权宜的立场"。在谈到马基雅维利的方法时,他给人这样的印象,人们基于权宜的立场就任何预定的目的考虑合适的手段,他们不能或不愿区分好的目的与坏的目的。但是,瓦尔克在其他地方承认,马基雅维利至少在《李维史论》中区分好的目的与坏的目的(页119)。根据他的这条解释线索,瓦尔克不赞同那些认为"马基雅维利所谓的 *virtù*[德性]纯粹和完全是技术"的人:*virtù* 通常与李维(Livy)的 *virtus*[德行]含义相同,特指"致力于共同的善"。可是"也有困难,还有一些例外"。马基雅维利将塞维鲁斯(Severus)、波吉亚(Cesare Borgia)和阿加托克勒斯(Agathocles)描写成"有德性的人",然而,在这些事例中,"致力于共同的善显然被排除掉了",或者至少"无关紧要"(页 100 - 102)。所以,"权宜"的含义似乎还不明确。然而,不论情况如何,根据马基雅维利,"在政治领域中一个好的目的"当然"能为道德上的错误辩护"(页 120 - 121、103),这一点完全没有疑问。

尤其有趣的是,瓦尔克不得不就马基雅维利对宗教的态度所说的话。他承认,马基雅维利更尊崇罗马人的宗教而非基督教,也就是说,马基雅维利是"一个彻底的异教徒",或者说,他的"作品从始至终都完全是异教的"。可是,在同样的语境下他又说,马基雅维利不反对"任何"基督教义。他说,马基雅维利"在《君主论》第十一章['论教会君主国']坦率地承认,神意不仅主宰着教会,而且主宰着教皇在尘世的产业"。因此,他看"不到任何认为马基雅维利的异教信仰曾经导致他在内心深处否定教会的理由"(页 117;参页 3、7)。瓦尔克给《君主论》第十一章赋予绝对的重要性。他正是借助这一章理解马基雅维利谈论机运及其"目的性"的段落:机运就是上帝。"人们经常指责"马基雅维利"是一个无神论者,但是,我没有在《李维史论》和《君主论》中找到任何证据"。为了支持自己的主张,他引用布克哈特(Burckhardt)关于人文主义者的这个说法:

> 他们容易得到无神论者的名号,如果他们表现得对宗教漠不关心,并且随意诋毁教会;但是,他们当中没有任何人曾经承认或敢于承认一种正式的、哲学的无神论。(页 78 - 80;强调由笔者所加)

人们很容易从这一切当中得出下面的怀疑:想要知道马基雅维利如何看待宗教的真理,人们只需要知道,《君主论》关于教会君主国的学说是严肃的东西还是玩笑。

瓦尔克远远不会赞同马基雅维利在《李维史论》中所说的一切。他一上来就"明确说明",他"从根本上"反对"目的可以为手段辩护这个著名的原则","并且认为,这个原则及其后果贻害无穷"(页 2)。可是，他相信，只有"基于权宜的立场"而非"基于道德的立场"才能公道地批评马基雅维利，"因为，马基雅维利自己诉诸权宜，这是他的方法允许他使用的唯一标准"（页8）。再者：马基雅维利就政治事物提出的新问题——这个问题涉及政治行为和政治制度的结果而非其道德价值——"极为有趣，十分重要"。因此，对马基雅维利的批评应该仅限于考察他的答案，这个答案就是，政治行为有时导致政治上的摧毁（页84、104）。所以，瓦尔克力图证明，不道德的行为从来不会带来政治上的益处（页104-114）。

认为马基雅维利的成就主要或尤其在于发现一种新方法，瓦尔克并非第一人。事实上，如今关于马基雅维利的主流意见似乎是两种观点之间一种含混的折中，其中一种观点是瓦尔克所持的意见，另一种观点是瓦尔克所反对的历史主义者对马基雅维利的解释。无论如何，这两种解释——将马基雅维利解释成"科学家"以及历史主义者的解释——现在给理解马基雅维利的思想带来了大量障碍。瓦尔克自己写道，"马基雅维利很少明确地谈论"方法（页135）。根据瓦尔克举出的证据，可以更为确切地说，马基雅维利从不谈论方法。瓦尔克引用的唯一一个或许可以被认为涉及新方法的段落，是《李维史论》卷一"引言"中的一个句子，我们的译者这样翻译："我决定走上一条其他人从未涉足的新道路（way）"，译者的解释认为，这句话表示"一种新方式（way）或一种新方法（method）"（页82）。但是，马基雅维利决定走上的"道路"，就像哥伦布（Columbus）在探索未知海洋和大陆时踏上的道路一样，算不上一种"方法"。马基雅维利并没有像瓦尔克翻译的那样着手发现"新方式和新方法"，而是着手发现新方式和新秩序（modi ed ordini nuovi）。方式和秩序（Modus et ordo）是亚里士多德的秩序（taxis）的拉丁文翻译（参托马斯论《政治学》1289a2-6，liber IV.，lectio I）。所以，马基雅维利打算发现的，不是一种探究政治事物的新方法，而是关于体制和政策的新政治"安排"。瓦尔克或许会基于马基雅维利并非哲人的理由极力主张，问题不在于马基雅维利只字不提或几乎只字不提他的方法和这种方法的新奇之处（页93）。瓦尔克认为什么是哲人，我还真无从得知。但是，他肯定会承认，必须认为马基雅维利是一个知道自己在做什么的人。

不过,尤其与亚里士多德不同,马基雅维利总是援引各种例子展示采用或不采用他所建议的制度或政策带来的结果,难道不是这样?马基雅维利走上这条其他人从未涉足的道路,这使得人们发现现代人可以或者应该模仿古代的制度和政策:整个《李维史论》的目的就是让现代人不再错误地相信,现代人不能模仿或者不该模仿古代的制度和政策。所以,马基雅维利始终不得不展示,某个古代的制度或政策是好的(因此应该模仿),而它的现代对应物是坏的,而且有时候某个现代国家或个人确实像古代人那样行事(因此现代人能够模仿古代的做法)。马基雅维利并没有在所有情形下都通过为此至少援引一个例子明确地证明这三点,原因之一是他并非一个学究。无论如何,他不得不"始终援引几个例子",这不是因为他与古代人特别是亚里士多德有分歧,而是因为他不得不与一个从不妨碍古代人的偏见斗争。不仅如此,马基雅维利明确表示,发现新方式和新秩序(即使只是相对而言的新)是"危险的"(《李维史论》,卷一开篇)。比起以"准则或普遍原理"的方式表达新奇的学说,通过讲故事——援引例子就意味着讲故事——进行表达没有那么危险,因为故事悄悄地施教。因此,人们必须思考,马基雅维利援引的例子所传达的某些东西是否并没有超出据说它们应该证明的公理。

马基雅维利在《李维史论》卷三第十八章讨论认识敌人"迫在眉睫"的行动的困难。他援引了四个例子。它们全部处理这样的情况,人们在辨认敌人"迫在眉睫"的行动时犯了错。这些例子之间存在一种严格的对称。每个古代例子后面都有一个现代例子,两次皆然。后两个例子表面上处理"胜利"。古代的"胜利"具有这样的特点:罗马人与埃奎人(Aequi)曾经有过一场势均力敌的战斗;每支军队都认为自己的敌人赢了,所以各自班师;一个罗马百夫长从一些埃奎伤兵那里意外得知埃奎人放弃了军营;于是,他洗劫了埃奎人的军营,作为一个胜利者回到罗马。现代的"胜利"具有这样的特点:佛罗伦萨人的军队已经与威尼斯人的军队对峙数日,都不敢攻击对方;由于两支军队都开始苦于缺少给养,他们都决定撤军;佛罗伦萨的将军们从一个"由于年老和贫穷而可靠"的女人——她想到佛罗伦萨军营里看看几个亲戚——那里意外得知,威尼斯人已经撤军;于是他们改变计划,他们给佛罗伦萨写信,说他们已经击退敌人,赢得了这场战争。我们在古代的例子中看到了浴血奋战、受伤的敌兵和洗劫敌方军营。而在现代的例子中,我们看到了虚假的战斗、一个年老贫穷的女人和一封自吹自擂的书信。关于古代人与现代人在virtù方面的差别,或许这些例子的确没有传达多少新东西。但是,这部作品中并不完全缺少谐剧精神,即使不说轻松(levity)的精神,可是,作品的主题似乎容不得任何不沉重(gravity)的东西,这一点对于理解《李维史论》也有一定的重要性。

马基雅维利在《李维史论》卷三第四十八章写道:"一支部队的统帅不应该依赖敌人看起来犯下的明显的错误,因为这总是一个骗局,因为人们没有理由如此大意。"(瓦尔克译文;强调为笔者所加)在写下这个所谓的普遍规则后,他马上举了个例子,有个敌人在毫无欺骗色彩的情况下犯了一个明显的错误。这个例子迫使读者重构马基雅维利的明确的"普遍原理和准则",也迫使他们思考,为何马基雅维利在谈论明显的失误时自己却弄出一个明显的失误。因为,瓦尔克毫不犹豫地说,如果我们必须"在字里行间"阅读马基雅维利的《佛罗伦萨史》(History of Florence),那就有可能,我们或许也必须"在字里行间"阅读《李维史论》。

瓦尔克没有给出一个怀疑马基雅维利的方法与亚里士多德的方法一致的理由。看到马基雅维利"始终"援引例证,而亚里士多德极少如此,人们并未以此证明亚里士多德没有通过从例子出发达到"普遍原理和准则":《政治学》几乎从"我们看到"这个表达开始。不仅如此,马基雅维利对历史感兴趣,而且他意识到历史对于政治人的重要性,这完全符合亚里士多德的规条和例子。在谈到古代史家时,瓦尔克提到了色诺芬(Xenophon)——正确之处在于,比起其他作家(李维显然是个例外),色诺芬是马基雅维利最常引用的作家;但是,错误之处在于,马基雅维利只引用《希耶罗》(Hiero)和《居鲁士的教育》(Education of Cyrus),也就是说,马基雅维利认出了它们不是史学作品(参《李维史论》卷二第十三章)。也有必要与瓦尔克的如下断言争论一番:马基雅维利与圣托马斯不同,他在"做到考虑反面情况"方面"不过是个初学者"。《李维史论》卷二第十二章充分证明,马基雅维利很好地掌握了经院学者的论辩技艺,而且,如果他想这么做,他也可以以问题论辩(quaestiones disputatae)的形式写出整个作品。这并不是要否认,我们讨论的这一章是在戏仿经院学者的论辩:"诗艺化的寓言(poetic fable)"是更高的意见的主要"来源"。

关于马基雅维利对道德和宗教的看法,我在这里仅限于谈论两点。像瓦尔克那样说 virtù "通常没有伦理学意义"(页100),那是个错误,因为"通常"并没有得到清楚的界定,而且很有可能被看作意指统计意义上的平均数。更好的说法是,马基雅维利有时将 virtù 看作所有人认为的"德性"(virtue),亦即道德德性;有时认为,virtù 仅仅是政治德性,公民、治邦者或具有公共精神的建国者的德性;有时又认为,virtù 仅仅是男子气与精明的结合(卡里克勒斯[Callicles]所理解的"德性")。总之,对于马基雅维利而言,virtù 这个词包含故意的含混:除非让读者想到道德德性,马基雅维利不能批评道德德性(历来所宣称的是道德德性是政治生活的规范)。他先以政治德性的名义批评道德德性,然后以"卡里克勒斯式的"德性批评政治德性。由于政治德性比道德德性更接近根本,更接近"卡里克勒斯式的"德性,它具有实际的真实性(verità effettuale):"政治德性"确定维持自由伟大的社会所需要的所有习惯。人们只有意识到政治德性具有不牢靠的特性,也就是说,意识到自由社会具有"非自然"的特性,才会找出适当的手段建立和保持自由社会,以及属于这个社会的德性。因此,人们必须先从政治德性下降到卡里克勒斯式的德性,可以说,这是唯一自然的德性。马基雅维利用并非完全可以称为"权宜的立场"的东西取代了"道德的立场",这不是因为他受到新方法的前景的鼓舞,而是因为他相信自己发现了,受到普遍接受的道德观念源于没有看到道德的社会作用:人们错误却又必然地将仅仅有条件地在多数情况下有效(亦即合理)的某些行为规则当作绝对普遍有效的规则(参 Marsillius,《和平保卫者》[*Defensor Pacis*],II c. 12 sect. 7-8)。瓦尔克相信,他在马基雅维利关于宗教的说法中发现了一个矛盾。马基雅维利在《李维史论》卷一第十一章中愤恨地评论道,萨沃纳罗拉(Friar Girolamo Savonarola)让那些既不无知也不粗野的人相信他跟上帝交谈过,尽管他们从来没有看到他做出什么超常的事情。根据这一章前面摆出的原则,这应该被算作一种德性,但是在萨沃纳罗拉那里这显然是个错误(页18-19)。如果对比一下萨沃纳罗拉与帕皮利乌斯(Papirius)对神意指引的态度,这个困难马上就会消失。

或许,瓦尔克的导论当中最站不住脚的部分就是,他试图根据"权宜的立场"驳斥马基雅维利的观点。我必须让我的讨论仅限于一两个典型例子。马基雅维利"建议,一个统治者应该在一个被征服的行省中效仿马其顿的菲利普二世(Philip II of Macedon),'一切从新',坚决彻底无情地消灭反对者"。瓦尔克反对这一点:"马基雅维利的完全有理的基本原则是,除非拥有被统治者的善意,否则任何政府都不安全,这又怎么说呢?"恐怕马基雅维利不会认为,这是一个站得住脚的反对意见。他可能会作出这样的反驳:一个政府不必害怕死者的恶意。如果一个统治者以外邦人为代价,并且或许通过奴役和消灭那些外邦人,让他的臣民们变得富裕,他就不会失去臣民们的善意。马基雅维利认为,除非一个政府拥有"被统治者"亦即多数人的善意,否则它不可能安全;但是,多数人有时并不在意少数人被消灭。瓦尔克最终同意马基雅维利认同的一切:"菲利普的成功绝对不完全源于他有时表现出的残忍。"因为,马基雅维利的意思从来不过是:"宽宏大度的治国术"是成功的必要条件,但是,它可能"有时也离不开残忍"(页124-125;强调由笔者所加)。

马基雅维利建议,"杀死布鲁图斯(Brutus)的儿子们",也就是"除掉任何对新建的政权构成潜在威胁的人"。瓦尔克反对这一点,他说,根据马基雅维利自己的说法,"如果人民反对一个新政权,不论用什么残忍的方法都不可能把它建立起来"。瓦尔克自己说的是"如果":"人民"不会总是反对残忍的方法,如果这些方法仅仅被用在少数人和外邦人身上。"……在佛罗伦萨,极为严酷地对待政治对手在通常情况下会激起维护旧政权的反抗"。马基雅维利并不认为,"在通常情况下(usually)"应该下猛药,相反,只有在可能带来成功的少数情况下才该如此。"所以,就马基雅维利的例子而言,他必须依赖久远的过去,可是即使在久远的过去,使用这类方法也绝非总能成功。"马基雅维利并未宣称,这总能成功。瓦尔克"几乎认为",马基雅维利"已经头脑混乱,看来他更喜欢野蛮人而非他这个更文明的时代的方法"(页112)。我想知道,在区分野蛮与文明之时,瓦尔克难道没有放弃权宜的立场?

如果马基雅维利这个"最恶毒"学说的始作俑者或许是"迄今为止世界上出现的对政治最有影响的作家",如果"这个世界"并不仅仅是马基雅维利的影响的旁观者,"这个世界"就能经受马基雅维利的影响。"这个世界"之所以可能被马基雅维利败坏,是因为它在某种意义上"已经被败坏",或者自己带着败坏的种子。如果马基雅维利像瓦尔克所说的那样有影响,"这个世界"似乎就会是一个谨慎地施展邪恶的好地方,或者说,对于一种在大部分时候"使用"德性而仅仅在少数似乎决定性的时刻诉诸恶行的生活方式来说,这个世界是个好地方。事实上,所有称职的道德主义者从来都感觉到,一切纯粹的、毫不妥协的正义都是通往毒药、绞刑架和断头台的道路,而非通往此世的益处(advantage)的道路。在瓦尔克那里,这些让哈姆雷特(Hamlet)变得绝望的东西——"压迫者的凌辱、傲慢者的冷眼、法律的迁延、官吏的横暴,以及宵小施于忍耐者的践踏"([译按]参考朱生豪先生译文)——看来没有引起太多注意。若非如此,我相信瓦尔克不会抱有这样的观点,认为"权宜"的道路总是通往毫不妥协的正义。

至于译文,瓦尔克"努力做到尽可能一字不差"(页162)。我得遗憾地说,他并不十分成功。不能说他译得比德特莫尔德(Detmold)好。在瓦尔克的工作当中,最有价值的那部分工作是在注释中对李维的参照,以及关于《李维史论》中提到或引用的作家的索引。

与库恩书

曹聪 译

[中译编者按]这封书信是对库恩(Helmut Kuhn)教授发表在德国《政治学学刊》(*Zeitschrift für Politik*, Jahrgang 3, Heft 4, 1956, pp. 289 – 304)上的关于《自然正当与历史》的书评(中译见本编附录)的回复,以 Letter to Helmut Kuhn 为题首次刊布于 *Independent Journal of Philosophy*, 2(1978), 页 5 – 12。

亲爱的库恩先生:

原谅我用英文给您写信,因为我的手写体难以辨认,而那位速记我口述的女士又不能熟练掌握德文。

非常感激您给我寄来您那篇关于我的书的评论。我早先就对那篇文章有所耳闻,还曾试图通过我的德国发行人和海德堡的一间书店寻找它,可惜遍寻未着。这篇评论的内容令我深感欣喜。这是迄今出现的关于我这本书的各种评论中最出色的一篇。它远远不仅是有涵养,更是基于对我所关注的问题的深刻理解。我本人把这本书视为对一次充分哲学讨论的预备,而不是一篇解决问题的专论(参见导言的末尾和第一章的末尾)。这样的一个预备是必要的,因为自然正当的概念在 19 世纪的进程中已经完全变得含混不清。缺乏历史知识的学者们简单地相信自然正当的历史,可在我看来,施塔尔(Fr. J. Stahl)之后没有哪个史学家以哲学的方式接近这个主题。(施塔尔的法哲学史应该重印。我没能说服我的德国发行人重印。或许您有机会能向别的发行人提及这个问题。)因为如今自然正当充其量存在于记忆中,而不是一种活生生的学说,还因为关于自然正当的根本含混是由前现代和现代自然正当的本质差异所引起的,我不得不写下 précis raisonné[准确而理据充足的]自然正当的历史。于是我同意您的判断:我的作品的价值在历史层面而非哲学层面,我还特别同意您的判断所暗示的:我做出的历史观察并非在哲学上无关紧要。

不过,在这一点上,我们之间的一个严肃的分歧初现。您说我应该以一种古典的辩论的方式对待历史主义,亦即将其视为一种与时代无关的错误可能性,这种可能性只是偶然地出现在我们的时代。您承认在某种程度上,我在前两章中这么做,不过您说这本书的大量篇幅致力于这个错误的起因,而不是对其作正面批判。但是,"不仅有必要提出真理,也要提出错误的原因"(《尼各马可伦理学》1154a22 - 26),而且错误的原因会在偶然之中("历史的"偶然——参《政治学》1341a28 - 32)。换言之,并非所有错误都具有同等地位:有最初的与最自然的错误,也有衍生的和"建立起来"(fundierte)的错误。在我论述霍布斯的章节中我曾暗示这一点。有人或许会说哲学的理念一方面直接暗含教条主义的可能性,一方面直接暗含怀疑主义的可能性。基于怀疑主义的笛卡尔-霍布斯式教条主义的概念衍生自教条主义与怀疑主义的并存。"基于怀疑主义的教条主义"并非笛卡尔和霍布斯(洛克、休谟与实证主义)独占的领域;我们绝不能忘记,康德的物自体仿佛正包围着现象世界的各种教条科学,我们也不能忘记,黑格尔把哲学理解为"自我完成的怀疑论"(sich vollbringenden skepticismus)。回到历史主义,对我来说,它显得就是试图用"基于怀疑主义的教条主义"独特地"抽取"或移除(人们仅仅在怀疑主义与教条主义共同存在的这个层面上遇到的)一些原初问题,以此修正"基于怀疑主义的教条主义",因而,它是在第二个层次上衍生而成的。因此,[对历史主义的]起源性的说明似乎就显得尤为恰当。

如果我正确地理解了您,您在怀疑,尽管与我的关注点不一致的我的方法是史学的,可我的方法危及我的关注点,您还怀疑,在反对历史主义的过程中,我卷入了我自己的一种消极历史主义。对此我不敢苟同。在我把苏格拉底、柏拉图、亚里士多德列为自然正当的古典作家时,我并未如同历史主义者那般宣称,必然且本质上存在一个历史当中的绝对时刻。我只是说,对于这个问题,碰巧有三位几乎同时代的人做了最清晰的探索——它可以发生在任何地方,或是在其他时代,或许确实如此,只是我们并不知道。或者,倘若此三人不曾建此伟业,同样的发现也许也会由只被当作这三位的学生或后继者的那些人完成。在我看来,"历史"并不像您所说的那样本质上是"衰退的历史",但是,如果古典自然正当优于现代自然正当(正如您似乎承认的),那么,事实上的确发生了衰退。在您文章的最后,您提到亚里士多德的"消极的周期性时间概念"(negative-periodistic concept of time),您说这与我自己"富有成效的历史旨趣"(productive-historical interest)不相容。您说亚里士多德的时间观要求"一个没有历史的秩序(kosmos)"。我要说,亚里士多德的时间观要求一种永恒或不灭的秩序(order)来作为一切变化的基础,而且某种程度上在一切变化中显明自身。亚里士多德实际上拒绝人类思想与制度当中的一切变化的合理品质的本质必然性;这种变化是必要的,但是,这种变化乃是合理的或"有意义的"这一点并无必然性。对亚里士多德而言,研究人类思想、制度及其结果,亦即历史研究,也有一种特殊价值,正如他"以行动"充分展示的那样,但是,历史研究当然永远是个严格来说从属性的东西,因为,最终唯一要紧的是超历史的"事物的本质"(Wesen der dinge)。

您说我接受亚里士多德的时间观,根据这种时间观,时间不如说是衰退的原因,而且我把这种观念用于亚里士多德本人的哲学:亚里士多德自己的哲学对我而言是永久的,它已经被历史变迁所削弱。我不是一个亚里士多德主义者,因为,我不满意于说,可见的宇宙是永恒的,更不用说其他或许更重要的原因。我只能说,比起现代人曾经说过的或正在说着的东西而言,亚里士多德与柏拉图关于人与属人事务所说的东西给我带来难以估量的更多意义。顺便说一句,我注意到,您描述的亚里士多德对时间的理解决然不完整。严格来说,时间与其说是衰退的原因,倒不如说是对立的原因(《物理学》222b25－26);可以说,时间同样有资格成为知识的发现者或好帮手(《尼各马可伦理学》1098a22－26)。

现在我要转而讨论我们在自然正当的历史方面的分歧。您说"众所周知,自然正当学说的术语最初由廊下派创立":柏拉图根本没有提到过自然正当,亚里士多德则只是附带说过(页295)。我开始讨论时曾谈到过，我在我的书名之下谈论的是自然正当（natural right），而非自然法（natural law）。我坚决认为，自然正当（jus 或 justum naturale, physikon dikaion 或 to physei dikaion）在柏拉图与亚里士多德那里是一个重要乃至核心的主题。关于柏拉图，我提到了《王制》501b2（及上下文）。这段文字必须结合《王制》484c8 - d3 与 597b - d 一起阅读。于是，这就变得清楚起来，对柏拉图而言，"自然正当"严格理解起来——即因其自身之故而正确，不用特别通过人来使其正确——与"正义的理式"是一样的。除此而外，最佳政制的整个秩序都明显地"依据自然"，与此同时，"当下"的种种安排显然"有违自然"（456c1 - 2）。《王制》中的政制的那种正义依赖于它是"依据自然的"。《法义》中的立法者遵从各种各样的好的东西的"自然秩序"（631d1 - 2）。审慎的统治或律法是"依据自然的"（690c1 - 3）。另可参见《法义》765e 处，那里清楚地提出了"自然"与"目的"之间的关系。柏拉图关于灵魂的秩序与德性的秩序的全部学说就是自然正当的学说，倘若"正义"不是必须意指许多德性之一，而是指那种包罗万象的德性。进一步参见《法义》757c3 - d5，关于分配的正义与"自然"之间的关系。总而言之，柏拉图的最佳政制就是自然正当所要求的人类事物的秩序。

不过，我们的分歧的核心在于对亚里士多德的自然正当学说的解释。我下面尝试逐步跟随您的批评。若是您能证实您的指责，我将非常感激。您说，我以一种缺乏精确甚至方向错误的方式来描述托马斯（[译按]指托马斯·阿奎那）的解释。我所说的是，托马斯肯定不同意亚里士多德的话，因为，亚里士多德说，"对我们来说一切都可变"，而且尤其在正当方面，他没有区分可变的自然正当与不可变的自然正当。托马斯却作出这一区分：可变事物的原因，尤其是自然正当的原因，乃是不可变的；"自然法的第一原则"不可变，与此同时，"接近第一原则的结论"已经是可变的了（参见《尼各马可伦理学义疏》1029，以及《神学大全》1 - 2 2.94a.5.c）。您在这里引证的托马斯的例子——偷窃总是不正义的——并不完全根据托马斯本人；《神学大全》2 2q.66a.5 表明，如果一个人非常需要，他会暗中从他人那里攫取当前处境最不可或缺的东西。着眼于这个事实，以及其他性质相同的类似事实，我在某种程度上同意您的观点，即我对亚里士多德的那个段落的解释与托马斯的解释只有细微差异。不过，我不认为这如您所说的那般造成我对托马斯解释的批评无效；细微差异有时至关重要。我坚持这一事实，即托马斯关于自然法的学说与所有亚里士多德那里的对应者根本上有所差别，因为，在亚里士多德那里不存在 synderesis[良知]，没有实践原则上的习性。而且，考虑到 synderesis 与 conscience[良心]的关联，这意味着亚里士多德暗中拒绝这种 conscience。如果您认为《论真理》(De Veritate)的一个段落就让我下此论断，您就错了。引导我的是，就道德原则在亚里士多德全部学说当中的地位与其在托马斯全部学说中的地位之间的差异作出一种广泛的反思。

不过，我暂且回到您对那个关键的亚里士多德段落的讨论。您承认，《尼各马可伦理学》1134b22 本身就清楚地提出，自然的正当与习俗的正当都"同等地或类似地可改变"。但是，您说这一提法完全不可理解，您还说，约阿希姆(Joachim)提出的一个非常细小并且完全看似可信的修改解决了这个困难：这个难解的句子要被读作一个问句。我不知道约阿希姆的修改，但是，我知道默尔贝克(Moerbeke)像您所建议的那样阅读这个文本，而且，托马斯把我们讨论的这个句子理解为 dubitatio[可疑]。不过，我坚持认为，这本身并没有以任何方式解决困难。那么，您的解决方案又算什么呢？自然正当就如同人的手一样拥有同样的不可变性与可变性："右手天生就更强壮，但所有人都能两手都灵巧。"这是否意味着，偷盗自然就是不正义，但在极端处境下，偷盗也会变得正义？或者普遍地讲，存在自然正当的规则，它们在特定条件下可以被正义地修改呢？这会意味着，不存在一个不可更改、普遍有效的自然正当的单一规则。无论如何，亚里士多德关于人的自然的惯用右手的例子并没有证明，托马斯在自然正当的不可变原则与可变结论之间作出的区分是正当的。

在紧接着的篇幅里，亚里士多德谈到习俗式正当的特定的可变性；他表明，这种可变性是政体的可变性或多样性的一种功能；不过，"仅存在一种处处依据自然最佳的政体"。您理所当然地认为，最佳政体的不可变性证明了自然正当的不可变性。① 亚里士多德当然没有说，处处依据自然的政体随处且总是正义的；他说它随处且总是最佳。因为，正如他在《政治学》中澄清的那样，一种最佳政体不可能随处存在，进而也就不可能在每个地方都正义；尽管君主制是最好且又最具神性的政体，把它建立在一群并不天然适应它的大众当中，就是最不正义的事情(《尼各马可伦理学》1160a35 以降，《政治学》1289b40 与 1296b24 以降)。

您宣称，将正当区分为自然正当与习俗正当只关乎不同于"纯粹正当"(right simply)的政治正当，这样一来，您就降低了我们讨论的这段文本的重要性。我理解，您脑中所想的是《尼各马可伦理学》1134a24 - 26。不过，我不明白为何"纯粹正当"能够包含除"政治正当"之外的任何含义(顺便说一句，这也是托马斯的意见——《尼各马可伦理学义疏》，n1003)。《政治学》在对比两种关于正当的典型错误(即民主的正当与寡头的正当)时用到过"至高正当"(supremely right；参 1280a22 及其上下文)。"政治正当"就是"纯粹正当"，因为，不同的人之间的正当的关系要求处于正当关系之中的人们相互独立；一个人在多大程度上"属于"另一个人，他就在多大程度上缺乏那种独立性。进一步讲，政治正当就是纯粹正当，因为它不仅被导向类似货物交换与服务交换这样的从属性的好，而且被导向对自治(autarchy)亦即德性的共同追求：这是正当的最完整(fullest)形式(参见《政治学》1280b1 - 2 及 1337a22 - 27)。一个城邦民和一个异邦人之间的正当关系必定没有那么完整或丰富。就这一点而言，我不是指它超越对错之分，而是说，作为正当关系，它次于城邦同胞间的正当关系(参见《苏格拉底的申辩》30a3 - 4；以及西塞罗的《论义务》I57、50 - 51 及 53)。尽管亚里士多德仅仅在"政治正当"的情况下，亦即在具有完整公民权的男性同胞之间通行的正当的情况下区分自然的东西与习俗的东西，他并未否定关于异邦人尤其异族城邦的事情上存在自然正当。毕竟，他本人并不

---

① 我认为，很明显亚里士多德谈及最佳政制是在讨论习俗正当而不是在讨论自然正当。

谈论习俗的正当,而是谈论法律的正当,而严格地讲,不同城邦并不服从同样的法:一个城邦必须是"自治的"。他承认关于异邦人的自然正当,可以最清楚地从他关于奴隶制的学说中看出来:奴役那些并非天然生来要做奴隶的人是不正义的,天然就不正义。您当然承认这一点。不过,由此就可以讲,如果连最高或最完整的自然正当都可以改变,那么没那么完整的自然正当(例如,通行于不同的个别城邦之间的那种)也可以改变。除此而外,在考虑自然正当与其可变性时,我不仅考虑与异邦敌人的关系,同样考虑与国内敌人的关系;而且不仅是与敌人的关系……我强调与异邦敌人的关系只是因为,这是最为明显且普遍的情形,在这种情况下,高贵的政治家不会因那些在一般情形下不正义的行动而遭到谴责。

您似乎认为,对亚里士多德而言,自然正当主要存在于公平(equity)当中,存在于对某个特定的政治共同体的成文法的公平的解释当中。我不是很确定这一点,尽管我知道,有权威如托马斯者反对我的观点。无论如何,毫无疑问的是,亚里士多德在其关于交换正义与分配正义的学说当中发展了自然正当的诸原则,这些原则远非依赖于法律的制定,它们是好的立法的标准。类似公正价格、公平工资以及谴责高利贷这样的观念是最为普遍的例子。人们可以说,处理货物交换的那部分交换正义就其本身而言是次政治的(对参《政治学》1280b1 – 12 与《王制》中猪的城邦中这类正当的存在)。不过,无论如何,自然的政治正义的重大主题是交换正义的其他部分,刑罚正义(有罪与无辜之间的区分以及涉及各类犯罪和各类惩罚之间的恰当比例的问题,诸如此类),尤其是分配正义,其原则正是关于把公共荣誉与权威分配给那些值得拥有它的人的基本规则。

您声称,严格而言的自然正当在完整的意义上由这种假设所塑造,即存在一个由所有人共同组成的普遍社会,这个社会由一种普世的、理性的法律聚合在一起,它将人们彼此相连,而这个概念最初由廊下派充分发展出来。我对这个观点非常熟悉,我曾经思考过它,正如我考量过《修辞学》和《伦理学》的相应段落,您也在与此有关的上下文中(页 300 – 301)提到这些。至于您提到的柏拉图的文本,它不是出自《高尔吉亚》，而是出自《普罗塔戈拉》，而且不是普罗狄科说的，而是希琵阿斯那个大傻瓜说的。此外，希琵阿斯并没有说，所有人天生就是朋友和城邦同胞，相反，那些忙于交谈的人以及与他们相似的人（例如智慧者[the wise]）才是天生的朋友和城邦同胞。① 无论如何，从《治邦者》的神话和《王制》的高贵谎言（414d-e：用"国家"取代"土地"）可以看出，柏拉图不相信如下可能性：一个普遍社会能够像一个实际社会那样存在。柏拉图悄然拒绝把普遍社会当作解决政治问题的方案。但是，是否有人可以说，廊下派把普遍社会当作了一个政治社会呢？此处的差异实际上关乎神意的地位，进而关乎普遍有效的"准则"是否能够被理解为严格意义上的法律这个问题。廊下派在这一点上与柏拉图是否有所不同，还不能取决于西塞罗的《论法律》卷一和《论共和国》卷三，因为，有必要在廊下派的严格学说与通俗学说间作出区分。无论如何，正如您承认的那样，柏拉图和亚里士多德同意，存在每个人对每个人的义务。然而，他们不认为，这些最小的义务能够成为一切义务的根源：目的不能从开端导出。

您似乎这样认为：由于亚里士多德认识到奴隶制的正义性，打个比方，他实际上远没有自然正当思想的精神。我的回应是，亚里士多德允许奴隶制的正义性（某一种奴役的正义性）证明，他就是一位自然正当的导师，因为，据他看来，对某一类人进行奴役并将其当作奴隶依据的是自然正当。您毫不迟疑地提出，西塞罗和托马斯是自然正当的导师，而他们同样不曾将奴隶制当作简单的非正义而加以反对。这无疑是一个同样的事实，即没有哲人曾把社会区分（王者、贵族、自由人、奴隶、流放者、异邦人）作为最终极的要害；社会等级只有就其还算与自然等级保持和谐这个程度而言才是得体的。究竟存在还是不存在这样的一个自然等级，在平等论的自然正当与非平等论的自然正当之间存在争议。仅仅表达对社会等级观念的轻蔑甚至根本就没有触及此问题。自然等级通过智慧者与俗众之间的区分得到清晰的认识，这种区分在廊

---

① ［编按］参柏拉图《普罗塔戈拉》337c-d。

下派的学说中扮演着极其重要的角色。真正的问题在于，廊下派是否因为断言每个人——包括非常愚蠢的人——都能变得有智慧而与柏拉图和亚里士多德有所不同。迄今我还未曾看到清楚的证据证明他们做出过这种论断。

最后，这封长信多有叨扰，谨此致歉。

您诚挚的，
列奥·施特劳斯

苏格拉底与政治学问的起源

肖涧 译

[中译编者按]1958年10月27日至11月7日，施特劳斯在芝加哥大学做了六次公开讲座（Public Lectures），题为"政治学问的起源与苏格拉底问题"（The Origins of Political Science and the Problem of Socrates）。1989年，Thomas L. Pangle编辑出版施特劳斯文集《古典政治理性主义的重生》（*The Rebirth of Classical Political Rationalism: An Introduction to the Thought of Leo Strauss*）时，选取了这六次讲座的后五讲，题为"苏格拉底问题五讲"。

1996年，《解释：政治哲学学刊》（*Interpretatin: A Journal of Political Philosophy*, Winter 1996, Vol. 23, No. 2）刊发了由David Bolotin、Christopher Bruell和Thomas L. Pangle共同整理的六篇讲稿，本文为其中的第一讲（1958年10月27日），标题为本编者所加。

首先，请允许我向Herman Pritchett致谢，他是我的同事，也是我的朋友。在他说过这番话后，我感到格外欣慰，因为觉得自己不再是孤单一人。否则的话，我必须为我所做的一系列公开讲座负完全责任，现在我很高兴有人愿意和我共同承担这一责任。我也很高兴他把我介绍为真正的（bona fide）政治科学家，因为有人或许认为从政治科学角度来看，我这一系列讲座的不少内容都非常边缘，这一点我不能苟同。

我们所理解的政治科学是这样一种研究政治事物的学问：它并不屈从于任何权威，它也不只是政治活动的一部分，或只是政治活动的附庸。政治科学最初等同于政治哲学。政治科学与政治哲学的区分是区分一般而言的科学与哲学的结果，这一区分晚近才出现。政治哲学或政治科学最初是对最好政制或最好社会的探求，或对关于最好政制或最好社会的学说的探求。这一探求包括对所有政制的研究。

政治哲人最初指并不参加政治活动,但试图描述最好政制的人。因此,如果我们要追溯政治科学的起源,我们只需确认第一个试图描述最好政制又不参加政治活动的人。正是亚里士多德本人告诉我们这个人。他的名字是米利都的希朴达摩(Hippodamus from Miletus)。希朴达摩的最好政制有三个主要特征。他的市民主体由三部分组成:手艺人、农民和武士。属于他的城邦的土地由三部分组成:神圣的、公共的和属于每个人的。法律也由三部分组成:关于暴行的法律、关于伤害的法律、关于杀人的法律。这个方案以表面上的简单清晰见长。但是,如亚里士多德观察到的那样,如果细想这个方案,就会发现它有很多含混不清之处。这些含混是由设计最清晰、最简单的方案的欲望引起的。希朴达摩诸多含混的具体建议中最为明显的一条是:因创造发明造福城邦的人,应从城邦中获得荣誉。亚里士多德在审视这项建议时认为,希朴达摩没有考虑到政治稳定与技术变化之间的紧张关系。在一些观察的基础之上,我们已变得更令人不快了,我们怀疑希朴达摩对清晰简单的过度关注与他对技术进步的过度关注之间是否存在联系。他的建议总的来看不仅导致含混不清,而且是永远的含混不清或永远的革命(revolution)。这个不同寻常的奇思异想促使亚里士多德在描述构想它的人时,不同寻常地不惜笔墨。我引用如下:

> (他还)开创了城市的区划设计方法,并为佩莱坞港完成了整齐的道路设计。这个人的生平又以怪异著称于当世,见者望之翘然,或以为矫揉:居常披发垂肩而加之盛饰,以粗葛制长袍,厚实温暖,不分冬夏地穿着。他希望大家都把他看作一位能够对自然的整全给出解释的饱学之士。①

---

① [译注]见亚里士多德《政治学》1267B25-29。中译参吴寿彭译本(北京:商务印书馆),并补上了吴先生漏译的最后一句。

似乎是一种特殊的对自然之为整全的解释,一种把数字"3"视作对所有事物关键的解释,促使或迫使希朴达摩把这一解释作为他最好城邦"三合一"方案的基础。看上去,希朴达摩似乎把数学物理学中精心设计的公式应用到政治事物中,以期获得最大程度的简单、清晰。然而他实际上获得的却是最大程度的含混不清,因为他没有注意到政治事物的特殊性。他没有发现政治事物乃是自成一体的。我们对政治科学之起源的探求导致了令人窘迫和多少有点令人失望的结果。希朴达摩或许是第一位政治科学家;他的思想绝不是政治科学或政治哲学的起源。我们不禁会怀疑这一结果是不是我们咎由自取?因为我们提出政治科学起源的问题,却没有提出比它更为首要的问题——为何探询这一科学的起源是恰当和必要的?

对于过去的每一次关注(如果不只是出于无所事事的好奇心),植根于对当前时代的不满。在最好的情况下,不满的原因是:没有任何当前时代是自足的。鉴于智慧的极度稀缺,任何当前时代的有智慧的人的智慧,都需要过去时代那些有智慧的人的智慧来支援。但是对当前时代的不满除了这个一般原因,可能还有更为具体或更令人苦恼的原因。让我们扫视一下政治科学的当前状况。我接下来要说的,较少关注大多数政治科学家的实际行为,而是更多关注流行的或叫得最响的方法论让他们去做的。大部分经验主义的政治科学家——至少在芝加哥大学的政治科学家——所从事的研究,从每个方法论角度来看都意义重大、颇为有用。政治哲学已经被一种非哲学的政治科学,被一种实证的政治科学所取代。这种政治科学"科学"到可以预测的程度,而根据实证主义的观点,政治哲学是不可能的。然而政治哲学提出的问题仍然具有生命力。它保留了生来就拥有的证据(evidence)。我们若提醒自己注意这个证据,将不会有什么坏处。

所有政治行动都与保存或变化有关。保存意味着阻止变化向更坏的方向发展;变化意味着带来某些改进。因此,政治行动的指导思想是考虑更好或更坏的情况。但是人们在权衡更好或更坏时,不可能不考虑好或坏的问题,所有政治活动因此受到某种好或坏的观念的指导。这些观念最初出现时带有意见的特征:它们把自己表现为不容置疑,而经过反思就能证明它们其实是成问题的。由此,作为意见,它们指出关于好或坏的这些思想不再成问题。它们指向关于好或坏的知识,或更为准确地说,它们指向彻底的政治上的"好"(亦即有关好的社会的本质特征)的知识。如果所有政治行动都指涉政治哲学的基本问题,如果因此政治哲学的基本问题保留它最初的证据,那么对于思想者来说,政治哲学是一个永恒的诱惑。实证主义的政治科学确信这个基本问题不能通过理性得到回答,对它的回答只能通过情感,也就是说根本无法得到回答。政治哲学提出的基本问题因而不断危及实证主义的政治科学,因为这一基本问题既是亟待回答的,又是显而易见的。实证主义的政治科学因此被迫不断关注政治哲学,尽管这种关注带有争议或批判色彩。这种关注在任何样式或形式中所能采取的最精心的形式是:把政治哲学的历史视作对政治哲学之不可能性的详尽证明——见萨拜因(Sabine)。[①] 这种历史履行了它的职责:表明政治哲学不可能,或更为准确地说,表明政治哲学已过时。在非哲学的政治科学出现之前,人们曾无可厚非地投身于政治哲学研究。在人类心灵达到它目前的成熟状态之前,政治哲学曾不可避免。那么,出于所有的实际目的,以政治哲学史的形式出现的政治哲学还是必不可少的。或者换句话说,政治哲学被政治哲学史所取代。政治哲学史自然而然地将从开端处开始,从而引发一个问题:如何确认第一个政治哲人?如果政治哲学史编撰得较为称职,它将以米利都的希朴达摩开始,并且满足于这个开端。然而,人们会怀疑这类政治哲学史是否还有任何价值。如果我们事前知道政治哲学的历史是一部有着重大错误的历史,有人将会丧失潜心钻研的必要动力。人们便没有理由在思考过去时还带着同情、热望或尊敬,也没有理由严肃认真地对待过去。

尤为重要的是,关于政治哲学之不可能性的必要和充分证据并不是由政治哲学史,而是由当前时代的逻辑提供的。因此人们开始怀疑政治科学的最新训练是否还需要对政治哲学史的研究(不管这项研究

---

① [中译编者按]此人为政治思想史名家,肖公权的老师,其名作《西方政治学说史》有中译本,上下两部,北京:商务印书馆。

如何敷衍塞责)。他们的理由如下:政治科学家是在完全前所未有的情势(situation)下,关注当前时代的政治景象,这种前所未有的情势促使人们探索前所未有的解决方法,甚至一种全新的政治(或许是政治与心理分析的明智组合)。只有与这个完全前所未有的情势同时代的人,才能明智地考虑它。所有过去的思想家都未能明智地说出政治科学家关注的重心,即当前的政治情势。尤其因为所有早期的政治思想基本上都是不科学的;它的地位与民间传说相差无几;我们对这种政治思想知道得越少越好;所以让我们来个彻底清洗。我认为,这种说法不可取。毫无疑问,我们目前面临前所未有的政治情势。我们的政治情势,除了它是政治情势这一点,与任何早期的政治情势并无相同之处。人类依旧被划分为许多独立的政治社会,这些社会被确实无疑和有时让人感到恐惧的边界分割开,不仅社会和政府依旧多种多样,政府的类型也依旧多种多样。不同的政治社会具有不同的、并不必然和谐一致的利益。政府类型的差异,由此产生的弥漫在不同社会的精神差异以及这些社会对未来的想象,都使和谐一致变得不可能。从我们对这个世界的观察来看,我们所能希冀的最好结果不过是不稳定的共存,而这种共存也只不过是我们的希冀。在那些具有决定性的方面,我们对未来完全一无所知。无论我们现在的政治情势是如何的前所未有,在这一点上它与过去所有的政治情势都是相同的。在最为重要的方面,政治行动不知其后果。我们科学的政治科学在预测后果的可靠性上,与最原始的神话学并无二致。在以往时代,人们认为冲突的后果无法预期,因为人们不可能提前知道这位或那位杰出人物还会活多久,或敌方军队在战场上的表现将会如何。现在,有人让我们相信机运是可以被控制的,或者并不会严重影响社会的主要问题。然而,据称使控制机运成为可能的科学自身复又成为机运的集中地。现在,人类的命运比以往任何时候都更加依赖科学和技术,因而更加依赖发现和发明,因而更加依赖本性上不可预期的偶发事件。一个完全前所未有的政治情势将会是:至关重要的政治冲突的结果和后续影响能够准确预测到。换言之,政治科学的成功预测必然要求至关重要的政治冲突消失,即事关政治利益的各种情势消失。

不过,让我们假定,政治科学的实证观点完全合理。现在我们已经发现,这门科学还在襁褓期时,政治科学家和城邦民众对政治事物的理解就已经出现分歧。严格地说,他们不使用相同的语言。政治科学变得越"科学",城邦民众和政治哲人视角的差异就越明显,因此,就越有必要了解这种视角的差异,同时从最初的视角——普通民众本身的视角,并非专断和随意地,而是有序和负责地转化为第二位的或派生的视角——政治科学家的视角。出于这一目的,我们必须清楚了解城邦民众的视角。唯其如此,我们才能从城邦民众的角度,了解政治科学家视角的本质起源。探求这一起源最安全的经验基础是研究政治科学的历史起源,或曰研究政治科学的由来。通过这种方法,我们可以亲自发现政治科学如何从前科学所理解的政治事物中首次出现(当然以仍然原始的形式)。实证主义的政治科学并不直接从民众对政治事物的理解中产生。实证主义的政治科学借助现代政治哲学的极其复杂的转型而产生,而现代政治哲学反过来又借助古典政治哲学的极其复杂的转型而产生。如果不研究柏拉图和亚里士多德的著作,我们就不可能恰切理解实证主义的政治科学(以与仅仅使用这门科学相区别)。柏拉图和亚里士多德的著作是关于政治科学从对政治事物的前科学理解中出现的最为重要的文献。他们的著作对于理解政治科学的起源至关重要。

实证主义的政治科学最引人注目的特征是区分事实与价值。这种区分意味着科学或人类理性大体上只能解决关于事实的问题,不能解决关于价值的问题。在理性的法庭上,人们追逐的任何目的与其他目的一样善好。或者说,在人类理性的法庭上,所有目的都是等价的(all ends are equal)。理性只在为预设目的选择方法时发挥作用。最重要的问题——关于目的的问题,根本不在理性的考虑范围之内。一个没有亲友子嗣的单身汉(bachelor),一辈子都在尽可能地积聚最大数额的金钱(假定他通过最有效的方式实现他的追求),那他的生活方式与他国家中最伟大的慈善家或人类最伟大的慈善家的生活方式是同样理性的。否认区分正当目的与非正当目的的理性(rationality)的可能性,自然会导致否认共同的善(a common good)的可能性。其后果是,不可能把社会构想为一个能够行动的真正整体。社会被理解为一个容器或水池,个体和群体在其中行动,或社会成为个体和群体行动的合力。换句话说,政治社会作为行动的社会,即通过其政府或作为政府来行动的社会,似乎是社会的派生物。因此政治科学成为社会学的附庸。由于对目的的选择不是或不可能是理性的,从严格意义上讲,所有的行为都是非理性的。政治科学以及任何其他科学都是对非理性行为的研究,但像任何其他科学一样,政治科学是对非理性行为的理性研究。

那么让我们来看一看政治科学研究的理性。先于政治事物的科学知识的是人们大致称为政治事物的常识性知识。从实证主义的政治科学的视角看,关于政治事物的常识性知识在未经检验之前,即未经转化为科学知识之前是可疑的,它的地位与民间传说相同。其导致的结果是,大量的精力和金钱必须花费在确立至少每个心智健全的成年人都完全熟悉的事实上。但这一点既非全部,也非最为重要的关键点。根据最为极端(但也绝不是最无特色)的观点,任何形式的科学发现都不是决定性的。我引用如下:"经验的命题个个都是假说;没有最终命题。"而根据常识,"希特勒政权于 1945 年灭亡"是一个最终命题,它绝不需要进一步修正,也绝不是一个假说。如果这种类型和性质的命题都必须被理解为需要一再验证的假说,政治科学将被迫变得越来越空洞,越来越远离公民认为重要的诸多问题。但是科学不能因满足于确立它所观察到的事实而止步不前;它存在于归纳的推理,它与预测或发现原因有关。至于因果性,当今的实证主义宣扬:归纳推理的正当性仅能由它在实践中的胜利证明。换句话说,因果法则充其量不过是或然性(probability)法则。或然命题来源于观察到的事件发生的频率,并包含这样的假设:同样的频率将在未来近似地出现。但是这个假设没有理性的基础。它并不是建立在任何明显的必然之上;它仅仅是一个假设。如果假设:宇宙将在任何时刻消失,不仅消失为稀薄的空气,而且消失为绝对的虚无,假设将发生的不仅是消失为虚无,而且是通过虚无成为虚无,对这个假设我们找不出理性的反对意见。关于这个世界可能结局的真相必须适用于它的开端。由于因果关系的原则没有依据,所以没有任何事务能够阻止我们假定:这个世界从虚无中生成,并通过虚无生成。不仅在由科学从事的行为研究中理性已然消失,而且那种研究本身的理性也变得成问题了。所有的连贯性都被消解。人们可以认为,理性的幸存是由于矛盾原则作为必要和普遍有效性的原则被保留。但是这一原则的身份变得全然模糊,因为它既不是经验的,又不依靠任何协约、惯例或逻辑的建构。因此,我们有资格说,一般而言的实证科学和具体而言的实证主义政治科学都具有抛弃理性(reason)或逃避理性的特征。我们很遗憾地注意到了这种对科学理性的逃避,这在某种程度上是对科学从理性处逃逸的绝好理性回应。无论如何,我们到目前为止讨论的对理性的抛弃,只是对一个更加广泛和深入的进程薄弱的、学院式的(虽不至于是苍白无力的)反思,然而这一反思又并非毫无吸引力和无关紧要,我们必须设法指出这个进程的基本特征。

当前的实证主义是逻辑实证主义。逻辑实证主义把它的起源追溯到休谟,这是有一定道理的。但是它在两个决定性方面偏离了休谟。第一个方面:它偏离了休谟的学说。逻辑实证主义是一种逻辑学说,那也就是说它不是心理学学说。在逻辑实证主义中,对理性的批判的增补是符号逻辑(symbolic logic)和概率(probability)理论。在休谟学说中,那种增补是信仰和自然本能。逻辑实证主义唯一关注的是对科学的逻辑分析。它师法康德——休谟最大的批评者,认为科学的有效性问题与科学的心理起源问题根本不同。然而康德有能力超越心理学,因为他认识到自己称之为先验(a priori)的东西,通过纯粹理性起作用。因此科学对他来讲即为人类天生潜能的实现。逻辑实证主义拒斥先验,从而不可避免地陷入心理学,因为它无法回避这一问题:为什么有科学?建立在实证主义前提的基础上,科学必须被理解为某种有机体的活动——一种实现这种有机体生命重要功能的活动。简而言之,人是一种有机体,如果无法预测未来,人就不能生活或很好地生活,而预测未来最有效的形式就是科学。这种解释科学的方式变得极成问题。在热核武器的时代,科学与人类生存的实证关系已经丧失曾经可能具有的明显依据。此外,科学的高度发展促使工业社会的产生;工业社会的支配地位使不发达社会或前工业社会的生存处境更为艰难。谁还敢说这些社会的发展,这些社会的转型,这些社会传统生活方式的瓦解,是身处其中的人们生活或生活得更好的必然前提?这些人不需要任何科学仍然生存,有时还幸福地生活。因此,尽管把科学溯源到某种有机体的需要是必要的,但不可能这么去做。因为就科学所能表现出的对人类生命发挥的必要作用而言,人们实际上已对科学做出了理性的价值判断,而理性价值判断又被同一思想学派斥之为不可能。

通过上面的评论,我们触及当前实证主义偏离休谟的第二个决定性方面。休谟仍然是政治哲人。他仍然教导,存在普遍的、有效的正义规则,而且这些规则可以恰当地称之为自然法(natural law)。这意味着,在他的当代追随者看来,他的思想先于对文化多样性或历史变化重要性的发现。众所周知,证明理性的价值判断或普遍有效的价值判断不可能的最流行论调来源于这样的多样性和变化的事实。所有的当代思想,通过有时被称之为"对历史的发现"的事物,与休谟的思想分道扬镳。这一决定性变化的通俗表达是一个老生常谈的命题:人不是在真空中思考。据说所有的思想本质上都依赖于其自身出现时的具体历史条件。这不仅适用于思想的内容,也适用于思想的特点。人文科学自身必须被理解为一个历史现象。它不是所有人不可或缺的事物,而是某一特定历史类型的人不可或缺的事物。因此,对科学的逻辑分析或者心理学,都不能提供对科学的完整理解。由对科学的逻辑分析提出的科学的前提,或科学的本质特征,它们的依据或意义要归因于历史,因为可能成为思想对象的每个事物本身就依赖思想的结构或者依赖(如果你想要这样理解的话)逻辑建构的结构。最基础的科学将是历史心理学(historical psychology)。但是这一科学不能在史学之外拥有地盘。它本身就是历史的。历史必须被构想为一个过程,这一过程原则上没有尽头,它的道路也无法预期。历史过程没有终结,也不是理性的。一般而言的科学和基础科学(具体而言即历史心理学)在这一过程的范围之内。历史过程仰赖的诸前提并非对人之为人明白无误,这些前提由历史强加于特定的人或特定的历史类型。

第一个从对历史的发现中作出上述结论的人是尼采。因此他必然面临下述基本难题:这门基础科学(历史心理学)作为科学应该是客观的,但是由于它带有明显的史学特征,它只能是主观的。说尼采从未解决这个问题很容易。最为重要的是,我们应该注意到,他和他同时代人的区别在于这个事实：在别人看到有理由自满之处，他看到的却是深渊。他以无与伦比的明晰透彻，洞见20世纪的问题，因为他比（至少在两次世界大战前的）任何人，都更为清楚地诊断了现代性的危机。同时，他意识到克服这一危机或为了人类未来的必要（尽管不是最充分的）理由（reason），是对起源的回归。尼采把现代性视为朝向一个目标（或目标规划）的运动，人类很有可能实现这一目标，然而却必须付出沉重代价——人的最极端堕落。在查拉图斯特拉关于末人的演讲中，尼采最为有力地描述了这一目标。末人是已经获得幸福的人。他的生活中不再有苦难、不幸、不可解之谜、冲突和不平等，因此他远离所有的重大使命、所有的英雄主义、所有的献身精神。这种生活最具特色的近似条件是我们有资格称之为心理分析和镇静剂的事物的可获取性。尼采确信这样的生活是无政府主义、社会主义和大同主义有意或无意的目标，而民主与自由不过是通向大同主义的道路上半途搭建的房屋。他认为，人类可能的人性（humanity）与伟大，要求冲突或苦难的永存；因此我们必须放弃从此世生命的恶之中获得救赎的欲望，遑论从来世的生命中获得救赎的渴望。

现代方案的成败在科学，在认为科学能够从原则上解决所有谜团和释放所有禁锢的信念。科学成为最典型（par excellence）的理性活动，现代方案显得像是理性主义的最后形式，是下述信仰的最后形式：理性拥有无限能力，它的本质特征是造福人类。理性主义是乐观的。乐观主义最初源自这样的学说：现实世界是可能存在的最好世界，因为没有任何现存事物其实存的充足理由不能被给予。乐观主义最后演变为这样的学说：现实世界能够而且将要被人类改造为可能想象的最好世界，它是自由王国，远离任何压迫、匮乏、无知和自我主义，是人间天国。对这种学说的反动是自称为悲观主义的学说，即认为这个世界必然是恶，生命的本质是盲目的意志，拯救存在于否定世界或生命。从政治上讲，这意味着对左派（大同主义）无神论的回应，是一种右派的无神论，是带有政治意味的非政治无神论，是尼采的老师叔本华的悲观主义。叔本华的悲观主义没能让尼采感到满足，因为叔本华受制于自己的前提，被迫把对生命或世界的否定，或他称之为圣徒性（saintliness）

的东西，理解为关于生命和世界的作品或产品。如果世界和生命是成圣和拯救的原因，它们就不能被正当地否定。叔本华的悲观主义不能让尼采满足的深层原因是，正在迫近的20世纪的危机似乎要求一种反向立场（counter position），这种立场跟正在其途中的大同主义相比，一样尚武，一样准备为了荣耀的未来不惜牺牲一切。叔本华消极的悲观主义不得不让位于尼采积极的悲观主义。正是在尼采的思想中对理性的攻击（逃避理性在其中只是一种苍白反映）完成了它极端不妥协的形式。

在《肃剧在音乐精神中的诞生》一书中，尼采首次提出他的思想。这本书基于这样的前提：希腊文化是所有文化的最高形式，而希腊肃剧尤其埃斯库罗斯和索福克勒斯的肃剧，是高山之巅。肃剧的衰落始于欧里庇得斯。此处，在对古希腊遗产的倾慕中，我们面临一个奇怪的自相矛盾。传统把对索福克勒斯的高度推崇与对苏格拉底的高度推崇联系在一起，因为这一传统信仰真、善、美的和谐。但是根据最清楚的证据（并非不重要的德尔菲神谕为其中之一），苏格拉底并非与索福克勒斯，而是与欧里庇得斯相契。在最高的古典肃剧和苏格拉底之间有一道不可逾越的鸿沟。苏格拉底并不理解古典肃剧。苏格拉底通过他对欧里庇得斯和其他人的影响摧毁了古典肃剧。为了实现这一最高的摧毁行为，苏格拉底必须拥有一种真正的魔力（demonic power），他必须成为半神（demi-god）。不是他的知识，而是他的本能促使他把知识（而非本能）视作最高之物，让他偏爱知识和洞见的清晰、批判的觉醒、辩证法的严密，胜过本能、占卜（divining）和创造力。作为一位天才，乃至批判思想的化身，苏格拉底是非神秘主义者（non-mystic）与非艺术家（non-artistic）的典型。苏格拉底对知识的赞扬意味着整全可以被理解，关于整全的知识是治疗所有恶的药方，美德即知识，作为知识的美德即幸福。这种乐观主义导致肃剧的死亡。苏格拉底是理论人（theoretical man）的原型和始祖，对理论人而言，科学（对真理的追求）不是某种工作或某项职业，它是一种生活方式，能够让理论人直面生存与死亡。因此，苏格拉底不仅是古代最成问题的现象，也是"人类历史中的一个转折点和旋涡"。

尼采用他那尖利和年轻的嗓音，宣告苏格拉底为理性主义（或对理性的信仰)的创始人,并且宣告自己在理性主义中看到人类历史上最为致命的困境。尼采的说法有点难以自圆其说,如果我们可以做一个假设,我们不见得会被他驳倒。这个假设尼采从未做过,甚至也从未提及,但苏格拉底做了,他假定整全的可理解性(the intelligibility of the whole)的论点如下:理解某事物意味着根据目的来理解它。如果理性主义隐含着假定善的最初或最终的至尊地位,那么理性主义确实是乐观主义。如果理性主义要求目的论式地理解整全,那么理性主义确实是乐观主义。有大量证据表明,苏格拉底开创了哲学目的论。

根据传统,并不是米利都的希朴达摩,而是苏格拉底创立了政治哲学。用西塞罗的话说(他的这段话常常被引用):

> 由于前苏格拉底哲学关注数和运动,探究事物来自何处、去向何方,苏格拉底是第一个将哲学从天上唤到尘世之人,他甚至把哲学引入家庭,迫使哲学追问生活与习俗,追问好与坏。

换句话说,苏格拉底最早将哲学的中心主题定义为人类活动——有目的的活动,并因此把目的理解为通向整全的关键。

我已试图说明为何我们研究政治科学的起源是必要的。这意味着(如当前所示),我们研究苏格拉底问题是必要的。我以几句简短的话作结。苏格拉底问题最终关系到苏格拉底立场的价值问题。但它首先是一个更为技术化的问题,一个纯粹的历史问题。苏格拉底不着一字,我们仅从与他差不多同时代的四个人身上了解到他。阿里斯托芬的戏剧《云》、色诺芬的苏格拉底作品、柏拉图的对话以及亚里士多德的一些评论是最为主要和重要的来源。在这四种来源中,色诺芬的苏格拉底作品初看最为重要,因为四人中唯有色诺芬既是苏格拉底的同时代人,而且又以行动显示出撰写历史的才华和意愿——他写出了修昔底德《伯罗奔半岛战争志》的著名续篇。但我的讨论并不以对色诺芬的分析开始,而是遵从时间顺序,因为我们所完全掌握的最早关于苏格拉底的言论是阿里斯托芬的谐剧——《云》。下次讲座我将主要讨论阿里斯托芬的《云》。

现代性的三次浪潮

丁耘 译

[中译编者按]本文原为讲演,初次发表于吉尔丁(Hilail Gildin)编《政治哲学导引》(*An Introduction to Political Philosophy*, 1975),未注明讲演时间。

第一次世界大战快结束的时候,出了一本标题不祥的书:《西方的没落》(*The Decline, or Setting, of the West*)。斯宾格勒所理解的西方并非我们惯常所谓源于希腊的西方文明,而是一种公元一千年左右出现在北欧的文化;它所包括的首先是现代西方文化。因而,他预言的是现代性的没落。他的这本书是对现代性危机有力的文字指证。现在,对于见识最浅陋的人来说,这种危机的存在也是明白无疑的了。要理解现代性的危机,首先就必须理解现代性的特性。

现代性的危机表现或者说存在于这样一宗事实中:现代西方人再也不知道想要什么——他再也不相信自己能够知道什么是好的,什么是坏的,什么是对的,什么是错的。寥寥几代之前,人们还普遍确信,人能够知道什么是对的,什么是错的,能够知道什么是正义的(just)或者好的(good)或者最好的(best)社会秩序——一言以蔽之,人们普遍确信,政治哲学是可能的,也是必要的。在我们的时代,这个信念已经回天乏力了。按照占支配地位的观点,政治哲学是不可能的:它只是一个梦想,也许是个高贵的梦想,但无论如何终究只是个梦想而已。在这一点上存在着广泛的共识,但至于政治哲学为什么会植根于一个基本的错误,那便众说纷纭了。按照一种非常流行的看法,一切并非虚有其名的知识都是科学知识;但科学知识却无法赋予价值判断以效力;它仅局限于事实判断；而政治哲学的前提是，能够合理地赋予价值判断以效力。按照一种流行程度稍逊一筹但却更加狡黠的观点，事实与价值分离这种占支配地位的看法站不住脚：理论知性（theoretical understanding）的范畴以某种方式隐含了评价原则；但那些评价原则与知性范畴一样都是历史地可变的；它们随时代而改变；于是便不可能以一种政治哲学所要求的普遍有效的方式（一种对所有历史时代均有效的方式）去解答对错的问题或者社会最好秩序的问题。

这么说来，现代性的危机原本是现代政治哲学的危机。也许这看起来有点古怪：何以文化危机原本倒是一个学院行当（它不过是众多行当之一而已）的危机呢？但政治哲学实质上并不是一个学院行当：多数伟大的政治哲人都不是大学教授。最重要的是，正如人们公认的，现代文化是特别理性主义的，相信理性的权力（power）；这样的文化一旦不再相信理性有能力赋予自己的最高目的以效力，那么，这个文化无疑处于危机之中。

那么，什么是现代性的特点呢？按照一种相当通行的想法，现代性是一种世俗化了的圣经信仰；彼岸的圣经信仰已经彻底此岸化了。再简单不过地说，不再希望天堂生活，而是凭借纯粹人类的手段在尘世上建立天堂。但这确实也就是柏拉图声称在自己的《王制》里所做的事情：用纯粹人类的手段终止尘世的一切邪恶。但肯定不能说，柏拉图把圣经信仰尘世化了。如果谁想谈论什么圣经信仰，他还是必须搞得专业一点。例如，有人断言，现代资本主义精神有一个清教起源。再比如，霍布斯用一对基本的对立来设想人类：邪恶的骄傲与对暴死的有益畏惧；谁都可以看出，这是圣经上的那一对立的世俗翻版：有罪的骄傲与对天主的有益畏惧。那么，世俗化便意味着，在圣经信仰丧失或者萎缩之后，保留具有圣经起源的思想、感受、习惯。但至于世俗化中保留了何种成分，这个定义便无法告诉我们什么了。尤其重要的是，这个定义没有告诉我们世俗化是什么，除非以否定的方式：圣经信仰的丧失或萎缩。但指引着现代人的原本是一种肯定的蓝图。也许，如果不借助残留的圣经信仰成分便无法想出那种肯定的蓝图；但这一点究竟是不是实情，在理解那个蓝图本身之前还无法断定。

可以谈论单单一个蓝图吗？现代性最具特色的东西便是其多种多样以及其中的剧变频仍。其种类如此之多,以至于人们会怀疑,可否把现代性当作某个统一的东西来谈论。仅靠年代学无法建立有意义的统一性：也许有思想家处于现代时期却并不以现代的方式思想。那么,如何避免武断与主观呢？我们将现代性理解为对前现代政治哲学的彻底变更(radical modification)——这个变更的结果乍看起来是对前现代政治哲学的拒绝。如果前现代政治哲学具有一个基本统一性,具有它自己的体质形相(physiognomy),那么其对手现代政治哲学,至少会通过反照获得同样的清晰度。在以一种非武断的标准确定了现代性的开端之后,我们会逐渐看到事实便是如此。如果现代性通过与前现代思想的断裂而出现,那么,那些成就这一断裂的伟大心灵必定已经意识到他们做了些什么。那么,第一个把所有先前的政治哲学当作根本上不充分甚至不健全的东西明确加以拒斥的政治哲学家是谁呢？回答这个问题并无困难：此人便是霍布斯。然而,更精细的研究表明,霍布斯与政治哲学传统的彻底决裂只不过是接着(即便以一种相当有原创性的方式)马基雅维利首创的东西说的。马基雅维利质疑了传统政治哲学的价值,其彻底程度毫不亚于霍布斯；他宣称(其清晰程度其实毫不逊于霍布斯),真正的政治哲学是从他开始的,虽然他所用的语言比霍布斯的要温和一点。

马基雅维利那里有着双重说法,这以极度的清晰显示了其宏大开阔的意图。第一重说法要达到这个效果：在一个君主应当如何对待其臣民与朋友的问题上,马基雅维利与其他人的观点有着深刻分歧；这分歧的缘由是,他所关注的乃是事实性的、实践性的真理,而非幻想；许多人想象过从未存在过的共富国(commonwealths)与君主国(principalities),因为他们着眼的是人们应当如何生活,而非人们事实上如何生活。针对传统政治哲学的这种理想主义,马基雅维利提出了通达政治事务的实在论途径。但这只是真相的一半(换言之,马基雅维利的实在论是一种独特的实在论)。马基雅维利用这样的言辞述说了真相的另一半:福尔图娜①是一个女性,可以运用力量加以控制。要理解这两重说法的关联,人们便必须提醒自己注意这样一个事实:古典政治哲学追寻的是最好的政治秩序,或者最好的政制(regime),对于德性(或人们应当如何生活)之实践,这种政制最具指导性;但须提醒自己注意,按照古典政治哲学的看法,最佳政治秩序的建立必然依赖于不可控制、难以把握的命运或者机运(chance)。例如,根据柏拉图的《王制》,最佳政治秩序的实现依赖于哲学与政治权力的碰巧协和,依赖这两者之间几乎不太可能的携手并行。所谓的实在论者亚里士多德在这样两个极端重要的方面与柏拉图看法一致:最佳政制乃是对德性之实践最具指导性的秩序,而最佳政制的实现则只能看机运。因为,在亚里士多德看来,如果无法获致合适的质料,也就是说,如果可用的地域与人民的自然本性并不适于最佳政制,那么便无法建立最佳政制;至于能否获致合适质料,这一点绝不是靠缔造者的技艺便能决定的,而是要看机运。马基雅维利似乎与亚里士多德的看法一致,他说,如果材料(也就是人民)败坏的话,是无法建立令人向往的秩序的;但对于马基雅维利来说,在亚里士多德看来不可能的东西无非有极大困难而已:一个运用非常手段将糟糕的质料改造为良好质料的杰出人物可以克服这个困难;建立最佳政制的障碍(也就是作为质料的人、人性质料)可以得到克服,因为质料是可以改造的。

前辈作者们的共和国(即马基雅维利所谓想象出来的共和国)的基础是对自然的一种特殊理解,而马基雅维利(至少隐蔽地)拒绝这种理解。根据这种对自然的理解,一切自然存在者,至少是一切有生命的存在者,都指向一个终极目的、一个它们渴望的完善状态;对于每一特殊的自然本性(nature),都有一个特殊的完善状态归属之;特别地,也有人的完善状态,它是被人(作为理性的、社会的动物的人)的自然本性所规定的。自然本性提供标准,这个标准完全独立于人的意志;这意

---

① [译注]fortuna,罗马神话中的命运女神。

味着自然本性是善的。人具有整全之内的特定位置,一个相当崇高的位置;可以说人是万物的尺度,或者说人是小宇宙,但他是由于自然本性而占据这个位置的;人具有的是秩序之中的位置,但他并未创制这个秩序。"人是万物的尺度"这个命题正好与"人是万物的主宰"相对立。人具有的是整全之内的位置,人的权能是有限的;人无法克服其自然本性的界限。我们的自然本性是以多种方式被奴役着的(亚里士多德语),或者说,我们只是众神的玩物(柏拉图语)。这个界限尤其显示于机运之无法逃避的权能之中。善的生活便是按照自然本性去生活,这意味着安于特定的界限;德性在本质上就是节制(moderation)。在这个方面,古典政治哲学与非政治的古典快乐论(hedonism)之间并无分别;快乐决定性地依赖于对我们欲望的限制。

为了恰切地断定马基雅维利的旨归,我们必须考虑到,古典哲学与圣经之间、雅典与耶路撒冷之间在关键的方面存在着一致,尽管在雅典与耶路撒冷之间也有深刻的差异甚至对立。根据圣经,人是照着上帝的形象造的;上帝将大地上的一切被造物赐给人统治,并不是将整全都赐给人统治;人被安置在一个园子里,经营它并且守护它;人被指派了一个位置;正直(righteousness)便是遵从被神圣地建立起来的秩序,这正如在古典思想中,正义(justice)乃是遵从自然秩序;对无从把握的机运的认识,正对应着对难知究竟的神意(providence)的认识。

马基雅维利拒绝了整个哲学的与神学的传统。其论证我们可以述说如下。传统观点要么导致不认真看待政治事务的结果(伊壁鸠鲁主义),要么便是借助一种想象的完善状态来理解这些事务——借助想象出来的共和国与君主国,其间最著名者便是上帝之国。必须从人[实际上][1]如何生活开始;必须把目光降下来。[这些论述的]直接后果便是对德性(virtue)的重新解释:德性绝不能被理解为国家(commonwealth)为之而存在的东西,相反,德性仅仅为了国家的缘故才存在;政治生活本身并不受制于道德性;在政治社会之外,道德性是不可能的;

---

[1] 方括号中文字为译者所加,下同。

道德性预设了政治社会,囿于道德性的界限便无法建立、维护政治社会,理由很简单,结果不可能先于原因,受制于条件者也不可能先行于条件。进而言之,政治社会甚至最值得向往的政治社会的建立,并不依赖于机运,因为机运是可被驾驭的,而糟糕的质料也可被改造为良好的质料。政治问题的解决是有保证的,这是因为:a)目标降低了,也就是说,目标要与大多数人实际所欲求的相协调;并且 b)机运可被驾驭。政治问题成了技术问题。正如霍布斯所云,"如果共和国由于内讧而解体,人的过错并不在于他们是质料,而在于他们是内讧的制造者"。质料无所谓败坏与邪恶;在人身上没有什么邪恶是不可控制的;所需要的东西并非圣恩、道德性,也不是品格塑造,而是细密精巧的制度。或者也可以引证康德的论述,正当社会秩序的建立并不需要什么(如人们惯常所云)天使之族,"这听起来似乎难以理解,甚至对于一个魔鬼之族来说,建立国家(也就是正义的国家)的问题也是可以得到解决的,只要这些魔鬼有识力(sense)",这就是说,只要他们的利己心(self-ishness)得到启蒙;基本政治问题仅仅是一个"人实际能够建立的国家之良好组织"的问题。

要公正对待马基雅维利带来的变化,必须考虑另外两个巨大变化,它们发生于他身后的时代,却与他的精神相合。其一是自然科学中的革命,也就是现代自然科学的产生。对目的因(因而也对机运概念)的拒绝摧毁了古典政治哲学的理论基础。新自然科学与各种形式的旧自然科学都不一样,其原因不仅在于它对自然的崭新理解,更在于它对科学的崭新理解:知识不再被理解为从根本上说是接受性的;理解力(或"知性")的主动权(initiative)在人这边,而非在宇宙秩序这边;为了寻求知识,人将自然传唤至自己的理性法庭面前;他"拷问自然"(培根语);知(knowing)是一种做(making);人类知性为自然界立法;人的权柄之大,无限超出前人所相信的;人不仅仅能够把糟糕的人类质料改造为良好的,或者掌握机运——一切真理与意义均出于人;它们并不伏于一个独立于人的能动性的宇宙秩序之中。与此相应,诗艺也不再被理解为一种有灵感的模仿或者再生,而是被理解为创造。科学的目的被重新解释为 propter potentiam[为了力量],这是为了补救人的地位,为了征服自然,为了对人类生活的自然条件进行最大限度的控制、系统化的控制。征服自然意味着,自然是敌人,是一种要被规约到秩序上去的混沌(chaos);一切好的东西都被归为人的劳动而非自然的馈赠:自然只不过提供了几乎毫无价值的物质材料。与此相应,政治社会便决非自然的:国家只是一件人工制品,应当归因于各种契约(convenants);人的完善并非人的自然目的,而是由人自由地形成的理想。

马基雅维利之后第二个合乎其精神的大转变则仅仅与政治哲学或道德哲学相关。马基雅维利已经完整地切断了政治与自然法(natural law)或者自然正当(natural right)之间的联系,[所谓自然正当]也就是把正义理解为独立于人类随意武断的某种东西。仅当这个联系被恢复(也就是说,以马基雅维利的精神去重新解释正义或自然正当)之时,马基雅维利式的革命才获得其全部力量。这一工作首先属于霍布斯。可以这样来描述霍布斯带来的转变:霍布斯用自我保存(self-preservation)来理解自然法,而在他之前,自然法是借助于人的诸目的之等级秩序得到理解的,在这个目的等级中,自我保存所占据的位置最低;与此相关,自然法终于被首先理解为自我保存的正当(right),这与任何义务及职责都有分别——这个发展过程的最终结局便是,用人的诸种权利(rights)取代了自然法(人取代自然,权利取代法)。在霍布斯本人那里,自我保存之自然正当已经包含了"身体自由"的正当以及人的舒适生活状况的正当:这导致舒适地保存自己之正当,这个正当,乃是洛克教诲的关键所在。此间我只能断言,对经济的日益强调乃是这个教诲的一个结果。最终,我们得到了这样的看法:对于完善的正义而言,普遍的富裕与和平是充分且必要的条件。

现代性的第二次浪潮是从卢梭开始的。他和马基雅维利一样深刻地改变了西方的道德风尚。和我对待马基雅维利的方式一样,我通过疏解卢梭的两三个句子来描述他思想的特性。现代性的第一个浪潮的特质是将道德问题与政治问题还原为技术问题,以及设想自然必须披上作为单纯人工制品的文明产物之外衣。这两个特质成了卢梭批判的靶子。针对第一个靶子,"古代政治家滔滔不绝地谈论着风俗与德性,而我们的政治家只谈论贸易与货币"。卢梭以德性、纯真的名义,以古典共和国的非功利德性的名义抗议其前辈的堕落颓废主张;他既反对令人窒息的绝对君主制,也反对现代共和制的多少有点犬儒式的重商主义。然而,他无法恢复作为人的自然目的、作为人之自然本性的完善的古典德性概念;他被迫重新解释德性,因为他把现代的自然状态(the state of nature)概念接受下来,当作人原来便现身其中的状态。他不仅从霍布斯及其后学那里把这个[自然状态]概念拿了过来,而且还把它推到了极致:"考察过社会根基的哲人们全都感到有必要返回自然状态,但他们当中无人做到这一点。"卢梭确实回到了那里,因为他看到了自然状态中的人被剥夺了凭借自己努力获得的一切。自然状态中的人是亚人性的(subhuman)或者前人性的(prehuman);他已经在一个漫长的过程中获得了其人性或者理性。用后卢梭的语言来说,人之人性并不归因于自然,而是归因于历史,归因于历史过程,这个独一无二的过程并不是目的论的:这一过程的目的或顶峰并未被预见也不能被预见,但一旦接近了充分实现人的理性或人性之可能性,这个目的或顶峰也就在望了。历史(也就是历史过程,它是一个单一的过程;在其中人变得有人性,却并不对该过程有所意向)的概念是卢梭把霍布斯自然状态概念彻底化的结果。

然而,我们如何知道人类发展过程的某个阶段①恰好便是顶峰呢?或者,更一般地说,如果人由于其自然本性便是亚人性的,如果自然状态便是亚人性的,我们如何区分好坏呢? 让我们再说一次:卢梭的自然人不仅仅像霍布斯的自然人那样缺乏社会性,而且还缺乏理性;人不是什么理性的动物,而是作为自由施动者(agent)的动物,或者说得更确切些,人具有一种近乎无限的可完善性与可塑造性。然而,人应当如何得到塑造或者如何塑造自身呢? 人的自然本性似乎完全不足以指导自己。自然本性给予人的指导仅限于:在某些条件下,也就是在其发展过程的某个阶段中,人只有依靠建立市民社会(civil society)才能保存自

---

① [译按]原文作 state,疑为 stage 之误。

身;然而,如果人未确定市民社会具有特定的结构,一个对其自我保存具有指导意义的结构(在市民社会中,人必须获得一个与自己在自然状态中拥有的自由完全对等的东西),那么他便会危及其自我保存;所有社会成员均须同等地、完全地服从法律(laws),而对于制定这些法律,每个人都必须能够有所贡献;这里必定毫无可能从法律(也就是实证法)上诉到高级法(也就是自然法),因为这种上诉会危及法律的统治。实证法的来源(不是什么别的,正是实证法的来源)乃是普遍意志(general will);一个寓于或内在于被适当地构成的社会之中的意志取代了超越的自然法。现代性的起点是对实在(the is)与应在(the ought)、现实与理想之间鸿沟的不满;对此,现代性的第一次浪潮中提出的解决方案是:将应当设想为并未对人提出过高的要求,或者设想为与人最强烈、最共通的激情相一致,以此来降低应当,使之俯就实在;但是,尽管应当有所降低,实在与应当的根本差异仍然保持着;甚至霍布斯也没有简单地否定实在(既定秩序)向上诉诸应在(自然法或道德律)的合法性(legitimacy)。卢梭的普遍意志概念就其本身而言是不会出错的(它就其单纯存在而言便是应当存在的东西),这表明了实在与应在之间的鸿沟可以得到怎样的克服。严格地说,只有凭以下条件,卢梭才能表明这点:他关于普遍意志的学说(即他的政治学说本身)[必须]与他关于历史过程的学说联系起来,进行这种联系更多的是卢梭的伟大后继者(康德与黑格尔)而非他本人的工作。按照这种看法,理性的或正义的社会(其特性是,普遍意志之实存被确知为普遍意志,即被确知为就是理想)必然通过历史过程得到实现,而无须人们对此实现有何意向。

为什么普遍意志便不会出错呢?为什么普遍意志便必然是善的呢?回答是,它是善的,乃因为它是合乎理性的,而它是合乎理性的,乃因为它是普遍的;它是通过将特殊意志(这个意志就其自身而言并不是善的)普遍化而出现的。卢梭在意的乃是在一个共和式社会中将每个人的愿望、每个人对其社会同类的要求转化为法律形式的必然性;当说"我不愿纳税"时,他也不能忽视这种转化的必然性;他必须建议一条法律来废除征税;如果把他的愿望转化为一条可能的法律,他便意识到自己原先的特殊意志的荒唐。保证一个意志的善(goodness)的仅仅是它的普遍性;没有必要诉诸任何实质的考虑(即考虑人的自然本性、人的自然完善状态所需者为何)。这个划时代的思想在康德的道德学说中达到了完全的明晰:对行为准则之善的充分检验,乃是查考它们是否可能成为普遍立法之原则;保证内容的善的仅仅是合乎理性之形式,也就是普遍性。因此,道德律(moral laws),作为自由之律令(laws of freedom),便不再被理解为自然法(natural laws)了。道德理想与政治理想的建立,无须考虑人的自然本性:人彻底摆脱了自然的监护。正如无可争议的时代经验所知晓的那样,出自人的自然本性的、反对理想的论据再也不重要了:所谓人的自然本性只是人迄今为止发展的结果;它只是人的过去,无法指导人的可能未来;关于未来、关于人应当做什么或渴望做什么的唯一指导,只能由理性提供。理性取代了自然。这便是如下断言的意义:应在的根基无论如何不在实在之中。

这是卢梭思想的大体,它激发了康德与德国观念论哲学、关于自由的哲学。然而,卢梭还有另一个基本思想,其重要性一点都不弱于上面提到的部分,这另一个思想固然为康德及其后学所不取,却在现代世界的另一个部分中结出了果实。德国观念论接受并且彻底化了普遍意志的概念及其意蕴。但它抛弃了卢梭本人对这条理路的限制。"人生而自由,但却无往不在枷锁之中。这个变化是如何发生的?我不知道。什么才能使这一变化合法化?我自信能够解答这一问题。"这就是说,自由社会(其特质是普遍意志在其中实存着)与专制社会的差别是合法枷锁与不合法枷锁的差别;自由社会本身也是枷锁。人在任何社会中都无法找到自己的自由;人只有从社会(不管这社会多么美好、多么合法)回归自然,才能找到自由。换言之,自我保存、基本自然正当(社会契约源于这个正当)之内容是派生的,并非基本事实;如果纯粹生活、纯粹生存并不是善的,那么纯粹自我保存也就不是善的。纯粹生存的善是在生存情绪中体验到的。正是这种情绪带来了对生存之保存的关切,带来了所有人类活动;但这种关切妨碍了基本愉悦,使人变得悲惨。只有回归基本体验,人才能快乐起来;只有少数人能做到这点,而绝大多数人只能顺应自我保存(也就是作为公民的生活)这一派生的正当。对公民的要求是履行职责；公民必须有德性。但德性并非善。无责任感或义务感、无努力（德性都是有努力的）的善（善感、同情）是自然人的领域，这种人生活在社会的边缘而没有成为社会的一部分。一方面是德性、理性、道德自由以及历史的世界，另一方面则是自然、自然自由与善的世界，这两个世界之间存在着不可逾越的鸿沟。

此间对现代性概念做个泛泛之论看来还是合适的。起初，现代性是在与古代性（antiquity）的对立中得到理解的；因此，现代性也可以包括中古世界。现代、中古是一方，古代是另一方，两方的差别在 1800 年左右被重新解释为浪漫派与古典派的差别。从狭义上说，浪漫主义意指一场由卢梭所发起的思想运动和情感运动。确实，浪漫主义比任何一种形式的古典主义都更明显地是现代的。也许，有关现代性与古代性之间意味深长的冲突（它被理解为浪漫派与古典派的冲突）最伟大的作品是歌德的《浮士德》。浮士德被天主称为"善人"。

这位善人犯了极大的罪行，既有私人性的，也有公共性的。在这里我不想谈论他通过公益行动（这项行动使得他与一个自由的民族一起站在一片自由的土地上）得到救赎这个事实，也不想谈论这个事实，即这一公益性政治行动不是罪行也不是革命，而是严格意义上的合法行动：这是可能的，因为他接受了德国皇帝所封的采邑。我只想强调这个事实：浮士德的善确实并非德性——也就是说，歌德这部最负盛名之作的道德境域已经被卢梭开启了。诚然，浮士德的善与卢梭的善的含义并不相同。卢梭的善是与一种清静无为联系在一起的，而浮士德的善则是自强不息、不断进取，不安于任何有限的、完成的、完全的、"古典的"东西。浮士德对现代性的意义、对现代人自身理解（即将自己理解为现代人）方式的意义在斯宾格勒那里得到了恰如其分的评价，斯氏将现代人称为浮士德式的人。可以说，在描述现代性的特性时，斯宾格勒用"浮士德式的"取代了"浪漫派的"。

正如现代性之第二浪潮与卢梭相关，第三浪潮则与尼采相关。卢梭让我们面对自然这一方与市民社会、理性、道德、历史这另一方的二律背反，其方式是：基本现象是生存之至乐情绪（与自然的合一与交融），这情绪归属于与理性及社会有别的自然一侧。可以这样来描述第三次浪潮,构成它的是一种对生存情绪的崭新理解:这个情绪更多的是对恐惧与灼痛而非和谐与平静的体验,并且它也是(作为必然的肃剧性生存的)历史性生存之情绪;诚如卢梭所云,人性问题无法作为社会问题来解决,但也无法从人性遁入自然;根本不可能有什么真正的幸福,或者说,人所能获得的最高成就也与幸福毫无关系。

我援引尼采的话:"所有哲人的共同缺陷是,他们都是从当今之人(present-day man)出发的,他们全都相信,可以通过分析当今之人达到自己的目标。历史感的缺乏乃是所有哲人的遗传缺陷。"尼采对所有先前哲学的批判重申了卢梭对先于他的所有哲人的批判。然而,在卢梭那里[关于历史感的]相当有意义的说法在尼采那里就有点奇怪了;因为在卢梭与尼采之间隔着对历史的发现;卢梭与尼采之间的世纪正是历史感的时代。尼采的深意其实是:迄今为止,历史的本质一向遭受着误解。最强有力的历史哲学家是黑格尔。对于黑格尔而言,历史过程是一个合乎理性的(rational)、合乎理情的(reasonable)过程,是一个进步,其顶峰为理性国家、后革命国家。基督教是真正的宗教、绝对的宗教;但基督教在于:在完全的世俗化中与世界、saeculum[世间]达成和解,这个过程始于宗教改革,被启蒙运动所延续,最终在后革命国家中得到完成,这种国家首次有意识地建立在对人之种种权利的认可之上。在黑格尔的个案中,我们确实只能说,现代性的本质就是世俗化了的基督教,因为世俗化是黑格尔有意识的意图、显白的意图。在黑格尔看来,存在着历史的顶峰与终结;这便使他可以把哲学真理的观念与每个哲人都是其时代之子的事实调和起来:真正的哲学、最终的哲学属于历史中的绝对时刻、属于历史的顶峰。黑格尔之后的思想拒绝历史可能有终结或顶峰的想法,也就是说,它将历史过程理解为未完成的、不可完成的,然而它还是残留着对历史过程的合乎理性与进步性的无根基信念。尼采首先直面这一情形。那无根基的希望(思想原则与行动原则的历史系列是进步的,或者历史过程有个内在的意义、内在的方向)无法消磨这样一个洞见:一切思想原则与行动原则都是历史性的。一切理想都是人类创造性活动的结果,是自由的人类筹划的结果,这种筹划形成了一个境域,特殊文化正是在这一境域中得以可能;这些理想并不被安置进一个体系;对这些理想的真正综合乃是不可能的。然而,一切已知的理想都宣称拥有客观支持:这支持或者是自然,或者是神,或者是理性。历史性洞见摧毁了这些宣称,因而也摧毁了一切理想。然而,正是对一切理想的真正源头(即人类的创造或者筹划)的认识使得一种全新的筹划得以可能,即重估一切价值,这个筹划与那新洞见是一致的,但却无法从后者推导出来(否则它就无法归因于一个创造性活动了)。

但这一切难道不意味着真理(关于一切可能的思想原则与行动原则之真理)最终被发现了吗?尼采要么承认这点,要么将自己对真理的理解展示为他的筹划与解释——他似乎在这两者之间游移不定。但事实上他承认自己发现[而非筹划与解释]了真理;他相信自己已经发现了人类创造性与一切存在者的根本统一性:"在我发现生命的一切地方,我都发现了权力意志。"尼采试图完成的对一切价值的重估,最终在这一事实中得到了证实:价值重估的根基是最高的权力意志——该意志高于产生一切旧价值的意志。没有一个一如其旧的人(即使在他的巅峰状态)能够依据重估一切价值来生活,只有超人才行。对存在的终极洞见导致终极理想。尼采并不像黑格尔那样宣称,终极洞见是在实现终极理想之后方才到来的,他毋宁是认为,终极洞见为实现终极理想开辟了道路。在这方面,尼采的看法与马克思相似。但在他们两人之间有个根本差别:对于马克思来说,无阶级社会的到来是必然的,而在尼采那里,超人的到来依赖于人的自由抉择。对尼采而言,关于未来唯一可以确定的是:一如其旧的人的终结已经来了;将会到来的要么是超人,要么是末人。从反马克思主义的观点看,马克思的未来人正是末人,最低下、最堕落的人,无理想无渴望的畜群人,但他们有的是好吃好穿好居所,且身心皆有好治疗。然而,尽管尼采与马克思之间有这种激烈对立,在他们两者看来,最终的顶峰状态都可以用这个事实来刻画其特征:标志着机运统治的终结的是,人将首次成为自己命运的主人。

在尼采那里,有个特殊的困难。对于尼采而言,每一种真正的人类生活、每一种高等文化都必然具有等级制或贵族制的性质;未来的最高文化所依据的必须是人的自然等级秩序，尼采对这一点的理解大体上沿袭了柏拉图的思路。然而，如果超人拥有了无限（姑且这么说）的权力，如何可能有一个自然的等级秩序呢？对于尼采来说也一样，几乎所有人都有缺陷或不完美这个事实，无法归因于权威性的自然本性，而只能是过去的遗产，或者说是发展到今天的历史的遗产。为了避免这个困难，也就是说，为了避免人在自己权力的巅峰之时寻求一切人的平等，尼采需要作为有权威性的东西或至少是无可避免的东西的自然或过去。但既然这对他来说不再是个无可否认的事实，那他就必须意欲之或者假定之。这便是尼采永恒回归学说的意义。过去之回归、全部过去之回归是必须被意欲的，如果超人要成为可能的话。

无疑，人的自然本性便是权力意志，而这在原初的层面上意味着超克他人的意志（will to overpower）：出于自然本性，人是不会意欲平等的。人的愉悦源于超克他人、超克自身。卢梭的自然人是有同情心的，而尼采的自然人是残酷的。

从政治行动上看，尼采所说的比马克思所说的要不确定得多、含混得多。在某种意义上，对尼采的任何政治利用都是对其教诲的滥用。不过，他所说的还是被政治人解读了，并带给他们灵感。他对法西斯主义应负责任之少，正如卢梭之于雅各宾主义。然而，这也就意味着，他要对法西斯主义负责，其分量之多，一如卢梭之于雅各宾主义。

从上文所述我引出［如下］政治结论。自由民主制的理论，还有共产主义的理论，源于现代性之第一、第二次浪潮；第三次浪潮的政治含义已经被证实为法西斯主义。然而，这个无可否认的事实并不足以允许我们回归现代思想的较早形态：不可忽略或遗忘尼采对现代理性主义或对现代人的理性信仰的批判。这是自由民主制之危机的最深刻理由。理论的危机并不必然导致实践的危机，因为自由民主制相较于斯大林式的或后斯大林式的布尔什维克主义的优越性再明显不过。总而言之，与布尔什维克主义和法西斯主义截然不同，自由民主制的有力支持来自一种绝不能被称为现代的思之方式：我们西方传统的前现代思想。

评韦伯命题

何祥迪 译 叶然 校

[中译编者按] 本文为施特劳斯在 W. S. Hudson 的《重审韦伯命题》(The Weber Thesis Re-examined) 一书讨论会上的发言稿,刊于《教会史》(Church History) 学刊, Vol. 30, No, 1 (1961),页 100 - 102。

我召集的这次会议关注的是重新解释的需要。我根本不是要肯定重新解释具有一种普遍的必要性,即不会有最后的或定论性的解释,尤其是在那些最重要的关于史学探究(historical research)的领域中。但现在我不能谈论这个困难的理论话题。我必须限制自己,只谈论对重新解释的倡议具有实践上的危险性。这种倡议告诉史学家:要有创见(be original)!原创性非常少,并且不必叮嘱有创见的史学家们要有创见。对于绝大多数史学家来说,这种倡议只会把他们搞得头晕目眩。我们每个人都可能受到以下暗示而飘飘然:我们只要试试,就能有创见。这种暗示使我们忽视了我们的朴实而紧迫的职责,这种职责就是务必小心谨慎、周全细致以及思维清晰。相信对新奇的需求已经使得我们更乐于接受新奇的方法,也许同样是一种幻象:真正的创新(genuine innovations)不同于一时风尚,当今人们对真正的创新的抵制就像最蒙昧时代人们的抵制那样强烈。

韦伯的《新教伦理与资本主义精神》①革新了同时代的关于过去的

---

① [译注]韦伯,《新教伦理与资本主义精神》,于晓、陈维钢等译,西安:陕西师范大学出版社,2006。

观点,①就像皮雷纳(Pirenne)关于古代的终结或中世纪的开端的研究一样。我个人觉得皮雷纳的论著比韦伯的更扎实,甚至更令人兴奋。然而,韦伯的论著更具有吸引力。因为,它与我们作为现代人来理解自身的方式直接相关,即韦伯的论著比皮雷纳的更哲学。②

韦伯所涉足的广泛现象就是现代理性主义的起源的现象。几乎同所有其他人一样,韦伯把这种起源追溯到希腊科学和圣经思想的逐渐融合。韦伯的独特论点可以作如下表述。布克哈特(Burckhardt)③曾把对人和世界的发现归因于文艺复兴。因此,总体上他拿中世纪的彼岸性与作为一个整体的文艺复兴和——通过暗示——现代性来对比。然而异教的古代性之此岸性(the this-worldliness of pagan antiquity)又怎样呢?现代此岸性与古典希腊此岸性之间的差异又是什么?

一位古典学学者直接拿古代性来比较现代性,他得出的结论是,现代生活立基于一种极端的禁欲主义。那位古典学学者就是尼采;在《论道德的谱系》第三部分"禁欲主义理念意味着什么?"中,尼采阐明

---

① [译注]在韦伯的时代,人们普遍认为现代性起源于理性、科学和技术,即偏向于希腊文明而不是基督教传统。但是韦伯认为现代性起源于基督教传统的转变,即加尔文主义的清教伦理,禁欲主义导致资本主义精神的出现。在这一点上,汉语学界对韦伯的批判主要在于论证儒家文明也能开出资本主义精神,这种批评明显是针对所谓的(西方)冲击—(中国)回应说。

② [译注]皮雷纳(Henri Pirenne,1862—1935),比利时最杰出的历史学家之一。他从城市和商业的角度考察中世纪的宗教势力和世俗势力的兴衰。参见氏著《中世纪的城市》,陈国樑译,北京:商务印书馆,1985,页143。韦伯认为教会的禁欲主义促进了商业的发展,产生了资本主义精神,而皮雷尔恰恰相反,他认为教会的世俗化、教会对禁欲主义的抛弃促进了商业的发展,带来了城市化的自由。

③ [译注]布克哈特(Jacob Burckhardt,1818—1897)认为"使文艺复兴时期同中世纪看来成为一个鲜明对比的那种世俗性,首先渊源于那些改变了中世纪对自然和人的观念的新思想、新意志和新观点的浪潮"。见氏著,《意大利文艺复兴时期的文化》,何新译,北京:商务印书馆,1978,页483。

了这个论题。① 我们可以说,韦伯是第一位受尼采影响的学者。在尼采[思想]的培养下,韦伯看到资本主义对所有"自然本能",甚至对我们可称作贪婪的自然恶习的东西的深刻的疏离(remoteness)。

韦伯把资本主义精神追溯到加尔文主义那里。他所理解的资本主义精神是什么呢?那就是两种完全不同的东西。(a)资本的无限的积累和资本的有利的投资是一项道德责任。(b)资本的无限的积累和资本的有利的投资是一个神圣的自在的目的(end in itself)。韦伯根本没有证明关于资本主义精神的这第二种理解出现于任何严肃的作者那里。至于确实出现过的这第一种观点,问题在于:资本的无限积累等等,在何种基础上是一项道德责任?其本真的回答就是:因为它有益于共同的善(the common good)。韦伯忽略了这个关键要点(与共同的善的相关性),认为它是一个纯粹功利性的考虑,而且它对他关于资本主义精神的"非理性的(irrational)"渊源的探究并不重要。因为他是在寻找这样一个"非理性的"渊源,所以他倾向于优先选择定义(b)。准确地说,资本主义精神的起源问题就是这一小前提的出现问题:资本主义的无限获取对共同的善或对慈善最有益。未在任何层面上为资本主义精神的出现所改变的那个大前提就是:献身于共同的善或使自己慈善,是我们的职责。② 韦伯没有成功地把小前提追溯到严格意义上的加尔

---

① [译注]尼采认为:"禁欲主义理念的三个伟大而炫耀的词语是:贫穷、谦恭、贞洁。""禁欲主义的理念起源于一种正在衰退的生命的自我保护和自我拯救的本能。"禁欲主义成为拯救现代人的虚无的药方,因为"人宁可追求虚无,也不能无所追求"。参见尼采,《论道德的谱系·善恶之彼岸》,谢地坤等译,桂林:漓江出版社,2000,页84、95、132。

② [译注]此处作者把资本积累与公共好处联系了起来,似可对观布鲁姆(A. Bloom)《巨人与侏儒》对柏拉图和莎士比亚笔下的钱财的解说,以及克罗波西(J. Cropsey)关于亚当·斯密的著述多种。

文主义；他也许在后期的加尔文主义中发现了它，即在已经和世界（Tawney①）——资本主义世界——和解了的加尔文主义中。因此，参考加尔文主义并不能解释资本主义精神的出现（Hudson,页93-95）。② 总的结论就是：不能把资本主义精神追溯到宗教改革。

但现代性不仅始于宗教改革，不仅始于神学传统的一个转型，而且或多或少还始于哲学传统在同一时代完全独立的转型。韦伯想知道，在文艺复兴中是否能找到资本主义精神的种种起源。他的回答是否定的，因为他认为文艺复兴就是试图恢复古典的古代性之精神，即一种与资本主义精神完全不同的精神。然而，他没有考虑到一个最重要的事实：正是在文艺复兴之中出现了一种全新的精神，即现代世俗精神。这一根本的变化的最伟大的代表就是马基雅维利，而且从马基雅维利到培根、霍布斯和其他以不同的方式强有力地影响过"清教主义"的英国人，其中存在着一条连贯的线索。对于自然的和道德的新哲学或新科学，一般来说清教徒比——例如说——路德宗的教徒更开明，因为加尔文主义已经最极端地与"异教"哲学（亚里士多德）决裂了；清教主义是（或者说成了）一种思考方式的自然载体，这种思考方式此前从未以任何方式创始。以马基雅维利创始的思考方式来探索资本主义精神的起源，人们也将避免韦伯的探索中的一种明显隐患：韦伯对资本主义精神起源的研究毫不关注经济科学（the science of economics）的起源；因为经济科学是对"资本主义精神"的本真解释。

的确，对于资本主义精神的出现，"信仰的衰落"（Hudson,页98）是个必要条件，但不是其充分条件：信仰的衰落同样是民族社会主义（na-

---

① 可能指R. H. Tawney(1880—1962)，英国经济史家。他出版于1926年的著作《宗教与资本主义的兴起》(*Religion and the Rise of Capitalism*,中译参赵月瑟、夏镇平译，上海：上海译文出版社，2006)是对韦伯《新教伦理与资本主义精神》的批判与补充。

② ［译注］可能指Winthrop Still Hudson(1911—)，美国宗教学家。但指他的哪一著作，待考。他的著作之一有中译本，参氏著《不列颠宗教改革思潮》，许牧世、赵真颂译，香港：基督教文艺出版社，1991。

tional socialism)出现的条件。其充分条件是,对社会实在论的新的理解的尝试,这种理解在以下意义上是"现实主义的",即它所构想的社会秩序的基础不是虔敬和德性,而是于社会有用的激情或邪恶。

我们时代的危机

李永晶 译

[中译编者按]本文及后文"政治哲学的危机"为施特劳斯在 1962 年做的两次学术讲演，原刊于 Harold J. Spaeth 编，*The Predicament of Modern Politics*, Uni. Of Detroit Press, 1964, 页 41 – 54、91 – 103。

诸位对我的美言善意让我感动之情油然而生，不过，我还想简单地补充一句。我没有朋友们说的那么温和；对此，我的论敌们肯定对此毫不否认。言归正传，我今晚和明天要做两次讲演，其实只是一个，主题是我们时代的危机与政治哲学的危机。本来可以用完全不同的方式划定这两次讲演的范围，而我的划法也许不是最好的。因此，如果讲座显得不够连贯，还请诸位海涵；况且我原本也没有打算面面俱到。准确地说，我要讲的主题是"我们时代的危机，作为政治哲学危机的后果之一"。

我们时代的危机，也就是我将阐述的要点，其要害在于对我们可称之为"现代方案"（the Modern Project）的怀疑。现代方案已经在相当程度上取得了成功。它创造了一种史无前例的新型社会。然而，时至今日，现代方案的不足已经众所周知，并引起了普遍关注，这迫使我们积极考虑如下想法：即，必须用另一种精神使这种新型社会亦即我们的社会重新焕发生机，这种精神不同于那种起初曾赋予这种社会以生命的精神。现代方案起源于现代政治哲学，源于 16、17 世纪出现的那种政治哲学。现代政治哲学的最终结果就是政治哲学概念自身的解体。对今天大多数政治学家来说，政治哲学不过是意识形态或神话而已。

我们必须考虑复兴政治哲学。我们必须回到政治哲学最初遭到破坏的地方，回到现代政治哲学的诸起点，回到现代哲学还不得不与古典政治哲学一争高下之时。古典政治哲学源自苏格拉底，并主要经亚里士多德详加阐发。古今之争就发生在那个时候；而人们现在一般只把那场争论视为法英等国发生的一场单纯的文学争论；在英国，此次争论的最著名文献是斯威夫特（Swift）的《书籍之战》一书。事实上，那不仅仅是一场文学争论；它根本上是现代哲学或科学与古代哲学或科学之间的一场争论。只是由于牛顿的工作，那场争论才告完成：这场争论似乎以偏向现代人的方式完全解决了问题。而我们的使命就是重新唤醒那场争论，因为现代答案已经施行了三个多世纪，业已显示出其与古代答案相比之下的诸多优点，也显示了最恶劣之处。为了具有说服力，我必须尽可能贴近今天西方普遍接受的东西。我不能从今天只有极少数人同意的前提出发。换句话说，我不得不在相当程度上 ad hominem[针对其人]进行论证。但愿这不会招致误解。

为避免另一种误解，我想先给出今晚讲座的概要。西方的危机过去一直被称为西方的没落，某种意义上说的是人的最后没落。这种看法站不住脚，不过我们也不可否认，西方的某种或某些形式的没落已然发生。西方在力量上的没落最为显著，其生存本身如今正面临威胁。然而，这种意义上的没落并没有构成西方的危机。西方的危机在于，西方事实上已经不能确信自己的目标。西方的目标曾经是普遍社会（the universal society）：一种由诸平等民族构成的社会，各民族又由自由平等的男人和女人组成，所有这些民族都可以借助科学提高自己的生产力，从而得到充分的发展。人们认为，科学在本质上有助于增强人的力量，并改善人的境况（relief of man's estate）。科学会带来普遍的富裕。在那种状态下，没有谁会再觊觎其他人或其他民族。普遍的富裕会带来普遍的且完全正义的社会，就像一个完全幸福的社会。

如今，许多西方人已经开始怀疑这套方案，因为共产主义的自我启示具有强大的力量，并从根本上对抗西方关于如何建立和治理这种普遍而正义的社会的想法。西方和共产主义之间敌对的后果是，一个普遍的社会绝无可能在可见的未来存在。政治社会过去一直是并在可见的未来也仍将是特殊的社会、有边界的社会，是一个关注自身改善的封闭社会。不过,我们既然已经具有了上述经验,就不仅必须重新确定政治的方向,还必须重新确定我们思想上的某些原则。

我这里要提三点。第一,这种特殊主义,或换一种说法,这种爱国主义本身果真不比普遍主义或全球主义更好?第二,是否有理由期待正义与幸福会是富裕的必然结果之一?富裕真的是美德和幸福的尽管不充分但必要的条件之一?自愿贫穷的观念是否包含某些真理?对于美德和幸福而言,不自愿的贫穷是不是一个不可逾越的障碍?第三,相信科学在本质上服务于人类力量,这种信念难道不是一个错觉甚至丢人的错觉?好,让我正式开始。

我们已深陷于某种危机之中,这一点几乎不证自明。一天天的报纸报道着一个个危机,这些日常的小危机无疑可以看作一场大危机——我们时代的危机——的诸多部分或要素。我认为,这个危机的核心在于这样的事实,某种起初尚是一种政治哲学的东西变成了一种意识形态。第一次世界大战以后,斯宾格勒曾将那种危机诊断为西方的下降或没落。斯宾格勒认为西方文化只是少数高级文化中的一种。但对他自身而言,西方文化又绝不仅仅是若干高级文化中的一种。对他来说,西方文化是一种全面综合的文化,是唯一征服了全球的文化。最重要的是,西方文化是唯一向所有文化开放的文化,它既不把其他文化视为某些野蛮形式而予以排斥,也不把它们视为未开化的文化而以俯就的方式宽容它们。西方文化是唯一获得文化本身的充分意识的文化。文化原本意味着人的心智的教化,而文化的现代派生概念却意味着,有多种多样的、相互平等的高级文化。然而,正因为西方文化是达到了充分自我意识的文化,它成了最后的文化;密涅瓦的猫头鹰在黄昏起飞。西方的没落意味着高级文化的可能性本身已损耗殆尽。人的最高可能性业已枯竭。然而,只要人的高贵使命尚存,只要人所面临的那些基本难题尚未在它们能被解决的程度上获得解决,人的最高可能性就不可能耗尽。因此,我们可以说——诉诸我们时代的科学这个权威——斯宾格勒的分析和预言并不正确。我们最高的权威即自然科学认为,它能带来无限的进步。那些基本难题要是已经获得了解决,自然科学的上述宣称似乎就没什么意义了。倘若科学能带来无限的进步,就不可能有一个有意义的历史终结或完成。只能有人类前进步伐的残酷中止:或因自然力量本身的作用,或因人类大脑和双手的主导。

无论如何,在某种意义上,斯宾格勒已证明自己是对的。西方的某些没落已经发生在我们眼前。1913 年,西方——实际包括美国、英国和德国——本可以为全球立法而不用费一枪一弹。因为,西方至少曾在半个世纪里轻而易举地控制了整个地球。而今天,别说统治世界了,西方本身的生存也已遭到来自东方的威胁,起初可从来不是这个样子。从《共产党宣言》(Communist Manifesto)以来,似乎可以说,布尔什维克主义的胜利将是西方的彻底胜利,是英国工业、法国革命、德国哲学三者之综合的胜利,这种综合超越了诸民族界限,或者还包括东方。我们看到,布尔什维克主义的胜利原本意味着西方自然科学的胜利,但同时,它也意味着苏联专制主义的最极端形式的胜利。无论西方的力量多么衰落,无论西方面临的危险多么巨大,这种衰落,这种危险——不,应该说西方的失败与摧毁——都不足以证明西方处于危机之中。西方可以带着确定无疑的目标而光荣地下降。

西方的危机在于西方渐渐不再确信自己的目标。西方过去一直确信自己的目标,确信可以实现所有人的团结。因此,西方十分清楚地看见自己的未来就是人类的未来。如今,我们不再有那种确信和清晰。我们有些人甚至对未来感到绝望。这种绝望说明了当今西方的许多堕落形式。这并不意味着,一个社会除非致力于某个普遍的目标,献身于所有人的团结,否则就绝不能健康地存在。一个社会也可以是个健康的部落。然而,一个一度习惯于用某个普遍目标来理解自身的社会一旦不再相信那个目标,肯定会变得彻底不知所措。我们发现,那种普遍的目的直至前不久还得到过明确的阐述;两次世界大战期间发表的那些著名的政府宣言就是例证。这些宣言只不过重复了现代政治哲学的最成功的形式最初提出的目标:那种政治哲学中的一种期望以古典政治哲学奠立的基础为基础,但反对古典政治哲学建立的[大厦]结构——一个在真理和正义上俱比古典政治哲学期望的社会更出类拔萃的社会。

根据那项现代方案,哲学或科学的本质不再被认为是沉思,而是行动。用培根那句美妙的名言来说,哲学或科学应该有助于改善人的境况(relief of man's estate)。应该为了增强人的力量而培育哲学或科学。科学或哲学应该使人能够借助理智征服自然,成为自然的主人和所有者。哲学与科学原本一家,应该尽可能地促进进步,不断地创造出更大的繁荣。这样,每个人都将享受到社会或生命的所有利益,从而真正实现每个人的自然权利的全部意义,即实现每个人安逸的自我保存(按洛克的说法)的自然权利以及那种权利所带来的一切,同时实现每个人充分发展自身一切能力的自然权利,这种发展会与任何其他人同样的发展达成和谐一致。因此,这种不断朝向更大繁荣的进步也会变成或可能引起朝向更大自由和正义的进步。这种进步必然会朝向这样一种社会:这个社会平等地包容所有人,成为诸自由平等民族的大联合,其中每个民族都由自由平等的男人和女人组成。因为人们已经相信,在单个国家或少数国家中不可能有长期持久的繁荣、自由和正义社会。为了使世界不再威胁西方民主制,人们必须让全球民主化,让每个国家内部民主化,也让各民族组成的社会民主化。人们认为,单个国家内部的良好秩序以所有国家内部或之间的良好秩序为前提。人们认为,朝向普遍社会或普遍国家的运动不仅由其目标的普遍有效性或合乎理性保证,而且因为朝向这个目标的运动本身似乎就是绝大多数人的运动,代表着绝大多数人的利益。只有极少数人,只有那些奴役着千百万同胞的人,只有那些竭力维护自己腐朽利益的人,才抵制这场运动。

  以上对一般而言的人类境况以及对特殊而言的我们这个世纪的认识仍然具有某种合理性,不是尽管而是正因为有了法西斯,直到苏联最终爆发出斯大林主义和后斯大林主义的最卑劣能量之后,事情才不复如此;因为托洛茨基主义只是一面没有军队甚至没有将军的旗帜,终于被它自身的原则谴责并驳倒。一段时期以来,许多可教的西方人——遑论那些不可教的人——似乎都认为,布尔什维克主义只是与西方运动并行的一种运动:它就好比双胞胎中那个有点不耐烦、粗野和顽劣的家伙,它必然会变得成熟、有耐心和温和起来。然而,事情并非如此。除了在生死攸关的危险时刻之外,布尔什维克主义对那些兄弟般的深情厚谊往往报以轻蔑,或至多表现出几丝假情假义;而在生死攸关的危险时刻,布尔什维克主义渴望得到西方的帮助却又决心绝口不谈一个"谢"字。西方运动已经不可能把布尔什维克主义仅仅理解为一个新的外敌——自己数世纪以来曾与之斗争的那种外敌。西方方案曾以自己的方式准备反对所有古老的罪恶形式,但我们不得不承认,西方方案不能提供任何言辞与行动措施以反对新的罪恶形式。曾有一段时间,人们似乎还有充分的理由说,西方运动和布尔什维克主义具有共同的目标,即追求一种由自由平等的男人和女人组成的普遍繁荣社会。二者只是在手段上有分歧。对布尔什维克主义来说,全人类的共同利益是最神圣的目的,为此可以不择手段。一切有助于达到最神圣目的的东西都分享了目的的神圣性,从而也变得神圣起来。一切有碍于实现那种目的的东西都是邪恶的。某个人曾把谋杀卢蒙巴(Lumumba)总理描写成一场应该受到谴责的谋杀,并以此暗示,还有不可谴责的谋杀,比如谋杀纳吉(Nagy)。

这么看来,西方运动与布尔什维克主义之间不仅有程度上的差别,更有类型上的差别。这种差别显然涉及道德,涉及手段的选择。换句话说,人们日渐明白,无论流血的社会变革,还是不流血的社会变革,都绝不可能消除人性中的恶。只要有人,就会有恶意,有嫉妒,有仇恨;因此,不可能存在一个不必使用强制性限制的社会。同理,我们也不可能再否认,今天布尔什维克主义只要在实际上而非名义上继续存在,就仍将在以后继续存在:一个僭主出于对宫廷革命的恐惧而减轻或加剧自己的钢铁统治。不过,僭主也害怕西方强大的军事力量——这是西方唯一可以多少获得一些信心的遏制手段。

布尔什维克主义经验给西方运动提供了一个双重教训:这是个政治上的教训,它一方面关乎在可见的未来期待什么和做什么,另一方面关乎政治的原则。在可见的未来,不可能会有一个普遍的政权,不管是单一的还是联合的。事实上,现在根本不存在某个诸民族的普遍联盟,而只存在某些所谓爱好和平的民族之间的联合;除了这一事实之外,现存的那个联盟只不过掩盖了根本的裂痕。一个人要是过于认真地看待那个联盟,以为它是人类走向完善与普遍社会的一个里程碑,他就必定要承担巨大的风险,这将危及他竭力追求的进步本身,要知道他只能凭借一个与生俱来的、也许陈旧的希望,此外一无所凭。可以设想,面临热核武器摧毁人类的危险,某个诸民族的联盟,无论多么残缺不全,总能阻止一些战争,确切地说,可以阻止某些侵略战争。但这意味着,其有效的前提是目前所有国界都是公正的,符合各民族的自我规定。这个假设是虔敬的欺骗,其欺骗性比其虔敬更明显。事实上,对现有边界提出的仅有的那些变更,都是苏共并不反感的。人们也不能忘记,诸同盟国法律上的平等与事实上的不平等之间存在着令人瞠目结舌的差距。这一事实上的不平等在"不发达国家"这个说法中得到了确证。据说,这个说法是斯大林发明的。这个说法暗示了这样一种决心,让它们充分发展起来。也就是说,让那些国家要么进入布尔什维克主义的阵营,要么投入西方的怀抱。这无视一个事实,即西方自称代表着文化多元主义。一个人尽管仍然可以争辩说西方的目的与布尔什维克主义一样具有普遍性,但在可见的未来,他也必须安于一种实践上的特殊主义。这种情况与人们经常提及的基督教和伊斯兰教相互对立的时代非常相似:虽然双方都坚持自己的主张,但也不得不接受敌手的存在并满足于某种不安的共存。这些都说明,在可预见的将来,政治社会仍然会像过去一样:政治社会仍然是一种个别的或特殊的社会,其最紧迫的首要使命是自我保存,其最高的使命是自我发展。就自我发展的意义而言,我们可以看到,西方出于同一种经验既怀疑世界社会的有效性,也怀疑这种信念——相信富裕是幸福和正义的充分甚至必要条件之一。富裕治愈不了那些根深蒂固的恶。

我有必要对现代方案的另外一种因素说上几句,这可能需要更为细致的讨论。简言之,我们可以说现代方案与古代看法不同:现代方案认为社会发展完全取决于各种具体的政治或经济制度,而非品格的塑造。这种看法的隐含意味是,要将法律与道德彻底分离,而非辨别二者之间的差异。除了实定法,的确还有一个需要启蒙的领域;换言之,还有一个纯粹的理论教育领域,它不同于道德教育或品格的塑造。我们可以用现代方案的健将之一霍布斯为例来说明这一点。毫无疑问,霍布斯不是一个着迷于尼禄(Nero)之流的简单的绝对王权论者。霍布斯原打算教诲那些启蒙了的绝对主权者,即后来所谓的"开明的专制君主"(enlightened despots)。不过,他的整个事业恰恰只保证了绝对专制主义的可能性和必要性。要让专制君主变得开明起来,仍然只是个希望而已。

现在,这一境况在现代自由民主制的发展中以另一种形式得到重申。自由民主制自称是负责任的统治,在这种政治秩序中,政府要向被治者负责。被治者当然也对政府负有责任:被治者应该遵守法律。但关键在于:为了负责,政府绝不能向被统治者隐瞒任何事情。"公开之契约,公开缔结之"——威尔逊(Wilson)总统这句名言最明确地表达了这一点。当然,自由民主也意味着有限的统治,意味着公私分离。私人领域不仅必须得到法律的保护,还必须被理解为不受法律的干预。法律必须保护私人领域,而在私人领域中,每个人可以按自己的意愿而行动或思想,可以根据自己的喜好而变得任意或偏激。"我的家就是我的城堡。"但事情没这么简单。我的家并不就是我的城堡;一张搜查令就会让它门户大开。真正的秘密之所不是家里,而是投票站。我们可以说投票站是众家之家,是主权之座,是秘密之座。主权者由个体组成,而这些个体却不承担任何责任,也无法被要求承担任何责任:不负责任的个体。这并不是自由民主制的初衷。其初衷是,这种享有主权的个体是尽职尽责的个体,是本着自己良心自我约束和自我引导的个体。

非常明显,尽责的个体和霍布斯笔下的开明君王一样,使我们陷入困境。你无法从法律上界定尽责的个体由哪些品质构成。你可以通过财产条款或文化测试等限定投票权,但你不可能把投票权仅限于那些尽责的人们。只有通过非法律的手段,只有通过道德教育才能培养出尽职尽责的品质。因为在这方面没有适当的规定,诸位很清楚这个领域发生的变化。这个已然发生且正在发生的变化,可以称之为自由民主向放纵平等主义的退化。自由民主的核心是尽职尽责的个体,而放纵平等主义的核心却是欲望的个体。我们只需看看尽责的反抗者的事例;无论你怎样看待那些人,毫无疑问,他们就是那些甘愿为他们认为正确的东西而付出生命的人。而那些放纵欲望的人绝不会有丝毫牺牲自己生命的想法,因而也不会为了自己的欲望而牺牲欲望本身。这就是已经发生的道德堕落。

让我再举个例子来说明这一巨大变化。在讲座的开头,我曾提到文化概念。在原来的意义上,文化一词意味着关于人类思想的唯一文化。由于19世纪发生的一场变化,这个词变成了复数。如本尼迪克特(Ruth Benedict)之类的人类学家已经开始在某种较低层次上重复了斯宾格勒等人曾在较大范围上展开了的工作,而且产生了极大的效果。那么,文化在今天意味着什么?在人类学和部分社会学中,"文化"这个词通常被用作复数形式,如此一来,你就可以有一种郊区文化,有一种少年帮派文化(少年非犯罪文化甚或少年犯罪文化)。诸位可以说,根据当前这种文化观念,没有哪个人没有文化,因为他属于某种文化。与此同时,值得庆幸的是,古代的文化观念仍然存在。我这样讲时,诸位笑出了声,因为当我们说到一位有文化的人时,我们并不是指所有人都有教养或有文化。展望这种议论的结局,人们可以说,根据当前社会科学中的流行看法,一个人要不是住在疯人院里,就是有文化的人。甚至在某些前沿研究领域——我们今天经常听说这些研究——我们还发现了一个有趣的问题:疯人院里的疯子们真的没有他们自己的一种文化吗?

让我回到我的论述。今天,人们对现代方案的怀疑已相当普遍,这不仅仅是一种虽强烈但又模糊的感觉。这种怀疑已经达到了科学上的精确状态。人们可能想知道,是否还会有某个科学家站出来断言,普遍而繁荣的社会将理性地解决人类问题。因为当今的社会科学已经承认甚至宣称,它无力证明任何价值判断正确与否。现代政治哲学引发的那套教诲,亦即17世纪那些赞同普遍繁荣社会的思想英雄们的教导,已经无可否认地成了一种意识形态。这就是说,那套教诲在真理和正义方面不比其他无数意识形态高明。研究所有意识形态的社会科学本身摆脱了所有意识形态的偏见。借助这种奥林匹亚式的自由,社会科学克服了我们时代的危机。这个危机可能会摧毁社会科学的诸前提;但它不能影响社会科学结论的有效性。社会科学在最近两个世代里变得愈发疑虑重重、克制拘谨,它以前可不总是这样。社会科学性格的转变与现代方案的变化脱不了干系。现代方案最初是由哲人们设计的;

他们根据自然、根据某些自然权利设计了这套方案。这套方案的初衷在于以最完美的方式满足人类最强烈的和最自然的需要。征服自然是为了人的利益;而人被认为具有某种自然本性,某种不变的本性。现代工程的奠基者们理所当然地认为哲学与科学完全相同。此后,人们发现,征服自然似乎也要求征服人性,而且首先要质疑人性的不可变性。毕竟,一种不变的人性可能会绝对限制进步的步伐。这样一来,人的自然需要就无法继续引导其对自然的征服。人们不得不从理性而非自然,从理性的"应当"而非中立的"是"中寻求指导。这样,研究"应当"或规范的哲学、逻辑学、伦理学、美学就逐渐与研究"是"的自然科学分道扬镳了。对"是"的研究或自然科学在增强人的力量方面不断取得更大的成功;与此同时,理性却随之失去了声誉,从而致使人们在使用那种力量时无法区分智慧与愚蠢、正确与错误。与哲学相分离的科学无法教人以智慧。有些人仍然相信,社会科学和心理学一旦达到物理学和化学的水准,这种困境就会消失。这个信念毫无道理可言。因为社会科学和心理学无论多么完善,作为科学,它们只能进一步增强人的力量。它们会使人更轻而易举地操控他人。社会科学和心理学同物理学和化学一样,很难教人们如何使用自己之于人类和其他事物的权力。那些沉溺于上述信念的人尽管一直鼓吹事实与价值的区分,但仍然没明白这个区分的关键所在。确实,这个区分正是现代科学的关键,是最近两个世代里最终发展起来的现代社会科学的关键:区分事实与价值,并认为绝不可能理性地区分好的与坏的价值。任何目的都值得辩护。从理性的角度来说,一切价值平等。学院里的社会科学教师们关心的主要使命在于,如何面对事实-价值区分所提出的难题。我相信,人们很容易证明当今社会科学的这一基本前提站不住脚;人们可以找出各种各样的理由。不过,我现在关心的是一个更大的问题。

当我们反思事实-价值区分时,我们发现其中一个问题格外刺眼。公民并不做这种实事-价值区分。公民确信他能合乎情理地区分善与恶、正义与不义,就犹如他们确信可以区分真与假,或者如他们判别所谓的事实陈述。公民对政治事务的理解同事实与价值的区分毫无关系。只有当公民对政治事务的理解被具体的科学理解所取代时,事实与价值的区分方显得必不可少。这样,科学的理解意味着与前科学的理解断裂开来。然而同时,科学的理解仍然依赖前科学的理解。我可以用一个最简单的例子来说明这一点。如果社会学系派某个人出去约人做访谈,这个人肯定得学会各种各样的东西;他接受了详细的程序说明。但有一件事没有人会提醒他:要对人、要对人类提出你的问题,而不要对那些猫啊、树啊、花草树木什么的提问。而且也没有人告诉他如何区分人和狗。这种知识是预先假定的。这种知识从未改变过,从未更新过,也从未受过他在社会科学课堂上所学任何东西的影响。这只是一个最有力的例子,它表明,号称自足的科学知识非常依赖某种"先验"的知识,亦即某种在整个科学发展过程中从未被质疑过的前科学知识。现在我们已经明确,不管能否证明科学理解之于前科学理解的优越性,科学的理解无疑都是第二位的或派生的。而人们对政治事物的常识性理解是一种前后一致的综合理解,优先于一切科学理解;社会科学如果不能处理这种前科学的理解,换句话说,如果我们不按公民或政治人对政治事物的经验去理解政治事物,那么,社会科学就无法搞明白自己的所作所为。社会科学只有处理了这种对其基础或母体的一贯的、综合的理解之后,才能证明自己的正当性,才能明白科学理解的特征,即搞明白科学理解如何独特地修正了对政治事物的最初理解。我相信,社会科学或政治科学要想是或成为一种理性的事业,就有必要按上面所说的做。因为社会科学或政治科学修正了对政治事物的最初理解,它就必须理解这种修正本身。我们要想真正弄懂科学理解方式造成的修正是什么,就必须首先理解对政治事物的前科学理解、常识性理解、公民的理解。

但我们如何获得那种理解呢?我们如何可能以自己的微薄之力阐明公民对政治事务的基本理解或前科学理解呢?我们很幸运,已经有人为我们完成了这项艰巨的任务,为了使政治科学因而也使其他社会科学真正成为科学或理性的事业,也能够且必须做这项最基本的工作。诸位或许都晓得,亚里士多德就已经在其《政治学》中做过这项工作。这部著作为我们分析了关于政治现象的最初理解,其中的分析堪称经典,令人难忘。

我这个论断将面临许多各种各样看似十分有力的反驳。我将在明天的政治讲座中介绍这项事业,介绍亚里士多德的政治科学。现在,我将把本次讲座的剩余时间留给一个严格意义上的针对其人的论证(a strict ad hominem argument),为的是把如今我们这个行当里的主流,即所谓的行为主义者们——要是他们听得进去这个论证的话,要是他们接受好的建议的话——引向对他们所做的事情的一种多多少少更好的理解。诸位只要环顾一下四周,只要不是在底特律大学,不是在天主教机构而是在非天主教机构,我想大家都会说,除了极其个别的例外,政治哲学已经消失得无影无踪。今天,政治哲学或政治哲学向意识形态的退化最明显地表现在下述事实上:政治哲学的研究和教学都已完全被政治哲学史所取代。诸位中的许多人都读过或用过萨拜因(Sabine)的名作,大家只需读一下他的前言,就会明白,我下面将要说的一点儿都不错。那么,政治哲学史取代了政治哲学,这意味着什么?严格来讲,用政治哲学史取代政治哲学,非常荒唐。它意味着,用一种错误的概述去取代一种学说,这正是萨拜因之流所做的。所以,政治哲学不能被政治哲学史所取代。

取代政治哲学的是一种表明政治哲学之不可能的学科,它当然就是逻辑学。目前,在"政治哲学史"名义下保留下来的东西[政治哲学]将只能在某种理性的研究和教学框架之中找到自己的位置,只存在于那些讲授如何区分事实判断与价值判断的逻辑学教科书的注脚之中。这些注脚将向那些驽钝之士提供政治哲学借以成功或失败的从事实判断向价值判断错误转变的诸事例。它们将举出诸如柏拉图、亚里士多德、洛克、休谟或卢梭的例子,并指出这些大人物在何时何地犯了如今十岁小孩都知道如何避免的大错。然而,我们不能仅听凭逻辑实证主义或行为主义科学的一面之词就错误地认为,在这次重新分工中,逻辑学完全(不管逻辑学得到如何扩张)占据了政治哲学一度占据的位置。如今,非哲学的政治科学已经接手了政治哲学曾经研究的相当一部分论题,成了社会科学的一部分。这种新的政治科学主要关心如何发现政治行为的法则,并最终找到政治行为的普遍法则。社会科学研究所有政治的特征,为了不使特定时刻、特定区域的政治特性混淆——研究所有政治的特征是社会科学的拿手好戏——这种新的政治科学也必须研究其他风土和其他时代的政治。因此,新的政治科学开始依赖另一种研究,这种研究隶属于所谓的普遍历史这项综合事业。现在,对于能否按自然科学的模式来塑造历史学,人们议论纷纭;同样,关于可否合理地期待新政治科学成为自然科学意义上的科学,人们也争执不休。

不论如何,新的政治科学必须致力的历史研究不仅要关心那些关于政制的作品,也要关注那些塑造这些政制的种种意识形态。在这些历史研究的语境中,某种意识形态的意义主要是指这种意识形态的追随者对它的理解。在某些情况下,意识形态会被认为是一些伟大人物的创造。在这些情况下,就有必要考察,首创者构想的意识形态是否以及如何被后来的追随者修改。因为,准确地说,只有对意识形态的原理解能够产生政治效果时,才有必要去弄清楚原理解的种种特性。如果可以研究他们所说的超凡魅力的常规化(the routinization of charisma),那么,也应该能研究思想的庸俗化。某一种意识形态由政治哲人们的教诲构成。这些教诲也许只扮演了一个较小的政治角色,但要知道这一点,人们首先得确切地知道这些学说。这种确切的知识主要在于像政治哲人们理解他们自己那样去理解他们的教诲。毫无疑问,这些政治哲人在下面这一点上都错了,他们无不相信自己的教诲在政治事物方面健全合理。通过某种可靠的传统,我们了解到,他们那种信念构成了某种理性化的一部分;然而,这种理性化过程并没有得到彻底的理解,以至于显得在最伟大的心灵那里,不值得研究这种理性化过程。比如说,我们都知道,可能有各种各样的理性化之类的事情。因此,有必要研究那些政治哲学:不仅要研究首创者们的理解方式,以便与各种各样的追随者们的理解方式进行对照,而且要研究其对手们的理解,甚至要研究那些超然的、中立的旁观者或历史学家的理解。因为超然本身并不能充分保证避免下述危险,即一个人可能折中某些追随者的观点与某些对手的观点,并将其等同于首创者的观点。也许正是通过动摇所有传统,今天对各种政治哲学的一般性理解才成为可能,这种理解对行为主义政治科学来说必不可少。我们时代的危机也有一个好处,它让我们能用一种非传统的、新鲜的方式去理解那迄今为止完全按一种传统的、派生的方式理解的东西。

因此,社会科学本身若不认真理解严格意义上的政治哲学,就无法做到名副其实;当然更主要是因为社会科学直接诞生于古典政治哲学。如我所指出的,不要以为一定能真正地理解严格意义上的政治哲学。如今,有些人常断言那种理解压根儿就不可能,因为所有历史性的理解都与史学家自身的主张、国别和时代相关。据说,史学家不可能像首创者那样理解他们的教诲,他的理解必然不同于首创者本人的理解。通常,史学家的理解低于首创者的理解。在最好的情况下,史学家的理解也只不过是对原初教诲的某种创造性转换。然而,如果不可能把握原初教诲本身,又怎么能说是对原初教诲的创造性转换呢?

且不论上面的看法,下面一点似乎至关重要。就社会科学家在这类研究中取得成功而言(他自己的那种科学本身也要求他成功),他不仅拓宽了当今社会科学的视野,甚至还超越了那种社会科学的局限。因为他学会用另一种方式看待事情,而这种方式对社会科学家来说可以说是禁止的。他将从自己的逻辑中得知,他那门科学依赖某些前提、确信或假设。他现在知道应该悬置这些假设,因为他若拘泥于这些假设,就无法进入自己的主题。这样一来,他就被迫把社会科学的那些假设当成了自己的论题。不同于逻辑学,政治哲学史绝不仅仅是社会科学的众多主题之一,它本来就是对社会科学诸前提的研究。而那些前提被证明是对现代政治哲学诸原则的修正,而现代政治哲学又被证明是对古典政治哲学诸原则的修正。一个行为主义政治科学家只要严肃地对待他那门科学及其要求,他就不得不研究一下他那门科学的历史,只要进行这种研究,他就不可能不质疑他那门科学的那些教条般的前提。于是,他的视野就变得宽广起来。至少,他必须考虑古代政治哲学有比今日的政治科学更合理、更正确的可能性。

这种向古典政治哲学的回归既是必要的,又是尝试性的或试验性的。不是尽管而是正因为它是尝试性的,我们就必须严肃地进行;也就是说,我们不能藐视今日的困境。认识到这一困境对我们来说绝无坏处,因为正是这一困境激励我们回到古典。按理说,我们不能期待一种对古典政治哲学的新理解会给我们提供某些适用于当今的药方。现代政治哲学的相对成功已经创造了一个新型的社会、一种古典作家完全不知道的社会；在这种社会中，古典作品所陈述并阐释的那些古典原则无法立刻派上用场。只有我们这些活在当世的人才能找到今日问题的解决办法。充分理解古典作品所阐释的那些原则，这也许将是一个必不可少的出发点：由此出发，才可能用当代社会自身的独特性来充分分析它，这应该由我们来完成，由此出发，才能把那些原则睿智地应用到我们的使命上，这也应该由我们来完成。

政治哲学的危机

李永晶 译

在前一次讲座中,我曾试图将我们时代的危机溯源于政治哲学的危机;我也指出了一个如何摆脱那些困扰我们智识难题的方法,那就是返回到古典政治哲学,尤其返回到亚里士多德的《政治学》。这次讲座,我将讨论回归亚里士多德及其所面临的诸多困难。请允许我对政治哲学的危机再多说一句。我想,一般来说,政治哲学甚或一般的哲学今天都已经失去了它昔日的尊严和地位;这么说并非言过其实。如今,一个人可能随口说,我的哲学就是早上吃两个煮鸡蛋。哲学,尤其是政治哲学到底怎么了? 我想,答案很明显。

今天的西方世界——在任何西方国家,尤其在我现在所在的这个国家[美国]——有两股公认为权威的力量,人们可以称之为实证主义和历史主义。根据实证主义的观点,只有现代自然科学所定义的科学知识才是真正的知识。这里至关重要的含义就在于,一切有关价值的断言都不能认为是有效的,只不过是纯粹主观性的断言。另一方面,根据历史主义的观点,事实与价值的区分最终是站不住脚的,因为理论性理解的诸最高原则(即通常所说的"范畴")与实践的诸最高原则(即一般所说的"价值")不可分离,还因为那种由种种范畴和价值构成的"体系"是历史性的或可变的:没有唯一正确的范畴和价值体系。这两个学派在今天西方最为强大。这两者都与政治哲学水火不容,因为后者试图发现并确定人之为人的真正目的。

除了一个方面以外,实证主义在所有方面都不及历史主义。实证主义如果理解了自身,必然就会变成历史主义。因为经过证明,所谓科学即现代科学的诸基本前提并非明显必然的;正如实证主义者们自己承认的那样,那些前提在逻辑上非常随意。不过,这里所说的随意性是指,随意地接受那些前提并不只是这个或那个个体的私事,它已经成了决定一大段历史的公共因素;这是一项历史的决定,现代科学借此成了塑造现代世界的力量。另一方面,历史主义比实证主义更具反思性,因为它提出了一个实证主义无法提出的问题:为什么有科学？历史主义考虑到了科学得以产生的人类处境,而实证主义却无法真正地做到这一点。当今的实证主义相信,它只需区分一下科学发现的有效性与科学或科学发现的起源,就可以解决这一问题。如果仍然可以把科学看作人类理智的完善,看作人类理智的自然完善,那么,上述区分也说得通;但没有哪个逻辑实证主义者能这么看。因此,他不敢承认那个必须提的问题:为什么有科学？当然,他也没有能耐回答这个问题。在这种情况下,实证主义具有的相对价值就在于,它以一种极其不充分的——虽然说不上是无能的——方式断定了唯一真理的概念,或按它可能喜欢的叫法,即客观性概念。在今天的西方,政治哲学只在托马斯主义那里还香火未断。然而,这种情况也制造了一个难题,甚至对托马斯主义者们也是如此,因为它让人怀疑,支撑这种政治哲学的可能是基督教天主教派的信仰,而不是人类的理性。因此,就连托马斯主义者们也有必要证明,亚里士多德的政治哲学概念——亚里士多德毕竟不是天主教徒——并没有被现代思想驳倒。

我已经指出过那些号称驳倒了亚里士多德式政治哲学的具体理由。其中最常见的理由是,现代自然科学或现代宇宙论(比如通过证明"进化")已经驳倒了亚里士多德的宇宙论,因而也驳倒了亚里士多德式政治哲学的原则或基础。亚里士多德想当然地认为物种亘古不变,而我们"知道"物种并不永恒。不过,即便承认进化已是一个证据确凿的事实,承认人产生于其他物种,但人仍然在本质上不同于非人(non-man)。进化论无论如何也驳不倒存在着本质差异的事实——即存在着各种"形式"(forms)的事实。亚里士多德以及柏拉图的出发点在于:整全由诸异质的存在者构成;有一种诸存在者的理智上的异质性(a noetic heterogeneity),这是我们一直依赖的常识性概念,这种概念根本就没有被驳倒。我想请诸位回忆一下17世纪那场对形式因(formal causes)的批评;喜剧诗人莫里哀(Moliere)以最令人印象深刻的方式恰当地表达了这种批评:他提出这个著名的经院学式的问题"鸦片为什么让人睡觉?"答案是:Quia est in eo virtus dormitiva, cujus est natura sensus assoupire[因为它有一种催眠力量,这种力量的自然本性在于让诸感官入睡]。这个笑话非常有名,人们常常用这种或那种方式翻来覆去地重复它。这个笑话等于说,诉诸形式因绝不是一种解释。然而这个笑话并不像初听起来那么有趣:如果鸦片没有催眠的能力,也就是说鸦片的成分本身没有这种能力的话,我们压根儿就不会对它感兴趣;当你把组成鸦片的各种元素放在一起,那么,这个整体就有了各种元素所没有的一种特性,正是这种特性使鸦片成为鸦片。对鸦片来说是如此,对人或其他的存在物来说亦如此。可以说,正是本质或本质差异的概念,将亚里士多德和柏拉图的教诲与典型的现代哲学,尤其现代自然科学的教诲区分开来。如果确实有某些本质差异,那么,公共的善和私人的善之间就会有本质差异。无论亚里士多德的宇宙论在今天遭到了多大的挫折,这都无损于本质差异的概念,因而也无损于本质的概念。

第二个很流行的观点认为,亚里士多德是个反民主分子,所以他已经被驳倒。我承认这个事实;因为我不相信从我们同时代某些人的行事前提——民主是好的,亚里士多德也是好的——会有效地得出亚里士多德是个民主分子的结论。亚里士多德不是民主主义者。凭什么这么说?无论在希腊时代,还是在今天,民主都意味着所有人统治。但这个说法过于抽象,因为从来没有或者说几乎没有全体一致的时候。事实上,在一个民主政制中是多数人统治。如果有稳定的多数派,那么,这个稳定的多数派就会在民主政制中主政。这个稳定的多数派从何而来?亚里士多德非常简洁明了地说:在每个城邦(polis),在每个政治社会中,都会有两群人,即穷人和富人,而且无论原因如何,穷人肯定占多数。因此,民主制就是穷人的统治。"穷人"并不意味着是"乞丐"。穷人是指那些必须为了糊口而奔波的人,他们无法过上绅士般的生活。因为贫穷,他们没有闲暇接受教育,不管在成年还是在孩童时期,都没法接受足够的理论教育和实践教育。他们没有时间那么做;因此他们是未受教育的人。任何一个明智的人都不会说,政治共同体应该由未受教育的人来统治。我希望诸位已经明白,这个简单的论证毫无恶意。

那么,我们反对它的根据又是什么呢?

有些事情,亚里士多德想当然地认为是正确的,而我们今天已经不能那么认为了。亚里士多德想当然地认为,一切经济体都必然匮乏,因而大多数人没有闲暇。我们已经发现了一个富足的经济体,在一个富足的经济体中,再也没有理由说多数人一定没受教育。因此,用这个论证来反驳亚里士多德非常对路。但是,我们必须看到究竟什么东西发生了变化。不是正义的诸原则,它们原封未动。变化的是环境。就正义的原则本身而言(按照亚里士多德的理解),我们将不得不说,亚里士多德关于民主制的论证必须修改,因为我们已经有了一个富足的经济体。然而,这一环境的差异应该归于现代经济,而现代经济又基于现代技术,现代技术又基于现代科学。于是,我们又碰到了亚里士多德和现代思想的根本差别。17世纪,在培根、笛卡尔和霍布斯等人的作品中,出现了一种对科学的新解释,这种解释与亚里士多德的解释相反。根据那种新解释,科学只为增强人的力量而存在,而非为了作为理解的理解或为了沉思而存在。至于说潜在于现代发展背后的科学的概念,我们已经怀疑它是否像前几代人设想的那样健全可靠。就在最近,第一颗原子弹的爆炸让人们怀疑,科学和技术的无限进步是否完全是件好事。这一个例子就足以让我们注意,亚里士多德否认科学在本质上服务于人类力量的增长时,他也许说得在理。

亚里士多德的非民主观或反民主观显然还有另一个基础。那就是他的如下假说,不过他自己倒认为这是个事实:在涉及政治的各方面,人们天生(by nature)就不平等。人们在美丑方面不平等,这不打紧,因为我们通常并不看谁长得帅就选谁当官儿。但是,有一种天然的不平等涉及理解力,这就与政治事务相关了。人们很难否认这种天然的不平等。只有一个人曾经严肃地试图否认这种天然的不平等,那就是著名的俄罗斯生物学家李森科(Lysenko),他获得了斯大林的帮助,但我相信,赫鲁晓夫已经抛弃了这种尝试,虽然我并不确知这一点。现代民主制当然也承认这种天然的不平等,我们所说的机会平等就表明了这一点:如果提供了机会,不同禀赋的人就会做不同的事。换个角度说,现代民主制是代表民主制,也就是说,这种民主制要挑选它认为那些超出乎均水平的佼佼者。现代民主作为代表民主制，与直接民主大相径庭。

另一个反对亚里士多德的理由是，他的整个政治哲学目光狭隘或乡土气太浓，说到这里，我们又向某些核心问题靠近了一步。人们说，亚里士多德毕竟是个希腊人，其作品的主题是希腊的城-邦（city-state）；城-邦只是一种特殊的人类组织形式，其在历史重要性上与其他组织没什么两样，只是众多组织形式中的一种。这种观点在今天非常流行，但并不正确。亚里士多德并不关心希腊的城-邦。只要读一读《政治学》第二卷，你就会明白，亚里士多德关注的是迦太基（Carthage）那样的城；那是一个腓尼基人（Phoenician）的城。该城大致相当于斯巴达，远远胜于雅典。因此，城-邦并不必然是希腊的。当然，这不过是个小问题。更大的难题在于：我们一提到城-邦，通常就指有一种叫作"国家"（state）的东西，并且它有 n 种形式，而城-邦只是其中的一种形式而已。这种想法无法翻译成希腊语，亦即亚里士多德的希腊语。这种"国家"观念与亚里士多德的思想格格不入。我们今天一说到"国家"，通常把它与社会对立起来理解。诸位只要随便翻开一本教科书就会看到，所有人都断定希腊的城-邦——现在让我用希腊词 polis——并不是一个可以与社会相分离的国家。我们可以说，polis 先于国家与社会的区分。亚里士多德的确区分了 polis 和其他团体或合作形式，但他并没有把那些团体统统塞在"社会"这个词下，让它与 polis 对立起来。诸位若能在正确的地方找到 polis 概念的现代对应词，就能很容易地理解亚里士多德的思想。用我们现代的术语来说，polis 的对应词就是"祖国"（country）。当你说祖国正处于危险中的时候，你并没有区分国家与社会。祖国就是亚里士多德所理解的城邦的现代对应物。或者看看另一个说法，这句话在道德上颇成问题，但也有某种合理之处："吾之祖国，无论对错"（my country right or wrong）。你不可能说"吾之国家，无论对错"或"吾之社会，无论对错"；这些说法听起来就别扭。因此，"祖国"就是"城邦"真正的现代对应词。这种差别绝非无关紧要。这种差别意味着，城邦是一个城市联合体（urban association）。但祖国并不必然就是城市，这当然是因为现代各国的封建历史。我们与亚里士多德之间横亘着一条鸿沟;我们要想理解亚里士多德,就要跨越这条鸿沟。因此,为了理解亚里士多德说到 polis 时所指的意思,或为了获得与之相似的经验,我们必须在我们的经验中寻找某些对等之物。

现在,让我们看看亚里士多德自己关于 polis 的分析。polis 的特性是什么? polis 与所有其他联合体的本质差异是什么? 亚里士多德答曰:polis 的最终目的是幸福。所有其他联合体都服务于某个特定的目的。政治社会是唯一一种追求实现人类至善的联合体,那种至善被称为幸福。幸福意味着践行道德德性高于一切,意味着践行高贵之事。亚里士多德的假定在今天看来颇有争议,尤其在那些科学圈子里,但在那些通情达理的人们中间,亚里士多德的假定(即关于什么是幸福)根本不会引起争议。为了更透彻地说明这一点,我们有必要讨论一下其《修辞学》中的相关章节,亚里士多德在其中清晰而美妙地谈论了什么是幸福的问题。读一下那些篇章,诸位就会发现,我们平常的幸福观与亚里士多德分析的日常概念没有什么两样。当我们说某个人很幸福时,我们指的是什么? 那个人有朋友,有好朋友,有许多朋友,他还有孩子,有好孩子,他还健康,还适度地富有,等等。关于幸福,希腊人没什么独特的看法。当我们说某个人很幸福时,我们首先指那个人很满足。不过,我们也经常看到某些智商发育不全的人,或者白痴,他们总是笑容满面。他们也很满足;但没有人会说他们很幸福。那么,当我们说幸福意味着满足时,我们指的是一种令人羡慕的满足、一种合情合理的满足。这就是所有人理解的幸福,因此,谈论这样得到理解的幸福观,就足以成为政治哲学或道德哲学的良好开端。

然而,进入现代即自 17 世纪以后,这个开端遭到了质疑;至于质疑的理由,用今天的话来说,就是下面这一套:

幸福完全是主观的。张三理解的幸福不同于李四理解的幸福;甚至张三本人晚餐前理解的幸福也不同于他晚餐后理解的幸福。如果幸福完全是主观的,那么,幸福就跟决定共同的善不相干。那么,我们如何才能找到我们的政治方向? 现代政治哲学的奠基者们如是回答:虽然幸福根本上是主观的,但幸福的条件却不是主观的。无论你怎样理解幸福,为了获得幸福,你首先得活着;其次,你必须能到处蹓跶;第三,你必须能够按你自己理解的幸福去追求幸福,即便是你一时兴起的幸福。因此,无论你怎样理解幸福,幸福的条件都是生命、自由和对幸福的追求。这些构成了幸福的客观条件。这些条件具有幸福本身所欠缺的客观性和普遍性。因此,政治社会的功能不是关注公民是否幸福,也不管他们是否能成为亚里士多德所说的那种举止高尚的君子,而是去创造幸福的条件,去保护他们,或用行话来说,要保护人的各种自然权利;因为在现代意义上,人的各种自然权利就是指对上述幸福的条件的权利。无论在何种情况下,政治社会也不能将任何幸福观念强加在公民头上,因为任何幸福观念都是主观的,因而也是随意的。人们都将按各自的理解去追求幸福。他们都在为幸福而奋斗。这种奋斗部分是合作性的,部分是竞争性的。这种奋斗产生了某种网络。我想,这就是那个与国家相对的词即社会的最初含义。

如果这种分析原则上正确,那么,我们就会得出下面的结论:国家优于社会,因为国家的宗旨或目的——它确保幸福的条件,而不管如何理解幸福——是客观的,即对所有人都一样。另一方面,社会优于国家,因为我们只有作为不同于国家的社会的成员,才关心国家的目的,才关心幸福本身,而不是关心幸福的条件或实现幸福的手段。从这个角度来说,公共的政治事务服务于本质上私人性的事情,服务于幸福,而不管人们如何理解幸福。一方面国家优于社会,另一方面社会又优于国家,这个事实造成了一个巨大的理论困难。现代社会思想偏爱的解决之道在于,假定另一个基础,这个基础既有别于国家和社会,又是国家和社会的共同母体;我想,这就是经常用作复数的文化或文明的现代概念的功能吧。

我已经讲了幸福的种种条件,并指出,那些条件指的就是种种自然权利或人的权利。鉴于我们上午的讨论,我想就这个问题说两句。17至18世纪发展起来的这套权利观当然让我们想起传统的自然法教诲,也就是托马斯主义的学说。在那些天主教圈子之外,尽管非常明显却很少有人承认,17、18世纪的自然法学说与中世纪及古典的自然法学说之间有某种根本的差异。可以用一个简单的方式说明这种差异,18

世纪开始用来指称自然法的名称是人的各种权利,而传统的名称是自然法。首先,"法"被"种种权利"取代。人们一提到法,通常主要指种种义务,只是在派生意义才指种种权利。亚里士多德说,法律所不命令的就是法律禁止的,他这个说法告诉了我们法律的最初含义。(我记得一位现代解释者曾说,这句话纯属胡言;因为法律从未命令我们呼吸,但谁都不会说法律禁止我们呼吸。这位先生就没有想想,法律规定服兵役或禁止自杀时,就在命令人们呼吸。)其次,"自然"被"人"取代。在古代的观念中,自然法隶属于一个更大的秩序,隶属于"自然"一词所象征的等级秩序。而在现代的观念中,自然已经被人取代。人自身成了一切,成了那些属于他自己的权利的本源。"人的各种权利"这个词就是现代哲学那个著名开端的道德等价物:即笛卡尔的 ego cogitans [我思],那个思想着的我。在笛卡尔的道德著作《灵魂的激情》(The Passions of the Soul)一书中,"义务"这个字眼从未出现过;但在某些关键章节中倒是出现过"权利"一词。我想,这很能说明问题。

让我回到人们对 polis 的一般反思。我们今天时常受到某种学问的误导;那种学问若不越位,就会颇有价值。我指的是,某些历史学家和语文学家告诉了我们许多有关希腊人的知识;但仅凭那些知识,尚不足以理解亚里士多德和柏拉图那样的人物。我们必须做一个区分,将 polis 这个词的前哲学概念与哲学概念区别开来。在此,我只想谈谈特别由亚里士多德所阐发的有关 polis 的哲学概念。哲学意义上的 polis 概念指自然的社会,该社会与人的天性相契合,不大不小,正适于人实现其完善。人的自然力量是有限的,尤其在认识和关怀自己同胞的能力上。笼统地说,一个 polis 就是一个让个人有能力去认识和关怀的不太大的社会。polis 是一种联合体,其中每个人虽不能完全认识其他人——村庄才能那样——但彼此都是熟人,这样,他就可以发现自己应该把选票投给谁,应该把自己的生命和财产托付给谁。当前那些关于大都市圈的讨论,在一定程度上重新发现了亚里士多德所设想的那种作为自然团体的 polis。

不过,这是否足以说明亚里士多德的政治哲学关注的就是 polis? 诸位只要读一下《政治学》各卷的开头(除了第一卷),就会发现这个说法并不充分。polis 只是个临时性的指代。《政治学》的确切主题,用希腊语来说应该是 politeia,这是 polis 的派生词。这个词通常被英译为 constitution[宪法/结构/政制]。这个译名多少让人产生误解,因为我们说到一个 constitution 时,并不是指某个像动物的 constitution 一样的东西;我们指某种如大地法或大地的基本法之类的东西。很巧合,我们的 constitution 这一概念的历史起源也是基本法。但亚里士多德所讲的 politeia 与法律毫无关系;它区别于一切法律。人们可以这样翻译 politeia 的意思:如"政治秩序"或"产生包括宪法在内的各种法律的政治秩序",或者干脆译为"政制"(regime)。比如说民主制、寡头制、僭主制等。再说一遍,这些现象产生了法律,而不是法律构成了这些现象。我们今天讨论过凯尔森(Kelsen)关于法律、基本规范和整个合法秩序之起源等的纯理论。根据亚里士多德的说法,产生合法秩序的是政治秩序,即政制。政制决定并塑造了社会的性格。历史上有过各种各样的政制,现在同样如此,因此,不可避免地出现了这个问题:哪种政制更可取?或者说得更简洁些,哪种政制最好?我们可以说,这才是亚里士多德的最重要问题。毫无疑问,亚里士多德极其关心的是,发现各种政制间的等级秩序。一个人若不知道每个政制的好坏,就不可能知道任何政制的真实情况。打个比方,你若不知道民主制的优点和缺陷,你就根本不知道什么是民主制。这个简单的事实在理论上指向对毫无缺陷的完美政制的思考;这其实才是亚里士多德的最高主题。

让我们回到更具实践性的层面,回到政制的多样性。亚里士多德的主题是政制而非国家,后者在 19 世纪才成为政治哲学的主题。按照维多利亚时代思想家们的理解,国家是某种在政治上中立的东西,而按照亚里士多德的理解,政制是某种在政治上引起分裂的东西。在一个既定的社会中,政制不一定导致分裂,因为所有人可能都对既成的政制非常满意。不过,政制在原则上引起分裂,因为其他地方总会有其他政制,每种政制都宣称自己是最好的政制,必然就会产生冲突。亚里士多德的政治哲学之所以是政治的,不仅仅因为它的主题,更因为亚里士多德受政治激情所激励,关心最好的政制。

这里出现了一个难题,一个重大的实践和道德问题,亚里士多德用某种看似相当学究的方式指出了这个问题。他说,公民依存于政制;也就是说,一个民主制下的公民未必是一个寡头制下的公民,等等。然而,如果公民依存于政制,那么,好公民一定也依存于政制。这里,我们看到了好公民和好人之间巨大的差别。好人不必依存于某个政制,而好公民却必然依存于某个政制。尽管今天我们周围随便都能找到许多这样的例子,这还是让许多当代读者产生了许多困惑。比如说,一个好的世界大同主义者不可能成为民主制下的好公民,反之亦然。政制与非政制的事物(比如"社会")的关系对应于亚里士多德在形式与质料之间所作的一般的形而上学式区分。这里所说的形而上学和我们通常理解的一样。政制赋予城邦以形式。那么,什么是质料?万事万物,其中最重要的质料是民众,或简单地说,就是那些被认为不受政制影响和塑造的城邦居民。不是作为公民的公民,因为政制已经决定了谁是公民和谁不是公民。形式在尊严上高于质料,因为只有形式才直接与目的结合在一起。因此,政制而非处于亚政治层面上(sub-political level)的民众,才与公民社会的目的联系在一起。

重复一遍,根据经验或常识,每个社会都因其崇尚(look up to)某种东西而获得各自的特征。即便是个彻头彻尾的物质社会,它毕竟也崇尚唯物主义。每个人也因其崇尚某种东西而成为他自身。举个例子来说,即使某个人只顾填饱肚皮而没有崇尚任何东西,这只能说是一个有缺陷的崇尚模式。看一下民主制我们就知道,它崇尚平等,并因此获得自身的特征。我曾听说,那个古老中国的旅行家们——在千年前或更早——每次到外国或者他们所说的蛮夷之地,他们首先都会问当地人:"你们怎样称呼或问候你们的国王或君主?"这些旅行家比今天许多人类学家聪明多了,因为他们用一个极特别的方式询问了人们崇尚什么的问题。每个社会,或如人们如今所说的每个文明之所以能够有其统一性,正是因为他们所珍爱的东西、他们的价值和他们所尊敬的东西都有某种特定的秩序。如果没有一个并且唯一一个高高在上的东西,就不会有一个统一体。这个高高在上的东西赋予社会以其特性。亚里士多德补充说,一个社会崇尚的东西与这个社会的首要部分之间必定会有某种和谐,社会的首要部分为社会定立基调,亦即政制。这就是"目的"与政制、"形式"、社会首要部分之间的联结方式,社会首要部分可能是多数人,但不必然就是。过去在某些社会里,只有一小部分人是社会的首要部分或权威部分。在 eidos 或形式或城邦性格与该城邦追求的目的之间有某种本质性的关联。这是一个经验命题。这里,我们遇到的难题就连非常出色的学者有时候恐怕也无法恰当地予以解决,在剩下的时间中,我将主要讨论这个问题。

亚里士多德认为政制是唯一核心和关键的政治现象,他显然从政制的概念中得出如下结论:某种政制的变化使某个既定的城邦转变成另一种城邦,这似乎令人费解。你怎么能说,雅典一变成寡头制,就不是原先那个城邦了呢? 亚里士多德的见解似乎否定了一个城邦在政制变化过程中明显的连续性。说法国这个国家由绝对君主制变成了民主制,难道不比说民主制的法国是一个与君主制的法国截然不同的国家明显更好吗? 或者更一般地讲,难道不更应该说,构成法国的同一个实体相继采取了不同的形式,而形式与实体相比仅仅是形式? 这样说难道不符合常理吗——正如人们撰写一部法国或英国宪法史时常常会说:一个东西、同一个实体即英国宪法本身经历了这些或那些变化? 毋庸置疑,亚里士多德并没有无视"质料"的连续性——这种与形式的不连续性相对的连续性。他没有说某个城邦的同一性唯独取决于政制的同一性。因为如果是那样,举个例子来说,最多只能剩下一个民主制的城邦。如果单凭形式就能确立同一性,那么,就只能有唯一一个民主制的城邦。亚里士多德说,城邦的同一性主要而非唯独取决于政制的同一性。尽管如此,他的说法仍与我们的观念相左。不过,他的说法并不与我们的经验相左。

为了理解这一点,我们必须比平常更谨慎地跟着他的论证走。亚里士多德从一个经验谈起。某个城邦刚变成民主制的时候,某些民主派人士有时提到某项法令,诸如某个契约规定的义务或债务等等,就会说那项法令不是城邦的行动,而是某些已被废黜的寡头执政者或僭主的行动。民主派或支持民主制的党徒们暗示,没有民主制,就绝没有可以行动的城邦。亚里士多德在这里举了一个民主派的说法,以区别于寡头派的说法,这绝非偶然;亚里士多德的论证一向很具体。那些寡头派就不会说,有民主制就没有城邦。他们会说,城邦已经变得支离破碎。而这又让我们想知道,一个正变得支离破碎的城邦究竟还能否称其为城邦。于是,我们可以说,对任何政制的党徒而言,只有当他们支持的那种政制被赋予某个城邦之时,那个城邦才存在。那些温和清醒的人拒绝这种极端的看法,他们说,政制的变化只是一种表面事件,根本不影响城邦的存在本身。他们还会说,无论公民多么依存于政制,好公民就是那些在任何政制下都努力服务于该城邦的人。我们非常熟悉这个说法,特别是在那些发生过政制更迭的国家。让我们称呼这些人为爱国者;他们说父母之邦为大,对政制的考虑则极其次要,只是权宜之计而已。而党徒们则会称这些爱国者为叛徒,因为政制一变,爱国者就改变了自己的效忠对象。亚里士多德既不是这种简单意义上的爱国者,也不是这种简单意义上的党派人士。他既不会赞同爱国者们,也不会同意党派人士。亚里士多德说,一种政制上的变化一方面比爱国者所承认的要彻底得多,另一方面又不及党派人士们所宣称的那么彻底。城邦并没有因政制的某次变化而消亡;党派人士在这一点上走得太远。但在某个方面,在最重要的方面,城邦确实变成了另一个城邦。由于某次政制变化,政治共同体就开始致力追求一个与此前大不相同的目的;在这个意义上,政制变化是一个城邦所能经历的最大且最根本的改变。亚里士多德在提出这种看似奇怪的主张时,心中想的是一个城邦能够追求的最高目的,即人的卓越。他或许会问我们,一个城邦从高贵变得低贱或者从低贱变得高贵,还有比这种变化更重大的事情吗?我们可以说,亚里士多德的观点不是爱国者的观点,也不是普通党派人士的观点,而是一种追求卓越的党派人士的观点。他没有说,一个城邦会因为某种政制变化而在所有方面都变成另一个城邦。比如说,就前代政制已经承担的种种义务而言,城邦仍然是同一个城邦。亚里士多德没有回答条约上的义务问题,并不是因为他不能回答这个问题(有些人相信是这样),而是因为那不是一个严格意义上的政治问题,如他所言,那毋宁说是一个法律问题。因为亚里士多德是一位通情达理之士,我们很容易找出他回答这一法律问题时将会遵循的原则。如果被黜的僭主承担的那些义务有益于城邦,那么,城邦就应该尊重那些义务。但是,如果僭主只是为了中饱私囊或雇用保镖而承担了某些义务,那么,城邦当然就不应该再履行那些义务。

为了理解亚里士多德关于政制至上的主张,我们必须考虑那种被称为忠诚的现象,我们都知道并且常常听说这种现象。忠诚要求每个公民不仅要效忠于单纯的祖国,即无关于政制的祖国,而且要效忠于由政制或宪法所赋形的祖国。一个法西斯分子可能会说,他颠覆美利坚合众国宪法是出于对美利坚合众国的忠诚。因为在他看来,这个宪法对美国人民来说糟糕透顶。不过,他自称自己是个忠诚的公民,这种自称不会被接受。有人会说,可以按照修宪程序来改变美国宪法,这样一来,美国的政制就可以不再是自由民主制,而变成法西斯主义,那时,每个美利坚合众国公民都会被指望成为一个忠诚的法西斯分子。不过,任何一个忠诚于自由民主制的人、知道自己在干什么的人都不会这样教导人们,因为那恰恰会破坏人们对自由民主制的忠诚。只有当一个政制已经处于腐朽不堪的状态之时,将其改制为另一个政制才会获得公开的支持。

我们碰到了合法性(legality)和正当性(legitimacy)的区分问题。在某个特定的社会中,任何合法的东西,其最终的合法性源于所有法律(普通法或宪法)的根源,源于正当化原则(legitimating principle)——无论这是人民主权原则、王权神授原则或者其他。正当化原则不完全是正义,因为有各式各样的正当性原则。正当化原则也不是自然法,因为自然法本身中立于民主制、贵族制和君主制。在每种情况下,正当性原则都是一套特定的正义观:民主制的正义观、君主制的正义观、贵族制的正义观等等。这就是说,任何政治社会的品格都来源于一套特定的公共道德或政治道德,源于它认为公众所支持的东西;这也意味着,任何政治社会的品格源于社会的首要部分(未必是多数部分)认为正义的东西。某个既定的社会可能表现得极其放任,但这种放任本身也需要得到确立和辩护,而且这种放任必然有其限度。一个放任的社会若允许其成员做各种不被允许的事情(non-permissiveness),这个社会就会马上变得不放任。它就会从地球上消失。不从政制多样性的角度看待城邦,就等于不是作为一个政治人来看待城邦,也就是说,不是作为一个关心某种特定公共道德的人来看待城邦。特定公共道德或政制的多样性必然带出最好政制的问题,因为每种政制都自称是最好的,从而迫使人们直面这些宣称,迫使人们思考某个既定的政制是否最好。

表面上看,亚里士多德在《政治学》的最高主题上显得有些自相矛盾,让我就此再补充一句,以结束这次讲座。亚里士多德在讨论最好的政制这个主题时,他所依据的原则是:人的目的即幸福对个人和城邦来说完全相同。他说得很清楚,所有人都会原封不动地接受这个原则,因为这是常识性的原则。困难产生于下述事实——与普通公民相比,这更是亚里士多德的难题——个人的最高目的是沉思,而非践行那些高贵的行动。亚里士多德断言,城邦也可以像个人那样过上沉思的生活,他似乎借此解决了上述难题。然而,很明显,城邦最多只能过上某种类似沉思生活的生活。亚里士多德得出这个表面的结论,只是因为他明显地将(严格且狭隘意义上设想的)政治探究从有关个人的最好生活的完整意义中抽取样了。在这种政治探究中,超越政治的生活、高于政治的生活或与政治生活截然相对的理智生活只是作为政治生活的某种界限才为人所见。人不仅仅是公民或城邦,人还超越于城邦;然而,人只有借助于他身上最好的东西才能超越城邦。这一点表现于下述事实:亚里士多德举例说明了许多具有最高卓越性的人,却没有提过任何具有最高卓越性的城邦、任何由最好政制赋形的城邦。人只有通过追求真正的幸福,而非追求随便怎么理解的幸福,才能超越城邦。

摆脱无论左派还是右派的偏见

柯常咏 译

[中译编者按] 20世纪60年代初,施特劳斯的五位学生出版了一部论文集——《科学的政治学研究论集》(Herbert J. Storing 编,*The Essays on the Scientific Study of Politics*, New York 1962),施特劳斯撰写了长篇"跋"文(后收入施特劳斯的自编文集《古今自由主义》)。文集出版后,当时美国政治学界的名教授夏尔(Schaar)和沃林(Wolin)发表联名文章,抨击包括施特劳斯在内的六位作者——我国学界对沃林并不陌生,他的《政治中的人性》被视为政治学名著,十多年前就有了中译本。1963年,《美国政治学评论》(*The American Political Science Review*)在第一期(Vol.57, No.1,页151-160)上刊出《科学的政治学研究论集》的六位作者的回应文,记录了政治哲学这一学问方向兴起时对20世纪60年代美国政治学界的冲击。下面是施特劳斯撰写的回应,标题为本编者所拟。

据我所知,夏尔与沃林两位教授对我那篇《跋》的批评颇为独特,迄今为止,在论及我的主张时最辛辣的批评莫过于此了。这类批评本在意料之中。在学术上以及在政治上,所有时代都有一些可称之为现状(status quo)的东西,声称自己确实没有达到纯粹的完美,但从根本上看是健全的——也就是说,对于它所罹患的疾病,它自身已包含良药。所有时代也总有一种对现状的极度不满,这种不满来自两种不同类型的人:一类人希望反对现状,另一类人则由于理性驱使而反对现状。在满足现状的人当中,有些人得益于他们认为现状中有可以夸耀的成就,也就是得意于因拥有[产业]而蒙福(beati possidentes),当这样的人看到,外行人或是错误或是正确地怀疑那声称是富有的其实是贫穷时,他们会被惹恼原在意料之中。恼怒容易导致坏脾气,而坏脾气即使不会导致盲目、狂热的仇恨和相应的行动,也很容易会导致坏脾气的举动。

准确地说,狂热正是批评者指控我的缺点,而且似乎正是这种狂热把我和那些相信新政治学基本可靠的人区别开来。他们还指控我"不真诚",因为我曾经发表某种评论,但批评者随后就说,我是在"反讽"(页128)。我知道,反讽事实上是一种掩饰的手段,但大体被看作还算得体的掩饰手段。他们指控我不真诚或反讽,因为我立足于新政治学是本行业的正统这个根据而称其为本行业的右翼。批评者在其文章前两段描述到这个国家政治学的现状,他们的描述看起来确认了这个根据。除非我谈及宗教的正统或非正统,否则我一般不会谈到正统或非正统,但我记得,我的一些学术主张受到指责——甚至在出版的作品中——因为那些主张都"不正统"。这使我相信,在我那些对手的观点中,存在几分类似学术正统的东西。他们又指控我违背了"哲学批评"的某种"明显标准"。

> [按施特劳斯的]描述,新政治学"要在逻辑实证主义所提供的床榻上,谨慎地达成辩证唯物主义和精神分析的交合",这样的描述真是其论证水平的绝妙范例(页312)。事实上,这本书所攻击的新政治学家中,没有一位会同时赞同三种立场,而且有证据表明,这些新政治学家中的某些人对参与上述那种卧室场景是抱有敌意的,例如,对本特利(Bentley)或西蒙(Simon)的理论进行诚实的考察,就会表明他们的理论与三种立场中的这种或那种存在逻辑上的矛盾——但所有这些事实,施特劳斯都视而不见。(页145)

这的确是批评者"论证水平的绝妙范例"。不用说,只有天生的傻瓜才会忽略那三种立场之间的矛盾,或者忽略如下事实:这种矛盾并不妨碍三种理论以或多或少淡化了的形式并存于某些人的观念中,并且这样的人不在少数,甚至在新政治学家当中也能找到这样的人。必须强调的是,事实上,批评者引用的这句话显然并不是我对"新政治学的描述"。我说的是:

> 空前的政治处境召唤一种空前的政治学,也许召唤的是在逻辑实证主义所提供的床榻上,谨慎地达成辩证唯物主义与精神分析的交合。(页312,引文其实没有用强调)

然而,这句话的意思,每个拥有普通智力和公正的读者都一目了然:新政治学或许可以赖以建立的途径之一,就是把辩证唯物主义和精神分析结合起来,其方法就是主张把二者当中那些教条而互相不容的断言转变为假设,同时又在绝大多数时候忘掉这种主张。我认识到了新政治学内部的多样性:我谈到其中"形式主义"和"低俗主义"之间的紧张(页322)。

没有什么比指控我狂热更让我震惊的了,因为不管怎么说,在学问上不妥协——即拒绝因为和平与礼让而作出让步的习惯——不是狂热。批评者指控我试图复活一种早先时代的性情,那时光明之子相信他们必须击败并俘获——如果不是摧毁的话——黑暗之子,他们指控我甚至试图复活宗教裁判所的做法;他们还指控我指控新政治学是"无神论、唯利是图、阴谋和背叛"。一个人听到这些指控,会认为我曾指控新政治学有着魔鬼般的邪恶。然而,我在某个非常显眼的位置说到,"只有十足的傻瓜才会说新政治学像魔鬼"(页327)。我批评新政治学,首先因为它缺乏反思或者太狭隘。这也是我对如下批评的回应。

"教条主义的无神论"——这样的指控仍然萦绕于读者心间。出于何种心态、何种思想气质、何种考虑,才会产生这样的指控呢?在一部表现得好像是学术专论的著作中,而且论述的是专门的学术问题,居然出现这样的指控,这切题吗?或者说,这得体吗?(页128)

我的心态就是反教条主义，我的指控切题或者说得体，原因在于学院人本该尽其所能地使自己摆脱各种偏见——无论左派还是右派的偏见。再说我指控的基础。我曾谈到这样的事实——"新政治学其实是利用与宗教有关的社会学或心理学理论，而这些理论不加考虑地排除了以下可能性：宗教归根结底依赖神向人启示自身"（页322；原文没有用强调）——当我这么说的时候，批评者猜测我的意思就是我的原话，他们的猜测有道理。批评者不否认"新政治学持有这种与宗教相关的理论，但是，建立新政治学并不是要建立新政治学家的无神论"（页128）。从"新政治学"到"新政治学家"，作出如此转变的并不是我——从不止一种意义上说，这种转变都用意邪恶；因为不说别的，我曾与教士们进行过公开讨论，那些教士站在新政治学一边，反对我对新政治学作出的批评。至于我回应的实质，批评者认为那是"来自哲学的极度轻蔑"，因为科学只处理第二因，这种本质上的局限性使得科学无论如何也不可能否定"第一因"。当问题涉及日食或彗星研究时，区分哲学与科学是有意义的；但是，如果问题涉及启示宗教研究——这种宗教声称是人对第一因直接行动的回应——该区分就毫无意义了：启示宗教研究拒绝向上述可能性开放，因此不可能与宗教和平共处，相反显然会与宗教矛盾；而且，既然这种研究不加考虑地排除了那种可能性，则它又是教条主义的。韦伯可能与马克思、弗洛伊德及实证主义一样，对新政治学产生过巨大影响——但他无疑也跟马克思和弗洛伊德那样，算不上新政治学家——他严肃对待启示的可能性，因此他的作品，甚至——而且尤其——是那些讨论科学本身的作品，都拥有一种深度，能够博得人的尊重，这一点，我相信我已经给予恰当的承认。我不揣冒昧地说，归根结底，这种独特的开放性正是他所以不是新政治学家的理由（参见《自然正当与历史》页73–76）。

批评者未能看到如下差异，一方面是我说的仅有"智性的坦诚"远远不够，一方面是他们嫁祸于我的那个谬论，即"智性的坦诚代表一种聪明的躲闪"。我已经为我的观点——即为什么仅有智性的坦诚是不够的——给出了理由。我没有义务再做什么，好让批评者能看出二者的差异。但是，他们把这种信念嫁祸于我，即"与恶作战时，可以暂时放下学者的顾虑",这纯属诽谤。不知不觉中,他们自己就是按他们嫁祸于我的信念行事的。鉴于他们不知道自己在做什么,可以原谅他们,因为他们宣称自己是在坚持"精神的高贵与心智的灵敏"(页150)。

批评者提出的唯一具有实质性——不是仅仅重复别人对我早期的一些作品的批评——而且至少看起来还有几分重要性的批评,涉及我关于常识的一些说法。"问题被粗糙地表述为:科学必须否定常识吗?"(页145)我不反对这个对问题的粗糙表述,我也毫无愧色地承认自己对此问题的表述的确是粗糙的。之所以粗糙,是因为事实上在两种情况下,都很难定义常识。尽管如此,我们今天往往还是不得不以常识的方式来使用这种常识与科学的区分。批评者接着说:"施特劳斯从未在任何地方指出:许多有名望的作家曾经主张科学探询必须源于常识……"(页145)问题倒不在于谁是有名望的作家,或者谁不是有名望的作家,也不在于谁有能力就谁是有名望的作家作出判断,而首先在于所提到的主张是否属于新政治学的典型主张,以及最重要的,该主张是从什么样的观点出发作出的:是从那些把所有常识性知识向科学性知识的转变视为理想的人的观点呢,还是从恰恰相反的观点?他们指控我没有给出"前后一致的常识定义"(页146);假如批评者——他们自己认为常识与科学的区分应是理所当然的——自己提出一个常识定义,不仅前后一致,而且足够充分,那么他们的指控就更有力度了;这样他们也算做了一份贡献。但他们并没有提出一个常识定义,这不仅是因为该任务本身固有的困难,还有一个更特别的原因;他们认为康德在《纯粹理性批判》导言的开篇之语处理的是"常识",因为它处理的是"经验"。对于康德意义上的经验,也即"有关客体的知识",这里只要说一句话就够了:它既包括常识性知识,也包括科学性知识(参《自然正当与历史》页79)。说我把"常识"与"原始感官材料""互相交替着"使用,这完全是无中生有;说我为常识"配备"了许多设想之物,这同样是无稽之谈。在批评者所提到的那一段(页316),我明明说的是经验主义者理解的常识,而并非我自己理解的常识。这一点,任何稍微留心的读者必定都注意到了。我对一些人真是无话可说,他们认为,我在聪明博学而非愚笨无知的公民中寻找常识,这种做法是非法的。我曾在某个特定的语境中说到,"聪明博学的公民健全地区分重要与不重要的政治事务";而批评者却认为我说的是前政治学知识"对于关乎政治或者政治上重要的东西拥有一种正确无误的直觉"(页146),两种说法根本不是一回事。批评者就常识主题所说的每一句话,只可能出自一种人之口,此种人认为,就理解政治事物而言,先于科学证实的常识在认知上毫无价值;换句话说,此种人全盘同意新政治学的基本命题。结果是,他们一刻也没有面对整篇"跋"所致力讨论的那唯一问题。也许可以再顺便提一点:他们大惊小怪地提到,我从帕多瓦的马西利乌斯那里学到了一些东西,并且指出,"世界"是"一个整全"所根据的那个概念来源于圣经,而不是希腊。

至于我就亚里士多德政治学的评论,批评者所说的话简直就是"蓄意视而不见"(页148)。显然,我的这些不过是一个粗略草图的评论,仅服务于以下目的,即尽可能清楚地揭示新政治学的特征。我主张,就理解原子时代的政治而言,正因为亚里士多德的政治学不是原子时代的产儿,所以,它可能比新政治学更优越,他们发现,这个时候是我"最让人消气"的时刻(页150)。再给他们一个例子来证明我的"严重的反讽"吧:我确实相信,亚里士多德的政治学比新政治学更有可能使我们摆脱某种众所周知的有关裁军的幻象。

只有一点,批评者认为他们完全赞同我,这一点的确关系重大:他们也感到对"未来一代的最优秀者们"负有责任。他们宣称,他们攻击我的动力不是别的,正是出于对"精神的高贵与心智的灵敏"的关心,对卓越的关心,他们认为,如果学生

> 受教于那种硬性教条,如"对政治学而言最重要的东西等同于对政治而言最重要的东西",以及如今"最重大的忧虑就是冷战,或者说是自由民主与世界大同主义之间酝酿着冲突的质的差异",那么,卓越就会岌岌可危。

硬性教条可能是正确的教条,也可能真的需要被教导给人,特别是在政治学系;因为还可能在什么别的地方教导这类教条呢?的确,学术

要求超然（的态度），但这种超然来之不易、难以维持——学术需要对超然的执着。然而，执着于这种超然，必然导致执着于这种超然赖以存在的不可或缺的条件，随即亦执着于坚决的拒斥。换言之，献身学术，必然有其政治后果。这些后果难免具有模糊性，因为每个社会主要由并非献身学术的人组成，在学者作为学者的"利益"与非学者的"利益"之间，未必能有一种和谐。在我们这个时代，这种模糊性还有一个来源；这就必须追踪到一种特殊的模糊性，即"精神的高贵"上了。"精神高贵"或"精神的大度"是否首先要求一个人所归属的政治共同体的改善（这种改善的前提是脱离野蛮的主宰而在自由中保存自身），要求这个共同体向着卓越不断追求，要求一个人去装点命运分配给他的那个"斯巴达"？抑或如批评者似乎相信的那样，首先要求一个人拥有那种"只能为全人类共同命运忧伤的怜悯"呢？通过解释他们对"精神高贵"的理解，而且仅仅通过这种解释，批评者们触及了那个"首要并最终的问题"（页150），然而他们没有看到，他们已经触及一个问题。如果我没有完全弄错的话，上面所说的二中取一的问题在于，将最佳的"右派"与最佳的"左派"区分开来，在这方面，批评者显然属于"右派"。他们说，他们希望自己在中间，我相信这话，但是，并非所有的问题都允许一个"中间"存在；有些问题会迫使人面对非此即彼的选择；更一般的说法是，你要想成为某种人，并不是光有意愿就够了。

《政治哲学史》绪论

刘振 译

[中译编者按]本文是施特劳斯为他与克罗波西(Joseph Cropsey)一起主编的《政治哲学史》(History of Political Philosophy, Chicago, 1963/1972/1987)所写的绪论。

如今,"政治哲学"(political philosophy)几乎已经变得与"意识形态"(ideology)——且不说"神话"(myth)——含义相同。它显然被看作"政治科学"(political science)的对立面。政治哲学与政治科学的区分源于哲学与科学之间的基本区分。即使这个基本区分也有相对晚近的起源。传统上,哲学与科学并没有差别:自然科学(natural science)是哲学最重要的部分之一。17世纪的重大智识革命带来了现代自然科学,这场革命是一种新哲学或科学反对传统(主要是亚里士多德)哲学或科学的革命。但是,这种新哲学或科学只取得了一部分成功。这种新哲学或科学最成功的部分是新自然科学。新自然科学凭借其胜利变得越来越独立于哲学,至少表面上如此,甚至,它仿佛成了哲学的权威。这样一来,人们普遍接受了哲学与科学的区分,并且最终也接受了政治哲学与作为一种关于政治事物的自然科学的政治科学之间的区分。然而,传统上政治哲学与政治科学是一回事。

政治哲学与一般的政治思想不是一回事。政治思想与政治生活同在。然而,政治哲学出自一种特定的政治生活,出自希腊,出自那个我们有其文字记载的过去。根据传统的看法,雅典人苏格拉底(公元前469—公元前399年)是政治哲学的创立者。苏格拉底是柏拉图的老师,柏拉图继而成为亚里士多德的老师。柏拉图和亚里士多德的政治作品是流传至今的最古老的政治哲学作品。苏格拉底开创的这种政治哲学被称作古典政治哲学。直到现代政治哲学在16和17世纪出现之前,古典政治哲学都占据统治地位。现代政治哲学的出现靠的是有意识地与苏格拉底建立的原则决裂。同样,古典政治哲学并不限于柏拉图、亚里士多德及其学派的政治教诲(political teaching);它也包括廊下派的政治教诲,还有早期教父和经院神学家的政治教诲,就他们的教诲并非完全基于神的启示而言。苏格拉底是政治哲学的创立者,这个传统看法需要一些限定,或者毋宁说需要解释;不过,它比任何其他看法都更少引起误解。

苏格拉底当然不是第一个哲人。这意味着哲学先于政治哲学。亚里士多德将最早的哲人称为"那些谈论自然的人";他将这些人与那些"谈论诸神的人"区别开来。所以,哲学的原初主题是"自然"(nature)。什么是自然?荷马本人是作品流传至今的第一个希腊人,他仅有一次提到"自然";关于希腊的哲人们将"自然"看作什么,这个第一次被提到的"自然"给了我们一个重要暗示。在《奥德赛》(Odyssey)第十卷中,奥德修斯讲述了他在巫师女神基尔克(Circe)的岛屿上遭遇的事情。基尔克将他的许多同伴变成了猪,把他们关在猪栏中。在前往基尔克的家搭救他的可怜同伴的路上,奥德修斯遇到了赫耳墨斯(Hermes)神,赫耳墨斯想保护他。他许诺给奥德修斯一根奇草,可以让奥德修斯在基尔克的邪恶技艺面前安然无恙。赫耳墨斯"从地上拔起一根草,向我展示它的自然。草根发黑,花似牛奶;诸神叫它魔草。有死的人很难挖到它,不过诸神无所不能"。可是,如果不首先认识这种草的自然——它的外形和力量,诸神轻易挖草的能力也毫无作用。因此,诸神之所以无所不能,并非因为他们真的无所不知,而是因为他们认识事物的自然——认识并非由他们所制作的自然。"自然"在这里指一个事物或一类事物的特性,一个事物或一类事物现形和活动的方式,而且,这个事物或这类事物不被看作诸神或人制作的事物。倘若我们可以从字面上理解一段诗文,我们可以说,我们所知的第一个谈论自然的人就是足智多谋的奥德修斯,他见过众人的城邦,因此他开始认识到不同城邦或不同部族的人们之间有多大的思想分歧。

自然(physis)的希腊词似乎最初指"生长"(growth),因此它也指某个事物所长成的东西，生长的期限，某个事物在生长完成后具有的特性，此时它能做只有完全长成的所谓这类事物能做到或做好的事情。鞋或椅子这些东西不"生长"，而是"制作的东西"：它们并非"源于自然"，而是"源于技艺"。另一方面，有些事物"源于自然"，从不"生长"，而且它们甚至从未以任何方式生成。说它们"源于自然"，是因为它们没有经过制作，也因为它们是"原初事物"，一切其他自然事物都从其中生成或通过它们生成。哲人德谟克利特（Democritus）将万物归为原子，原子最终源于自然。

不论如何理解，自然并非自然而然可以认识。自然必须被发现。例如，希伯来圣经（Hebrew Bible）中就没有自然这个词。在圣经希伯来文中，"自然"相当于某种类似"方式"（way）或"习性"（custom）的东西。在发现自然之前，人们认识到每个事物或每类事物都有其"方式"或"习性"——"一般活动"的形式。火、狗、女人、疯人、人类有某种方式或习性：火燃烧、狗吠叫摇尾、女人排卵、疯人胡言乱语、人类会说话。可是，不同的人类族群（埃及人、波斯人、斯巴达人、摩押人、亚玛力人，如此等等）也都有方式或习性。通过发现自然，这两类"方式"或"习性"之间的极端差异成为人们关注的中心。自然的发现使得"方式"或"习性"分裂为"自然"一方与"习俗"（convention）或"礼法"（nomos）一方。比如，人类自然会说话，但是这个特定族群使用这种特定的语言的原因是习俗。这个差别暗示自然的东西先于习俗的东西。正如人们从自然正当与约定正当（positive right）的差别中可以最为简明地看到的那样，对于古典政治哲学，甚至对于大部分现代政治哲学，自然与习俗的差别是根本差别。

一旦自然得到发现并且首先被看作与礼法或习俗对立，提出这个问题就变得有可能和有必要：政治事物是否自然，倘若是，它们在多大程度上自然？这个问题暗示礼法不自然。但是，一般认为服从礼法是正义。所以人们不得不思考，正义是否仅仅是习俗，或者是否存在自然正义的事物？甚至，礼法是否仅仅是习俗，或者它们是否在自然之中有其根基？如果礼法要成为好的礼法，它们是否必须"依据自然"，而且尤其必须依据人的自然？礼法是政治共同体的基础还是政治共同体的作品:政治共同体是否源于自然?试图回答这些问题的前提是,存在对于人之为人自然就好的东西。因此,这个问题恰恰涉及一对关系,一方面是对于人自然就好的东西,另一方面是正义或正当。简单的选择是:要么所有正当都是习俗性的,要么存在某种自然正当。在苏格拉底之前,人们已经给出和提出了这两个相互对立的回答。由于很多原因,在这里概述人们可以从这些前苏格拉底的教诲中认识的东西无济于事。如果我们转向柏拉图的《王制》(Republic),我们就会对这种习俗论的观点(这种观点认为一切正当都是习俗性的)有所了解,《王制》中包含对这种观点的概述。至于反面的观点,在这里只需说下面这一点就够了:苏格拉底和一般而言的古典政治哲学对自然正当的发展远远超出了更早的观点。

苏格拉底是政治哲学的创立者,这个论断意味着什么?苏格拉底没有写任何书。根据最古老的记载,他离开属神的或自然的事物,将他的探究完全导向属人的事物,亦即正义的事物、高贵的事物和对人之为人好的事物;他总是谈论"什么是虔敬,什么是不虔敬,什么是高贵,什么是低贱,什么是正义,什么是不正义,什么是清醒,什么是癫狂,什么是勇敢,什么是怯懦,什么是城邦,什么是治邦者(statesman),什么是统治人,什么是个有能力统治人的人",以及类似的事情。① 似乎苏格拉底的虔敬使得他不再探究属神的或自然的事物。诸神并不支持人们努力寻找他们不愿揭示的东西,尤其是天上和地下的东西。因此,一个虔敬的人仅仅探究留给人们探究的东西,亦即属人的事物。苏格拉底借助谈话进行探究。这意味着他从人们普遍接受的意见出发。在人们普遍接受的意见中,最权威的意见是城邦及其礼法——最庄严的习俗——规定的那些意见。但是,人们普遍接受的意见彼此矛盾。因此,沿着知识的方向超越人们普遍接受的意见或意见本身的整个领域就变得必要。由于即使最权威的意见也仅仅是意见,甚至苏格拉底也不得不从习俗或礼法走向自然,从礼法上升到自然。但是,意见、习俗或礼

---

① 色诺芬,《回忆苏格拉底》(Memorabilia),I. 1. 11 – 16。

法包含真理,或者说它们并非武断,或者说它们在某种意义上是自然的东西,这一点现在显得比以前清楚得多。人们可以说,这证明礼法——人类的礼法——以这种方式指向作为其源头的神法或自然法。然而这表明,正是因为人类的礼法有别于神法或自然法,它并非绝对正确或正义:只有自然正当、正义本身、正义的"理式"(idea)或"形式"(form)才绝对正义。可是,假如人们有权带着财富迁居他邦,也就是说,假如他们自愿服从城邦的礼法,那么人类的礼法、城邦的礼法对于服从它的人而言就是绝对义务。①

如果人们考虑到苏格拉底在谈话中所处理的问题的特性,苏格拉底成为政治哲学创立者的真正原因就会出现。他对所有事物提出"什么是……?"这个问题。这个问题意在揭示他们讨论的这类事物的自然,亦即事物的形式或特性。苏格拉底假定,关于整全的知识首先是关于整全每个部分的特性、形式、"本质"特性的知识,这种知识不同于关于整全从何处或通过什么才会形成的知识。如果整全由本质上不同的部分构成,那么政治事物(或属人的事物)至少可能本质上不同于非政治事物——政治事物自成一类,因此能够就其本身得到探究。苏格拉底看来比他的前辈都更为严肃地对待"自然"的首要含义:他认识到"自然"首先是"形式"或"理式"。倘若如此,他并没有完全抛弃对自然事物的探究,而是开启了一种新的对自然事物的探究——在这种探究中,举例而言,正义的自然或理式或者自然正当,当然还有人的灵魂的自然或人的自然比譬如太阳的自然更重要。

如果一个人不理解人类社会的自然,他就不能理解人的自然。苏格拉底以及柏拉图和亚里士多德认为,人类社会的最完美形式是 polis[城邦]。城邦今天一般被看作希腊人的城邦国家(city-state)。但是在古典政治哲人看来,城邦在希腊人之中比在非希腊人之中更常见是个偶然。所以必须说,古典政治哲学的主题不是希腊人的城邦国家,而是[一般意义上的]城邦国家。然而,这预设了城邦国家是"国家"(state)

---

① 柏拉图,《克力同》(Crito),51d – e。

的一种特殊形式。因此,这预设了包括城邦国家以及其他国家形式的国家概念。可是,古典政治哲学中不存在"国家"的概念。当人们今天说到"国家"时,他们一般认为国家与"社会"(society)对立。古典政治哲学中没有这个区分。说城邦(city)由国家和社会构成是不充分的,因为"城邦"这个概念早于国家与社会之间的区分;因此,如果有人说城邦由国家和社会构成,他并不理解"城邦"。在公民认知的层面上,"城邦"的现代对应物是"祖国"(the country)。因为,比如如果一个人说"祖国危矣",他同样没有在国家与社会之间作出区分。古典政治哲人主要关心城邦,原因不在于他们不知道一般而言的社会或特殊而言的政治社会的其他形式。他们知道部族(民族),也知道波斯帝国这样的组织。他们主要关心城邦的原因是,与政治社会那些其他形式相比,他们更偏向城邦。可以说,这种偏向的根据如下:部族达不到高度文明,太大的社会又不可能是自由社会。让我们记住,《联邦党人文集》(*Federalist Papers*)的作者们依然不得不证明,一个大型社会可以是共和制的或自由的。我们同样必须记住,《联邦党人文集》的作者们为自己署名 Publius:共和政制往回指向古典时代,因此也指向古典政治哲学。

柏拉图的政治哲学

刘振 译

[中译编者按]本文是施特劳斯为他与克罗波西共同主编的《政治哲学史》(1963年初版)所写的"柏拉图"章(据1987年第三版译出,方括号中的数字为原书页码)。现有标题为本编者所拟,注释原为脚注,为阅读方便悉改为随文注。

[33]三十五篇对话和十三封书简作为柏拉图的作品流传至今,如今,它们并未全被视为真作。有些学者甚至怀疑所有书简的真实性。为了不让这些争论妨碍我们的讲述,我们会完全撇开书简。那么我们得说,柏拉图从来不以自己的名义对我们说话,因为,在他的对话中说话的只是他笔下的人物。所以,严格来说也不存在任何柏拉图的学说;至多是那些在对话中作为主要人物的人有其学说。很难说柏拉图为何以这种方式行事。或许,他对是否可能有某种真正的哲学学说心存疑虑。或许,他也像他的老师苏格拉底一样,认为哲学最终是关于无知的知识。在大部分柏拉图对话中,苏格拉底确实是主要人物。人们或许可以说,与其说整个柏拉图对话集是在讲述某种学说,不如说它们是记录苏格拉底的生活的一座纪念碑——他最核心的生活:它们全部展示苏格拉底如何从事他最重要的活动,唤醒他的同伴们并且力图引导他们通往他自己所过的善的生活。不过,苏格拉底并非总是柏拉图对话中的主要人物;在有些对话中,他不过是在听别人说话,在一篇对话(《法义》[Laws])中,他甚至没有出现。我们之所以提到这些奇怪的事实,是因为它们表明谈论柏拉图的学说有多么困难。

所有柏拉图对话都或多或少直接涉及政治问题。可是只有三篇对话,它们的标题就表明,它们专门论述政治哲学:《王制》(Republic)、

《治邦者》(*Statesman*)和《法义》。我们主要通过这三部作品接近柏拉图的政治学说。

《王制》

[34]苏格拉底在《王制》中与好些人讨论正义的自然(nature)。当然,关于这个一般问题的对话发生在一个特定的情境中:特定的地点,特定的时间,对话者各自有其特定的年龄、性格、能力、社会地位和外表。虽然我们清楚地知道对话的地点,我们却不清楚对话的时间亦即年份。所以,关于这场涉及诸多政治原则的谈话,我们对于它发生在何种政治情况下缺少某些认识。然而,我们可以假定它发生在雅典的政治衰退期,无论如何,苏格拉底和他的主要对话者(格劳孔[Glaukon]和阿德曼托斯[Adeimantos]兄弟)都极为关心这种衰退,也想恢复政治健康。显然,苏格拉底在没有遭到强烈反对的情况下提出了非常极端的"改革"建议。但是,《王制》中也有一些暗示,大致表明他所追求的革新不可能在政治层面成功,或者,唯一可能的革新是个人(individual man)的革新。

这场谈话以苏格拉底向最年长的在场者克法洛斯(Kephalos)提出一个问题开场,克法洛斯由于他的虔敬和财富而受人尊敬。苏格拉底的问题是礼数的典范。这个问题给了克法洛斯一个机会,让他谈论他所拥有的所有好东西,展示他仿佛拥有的幸福,这个问题涉及的主题,可以设想是苏格拉底唯一可能从克法洛斯那里获得一些教益的事情:年老的感觉。在回答过程中,克法洛斯逐渐谈到不正义和正义。他似乎暗示,正义等于说真话和归还从任何人那里得来的东西。苏格拉底向他表明,说真话和归还别人的财物并非总是正义的。这时候,克法洛斯的儿子和继承人珀勒马科斯(Polemarchos)起来维护父亲的意见,他取代了父亲在谈话中的位置。但是,他所维护的意见与他父亲的意见并不完全相同;如果我们用苏格拉底的玩笑来说,珀勒马科斯只继承了他父亲的一半智力财产,或许连一半都不到。珀勒马科斯不再认为说真话对正义而言至关重要。这样一来,他在无意中说出了《王制》的诸多原则之一。正如这部作品在后面表明的那样,在一个秩序优良的社会中,有必要对儿童甚至成年臣民说某种假话(377 以下、389b-c、414b-415d、459c-d)。① 这个例子揭示了《王制》第一卷中发生的讨论的特征,[35]苏格拉底在这里反驳了很多关于正义的错误意见。然而,这项否定或破坏工作在自身之中包含着《王制》主体部分的建设性论断。让我们根据这个观点思考第一卷讨论的关于正义的三种意见。

珀勒马科斯(在他父亲离场去做献祭之后)接过克法洛斯的意见,这个意见大致认为正义就是物归原主。更一般地说,克法洛斯认为,正义就是向每个人归还、遗留或给予属于他的东西。但是,他也认为正义不论对归还者还是接受者都是好的亦即有益的。那么,在有些情况下,向一个人归还属于他的东西显然对他有害。并非所有人都能很好地或智慧地使用属于他们的东西或者他们的财物。如果我们极为严格地判断,我们可能不得不说,极少有人智慧地使用他们的财物。如果正义要成为有益的,我们或许不得已要求每个人只应该拥有"适合"他的东西,对他有好处的东西,而且仅仅在对他有好处的时限内拥有它。简单地说,我们或许不得已要求废除私有财产,或者说引进共产制(communism)。由于私有财产与家庭之间存在联系,我们甚至不得已要求废除家庭或引进绝对共产制,这种共产制不仅涉及财产,也涉及女人和儿童。最重要的是,极少有人能够智慧地判断,哪些东西以及其中多少东西在使用时有益于每个个体——或者至少每个重要的个体;只有极有智慧的人才有能力做到这一点。这样一来,我们不得已要求社会由完全智慧的人统治,由严格意义上的哲人统治,他们行使绝对的权力。因此,否定克法洛斯的正义观意味着,证明上述意义上的绝对共产制以及哲人的绝对统治的必要性。几乎没必要说,这个证明的基础是无视或抽掉许多最为重要的东西;它极为"抽象"。如果我们想要理解《王

----

① [译按]为简便起见,各节中的引文,凡出自本节所论作品,编码前不再另加作品名,例如,此处 377 以下即指《王制》377 以下,下节中的 285d 即指《治邦者》285d,以此类推。

制》,我们必须搞清楚这些被无视的东西是什么,它们为何被无视。通过悉心阅读,《王制》本身会给出这些问题的答案。

在继续讨论之前,我们必须排除一个如今非常普遍的误解。根据前面两段的概述,《王制》的主题清楚地表明,柏拉图或者至少苏格拉底不是自由民主人士(liberal democrat)。它们同样足以表明,柏拉图不是一个现代意义上的世界大同主义者,也不是一个法西斯分子:[36]这两者与哲人的统治不相容,而《王制》的计划与哲人的统治息息相关。不过,我们还是赶紧回到《王制》。

虽然关于正义的第一种意见仅仅由克法洛斯暗示,并且由苏格拉底提出,第二种意见即由珀勒马科斯提出,虽然这少不了苏格拉底的帮助。而且,根据克法洛斯的想法,他的意见与如下观点有关,由于会在死后受到诸神惩罚,不正义是坏的。他面临两个意见之间的矛盾,根据这两个意见,正义必然对接受者有益,而且,正义就是物归原主。为了克服这个矛盾,珀勒马科斯放弃了第二个意见。他还对第一个意见作出修正。他说,正义就是帮助某人的朋友和伤害某人的敌人。对于给予者和那些对给予者好的接受者,这个意义上的正义似乎都绝对是好的。然而,这里有个困难:如果认为正义是向别人归还属于他们的东西,正义之人必须知道的唯一一件事情就是,什么东西属于与他打交道的这个人;法律给出了这种知识,原则上只要听一听就不难认识法律。但是,如果正义之人必须给他的朋友对他们好的东西,他自己必须判断;他自己必须能够正确地区分敌友;他自己必须知道,什么东西对他的每个朋友是好的。正义必然包含一种更高级的知识。至少,正义必然是一种可与医术相比较的技艺(art),医术认识并制造对人的身体有好处的东西。珀勒马科斯没有能力辨认这种与正义相伴或就是正义的知识或技艺。他因此就没有能力表明正义何以是有益的。这个讨论指向这样的观点,正义是给每个人对其灵魂有益的东西的技艺,也就是说,正义等于或者至少离不开哲学,哲学是灵魂的医术。它指向这样的观点,离开哲人的统治,人与人之间就不可能有正义。但是,苏格拉底还没有提出这个观点。相反,他告诉珀勒马科斯,正义之人帮助正义之人而非他的"朋友",正义之人不会伤害任何人。他没有说正义之人会帮助每个人。或许他的意思是,正义之人无法让有些人受益。但是,苏格拉底肯定还有言外之意。可以认为珀勒马科斯的观点反映了一个关于正义的最为有力的意见——根据这种意见,正义意味着公共事物上的血气(public spiritedness),完全献身于自己的城邦,这个城邦作为一个特殊社会本身就是其他城邦的潜在敌人。这样理解的正义就是爱国主义(patriotism),事实上,就是帮助自己的朋友或城邦同胞,[37]伤害自己的敌人或外邦人。不论一个城邦如何正义,它都不能完全摆脱这样理解的正义,因为,即使最正义的城邦也是一个城邦,一个特殊、封闭或排他的城邦。因此,在后来的对话中,苏格拉底本人要求城邦的护卫者(guardians)天生对自己人友好,对外人严厉或残酷(375b – 376c)。他还要求正义城邦的公民不要把所有人都看作他们的兄弟,以使友爱之情和友爱之举仅限于他们的城邦同胞(414d – e)。在《王制》第一卷讨论过的那些众所周知的正义观中,只有得到恰当理解的珀勒马科斯的意见在《王制》的正面或建设性部分中得到了保留。重申一遍,这种意见大致认为,正义就是完全献身于共同的善(common good);它要求人们对自己的城邦毫无保留;因此它本身——也就是说,如果我们撇开其他问题不谈——就要求绝对共产制。

《王制》第一卷讨论的第三个也是最后一个意见是忒拉绪马霍斯(Thrasymachos)持有的意见。在这部作品中,他是唯一表现出愤怒并且表现得无礼甚至野蛮的谈话者。他对苏格拉底与珀勒马科斯的谈话结果极为义愤填膺。苏格拉底主张,一个人伤害任何人都不好,或者,正义绝不伤害任何人,忒拉绪马霍斯似乎对此尤其感到震惊。我们不要像忒拉绪马霍斯表现的那样对待忒拉绪马霍斯,也就是说,我们不要表现得愤怒、偏激或野蛮,这对于理解《王制》和任何事情都十分重要。所以,如果我们平心静气地看待忒拉绪马霍斯的怒气,我们必须承认,他的暴烈反应某种程度上是常识的反叛。既然城邦之为城邦就是一个必须不时进行战争的社会,既然战争免不了伤害无辜的人(471a – b),彻底谴责对人的伤害,就等于谴责甚至最正义的城邦。除此之外,似乎完全顺理成章的是,这个在场者中最野蛮的人应该对正义持有最野蛮的论点。忒拉绪马霍斯主张,正义是强者的利益。尽管如此,这个论点经证明只是源于一种意见,这种意见不仅并非明显野蛮而且甚至十分值得尊敬。根据这种意见,正义的东西等同于合法的或法定的东西,也就是城邦的习俗(customs)和法律(laws)规定的东西。可是,这个意见暗示,人们根本不能从人为的法律或习俗(conventions)上溯到任何更高的东西。这种意见如今以"法律实证主义"的名义为人所知,但是,它并非起源于学院;它是所有政治社会都有意奉行的意见。如果正义的东西等于法定的东西,[38]正义的来源就是立法者的意志。在每个城邦中,立法者就是政制本身(the regime)———一个或一批统治城邦的人:僭主(tyrant)、大众、优秀的人,诸如此类。根据忒拉绪马霍斯,每种政制制定法律,都是为了自身的持存和安好,总之,完全出于自己的利益,别无其他。由此可见,服从法律或正义并非必然对被统治者有利,甚至可能对他们不利。对于统治者,正义根本不存在:他们仅仅出于自己的利益制定法律。

让我们暂且认为,忒拉绪马霍斯关于法律和统治者的看法是对的。显然,统治者可能犯错。他们所指令的行为,可能实际上对他们不利,对被统治者有利。在这种情况下,正义或守法的臣民实际上会做对统治者不利而对臣民们有利的事情。当苏格拉底向忒拉绪马霍斯指出这个困难后,忒拉绪马霍斯稍作犹豫,然后他宣称,如果他们犯错,那时统治者就不再是统治者了:严格意义上的统治者不会出错,正如严格意义上的匠人(artisan)不会出错一样。正是这个忒拉绪马霍斯式的"严格意义上的匠人"的概念,苏格拉底巧妙地利用它来反对忒拉绪马霍斯。因为,严格意义上的匠人事实上不仅关心他自己的利益,还关心他所服务的其他人的利益:鞋匠为别人做鞋,他只是偶尔为自己做鞋;医生为了病人的利益开药;因此,如果忒拉绪马霍斯承认统治与一门技艺相差无几,那么,统治者就为被统治者服务,也就是说,为了被统治者的利益而统治。严格意义上的匠人不会出错,亦即他很好地完成自己的工作,而且,他仅仅关心他人的安好。然而,这意味着严格得到理解的技艺是正义——行为中的正义,而非仅仅意愿中的正义,就像守法一样。"正义是技艺"——这个命题反映了苏格拉底的论断:"德性(virtue)是知识。"苏格拉底与忒拉绪马霍斯的讨论引出的建议带来的结论是,正义的城邦是这样的团体,其中每个人都是严格意义上的匠人,这是一个匠人或工匠(artificer)的城邦,其中每个男人(或女人)有一项他擅长并且为之尽心尽力的工作,也就是说,他们不关心自己的利益,只关心他人的好处或共同的善。这个结论贯穿《王制》的整个教诲中。在《王制》中作为模型建立起来的城邦基于"一人一项工作"的原则。其中的士兵是城邦自由的"工匠";其中的哲人是整个公共德性的"工匠";还有一个天国的"工匠";[39]即使神也被看作一个匠人——甚至是永恒理式的工匠(395c、500d、530a、507c、597)。正是由于在正义的城邦中,公民身份就是各种手艺(craftsmanship),而手艺或技艺位于灵魂而非身体之中,所以两种性别之间的差别不再重要,或者说,两种性别的平等得到了确立(454c–455a;参452a)。

根据常识的观点,统治者当然会出错,如果忒拉绪马霍斯把问题仅限于这种观点,或者,如果他说统治者订立所有法律都是为了表面上(并非必然真实)的利益,他或许可以避免他的失败。由于他不是个高贵的人,我们有理由怀疑,他之所以选择这个事实上对他致命的方案,是为了他自己的利益。忒拉绪马霍斯是个有名的修辞术(rhetoric)教师,修辞术是说服的技艺。(顺便说一句,所以他是《王制》的谈话者中唯一拥有一项技艺的人。)对于至少从表面上让统治者尤其是统治集团相信他们真正的利益,说服的技艺必不可少。即使统治者自己也需要说服的技艺,以便说服他们的臣民们,那些完全出于统治者利益而订立的法律服务于臣民的利益。审慎(prudence)对于统治极为重要,忒拉绪马霍斯自己的技艺的成败完全依赖于这个看法。关于这个观点,最清楚的表达就是如下命题,犯错的统治者根本不再是统治者。

忒拉绪马霍斯之所以失败,不是因为他的正义观遭到严词拒绝,也不是因为他自己的一个偶然的疏忽,而是因为,在他对正义的贬低或对正义的漠视与他的技艺隐含的东西之间存在冲突:技艺就是正义,这个看法有一定的真理性。苏格拉底的结论是,任何统治者或其他匠人都不会考虑自己的利益,可以说——实际上忒拉绪马霍斯自己也说——这个结论十分幼稚:苏格拉底似乎是个傻瓜(a babe in the woods)。对于那些真正的匠人,他们当然考虑他们从工作中收获的报酬。就医生关心被专门称为其酬劳的东西而言,他所实施的或许确实不是医生的技艺,而是赚钱的技艺;但是,由于医生的情况同样适用于鞋匠和其他匠人(craftsman),人们不得不说,赚钱的技艺才是唯一普遍的技艺、伴随所有技艺的技艺、技艺之中的技艺;因此,人们必须进一步说,只有通过实行赚钱的技艺,为别人服务或做正义之人才变得对匠人有好处,或者,没有人为了正义而正义,或者,没有人喜欢正义本身。但是,有些技艺明显与统治者最无情精明地剥削被统治者有关,它们为反对苏格拉底的推理提供了最具摧毁性的论证。[40]这种技艺就是牧者(shepherd)的技艺——忒拉绪马霍斯聪明地选择这门技艺摧毁苏格拉底的论证,其原因尤其在于,自古以来王者(kings)和统治者就被比作牧者。牧者当然关心他的畜群的利益——以便羊群给人们提供最多汁的羊排。正如忒拉绪马霍斯所言,牧者只关心[畜群]所有者和他们自己的利益(343b)。但是,所有者与牧者之间显然有个差别:最多汁的羊排属于所有者而非牧者,除非牧者耍滑头。那么,忒拉绪马霍斯或任何这类人相对于统治者与被统治者的位置,正是牧者相对于所有者与群羊的位置:只有忠于统治者,为他们做好工作,恪尽职守,做正义的人,忒拉绪马霍斯才能稳当地从他为统治者提供的帮助中获得利益(不论他们是僭主、大众,还是优秀的人)。与他的论断相反,他必须承认,一个人的正义不仅对别人尤其是统治者有益,对自己也有益。在一定程度上,正是由于他已经逐渐意识到这种必然性,他才在第一卷末尾明显改变态度。关于统治者的助手的道理同样适用于统治者自己和任何其他人(包括僭主和流氓),他们的事业需要别人的帮助,不论这些事业多么不正义:如果一个团体的成员不在自己人当中践行正义,任何团体都可能瓦解(351c–352a)。然而,这相当于承认,正义或许仅仅是不正义的一种手段——目的是剥削外人,即使只是一种不可或缺的手段。最重要的是,它没有排除这样的可能性,城邦是一个由集体的自私自利构成的共同体,别无其他,或者,城邦与强盗团伙并无本质区别。这些类似的困难可以解释,苏格拉底为何认为他对忒拉绪马霍斯的反驳不够充分:苏格拉底总结说,他已经试着在没有澄清什么是正义的情况下表明正义是好的。

要恰切地维护或颂扬正义,前提不仅是关于何为正义的知识,也是对正义的恰切攻击。在第二卷开头,格劳孔试着提出这种攻击;他宣称,虽然不认同忒拉绪马霍斯的观点,但他要比忒拉绪马霍斯所做的更严格地重述这个观点。格劳孔同样认为,正义理所当然等于法律或习俗,但是,他努力表明习俗如何源于自然。依据自然,每个人只关心他自己的好处,[41]完全不关心任何其他人的好处,以至于他会毫不犹豫地伤害他的同伴。由于所有人都如此行事,他们共同造成了一种让大部分人难以忍受的局面;多数人亦即弱者们想到,如果就他们每个人可以或不可以做什么彼此达成共识,他们每个人都会受益。格劳孔没有说他们达成什么共识,但是,其中一部分很容易猜到:他们会同意,所有人都不可以侵犯任何同伴亦即城邦同胞的生命和肢体,以及荣誉、自由和财产,而且每个人必须尽力在外人面前保护他的同伴。对这些侵犯的禁止和为保护提供的服务绝非就其本身而言可欲(desirable),相反,它们只是必要的恶,只不过没有普遍的不安全那么糟糕。但是,多数人的情况并不适用于"真正的人",这种人能够照应自己,并且在不服从法律或习俗的情况下获益更多。不过,即使就其他人而言,服从法律和正义也违背他们的自然:他们只是由于惧怕不服从的后果,亦即由于惧怕种种惩罚而服从,而非自愿欣然服从。因此,如果确定自己可以掩人耳目,每个人都宁愿要不正义而非正义:只有在可能被发现的情况下,在别人知道自己正义的情况下,亦即鉴于好名声或其他回报,正义才比不正义更值得选择。所以,正如格劳孔希望的那样,既然正义就其本身而言就值得选择,他就要求苏格拉底证明,正义之人的生活比不正义之人的生活值得选择,即使正义之人被认为极端不正义并且遭受所有惩罚或者深陷悲惨之中,同时,不正义之人被认为完全正义并且得到所有回报或者处在幸福的顶点:最高的不正义,亦即最高的依据自然的行为,就是仅仅为了自己的利益悄悄地利用法律或习俗,这也是极为精明且有男子气的僭主的行为。在与忒拉绪马霍斯的讨论中,正义与技艺之间存在某种亲缘关系这个建议打乱了这个论题。通过将完全不正义的人比作完美的匠人,格劳孔挑明了这个论题,而他认为,完全正义的人是一个除了正义之外没有任何其他品质的单纯的人。从整个《王制》的教诲看,人们很可能说,格劳孔借助纯粹的坚毅(fortitude)来理解纯粹的正义;他的完全正义之人让人们想到无名的战士,他们只求勇敢地死去,并不出于任何其他目的而经受最痛苦最卑微的死亡,他们根本不指望任何人知道他们的高贵举动。

[42]阿德曼托斯强烈支持格劳孔对苏格拉底的要求。根据格劳孔的观点,正义就其本身而言完全值得选择,阿德曼托斯的发言表明,这个观点完全是新的,因为根据传统的观点,正义之所以被认为值得选择,主要——即使并非仅仅——是因为神奖赏正义并且惩罚不正义,以及其他各种结果。阿德曼托斯的长篇发言与格劳孔不同,因为它引出这样的事实:如果正义就其本身而言值得选择,正义必然是轻松愉快的(参364a、364c-d、365c与357b和358a)。格劳孔和阿德曼托斯的要求建立起人们一定会据以评判苏格拉底的颂扬正义的标准;他们迫使人们探究,苏格拉底在《王制》中是否或者在多大程度上证明了,正义就其本身而言就值得选择或令人愉快,或者甚至正义本身就足以让一个通常被认为处于最极端的痛苦之中的人完全幸福。

为了维护正义的原则,苏格拉底转而与格劳孔和阿德曼托斯一起建立一个言辞中的城邦。这个做法之所以必要,原因可以表达如下。正义被认为是守法(law-abidingness),或是向每个人归还属于他的东西亦即根据法律属于他的东西的坚定意愿;可是,正义也被认为是好的或有益的;但是,服从法律或向每个人归还根据法律属于他的东西并非绝对有益,因为,法律可能是坏的;只有当法律是好的,正义才完全有益,这要求产生法律的政制是好的:正义只有在好的城邦中才完全有益。不仅如此,苏格拉底的做法还暗示,他知道没有任何现实的城邦是好的;这正是他为何不得已去建立一个好城邦的理由。苏格拉底认为,在城邦中比在个人身上可以更容易地发现正义,因为前者比后者大,他借此为自己转向城邦辩护;因此,苏格拉底暗示,在城邦与个人之间,或者更确切地说,在城邦与个人的灵魂之间存在某种平行对应。这意味着,城邦与个人之间的对应关系,以抽取掉人的身体为基础。就城邦与个人或其灵魂之间存在对应关系而言,城邦至少类似于一个自然的存在者。可是,这个对应关系并不完全成立。尽管城邦与个人似乎有能力同样是正义的,两者却并不一定有能力同样幸福(参第四卷开篇)。格劳孔对苏格拉底的要求是,不论正义是否带有任何额外的好处,都应该颂扬正义,这个要求预示着个人的正义与他的幸福之间有区别。[43]而且,根据通常的意见,正义要求个人完全献身于共同的善,这种意见也预示这个区别。

建立善的城邦分三个阶段进行:健康的城邦或猪的城邦,净化过的城邦或武装军营的城邦,美(Beauty)的城邦或哲人统治的城邦。

建立城邦之前的议论是,城邦起源于人的需要:每个正义或不正义的人都需要很多东西,至少因为这个原因需要其他人。健康的城邦恰当地满足首要的需要——身体的需要。这种恰当的满足要求每个人只从事一项技艺。这意味着,每一个人几乎完全为别人做所有工作,但是,别人同样为他工作。所有人都会将他们自己的产品作为自己的产品相互交换:会有私有财产;通过为别人的利益工作,每个人为自己的利益工作。每个人仅仅从事一项技艺,原因在于,人们自然(by nature)彼此有差异,也就是说,不同的人的禀赋适合不同的技艺。由于每个人从事那项自然适合他的技艺,每个人的负担都会比较轻。健康的城邦是一个幸福的城邦:其中没有贫困,没有强制和政府,没有战争,也不吃动物。它之所以幸福,是因为其中每个成员都幸福:它不需要政府,因为每个人的贡献与他的回报完全匹配;没有人侵害他人。它不需要政府,因为每个人自己选择最适合他的技艺;在自然的禀赋与偏好之间没有任何不和谐。在对个人来说好的东西(选择自然最适合自己的技艺)与对城邦来说好的东西之间也没有任何不和谐:自然这样安排事情,以使铁匠不会多余,鞋匠不会不够。健康的城邦是幸福的,因为它是正义的,它是正义的,因为它是幸福的;在健康的城邦中,正义轻松愉快,不带有自我牺牲的色彩。它的正义不需要任何人关心它的正义;它自然就是正义的。然而,它被发现有欠缺。它之所以不可能,与无政府制(anarchism)通常不可能的原因相同。如果人们能够保持淳朴,无政府制或许就是可能的,但是淳朴的本质之一就是它容易消失;人只能凭借知识而成为正义的,而且,离开努力、离开对立(antagonism),人不可能获得知识。换句话说,尽管健康的城邦在某种意义上是正义的,但它缺少德性或卓越(excellence):它具有的正义不是德性。德性不可能离开辛劳、努力或克制自己身上的恶。健康的城邦是这样的城邦,其中恶只处于休眠状态。[44]只是在已经开始从健康的城邦向下一个阶段过渡时,死亡才被提到(372d)。健康的城邦被格劳孔而非苏格拉底称作猪的城邦。格劳孔并不十分明白他说的话。从字面上说,健康的城邦是一个没有猪的城邦(370d – e、373c)。

在净化过的城邦能够出现或者毋宁说被建立之前,健康的城邦必然已经败坏。它的败坏源于解放了对于不必要的东西——亦即对身体的安好(well-being)或健康并不必要的东西——的欲望。这样一来,奢侈的或发烧的(feverish)城邦出现了,这个城邦的特征是竭力无限度地获取财富。可以料想,在这样的城邦中,人们将不再从事每个人自然应该从事的单一的技艺,而是从事最为有利可图的任何技艺或技艺的组合,或者,服务与回报之间不再会有严格的对应:因此就会有不满和冲突,所以需要政府来恢复正义;因而就会需要某种同样完全没有出现在健康城邦中的其他东西,亦即至少需要对统治者的教育,更确切地说是关于正义的教育。当然还将有对额外的疆土的需要,因而就会有战争,侵略战争。建立在"一人一项技艺"的原则上,苏格拉底要求加入军队的人除了战士(warrior)的技艺没有任何其他技艺。看起来,战士或护卫者的技艺远远高于其他技艺。此前,似乎所有技艺都是平等的,唯一普遍的技艺或唯一与所有技艺相伴的技艺是赚钱的技艺(342a – b、346c)。现在,我们第一次瞥见技艺的真正秩序(order)。这个秩序有其等级;普遍的技艺是最高的技艺,是指导所有其他技艺的技艺,除了最高技艺的实行者,任何其他技艺的实行者都不能实行这种技艺。这种技艺中的技艺将被证明是哲学。目前我们只知道,战士具有的自然必须与狗这种哲学式野兽的自然相似。因为,战士必须有血气(spirited),因而一方面暴戾严酷另一方面温和,因为,他们必须对陌生人严酷,对城邦同胞温和。他们必须无私地喜欢他们的城邦同胞,无私地不喜欢外邦人。此外,具有这种特殊自然的人需要一种特殊教育。就其工作而言,他们需要练习战争技艺。但是,这不是苏格拉底主要关心的教育。他们自然将会是最好的斗士,唯一武装起来并且接受武装训练的人:他们无疑将会成为政治权力的唯一拥有者。同时,淳朴的时代一去不返,城邦中恶行泛滥,结果战士中也是如此。[45]因此,战士比任何人都更需要的教育首先就是公民(civil)德性。这种教育就是"音乐"教育——主要借助诗作(poetry)和音乐的教育。并非所有诗作和音乐都适合使人成为一般而言的好公民和特殊而言的好战士或护卫者。因此,必须从城邦中清除并不导向这个道德-政治(moral-political)目的的诗作和音乐。苏格拉底远未要求应该用拙劣的道德说教的制造者取代荷马和索福克勒斯;他为善的城邦指定的诗作必须是真正的诗。他特别要求,必须把诸神描述成人的卓越(excellence)的楷模(models),亦即护卫者能够并且必须追求的那种人的卓越的楷模。统治者将从护卫者的精英中选取。然而,如果没有一种正确的制度支持,亦即绝对共产制或尽最大可能废除私产,每个人可以随意进入别人的居所,不论这种规定的教育多好、多有效,它也有不足。作为为纯粹的匠人们服务的回报,护卫者得不到任何金钱,而是仅仅得到足够数量的食物,我们可以设想,还有其他必需品。

让我们看看,他们到目前为止描述的善的城邦用什么方式展示了正义就其本身而言是好的,或者甚至是诱人的。在与忒拉绪马霍斯的讨论中,强盗团伙的例子已经表明,正义——或者对于服务与回报之间、为他人工作与为自己的利益工作之间的正当比例的看法——是必需的。苏格拉底与阿德曼托斯一致认同的护卫者教育不是对正义的教育(392a-c)。这是对勇敢(courage)和节制(moderation)的教育。与体育教育不同,音乐教育尤其是对节制的教育,它意味着爱美的东西(beautiful),亦即爱本身自然吸引人的东西。可以说,狭义或严格意义上的正义出自节制或节制与勇敢的适当结合。这样一来,苏格拉底悄悄地挑明了强盗团伙与善的城邦的区别:根本区别在于这样的事实,在善的城邦中,武装起来进行统治的部分的动力出自对美的东西的爱,出自对所有值得颂扬的优雅的东西的爱。这个区别没有在如下事实之中去探寻,即就善的城邦与其他希腊城邦或野蛮人的城邦的关系而言,善的城邦由正义的考虑所引导:善的城邦的疆域大小由这个城邦自身的有节制的需要而非其他任何东西决定(423b;亦参398a和422d)。当苏格拉底说到统治者时,他所说的话或许更清楚地表明了这个困难。除了其他必需的品质,统治者必须具有关心城邦或爱城邦的品质;但是,一个人[46]最有可能爱这样的人,他相信那些人的利益与他自己的利益一致,或者他相信他们的幸福是自己幸福的条件。统治者为了城邦本身的缘故而爱城邦或为城邦服务,在这个意义上,上面提到的那种爱并非显然无私。这可以解释苏格拉底为何要求给统治者荣誉,不论在他生前还是死后(414a、465d – 466c;参346e以下)。毕竟,除非让每个人都相信这样的谎言(falsehood)——所有城邦同胞都是兄弟,而且只有他们才是兄弟(415b),否则,对城邦和对彼此的最大程度的关心就不会出现。至少,随着健康城邦的败坏而消失的自利与城邦利益之间的和谐还没有得到恢复。所以,难怪在第四卷开头,阿德曼托斯要表达他对武装军营城邦中的士兵状况的不满。从整个论证的语境读来,苏格拉底的回答大致如此:只有作为一个幸福的城邦的一员,一个人才能幸福;只有在这些限度内,一个人或城邦的其他任何部分才能幸福;完全献身于幸福的城邦就是正义。完全献身于幸福的城邦是否或能否成为个人的幸福,还尚未可知。

在大体建成善的城邦之后,苏格拉底与他的朋友们开始在其中寻找正义和不正义的位置,以及一个想要幸福的人是否必须拥有正义或不正义(427d)。他们先寻找正义之外的三种德性(智慧、勇敢和节制)。在这个根据自然建立的城邦中,智慧在统治者身上,而且仅仅在统治者身上,因为,在任何城邦中智慧之人都自然是最小的部分,如果不是只由他们掌舵,对城邦不是好事。在善的城邦中,勇敢在战士阶层身上,因为,政治性的勇敢与野蛮的不知畏惧不同,只有通过教育,它才会出现在那些天生适合它的人身上。相反,在善的城邦的所有部分当中,都能发现节制。在目前的语境中,节制不完全是指讨论战士教育时的节制,而是指借助自然较好的东西控制自然较坏的东西——这种控制使得整体处于和谐之中。换言之,节制是自然较高的东西与较低的东西就何者应该统治城邦达成的一致。由于控制与被控制不同,人们一定会假设统治者的节制与被统治者的节制不同。尽管苏格拉底与格劳孔轻松地在善的城邦中找到了前文提到的三种德性,要在其中发现正义却很难,因为,正如苏格拉底所说,其中的正义太显而易见。[47]正义就是每个人做一件最适合其自然的与城邦相关的事情,或者简单地说,正义就是每个人管他自己的事情;其他三种德性正是借助这个意义上的正义才成为德性(433a – b)。更确切地说,如果一个城邦的三个部分(赚钱的人、战士和统治者)都做它自己的工作并且仅仅做它自己的工作,这个城邦就是正义的(434c)。所以,正义像节制,而不像智慧和勇敢,它并非专属某一个部分,相反,每个部分都需要正义。因此,正义像节制一样,在三个阶层中具有不同的特性。例如,人们必须设想,智慧的统治者的正义受到其智慧的影响,而缺少智慧则影响赚钱者的正义,因为,如果就连战士的勇敢也只是政治性或公民的勇敢,而非纯粹绝对的勇敢(430c;参《斐多》[Phaedo]82a),那么他们的正义理所当然同样——更不用说赚钱者的正义——不会是纯粹绝对的正义。所以,为了发现纯粹绝对的正义,必须思考单个人身上的正义。如果个人身上的正义与城邦中的正义相同,这种思考就再简单不过;这要求个人或者毋宁说他的灵魂像城邦一样具有三类相同的"自然(natures)"。关于灵魂的一个颇为暂时性的思考似乎定下了这样的要求:灵魂包含欲望(desire)、血气(spiritedness)或怒气(441a – c),以及理性(reason),正如城邦由赚钱者、战士和统治者构成一样。因此,我们可以得出结论,如果一个人的灵魂的三个部分都做它自己的工作并且仅仅做它自己的工作,亦即如果他的灵魂处于一种健康状态,他就是正义的。但是,如果正义是灵魂的健康,反之,不正义是灵魂的疾病,那么显然正义是善,不正义是恶,不论人们是否知道一个人正义或不正义(444d – 445b)。如果一个人的理性部分是智慧的并且在统治(441e),同时,作为理性部分的臣仆和帮手,血气部分帮助理性控制各种几乎必然开始欲求越来越多金钱的欲望,这个人就是正义的。然而这意味着,只有智慧在他身上统治另外两部分的人,亦即只有智慧的人,才能真正是正义的(442c)。因此,难怪正义之人事实上最终等于哲人(580d – 583b)。即使在正义的城邦中,赚钱者和战士也并非真正正义,因为他们的正义仅仅源于不同于哲学的各种习惯;因此在灵魂的最深处,他们渴望僭政,亦即完全的不正义(619b – d)。所以我们看到,当苏格拉底期望在善的城邦中发现不正义时,他有多正确(427d)。这当然不是否认,非哲人(nonphilosophers)作为善的城邦的成员会比作为各种低等城邦的成员做事正义得多。

在考虑城邦中的正义这个方面与灵魂中的正义这另一个方面时,那些不智慧之人的正义显得各有差别。[48]这个事实表明,城邦与灵魂之间的对应关系有缺陷。正如在城邦中,战士比赚钱者占据更高的等级,这个对应关系因此要求在灵魂中血气比欲望占据更高的等级。与那些缺乏公共责任感和音乐教育的人相比,那些在内外敌人面前维系城邦并且接受过音乐教育的人似乎理所当然配得上更大的尊敬。但是,血气本身比欲望本身配得上更大的尊敬,这似乎不那么有道理。确实,"血气"包含大量不同现象,其范围上至对不义、邪恶和鄙俗的最高贵的愤怒,下至一个被宠坏的孩子的怒气,他为自己想要的不论多坏的东西被人拿走而怒气冲冲。但是,"欲望"同样如此:有一种欲望是爱欲(eros),它的健康形式包括通过后代渴望不朽,进而至于通过不朽的声誉渴望不朽,直到通过借助知识分有(participation)那些在任何方面都恒定不变的东西渴望不朽。因此,断定血气在等级上高于欲望,这本身就成问题。我们不要忘记,有哲学式爱欲,却没有哲学式血气(366e);或者换言之,人们可以看到忒拉绪马霍斯更多地是血气的化身而非欲望的化身。这里提到的论断建立在故意抽离爱欲的基础上——一种典型的《王制》的抽离。

这种抽离在两个方面显得十分令人惊讶:当苏格拉底提到促成人类社会的两个基本需要时,他只字不提生育(procreation)的需要,同时,当他描述僭主这个不正义的化身时,他把僭主说成爱若斯(Eros)的化身(573b – e、574e – 575a)。在专门讨论血气与欲望的相应等级时,他只字不提爱欲(439d)。似乎,爱欲与城邦因而爱欲与正义之间有某种紧张:只有通过贬低爱欲,城邦才能获得自主。爱若斯遵循它自己的法则(laws),而非城邦的法律,不论这种法律多好;在善的城邦中,爱欲完全服从城邦的要求。善的城邦要求为了对共同的东西的共同的爱而牺牲对属己之物的所有爱——对自己的父母、自己的孩子、自己的朋友和爱人的自发的爱。只要有可能,必须清除对属己之物的爱,除非它是对作为这个特定城邦的城邦的爱,对一个人自己的城邦的爱。只要有可能,爱国主义会取代爱欲的位置,爱国主义与血气、战斗欲、"马蜂式易怒(waspishness)"、怒气和愤怒而非爱欲有更近的亲缘。

因为柏拉图不是自由民主人士而指责柏拉图,这对一个人的灵魂有害,[49]尽管如此,混淆柏拉图主义(Platonism)与自由民主制的区别同样糟糕,因为,"柏拉图值得崇敬"与"自由民主制值得崇敬"这两个前提,并不正当地引出柏拉图是自由民主人士的结论。建立善的城邦始于这个事实,人自然有差异,事实表明这意味着人自然属于不平等的等级。他们的不平等与他们获得德性的能力尤为相关。不同种类的教育或习惯,以及善的城邦的不同部分喜爱的不同生活方式(共产制或非共产制),增加和加深了这种源于自然的不平等。结果,善的城邦变得像一个等级社会(caste society)。这让听到《王制》论述的善的城邦的一个柏拉图笔下的人物想到了古代埃及建立的等级体制,尽管埃及的统治者显然是祭司(priests)而非哲人(《蒂迈欧》[Timaeus]24a - b)。当然,在《王制》的善的城邦中,决定每个人属于哪个阶层的不是血统,而首先是他自己的自然天赋。以共产方式生活的较高阶层(upper class)的成员不应该知道他们的自然父母是谁,因为,应该把所有老一辈的男人和女人都当作他们的父母。另一方面,非共产的较低阶层(lower class)的有天赋的孩子们会被转到较高阶层(反之亦然);由于不一定能够在他们出生的时候认识到他们的卓越天赋,他们可能认识其自然父母,甚至变得对他们有感情。有两种方式可以解决这个难题。其一是将共产制扩大到较低的阶层;而且,考虑到生活方式与教育之间的关系,也将音乐教育扩大到这个阶层(401b - c、421e - 422d、460a、543a)。根据亚里士多德(《政治学》[Politics]1246a13 - 17),在善的城邦中,应该将绝对共产制限制在较高阶层内还是同样扩大到较低阶层,苏格拉底没有作出决定。不决定这个问题或许符合苏格拉底宣称的关于较低阶层重要性的不怎样的意见(421a、434a)。尽管如此,几乎不用怀疑,苏格拉底希望把共产制和音乐教育都限制在较高阶层内(415e、431b - c、456d)。因此,为了解决上述难题,他难免要使较高阶层或较低阶层中的人的身份变成世袭的,这样一来,他就违反了正义的最基本原则之一。此外,人们或许想问,是否可以完美地区分那些天生适合与不适合战士职分的人,因而完全正义地将每个人分配到较高或较低的阶层是否可能,因而善的城邦是否能够完全正义(再思考427d)。[50]但是无论如何,如果将共产制限制在较高阶层内,在赚钱者阶层和作为哲人的哲人中还是会有私人的东西(privacy),因为,城邦中很有可能只有一个哲人,而显然绝不会有一群哲人:唯一完全政治的或公共的或完全献身于城邦的是战士阶层;因此,只有战士在"正义"这个词的某种意义上表现出正义生活的最明确的范例。

有必要理解将共产制限制在较高阶层内的原因或共产制的自然障碍是什么。自然而然私人性的(private)或一个人自己的东西是身体并且仅仅是身体(464d;参《法义》739c)。身体的需要或欲望驱使人们尽可能扩大私有物或每个人自己的东西的范围。制造节制的音乐教育,亦即似乎只有少数人才能进行的极为严格的灵魂训练抵制这种最强烈的企图。可是,这种教育并没有根除每个人对属于他自己的事物或人的自然欲望:如果不服从哲人,战士们不会接受绝对共产制。因此,谋求属己之物显然最终仅仅受到哲学的抵制,哲学探求真理,它本身不能成为任何人的私产。虽然身体最具私人性,心智(mind)——纯粹的心智而非一般人的灵魂——却最具公共性。只有作为对哲学优于非哲学的反映,《王制》教导共产制优于非共产制才可理解。这显然与此前段落的结果相矛盾。这个矛盾可以并且必须借助正义的两种含义之间的区别才能得到解决。如果不理解《王制》关于哲学与城邦的关系的教诲,就不能搞清这个区别。因此,我们必须重新开始。

在第四卷末尾,苏格拉底看起来似乎已经完成了格劳孔和阿德曼托斯加给他的任务,因为他已经表明,作为灵魂的健康,正义不仅因为它的结果而且首先就其本身而言是可欲的。但是,此后在第五卷开头,由于在全书开篇发生的场景再次出现,我们突然遇到一个新的开始。在全书开篇和第五卷开头(别无他处),苏格拉底的同伴们作出一个决定,不,进行了一次表决,而无份参与决定的苏格拉底服从了这个决定(参449b – 450a 与 327b – 328b)。苏格拉底的伙伴们在这两个场景中都表现得像一个城邦(一个公民大会),即使是可能的最小城邦(参

369d)。[51]但是,这两个场景之间有一个重大区别:虽然忒拉绪马霍斯没有出现在第一个场景中,但他在第二个场景中已经成为城邦的一员。或许,建立善的城邦似乎要求把忒拉绪马霍斯转变为城邦公民之一。

在第五卷开头,苏格拉底的同伴们强迫他处理有关妇女和儿童共产制的问题。他们反对这个方案的方式与阿德曼托斯在第四卷开头反对涉及财产的共产制不同,因为,这个时候即使阿德曼托斯也不再是同一个人。他们只想知道实行妇女儿童共产制的确切模式。苏格拉底用这些更尖锐的问题取代了上述问题:(一)这种共产制是否可能?(二)它是否可欲?看上去,关于妇女的共产制是两种性别在他们必须做的工作方面的平等的结果或前提:在劳作和战斗力量方面失去半数成年人口,城邦承受不起,而且,就各种技艺而言,男人与女人的自然天赋并没有本质区别。要求两性平等需要彻底改变习俗,这里展现出的这种改变与其说令人震惊,不如说荒唐可笑;这个要求得到辩护的根据在于,只有有用的东西才是美好高贵的,只有坏的东西亦即违背自然才是可笑的:两性之间在习俗上的行为差异被当作违背自然而加以拒斥,这个革命性的改变意在造就符合自然的秩序(455d-e、456b-c)。因为正义要求每个人应该从事自然适合他或她的技艺,不论习惯或习俗的规定可能是什么。苏格拉底首先表明两性的平等是可能的,也就是说,就从事各种技艺的天资而言,它符合两种性别所表现出的自然,然后,苏格拉底表明它值得追求。在证明这个可能性时,他显然抽米掉了两种性别在生育方面的差异(455c-e)。这意味着,整个《王制》的论证——根据这个论证,城邦是一个男女匠人的共同体——在可能的最大程度上抽取掉了对于城邦最为本质的"依据自然"而非"凭靠技艺"发生的活动。

接着,苏格拉底转向关于妇女和儿童的共产制,并且表明它是可欲的,因为,它会使这个城邦比由独立的家庭构成的城邦更加"整一(one)",因而更加完美:城邦应该尽可能地像单个的人或单个的生命体,亦即像一个自然存在者(462c-d、464b)。[52]就这一点而言,我们在某种程度上可以更好地理解,在苏格拉底开始讨论正义之时,他为何要在城邦与个人之间假设一种重要的对应关系:他之前想的是城邦最大可能的统一性(unity)。废除家庭当然不意味着引入放荡或滥交；它意味着根据何者对城邦有用或共同的善的要求最严格地管理性交。人们可以说，对实用的考虑取代了对宗教或神圣事物的考虑（参458e）：男性与女性的结合仅仅是为了生育最好的后代，这是狗、鸟和马的饲养者遵循的原则；爱欲的要求完全被打消了。这个新秩序自然影响到对乱伦的习俗性的禁止，这种禁止是习俗正义最神圣的准则（参461b－e）。在新制度下，不再有人会认识他的自然的父母、孩子和兄弟姐妹，但是，每个人都会把所有上一代人当作他的父母，把同一代人当作他的兄弟姐妹，把下一代人当作他的孩子(463c)。然而，这意味着这个根据自然建立的城邦在一个极为重要的方面表现得更符合习俗而非自然。由于这个原因，我们失望地看到，虽然苏格拉底接手了妇女和儿童的共产制是否可能这个问题，他马上又放弃了它（466d）。由于这里考虑的制度对于善的城邦必不可少，因此，苏格拉底使得善的城邦亦即正义的城邦本身的可能性问题依然悬而未决。而且，对于他的听众和《王制》的读者，这一点发生在他们已经为正义的城邦作出最大的牺牲——例如牺牲爱欲以及家庭——之后。

他们不允许苏格拉底长时间地逃避回答正义城邦的可能性问题这个重大责任。迫使他面对这个问题的是有男子气的格劳孔。或许我们应该说，通过明显逃到战争的论题上——这个论题就其本身来说比妇女儿童共产制更简单，也更吸引格劳孔——可是又根据正义的严苛要求处理这个论题——因而大大降低了它的吸引力，苏格拉底迫使格劳孔迫使他回到最根本的问题。尽管如此，苏格拉底和格劳孔回到的问题并不是他们搁置的同一个问题。他们搁置的问题是，在符合人的自然的意义上，善的城邦是否可能。他们回到的问题是，在通过改变一个现实的城邦能使之得以产生的意义上，善的城邦是否可能（473b－c）。[53]或许有人认为，后一个问题预设了对前一个问题的肯定回答，但这并不十分正确。正如我们现在知道的，要发现什么是正义，我们的全部努力（以便我们能看到正文如何与幸福相关）就是探求作为"样式"(pattern)的"正义本身"。通过寻找作为样式的正义本身，我们的暗示是，正义之人和正义的城邦不会完全正义，而是实际上以特定的近似程度接近正义本身(472b – c);只有正义本身才完全正义(479a;参 538c 以下)。这意味着即便典型的正义城邦的制度(绝对共产制、两性平等和哲人的统治)也不完全正义。所以,正义本身不在能够产生(coming into being)这个意义上"可能",因为它总是"存在(is)",无需有能力承受任何变化。正义是一个"理式"(idea)或"形式"(form),是诸多"理式"之一。严格地说,只有理式才是"存在"的东西——不与任何非存在(nonbeing)混合,因为它们超出一切生成(becoming),而任何生成事物都位于存在与非存在之间。由于只有理式是超出一切变化的东西,它在某种意义上是一切变化和一切可变事物的原因。比如,正义的理式是任何变得正义的东西(人类、城邦、法律、命令、行动)的原因。各类理式是永远持存(subsist)的自身持存(self-subsisting)的存在者。它们极为光辉。比如,正义的理式完全正义。但是,身体的眼睛捕捉不到它们的光辉。这些理式只对心智的眼睛才"可见"(visible),而心智之为心智感知的只是理式。可是,正如这个事实——存在许多理式,感知理式的心智与理式本身有极大差异——表明的那样,必然存在某种高于理式的东西:"善"(the good)或"善的理式"(the idea of the good),它在某种意义上是一切理式以及感知理式的心智的原因(517c)。只有通过让那些自然有能力感知它的人感知"善",善的城邦才能产生并持存片刻。

苏格拉底对格劳孔详述的理式学说很难理解;起初,它完全让人难以置信,虽不至于说它显得异想天开。到目前为止,《王制》一直让我们理解的是,正义本质上是人的灵魂或城邦的某种属性,亦即某种并非自身持存的东西。现在它要我们相信,正义自身持存,自行其是,仿佛它在一个完全不同的地方,而不在人和任何分有正义(participates in justice)的其他东西之上(参 509b – 510a)。关于这个理式学说,没有人曾成功给出过一个令人满意的清晰论述。然而,确切地界定最核心的困难倒还可能。"理式"首先指的是一个事物的外观(look)或形状(shape);然后指的是一种(kind)或一类(class)事物,[54]它们都具有相同的"外观",亦即相同的属性和能力(character and power)或相同的"自然",这个事实将它们统一起来;因而它又指类属性(class – character)或属于这个类别的事物的自然:一个事物的"理式"是我们在探究一个事物或一类事物的"什么"(what)或"自然"时所寻求的东西(见《绪论》)。在《王制》中,"正义的理式"被称为"依据自然正义的东西",而且,与不是理式的事物或借助感觉感知的事物相对的理式被说成"在自然中(in nature)",这些事实表明"理式"与"自然"之间的关联(501b、597b-d)。然而,这并没有解释,理式为何显得"分离"于那些通过分有理式而是其所是的东西,换言之,为何"狗性(dogness)"(狗的类属性)应该是"真正的狗"。似乎有两种现象支持苏格拉底的论断。首先,在可感事物中永远找不到数学(mathematical)事物本身:任何画在沙土或纸张上的线条都不是数学家所指的线条。最重要的是第二点,在人类或社会之中并不一定能找到我们所指的纯粹或完美的正义本身或类似的事物本身;相反,正义所指的东西似乎超逾人们能够实现的一切;恰恰最正义的人曾经是或就是最能意识到其正义缺陷的人。苏格拉底似乎说的是,数学事物和德性的这种确定无疑的情况普遍适用:正如圆和正义有理式一样,床或桌子也有理式。那么,虽然说完美的圆或完美的正义超逾一切可见事物显然是合理的,却很难说完美的床是某种任何人都不能在上面休息的东西。不过不论如何,格劳孔和阿德曼托斯相对轻松地接受了这个理式学说,比接受绝对共产制更为轻松。这个悖谬的事实没有使我们感到足够惊讶,因为我们在某种程度上相信,这些有能力的年轻人跟着苏格拉底教授学习哲学,并且已经在很多场合听他绎述过理式学说,即使我们不相信《王制》是面向熟悉更初级(或"早期")对话的读者的一部哲学作品。可是,柏拉图仅仅借助苏格拉底与格劳孔以及《王制》中的其他对话者的谈话向《王制》的读者说话,而且,作为《王制》的作者,柏拉图并没有表明格劳孔——更不用说阿德曼托斯和其他人——曾经严肃地学习过理式学说(参507a-c与596a和532c-d,对比《斐多》65d和74a-b)。可是,虽然不能相信格劳孔和阿德曼托斯真正理解理式学说,他们也听说过,并且以某种方式知道,有像狄刻(Dike)或曰公正之神(Right)这样的神(536b;参487a),[55]也有尼刻(Nike)或曰胜利之神(Victory),他不是这样那样的尼刻或这样那样的尼刻神像,而是一个自我持存的存在者,它是所有胜利的原因,具有不可思议的光辉。更一般地说,他们知道诸神的存在——这些自身持存的存在者是一切好东西的原因,具有不可思议的光辉,而且,由于从不改变其"形式",他们不能被感觉领会(参379a–b和380d以下)。这并不是否认,《王制》中的"神学"(379a)所理解的诸神与理式之间有深刻的差异,或者说,理式在《王制》中以某种方式取代了诸神。这只是要断言,那些接受这种神学并且从中得出各种结论的人可能会走向理式学说。

我们现在必须回到正义城邦的可能性问题。我们已经知道,任何生成的东西都不可能完全正义,在这个意义上,正义本身是不"可能的"。之后我们马上得知,不仅正义本身,而且正义的城邦在上述意义上也是不"可能的"。这并不意味着,《王制》所意指和勾勒的正义城邦是一个像"正义本身"一样的理式,更不意味着它是一个"理想(ideal)":"理式"不是柏拉图的用词。正义的城邦不是一个像正义的理式一样的自身持存、可以说位于天外某个地方的存在物。毋宁说,它的状况就像以前某个绝美的人的一幅画,也就是说,它借助画家的画而存在。更确切地说,正义的城邦仅仅"在言辞中"(in speech)存在:只有一方面着眼于正义本身或自然正当的东西,另一方面着眼于人性的、太人性的(human all-too-human)东西来思考正义的城邦,它才"存在"。尽管正义的城邦在等级上显然低于正义本身,但是,即使这个作为样式的正义城邦,也没能力像它被构想的那样产生;在事实上而非仅仅存在于言辞中的城邦里,只能期待它的近似物(472c–473a;参500c–501c与484c–d和592b)。这意味着什么,还不清楚。这是否意味着,最佳的可行方案将是某种折中(compromise),以至于我们必须接受一定程度的私有财产(例如,我们必须允许每个战士在活着的时候保留他的鞋子和类似的东西)和一定程度的性别不平等(例如,某些军事和行政职务将始终留给男性战士)?没有理由设想这是苏格拉底的意思。从后面部分的谈话看来,如下看法似乎更有道理。这个论断——根据这个论断,正义的城邦不能按照构想产生——是暂时的或者预示着这样的论断,正义的城邦虽然有能力产生,却不太可能产生。无论如何,在宣称只能合理地期待善的城邦的某种近似物后,苏格拉底提出了这样的问题,[56]在现实的城邦中,什么可行的改变会是使它们转化为善的城邦的充分必要条件?他的答案是,政治权力与哲学的"巧合"(coincidence):哲人必须作为王者统治,或者,王者必须真正地且恰切地进行哲思(philosophize)。正如我们在总结《王制》第一卷时说明的那样,这个回答并非完全出人意料。如果正义与其说是给予或赋予每个人法律安排给他的东西,不如说是给予或赋予每个人对他灵魂有好处的东西,但是,对他的灵魂有好处的东西又是各种德性,那么结果就是,任何不认识"德性本身"或一般而言不认识种种理式的人或不是哲人的人,都不可能真正正义。

通过回答善的城邦如何可能这个问题,苏格拉底引入哲学作为《王制》的论题。这意味着,在《王制》中,哲学不是作为人应该为之生活的人的目的而得到引介,而是作为实现正义城邦的手段而得到引介,这个作为武装军营的城邦以绝对共产制和较高的战士阶层之中的性别平等为特征。由于《王制》引进的哲人的统治不是正义城邦的内在要素(ingredient),反而仅仅是实现它的手段,亚里士多德就有理由在他对《王制》的批判性分析中抛弃这个制度(《政治学》卷二)。无论如何,苏格拉底成功地将正义城邦的可能性问题,简化为哲学与政治权力的巧合的可能性问题。这个巧合应该可能,这初看起来令人难以置信:所有人都能够看到,哲人在政治上即使不是有害的人,也是无用的人。苏格拉底自己就与雅典城邦打过一些交道——这些交道的顶点就是他被处以死刑,他认为针对哲人的这个指控很有根据,尽管还需要更深入的解释。他将城邦对哲人的敌意首先归因于城邦:现存的城邦,亦即不是由哲人统治的城邦,就像疯人的集合,他们败坏了大部分适合成为哲人的人,而且,那些在成为哲人时成功地克服了所有不利条件的人正确地对他们表现出蔑视和厌恶。但是,苏格拉底远远没有完全为哲人开脱。只有城邦与哲人双方都作出某种彻底改变,才能带来似乎自然符合他们的那种两者之间的和谐。确切地说,这种改变是这样的:城邦不再不愿意接受哲人的统治,哲人不再不愿意统治城邦。哲学与政治权力的这种巧合很难实现,可能性极小,但又并非不可能。要造成城邦、非哲人或大众一方的这种必要的改变,[57]一种正确的说服(persuation)是充分必要条件。这种正确的说服来自说服的技艺——为了服务于哲学而经过哲人指导的忒拉绪马霍斯的技艺。所以,难怪苏格拉底在这里的语境中宣称,他和忒拉绪马霍斯刚刚成为朋友。作为非哲人,大众天性良好,因此,哲人可以说服他们(498c - 502a)。但是倘若如此,从前的哲人——更不必说苏格拉底本人——为何没有成功地让大众相信哲学和哲人至高无上,从而实现哲人的统治,并且因此实现他们所置身的城邦的拯救和幸福?尽管听起来或许很怪,在这部分论证中,说服大众接受哲人的统治看起来比说服哲人统治大众更容易:哲人不能被说服,只能强迫他们统治城邦(499b - c、500d、520a - d、521b、539e)。只有非哲人可以强迫哲人照料城邦。但是,由于针对哲人的偏见,如果哲人不首先说服非哲人强迫哲人统治他们,这种强迫就不会出现,同时,由于哲人不愿意统治,这种说服又不会出现。因此,我们遇到这样的结论,因为哲人不愿意统治,正义的城邦不可能。

哲人为什么不愿意统治?由于对作为独一的必需事物即知识的渴望主导着他们,或者,由于他们认识到哲学是最令人愉快和蒙福的拥有物,哲人没有闲暇(leisure)向下观看人类事务,更不用说照料它们(485a、501b - c、517c)。哲人相信他们在依然活着的时候已经远离他们的城邦,稳居福人岛(Isles of the Blessed)(519c)。因此,只有强迫才能使他们参与正义城邦的政治生活,这个城邦把适当地培育哲人看作最重要的任务。由于哲人感受到真正伟大的东西,人类事务对他们显得无足轻重。哲人的正义——避免冤枉他们的人类同胞——恰恰在于对非哲人热切纷争的东西等闲视之(486a - b)。他们认识到,不致力于哲学的生活因而尤其是政治生活与洞穴中的生活如此相像,以至于可以将城邦等同于洞穴(Cave)(539e)。洞穴中的居民(亦即非哲人)只看到人为事物的影子(shadows)(514b - 515c)。也就是说,他们借助立法者的法令规定的意见认识他们感受到的一切,这些意见事关正义和高贵的事物,亦即习俗性的意见,他们不知道他们最看重的这些信念并不比意见具有更高的地位。[58]因为,如果最好的城邦的成与毁甚至也与某个尽管很高贵的根本错误紧密相关,可以料想,那些不完美的城邦依靠或信奉的意见不会是真理。恰恰最好的非哲人或好公民饱含激情地依恋这些意见,并且因此激烈地反对试图超出意见通往知识的哲学(517a):大众并不像我们在前一轮论证中乐观地设想的那样容易说服。这是哲学与政治权力的巧合至少可以说极为不可能的真正原因:哲学与城邦沿着相反的方向彼此分离。

苏格拉底从正义的城邦在符合人类自然的意义上是否"可能"的问题,转向正义的城邦在能够通过转化一个现实的城邦得以出现的意义上是否"可能"的问题,这表明城邦与哲人之间的自然张力(natural tension)很难克服。与第二个问题截然对立的是,第一个问题指向这样的问题,是否可以通过将原本完全不相干的人安置在一起产生正义的城邦。正是为了对这个问题悄悄地给出一个否定的答案,苏格拉底转向了是否可以通过转化一个现实的城邦使正义的城邦产生的问题。善的城邦不能在那些还没有经历过任何人的规矩的人之中、在"原始人"和不论温顺或残忍的"愚蠢的野兽"和"野人"之中产生;它的潜在成员必须已经过上初步的文明生活。原始人成为文明人的漫长过程,不可能是善的城邦的建立者或立法者的工作,但是他以此为前提(参376e)。但是另一方面,如果潜在的城邦必须是一个旧城邦,它的公民就会已经彻底经过城邦的不完美的法律或习俗的塑造,它们由于年代久远而被奉若神明,公民们已经饱含激情地依恋它们。因此,苏格拉底不得不修改他原来的看法,根据这个看法,哲人的统治是产生正义城邦的充分必要条件。虽然他原来认为,如果哲人成为王者,善的城邦就会产生,他最终却认为,在哲人成为王者之后,若是他们将所有十岁以上的人逐出城邦,亦即将这些孩子与他们的父母以及他们父母的[生活]方式分离开来,并且用善的城邦的全新方式培养他们,善的城邦才会产生(540d–541a;参499b、501a、501e)。通过接管城邦,[59]哲人确保他们的臣民不会成为野蛮人;通过驱逐所有十岁以上的人,他们确保他们的臣民不会受到传统礼教(traditional civility)的奴役。这个办法优雅利落。然而,它让人们怀疑,既然哲人不可能已经训练出一个绝对服从他们的战士阶层,他们如何能够强迫所有十岁以上的人老老实实服从这项驱逐令。这不是否认苏格拉底可以说服许多好青年甚至一些老年人相信他,为了实行正义,哲人或许可以说服而非真的强迫大众离开他们的城邦和他们的孩子,并且生活在田野之中。

《王制》中处理哲学的部分是书中最重要的部分。与此相应,如果说《王制》给出了关于正义问题的答案,那么这个答案正是在处理哲学的部分传达的。对什么是正义这个问题的明确回答此前十分模糊:正义就是城邦或灵魂的每个部分"做依据自然最适合它的工作",或者以某"种"(kind)方式做那件工作;如果某个部分"以某种方式"做它的工作或关心自己的事情,它就是正义的。如果用"以最好的方式"或"好"(well)代替"以某种方式",就能消除这种模糊性:正义就是每个部分做好它的工作(433a–b 和 499d;参亚里士多德,《尼各马可伦理学》1098a7–12)。因此,正义之人是这样的人,在他身上灵魂的每个部分做好它的工作。由于灵魂的最高部分是理性,而且,由于如果其他两个部分没有做好它们的工作,这个部分也就不能做它的工作,所以,只有哲人才能真正正义。但是,哲人做得好的工作本质上很吸引人,而且事实上是最令人愉快的工作,完全与其结果无关(583a)。因此,只有在哲学中正义与幸福才同时出现。换言之,哲人是唯一在善的城邦之为正义城邦的意义上正义的个人:他是自足(self-sufficient)的人,真正自由,或者说,正如城邦生活极少致力于为其他城邦服务,他的生活同样极少致力于为其他个人服务。但是,善的城邦中的哲人也在这个意义上正义,他服务于他的同胞、他的城邦同胞、他的城邦,或者说,他服从法律。这就是说,正义城邦的所有成员以及从某种意义上说任何城邦的所有正义成员——不论这些成员是哲人还是非哲人——在何种意义上正义,哲人就在这种意义上正义。可是,第二种意义上的正义本质上并没有吸引力,也并非就其本身而言值得选择,而是仅仅由于其结果才是好的,或者说,它并不高贵却必不可少:哲人之所以为城邦——哪怕是善的城邦——服务,不像他出于自然倾向、出于爱欲而寻求真理那样[自觉自愿],而是迫于强制(compulsion)(519e – 520b、540b、540e)。几乎毋庸赘言,即使这种强制是自我强制,它也并非不再成其为强制。[60]根据一种比苏格拉底的定义所提出的概念更常见的概念,正义就是不伤害他人;这个意义上的正义事实上至多不过是哲人的灵魂之伟大的伴生物。但是,如果在更大的意义上将正义看作给予每个人对其灵魂有好处的东西,人们就必须区分,这种给予在哪些情况下对给予者本质上有吸引力(潜在的哲人属于这种情况),在哪些情况下仅仅是责任或强制。顺便提一句,苏格拉底的自愿对话(他自发寻求的对话)与受迫对话(他不能得体地回避的对话)之间的差异正以这个区分为基础。为其本身的缘故值得选择的正义完全与其结果无关的正义,且等于哲学的正义,跟仅仅出于必要最多等于哲人的政治活动的正义有明显的区别,成为《王制》典型特征的对爱欲的抽离,使得这种明显的区别得以可能。因为,人们或许完全可以说,出于对那种属己之物即爱国主义的爱,没有理由说哲人不应该从事政治活动(思考《苏格拉底的申辩》[Apology of Socrates]30a)。

到第七卷尾声,正义已经完全展现出来。事实上,苏格拉底已经履行了格劳孔和阿德曼托斯加给他的义务——说明得到恰当理解的正义就其本身而言值得选择,不论其结果如何,因此,这种正义绝对比不正义值得选择。然而,对话还在继续,因为,我们对正义的清晰把握似乎不包括对不正义的清晰把握,相反,必须通过清晰地把握完全不正义的城邦和完全不正义的人来补充这个把握:我们已经清楚地看到完全正义的城邦和完全正义的人,只有在我们同样清楚地看到不正义的城邦和不正义的人之后,我们才能判断,我们应该跟谁走,跟选择不正义的苏格拉底的朋友忒拉绪马霍斯,还是跟选择正义的苏格拉底本人(545a – b;参 498c – d)。因此,这要求保留关于正义城邦的可能性的虚构(fiction)。事实上,《王制》一直没有放弃这样的虚构,即与诸神或诸神之子的城邦不同,作为人的城邦,正义的城邦是可能的(《法义》739b – e)。在苏格拉底转而探究不正义之时,比此前更有力地重申这个虚构甚至变得十分必要。正义城邦的可能性越大,不正义的城邦就会相应变得越丑陋、越可鄙。但是,如果正义的城邦从来都不现实,正义城邦的可能性就始终令人怀疑。因此,苏格拉底现在断言,正义的城邦曾经是现实的。[61]更确切地说,他让缪斯们(Muses)断言这一点,或者毋宁说暗示这一点。人们或许会说,正义的城邦曾经是现实的这个断言是一个神话式(mythical)论断,它符合这样的神话式前提——最古老的就是最好的。因此,苏格拉底借缪斯们之口断言的是,在各种次等城邦出现以前,善的城邦起初是现实的(参《王制》547b);次等城邦是善的城邦的败坏形式,是曾经完整(entire)的纯洁城邦的受到污染的碎片;因此,一种次等城邦在时间上越接近正义的城邦,这种城邦就越好,反之亦然。更合适的是谈论好的和次等的政制而非谈论好的和次等的城邦(注意观察从"城邦"向"政制"的转变,见543d – 544a)。"政制"(regime)是我们对希腊文 politeia 的翻译。我们称之为《王制》(Republic)的这部书,希腊文题为 Politeia。politeia 通常译作"政制"(constitution)。这个词指的是统治(government)的形式,它被看作城邦的形式,亦即给城邦赋予特性(character)的东西——其方法是,确定特定城邦追求的目的或者它尊为最高的东西,以及哪种人应该统治城邦。比如,寡头制(oligarchy)就是一种政制,在这种政制中,富人是统治者,因此,对财富和获取财富的崇尚驱动着整个城邦。民主制也是一种政制,在其中统治的是所有的自由人,因此,城邦追求的目的是自由。根据苏格拉底,有五种政制:(一)君主制或贵族制(kingdom or aristocracy),由一个最好的人或一批最好的人统治,其目的是善(goodness)或德性,这是正义城邦的政制;(二)荣誉制(timacracy),由爱荣誉或有雄心的人统治,其目的是优越(superiority)或胜利;(三)寡头制或富人的统治,这种政制最尊崇财富;(四)民主制,自由人的统治,这种政制最尊崇自由;(五)僭主制,由完全不正义的人统治,不受限制的无耻的不义横行其中。这五种政制的下降次序以赫西俄德(Hesiod)的五个人族的下降次序为摹本:黄金人族、白银人族、青铜人族、英雄神族、黑铁人族(参546e – 547a,以及赫西俄德,《劳作与时日》[Works and Days]106行以下)。我们立刻看到,赫西俄德的英雄神族在柏拉图那里对应于民主制。我们很快就会看到,这个看似奇怪的对应关系原因何在。

《王制》基于这样的假设,城邦与灵魂之间存在严格的对应关系。因此,苏格拉底断言,正如存在五种政制,也存在人的五种特性,比如,荣誉式的(timocratic)人对应于荣誉制。在今天的政治科学中,曾经一度流行权威"人格(personalities)"与民主"人格"的区分,[62]有人认为它对应于权威社会与民主社会的区分,这是对苏格拉底所作的区分的笨拙粗糙的反映,苏格拉底区分的是与贵族政制、荣誉政制、寡头政制、民主政制和僭主政制相对应的高贵的或贵族式的、荣誉式的、寡头式的、民主式的和僭主式的灵魂或人。就这种关联而言,应该提到的是,苏格拉底在描述各种政制时,没有谈到它们所具有的"意识形态"(ideologies);他关心的是每种政制的特性和它明白无疑追求的目的,以及这种目的的政治正当性(political justificaion),这种正当性截然不同于源自宇宙论、神学、形而上学、历史哲学、神话以及诸如此类东西的任何超政治(transpolitical)的正当性。在探究次等政制时,苏格拉底在每种情况下先考察这种政制,再考察相应的个人或灵魂。他呈现的每种政制和相应的个人都出自此前一种。我们在这里将只考虑他对民主制的论述,既因为这个论题对民主制下的公民们至关重要,也因为它本身的重要性。民主制出自寡头制,寡头制又出自荣誉制,荣誉制的统治者是音乐才能不足的战士,他们的特性是血气至上。寡头制是第一个欲望在其中变得至高无上的政制。在寡头制中,统治性的欲望是对财富、金钱或无限攫取的欲望。寡头式的人节俭勤勉,除了对金钱的欲望,他控制所有其他欲望,他缺少教育,具有一种源于最原始的自利心的表面上的诚实。寡头制必须给予每个人按照自己认为合适的方式处理财富的无限权利。因此,它使得"游手好闲者"(drones)的出现变得不可避免,也就是说,统治阶层中有些成员要么不堪负债,要么已经破产,结果,他们失去公民权——这些乞丐们(喀提林式的人物[Catilinarian existences])渴望他们挥霍掉的财富,希望通过改变政制恢复他们的财富和政治权力。同时,正宗的寡头们既富有也不关心德性和荣誉,他们使自己尤其是他们的儿子们肥胖、娇纵、软弱。因此,消瘦坚强的穷人鄙视他们。穷人们逐渐意识到自己对于富人的优越性,而且,或许有一些背叛其阶层并且拥有通常只有统治阶层的成员才拥有的技艺的人领导他们,穷人们在合适的时候使自己成为城邦的主人:通过打败富人,杀死和驱逐其中一部分人,并且允许剩下的人在拥有完全公民权的情况下与他们一起生活,民主制由此得以产生。民主制本身以自由为特性,这种自由包括有权说和做一个人愿意的所有事情:[63]每个人都可以按照最让他愉快的方式生活。所以,作为一种政制,民主制培育最大的多样性:在其中可以发现每一种生活方式,每一种政制。所以我们必须附言,除了最佳政制,只有在民主制中,哲人才可以不受打扰地以其特殊生活方式生活:正是由于这个原因,人们才可以略带夸张地将民主制比作赫西俄德的英雄神族时代,这个时代比任何其他时代都更接近黄金时代。当然,在民主制之下,没有任何人强制作为哲人的公民参与政治生活或担任公职(557d-e)。因此,这让人们想知道,为什么在次等政制中,苏格拉底没有给民主制赋予最高的地位,或者,既然最好的政制不可能,他为何不干脆给民主制赋予最高地位?人们或许可以说,他已经"通过行动"展示了对民主制的偏爱:通过在民主制的雅典度过整个一生,通过在战争中为她战斗,也通过为了服从她的法律而受死。可是尽管如此,他显然没有"在言辞中"偏爱民主制而非其他政制。原因是这样的,作为一个正义的人,他不仅考虑哲人的安好,也考虑非哲人的安好,他认为民主制的目的不是为了引导非哲人努力变得尽可能好,因为,民主制的目的不是德性而是自由,亦即根据自己的喜好高贵地或低贱地生活的自由。因此,他给民主制赋予一个甚至低于寡头制的等级,因为,寡头制要求某种限制(restraint),而按照他的描述,民主制讨厌一切限制。人们或许可以说,为了适应他的论题,苏格拉底在谈论这种讨厌限制的政制时抛开了所有限制。他断言,在民主制下没有人被迫统治或被统治,如果他不喜欢如此;就算他的城邦处于战争之中,他却可以生活在和平之中;死刑几乎不会成为有罪之人的下场:他甚至不会坐牢;统治者与被统治者的秩序完全颠倒:父亲表现得像一个孩子,儿子既不尊敬也不惧怕父亲,老师惧怕学生,而学生根本不在意老师,两性之间完全平等;就连驴马在遇到人的时候也不再靠边站。照柏拉图所写,好像雅典城邦没有处死苏格拉底一样,照苏格拉底所说,好像当赫耳墨斯像在西西里远征之初被毁坏之后,雅典民主制没有对有罪和无罪之人统统进行疯狂的血腥迫害一样(见修昔底德,VI.27-29和53-61)。苏格拉底夸大了民主制的放纵式温和,这与他几乎同样强烈地夸大民主人的不节制相匹配。[64]事实上,如果他在民主制的情况中不想偏离他讨论次等政制的程序,他就不能避免后一种夸大。这个程序就是,将与某种次等政制对应的人看作与前一种次等政制对应的父亲的儿子。所以,民主人必须被看作某个寡头父亲的儿子,一个仅仅关心赚钱的富有的父亲的堕落的儿子:民主人是一个游手好闲之人,一个肥胖、软弱、挥金如土的公子哥,一个贪图安逸之人,由于给平等和不平等的事物都赋予某种平等,在生活中,他今天完全屈从最低的欲望,明天又搞禁欲,或者,根据马克思的理想,"上午打猎,下午钓鱼,晚上养牛,餐后专心搞哲学",也就是说,在任何时刻做他在那一刻碰巧喜欢的事情;民主人不是只做一件工作的消瘦、坚强、节俭的匠人或农人(参564c–565a 和 575c)。只要人们想到,苏格拉底的直接说话对象是严肃的阿德曼托斯,就可以理解在某种程度上他是在故意夸张地指责民主制,阿德曼托斯不苟言笑,在关于战士教育的段落中,他跟苏格拉底严肃地讨论诗:苏格拉底通过夸张地指责民主制为阿德曼托斯的民主制"梦想"提供借口(参 563d 与 389a)。人们同样不应该忘记,为了证明城邦与哲学的和谐,暂时需要对大众的乐观描述,这种描述需要纠正;对民主制的夸张指责以前所未有的力量让我们想到,哲学与人民不和(参 577c–d 与 428d–e 和 422a、422c)。

　　苏格拉底已经展现了完全不正义的政制和完全不正义的人,然后又将完全不正义之人的生活与完全正义之人的生活进行了对比,毫无疑问,正义显然比不正义值得选择。然而无论如何,谈话仍在继续。苏格拉底突然回到诗的问题,在讨论战士的教育时,他已经用很多篇幅回答过这个问题。我们必须努力地理解这个看似突然的回归。在关于僭政的讨论中,有一段明显的离题话,苏格拉底在其中注意到,诗人们颂扬僭主并且受到僭主(也包括民主制)推崇,然而,其他三种更好的政制却不推崇他们(568a–d)。僭政和民主制的特点是屈从感觉欲望,包括最不合法的欲望。僭主是爱若斯的化身,诗人们歌颂爱若斯。对于苏格拉底在《王制》中竭尽全力抽取掉的现象,他们恰恰抱以极大的关注和崇敬。[65]因此,诗人们培植不正义。忒拉绪马霍斯也是如此。但是,尽管如此,正如苏格拉底可以是忒拉绪马霍斯的朋友,他同样没有理由不是诗人尤其荷马的朋友。或许,苏格拉底之所以需要诗人,是为了在另一个场合恢复爱若斯的尊严:《会饮》(*Banquet*)通篇讨论爱若斯,只有这篇柏拉图对话展现苏格拉底与诗人的谈话。

在刚开始讨论次等政制和次等灵魂时,回到诗的原因已经得到说明。从最佳政制向次等政制的转变,明显得力于"以肃剧的方式"(tragically)说话的缪斯,从最好的人转向次等的人实际上带有某些"谐剧"成分(545d-e、549c-e):开始从最高主题——哲学意义上的正义——下降时,诗占据了主导。对次等政制和次等灵魂的论述位于对诗的回归之前,讨论"德性的最大报偿"亦即并非内在于正义和哲学本身的报偿则在此之后(608c、614a)。当谈话从最高主题下降之后,对诗的回归构成了《王制》这个部分的中心。这并不奇怪,因为,作为对真理的探究,哲学是人的最高活动,而诗并不关心真理。

第一次讨论诗远在将哲学作为主题引入对话之前,这次讨论主要推崇诗对真理的漠不关心,因为当时需要的是谎言(untruth)(377a)。之所以应该把最优秀的诗人逐出正义的城邦,不是因为他们传授谎言,而是因为他们传授某种错误的谎言。但同时变得清楚的是,只有搞哲学(philosophize)的人的生活因为他搞哲学才是正义的生活,这种生活根本不需要谎言,它彻底拒绝谎言(485c-d)。从城邦——即使最好的城邦——向哲人进步(progress)似乎要求从有条件地接受诗向无条件地拒绝诗进步。

从哲学上看,诗显得是对真理亦即种种理式的模仿(imitation)之模仿。哲人的活动是沉思理式,普通匠人的活动是模仿理式,诗人和其他"模仿性的"(imitative)匠人的活动则是模仿性的匠人的作品。首先,苏格拉底通过这些语词描述等级秩序:理式(例如床的理式)的制作者(maker)是神(God),模仿物(可用的床)的制作者是匠人,模仿物的模仿物(床的画)的制作者是模仿性的匠人。然后,他通过这样的语词重述这个等级秩序:[66]首先是使用者(user),其次是匠人,最后是模仿性的匠人。使用者根据使用床的目的确定床的"形式"(form),从而创造床的理式。所以,使用者拥有最高或最权威的知识:最高的知识根本不是匠人本身所拥有的知识;诗人站在使用者的相反一端,他没有任何知识,甚至没有正确的意见(601c-602a)。要理解对诗的这种看似过分的指控,必须对匠人进行辨识,诗人所模仿的是他们的作品。诗人的主题主要是涉及德性与恶行的人类事物;诗人借助德性观看人类事物,但是,他们推崇的德性是德性的一个不完美甚至扭曲的影像(image)(598e、599c-e、600e)。诗人模仿的是非哲学的立法者,后者是德性本身的不完美的模仿者(参501a)。尤其,城邦所理解的正义必然是立法者的作品,因为,按照城邦的理解,正义的就是合法的。没有人比尼采更清楚地表达过苏格拉底的这个观点,尼采说"诗人总是某种道德的仆人"(《快乐的科学》[The Gay Science], No. 1)。但是据法国谚语说,仆人眼里无英雄:匠人们特别是诗人们难道没有意识到他们的英雄的隐秘的脆弱?根据苏格拉底,情况事实上正是如此。比如,如果有人因为失去某个至亲之人而感到悲伤,诗人们就展示这种悲伤的巨大力量——一个值得尊敬的人不会充分表达这种感觉,除非在独自一人之时,因为,在别人面前充分表达既不合适也不合法:诗人展示我们的自然中受到法律严格限制的东西(603e-604a、606a、606c、607a)。倘若如此,如果对于法律所限制的那些激情的自然,诗人或许是理解得最好的人,那么他们就远远不只是立法者的仆人;他们同样是审慎的立法者应该学习的人。从哲人的立场看,真正的"哲学与诗之间的争吵"(607b),不是关乎诗本身的价值,而是关乎哲学与诗的等级秩序。根据苏格拉底,诗的正当性仅仅在于,它应该辅助最优秀的"使用者",辅助身为哲人的王者,诗不应该成为自主的东西(autonomous)。因为,自主的诗将人的生活看作自主的生活,亦即不以哲学生活为目的,因此,除非通过谐剧性的扭曲,它从不描述哲学生活本身;因此,自主的诗必然要么是肃剧,要么是谐剧,因为,作为自律的生活,非哲学生活要么无法摆脱其根本困难,要么只是一种拙劣的摆脱。但是,辅助性的诗将非哲学生活看作对哲学生活的辅助,[67]因此,它主要描述哲学生活本身(参604e)。辅助性的诗的最伟大范例就是柏拉图的对话。

《王制》通过讨论对正义的最大报偿和对不正义的最大惩罚作结。这个讨论分为三个部分:(一)证明灵魂不死(immortality);(二)神和人对在世之人的报偿与惩罚;(三)死后的报偿和惩罚。中间这个部分没有提到哲人:非哲人在世之时需要对正义的报偿和对不正义的惩罚,他们的正义没有哲学的正义所具有的内在吸引力。苏格拉底借助神话的形式描述死后的报偿和惩罚。这个神话并非毫无根基,因为,它以证明灵魂不死为基础。如果灵魂由许多东西复合而成,除非这种复合十分完美,否则,灵魂不可能不死。但是,据我们的经验所知,灵魂缺乏这种完美的和谐。要找到真相,或许必须通过灵魂的原初或真实自然进行推理来复原(611b–612a)。《王制》没有完成这种推理。也就是说,苏格拉底在证明灵魂不死之时,并没有阐明灵魂的自然。《王制》尾声的情形与《王制》第一卷尾声的情形若合符节,在第一卷尾声,在不知道正义的"什么"或自然的情况下,苏格拉底声称自己已经证明正义有益。第一卷之后的讨论确实展示了作为灵魂正确秩序的正义的自然,可是,如果没有认识到灵魂的自然,如何能够认识灵魂的正确秩序?让我们在这里回忆一下这个事实,作为《王制》揭示的灵魂学说的前提,灵魂与城邦之间的对应关系明显存在疑问,甚至站不住脚。《王制》无法阐明灵魂的自然,因为它抽掉了爱欲和身体。如果我们真的想要搞清正义究竟是什么,与《王制》所走的道路相比,我们必须在对灵魂的研究中走上"附近另一条更长的路"(504b、506d)。这并不意味着,我们从《王制》当中学到的关于正义的东西是不真实的或完全暂时的。关于正义,《王制》的教诲虽然不完整,但是,它也可能是正确的,只要正义的自然从根本上依赖于城邦的自然——因为,除非理解了城邦,否则,超政治的东西本身也无法得到理解——而城邦是完全可理解的,因为城邦的限度可以得到完美的展现:为了看到这些限度,人们不必先回答关于整全的问题;提出关于整全的问题足矣。因此,《王制》事实上已经说清了什么是正义。[68]然而,正如西塞罗所见,《王制》没有提示可能的最佳政制,但是反而提示了政治事物的自然——城邦的自然(西塞罗,《论共和》[*Republic*],II. 52)。苏格拉底在《王制》中表明,要满足人的最高需要,城邦必须具备什么特性。通过让我们看到不可能根据这个要求建立城邦,他让我们看到了城邦的根本限度,城邦的自然。

《治邦者》

《治邦者》位于《智术师》(*Sophist*)之后,《智术师》又在《泰阿泰德》(Theaitetos)之后。《泰阿泰德》描述苏格拉底与年轻的数学家泰阿泰德(Theaitetos)之间的谈话,谈话发生时,大名鼎鼎的成年数学家忒奥多洛斯(Theodoros)也在场,还有泰阿泰德的名叫苏格拉底(Socrates)的青年伙伴,这场对话的目的是说明什么是知识或科学(sceince)。这场对话没有带来正面结果:苏格拉底本人只知道他一无所知,泰阿泰德也不像格劳孔和阿德曼托斯那样,能够在苏格拉底的帮助下(或者能够帮助苏格拉底)得到一个正面的学说。在苏格拉底与泰阿泰德交谈的第二天,苏格拉底又遇到了忒奥多洛斯、小苏格拉底和泰阿泰德,不过这次在场的还有一个无名的哲人,他被称为来自爱利亚(Elea)的异乡人。苏格拉底问这个异乡人,他的同胞把智术师、治邦者与哲人看作同一种人、两种人还是三种人。或许,智术师、治邦者与哲人同一或不同一的问题似乎取代了"什么是知识"这个问题,或者,这是该问题的一个更为具体的版本。异乡人回答说,他的同胞认为智术师、治邦者或王者与哲人彼此不相同。从《王制》的核心主题中,已经可以认识到哲人不同于王者这个事实,根据这个主题,哲学与王政的巧合是挽救城邦事实上也是挽救人类的条件:相同的事物不需要巧合。但是,《王制》没有完全说明君王术或治邦术(kingship or statesmanship)的知识地位。从《王制》中我们可以很容易得到这样的印象,哲人-王(philosopher-king)需要的知识由两个异质的部分构成:一方面是关于理式的纯粹哲学知识,以看见善的理式为顶峰,另一方面则是根本不具有知识地位的仅仅政治性的经验,不过,它使人能够在洞穴中认路,辨识墙上的影子。但是,[69]对哲学知识的这种必不可少的补充似乎也是一种技艺或科学(参《王制》484d 和 539e 与 501a-c)。关于治邦者特有的非哲人的意识(awareness),爱利亚异乡人似乎选择了第二个更高的观点。可是,在《智术师》和《治邦者》中,他揭示了智术师和治邦者的自然,亦即智术师与治邦者的区别,却没有揭示治邦者与哲人的区别。忒奥多洛斯对我们承诺,爱利亚异乡人也会阐明(继《治邦者》之后)什么是哲人,但是,柏拉图没有信守忒奥多洛斯的诺言。那么,一旦我们理解了什么是智术师和治邦者,是否就理解了什么是哲人?难道正如《王制》表明的那样,治邦术并非仅仅是哲学的补充,而是哲学的组成要素(ingredient)？也就是说,作为治邦者特有的技艺或知识,治邦术远非仅仅是对于在洞穴中认路必不可少的意识,它本身也根本离不开对善的理式的看见,那么它是不是看见善的理式的条件,或者毋宁说组成要素？倘若如此,那么与《王制》相比,"政治(politics)"在《治邦者》中要重要得多。显然,关于王者或治邦者的谈话发生时,苏格拉底已经由于犯罪而受到死罪指控,不久之后,苏格拉底就因此受到审判,被处以死刑(见《泰阿泰德》篇末):与《王制》相比,《治邦者》中出现的城邦似乎权力大得多,而在《王制》中,苏格拉底的对手忒拉绪马霍斯根本不把城邦当回事。然而另一方面,虽然在《王制》中,借助一对热切关心正义和城邦的兄弟的帮助,苏格拉底建立了一个城邦,即使只是言辞中的城邦,在《治邦者》中,苏格拉底却默默地听一个无名的异乡人(一个缺乏政治责任心的人)在冷静的数学气氛中提示什么是治邦者:搞清什么是治邦者似乎是哲学而非政治上的关切(参285d)。《治邦者》似乎比《王制》清醒(sober)得多。

我们可以说,《治邦者》比《王制》更科学(scientific)。根据柏拉图的理解,"科学"是知识的最高形式,或者毋宁说是唯一配得上被称为知识的那一类意识。他把这种形式的知识称为"辩证术(dialectics)"。"辩证术"指的首先是谈话的技艺,然后是由苏格拉底践行的那种技艺的最高形式,这种技艺是旨在揭示事物的"什么"或理式的谈话的技艺。因此,辩证术是对理式的认识——这种认识不使用任何感觉经验:它从理式走向理式,直到穷尽整个理式领域,因为,每个理式都是一个部分,因此[70]指向其他理式(《王制》511a－d、531a－533d、537c)。就其最终形式而言,辩证术会从统治理式领域的最高理式逐步下降到最低的理式。这个运动"逐步"发生,也就是说,它沿着理式间的关联,沿着理式的自然划分[下降]。《治邦者》和《智术师》展示了对这个意义上的辩证术的一种模仿;两者的目的都是大致说明这个意义上的辩证术;它们展示的模仿是个玩笑。可是,这个玩笑并非仅仅是玩笑。如果不可能脱离感觉经验从理式向理式运动,换言之,如果不论从《王制》关于最好的城邦的说法来看,还是从《王制》关于最好的哲学或辩证术的说法来看,《王制》只是乌托邦式的(utopian),那么,最好的辩证术既然不可能,就不会是严肃的。可能的辩证术就会仍然依赖于经验(参264c)。《治邦者》的这个特点与如下事实有关,《治邦者》中所说的理式是类,或者包括所有"分有"这个理式的个体(individuals),因此,它并不独立于个体或"超出"个体而存在。不论情况如何,在《治邦者》中,通过从"技艺"或"知识"逐步下降到治邦者的技艺,或者通过逐步划分"技艺",直到到达治邦者的技艺,爱利亚异乡人试图揭示治邦者的自然。出于很多原因,在这里我们不能照搬他的"方法性的"步骤。

谈话刚刚开始,爱利亚异乡人就使小苏格拉底同意人们关于取消公与私之区分的说法。他分两步达到这个结果。既然治邦术或君王术本质上是一种知识,那么,拥有这种知识的人是否在比如经过选举之后被委以高官,或者他是否以私人身份生活,就根本不重要。其次,城邦与家(household)之间并没有根本区别,因此,治邦者或王者与家长(householder)或主人(即奴隶的主人)之间也没有根本区别。作为互不可分的典型政治现象,法律和自由从一开始就不在考虑之列,因为,治邦术被理解为一种知识或技艺,或者说,区分政治事物与技艺的东西被抽掉了。在这里,爱利亚异乡人抽掉了一个事实,彻底身体性的力量是人统治人的必然要素。治邦术或君王术是一种知识性的而非手工(或徒手的)技艺,这个事实是这种抽离的部分理由。然而,它并不像算术那样是完全知识性的技艺;它是对人类发布命令的技艺。但是,所有发布命令的技艺[71]之所以这样做,都是为了某种东西的产生。其中有些技艺发布命令,是为了活物或动物的产生,也就是说,它们关心的是繁育和喂养动物。王者的技艺就是这种技艺的一个类。要恰当地理解王者的技艺,将"动物"这个类区分为"野兽"和"人"这两个类还不够。这个区分就像把人类区分为希腊人和野蛮人一样随意,这跟把人区分为男人和女人不同;这不是一个自然的区分,而是一个源于自负的区分(262c–263d、266d)。异乡人在辩证术上,或者在区分种、理式和类的技艺上训练小苏格拉底,这种训练与适度或节制方面的训练齐头并进。根据异乡人对动物类别的区分,最接近人的类别甚至比达尔文的物种起源说所主张的还低。但是,达尔文的意思严肃且当真,异乡人则在开玩笑（参271e、272b-c）。为了从人转向神，亦即为了真正成为人，人必须学会看到他的地位的低下。

"技艺"的划分带来这样的结果，治邦者的技艺关心的是繁育和喂养，或者照料一群被称为人的这样一种动物。这个结果显然不够充分，因为，许多技艺——例如，医术和保姆——也同样有理由宣称，它们像政治技艺一样与照料人群有关。这个错误源于这样的事实，人群被当作与其他动物群种类相同的群。但是，人群是一种非常特殊的群：将"动物"二分为野兽和人并不仅仅是源于自负。一则神话消除了这个错误。根据这个现在第一次得到完整讲述的神话，从前（克洛诺斯[Kronos]时代）神指导着整全（whole），后来（宙斯时代），神让整全依靠自身的运动而运动。在克洛诺斯时代，为了统治和照料动物，神安排不同的神统治和照料不同类别的动物，诸神像牧人一样行事，以此保证普遍的和平和繁荣：没有政治社会，没有私有财产，没有家庭。这并不必然意味着，在克洛诺斯时代，人类活得幸福；只有利用当时可以获得的和平和繁荣从事哲学，才能说他们活得幸福。不论如何，在当前这个时代，神不照料人：当前这个时代没有神意；人必须照料自己。失去了神的照料，世界充满失序和不义；人必须尽其所能建立良好的秩序和正义，不过他已经看到，在这个匮乏的时代，共产制不可能，因此，[72]绝对共产制也不可能。可以说，《治邦者》挑明了《王制》没有说到的东西，也就是说，不可能有《王制》中描述的最佳政制。

《治邦者》中的神话，意在解释爱利亚异乡人和小苏格拉底在《治邦者》的最初界定中所犯的错误：在寻找照料人群的唯一技艺时，他们无意中指向克洛诺斯时代或神的照料；失去神的照料之后，也就是说，在所有人眼中都高于人的存在者的照料消失之后，每种技艺或每个人都必然认为，它自己或他自己与其他任何技艺或任何人同样有资格统治（274e-275c），或者，至少许多技艺都可以成为王者技艺的竞争者。从克洛诺斯时代转向宙斯时代，第一个必然结果就是这样的幻象，所有技艺和所有人都是平等的。这个错误在于，它假定王者的技艺旨在全盘照料人群（这种全盘照料包括养育被统治者，并且使之结成配偶），而非一种局部的、有限的照料。换言之，这个错误在于，它忽略了如下事实,除了牧养(herding)人类的人的技艺,就所有的牧养技艺而言,牧者都属于一个与牧群成员不同的类别。因此,我们必须将整个"对牧群的照料"分为两个部分:在一种对牧群的照料中,牧者与牧群的成员属于同一个类别,在另一种对牧群的照料中,牧者与牧群成员属于不同的类别(人牧养野兽和神牧养人类)。然后,我们必须对这两种中的第一种进行划分,以使我们能够发现,在牧者与牧群成员属于同一个类别的牧养中,王者的技艺是哪部分牧养。让我们假定,我们寻找的这种局部照料是"统治城邦"。统治城邦自然分为,被统治者不想要的统治(彻底通过力量统治)和被统治者想要的统治;前者是僭政,后者是王政。在这里,我们第一次瞥见作为政治之特有主题的自由。但是,就在异乡人暗示这个难题的时刻,他又转身离开了它。他发现前面的整个步骤并不让人满意。

在划分和区分类别以及神话都无效的地方,举例被证明是有益的方法。异乡人借助一个例子解释例子的有用性。这个例子意在解释人在知识方面的状况——知识这个现象是《泰阿泰德》《智术师》《治邦者》这个三联剧(trilogy)的主要论题。异乡人选择的例子是孩子关于阅读的知识。[73]孩子从关于字母("要素[elements]")的知识开始,逐步推进到关于最短、最简单的音节("要素"的结合)的知识,然后是关于长而难的音节的知识。如果关于整全的知识不是类似于阅读的技艺,这种知识就不可能:关于要素的知识必须可以获得,要素在数量上必须相当小,所有要素并非都一定可以结合(参《智术师》252d - e)。但是,我们是否能够说,我们拥有关于整全的"种种要素"的知识,或者,我们是否能够从一个绝对的开端开始?在《治邦者》中,我们的开端是不是对"技艺"或"知识"的充分理解?虽然我们必然渴望关于整全的知识,可是,我们注定只能止步于关于整全的某些部分的局部性知识,因此,我们注定不能真正超出意见的范围,难道事实不是这样?所以,哲学和人的生活岂非必然是西绪福斯式的(Sisyphean)?这是否可以解释,为何对自由的要求并不像今天许多热爱自由的人基于十分类似的想法所相信的那样理直气壮?(或许,这会引导人们借助《治邦者》思考陀思妥耶夫斯基的《宗教大法官》[*Grand Inquisitor*])。迫使我们提出诸如此类的问题之后,异乡人转向他的例子,这个例子的目的不是揭示一般的知识或哲学本身,而是为了揭示王者的技艺。他选择的例子是编织(weaving)的技艺:为了解释政治技艺,他依靠的是一种专属家政的技艺,而非牧养和航海这样的"户外"技艺;他借助一种典型的女性技艺解释最有男子气的技艺。要搞清什么是编织,人们必须划分"技艺",但是,这种划分与他们最初所做的划分不同。异乡人基于新的区分对编织的技艺作出解析,在他明确地将那种分析的结果用于王者的技艺之前,这次分析使他能够解释一般的技艺和特殊的王者技艺。或许在这段文本中,最重要的一点就是划分两种度量(measurement)的技艺:一种是根据相互关系考虑大小,另一种是根据中道(mean)或者适当或类似的东西考虑大小(现在被理解为过度和不及)。所有技艺尤其是王者的技艺,都根据正确的中道或适当作出度量,也就是说,它们不是数学技艺。

通过明确地将分析编织技艺的结果用于王者的技艺,异乡人使自己能够澄清王者的技艺与所有其他技艺的关系,尤其是与那些技艺的关系,它们看似正义地宣称要与王者的技艺争夺对城邦的统治。[74]最成功、最聪明的竞争者是那些杰出的智术师,他们自称拥有王者的技艺,这些人是城邦的统治者,亦即缺乏王者技艺或治邦者技艺的统治者,或者说,他们实际上是过去、现在和将来的所有政治统治者。这种政治统治可以分为三类:一个人的统治,少数人的统治,多数人的统治;不过,根据强制与自愿或合法与不合法的区分,其中每一类又分为两个部分;因此,君主制(monarchy)不同于僭主制,贵族制不同于寡头制,然而,民主制这个名称被用于多数人的统治,不论多数穷人对富人的统治是基于富人的同意并且严格符合法律,还是基于强制并且有不合法之处。(异乡人对政制的区分与亚里士多德在其《政治学》第三卷提出的区分如出一辙;但是,也要考虑两者的差异。)这些政制中的任何一种都不把自己的主张建基于统治者的知识或技艺,也就是说,它们都并非建基于唯一绝对正当(legitimate)的主张。结果,这些基于臣民的自愿(同意或自由)与合法性的主张都变得可疑。参照其他技艺尤其医术的例子来看,这个判断有根有据。医者就是医者,不管他对我们的治疗符合我们的意愿还是违反我们的意愿，不管他用刀割、火烧还是让我们承受其他疼痛，也不管他的做法是否依据成文的规矩；只要他的统治给我们的身体带来好处，他就是医者。与此相应，唯一正确的政制或唯一真正是政制的政制，是拥有王者技艺的人们在其中统治的政制，不论他是否根据法律统治，也不论被统治者是否认同他们的统治，只要他的统治给政治体带来好处；至于他们达到这个目的是通过杀掉或驱逐某些人缩减城邦的规模，还是通过从外邦引进公民增加城邦的规模，根本无关紧要。

异乡人关于杀人和驱逐的说法没有让小苏格拉底感到吃惊，让他吃惊的倒是，异乡人认为脱离法律的统治（绝对的统治）可以是正当的。要完全理解小苏格拉底的反应，人们必须注意一个事实，异乡人没有区分人法与自然法（natural laws）。异乡人将小苏格拉底最初的愤慨转变为后者对讨论的渴望。法律的统治低于活生生的理智的统治，因为，法律具有一般性（generality），既然存在无限多样的情形，法律就不可能在所有情形下智慧地断定，什么是正确合适的东西；[75]只有身临其境的智慧之人才能正确地决断，在各种情形下什么是正确合适的东西。但无论如何，法律是必要的。少数智慧之人不可能守在众多不智者旁边，明确告诉他们每个人应该做什么。少数智慧之人几乎总是不在无数不智者身边。对于智慧之人的个人统治，一切法律都是差强人意却必不可少的替代物，不论它们成文与否。作为粗略的经验规则，它们足以应付大多数情况：它们把人类看作牧群的成员。将这些粗略的经验规则固定为神圣的、不容侵犯的不变法则——虽然，如果运用科学和技艺来这样做，每个人或许都会将其斥为荒唐可笑的事情——对于为人类事务建立秩序十分必要；政治与超政治领域之间存在不可消除的差异，原因差不多就在于这种必要性。但是，反对法律的理由主要不在于法律不能被个体化，而在于人们认为，法律会与智慧之人、与拥有王者技艺的人相结合（295b-c）。可是，即使这种反对也并非完全有效。正如异乡人借助影像解释的那样（297a 以下），智慧之人也服从法律，而法律的正义和智慧低于智慧之人，因为，不智者难免不信任智慧之人，鉴于他们事实上不能理解智慧之人，这种不信任就并非完全没有道理。他们不能相信,一个配得上在没有法律的情况下作为真正的王者统治的智慧之人,会愿意并且能够统治他们。他们这种不信任的最终理由是,首先就身体而言,其次就灵魂而言,任何人事实上都不具有明显的优越性,以至于可以使所有人毫不犹豫、毫无保留地服从他的统治(301c – e)。不智者忍不住要让自己成为智慧之人的判断者。所以,难怪智慧之人不愿意统治他们。不智者甚至一定会要求智慧之人把法律看作绝对的权威,也就是说,智慧之人甚至不得怀疑既定的法律是完全正义和智慧的法律;如果智慧之人不这样做,他就会因为败坏青年而变得有罪,败坏青年是死罪;他们一定会禁止人们对最重要的问题的自由探究。法律统治的所有这些题中之意必须得到接受,因为,唯一可能的替代选择是自私自利之人的无法的统治。智慧之人必须屈尊于在智慧和正义方面都低于自己的法律,不仅在行为中如此,在言辞中亦然。(在这里,我们不禁要问,智慧之人对法律的服从是否没有任何限度。柏拉图的例证是这样的:法律宣称苏格拉底败坏青年,他无畏地服从这项判他死罪的法律;[76] 可是,他或许不用服从那项正式禁止他追求哲学的法律。请结合《克力同》阅读《苏格拉底的申辩》。)法律的统治比不智者的无法统治更值得选择,因为,不管法律多坏,它在某种意义上也是某种推理(reasoning)的结果。这个观察使人们可以对不正确的政制进行分级,除了真正的王者或治邦者的绝对统治,其他所有政制都不正确。受法律制约的民主制低于受法律制约的少数人统治(贵族制),也低于受法律制约的一个人统治(君主制),但是,无法的民主制高于无法的少数人统治(寡头制),也高于无法的一个人统治(僭主制)。在这里,"无法"(lawless)指的不是完全没有任何法律或习俗。它指的是政府习惯性地罔顾法律,尤其是那些旨在限制政府权力的法律:一个可以改变所有法律或者说"主权的"(sovereign)政府是无法的政府。由此可见,据异乡人所言,似乎即使在真正的王者统治的城邦中,也有法律(真正的王者是真正的立法者),但是,与所有其他统治者不同,真正的王者可以正义地改变法律或做违反法律之事。在缺乏真正王者的情况下,如果城邦由智慧之人制定的法典统治,并且只有在极端情况下不智的统治者才能改变这些法典,异乡人可能会对此感到满意。

在把真正的王者的技艺与所有其他技艺区分开来之后,异乡人还要确定王者的特殊作品。在这里,编织技艺的例子具有决定性的重要地位。王者的作品类似一张网。根据通行的看法,德性的所有部分完全彼此和谐。然而,事实上它们之间存在某种张力。最重要的是,在勇敢或男子气与节制、温文(gentleness)或对得体的考虑之间存在张力。这个张力可以解释,偏重男子气的人与偏重温文的人之间为何存在张力甚至敌意。真正的王者的任务是,把相互对立的各种人编织在一起,因为在城邦中,那些完全无法变得有男子气或节制的人根本不能成为公民。在王者的编织中,一个重要的部分是,让那些偏重男子气的家庭中的孩子与那些偏重温文的家庭中的孩子联姻。因此,人类的王者必定接近神性的牧者,因为,他们扩大了严格意义上的统治城邦的技艺,直至将联姻配对的技艺囊括在内。王者实行的配对与苏格拉底实行的配对有亲缘关系(参《泰阿泰德》151b),这也意味着它与后者并非完全等同。[77]关于王者的配对与苏格拉底的配对,如果我们能够理解它们的亲缘性,在理解王者与哲人的亲缘性方面,我们就会取得进展。可以肯定地这样说:在试图界定王者之时,虽然可能乃至必然谈及"人的牧群",哲人却与"牧群"毫无关系。

《治邦者》所属的三联剧,主题是知识。对于柏拉图,真正的知识或追求真正的知识就是哲学。哲学追求关于整全的知识,努力沉思整全。整全由部分构成;关于整全的知识,就是关于作为整全之部分的所有整全之部分的知识。哲学是最高的人类活动,人是整全的一个优秀的部分,或许也是最优秀的部分。如果离开人,离开变得整全和完整的人,整全就不是一个整全。但是,人要变得整全,离不开他自己的努力,这种努力以某种特定的知识为前提:这种知识不是沉思的或理论的知识,而是约定俗成的、命令式的(commanding)(260a – b)或实践的知识。《治邦者》展示的是对于实践知识的理论探讨。与《治邦者》相反,《王制》从实践的或政治的生活上升到哲学,上升到理论生活;《王制》展示的是对于理论的实践探讨:它向那些关心人类问题解决方案的人揭示出,这个解决方案乃是理论生活;《王制》展现的知识是约定俗成的或命令式的知识。仅仅通过展现王者技艺的特性，《治邦者》中对于最高实践知识（王者的技艺）的理论探讨获得了命令的特点：它揭示出统治者应该做的事情。尽管理论知识与实践知识的区分是必然的区分，它们的分离（separation）却不可能。（可从这一点出发思考《泰阿泰德》173b – 177c 对理论生活的描述。）有些技艺直接关乎使人变得整全和完整，王者的技艺是其中之一。关于每个人的不完整以及能够使人变得完整的方式，最明显的表征就是人的两种性别的区分：就像男女的结合作为爱欲的主要目标使"人"自身就足以实现人类这个物种的延续，甚或永恒（sempiternity），所有其他可以在人身上发现的不完整都在人的类或人的理式中得以变得完整。整个人类，而非其中任何部分，作为整全的一个部分而非整全的主人或征服者是自足的。或许正是由于这个原因，《治邦者》结束于对某种类型的配对的赞颂。

《法义》

[78]《王制》和《治邦者》以不同却又相似的方式超越城邦。它们首先表明的是，如果城邦想要在哲学面前坚持宣称其至高无上，它必须如何转变自身。然后它们表明，城邦没能力经受这种转变。《王制》暗中表明，普通的城邦——也就是说，这个城邦不是共产制的城邦，它是父亲们的联合体而非匠人们的联合体——是唯一可能的城邦。《治邦者》明确表明法律统治的必要性。《王制》和《治邦者》各自以自己的方式揭示城邦的根本局限性，因而也揭示城邦的根本特性。由此，它们为回答最佳政治秩序——符合人的自然的最佳城邦秩序——的问题奠定了基础。但是，它们没有给出这个可能的最佳秩序。它们把这个任务留给了《法义》。我们于是可以说，《法义》是柏拉图仅有的严格意义上的政治作品。《法义》是仅有的苏格拉底没有出场的柏拉图对话。《法义》中的人物都是饱经政治历练的老人：一位无名的雅典异乡人、克里特人克莱尼阿斯（Kleinias）和斯巴达人迈基洛斯（Megillos）。雅典异乡人占据了苏格拉底通常在柏拉图对话中占据的位置。谈话发生的地点

远离雅典,位于克里特岛上,此时这三位老人正从科诺索斯城走向宙斯的洞穴。

我们的第一印象是,雅典异乡人之所以来到克里特,目的是寻找某些希腊法律的真相,这些法律从某个方面看最负盛名,因为,人们相信克里特的法律源于宙斯这个最高的神。克里特法律与斯巴达法律相似,后者甚至比克里特法律名气更大,人们将它追溯到阿波罗(Apollo)。在雅典人的建议下,这三个人开始谈论法律和政制。雅典人从克里特人那里得知,克里特的立法者制定所有法律的依据都是战争:依据自然,每个城邦在所有时候都与其他城邦处于秘而不宣的战争状态;在战争中得胜是一切福气(blessings)的条件,因此,战争也是如此。雅典人轻松地让克里特人相信,克里特法律指向错误的目的:战争不是目的,和平才是。因为,如果在战争中得胜是一切福气的条件,那么战争就不是目的:福气本身属于和平。因此,作为战争的德性,勇敢是德性的最低部分,勇敢次于节制,而且最重要的是次于正义和智慧。一旦我们看到德性的自然秩序,我们就认识到立法的最高原则,因为,由于雅典人保证,拥有德性就必然能够拥有健康、美、力量和财富,克里特的贤人克莱尼阿斯已经轻松地同意,立法必须关心德性,[79]关心人的灵魂的卓越,而非关心其他任何好处(631b – d;参829a – b)。看来,斯巴达和克里特的立法者们似乎相信,城邦的目的是战争而非和平,所以,为了在勇敢、克制痛苦和恐惧方面教育他们的臣民和同胞,立法者们就让他们品尝最大的痛苦和恐惧;但是,立法者们根本没有通过让他们品尝最大的快乐,在节制、克制快乐方面教育他们。事实上,如果我们可以信任迈基洛斯,斯巴达的立法者无论如何全然不鼓励人们享受快乐(636e)。斯巴达和克里特的立法者们显然禁止饮酒的快乐——雅典人却自由地沉溺于这种快乐。雅典人主张,只要行事得当,饮酒甚至醉酒有益于节制这个勇敢的孪生德性。为了做到行事得当,必须共同饮酒,亦即在公共场合饮酒,这样可以对饮酒进行监管。如果有正确的人管治饮酒者,饮酒甚至醉酒就会有益。一个人要成为船长,仅仅拥有航行的技艺或科学还不够;他还得不晕船(639b – c)。同样,技艺和知识还不足以管治一次宴饮。技艺不足以统治任何联合体,特别是城邦。

与船("邦国之船")相比,宴饮更适合与城邦进行类比,因为,正如宴饮者因为饮酒而沉醉,公民们会因为恐惧、希望、欲望和憎恨而沉醉,因此,他们需要一个清醒的人统治。由于宴饮在斯巴达和克里特不合法,却在雅典合法,雅典人不得不为雅典的制度辩护。这次辩护是一则长篇大论,而长篇大论是雅典而非斯巴达或克里特的特色。所以,雅典人不得不用雅典的方式为雅典的制度辩护。他不得不将他的非雅典的对话者在某种程度上转变为雅典人。只有通过这种方式,他才能匡正他们关于法律的错误观点,并且因此最终匡正他们的法律本身。根据这一点,我们可以更好地理解整个《法义》的特点。在《王制》中(544c),斯巴达和克里特的政制被作为荣誉制的例证,这种政制仅次于最佳政制,但是远远高于民主制,在苏格拉底(和柏拉图)在世的大部分时间里,雅典实行的政制就是民主制。在《法义》中,雅典异乡人想要匡正荣誉制,亦即将它改造成可能的最佳政制,这种政制在某种程度上介于荣誉制与《王制》的最佳政制之间。[80]这种可能的最佳政治将被证明为非常像雅典的"古老政制"——雅典的前民主(predemocratic)政制。

之所以认为克里特和斯巴达的法律有缺陷,是因为它们不允许臣民品尝最大的快乐。但是,是否可以说饮酒算得上最大的快乐,哪怕最大的感官快乐?可是,雅典人想到的是人们可以公开享受的最大快乐,而且,他们必须通过经受这些快乐学习自我克制。饮宴的快乐是饮酒和唱歌。所以,要为饮宴正名,同样必须讨论唱歌、音乐,并且继而讨论整个教育(642a):音乐的快乐是人们可以公开享受的最大快乐,而且,他们必须通过经受这种快乐学习克制。因此,斯巴达和克里特的法律包含的最大缺陷是,它们根本没有或至少没有充分地让臣民经受音乐的快乐(参673a-c)。这里的原因在于,这两个社会都不是市镇(towns),而是军营,是一种牧群(herd):在斯巴达和克里特,即使那些自然适合作为个体接受私人教师教育的年轻人,也仅仅作为牧群的成员得到养育。换言之,斯巴达人和克里特人只知道如何在歌队(choruses)中唱歌,他们对最美的歌曲、最高贵的音乐一无所知(666e-667b)。在《王制》中,美的城邦——在这个城邦中,哲学这个最高的缪斯得到了应有的荣耀——超越了军营城邦,超越了这个大有改进的斯巴达。《法义》描述的是可能的最佳政制,可是在《法义》中,这种超越没有出现。然而,《法义》中的城邦在任何意义上都不是军营城邦。不过,它与《王制》中的军营城邦有某些共同特点。正如在《王制》中一样,音乐教育实际上是对节制的教育,而且,这种教育实际上要求真正的治邦者或立法者监管乐师和诗人。可是,《王制》证明对节制的教育的顶点是爱美,相反,《法义》中的节制则带有羞耻感或敬畏感的色彩。教育显然是培养德性、培养公民德性或人的德性的教育(643c、659d – e;653a – b)。

人的德性首先在于,在面对快乐和痛苦之时采取适当的态度,或者,适当地控制快乐和痛苦;适当的控制是受到正确的推理影响的控制。如果城邦采纳某个推理的结果,这个结果就成为法律;名副其实的法律是主要关乎快乐和痛苦的正确推理的命令(dictate)。正确的推理与好的法律之间存在亲缘性而非同一性,与此对应的是,好人与好公民之间存在亲缘性而非同一性。为了学会控制常见的快乐和痛苦,公民们必须从小就经历诗和其他模仿式技艺提供的快乐,[81]反过来,这些技艺又必须受到好的或智慧的法律的控制,受到因此再也不得变更的法律的控制;必须尽可能压制诗和其他模仿式技艺的十分自然的革新欲望;实现这一点的方法是,在正确的东西出现之后将它神圣化(consecration)。完美的立法者会说服或迫使诗人教导人们,说正义与快乐相伴,不正义与痛苦相伴。完美的立法者会命令他们教授这种明显有益的学说,即使这并不是真的(660e – 664b)。这种学说取代了《王制》第二卷的神学。《王制》不可能在非哲人教育的背景下,讨论关于正义与快乐或幸福之关系的有益教导,因为,与《法义》不同,《王制》没有假设主要对话人物知道什么是正义(《王制》392a – c)。关于教育,因而还有关于立法的目的和原则的整个谈话,都被雅典异乡人归在"酒"甚至"醉酒"的主题之下,因为,只有托付那些教养良好的老者——他们本身反对任何改变,而为了变得愿意改变旧法,他们必须体验到青年人的活力,就像饮酒产生的感觉一样——才能稳妥地改进旧法。

只是在确定了政治生活所应该服务的目的(教育和德性)之后,异乡人才转向政治生活的开端或城邦的产生,目的是为了发现政治性的变动的原因,尤其是政制变动的原因。政治生活的开端很多,因为,由于洪水、瘟疫和类似的灾难不断摧毁一切技艺和工具,它们几乎多次摧毁所有人;只有少数人在山顶或其他特殊地点幸存下来;经过很多世代之后,他们才敢下到平地上,而且,经过这些世代,关于各种技艺的最后记忆也消失了。一切城邦和政制、一切技艺和法律、一切恶行与德性借以产生的条件是,人们缺乏这一切东西;某种东西"借以产生的东西(out of which)"就是这种东西产生的一种原因;人们最初缺少我们称为文明的东西,这似乎是一切政治性变动的原因(676a、676c、678a)。如果人类曾有一个完美的开端,就不会有任何变动的原因,人的这个不完美的开端必定会对其文明的所有阶段产生影响,不论这些阶段有多完美。异乡人表示,这种情况体现在人类生活经历的如下变化中,起初,人类显然具有德性,因为他们虽然事实上并不智慧,却天真纯朴,不过实际上也有野性,[82]直到斯巴达及其姊妹城邦迈锡尼(Messene)和阿尔戈斯(Argos)的原始居邑被摧毁。他只是巧妙地暗示斯巴达人对迈锡尼人的残暴镇压。雅典异乡人对自己的探究结果加以小结,他列举了人们普遍认可的、有效的进行统治的名义(titles)。正是这些名义或关于它们的主张之间的矛盾,解释了政制的变动。看起来,虽然最高的名义是基于智慧进行统治,但这只是诸多名义之一。我们在其他名义中发现了这样的名义或要求,主人可以统治奴隶,强者可以统治弱者,经过抽签选举的人可以统治未被选中的人(690a–d)。智慧并不是一个充分的名义;对于一个有效的政制而言,前提是把基于其他优越性的要求与基于智慧的要求结合起来;或许,可以通过适当或智慧地结合一些其他名义,代替源于智慧的名义。雅典异乡人没有像爱利亚异乡人那样把身体性的力量抽掉,这种力量是人统治人的必然要素。切实可行的政制必定是混合政制。斯巴达政制就是混合政制。但是,它混合得智慧吗?要回答这个问题,必须先逐个察看正确的混合的构成要素。这些要素是君主制——波斯(Persia)在这方面是出色的范例——与民主制——雅典在这方面是最杰出的例子(693d)。君主制本身代表智慧之人或主人的绝对统治;民主制代表自由。正确的混合是智慧与自由的混合,智慧与同意的混合,是一个智慧的立法者制定的智慧之法统治且由城邦中最优秀的成员治理与大众的统治的混合。

在可能的最佳政制的目的和基本特征得到澄清之后,克莱尼阿斯表示,目前的谈话对他直接有用。克里特人打算建立一个殖民地,他们已经委任他和其他人一起负责这个计划,尤其是为这个殖民地制定他们认为合适的法律;他们甚至也会择取外邦的法律,只要他们认为这些法律优于克里特的法律。到那里定居的人来自克里特和伯罗奔半岛(Peloponnesos):他们并不来自同一个城邦。如果这些人来自相同的城邦,具有相同语言、相同的法律、相同的祭祀礼仪和信仰,就不容易说服他们接受与其母邦的制度不同的制度。另一方面,在未来的城邦中,人口的异质性又会引起不和(707e – 708d)。在目前的情况下,这种异质性似乎足以使他们可能极大地改变政制,以求建立更好的亦即可能的最佳政制,不过,这种政制不能太大,以免影响融合。在《王制》中,最佳政制的建立要求驱逐所有十岁以上的人,在这里,我们发现了一个切实可行的替代方案。[83]不同的定居者群体带来的传统将得到修正,而不是消除。正值筹建殖民地之时,多亏好运把雅典异乡人带到克里特,这是智慧地修正传统的大好机会。需要更为小心的是,以后不要让那些不够智慧的人改变这个在智慧之人指导下建立的新秩序:应该尽可能少地改变它,因为,对一个智慧的秩序作任何改变似乎都会把它变坏。无论如何,要不是雅典异乡人恰好出现在克里特,根本不要指望有人智慧地为新城邦立法。这使我们可以理解,异乡人为何断言,不是人而是机运在立法:仿佛可以说,大部分法律都由灾难来口授。尽管如此,立法的技艺还是获得了一些空间。或者反过来说,离开好运气,拥有立法技艺的人也难有作为,他只能祈盼好运。立法者可以祈盼的最有利的情况是,一位年轻的僭主统治着他将要为之立法的城邦,并且,这位僭主的自然在某些方面与哲人的自然相同,不过,他不必优雅机智,不必热爱真理,也不必正义;如果僭主愿意听从这个智慧的立法者,他就是缺乏正义(在这种情况下,驱使他的仅仅是对自己的权力和荣誉的欲望)也无伤大雅。在这样的情形下——凭借僭主与智慧的立法者的合作,最高的权力与智慧得以巧合——立法者就会最快、最深刻地改良公民的习惯。但是,既然要使建立的城邦尽可能少地遭受变动,或许更重要的是认识到,最难改变的政制是寡头制,在《王制》所描述的政制序列中,这种政制居于中间位置(参708e – 712a 与《王制》487a)。显然,不能让将来建立的城邦处于僭政统治之下。在最佳政制中,就像在克洛诺斯时代或黄金时代一样,统治者应该是一位神或神灵(demon)。对于神的统治,最接近的模仿物是法律的统治。但是,法律反过来又依赖能够制定并执行法律即政制(君主制、僭主制、寡头制、贵族制、民主制)的一个人或一群人。就每一种政制而言,城邦的一个部分统治其他部分,因此,它根据某个部分的利益而非共同的利益统治城邦(713c – 715b)。我们已经知道这个困难的解决方法:同时,必须采取像斯巴达和克里特那样的方式建立混合政制(712c – e),必须采用一个智慧的立法者制定的法典。

智慧的立法者不会仅仅发布完全依靠制裁的命令,[84]这种命令完全依靠惩罚的威胁。这是领导奴隶而非自由人的方式。为了揭示法律的各种理由,他会为这些法律创作序言或序文。可是,需要使用不同的理由说服不同的人,理由太多可能会引起混乱,因而不利于整齐划一地服从。所以,立法者必须拥有一项技艺,同时对不同的公民说不同的东西,以至于立法者的言辞在各种情况下都可以带来同样简单的结果:服从他的法律。为了获得这项技艺,他十分需要诗人的帮助(719b – 720e)。法律必须是双重的;它们必须是"毫不含混的(unmixed)法律",大胆地规定何者当为、何者当克制、"要不然,会怎样",也就是说,法律必须既是"霸王(tyrannical)条款",同时,法律的序文必须通过诉诸理性进行温和地说服(722e – 723a;参808d – e)。事实表明,恰当地结合强制与说服、"僭主制"与"民主制"(参亚里士多德,《政治学》1266a1 – 3)、智慧与同意,在任何地方都是智慧的政治安排的特征。

这些法律需要一则一般性的序文——规劝人们给予不同的人恰如其分的荣誉(honor)。由于法律的统治模仿神的统治,应该先得到荣誉的是高于一切的诸神,其次是其他超人的存在者,接着是祖先,然后是人的父母。每个人也必须敬奉(honor)自己的灵魂,不过必须在敬奉诸神之后。在敬奉灵魂与敬奉父母之间,等级次序并不完全清楚。敬奉灵魂意味着获得各种德性,离开德性,任何人都不可能成为好公民。这种一般性的规划,最终在证明道德的生活比邪恶的生活更快乐中达到顶峰。在新殖民地的建立者真正开始立法之前,他必须采取两项至关重要的措施。首先,他必须对潜在的公民进行审查:仅仅允许合乎条件的定居者来到新殖民地。其次,土地只能分配给那些被允许获得公民身份的人。因此,那里不会有共产制。不管共产制有什么优点,如果立法者本人不实行僭政统治,共产制就行不通(739a – 740a),不过目前的情况甚至没有考虑立法者与僭主的合作。但是无论如何,土地必须仍然作为整个城邦的财产;对于分配而来的土地,任何公民都不是绝对的拥有者。土地将会被划分为份额,不得通过买卖或任何其他方式改变份额,如果每个土地所有者必须把他的全部份额仅仅留给一个儿子,就可以实现这一点;其他儿子必须设法与女性继承人结婚;为了防止男性公民的人口超过最初确定的份额数目,[85]必须设法控制生育,在极端情况下还要把人送出殖民地。城邦中不得有金银,必须尽可能少地赚钱。要做到均贫富不太可能,但是,一个公民可以拥有的东西应该有上限:最富公民所拥有的财富不得超过最穷公民的四倍,其中包括土地份额以及马和奴隶。在分配政治权力时,不可能不顾及财产的不平等。根据拥有的财富数量,全体公民将被分为四个阶层。必须给每个公民分配足够的土地,使他在战争中能够作为骑兵或重装步兵为城邦服务。换言之,公民身份仅限于骑兵和重装步兵。这种政制似乎就是亚里士多德所说的大众政制(polity)——财富在相当程度上受到限制的民主制。① 但是,这么说并不对,从关于议政会(Council)成员身份和选举议政会的法律上,尤其可以看到这一点。议政会就是我们称为政府的行政部分的机构;议政会的每十二分之一执政一个月。议政会由四个同样大的群体构成,第一群人从财产最多的阶层中选出,第二群人从财产次多的阶层中选出,以此类推。所有公民拥有同样的选举权,但是,虽

---

① [译按]参亚里士多德《政治学》1265b26 – 28、1293a35 – 42 及 1293b33 – 37。

然所有公民都有义务从财产最多的阶层中选取议政官(councillors)，只有财富最多的两个阶层中的公民才有义务从财富最少的阶层中选取议政官。这些安排显然有利于富人；这个政制意在成为君主制与民主制的中道(756b－e)，或者更确切地说，这个中道比大众政制更具寡头或贵族性质。关于在公民大会(Assembly)中的权力和执掌最富殊荣的官职的权力，富人同样得到了类似的特权。然而，受到看重的不是财富本身：不管有多少财富，匠人和商人都不能成为公民。只有那些有闲暇致力于实践公民德性的人，才能成为公民。

在这些严格意义的立法当中，真正最显眼的部分涉及不虔敬，不虔敬当然要被纳入刑法的范围。最根本的不虔敬是无神论或否定神的存在。由于一部善法不能仅仅惩罚犯罪或诉诸恐惧，也要诉诸理性，雅典异乡人不得不证明诸神的存在，而且，如果诸神不关心人的正义，不赏善罚恶，诸神对城邦就无足轻重，所以他还必须证明神意。《法义》是唯一包含这种证明的柏拉图对话。它是唯一一部以"神"开篇的柏拉图作品。[86]或许可以说，它是柏拉图最虔敬的作品，正是由于这个原因，柏拉图在其中攻击不虔敬的根基，亦即认为根本没有诸神这种意见。尽管在克里特和斯巴达甚至都没有提出关于诸神的问题，雅典异乡人还是要处理这个问题；不过，在雅典则提出过这个问题(886；参891b)。克莱尼阿斯十分支持雅典人建议的这种证明，理由是这会构成整个法典最精妙最好的序文。雅典人若非先陈述无神论者的论断，就无法驳倒他们。他们似乎断言身体先于灵魂或心智，或者，灵魂或心智从身体派生而来，所以，没有什么东西依据自然正义或不正义，或者，一切正当都源于习俗。要反驳他们，就要证明灵魂先于身体，这种证明意味着自然正当的存在。对不虔敬的惩罚依不虔敬的不同种类而异。有一点并不清楚，应该对作为一个正义之人的无神论者施加何种惩罚——如果要惩罚的话；显然，比起比如为了牟利而施展法庭修辞术的人，正义的无神论者所受的惩罚要轻一些。即使就其他各类不虔敬而言，死刑判罚也极少出现。我们之所以提到这些事实，是因为无知之人的欠思量可能会诱使他们因柏拉图所谓的不够自由主义(liberalism)而谴责柏拉图。我们在这里把这样的人说成无知之人，不是因为这些人相信,自由主义要求人们无条件地宽容一切意见的表达,不论这些意见多么危险或无耻。我们把他们称为无知之人,是因为他们没有看到,根据他们自己的不可能"绝对"的标准,柏拉图多么异乎寻常地自由(liberal)。雅典的做法最好地说明了这些在柏拉图的时代受到普遍认同的标准,雅典城邦因为其大度(liberality)和温和而声名显赫。在雅典,由于有人认为,苏格拉底不相信雅典城邦崇奉的诸神存在——人们也只是通过传说知道诸神存在,结果,苏格拉底被判处死刑。在《法义》的城邦中,要求人们信奉诸神仅限于可证明的范围内;况且,那些虽不相信这种证明却又正义的人,不会被判处死刑。

似乎,若能保证雅典异乡人所描述的这种秩序的稳定性,就足以保证任何政治秩序的稳定性:这种保证就是,绝大多数公民服从尽可能不变的智慧的法律,这种服从主要源于德性教育,源于品格的塑造。尽管如此,法律只是次优之选:任何法律的智慧,都不及一个身临其境的真正智慧的人作出的判断。[87]因此,为了逐步改进政治秩序,也为了抵制法律的腐败,可以说,必须准备在改进法律上不断进步。所以,立法是一个不会终结的过程;任何时候都必须有活生生的立法者。只有带着最大的谨慎、在必要性得到普遍认同的情况下,才能改变法律。后来的立法者必须与最初的立法者追求同样的崇高目的:城邦成员灵魂的卓越(769a–771a、772a–d、875c–d)。为了防止法律的改变,必须密切监管公民与外邦人的交往。任何公民都不得为了私人目的前往外邦。但是,对于那些声望卓著、年过五十的人,如果他们想要观察其他人如何生活,尤其是想要通过与杰出人士谈话而向他们学习如何改进法律,可以鼓励他们这样做(949e以下)。不过,所有这些以及类似的措施都不足以挽救法律和政制;[法律和政制]依然缺乏坚实的根基。只有夜间议政会(Nocturnal Council)才能带来坚实的根基,夜间议政会的成员由最杰出的老年公民和三十岁以及三十岁以上的经过挑选的年轻公民组成。夜间议政会之于城邦,正如心智之于每个人。为了发挥夜间议政会的作用,最重要的是它的成员首先必须拥有关于所有政治行为都直接或间接追求的那个单一目的的最可能恰切的知识。这个目的就是德性。德性理应是一,可它也是多;德性有四种,其中至少有两种——智慧与勇敢(或血气)——彼此差异极大(963e)。那么,城邦如何能有单一的目的?如果不能回答这个问题,夜间议政会就不能发挥作用,或者,更一般而又更确切地说,夜间议政会必须至少吸纳一些这样的人,他们懂得各种德性本身是什么,或者说,他们懂得各种德性的理式以及那个将德性统一起来的东西,它使人们可以借助一个单数的"德性"正当地指称所有德性:作为城邦的单一目的,"德性"是一、一个整全、两者兼是,还是其他东西?他们还必须穷尽人类的可能,认识关于诸神的真相。对于诸神的坚定敬畏只能源于关于灵魂的知识和关于星辰运动的知识。只有那些将这种知识与民众的德性或俗众的德性结合起来的人,才能成为城邦的恰切统治者:夜间议政会产生之后,就应该把城邦的统治移交给它。柏拉图一点一点把《法义》中的政制带向《王制》中的政制(亚里士多德,《政治学》1265a1-4)。在到达《法义》的终点之后,我们必须回到《王制》的起点。

古希腊史家

高诺英　译　喻娟　校

[中译编者按]本文是施特劳斯为亨瑞(W. P. Henry)的《古希腊史书：基于色诺芬〈希腊志〉的史学研究》(*Greek Historical Writing: A Historiographical Essay Based on Xenophon's Hellenica*, Chicago: Argonaut Inc., 1967)一书所写的书评，刊于 *The Review of Metaphysics*, 1968, vol. 21。——本文脚注皆为译者所加。

作者亨瑞以此假设为起点："史学研究最为重要的是……史书写作(historiography)。"他借此想要表达的是：对古希腊政治史的研究而言，最重要的是对希罗多德、修昔底德和色诺芬的考订研究(critical study)。亨瑞的这部著作之所以选择色诺芬，乃因为《希腊志》的"写作问题"(the problems of the composition)——迥异于希罗多德和修昔底德作品的类似问题——看来已经了结：对力图解决这些问题的各种典型理论进行的批评研究将会揭示，"我们把握了古希腊史学写作的现代进路"的重要性，但其局限性也将随之显现。

亨利此书的主要部分即致力于这种考订研究。其结果却令作者"极为失望"(页191)，他得出结论："我们尚未做好解释古代史书比如《希腊志》的准备。"(页210)19、20世纪对古希腊史学写作的研究令人失望的原因有二：一般的和特殊的原因。一般的原因是，研究者没有充分注意到与现代史学写作截然不同的古希腊史学写作的独特性：希腊人不是"因其本身的缘故"而研究历史，他们的方式是"审美的(esthetic)"(页193)。只要我们对"审美的"一词的词源进行反思，就会立即发现，亨瑞对古典史学写作的特点所作的概括并不恰当。对于古典时期的希腊人而言，"史学是文学的一种形式……当艺术家有感于时代风气,并通过历史事实(the facts of history)来表现这种风气时,史学就是文学"(页193)。这似乎是亨瑞对他所译昆体良(Quintilian)的一句名言的阐释:"史与诗有某种相似性。"(页191)暂且假设这三位古典史家确实有感于他们所描述的时代精神,那么,他们的初衷是否就是表现这些时代精神呢? 只要瞥一眼希罗多德与修昔底德的作品开头,就可以发现这种假设站不住脚。也就是说,其中并没有可以支撑这一假设的事实。尽管亨瑞对19、20世纪古典希腊史学写作研究者的批评可能正确,他也不幸地分享了这些研究者们(或他们中的多数人)共有的偏见:即"如今,我们知晓"史学写作的一般意义与古典史学写作的特殊意义。

19、20世纪的研究者未能解决《希腊志》写作问题的特殊原因在于他们对色诺芬的偏见。他们要么相信色诺芬天性"显然淳朴",要么认为他"尽管浮浅却不乏真诚",再不就因为他的(写作)方式是"坦诚的,故其也是未经精心设计的(uncontrived)"。这些研究者谈起色诺芬时都理所当然地一副"屈尊俯就"或"纡尊降贵"的姿态(页191-192)。在这里,亨瑞以其不同寻常的见识揭露了19、20世纪学术界一个令人瞠目的毛病:这些现代学者(照这个词通常的意义来说)中的平庸之辈,并没有显示出多么精于世故和头脑开明,他们说起色诺芬头脑简单与狭隘时的姿态,就好像精于世故和头脑开明是可以像当今拿到哲学博士学位那样获取的德性。

为了澄清色诺芬的写作方式并非"未经精心设计",亨瑞探讨了"三个有代表性的事例"(页193)。第一个事例就是色诺芬记述的对参与阿吉努塞(Arginusae)海战的将军们的审判。①

> 最令人费解的问题也许在于,色诺芬对身处这一场景中的苏格拉底的处理。在这里,色诺芬固然没有忽略苏格拉底对正义的坚定恪守,可是,除了这一笔轻描淡写外,在这整个事件中色诺芬都不再提及这位伟大哲人的言或行。事实上,这轻描淡写的一笔正是整部

---

① 事见《希腊志》I.7。关于苏格拉底与这一事件的关联,另见柏拉图《高尔吉亚》473e,《申辩》32b,色诺芬《回忆苏格拉底》I.1.18、IV.4.2。

《希腊志》中苏格拉底——色诺芬的良师益友——出现的全部……在这里,色诺芬对苏格拉底的关注如此之少,事实上以至于最终提到他时,要冠以"索弗戎尼斯科斯(Sophroniscus)之子"的称谓,仿佛要不然就不能指望读者明了这是指的哪一个苏格拉底。(页 194)

亨瑞清晰地揭示道:

> 这整个场景的发展显然是精心设计(contrived)的,用意无他,正是为了衬托出这位伟大哲人面对势不可挡的强制时的坚决抗争。说什么色诺芬只用这短短一行来写苏格拉底是轻视他,或者说色诺芬没有认识到苏格拉底生活的意义,所有这些非议都失于偏狭,且只可能源自对描写技巧(the artistry of the description)根深蒂固的误解……色诺芬恰恰竭力避免因不合时宜的期冀而破坏这种([译按]精心设计所达到的)效果,他点到为止,没有再在描写苏格拉底行事的道德性方面浪费笔墨,也不想通过苏格拉底的言辞来提升这个早已被描写得至高无上的形象。(页 197)

在亨瑞看来,上述这些以及类似的思考消除了对色诺芬的批评,这些批评基于色诺芬在这一段落中用父名称呼苏格拉底,且在整部《希腊志》中对苏格拉底的受审与死亡都绝口不提(页 199)。在色诺芬对那些将军们受审的记述中,亨瑞只找到一处"技巧上的瑕疵"。在刚刚提及苏格拉底勇气十足地抵制暴民们无法无天的要求之后,随即就是欧律普托勒穆斯(Euryptolemus)为将军们辩护的演讲。他的演讲"冗长乏味,有理有据,不带激情",似乎"被耐心的……甚至是富有同情心的听众坚持听完"。这一演讲安排在暴民们群情激奋后不久,亨瑞认为,"这明摆着不可能","简言之,这里在某种程度上运用了技艺(art),色诺芬任意改变了他叙述的内容"。然则,如此运用技艺就等于技巧上的瑕疵?何况,色诺芬说的是"之后"(thereafter)欧律普托勒穆斯发表演讲。

"之后"并不意味着"紧接着之后",正像《希腊志》开篇显示的那样。①即便欧律普托勒穆斯的演讲发生在苏格拉底的介入数天之后,上述结果也仍然可能是受苏格拉底介入的影响。而最为重要的是,苏格拉底仅有的一句话(以间接引语形式出现)与欧律普托勒穆斯的长篇演说(以直接引语形式出现)形成了鲜明对照,这促使我们注意到色诺芬笔下的苏格拉底除了为自己申辩外,从未发表过任何公开演讲。

亨瑞对上述事例的解释值得称赞,但其瑕疵无疑比他指责色诺芬的所谓瑕疵要严重得多。亨瑞所批评的评论家们恰恰可以要求他解释,为什么色诺芬在这里以苏格拉底的父名来指称苏格拉底?为什么色诺芬对苏格拉底遭受审判之事只字未提?我们倒是可以从修昔底德对雅典人的"心智生活"那有名的缄默,来理解色诺芬在整部《希腊志》中对苏格拉底的缄默。要想恰当地提出这些亨瑞失于回答的问题,必须仔细思考色诺芬在其苏格拉底作品以外的作品中涉及苏格拉底的两处材料(《上行记》卷三 1.4 - 7,《居鲁士的教育》卷三 1.14、38 - 40),但首先,必须理解色诺芬的苏格拉底作品。因为《希腊志》所传达的独特智慧,只有参照他对智慧的一般理解来把握,而这种对智慧的一般理解就是他对其笔下苏格拉底智慧的理解。无疑,单从《希腊志》这部作品本身我们无法把握其主旨,它那蹊跷的开头已经表明了这一点。

亨瑞所举的另外两个典型事例讨论的是:色诺芬是否持有这样的偏见,即赞赏斯巴达(以及阿克西劳斯[Agesilaus]),厌恶忒拜(以及伊帕米农达斯[Epaminondas])。他认为剖析这两个典型事例是理解《希

---

① μετὰ ταῦτα 几个英译本分别译为 thereafter, then, after this。这个短语不仅频繁出现在《希腊志》全书的叙述中,更关涉到所谓《希腊志》的写作问题之一,即该书不同寻常的开头: Μετὰ δὲ ταῦτα οὐ πολλαῖς ὕστερον ἦλθεν ἐξ Ἀθηνῶν Θυμοχάρης ἔχων ναῦς……之后不久,忒莫卡里斯从雅典带着一些船只到达了(赫勒斯庞[Ἑλλήσποντ])……这里的"之后",其实并不像它看起来那样是与《伯罗奔半岛战争志》结尾处的事件紧密相连的。有的研究者认为,当色诺芬使用这个短语来开始一段叙述时,他的意思是"下面我选择告诉你们的是……"。参见 G. Cawkwell 在企鹅本《希腊志》中的注(*A History of My Times*, Penguin, 1979, 页 89)。

腊志》(或其主要部分)的关键。亨瑞指出,倘若色诺芬完全处于这些偏见的笼罩之下,他就会以别样的方式来写《希腊志》的结尾(页 200 - 204)。最后,亨瑞与那些认为色诺芬抱有偏见的各种偏见展开辩论。他特别指出,那些指斥色诺芬持有偏见的学者们竟"无意于界定偏见的含义"(页 204)。"然而,色诺芬偏袒斯巴达、厌恶忒拜——这个事实不容否认。"可这一事实并不能证明色诺芬对这两个城邦"持有偏见"(页 205)。"这是色诺芬史书写作中最为重要的问题。"(页 206)问题在于,斯巴达是否值得色诺芬这样偏袒,忒拜是否应当遭到他的鄙视,或者说——这对亨瑞来说似乎是一回事,即色诺芬对这两个城邦所持有的信念是否"不同于其同时代人所普遍持有的一种信念"(页 208)。① 亨瑞的回答不尽如人意,因为,他没有细致地考察所有那些色诺芬以自己的名义谈及这两个城邦之德性与恶行的段落(另参页 162-163,在这里,亨瑞将以下两个段落看成等同的:一为色诺芬以自己的名义谈及斯巴达发动的"侵略行为",一为色诺芬借他人之口所述的同一

---

① 亨瑞的意思是,色诺芬对这两个城市持有的偏见可能并非他个人的偏见,而是那个时代的希腊人普遍持有的偏见。亨瑞认为,如果说忒拜和斯巴达都有称霸希腊的野心,那么在希腊人心中,忒拜无疑是一种僭越行为,而斯巴达则似乎正当得多。因为从历史和现实来看,忒拜的地位很尴尬,它说大不大,综合实力比不上斯巴达和雅典,只得屈居希腊诸城邦中"第二世界"之列。说小它又不小,它在希腊神话和传统宗教中的重要地位无可匹敌,军事力量也向来不容小觑。但它不仅有历史上的污点,希波战争的关键一战——普拉塔亚战役中,它投向敌军背叛希腊同胞的行径让人不齿,更为严重的是,它的崛起势必打破希腊人默认的海(雅典)陆(斯巴达)对峙势力制衡的格局,这被视为不可接受的僭越。与之相反的是,"斯巴达远不只是一个城邦,对希腊人来说,它就是习俗"。希腊人认为,希腊民族传统的理念都保存在了斯巴达人的政制与习俗当中。如果说雅典代表着不断革新而被希腊人钦羡,斯巴达就是因其守卫传统而获得敬畏。亨瑞甚至认为,希腊人在内心深处把斯巴达人的德性——自律与节制视为自己与蛮族(the barbarian)的最根本区别(其实他们自己未必具有这些德性)。正是在这个意义上,亨瑞才得出结论:"每一位希腊人都亲拉科尼亚人。"

内容)。无疑,只要亨瑞对《葬礼演说》①还有最微弱的记忆,他就会得出如此结论:"每一位希腊人都亲拉科尼亚人(philo-Laconian)②。"(页210)尽管如此,就事实来看,我们必须感谢亨瑞提出了这些问题。

亨瑞提出这些问题是出于对有关《希腊志》的种种流行理论的不满,他的不满是在对它们进行详察后得出的结果。这种详察构成了书的主体,但正是在书的主体部分,鲜有迹象表明他对这些理论对于色诺芬所持的"屈尊俯就""纡尊降贵"的态度不满,而在《尾声》中,他对此却措辞强烈、有板有眼。事情有没有可能如此?即,亨瑞是在完成了其书的主体部分后才对那种"屈尊俯就"的态度产生不满,但他认为没必要花时间再去修正业已完成的部分,也就是说,亨瑞写作这整本书的情形与据信色诺芬写作《希腊志》的情形相仿佛。亨瑞对《希腊志》前两卷中所谓的"巨大失误"直言不讳,丝毫不亚于他所驳斥的那些学者们。他说,这两卷"纯系粗制滥造,苍白贫乏,甚至不能与色诺芬其他作品中最为拙劣之处相提并论"(页53－54)。至于《希腊志》的后五卷,"其连贯性不强","与前两卷叙述一样比例失当"(页133)。在阿克西劳斯占主要位置的部分,其"率真(naiveté)实为矫揉造作,伟大的理想形象也因缺乏技巧的表达显得刻板、僵硬"(页156)。"色诺芬写作《希腊志》的这些部分是为了那些一直萦绕在他脑海中的年轻人。"(页158)③但这种情况怎么会发生呢?这种不适当的或者说虚假的男

---

① 指伯利克勒斯在雅典阵亡将士葬礼上的演说,见修昔底德《伯罗奔半岛战争志》卷二。

② 斯巴达位于拉科尼亚(Laconia)平原,故称。

③ 亨瑞概述了两位意大利的著名语文学家 De Sanctis(1817—1883)与 Marta Sordi(1925—)对《希腊志》写作问题的一种假设,即《希腊志》的中间部分(III－V 1.36)写作时间早于其他部分。Sordi 的根据之一来自对《上行记》和《希腊志》上述部分的对勘研究,她认为两者从写作风格和内容上看有很强的连贯性。亨瑞反驳说,色诺芬在写作《希腊志》时是想模仿希罗多德的笔法,结果失于笨拙,所以《希腊志》远不如《上行记》自然生动。他对比了两书中一个相似场景的描写,指出《希腊志》中使用"荣誉"(Honor)、"虔敬"(Piety)、"高贵"(Nobility)和"德性"(Virtue)这些虚浮的字眼,只是想对年轻人起到教育感化的作用。

孩气,既然"一直"在色诺芬的脑海里,却单单只影响了《希腊志》的某些地方,几乎丝毫没有波及《上行记》?让我们更坦率地问,整部《希腊志》的主旨何在?

为亨瑞所摒弃的"诸多理论"之一认为,"色诺芬是抱着为修昔底德撰写正式的续作并为之作结的目的来写作《希腊志》的前两卷的"。"然而,由于没能找到这两部著作之间概念性的关联,我们甚至不知怎样找到证据来证明色诺芬至少对修昔底德的史书是熟稔的,或是在某一方面受到其影响。"(页49)如果亨瑞所批评的论点是正确的——如果确实"色诺芬将自己的作品视为修昔底德史书的续作"——那么,修昔底德对自己创作意图的陈述也可用于理解《希腊志》的创作意图。与此相应,这一论点"可能是所有关于《希腊志》的各种假说中最为根本的。这些假说皆建立其上,以至于一旦将其也视为某种假说则不免出人意料,进而将其视为一种应该被质疑的假说就会让人更感猝不及防"(页15)。然而,这一论点源自一个重大的谬论:据考察,《希腊志》"大致上开始于"修昔底德作品结束之处,由此断言"色诺芬一定是在接续修昔底德"(页15)。那么,我们如何才能发现《希腊志》的主旨?亨瑞没能提出这个问题。《希腊志》为仅有的一部以"之后……"开篇的著作。没有一个中规中矩的开篇,特别是缺乏一篇作者自陈意图的前言(proem),这是《希腊志》让读者挠头的所有问题的根源。在语法可能的范围内,还有一点通常未被留意——这本书同样是以"之后"结束的:

> 战争之后,希腊较之从前更为混乱无序,动荡不安。让我的笔就此停住。之后发生的事,自会有人为之操心。①

倘若对照《希腊志》的结尾再来研究它开头的两三页文字,或许我们可以设想,在色诺芬看来,人间事从来都是混乱不堪的,我们所谓的"历

---

① 最后一句的希腊语原文:Ἐμοὶ μὲν δὴ μέχρι τούτου γραφέσθω· τὰ δὲ μετὰ ταῦτα ἴσως ἄλλῳ μελήσει.

史"不过是由一连串大大小小的混乱状态构成,因而,写史之人可以在他认为最为合适的地方开始或结束他的写作。"千变万化,终究复归其宗":比如,伯罗奔半岛战争结束之际,当吕山德(Lysander)驶入佩莱坞港(Piraeus),流亡者们归来,雅典城墙被轰然推倒时,许多人认为,这一天是希腊自由之始(II 2.23),但色诺芬不动声色地用后来发生的事证明,那些人搞错了。"我希望,从此我们永享欢乐",爱德华王(King Edward)在《亨利六世》第三部末尾处如是说,不过仅凭未来的理查三世(Richard III)的出现就已将他驳倒。① 乍一看,"历史进程"(the historical process)不过是由接连不断的混乱组成的,这一观点与修昔底德的观点迥乎不同。在修昔底德看来,史家写作的开端与结束,似乎取决于重大事件或运动的开端与结束,比如伯罗奔半岛战争;而修昔底德的整部作品就是要完整地再现这场战争。由此可见,《希腊志》(哪怕仅仅是其前两卷)在任何严格意义上来说都不可能是修昔底德史书的续篇。这就让我们更为迫切地去寻找某种构思(conception)——正是这种构思使色诺芬的历史叙事获得流传后世的价值,也赋予这整个叙事以一种如其所有的统一性。用"公元前411年至前362年希腊史事录"的标题来传达这种思想,如果能称之为思想的话,也不足以解决我们的问题。色诺芬的《会饮》致力于记述完美的贤人们的玩笑行为(playful deeds),因为这与正经的行为(serious deeds)同样值得一记(1.1)。《希腊志》则可以说最为首要的是记述完美的贤人们的正经行为(发生于公元前411年至前362年之间)。这一设想或许可以从《希腊志》中几处明显的题外话得到明证,也就是说从被色诺芬自己明确划为题外之言的段落(因为所谓题外话严格来说与书的主题无关)。《希腊志》中的这几处明显的题外话(卷四1.19,5.1;卷七3.4,4.1)讨论的是僭主(tyrants),而就君主制下的统治者(monarchic rulers)的定义而言,这些

---

① 事见莎士比亚历史剧《亨利六世》(Henry VI)以及《理查三世》(Richard III)。爱德华王指爱德华四世(King Edward IV),在《亨利六世》第三部结尾亦即全剧结尾处,他杀害了亨利六世,成功篡位,以为从此可葆帝祚永延。岂料他英年早逝,两子年幼,王位旋即被其弟篡夺,是为理查三世。

僭主皆非完美的贤人。几乎不言而喻的是,除非深入钻研色诺芬的苏格拉底作品,否则我们不可能理解他所谓的贤人这个概念的含义。

最后,一个人如果试图理解色诺芬的任何一部作品,此人必须时时记住他的主张:"记住更美好而不是更丑恶的事,这无疑是高贵的,也更正义、更虔敬、更令人愉快。"(《上行记》卷五结尾)①正是在这个意义上来说,尽管对"历史进程"持有悲悯与沮丧的态度,色诺芬却总是力求高贵、正义、虔敬,甚至愉快地写作。我们须得牢记这一箴言,方能如其所是地领会被亨瑞斥为"纤弱的呓语"的那些段落(页160)。

上述以及类似的对《希腊志》主旨的反思将引导人们考虑修正那些针对这本书,尤其是针对其第一部分的种种负面评价。鉴于可敬的缘由,色诺芬无法像修昔底德那样严肃地对待历史。对于这样一个将苏格拉底的私下谈话视为自己最美好回忆与珍藏的人,那些贤人们(就这个词最通常的意义来说)的公开演讲和举止,还谈不上严肃。有人可能会说,相比修昔底德作品的重,《希腊志》是轻的,我们在这里找到了这种说法的根源。就《希腊志》一书本身而言,有人会说,色诺芬的重在于他的虔敬(参阅 V 4.1)。但从这个角度看,修昔底德并不怎么庄重(grave)。不过,《上行记》所记述的发生在色诺芬与苏格拉底之间的谈话似乎表明,色诺芬对待虔敬的态度并没有完全摆脱轻。② 或许,我们最终应该考虑这样的可能性,即两位伟大史家最为根本的区别寓于此中:修昔底德似乎认为,在使人能理解"历史"的开端(archai)③和有关整全的开端之间,存在着某种密切或直接的关联,而在色诺芬看来,这种关联并不存在。

如果我们同意,《希腊志》从任何严肃意义上来说都不是修昔底德作品的补述或续作,那它的开篇之词将迫使我们承认,这本书确系某书之延续。可是除了修昔底德的作品,还有哪部书更有可能呢?的确,色

---

① 据希腊语原文译出。

② 见《上行记》卷三 1.5 – 7,另参刘小枫,《凯若斯:古希腊语言教程》(上册),上海:华东师范大学出版社,2013,页 179 – 184。

③ ἀρχαί,ἀρχαί 的复数,意为"起始,起因,开端"。

诺芬希望他看起来仅仅是在接续修昔底德;这尤其可以解释,色诺芬为什么没有正好从修昔底德无心或有意停笔的地方开始其叙述。

19、20世纪的学者们已经花了很大气力去证明,《希腊志》中记叙伯罗奔半岛战争最后几年的章节(也就是那些可能被视为代替修昔底德著作未写的结尾的部分)和书中其余章节之间存在巨大差异。亨瑞相信,他已经驳倒了所有支持这一"理论"的论证。只是他没有讨论所有这些论证。他尤其略过了一个立足于如下事实的论证:《希腊志》前两卷避免明确提及战事之前的献祭,而后五卷中却频频提及这些献祭。亨瑞将这种差异归为"无关紧要的材料"之列(页54)。这样的漠视毫无道理。《希腊志》卷三至卷七的作者看重战前献祭及类似的活动;修昔底德和《希腊志》前两卷的作者却认为不重要;这两大史家都把有关战前献祭是否重要的问题看得很重要。然而我们这位现代学者断言,两位古典史家都错了——他甚至没有劳神去反驳他们,不,更确切地说他甚至没有详陈己见。无论如何,有必要对《希腊志》后五卷中所有关于战前献祭及类似活动的记述进行认真的研究。色诺芬并非在任何情况下都关注"这类无关紧要的材料";他为什么有时如此,有时却不呢?

如果纯粹从"文学作品"的角度来阅读《希腊志》的头两页,不带任何学术意图或雄心,人们会发现它们其实乏味、单调、老套,甚至会觉得它们混乱不堪——仿佛在模仿一场胜负未卜的战争中的混乱。突然之间,一道耀眼的闪电划破雾霭和黑暗:阿尔喀比亚德(Alcibiades)本人出场了,他安排雅典的卫士们召开集会,告诉他们必须在海上作战、在陆地上厮杀、在城墙上搏斗,因为"我们已经没钱了,敌人却可以从他们的国王那里获得源源不断的给养"。前一天阿尔喀比亚德已经采取了周密的措施,以防他的海上部署被泄露给敌人:"凡驶往对面海岸的,一经发现,格杀勿论。"我们在此打住,回顾篇首,就会注意到叙述至此(卷一1.1-15),阿尔喀比亚德的名字被提及的次数两倍于其他任何个人的名字被提及的次数。色诺芬以这种方式为雅典最后溃败的最直接原因(还不仅仅是最直接原因)究竟是什么的问题预备了答案:正是因为雅典的将领们不屑一顾地拒绝了阿尔喀比亚德的建议,吕山德才取得了对雅典的决定性胜利(卷二1.25-26)。这是对阿尔喀比亚德有节制的嘉赞,也是在含蓄地暗示——如果阿尔喀比亚德手握将权,吕山德就可能不会赢取这场决定性的胜利;这些就是一个写作《回忆苏格拉底》(卷一2.12 - 13)的作者在那种情形下所能作为的极限。理解了阿尔喀比亚德在伯罗奔半岛战争最后阶段举足轻重的地位,人们无需再对细节——考察,就能理解在《希腊志》开头所讲述的其他事件了。举例来说,雅典将军们愚蠢的轻率使得斯巴达在埃戈斯波塔密(Aegospotami)海战大获全胜,①与之形成对比的是,卡利克拉提达斯(Callicratidas)高贵的("男孩气的"[boyish])轻率导致雅典取得阿尔吉努塞海战的胜利,②只是这胜利带来的却是雅典民人们(demos)③杀害得胜的雅典将军们;另一个对比是这些得胜将军们以及阿尔喀比亚德的命运,与那个刚刚拯救了叙拉古却被流放的赫尔摩克拉特斯(Hermocrates)(没遭杀害)的命运。④ 然而,亨瑞却抱怨色诺芬只用了22 行来写那场在阿比多斯(Abydus)发生的"至关重要的遭遇战",⑤描

---

① Aegospotami:Αἰγός ποτᾱμός,αἰγός是αἴξ(山羊)的属格,ποτᾱμός意为"河流",因此有人意译为羊河,英文也有写作 Aegos Potami。据色诺芬所述,在这次海战前,已被解职的阿尔喀比亚德试图提醒指挥战役的将军们,雅典海军的部署存在严重隐患,但将军们置若罔闻。后来果被斯巴达名将吕山德利用,雅典海军大部丧于此役。失去了海上优势的雅典随即陷入海陆被围的困境,不久即向斯巴达投降,历时二十七年的伯罗奔半岛战争结束。(参见《希腊志》卷二1)

② 据色诺芬所述,阿尔吉努塞海战前,卡利克拉提达斯接替任期已到的吕山德统率斯巴达海军。因军心仍向吕山德,他为树立威信,急于求战。又因与吕山德交好的波斯王子小居鲁士(Κῦρος)没有及时提供资助,他认为希腊人受到蛮族(Βάρβαροι)的羞辱,一怒之下拂袖而去。(参见《希腊志》卷一6)

③ δῆμος意为民众、公民,另参刘小枫《凯若斯》(上册),前揭,页30 - 31。

④ 参见修昔底德《伯罗奔半岛战争志》IV. 59 - 64;VI. 33 - 34,72 - 99;VIII. 26,85。《希腊志》卷一1. 27 - 30。

⑤ Ἄβυδος,英文也有写作 Abydos。在亨瑞看来,阿比多斯一战十分重要,双方投入了大约一百五十艘战船和三万以上的士兵,而雅典方面的胜利削弱了斯巴达的舰队,是随后阿尔喀比亚德在更为重要的库齐科斯(Κύζικος, Cyzicus)之战中获胜的重要因素。

写赫尔摩克拉特斯"愉快的告别"倒用了 36 行。①

亨瑞解释色诺芬对科罗尼亚(Coronea)战役评价的章节(页 147 - 154)可谓他书中最精彩处之一。他认识到,色诺芬的评价暗示,或者说以克制的方式表明,他对阿克西劳斯在这场战争中采取的"孤注一掷的策略"(reckless tactics)极为不满。但有必要进一步深入这一论题,也就是说,要去探究色诺芬隐藏起来的对阿克西劳斯的严肃评断。我会毫不犹豫地说,阿克西劳斯并不是那种与色诺芬意气相投的人。一个如色诺芬那样不浮夸,甚至不[凝]重的人,怎么会无条件地喜欢如他所描写的阿克西劳斯那样荒唐、浮夸、造作的人呢(有别于他明确诉诸笔端的[对阿格西劳斯的]评断)?与色诺芬意气相投的是阿克西劳斯的前任,曾统率大军的得基里达斯(Dercylidas),人们给了他一个亲切的昵称"西绪弗斯"(Sisyphus),他曾因目无军纪而遭惩罚,也曾在八日内连拔九座城池,做一切事都极尽机敏且尽力避免小题大做,总是乐于远离家乡(斯巴达)。初看之下,色诺芬对阿克西劳斯的态度似乎是理解其内心的一把钥匙,可是,我们对色诺芬理解得越多,这就变得越像一个谜。阿克西劳斯似乎很看重色诺芬(普鲁塔克《希腊罗马名人传·阿克西劳斯》20.2);他作为一个王,一个漫长的王位谱系的继承者,或许曾是色诺芬的庇荫和甜美的荣耀(praesidium et dulce decus)。因此,如果色诺芬感激并忠诚于他,也不算有乖情理。但色诺芬深知,存在着高于那些因感激与忠诚施加的责任,他也深知,因感激与忠诚施加的责任有时应该让位于这样的责任:视事物如其所是,把自己的洞见传达给那些天性和教养都适宜于接受它们的人。色诺芬对阿克西劳斯显著的和非显著的评断之间的差别就是明证。

---

① 色诺芬的笔墨主要花在赫尔摩克拉特斯受叙拉古将士爱戴的品格以及他为能重返叙拉古所做的计划上。亨瑞认为这样的谋篇不妥的原因是,这个人物几乎没再出现于之后的叙述中,而据其他史料来看,他的种种计划也都没能实现。

"权威论者"洛克

刘振 译

[中译编者按]本文是施特劳斯为洛克《政府论两篇》笺注本（John Locke: Two Tracts on Government. Edited with an introduction, notes and translation by Philip Abrams, New York: Cambridge Univ. 1967. 264 pp）所写的书评，原刊 Intercollegiate Review, 4:1（1967年11-12月，页46-48）——可见晚年施特劳斯仍然关注经典文本的研究进展，而且不惜笔墨撰写书评。

这本书包括两个部分：洛克（John Locke）似乎最早的"政府短论"（tracts on government）的一个注释编本（页112-241），以及编者的长篇导论（页1-111）。两篇短论的其中一篇用英文写成，另一篇用拉丁文写成；编者给他的拉丁文短论本提供了一个英译本。两篇短论都在复辟后不久写成，洛克没有发表过其中任何一篇。这两篇短论之间的区别并不重要（页113）。

正如编者所称，"政府短论两篇"事实上讨论的问题是，"民政官长（civil magistrate）是否可以合法地指定和决定如何在宗教崇拜中使用无关紧要的物品（indifferent things）"。洛克对这个问题的回答是肯定的。他站在法律和秩序的立场上反对"那些公共自由的鼓吹者"，假如民政官长不具备或不行使这项有争议的权利，那些人只会带来"宗教狂热的僭政"。洛克完全赞成温和地对待"那些诚恳而心地善良的基督徒"，但是反对将"宽容……作为他们的权利"给予他们（页160；参185-186）。他将人民看作"未经驯服的野兽"（页158）。

无关紧要的东西是不由上帝的法决定的东西。这些争论关注的无关紧要的东西是那些与神圣崇拜相关的东西，而非诸如税收这类两方面都承认由民政官长决定的无关紧要的民政事务。根据洛克所反对的观点,民政官长不可以决定涉及神圣崇拜的无关紧要的东西,因为这种决定与基督徒的自由(liberty)不相容。所以,洛克所反对的人举出的最重要论据是,"对无关紧要的东西下命令直接违背福音书的教训"(页130、142、155、190、202-204)。因此可以说,这些争论属于政治神学的领地,而非政治哲学的领地。

可是,虽然这些争论最初的论题确实如此,其全部内涵却并非绝对如此。在这里只需要提出其中两条内涵或预设:上帝的法与民政官长权力的起源和范围。

关于上帝的法,洛克并未多言。人们认识神法或道德法,"要么借助通常被称为自然法的理性的发现,要么借助神言的启示"(页124)。关于自然法的内容是否等于启示法(revealed law)的内容,英文短论对这个问题作出了否定的回答,洛克在其中偶尔谈到"上帝的实定道德法"(页151),而拉丁文段落则作出了肯定的回答(页194)。这个观察与他在英文短论中偶尔谈到"上帝或自然的法"(the law of God or nature)(页138)这个事实并不矛盾,因为他是在表述其反对者的观点时用到这个说法的。他显然认为没有必要澄清其中包含的含混。

关于民政官长的权力范围,洛克赋予他"对于其人民的一切无关紧要的行为的绝对、专断的权力"(页123)。至少,这听起来与《政府论》(*Two Treatises*, II Sect. 135-137)中的学说大不相同。官长可以"根据他对其有利于公共福祉的判断,设立或变更所有无关紧要的事情","但是只有他是何者如此、何者并非如此的裁决人"(页150;参页126)。尽管官长由于下令去做上帝法所禁止的事而行事不正义,他的臣民也必须被动地服从,亦即不可以借助武力抵制他的法律(页192)。既然共和政制的统治议会与任何君主都具有"同样专断的权力",那么臣民们在共和政制中并没有比在任何绝对君主下享有更大的自由(freedom)(页125、201)。这与《政府论》的学说大不相同,根据《政府论》,"绝对君主……确实与公民社会不一致"(II Sect. 页99以下)。据此种种,洛克在这两篇短论中的主张并不依赖于人们如何判断民政官长权力起源的问题,亦即人们究竟认为这种权力直接源于上帝抑或源于臣民(页122、128 – 129、200 – 201)——换言之,人们究竟认为国王凭借十足的神的权利抑或凭借契约进行统治。

要不是因为这两篇短论出自洛克这一事实,即便只是出自尚未成一家之言的青年洛克,这两篇短论或许不会引起除专治17世纪中期英国神学 – 政治论争的史家以外的其他任何人的兴趣。正如编者所言,这两篇短论的作者是一个"权威论者",而非人们通常认为的"自由民主制的天才领军人物";他显然不是"自由派"或赞同"任何……形式的宽容的政府"(页7 – 9、84)。可是,"权威论者"有很多含义:即使并非全部,大部分在1660年以前写作的政治哲人都是"权威论者"。胡克(Hooker)在某种意义上是"权威论者",霍布斯在某种极其不同的意义上也是如此。在这两篇短论中,洛克以赞同方式引用了胡克对于法的一般定义(页193),但是诚如编者所言,他让这个定义脱离了其目的论的语境(页69 – 70)。如果发现短论中根本没有提到霍布斯,人们不会感到惊讶。这根本不排除短论受到霍布斯影响或启发的可能,因为对霍布斯只字不提或许是青年洛克的"策略"之一,正如这也是成年洛克的"策略"之一(参页68)。据编者所言,"洛克本质上动用了霍布斯的主张"(页24、69)。可是,且不说他的关系重大的条件限制(页57、71、75 – 80),编者阿伯拉姆斯(Abrams)关于何为霍布斯主义和洛克的相关论述的见解都过于模糊,以至于他无法证明短论依赖于霍布斯。

可以说,青年洛克的霍布斯主义是个相对重要的问题,如果着眼于成年或老年洛克的政治哲学的根本问题,着眼于这个或许必须表述如下的问题:从根本上说,成年洛克的自然法学说究竟是传统学说(也就是胡克主义),还是霍布斯自然法学说的一个修订版本?[1] 阿伯拉姆斯承认洛克已经与传统自然法学说决裂,但是否认他在霍布斯奠定的基础上进行建构(页77 – 78)。据他所说,洛克多少有些犹豫地沿着"信仰主义(fideism)"的方向脱离了这样的观点,这种观点认为自然法就是理性法,它之所以是义务是因为它是理性的命令。更确切地说,虽然

---

[1] 参 Willmoore Kendall, "John Locke Revisited", *The Intercollegiate Review*, II(January – February, 1966), 217 – 234。

洛克从未放弃认为自然法就是理性法，或者说——这在他看来是一回事——伦理学可以成为一门论证科学，可是他从未详细阐述过这种伦理学，他反而断言，在新约中，并且只有在新约中亦即只有凭借启示才能找到完全的自然法（页86-90）。总之，关于政治的根基，洛克[前后]"不一致"；"说到底，他在思想上始终受制于他在其中接受教育的传统"（页91）。阿伯拉姆斯之所以得出这个结论，部分原因在于他相信洛克关于"真正的宗教"是"启示主义的"这个主张，也就是说，他默认"客观的道德真理"（因而尤其是《政府论下篇》[*Second Treatise*]的政治学说中暗含的那套道德真理）等于"真正的宗教"，部分原因在于他没有看到一般人与自然法的"探究者"之间的（在洛克看来至关重要的）差别（页94-95、102、107）。假如阿伯拉姆斯稍微留意一下他听到并且并不否认的这个事实，"不要心安理得地将某些表面价值赋予洛克的任何作品"，或者研究洛克的作品必须开眼理解其"一贯的策略"的特点和理由（页68），他或许不会依然对自己的说法感到满意。

苏格拉底问题

叶　然　译

　　[译按]本文是施特劳斯从芝加哥大学退休后在克莱蒙特男子学院(Claremont Men's College)①短暂任教期间(1968—1969)所作演讲的录音记录(1968年2月15日)。翻译所据的英文本是一份辗转流传的打字稿扫描版,未经"施特劳斯文献"管理方委托专业人士校订。为谨慎起见,中译者仅更正少量明显讹误,所据资料为"施特劳斯中心"(The Leo Strauss Center)网站所载本文的音频文件,以及施特劳斯1970年所作类似主题的演讲《苏格拉底问题》(收于本书)。② 本文标题原文 The Socratic Question 不同于一般意指"苏格拉底问题"的 The Problem of Socrates,后者是1970年《苏格拉底问题》的标题原文。但这两个表述在施特劳斯的语境里是同一个意思。文中的方括号数字为打字稿页码。文中所有注释均出自中译者。

　　[1]主持人③引言:我们中的好多人都争过这个[做主持人的]荣

---

　　① 1981年后更为现名克莱蒙特·麦肯纳学院(Claremont McKenna College),但原来的简称CMC没变。
　　② 亦参本书收录的另一篇演讲文《苏格拉底与政治学问的起源》(1958),以及其他书收录的《苏格拉底问题五讲》(1958,收入施特劳斯,《古典政治理性主义的重生》,重订本,郭振华等译,叶然校,北京:华夏出版社,2017,页161-250)。
　　③ 据下文,主持人是施特劳斯初代弟子 Martin Diamond(1919—1977),时任克莱蒙特男子学院教授。

誉。出于尊重施特劳斯教授——如果不说,出于尊重他的作品的每个音节——的特定精神,我们掷了一次硬币,想以这个方式避免任何冲突。当时,偶然或机运抓住了我——我不敢说是前者[即偶然]抓住了我。这个课室里的每个人都认识施特劳斯教授。我完全没必要在这儿把他介绍给你们。我只说这么几句。因为我们认识施特劳斯教授,所以我们知道,从今往后,克莱蒙特男子学院、克莱蒙特研究生院,乃至克莱蒙特[全城],多么幸运,多么光荣,因为他选择退休后来我们这儿,在我们这儿任教。在我们中间,那些从前就受教于他的人知道,能再次坐在他面前,是何等福气啊!在我们中间,还有些人是他的朋友,他们在公众面前保持沉默,因为[……]。① 有请施特劳斯教授!

施特劳斯:感谢戴尔蒙(Diamond)教授友善的发言,接下来,节制迫使我拒绝[……]客套话,现在我告诉大家,我想讲的主题是苏格拉底问题(the Socratic question)。

苏格拉底问题是一个有趣的问题。这个表述很含混。它可能指苏格拉底提出的问题,也可能指如何对待苏格拉底的问题。② 我今天只谈后一种理解。有苏格拉底问题,但没有柏拉图问题,或亚里士多德[……],或康德问题。因为苏格拉底在那些逝去的大哲中独一无二。他之所以重要,是因为他不仅把人设想为重要教诲的提出者,而且由于[……]。他的哲学探究似乎在所有方面都影响了他的整个一生。他是有属神使命的哲人。属于他的一切,包括他的眼睛,他的鼻子,他的步伐,他的婚姻,最后但同等重要的,还有他的死亡,全都有象征意义。在所有方面,他都把他的所思所想过成了生活。他的行事与他的思想同样重要。他的思想与他的行事之间有着独一无二的和谐。不过,这既是一个最和谐的形象,又是[一个]奇怪地矛盾的[形象]。我将以一个当代例子阐明这一点。

在我看来,我们时代最有趣或最重要的哲学运动,是所谓存在主义

---

① 这个符号表示录音有损坏或听不清。

② 打字稿作 the question on serving Socrates,但有改动痕迹,改为 the question conserving Socrates。录音也支持后一种写法。但此种写法颇为费解。

运动。它产生于约 1930 年的德国,产生的原因是基尔克果(Kierkegaard)的思想和尼采的思想交汇到了一起。[……]①基督教思想家基尔克果和古代思想家尼采,②苏格拉底最为重要。但当基尔克果和尼采共同生育出存在主义这个孩子,而且这个孩子走向成熟后,苏格拉底就完全失去了这种魔力(this conjuring power)。不论如何,[存在主义]运动有一个软弱的[……]和一个坚硬的内核。对存在主义来说,这个坚硬的内核就是海德格尔的思想。

海德格尔[2]很少点苏格拉底的名。他唯一一次点苏格拉底的名是说,苏格拉底是所有哲人中最纯粹的(purest)一个。海德格尔的意思似乎很明显,[苏格拉底]不是最伟大的哲人。海德格尔这番晦涩评价到底什么意思?他没有说。海德格尔的意思是不是,苏格拉底是一个[……],一直耐得住肮脏权力的诱惑,而与苏格拉底正好相反的是耐不住肮脏权力诱惑的希特勒?或者,苏格拉底为自己的信念而死?或者,苏格拉底是全部已知历史上唯一不写书的哲人?没人能知道[海德格尔的意思]。因为海德格尔根本没有展开谈论自己[对苏格拉底]的评价。

此刻,为了避免这个尴尬的难题,我们必须首先考察,传统上如何看待苏格拉底,也就是说,那些不认识苏格拉底本人③的思想家们,如何看待苏格拉底。我们首先发现,亚里士多德说,苏格拉底关注伦理之事,却从不关注自然的整全(the whole of nature),而且伦理之事中,苏格拉底发现了一种普遍性。苏格拉底注定第一个寻求定义,比如正义的定义。这些定义导向知识,且表达关于事物的相(idea)的知识。换句话说,苏格拉底不仅关注[如何]劝人有美德地生活,或关注[如何]把人们引向美德,而且关注"美德是什么"的知识,或关注作为意见的对立面而得到理解的知识。出于某种原因,苏格拉底倾向于认为,美德本身正是知识,这个结论与最具常识性的诸开端(the most common sen-

---

① 残缺的也许是"对于"。
② 比喻性说法,指倾向于古代(尤其是前苏格拉底)思想的尼采。
③ 指没见过苏格拉底本人。

sical beginnings)相矛盾。

以一种修改并简化后的方式,西塞罗重复了亚里士多德的观点。[西塞罗说,]苏格拉底第一个把哲学从天上召唤下来,把哲学确立在诸城邦之中,把哲学引入千家万户,强迫哲学探究人的生活和作风,以及好事和坏事。换句话说,苏格拉底成了公民哲人,他不在学派里进行哲学探究,也不为了学派进行哲学探究,而是在市场上进行哲学探究。所以,随着生活的改变和强调,在18世纪,在常识哲学时代,这位大众哲人、常识哲人苏格拉底特别受大众欢迎。当时据说人类的适宜的研究[主题]就是人,而且这[种研究]似乎就是严格意义上苏格拉底一直在做的事。当时人们说哲学是古老的,是自我知识,即人作为人(man as man)的知识,甚至是我自己、我的缺点、我的美德的知识。

在苏格拉底那里,自我知识的决定性结论是,一个人知道自己无知。当一个人站在意见一边时,这人的节制导致某种类似怀疑主义的东西。在这条路上走向极端,当然会出现丧失哲学激情的危险。因为如果你知道你不可能知道什么,为什么你还应该作出努力呢?在这个意义上,苏格拉底最伟大的仿效者也许是蒙田。请允许我马上在此说明,苏格拉底的口头禅是,他知道自己无知。他既强调自己无知,也同样强调他知道[这一点],故苏格拉底的表述中暗示了对探究的探究(the inquiries to inquiry)。

[3]但如果我强调,在这方面,我把什么看得最重要,那么可以说,苏格拉底呈现了一种体验,这种体验在所有时代都一再重现。总会存在科学和学术的高楼大厦,造就它的人们自然而然充满知识的高傲,如果不是充满[……]的作者们(authors)的高傲。所以,一个质朴的人,一个[科学和学术的]外行,站了起来,因为他在某种程度上敬畏那些作者的力量,但他同时也不敬畏[那些作者的力量],因为我们可以说,他的敬畏是反讽的———一个外行看透了特权带来的财富(privileged wealth),而且把自己的关注点从那些作者因知识而产生的高傲转向了普通公民们的人性。

因此,苏格拉底问题也许是这样的:我们是否可以说,有这样一种智慧,①人们可以通过体验属人状况(the human condition)而获得这种智慧,这种智慧能与哲学探究相分离?我相信,苏格拉底会回答,我们不可以这么说。

在雅典和耶路撒冷相遇后,苏格拉底问题以一种不同的面貌出现。信仰属神启示的人们面临[雅典和耶路撒冷之间]这种抉择。苏格拉底这位哲人不同于所有其他哲人,因为只有他探究宗教发出的光。一方面,苏格拉底是朝向摩西或基督的教师(the pedagogue toward Moses or Christ),但另一方面,苏格拉底是一种哲人的楷模,这种人本身不能或不愿听从[……]。在中世纪,这后一方面表现如下。苏格拉底对雅典人民说:"我不否认你们的属神智慧,但我要说,我不理解你们的属神智慧。只在属人智慧上,我才有智慧。"②换句话说,苏格拉底确实是异教徒,他不可能皈依神圣真理。他属于异教徒,我们听说,异教徒的美德不过是一些壮观的恶德(vices)。所以,有人一直受到诱惑,想发现苏格拉底的恶德。这曾经并不太难。在18世纪,也就是不太久之前,我们发现[……]写过一个小册子,书名叫"苏格拉底,一个不尽责的丈夫,一个在家里不值得赞美的父亲"。

从教父时代到18世纪,苏格拉底问题的[……]一直占据主导。当伊拉斯谟(Erasmus)说"神圣的苏格拉底,或圣人似的苏格拉底,为我们祈祷吧"时,那就是一种抉择,而且以某种方式重现在卢梭作品中一个广为人知的段落里。到18世纪为止的这个伟大时代,有关苏格拉底的最重要的言论,也许出自莫尔(Thomas More)爵士,我来读给你们听:

> 为了证明此生不是欢笑时光,而是哭泣时光,我们发现,我们的救世主自己哭过,或[……],但我们从没发现,他笑过哪怕一次。我并非发誓说他从没有[……]。但至少他没有对我们笑过,

---

① 打字稿原文作"智慧和行为"。但据上下文,"和行为"似当删。
② 引述自柏拉图《苏格拉底的申辩》20d。

另一方面,他却对我们哭过。①

莫尔当然知道,若把如上情况完全颠倒过来,就是在说苏格拉底——苏格拉底没有对我们哭过,另一方面,他却对我们笑过一次或两次。

苏格拉底问题还有第三种形式,这似乎是它最后一种形式:19世纪,尼采提出了极端追问。[4]尼采的追问与关于苏格拉底的追问有某种关联,没人比尼采自己更知道这一点。比如,尼采在一个场合说,关于学者,如下判断千真万确:所有时代的人们都相信,他们知道什么是好,什么是坏,什么值得赞美,什么值得谴责,但学者们说"我们现在比任何时代都能更好地知道这些",这实乃学者们的偏见。② 你们知道,这个状况已经改变,如今学者不再这么说了。但不论在尼采事业的开端还是结尾,尼采进行追问时,都带着一种反对苏格拉底的伟大激情。尼采进行哲学探究时,注定同时要反基督教和反苏格拉底。这样一来,异教徒苏格拉底和基督教(或犹太教,或任何教)之间的古老冲突就变得不重要了。

尼采通过反对苏格拉底而想要做的事,最清楚地体现在他的一些极端陈述里,那些陈述见于他的第一本书即《肃剧的诞生》。尼采把苏格拉底看成"所谓世界历史的绝对(simple)③转折点和漩涡"。换句话说,尼采把苏格拉底放在这样一个位置上,根据基督教的观点[……],因为苏格拉底在审美科学的背景里[……]——尼采不仅关切理论,而且关切德国的未来,或欧洲的未来,或一种人类的未来,这种未来必须超越人类此前达到过的最高点。据尼采所说,人类达到过的顶点是这

---

① 引自莫尔《关于苦难之慰藉的对话》第 13 章。施特劳斯在另一篇文章中也引用了这段话。见施特劳斯,《论〈游叙弗伦〉》,收入《古典政治理性主义的重生》,前揭,页 274。

② 参尼采《善恶的彼岸》第 204 节以下。

③ 本书收录的《苏格拉底问题》(1970)提及这句时,此词作 single,符合尼采原句(见《悲剧的诞生》第 15 节)。但本文录音此处确实作 simple。

样一种生活方式,其表达形式见于希腊肃剧,更准确地说,见于[……]①的肃剧。[这种肃剧是]对世界的肃剧性理解,即所有人类理解中的顶点。据尼采所说,这[个顶点]遭到苏格拉底拒斥和毁灭,所以苏格拉底是"古代最成问题的现象",是一个比一般人更有分量的人(a man of more than human size),是一个民众煽动者(demagogue)。

苏格拉底开启的非②肃剧性理解,等于理论的或科学的理解。据尼采所说,苏格拉底是第一个理论人,而且[……]为什么他有这种独特的吸引力,还有一种独特的哲学。所以,是否这就是科学精神的化身,即极端非艺术的和[……]。在苏格拉底身上,第一次出现了对"自然是可理解的"和"知识具有普遍治疗力量"的信仰[……]。这是尼采对苏格拉底名言"美德就是知识"的解释。

苏格拉底是理性主义者的原型,从而也是乐观主义者的原型。乐观主义不仅相信此世是最好的可能的世界,而且相信此世能变成所有可以想象的世界中最好的那个,或者说,相信可以用知识把属于最好的可能的世界的恶变得无害。"思想不仅能完全理解存在,甚至还能改正存在。"③生活能变得受科学引导。一个[……]④神,即技术,能取代神话中活生生的诸神。理性主义之所以是乐观主义,是因为理性主义相信,理性的力量是无限的,且是本质上有益的。科学能解决所有谜题,解开所有枷锁。据尼采所说,这就是苏格拉底所代表的。

[5]苏格拉底导致或代表的这种变化的全部和最终后果,仅仅出现在[尼采]时代的西方,⑤出现在尼采写出[《肃剧的诞生》]这本书的1870年代。那个年代信仰普遍启蒙,信仰一个普遍国家中所有事物的此世(earthly)幸福,信仰功利主义、自由主义、民主、和平主义之类的哲学运动。对尼采来说,以上这些后果本身充分证明了,"苏格拉底式的

---

① 残缺内容当为"埃斯库罗斯"。
② 打字稿作 long,当为 non - 之误。
③ 见尼采《悲剧的诞生》第15节。
④ 残缺内容当为"救场的"。
⑤ 打字稿中无"西方"一词,作听不清处。此据录音补。

人的时代一去不返了"。① 相应地,尼采不得不期盼一个超越前苏格拉底肃剧——早期雅典肃剧——之顶点的人类未来。

我只提及这种对苏格拉底的攻击的一个特点。尼采把阿里斯托芬的《云》呈现的苏格拉底和柏拉图对话呈现的苏格拉底等同视之。这似乎极其荒谬。[尼采这么看]有一个简单理由。两个苏格拉底——《云》中的苏格拉底和柏拉图对话中的苏格拉底——都充满激情地关切科学知识,也就是关切 episteme[知识],所以[两个苏格拉底的]区别对尼采来说是次要的,因为尼采关切与知识正相反对的艺术。

人们可以非常容易地把尼采斥为一个极端分子。他自己也知道他倾向于走极端(he was given to extremes)。他曾说,极端具有魔力。但尼采[对非极端立场]的拒斥——这是[……]——预设了存在一个稳妥的、清醒的、节制的立场,一个明显高于极端立场的主流。这样一个主流可能是比如我们的科学文化。但仍有这样一个难题:尼采以如下方式深刻影响了我们的科学文化。有两个德国学者首先向尼采学习,即西美尔②和韦伯。他们引发了社会科学内部的深刻变化,根据这种变化,社会科学必须价值无涉(value-free)。这[种主张]并不来自密尔(John Stuart Mill)或休谟,而是间接来自尼采。我这么说,尤其不带有对德国[学术]贡献的任何受到误导的同情。

尼采自己质疑过任何纯粹理论知识——客观知识——的可能性。据他所说,所有知识都立足于具有历史性的基础,立足于历史决断,立足于价值决断,甚至物理学亦然。没可能理性地确证或不确证这些具有历史性的基础。甚至现代物理学也只是许多对世界的可能的解释中的一个,而不是最终客观的那个。

在学术上追随尼采的第一代人,即西美尔和韦伯,做了这些事:他们面对科学的客观性时尝试宣称,所有价值判断,恰恰所有价值判断,都超出了智慧的能力范围。不论如何,在这一点上,情境中的人们,像我自己,像社会科学家们,变得被迫关切苏格拉底。不论我们多想只研

---

① 打字稿作 come,此从录音作 gone。
② 打字稿作听不清处,录音隐约听来是西美尔。

究比如苏格拉底当选议员的岁月,①还有政治的[……],我们都不可能[6]忽略[……],理由如下。在尼采开始影响社会科学之前,社会科学一直是一种评价的(valuating)科学。从社会科学诞生到1890年代,社会科学一直是这个样子。当然,1890年代以前的社会科学可能仅仅幼稚,就像占星术或[……]。或者,那时的社会科学意识到了我们不再意识到的东西吗?

价值无涉的社会科学被暴露在一些特定的困难面前,我不可能展开来谈论这些困难。我相信,我能谈论的是,与价值无涉[……]相联系的社会科学陷入了危机。这个事实迫使我思考早期社会科学,尤其是它的基础。这意味着[,这个事实迫使我思考]苏格拉底。因此,我们在一个狭隘的意义上遭遇了苏格拉底问题。苏格拉底代表着什么?这不同于问,苏格拉底所代表的东西有什么价值(worth)。

此刻,"苏格拉底代表着什么"是一个历史问题,但这个历史问题[比其他历史问题]具有更大的历史重要性。因为它紧密关系到如下问题:政治的或社会的科学,甚至哲学或科学本身,立足于什么基础?严肃而有激情地撰写作为历史的哲学史(history of philosophy as history),始于19世纪。某种意义上,我们必须继续那个时代开始的工作。但我们必须采取的进路,根本不同于19世纪开始并在我们时代强大起来的进路。理由在于:19世纪得到发展的这种进路,有时被称为观念史学,它立足于对西方世界那些基础的信仰。②

根本上,我们遭遇的事实是,那些基础已要受到动摇,③所以我们关于伟大传统的研究也不再可能④遵循传统。我这里所说的传统,要么取其传统含义,要么取其19世纪的现代含义。关于19世纪产生的研究方式,人们在两个意义上把它描述为"生成的"(genetic):首先,人们非常热切地想研究思想家的思想如何生成,最广为人知的例子可能

---

① 参柏拉图《苏格拉底的申辩》32b。
② 此后打字稿漏掉几句。录音听不清。
③ 打字稿作 changed,此从录音作 shaken。
④ 打字稿作 will,此从录音作 can。

是柏拉图思想的生成。人们试图发现,青年柏拉图思考了什么,中年柏拉图思考了什么,老年柏拉图思考了什么。而且也许人们能发现,什么时候一颗特定的[思想]种子第一次出现在柏拉图头脑中。但更深刻意义上的生成,①是思想家的思想从思想家的时代和思想家的民族中的生成。这就是说,当你们研究柏拉图时,你们必须首先知道,柏拉图是一个希腊人,所以[……]出现时,带有希腊人特有的意见或偏见。如果你们不从这里开始,你们就不会理解柏拉图。

[……]为我们提供了另一个例子——马基雅维利。无疑,他是意大利文艺复兴时的人物,具体来说,是佛罗伦萨文艺复兴时的人物。

现在我要说,我们不再被允许以这种方式进行研究。因为对这种方式来说,生活远远太严肃了。从每一种观点来看,苏格拉底问题——这不同于其他伟大思想家的问题——有这样一种独特性,即[7]苏格拉底没有写过书。就柏拉图来说,你们能引用到可靠的柏拉图言论(quote as it were from the horse's mouth)。但就苏格拉底来说,你们不能引用到可靠的苏格拉底言论。

[要了解苏格拉底,]有四个主要来源。在这次讲座剩下的时间,我将转向这些更具技术性但并非不重要的[……]。[正如我刚才所说,]有四个主要来源。第一个是阿里斯托芬的谐剧《云》,我前面提到过。第二个是柏拉图对话。第三个是色诺芬的苏格拉底著作。第四个是亚里士多德,我是指亚里士多德所作的少量却极有分量的评论。

人们也许会说,应该首先更倚重②阿里斯托芬,因为他③[的年代]更早。我认为,这是一个清醒的建议,可是这要求我们首先知道并认识谐剧是什么。否则我们将误解阿里斯托芬开的大玩笑。但在这么做时,我们发现,阿里斯托芬的苏格拉底非常不同于我们从柏拉图、色诺芬、亚里士多德那里知道的苏格拉底。[……]一个学派,人们会说,[……]首先是一位自然研究者,一位修辞术教师,一位智术师,或者更

---

① 即本段开头所说的两种意义上的生成的第二种。
② 打字稿此处有衍文 Aristotle or。
③ 打字稿作 it,此从录音作 he。

谨慎也更礼貌地说,一位前苏格拉底的苏格拉底。这样一位苏格拉底存在过。处理这些问题的每个人都知道柏拉图的《斐多》编码 96 以下的那段话,在那里,苏格拉底在他死的那一天[……]当苏格拉底很年轻时,他曾专注于这类自然科学,即自然哲学,希腊人称之为 physiologia。柏拉图《苏格拉底的申辩》中也有一个故事,[……]曾诱导他专注于这类探究,他正因如此才开始冒犯了[有些人]。他在市场上的所作所为。

但有一个表征,往往没有得到充分考虑。当[……]时,人们已经知道苏格拉底是一个有智慧的人。《[苏格拉底的]申辩》中很美地描述了[苏格拉底的属神]使命,在他开始承担这个使命之前,人们就已经知道他是一个哲人了。所以,苏格拉底曾经是一位前苏格拉底的苏格拉底。但我们自然而然感兴趣的是成熟后的苏格拉底,也就是苏格拉底式的苏格拉底,如果我可以这么说。从阿里斯托芬那儿,我们对苏格拉底式的苏格拉底一无所知。

于是,我们不得不转向柏拉图、色诺芬、亚里士多德。初步证据似乎有利于色诺芬,因为色诺芬认识苏格拉底本人,亚里士多德不认识苏格拉底本人,亚里士多德只是从一些转述中知道苏格拉底。人人都承认,对于亚里士多德来说,柏拉图对话是第一等的艺术作品,但柏拉图不是一位史家。但色诺芬撰写希腊历史,从而表明他可能是一位史家。所以我认为,我们应该给色诺芬以应有的关注。①

如果我可以引用一个说法,②那么[这个说法]是一个盛行的迷信的一部分:我们不应该严肃对待色诺芬,因为他头脑狭隘、头脑简单,他是退役的上校之类的人,他[……]感兴趣的是犬、马、农事等等,是非常普通意义上的美德。你们知道,大约像一位[……]那样骑马一跃而过(riding straight)。

[8]这是一个偏见,带有许多偏见具有的最令人不快的属性。[我

---

① 以下两段参施特劳斯的《苏格拉底问题五讲》(1958,前揭)第 188 页。
② 施特劳斯之所以对引用有所顾虑,是因为下文的引用批评了可敬的伯奈特。

这么说,]有一个最美的证据,①这个证据来自那位非常可敬的学者伯奈特(John Burnet)②的评论。他试图解释这个事实③——我凭记忆引述——色诺芬和美诺(Meno)④这样的人何以受苏格拉底吸引。[他的]答案是:因为苏格拉底[……]⑤。所以,换句话说,苏格拉底是这样一位光荣的战士,以至于甚至[色诺芬]这样一位退役的上校[……]会[……]。这[个答案]当然毫无意义,因为色诺芬没有说过任何涉及苏格拉底作为一位战士的话。关于苏格拉底作为一位战士,我们所据的主要来源仅仅是柏拉图,而且柏拉图特地通过醉汉阿尔喀比亚德(Alcibiades)的[……]来传达这一信息。⑥

[我]只是顺便提及这一点。[总之,那种说法]就是个偏见。遭遇一个偏见时,人们不得不做的第一件事,就是以另一个偏见来发现这个偏见。我将把自己[的关切]限定在这样一个[……]。马基雅维利该算是头脑并不简单的思想家吧。他引用色诺芬的次数比引用柏拉图、苏格拉底、西塞罗的次数加起来还多。如果马基雅维利对色诺芬的敏锐印象深刻,我们就会受到促动,想要亲自探究色诺芬的敏锐。⑦

色诺芬为苏格拉底写的主要作品以"回忆"(Memorabilia)为题,我这里用的是拉丁译名。[书名原本就是]"回忆",而非[人们熟知的]《回忆苏格拉底》。[但]"回忆"这个书名也许更适合色诺芬[另一部]作品⑧《居鲁士的上行》(the Ascent of Cyrus),⑨色诺芬在此书中讲了居

---

① 不是说这个证据说明了以上偏见如何错误,而是说这个证据让以上偏见活灵活现。
② 打字稿上无Burnet,据录音补。
③ 作"问题"更通顺。
④ 打字稿作Mino,Meno是中译者的猜测。
⑤ 打字稿把这里听不清的内容写作limited interpretation,据录音可知听写错了。
⑥ 参柏拉图《会饮》219e – 221b。
⑦ 以下一段参施特劳斯《苏格拉底问题五讲》(1958,前揭)第192页。
⑧ 打字稿此处插入了and private analysis,似当删。
⑨ 国内习译为《长征记》。

鲁士一生的故事,即居鲁士自己的行事和言辞。但这部作品也有一个有趣的书名,因为[书中]大约[只有]第一卷描写了[书名所示的]居鲁士的上行,全书主体讲的是一群希腊人从小亚细亚内地[……]的下行(descent)①。色诺芬把那本[为苏格拉底写的]书称为《回忆》,他[所说的回忆]指向谁?[……]。② 这才是我[色诺芬]的最高意义上的回忆:[……]③我从苏格拉底那里听来的事,关于苏格拉底的事——我生活中最重要的事,远远比从小亚细亚[内地]向海滨的美妙撤退更重要。

《回忆》的主题如下。一句话,因为[……]是苏格拉底的正义。[色诺芬]把苏格拉底呈现为正义的,有两个理由。第一,苏格拉底没有犯下他遭到指控的罪行。第二,苏格拉底在更深的意义上是正义的,因为他一直令与他接触的任何人受益——这是《回忆》全书主体的主题。

正义当然是最重要的美德,但正义不是唯一的美德,所以,把苏格拉底呈现为正义的,只是对苏格拉底有限的呈现或思考。人们可以说,在《回忆》中的苏格拉底抽离于苏格拉底内部的某种东西,这种东西超越了苏格拉底的正义。自然而然,只有傻瓜会说,色诺芬其他作品处理苏格拉底的不义。因为如果你们举鞋匠的简单例子,[……]做一个正义而诚实的人。但这不是鞋匠④的[……]。所以苏格拉底有些活动可能不能归于"正义"这个名目下面。

[9]在《回忆》中,苏格拉底抽离于一切超越正义的事物。他[色诺芬]声称,苏格拉底只研究属人事物,即道德的和政治的事物。但在《回忆》中,这同一位苏格拉底仍然提出了关于整全的学说,一种神学,一种目的论神学。色诺芬声称,他[苏格拉底]从没停止思考每一种存在者是什么,而不只是思考[……]。还有其他例子,但我不想深入。

---

① 打字稿没听出来此词,据录音补。
② 打字稿此处有一句 not Socrates, but his,很费解,权作听不清处理。
③ 打字稿此处有衍文 my father。
④ 打字稿作 Socrates,此从录音作 shoemaker。

《回忆》中有一段也许尤其有趣。那一段讲到苏格拉底以不同方式对待不同的人。对于那些同他①争辩(contradicted)的人,苏格拉底提出这个问题:你在此所说的事物是什么?一个人说,那是一位大将军。苏格拉底说,在我们思考某事物是不是一位大将军时,[我们先得思考]什么是一位大将军。当有人同苏格拉底争辩时,这个问题适用吗?但没人同他争辩时,他完全掌控着[⋯⋯]决定权。色诺芬说,这时苏格拉底就顺着人们的意见行进,顺着人们普遍接受的意见行进,以便带来一种一致意见(unanimity),任何其他人都未曾以同样方式带来这种一致意见。这后一种辩证术使色诺芬记起荷马描写的一个[⋯⋯],后者被称为一个[⋯⋯]。

苏格拉底真正掌握了辩证术。辩证术带来一致意见,达到一致意见并非超越意见,但另一方面,辩证术导向真理。苏格拉底在此把这[个过程]用于[形容]色诺芬仅仅顺便称为争辩的东西。因为在《回忆》中[⋯⋯]。但这种好天性不意味着我们今天所指的好天性。这种好天性意味着,一个人拥有必要的心智禀赋,以便从事艰苦的研究。在《回忆》中,也可能在[色诺芬]其他作品中,怪事在于,从未出现过一次[苏格拉底]与好天性之间的交谈,或者说,从未出现过一次[苏格拉底]与拥有好天性的人之间的交谈。

顶点缺席。色诺芬以多种方式指向这些顶点,但我们从未[亲眼]见到这些顶点。色诺芬让我们期待,比如说,苏格拉底和柏拉图进行交谈,那当然会非常引人瞩目。色诺芬[⋯⋯]满足。你们可以说,[色诺芬]有一个非常简单的理由,那就是,以两三页篇幅创作一次发生在苏格拉底和柏拉图之间的对话,超出了人类能力的极限。

也许人们可以把理解《回忆》时应该遵循的原则陈述如下。人们必须思考和阅读的不只是在场的事物——当然,人们首先要思考和阅读在场的事物——而且必须思考不在场但作者明显指向的事物。色诺芬自己陈述了主导[⋯⋯]的原则,请看第五卷②结尾,他在[⋯⋯]时

---

① 打字稿作 them,此从录音作 him。
② 《回忆》无第五卷。

有一个说法:回忆好事而非坏事才是高贵的、正义的、虔敬的,也才是更令人快乐的。注意这句话中[10]唯一的比较级形容词"更令人快乐的"。因为在你们认可好事之后,回忆好事才能令人快乐,但一般来说,回忆好事[这个行为本身]——简单来说即"做一个好男儿"——就是高贵的、正义的、虔敬的。[……]①

色诺芬一以贯之地遵循这个特性,正因如此,他令18世纪末和19世纪的读者不快。[……]有一个简单的例子:他说,他们来到某个城邦,那里有人居住,繁荣而辽阔。好。然后,他们继续行走,来到了另一个辽阔的城邦,有人居住,同样繁荣。接下来,他们来到又一个辽阔的城邦,但没人居住,也不繁荣,因为人都走光了。[……]某种意义上,18世纪是人们最爱色诺芬的时期,[……]那就是奥斯汀(Jane Austen)。在关于[……]的最后一章开头,奥斯汀说,[……]②倾向于关注罪责和悲惨。我尽我所能地远离如此可憎的事物,并急切想要让每个人[……]③恢复到可容忍的舒适状态。此刻,色诺芬的身影就在奥斯汀笔下。毫无疑问。

现在我没时间了。如果我有[……],我接下来会简短地谈谈[色诺芬]另外三部苏格拉底著作,即《治家者》《会饮》《苏格拉底的申辩》。但我还是留到下次再谈吧。我已经过分占用了你们的时间,如果不是过分占用了你们的好天性。

---

① 打字稿漏了这部分听不清的内容。

② 打字稿把此处听不清的内容写作 your daughter,据录音可知是错的,权作听不清处理。

③ 打字稿把此处听不清的内容写作 not gravely infault himself,颇费解,权作听不清处理。

苏格拉底问题

刘振 译

[中译编者按]本文原刊 *Interpretation* 学刊 1995 年春季号。

[英文编者按]"苏格拉底问题"是施特劳斯 1970 年 4 月 17 日在圣约翰学院的安纳波利斯分部所作的一次讲座。施特劳斯教授的女儿弗吉尼亚大学古典系的克莱(Jenny Clay)教授慷慨地让编者使用了手稿的副本。同时,编者使用了安纳波利斯的圣约翰学院图书馆的一份磁带录音,以及这张磁带的匿名抄录本的几个副本。可惜,这卷磁带在大概四十五分钟以后中断了,以致手稿有将近一半无法完全识读,抄录本也在磁带中断的地方结束。不过,经过编者根据磁带本身校正,抄录本呈现的前半部分讲座的版本在很多地方与手稿不同,有时还显得优于手稿。因此,相对于作为我们所刊文本之根据的手稿,我们决定大体上同样倚重录音。

如果现场讲座仅仅包含一个或一些手稿中没有的语词,我们就把它们放在方括号中。在两个底本有差异的地方,如果选择现场讲座的版本,我们同样把它放在方括号中,不过,在这种情况下,我们同时将手稿本收入注释。所有斜体和分段都依据手稿。有一个注释标示出磁带中断之处,显然,此后的文本我们不得不仅仅依靠手稿。只要我们认为不有损清晰性,我们就尽可能保留施特劳斯教授的句读。在极少数情况下,如果我们自行作出改动(添加或删除逗号除外),我们会在注释中标示。我们不得不用转写体代替施特劳斯教授的希腊语词和文句,而出现在手稿上的希腊语词和文句都是希腊语原文。最后,感谢迈尔(Heinrich Meier)博士慷慨地帮助我们识读施特劳斯教授的笔迹。

这个讲座的一小部分此前出版过,属于另外一次讲座,形式上也稍有修订,收入《古典政治理性主义的重生:施特劳斯思想入门》(*The Rebirth of Classical Political Rationalism : An Introduction to the Thought of Leo Strauss*, Chicago : University of Chicago Press, 1989)页 44 - 46。

[有人告诉我,当地的报纸宣布我今晚会就"苏格拉底诸问题"作个讲座。这是一个动人的印刷错误;因为,不止有一个苏格拉底的问题。首先,就是苏格拉底关心的问题。可是人们会说,苏格拉底关心的问题兴许根本与我们无关,它兴许无关紧要。因此——毕竟,与苏格拉底关心的问题相比,与我们的关系直接得多、紧迫得多的事情如此之多。但是,关于我们为什么应该关心苏格拉底的问题,如果我们听一听这个人的话——我这次讲座的标题就取自这个人,而且据我所知,这个词是他杜撰(coined)的——我们就会得到一个答案。]①在尼采最后出版的作品之一《偶像的黄昏》中,"苏格拉底问题"是一个部分的第一个十分显眼的标题。他告诉我们,苏格拉底或柏拉图是颓废者(décadents)。更确切地说,苏格拉底是一个属于平民最底层或属于贱民的颓废者。[我引用一下:]

> 在他身上一切都是夸张、滑稽演员、漫画,一切同时又是隐藏的、意味深长的、秘密的。

苏格拉底之谜是关于理性(reason)、德性与幸福的愚蠢等式——一个违背从前希腊人的所有本能(instincts)、违背希腊人[那种]健康高贵性情的等式。关键在于苏格拉底发现了辩证术,亦即对理由的探究,从

---

① 手稿中没有括号中的这些句子,而是这样的句子:"我们为什么应该对它感兴趣?它何以应该与我们有关?与苏格拉底的问题相比,与我们的关系直接得多、紧迫得多的事情如此之多。要获得一个答案,我们得听一听这个人的话——我的讲座标题就取自这个人,而且据我所知,他杜撰了'苏格拉底诸问题'这个说法。"[译按]在本文中,译者尽量用中文体现文本的各类变动,只在中文不易传达西文含义的情况下直接保留西文。

前的①高等希腊人不屑于探求和表达其行为的理由。对于他们来说,服从权威,服从诸神或自己的命令完全就是好的举止。只有那些没有任何其他办法让人听从和敬重自己的人才诉诸辩证术。这是出身低贱者对出身高贵者进行的一种报复(revenge)。"这个辩证术士让他的对手证明他不是一个傻瓜。他挑起愤怒并且制造无助。"苏格拉底之所以令人着迷,是因为他在辩证术中发现了一种新的[竞技](agōn)形式;于是,他赢得了雅典的高贵青年,柏拉图首当其冲。在一个种种本能(instincts)已经失去其古代威信并且[正在瓦解]②的时代,人们需要一个非本能的僭主;这个僭主就是③理性。可是,这种疗法就像疾病那样属于颓废。

在谈到从前的希腊人时,尼采也想到了哲人,前苏格拉底哲人,④尤其是赫拉克利特。这并不意味着他赞同赫拉克利特。不赞同的原因之一是,赫拉克利特像所有哲人一样,缺乏[所谓]"历史感(historical sense)"。在任何时候,尼采都用修昔底德治疗一切柏拉图主义,因而也包括苏格拉底主义(Socratism),修昔底德有勇气抛弃幻象、面对现实,在现实中(in reality)而非在观念中寻找理性。在修昔底德那里,智术的(sophistic)文化亦即现实的文化得到了充分⑤表达。

《偶像的黄昏》中谈论苏格拉底问题的这个部分,只是尼采的第一部作品《肃剧从音乐精神中诞生》(The Birth of Tragedy out of the Spirit of Music)的一点残留,尼采后来在某种程度上否定这部作品,原因之一是他[在这部早期作品中]对希腊肃剧的理解凭借的是瓦格纳(Wagner)的音乐或者说受它误导,而他逐渐发现瓦格纳是个[头等的]颓废者。尽管有这个以及其他缺陷,尼采的第一部作品极为清晰地划定了

---

① 现场讲座省略了这个词。
② 手稿上写的是"已经瓦解",不是"正在瓦解"。
③ 在现场讲座中,is 取代了 was。
④ 在现场讲座中,"前苏格拉底者"(pre-Socratics)取代了"前苏格拉底哲人"。
⑤ 这个词在文本中原来是 fullest[最充分的];表示最高级的词缀 est 被划掉了。

他未来一生的工作。[所以关于这一点我再说几句。]

尼采把苏格拉底渲染成"所谓世界历史唯一的转折点和漩涡"。①[尼采的]②关切不仅仅是理论上的；他关心德国的未来或欧洲的未来——一种必然超越此前[已经得到实现]③的最高者的人类未来。人类迄今的最高峰是在古希腊肃剧尤其埃斯库罗斯肃剧中表达出来的生活方式。苏格拉底拒绝并摧毁了对于世界的"肃剧式"理解，因此，他是"古代最成问题的现象"，一个高于人类的人：一个半神。[简单地说，]苏格拉底是第一个理论人，科学精神的化身，极端反艺术、反音乐。"在苏格拉底身上，第一次出现对自然的可理解性和对知识的普遍疗救作用的信仰。"他是理性主义者的原型，因而也是乐观主义者的原型，因为，乐观主义不仅相信此世是可能的最好世界，也相信此世是能够被造就为所有可以想象的世界中的最好世界，或者，可以凭借知识让可能的最好世界中的恶变得无害：思维不仅能够完全理解存在，而且甚至能够改正存在；科学可以引导生命；一个救场之神——为了"较高的唯我论"④而得到认识和利用的自然之力——可以取代神话中活生生的诸神。理性主义是乐观主义，因为它相信理性的力量是无限的而且本质上是有益的，或者科学可以解决所有难题，解开一切锁链。理性主义是乐观主义，因为对原因的信念依赖于对结果的信念，或者，因为理性主义的前提是相信善的原初或最终的至上性。苏格拉底带来或代表的转变的全部和最终结果仅仅出现在当代西方：出现在对于普遍启蒙因而对于所有人在一个普遍社会中的此世幸福的信念之中，出现在功利主义、自由主义、民主、和平主义和社会主义之中。这些结果和对科学根

---

① 这一行上面的一个记号提示我们在这里插入几个写在手稿页面底部的词："反黑格尔(anti-Hegel)，叔本华"。（我们解作"反[anti-]"的这个词很难认读，我们也有可能搞错。）这些词在现场讲座中没有出现。

② 手稿上写的是"他的"，不是"尼采的"。

③ 手稿上写的是"人类已经实现"，不是"已经得到实现"。

④ 这一行上方的一个记号提示我们在这里插入写在手稿页面底部的如下语句："亦即人类的集体唯我论(功利主义)。"现场讲座中没有这个句子。

本限度的洞见从根本上动摇了"苏格拉底文化":"苏格拉底式的人的时代已一去不复返"。于是,人们期盼一个超越前苏格拉底文化之顶峰的未来,期盼一种未来的哲学,这种哲学不再[像迄今的所有哲学那样]仅仅是理论的,而是有意识地基于意志的行动①或基于决断。

尼采对苏格拉底的攻击是对理性(reason)的攻击:理性这个针对一切偏见的备受推崇的解放者证明,它自身就建立在偏见之上,并且是最危险的偏见:源于颓废者的偏见。换言之,尽管动辄对牺牲理智的要求感到极其愤愤不平,理性却将自身建立在牺牲理智的基础上。② ——作出这则批评的是一个站在所有蒙昧主义和原教旨主义对立一极的人。

因此,倘若人们忘了尼采终其一生都受苏格拉底吸引这个事实,人们就会误解我引用或提到的尼采关于苏格拉底的论断。这种吸引最精彩的证据就是《善恶的彼岸》的倒数第二则格言,这或许是尼采[整个]作品中最美的段落。我不敢尝试翻译它。尼采在那里没有提苏格拉底,但是[苏格拉底]③在那里。尼采在那里④说诸神也搞哲学(philosophize),由此明显地与柏拉图的《会饮》(*Symposium*)相抵触,⑤根据《会饮》,诸神不搞哲学,不追求智慧,相反,诸神是智慧的。换言之,按照尼采的理解,[这些]神不是[最完美的存在者](entia perfectissima)。我只再说几⑥点。

---

① 在现场讲座中,"[基]于行动、[基]于意志"这几个词取代了"[基]于意志的行动"。

② 这一行上方的一个记号提示我们在这里插入写在手稿页面底部的如下句子:"科学不能回答'为什么要科学'的问题:它建立在非理性的基础上。"现场讲座中没有这个句子。

③ 手稿上写的是"他",不是"苏格拉底"。

④ 现场讲座省略了加在这一行上方的"在那里"这个词。

⑤ 在现场讲座中,*Banquet* 取代了 *Symposium*。

⑥ 加在这一行上方的词"几"取代了被划掉的"一"。为了与这个添加的词对应,points 这个词在加上词尾的 s 之后变成了复数。此外,手稿在这里还有下面这个被划掉的句子(不过,可以看这一段末尾):"在《善恶的彼岸》的序言里,尼采在与柏拉图因而与苏格拉底争论时仿佛顺带地说过:'基督教是民众的柏拉图主义。'"

尼采对苏格拉底的严肃的反对也可以表述如下：尼采用权力意志取代了爱欲(erōs)——一种具有一个追求以外的目的的追求被一种没有这种目的的追求取代了。换言之，迄今的哲学像月亮——未来的哲学像太阳；前者是沉思的，仅仅[发出]①借来的光，它依赖在自身之外并先于自身的创造行为；后者是创造性的，因为它源于有意识的权力意志。[根据扉页上的说法]尼采的《扎拉图斯特拉如是说》是"一部既写给所有人又不写给任何人的书"；苏格拉底则与一些人交往。——我再说一点，这一点几乎同样重要。在《善恶的彼岸》的序言里，尼采在与柏拉图、随之与苏格拉底争论时仿佛顺带说过："基督教是民众的柏拉图主义。"

海德格尔是尼采最深刻的解释者，也是他最深刻的批评者。他之所以是尼采最深刻的解释者，[恰恰]因为他是其最深刻的批评者。我们可以这样表达他的批评采取的方向。尼采在他的②《扎拉图斯特拉如是说》中说，复仇精神催生了所有从前的哲学；然而，这种复仇精神说到底与对时间的复仇有关，因此，它是③一种向着永恒、向着一个永恒的存在者摆脱时间的努力。可是尼采也教导永恒回归。对于海德格尔，不再有任何意义上的永恒，甚至也不再有任何相对意义上的恒在(sempiternity)。尽管如此，或者毋宁说因为如此，④他保留了尼采的⑤谴责或批判——尼采把柏拉图看作后来成为现代科学因而成为现代技术的东西的始作俑者。但是，经过海德格尔对尼采的彻底转化，苏格拉底几乎完全消失。我只记得一则海德格尔关于苏格拉底的论述：他说苏格拉底在[所有]⑥西方思想家中最纯粹，同时又表示这个"最纯粹"

---

① 手稿上[误]作 spends 而非 sends[发出]。
② 在现场讲座中，the 取代了 his[他的]。
③ "它是"被加在了这一行上方。
④ 在现场讲座中，"它"取代了"此"(this)。
⑤ 加在这一行上方的 Nietzsche's[尼采的]取代了被划掉的 the。不过，现场讲座中讲的还是 the。
⑥ 手稿上写的是 the，不是 all[所有]。

与"最伟大"差别很大。难道他没有充分意识到苏格拉底身上的奥德修斯？[也许吧。]①但是，他显然看到了苏格拉底独特的纯粹性与他从不写作的事实之间的联系。

回到海德格尔对永恒的悄然否定，这个否定意味着思想绝不可能超越时间，超越历史（History）；一切思想都属于、依赖于思想无法掌控的某种更根本的东西；一切思想都彻底属于一个时代、一种文化、一个民族。这当然不是海德格尔独有的看法；它产生于 19 世纪，今天已经成为许多人的一个信条。② 但是，海德格尔对它的思考比任何人都更彻底。让我们把这个观点称为"历史主义（historicism）"，并且这样界定它：历史主义是这样一种观点，根据这种观点，一切思想都基于一些因时代而异、因文化而异的绝对预设，这些预设在它们所属的处境中或在由它们构成的处境中不受质疑，也不能受到质疑。科学的"客观性"，科学可以超越或打破一切文化界限这个事实并不否定这个观点；因为，做到这一点的科学是现代西方科学，希腊科学的孩子或继子。使希腊科学成为可能的是希腊的语言，一种特殊的语言；希腊语言[提出了]③那些使科学成为可能的洞见、预言或偏见。举[一个简单的]④例子，科学指的是关于所有存在者（panta ta onta）的知识，这个思想[在原初的希伯来语和阿拉伯语中无法表达；]⑤⑥为了能够引进希腊科学亦即科学，中世纪的犹太哲人和阿拉伯哲人必须发明人造的语词。希腊人因而

---

① 手稿上写的是 Probably，不是 Perhaps。[译按]手稿上的词表达的可能性更大。

② 在现场讲座中，a truism for many people 取代了 for many people a truism。

③ 手稿上写的是"提供了"（supplied），不是"提出了"（suggested）。

④ 手稿上写的是"一个"，不是"一个简单的"。

⑤ 手稿上写的是"比如原初的希伯来思想或阿拉伯思想中看不到；"，不是"在原初的希伯来语和阿拉伯语中无法表达；"。另外，在手稿上"原初的"这个词仅仅加在这一行上方。

⑥ 现场讲座省略了这一段余下的内容。磁带在这里录到大约十五秒停顿，其中只有翻页的声音。

尤其是苏格拉底和柏拉图,缺少对历史的意识,缺少历史意识。关于苏格拉底和柏拉图为什么尤其对于尼采、海德格尔和这么多我们的同时代人而言变得彻底成问题,这是最通行、最温和的说法。关于苏格拉底何以成为一个问题,何以存在一个苏格拉底问题,这是最简单的解释。①

这并不意味着我试图描述的反苏格拉底的立场不成问题。② 如果我们不假思索地接受[所谓]历史意识,如果历史意识的对象,[大写的]历史(History),已经完全被发现(discovered),它或许就不成问题。但是,历史或许是对于诸多可以另作他解的现象的一种成问题的解释(interpretation),这些现象在更早的时代以不同的方式被解释,尤其是在苏格拉底及其后辈那里。[我从一个简单的例子开始说明这个事实。苏格拉底的一个学生色诺芬写了一部叫作《希腊志》(Hellenica)亦即希腊历史的史书。这部作品突然从"之后(Thereafter)"这个说法开始。这样一来,色诺芬不可能挑明这部作品的意图是什么。]③根据他另一部作品(《会饮》)的开篇,我们推断④《希腊志》专论贤人们(gentlemen)的严肃行为;因此,严格说来那些臭名昭著的非贤人亦即僭主

---

① 在本段末尾,手稿页边有一个记号,"下转第 8 面"(施特劳斯教授的手迹)。所以,编者决定暂时搁置讲座的一大部分,转而接上第 8 面的开头。在手稿第 10 面的末尾,页边又有一个记号,"上接 4b"。那个记号回过头来指向眼前这个 4b 面上的记号,所以也指向文本被搁置的部分。根据后一个记号的提示,我们会回到这个被搁置的部分,这个部分一直延续到本次讲座的结尾。安纳波利斯的现场讲座从这里往后与我们的安排(亦即从手稿第 8 面开始)一致,这个事实进一步支持我们的编排。不过,由于磁带在第二个页边记号出现之前就中断了,我们不能确定,施特劳斯教授的口头陈述包括多少被搁置的部分,如果包括的话。(后面会有注释标示磁带在何处中断。)

② 现场讲座省略了这个句子,取而代之的是下面两句:"我们必须首先对这个历史主义问题,也就是说对历史稍加留意。我试图描述的反苏格拉底的立场并非不成问题。"

③ 手稿上写的是"色诺芬的《希腊志》突然从'之后'开始——所以,色诺芬不可能挑明这部作品的意图是什么",而不是括号中的四个句子。

④ 现场讲座省略了"会饮"这个词,同时还省略"我们推断"这几个词,取而代之的是"人们可以推断"。

的行为并不属[于历史,色诺芬恰当地用题外话加以处理]。① 更重要[地]:《希腊志》②也尽可能③以"之后"结束——对于色诺芬,我们称为历史的东西是一系列"之后",在每一个"之后"里统治的都是[混乱](tarachē)。苏格拉底也是一位贤人,但他是另一种贤人;他的贤人风范在于[就各种属人事物提出和回答"什么是"(What is)这个问题。但是,这些"什么是"是不可变的,]④绝对不处于混乱的状态之中。这样看来,这部⑤《希腊志》仅仅是政治的历史。政治史的优先性如今仍然得到承认:"史家"如今仍然意味着政治的史家[,除非我们添加一个形容词,比如经济的、艺术的等等]。⑥ 可是尽管如此,现代史学是历史哲学(*philosophy* of history),或者建基于历史哲学。历史哲学始于维科(Vico)——[但维科的]⑦新科学[据他所称]乃是一种自然正当学说,亦即一种政治学说。无论如何,[就我们所知的形式而言,]现代史学处理人的所有活动和思想,处理全部的[所谓]"文化"。[希腊的]⑧思想中完全没有"文化",但是[有比如包括赚钱的技艺和模仿的技艺在内的各种技艺]⑨

---

① 手稿上写的是"[属]于它"(in it),而不是"[属]于历史"(to history)。另外,在手稿上"[属]于它"这一行上方是"属于题外话",不是"色诺芬恰当地用题外话加以处理"。

② 在现场讲座中"这部作品"取代了"《希腊志》"。

③ 现场讲座省略了"尽可能"(as far as possible)这个短语。取而代之的是,"在可能的限度内"这个短语跟在"之后"这个词下一次出现之后。[译按]该句现场讲座词序如下:the *Hellenica also ends* with Thereafter within the limits of the possble.

④ 手稿上写的是"思考属人事物的'什么是',这些'什么是'是不变的"而非括号中的词。

⑤ 在现场讲座中,"色诺芬的"取代了"这部"。

⑥ 手稿上写的是"(≠经济史家、艺术史家……)",而非括号中的这些词。

⑦ 手稿上写的是"可是他的",不是"但是维科的"。

⑧ 手稿上写的是"古典的",不是"希腊的"。

⑨ 手稿上写的是"各种技艺(包括赚钱的技艺和模仿的技艺)(technai [including chrēmatistikē and mimētikē)"而非括号中的这些词。[译按]这里括号中的词都是英文词,不再有希腊文词。

和[各种意见,]亦即 doxai,尤其是关于最高事物(诸神)的意见;因此,在我们所谓的"一种文化"中,这些[意见(opinions)]①是最高的东西。这些[意见]③因民族而异,在各个民族内部或许也会经历变化。从知识的性质上看,它们的对象④是被相信的东西(nomizomena),是由于被相信而存在的事物,⑤是一些被宣称为神圣事物的夭折的推理的僵死结果。[借柏拉图的一个比喻来说,]它们是洞穴之顶。我们所谓的历史就是连续或同时存在的诸多洞穴。这些[洞穴,这些]洞顶就是礼法(nomōi),而礼法被理解为自然(phusei)的对立面。在现代世纪中出现了一种以贬低自然为基础的新的自然正当[学说(doctrine)]⑥;霍布斯的自然状态是最著名的例子。自然在这里只是一个否定的标准:一个人们应该脱离的东西。在这个基础上,理性法或道德法[正如它们的名称那样]不再是自然法:自然绝对不是标准。这是历史意识的必要条件,尽管不是充分条件。根据[这个从前的]⑦观点,可以这样描述历史意识本身的特性:作为历史意识的对象,历史是一系列 nomoi[礼法]序列,自然(phusis)则被理解为众多礼法中的一种礼法(one nomos)——礼法已经将自然并入其中。海德格尔试图主张,自然不是与生长(phuein)而是与光(phaosphōs)相关——在他看来,"生长"首先是所有人根植于人类的某个过去、某个传统之中并且创造性地转化这个传统。⑧ 亦参尼采的《善恶的彼岸》格言188。⑨

---

①③　手稿上写的是 doxai,不是 opinions。

④　加在这一行上方的"它们的对象"这几个词取代了被划掉的"它们"。不过,现场讲座用的是"它们"这个词。

⑤　"是由于被相信而存在的事物"被加在手稿页面底部。这一行上方的一个记号提示我们在这里插入这个句子,现场讲座在这里也有它。

⑥　手稿上写的是 teaching,不是 doctrine。

⑦　手稿上写的是"这个古典的",不是"这个从前的"。

⑧　这一行上方的记号提示我们在这里插入写在手稿页面底部的下列语词:"生成的≠被造的"(das Gewachsene≠das Gemachte)。现场讲座没有这些词。

⑨　现场讲座省略了从"海德格尔试图"这几个词开始的[本段的]最后这几行。

让我换个多少有所区别的方式重述这个问题如下。人类以族群(ethnē)构成自然(phusei)。其中一部分原因直接源于自然(phusis)①(不同种族、地表的大小和结构),一部分原因源于礼法(nomos)(各种习惯和语言)。每个哲人本质上都属于这个或那个族群(ethnos),但是作为[一个]哲人他必须超越族群——。犹太教、基督教和伊斯兰教以多少有所区别的方式追求一种神迹式的消除或克服所有人的根本特殊性(particularism)的前景。现时代借助征服自然和普遍承认一种纯粹的②理性[法](nomos)设想一种非神迹的克服,结果只剩下语言的差异[即使斯大林也承认其重要性]。为了反抗这种似乎使人的生活丧失了深度的扁平化,哲人们③开始宁要特殊的东西(本土的、暂存的东西),不要任何普遍的东西,而非仅仅接受特殊的东西。我用一个或许是④最著名的例子来解释:他们用英国人的权利取代了人的权利。

根据历史主义,每个人本质上完全属于一个历史的世界,[而且他]⑤不能恰如另一个历史世界[过去或现在理解]⑥自己一样理解它——[他的理解必然]⑦与它[理解(understands)]⑧自身不同。比它理解自己更好地理解它显然根本不可能,[只有头脑十分简单的人类学家才相信这一点]。可是,海德格尔将[从前的所有哲人]和从前的所有哲学思想描述成"对存在(Sein)的遗忘",对于根基之根基的遗忘:[这意味着]他在这个关键层面宣称他比[从前的哲人]⑨理解他们自己理解得更好。

---

① 在现场讲座中,nature 取代了 phusis。
② "纯粹的"被加在这一行上方。
③ 加在这一行上方的"哲人们"取代了被划掉的"人们"(men)。
④ 现场讲座省去了"或许是"。
⑤ 手稿上写的是"→我们",不是"而且他"。
⑥ 手稿上写的是"现在或过去理解",不是"过去或现在理解"。
⑦ 手稿上写的是"我们的理解必然",不是"他的理解必然"。
⑧ 手稿上写的是 understood,不是 understands。
⑨ 手稿上写的是"他们",不是"从前的哲人"。

这个困难并不特别为海德格尔所有。本质上它属于所有形式的历史主义。因为,历史主义必须断言,它是一种超越从前一切洞见的洞见,因为它宣称要揭示从前一切洞见的真正性质:它要把它们放在属于它们的恰当位置上,如果可以讲得这么简单的话。同时,[历史主义]①断言各种洞见都是[各时代或各时期的应变量(function of times or periods)]②;因此它暗中主张,这个绝对洞见——历史主义者的洞见——属于绝对的时代,属于[历史中的]绝对时刻;但是,它必须彻底避免对我们的时代或任何时代作出这样的宣称;因为那相当于终结历史,亦即终结有意义的时间(参黑格尔、马克思、尼采)。③ 换言之:历史过程不是理性的;每个时代都有它的绝对预设;[根据兰克(Ranke)的原则](所有时代都同样接近上帝);但是,历史主义揭示了这个事实,亦即这个真正绝对的预设。

对于所有时代,历史主义者的洞见都正确,因为,如果未来某个时代遗忘了这个洞见,这仅仅意味着堕入一种人类过去一直生活在其中的遗忘。历史主义是永恒的真理。

[这当然不可能。]④根据海德格尔,不存在任何永恒真理:永恒真理以人类的永恒性或恒在性为前提(《存在与时间》227－230;《形而上学导论》64)⑤。海德格尔知道[人类]⑥不是永恒的或恒在的。对于海德格尔,这则知识,关于人类有其起源的知识,⑦一个宇宙论的洞见,即使不是唯一的根基,⑧难道不是至少具有根基性?

---

① 手稿上写的是"它",不是"历史主义"。
② 手稿上写的是 f(times or periods),不是 function of times or periods。
③ 现场讲座省略了括弧中的所有内容。
④ 在手稿上,这个句子以"可是"这个词打头。
⑤ 现场讲座省去了括号中的所有内容。
⑥ 手稿上写的是"它",不是"人类"。
⑦ "关于人类有其起源的知识"被加在了手稿页面底部。这一行上方的一个记号提示我们在这里插入这个句子,现场讲座在这里也有这一句。
⑧ 在现场讲座中,"难道这不是根基"取代了"即使不是唯一的根基"。

①[据说]一切存在者尤其是人的唯一根基是存在(Sein)。除了海德格尔,在每一个作家那里"存在(Sein)"都会被译作"存在(being)";但是对于海德格尔,一切都取决于被看作动名词的存在与被看作分词的存在之间的彻底区分,而动名词与分词在英语中不可区分。因此,我会在一次性把它们译作希腊语、拉丁语和法语之后使用德文词:存在(Sein)是 einai、esse、être;存在者(Seiendes)是 on、ens、étant。存在不是存在者;但是,在对存在者的一切理解中,我们都暗中预设我们理解存在。人们倾向于说,用柏拉图的话说存在者只是通过分有存在才存在,但是按照这种柏拉图式的理解,存在就会成为一个存在者。

海德格尔的存在是什么意思?人们可以先[至少我可以先]以如下方式理解它。不能借助存在者解释存在。举个例子,不能以因果的方式解释因果性(causality)→存在取代了范畴[当然是康德意义上的范畴]。这个变化是必然的,因为范畴、范畴体系、诸多绝对预设因时代而异;这种变化不是进步,也不是理性的——不能借助或基于一个特殊的范畴体系解释范畴的变化;可是,倘若变化之中不[存在]某种持续的东西,我们就不能谈论变化;承担[这种]最根本的变化[根本的思想]中的持续的东西的就是存在:[如他所说,]存在在不同时代"给出"或"发出"关于存在因而关于"一切事物"的不同理解。

如果这表明存在源于推论,仅仅源于推论,就会是误导。但是,我们借助对存在的经验对存在有所知;[可是]这种经验以一次跳跃为前提;从前的哲人没有作出这种跳跃,因此,他们的思想以遗忘存

---

① 施特劳斯教授用一个页边记号表明,接下来这部分文本——超过四个段落,分别写在两张纸上——应该放在这里。现场讲座在这里也有这个部分。它取代了下面这些被划掉的句子:"一切存在者尤其人的唯一根基是存在(Sein)——这个根基之根基与人同在,因此也不是永恒或恒在的。但是倘若如此,存在就不可能是人的全部根基:人的出现(≠人的本质)需要一个不同于存在的根基。存在不是那个东西(the That)的根基。对于这一点,人们可以这样回答:人的那个东西或人的条件必须借助对存在的一种特殊理解得到解释——这种理解是由存在给出或发出的。"后面会有注释标示这个插入的部分在何处结束。

在为特征。他们仅仅想到和思考存在者。可是,除非以对存在的某种意识为基础,他们不可能想到并且思考存在者。但是,他们从来不留意这一点——这种失败不是由于他们自己疏忽大意,而是由于存在本身。

存在的钥匙是一种特殊形式的存在,人的存在。人是筹划(project):每个人通过践行自由,通过他对一种确定的生存(existence)理想的选择,通过他的筹划(或没能力筹划)而成为他所是的东西(确切地说是他所是的人)。但人是有限的:他的基本选择的范围受到不由他选择的处境限制:人是一个被抛(thrown)在某处的筹划(geworfener Entwurf)①。对存在的经验所借助的跳跃首先是对被抛、对有限性的意识 – 接受,是对有关凭栏和支撑的每一个念头的放弃。(生存必须被理解为依靠[insistence]的对立面。)②从前的哲学尤其希腊哲学之所以是对存在的遗忘,因为它并不以那种经验为基础。希腊哲学受到一种存在观念的引导,根据这种观念,存在意味着"在手边(at hand)"、在场,因此最高意义上的存在就意味着永远在场、永远存在。与此相应,他们和他们的后辈将灵魂理解为实体,理解为一个东西——而不是一个自我(self),即便真是自我,即便是本真的[而非浮躁浅薄的自我],即[基于对]作为被抛的筹划[的意识 – 接受的自我]。③ 离开筹划,离开一种生存理想和为之献身,就不可能有任何不④流于浮躁浅薄的人的生活。"生存理想",[这]取代了"关于美好生活的高贵意见";但是,意见指向知识,而"生存理想"则意味着在这方面根本不[可能]有知识,只有筹

---

① 现场讲座省去了括号中的所有内容。

② 现场讲座省去了括号中的所有内容。同时,施特劳斯教授可能是根据更老的、源于拉丁语的意思使用 insistence 这个词的,指"依靠或依赖"(standing or resting upon)。

③ 手稿上写的是"就是决心,亦即对一种[作为被抛的筹划的]意识 – 接受(is resoluteness, i. e. the awareness-acceptance of a [project as thrown])",而非括号中的词。

④ 现场讲座不小心漏掉了"不"。

划、决断——它远远高于知识,亦即关于"什么是"的知识。

一切存在者尤其人的根基都是存在——这个根基之根基与人同在,因此也不是永恒或恒在的。① 但是倘若如此,存在就不可能是人的全部根基:与人的本质截然不同的人的出现(emergence)[就会需要]②一个不同于存在的根基。[换句话说,]存在不是那个东西(the That)的根基。但是,那个东西(the That),恰恰那个东西,难道不是存在? 如果我们试图彻底思考任何事情,我们就会遇上实际性(facticity),不可化约的实际性(facticity)。如果我们试图通过追溯其原因及其条件理解人的那个,理解人类存在这个事实,我们会发现整个努力都受到一种特定的存在理解的引导——受到③一种由存在给出或发出的理解引导(by an understanding which is given or sent by Sein)。④ 人类的[各种]条件[照这种观点看来]⑤可以比作康德的物自体(Thing-in-itself),关于它人们什么也不能说,尤其不能说它是否包含任何[恒的(sempiternal)]东西。⑥ 海德格尔同样回答如下:⑦人们不能谈论任何在时间上先于人存在的东西;因为时间只有在人存在之时才存在或发生;本真的或原初的时间只在人身上存在或出现;宇宙时间,借助计时器度量的时间是第二位的或派生的时间,因此,根基性的哲学思考不能诉诸或利用这种时间。这个观点会让人们想到中世纪的一个观点,根据这个观点,世界在时间上的有限性与上帝的永恒性和不变性是相容的,因为,时间依赖于运动,如果没有运动,就不可能有时间。但是,谈论"创世之前"并且在海德格尔的语境中谈论"人出现之前"[似乎]是有意义的甚至是不可避免的。

---

① 在现场讲座中,"恒在或永恒的"取代了"永恒或恒在的"。
② 手稿上写的是"需要",不是"就会需要"。
③ 编者添加的 by 取代了手稿上和现场讲座中的 of。
④ 这是注释 65 提到的插入部分的结束。[译按]参本书页 649 注③。
⑤ 手稿上写的是 is,不是 in this view are。
⑥ 手稿上写的是 aidion[恒在的],不是 sempiternal。
⑦ 在现场讲座中,"提到这个回答"取代了"同样回答如下"。

所以,似乎不能避免这个问题,人与存在出现的原因是什么,或者,从无(nothing)中将它们带来的是什么。因为:[从无中(只能)产生无](ex nihilo nihil fit)。海德格尔显然质疑这一点:[他说,][每个作为存在者的存在者都从无中来](ex nihilo omne ens qua ens fit)。这会让人们想到《圣经》关于[从无中]创造的学说。但是,海德格尔没有留位置给①造物主上帝(Creator-God)。[这就意味着,事物从无中并通过无(ex nihilo et a nihilo)生成。]②海德格尔[当然]既没有在字面上断言也没有在字面上否定这一点。但是,难道一定要根据其字面意思来想到这一点吗?

对于从无中(只能)产生无(ex nihilo nihil fit),康德"没有在任何地方"发现"哪怕证明它的尝试"。③ 他自己的证明确立起这个原则的必然性——但仅仅是为了使(与[他所称的]物自体相对的)一切可能的经验成为可能——他将先验的正当性给予[从无中(只能)产生无。先验演绎反过来指向]④实践理性的优先性。[基于同样的精神]⑤海德格尔:⑥自由是根据律的本源。

与此相应,海德格尔确实谈到了人的起源——他说这是一个奥秘——引出这个明智结论的推理具有什么性质?这个结论直接出自这样两个前提:(一)不能借助存在者解释存在——对比,不能以因果方式解释因果性——(二)人是唯一由存在构成的存在者——与存在不可分离→人分有存在的不可解释性(inexplicability)。关于它的困难:

---

① 加在这一行上方的"没有留位置给"(has no place for)取代了被划掉的"否定(denies)"。

② 手稿上所写的是→ex nihilo omne ens qua ens fit,而不是[括号里]这个句子。另外,qua ens 被写在 omne ens 之后,但后来被划掉。

③ 这一行上方的记号提示我们在这里插入写在手稿页面底部的下列语词:"实体持存的原则"(Grundsatz der Beharrlichkeit der Substanz)。现场讲座中没有这些词。

④⑤ 手稿上写的是"→"符号,而非括号中的词。

⑥ 安纳波利斯的现场讲座的磁带在这里中断了(参注29)。与此相应,关于余下的讲座,我们只有施特劳斯教授的手稿。[译按]参本书页644 注①。

在生物学中发现的人的起源(见波特曼[Portmann])只是例证,而非证明。

海德格尔似乎成功地在既不给物自体留后门也不需要关于自然的哲学(黑格尔)的情况下清除了自然(phusis)。① 人们或许会说,他做到这一点的代价是存在的不可理解性。最具才智的西方马克思主义者卢卡奇(Lukács)举起列宁对经验批判主义(empirio-criticism)用过的大锤谈论神秘化。② 由于没向海德格尔学习,卢卡奇伤到的只是他自己。他阻止自己去了解,海德格尔对当今世界的理解比马克思(座架[Gestell]——商品,物)③更全面、更深刻,或者说,马克思提出的主张远远超过那个声称卖掉了布鲁克林大桥的家伙的主张。在所有重要的方面,海德格尔并没有把事情弄得比它们所是的更含糊。

海德格尔试图通过反思思(thinking)的德文词深化对思之所是的理解。对于这个做法,他提出异议说,一个德文词显然属于一种特殊的语言,而思则是某种普遍的东西;因此,人们不能通过反思一种特殊语言中的一个词解释什么是思。他得出结论,这里还是有个问题。这意味着对于他来说,即使海德格尔意义上的历史主义也有个问题。对他来说,解决之道不可能在于回到超时间或永恒的东西,相反,它仅仅在于某种历史的东西:在于对人生和世界的最不相同的理解的

---

① 在手稿上,这里的这一行下方加上了两组不同的语词。从"物自体"这个词下方开始的第一组语词共有两行,一上一下。上面一行是"(康德)——没有超越或'自在'自然不可认识",下面一行看起来是"但是对于海德格尔和尼采:既不能超越也不能抛弃"。(这一行很难读解,尤其是我们解作"对于"(for)的这个词,我们也许会搞错。)位于"关于自然的哲学(黑格尔)"下方的第二组语词是"作为观念之异在(Aderssein)的自然"。

② 这一行上方的记号提示我们在这里插入写在手稿页面底部的下面两个句子:"如果神秘主义(mysticism)就是发现人的心灵深处的神性生命,海德格尔就与神秘主义有关。但是,海德格尔宣称发现的奥秘比神的种种奥秘用意更深,也更少基于有问题的前提。"

③ 在手稿上"物"(Ding)这个词(连同前面的逗号)被写在了"商品"(Ware)这个词下方。

相遇,东方与西方的相遇——相遇者当然不是两方的意见民调者(pollsters)或意见领袖,而是那些深深立足于传统的超越表面上不可逾越的鸿沟之人。① 倘若这一点言之有理,我们首要的任务正是我们已经着手的任务——理解西方大书的任务。——

开头的时候我说苏格拉底已经成了一个问题——他所代表的东西的价值和有效性已经成了一个问题。但是,质疑苏格拉底代表的东西的价值意味着我们已经知道他代表的是什么。——②这第二个或首当其冲的问题指向就这个说法的另一层含义而言的苏格拉底问题,即指向历史问题。这个苏格拉底问题实际上源于如下事实,苏格拉底并不写作,所以,为了得到关于他亦即他的思想的知识,我们依靠的是那些同时作为转化者的中间人。这些中间人是阿里斯托芬、柏拉图、色诺芬和亚里士多德。要不是通过口头或书写的传闻,亚里士多德也不认识苏格拉底。事实上,他关于苏格拉底的说法是在重述色诺芬的话。阿里斯托芬、色诺芬和柏拉图认识苏格拉底本人。在这三个人当中,只有色诺芬一个人通过行动表明他想成为一个史家。这乍看之下对色诺芬有利。至于柏拉图,我记得有人说"如今我们知道"他的有些对话是早期对话,因而比晚期对话更苏格拉底。但是对于柏拉图,关于"什么是德性"这个苏格拉底式问题,苏格拉底知晓或不知晓哪些隐含意味或前提根本无关紧要:他有多么专注于苏格拉底的问题,他就有多么忘记他本人。关于柏拉图的苏格拉底,更智慧的做法是用

---

① 这一行上面的记号提示我们在这里插入写在手稿页面底部的这样一个句子:"以这种方式,并且仅仅以这种方式,海德格尔支持哲学的普遍的——超民族超文化的——意图。"

② 施特劳斯教授手稿的末尾在这里出现了页边记号"上接 4b",我们在注释 29 中已经提过这个记号,它提示我们回到我们到目前为止搁置的那部分讲座。在这部分讲座开头,一个新段落下面这个被划掉的句子开始:"无论如何,如果不先知道苏格拉底代表的是什么,难道一个人能回答——不,难道一个人能恰当地描述他代表的东西的价值这个问题?"读者会注意到,这个句子几乎与页边记号"上接 4b"之前的句子一样。所以,在现在转到这个被搁置的部分时,我们决定不另起一段。[译按]"注释 29"即本书页 644 注①。

尼采的话戏谑甚至轻浮地说,前头是柏拉图,后头是柏拉图,中间是吐火的怪兽(prosthe Platōn, opithen te Platōn, messē te Chimaira)。无论如何,柏拉图笔下的苏格拉底不如色诺芬笔下的苏格拉底那么好分辨(eusunoptos)。所以,我仅限于谈论色诺芬笔下的苏格拉底。不过,如果我们不提醒自己留意阿里斯托芬的《云》(Clouds)中的苏格拉底,这就行不通了。

①这个苏格拉底明显面临当时针对哲人的两项惯常的指控:(一)他们不信诸神,尤其城邦的诸神;(二)他们把弱的论证变强,让不义的言辞(Adikos Logos)胜过正义的言辞(Dikaios Logos)。因为,他从事两种活动:(一)自然学(phusiologia),探究各种动力,尤其是产生天象的动力;(二)修辞术(rhētorikē)。这两种活动之间的关联并非显而易见,因为阿里斯托芬的苏格拉底完全是非政治的,而修辞术似乎为政治服务。可是,自然学将人从一切偏见中解放出来,尤其是将人从对城邦诸神的信仰中解放出来;这种解放不容于城邦;因此,哲人-自然学家需要用修辞术在法庭上为自己、为他的不受欢迎的行为辩护;就其让不义言辞胜过正义言辞而言,他的辩护是其技艺的最高成就。不消说,他也可以将这种技巧用于其他在某种意义上更低的目的,比如欺骗债主。阿里斯托芬笔下的苏格拉底是一个具有非凡克制力和忍耐力的人。仅仅这个事实就表明,出现在舞台上的不义言辞不是苏格拉底的不义言辞,至少不是其纯粹、终极的形式。这种不义言辞大意是说,真正的共同体是知者(the knowers)的共同体,而不是城邦,或者说,知者只对彼此有义务:无知者像疯人一样,几乎没有权利。知者与其他知者的关系比他与他的家庭更近。构成家庭的是父权和反对乱伦的禁忌——反对弑父娶母的禁忌。乱伦禁忌和异姓通婚的义务要求家庭扩展为城邦,这种扩展之所以必要,首先是因为家庭无力自保。但是,倘若没有诸神,这两项禁忌就缺乏必要的强制力。苏格拉底质疑这一切:宙斯不存在(ou d'esti Zeus)。于是,他破坏了城邦,可是他不能离开城邦生活。

---

① 手稿上此处没有首行缩进,尽管前一行表明前一段已结束。

用正义言辞的话说,城邦养活了他。——色诺芬没有直接回应阿里斯托芬。但是,阿里斯托芬提出的这两大点经过一些变更以后成了美勒托斯(Meletos)、安虞托斯(Anytos)和吕孔(Lykon)构织①的针对苏格拉底的两点指控。所以,即使没有明说,色诺芬也在通过否定这些指控反驳阿里斯托芬。

关于不虔敬(asebeia)——没有自然学,只有对属人事物(tànthrōpina)的探究——可是,苏格拉底的确用他的方式探究自然→证明诸神的存在和神意(≠城邦诸神)。

关于败坏人(diaphthora)——苏格拉底是个完美的贤人(基于他的自制[egkrateia])——他甚至在可能被教的最大限度上教导美好事物(kalokàgathia)——他没有将智慧与审慎彼此(one ②another)——与此相应他服从法律,他甚至将正义等同于服从法律——因此他是一个政治的人——异乎常人的生命(xenikos bios)③行不通——他甚至教导政治事物(ta politika)——在这种情况下,他批评既有的政制(politeia)(通过抽签选举)——但这是贤人应有的立场。可是,他能够在言辞中用他喜欢的任何方式应付每个人,这个事实提醒我们,据称苏格拉底有能力把较弱的言辞变强(ton hēttō logon kreittō poiein)——因此,他能够吸引克里提阿(Kritias)和阿尔喀比亚德这类有问题的贤人——不过,让苏格拉底为他们的错误行为负责很不公平。

色诺芬的苏格拉底并不总是对美好事物(kalokàgathia)采用高姿态——不过,这样一来他就不是一个危险的颠覆者,而毋宁说是一个俗人。

---

① 施特劳斯教授可能在这里写的是"捏造"(framed)这个词,而不是"构织"(formed)。

② one 由编者所加。

③ [译按]xenikos bios 本义为"异乡人的生命",指苏格拉底作为哲人在城邦里就像个"外人(异乡人)",故译为"异乎常人的生命"。参施特劳斯,《色诺芬的苏格拉底》,高诺英译,上海:华东师范大学出版社,2011,页36。

①比如他对友谊的态度——朋友是宙斯见证的财富(chrēmata nē Di')②——功利主义者的、治家者的做法——将王者的技艺降到齐家的技艺。最终:美(kalon) = 好(agathon) = 有用性(chrēsimon)。

③可是:美好事物不止一层含义。苏格拉底把什么理解为美好事物?关于属人事物的"什么是"(ti esti)的知识——就贤人这个说法的一般含义而言,贤人不具备这样的知识。通过向我们展示苏格拉底与一个贤人(kaloskagathos)的一次明确的交锋(《治家者》[*Oeconomicus*] 11——在柏拉图那里没有这类事情),色诺芬扫清了关于这一点的所有可能的混乱。这使我们想知道苏格拉底与贤人们(kaloi kagathoi)之间的全部差别——在《回忆苏格拉底》(*Memorabilia*)专论贤人风范的一节(II 6.35)中,色诺芬的苏格拉底告诉我们什么是男子汉的德性(aretē andros):通过帮助朋友胜过朋友,通过伤害敌人胜过敌人——但是,在谈论苏格拉底的德性时,色诺芬根本没有提到伤害别人→男子气(andreia)没有出现在色诺芬对苏格拉底德性的两次列举之中。色诺芬谈到了苏格拉底在战斗之中的模范举动,但是,他把这一点算作苏格拉底的正义,并且没有给出关于苏格拉底军事才能的任何事例。对色诺芬的理解评价很低的伯奈特(Burnet)相信色诺芬和美诺(Meno)这类人由于苏格拉底在军事上的名声而受他吸引,而我们关于这个名声所知的一切都来自柏拉图。所以,苏格拉底总是考虑人类事物的"什么是?",他是这个意义上的贤人。可是,关于这类讨论,色诺芬给出的事例极少;与处理"什么是"(ti esti)的对话相比,④远远更多的是没有提出"什么是"问题的苏格拉底谈话,在其中苏格拉底劝勉德性或劝阻恶行。色诺芬指向了苏格拉底的生活或思想的核心,但他没有充分呈现它,或者说根本没有呈现它。

---

① 手稿上此处没有首行缩进,尽管前一行表明前一段已结束。

② [译按]该短语出处见色诺芬,《治家者》(又译《齐家》) I.14。参施特劳斯,《色诺芬的苏格拉底言辞——〈齐家〉义疏》,杜佳译,上海:华东师范大学出版社,2010,页6,109。

③ 手稿上此处没有首行缩进,尽管前一行表明前一段已结束。

④ 在手稿上,"与处理什么是(ti esti)的对话相比"被加在了这一行下方。

色诺芬笔下的苏格拉底把那些关心万物自然的人刻画成疯人:在他们当中,有些人认为存在只是一,另一些则认为有①无限多存在者;他们有些认为所有存在者总是在运动,另一些则认为从来没有运动的事物;他们有些认为一切事物都有生有灭,另一些则认为没有任何东西曾经有过生灭。所以,他描述了关于万物本性的理智健全的或清醒的观点;根据这个更智慧的观点,存在许多永恒的存在者而非无限多存在者,这些存在者(≠其他存在者)从不变化,从不生成和消逝。据色诺芬在一个完全不同的语境中说,苏格拉底从未停止思考每个存在者是什么:这许多存在者就是诸多"什么是"、诸多族类(≠无限多会消逝的个体)。所以,苏格拉底确实关心万物的自然,就这一点而言他也是疯人;但他的疯癫是清醒——清醒的沉醉(sobria ebrietas)——色诺芬仅仅在一处说苏格拉底"有福(blessed)":当他谈到苏格拉底如何获得朋友或毋宁说好朋友之时——苏格拉底获得他们的方法是,与他们一起研习智慧的长者的作品并且一起挑出他们在其中发现的好东西——但是,关于这种幸福的活动,色诺芬没有给出任何事例。——关于苏格拉底与格劳孔(Glaukon)的谈话,色诺芬是这样引入的:苏格拉底之所以很愿意与格劳孔交往,既因为格劳孔的儿子卡尔米德(Charmides),也因为柏拉图。与此相应,接下来一节描写的是苏格拉底与卡尔米德的谈话。于是我们推想下一章会描写苏格拉底与柏拉图的谈话。可是,下一章描写的是苏格拉底与柏拉图的替身(Ersatz)哲人阿里斯提珀斯(Aristippos)的谈话:色诺芬指向了这个顶点——与柏拉图的谈话——但它没有出现——而且这不是因为这样的对话不存在。——《回忆苏格拉底》最接近呈现苏格拉底的教诲本身的这一卷是借助这样的评述引入的,苏格拉底不用同样的方式接近所有人:他以某一种方式接近那些天性好的人,以另一种方式接近那些缺乏好天性的人;但是,这一卷中的主要对话者,色诺芬呈现的这种苏格拉底教诲的主要对象显然是一个缺乏好天性的年轻人。——最后一个例子:苏格拉底使用两种辩

---

① "有"是编者所加。

证术——在一种辩证术中,他将整个论证引回它的前提(hupothesin)并澄清这个前提;真理以这种方式变得清楚。在另一种辩证术中,苏格拉底借助人们普遍承认的东西,借助人类认同的意见;他通过这种方式达到的确实不是知识或真理,而是同意或一致。奥德修斯擅长第二种言辞;不仅如此,据苏格拉底的指控者说,苏格拉底经常援引《伊利亚特》(Iliad)中的诗句,根据《伊利亚特》的描述,奥德修斯以不同的方式向有价值的人物和不值一提的人物说话。——只有通过遵循这些暗示,通过将它们互相联系起来,通过对它们深思熟虑并且通过总是记住它们——甚至在阅读苏格拉底如何教导一个可怜的家伙之时;这个人已经近乎绝望,因为十四个女亲戚在他家里避难,而且她们就要把他和她们自己都饿死——我想说,只有通过始终记住色诺芬的暗示,人们才能看到色诺芬眼中的真正的苏格拉底。因为,色诺芬同样并且首先把苏格拉底描述成一个无害的人,甚至对才智最平庸的人也有所裨益。他尽可能地亦即在仍然能够暗示其冲突的限度内尽可能地隐藏苏格拉底式的君子与普通君子(kalokagathia)之间的差别。

贤人最大的特征就是敬重法——敬重那种正确的法;或者,你可以说错误的法根本不是法。因此,"什么是法"(ti esti nomos)这个问题必然出现;但是,色诺芬的苏格拉底从未提过这个问题;只有阿尔喀比亚德提过这个问题,这个极度大胆甚至肆心(hubris)的年轻人由于提出这个问题让伟大如伯利克勒斯(Perikles)者也非常难堪。苏格拉底不提这个问题,这表明他是多么好的一个公民。因为,法依赖于政制,但好公民是服从法的人,不管政制如何变化。不过,根据一种更深刻的观点,"好公民"与政制相关:一个民主制下的好公民在寡头制下就是一个坏公民。鉴于这种复杂性,审慎的做法是不提"什么是法"这个问题。可是,唉,提出这个问题的阿尔喀比亚德在这么做的时候正是苏格拉底的伙伴,而且他处理问题的方式显示出苏格拉底式的训练。色诺芬几乎公开承认苏格拉底颠覆了父系的权威。至于乱伦,色诺芬的苏格拉底断言神法禁止乱伦,因为亲子乱伦会自动受到后代有缺陷的惩罚,好的后代只能来自同时正值壮年的父母。苏格拉底的论证只字不提兄妹乱伦。尤其是,对亲子乱伦的惩罚与人们在娶年轻妻子的老年丈夫身上看到的"惩罚"没有区别。在这一点上,色诺芬笔下的苏格拉底非常接近《云》中的苏格拉底。

①《云》中的苏格拉底教导修辞术的全能,但是,戏剧情节否定了他的这种教导。色诺芬笔下的苏格拉底可以在言辞中自如地应付所有人——这意味着他不能在行动中自如地应付所有人。且不说他的控告者们,最大的例证就是克姗提佩(Xanthippe)。不过,色诺芬笔下的苏格拉底(≠《云》中的苏格拉底)意识到言辞的根本限度。色诺芬还这样来说明这一点。他的战斗同志普罗克塞诺斯(Proxenos)有能力统治贤人,可他统治不了认为他天真的其他人;他没能力让一般战士感到惧怕;他没能力施行惩罚;他是高尔吉亚的学生。然而,苏格拉底的学生色诺芬既有能力统治贤人,也有能力统治非贤人;他既擅长行动又擅长言辞。

②我们从亚里士多德那里看到,智术师们将政治技艺等同于或几乎等同于修辞术。我们推断,苏格拉底反对智术师的原因还在于或尤其因为他意识到修辞术的根本限度。顺便提一句,在这个重要方面马基雅维利与智术师完全不同,而是与苏格拉底一致;他延续、修改、败坏了这个苏格拉底传统;他与这个传统的纽带是色诺芬,他提到色诺芬的次数多于他提到柏拉图、亚里士多德和西塞罗的总和。这是人们必须比在通常情况下更留意色诺芬的一个额外的原因。

这个讲座由两个异质的部分构成——它们显然只是因为"苏格拉底诸问题"这个肯定有些含混的标题才被放在一起:苏格拉底问题既是哲学问题也是历史问题。在哲学问题与历史问题之间作出区分(distinction)不可避免,但区分不是彻底分离(separation):不下决心思考历史问题就无法探究哲学问题,不下决心内在地思考哲学问题就无法探究历史问题。

---

①② 手稿上此处没有首行缩进,尽管前一行表明前一段已结束。

马基雅维利与古典文学

彭磊 译

[中译编者按]本文原刊 Review of National Literature, 1：1（1970年春季号），页7-25。注释均为译者所加。施文多不按出处，另由译者随文以括注标明，便于读者查对。

我的主题不是"马基雅维利与古典时代"。在某种意义上，"马基雅维利与古典文学"这一主题先于"马基雅维利与古典时代"的主题；因为，马基雅维利了解古典时代的唯一途径——或说近乎唯一的途径——就是古典文学。其次，我应当尽可能限于讨论马基雅维利对古典文学的明确征引。对于一个特定的主题，马基雅维利的看法可能与一位古典作家（或古典作家们）的看法一致，但我们并不能由此推断，马基雅维利在这一点上以古典作家为旨归；这种一致或许只是巧合。最后，我将集中讨论马基雅维利的两部皇皇巨著：《君主论》和《李维史论》。

不过，如果我们先来看一下马基雅维利其他的散文作品，并不至于有什么不妥。至于《佛罗伦萨史》，这部作品是否模仿古代史家，以及在多大程度上模仿了古代史家，这与我当前的目的并不相干。在《佛罗伦萨史》中，马基雅维利很少提及佛罗伦萨的作家。他也更少提及古代作家；严格说来，只有在讨论佛罗伦萨的古代起源时，他才提到了古代作家；在这样的语境下，他提到了普林尼（Pliny）、弗隆提努斯（Frontinus）和塔西佗（Tacitus）。马基雅维利颂扬了美第奇家族的科斯莫（Cosimo de' Medici），其中谈到科斯莫钟爱文士，尤其钟爱费齐诺（Marsilio Ficino），这时他提到了柏拉图：费齐诺是"柏拉图哲学的再生父母"。《战争术》（The Art of War）意在复兴古人（尤其是罗马人）的军事艺术——带来一次重生。出于这个目的，马基雅维利采用了狭义上的罗马军事作家(弗隆提努斯、韦格提乌斯[Vegetius])①的著作,但没有提及他们的名字。与此相一致的是,《战争术》事实上是两人之间的对话:对话者为掌握着超凡军事艺术的科罗纳(Fabrizio Colonna)、科斯莫,还有几位前程远大的佛罗伦萨的年轻绅士——这场谈话据说发生在科斯莫的一座花园。马基雅维利提到了我们的史书(istoria nostra),意指古代的罗马史家,但他也提到了"他们的史书"。在这部著作中,马基雅维利点名提到的古代作家仅有李维、约瑟夫斯(Josephus)和修昔底德;他提到约瑟夫斯和修昔底德各一次,提到李维两次;他甚至在其中一处以意大利语引用了李维。在这样的情境下,李维得到的殊荣并不会让我们惊讶;马基雅维利的《李维史论》论的就是李维的前十书。

我应当稍微详细地谈谈《卡斯特鲁齐奥传》(La Vita de Castruccio Castracani da Lucca)。与马基雅维利的大部头著作相比,这本雅致的小书以一种更直接(或简洁)和更精炼的方式揭示了马基雅维利的道德品味。同时,这本小书还以少有的清晰明确揭示了马基雅维利与古典道德或政治思想的两大趋向或派别的关系。为了表明这一点,我不可能不越出我在本文为自己规定的界限,不过,下面的内容将为我这明目张胆的越轨无声地辩解。

在马基雅维利笔下,卡斯特鲁齐奥(Castruccio)被描绘成古典时代之后最伟大的人:要是他生在古代,他将会超越腓力(Philip)——亚历山大大帝的生父——和斯基皮奥(Scipio)。② 与腓力和斯基皮奥相仿,

---

① 两人的著作已有中译,参见弗龙蒂努斯,《谋略》(袁坚译),北京:解放军出版社,2005;韦格提乌斯,《兵法简述》(袁坚译),北京:解放军出版社,2006。

② 全名 Publius Cornelius Scipio,别名 Africanus Major,中译多作西庇阿(前236—前184/3)。生于贵族世家,23岁即作为统帅征战西班牙,历7年之功平定迦太基人之乱。次年担任执政官,不顾元老院反对入侵非洲。公元前202年击败汉尼拔,赢得第二次布匿战争,由此得名 Africanus。公元前199年选任监察官,并成为元老院议长(princeps senatus)。后在卡图发动的政治攻击中遭到审判,含恨引退,最后死于流放途中。比较《君主论》第14和17章对斯基皮奥的两次引证。腓力是在46岁时遇刺,斯基皮奥计52岁,马基雅维利显然是在刻意拉平卡斯特鲁齐奥与两人的年龄差距。

卡斯特鲁齐奥活了 44 岁。他超越腓力和斯基皮奥,是因为他凭借"低微的出身和迷离的身世"成就了一番伟业。卡斯特鲁齐奥类似于那些最卓尔不群的人,这些人或者都曾置身于野兽之中,或者就是生父无比鄙贱,于是他们就改认朱庇特神或某位别的神为亲父。一位神父的妹妹在自家的花园中发现了襁褓里的卡斯特鲁齐奥,她和哥哥一起抚养他,一心培养他成为神职人员。然而,卡斯特鲁齐奥一满 14 岁就离开了布道书,投向了武器。他得到城里最显赫的老爷———一位吉伯林党的雇佣军首领(Ghibelline condottiere)的垂青,这位老爷把他带到家中,当成一名军人来教育。以最短的时间,卡斯特鲁齐奥成了一位完美绅士,以他的审慎、优雅和勇气著称。他的主人在辞世之际委任他教导自己的幼子,并看护自己的财产。卡斯特鲁齐奥别无选择,只能成为主人城市的统治者。他赢得了辉煌的胜利,成为托斯坎(Tuscan)和伦巴第(Lombard)的吉伯林党的统帅,最终还差点成为托斯坎的君主。① 卡斯特鲁齐奥终生未婚,以免对子女的爱会妨碍他报答恩人的养育之恩。描写完卡斯特鲁齐奥的出身、生平和死亡,马基雅维利随后用了半页的篇幅来刻画他的性格,并接着用三页之多的篇幅汇编了卡斯特鲁齐奥自己的或他听到的妙语。这些格言向我们揭示了卡斯特鲁齐奥的心智。一共有 34 条这样的格言。几乎全部(31 条)可以追溯到第欧根尼·拉尔修(Diogenes Laertius)的《名哲言行录》。当然,马基雅维利并没有提及第欧根尼·拉尔修,也没有提及他借用并加以改写的格言出自哪位哲人。与这一沉默相一致的是,马基雅维利很少提及哲学和哲人:《君主论》和《李维史论》加起来,只有一次提到亚里士多德,一次提到柏拉图。在《卡斯特鲁齐奥传》的结尾所复述的这些格言中,只有一则来自亚里士多德。亚里士多德的这则格言前后分别是某位比翁(Bion)的两则格言。比翁是臭名昭著的无神论者忒奥多洛(Theodorus)的学生,他本人是一个诡诈善变之徒,背景复杂的智术师,这个人毫

---

① 吉伯林党即当时神圣罗马帝国皇帝的支持者,与这些保皇派针锋相对的是支持教皇的 Guelph 党(但丁即属此派)。

无羞耻地在同伴的陪伴下像一个无神论者那般行事。① 这五则前部分是关于昔兰尼的阿里斯提普(Cyrenaic Aristippus)的15条格言,后部分则是关于犬儒第欧根尼(Cynic Diogenes)的11条格言。阿里斯提普和第欧根尼同样都极端蔑视与自然对立的习俗。马基雅维利的这位理想君主的心智——正如这位君主自己的或听到的妙语所揭示的——让我们无比强烈地回想起阿里斯提普和第欧根尼这类不光彩的哲人,而几乎没让我们想起亚里士多德。以一种反讽的方式,这些格言揭示了马基雅维利自己最隐秘的思想:在这一思想的中心,比翁系缚着或覆盖了亚里士多德,而构成其外围的,则是一种令人震惊的道德学说。② 我们能够——我相信,我们也应该这样解释这一线索:马基雅维利与道德和政治哲学的伟大传统决裂了,他与苏格拉底开创并在亚里士多德那里达到顶峰的传统决裂了;他与之决裂的这个传统认为,存在着自然正当(natural right)。马基雅维利转而选择了另一种古典传统,选择了所有正当都是习俗的(conventional)这种观点。与阿里斯提普和第欧根尼不同,马基雅维利是一位政治哲人,他关心好的社会;但他对好社会的理解却是出于习俗主义(conventionalist)的假设,出于极端个人主义的前提:人天生不是政治的,人天生不朝向着政治社会。马基雅维利实现了对两种古典传统的综合。他从所有古典思想运行的航道跨入一个新的航道,从而实现了这一综合。借用可谓他自家的说法,他发现了一块与在他之前的人们所知的唯一大陆不同的新大陆。

现在,我们已经准备好在我们当前的讨论力所能及的范围内来探讨《君主论》。从献辞书中,我们得知三件事:马基雅维利对伟大人物事迹的知识,来自对现代事物的长期经验和对古代事物的不断研读;《君主论》在短小的篇幅中囊括了马基雅维利所知的一切;这是一种关于君主的性质和君主统治的原则的知识。马基雅维利称《君主论》为

---

① 其恶劣行径可见于《名哲言行录》卷四之"比翁"。
② 我们不难想象出马基雅维利所安排的格言次序:阿里斯提普的十五条格言——比翁的两条格言——亚里士多德的一条格言——比翁的两条格言——第欧根尼的十一条格言。

一篇论文(a treatise)。与此同时,《君主论》也是一本面向时代的策论(a tract):面对当时的一位意大利君主,它炮制了动人心魄的吁请,并以之作为顶峰或终点,吁请其将意大利从侵扰自己的异族手中解放出来。至少在第一眼看来,这本著作旨在为当时意大利的行动作准备,尽管如此,对古代的敬仰之情激荡甚至指引着它:为了行事英明,今人必须模仿古人。每一章的标题都是拉丁文。在某种意义上,此书在第六章达到了高潮,在这一章中,马基雅维利专门讨论了凭靠属于自己的武装和德性(virtue)而获得的新君主国。在那一章里,马基雅维利引证了几位最伟大的楷模——他们预示着人所能模仿的最高目标:摩西、居鲁士、罗慕路斯和忒修斯。尽管提到了摩西和居鲁士,但总体而言,重点还是在古典时代。马基雅维利只有一次提到《圣经》,如他自己所说,他提到的是《旧约》中的一个富有寓意的故事(allegory)([译按]见第13章);但他从未引用《圣经》。他一次提到古代史书,两次提到作家们,一次提到史书,这些情况全都是指古代作家。他四次引用拉丁散文作家——查士丁尼(Justinus)和塔西佗各一次、李维两次,均未提及作家的名字(分别见第6、13、21、26章)。他一次明确引用维吉尔,正如他一次明确引用彼特拉克的一首意大利语诗([译按]分别见第17、26章)。至于四个最伟大的楷模之一的居鲁士,乃是色诺芬所描写的居鲁士。马基雅维利特别提及了色诺芬的《居鲁士的教育》,而且紧紧列在《君主论》最著名的一章——第15章之前,在第15章,马基雅维利阐述了自己的政治哲学方案,一种与政治哲学的伟大传统截然对立的政治哲学。他说,他有意要写些有用的东西,因此他将谈论与对事物的想象不同的"事物实际的真实情况"。因为许多人都曾经想象过从未为人所见或所知确信存在过的共和国和君主国。个中原因在于,这些人以人应当如何生活作为方向;马基雅维利将以人实际如何生活作为自己的方向。话锋主要针对哲人们——即柏拉图与亚里士多德——尽管也可能针对着上帝的王国。不管怎样,马基雅维利在此以一种绝无仅有的明晰和精确表明了他的政治哲学截然对立于古典政治哲学,以及这种对立的根源所在。然而,恰恰先于这种挑战或挑衅,马基雅维利刚表示了对一位古代哲人色诺芬的教诲的认同。色诺芬对马基雅维利有着独特的重要性:在《君主论》和《李维史论》中,柏拉图、亚里士多德和西塞罗加起来都不如色诺芬被提及的次数多。这是一种偶然,还是有意为之?

要回答这一问题,我们必须先来理解色诺芬的独特性。马基雅维利谈到——而且深表认同地提及色诺芬的两部著作:《居鲁士的教育》和《希耶罗》。在《居鲁士的教育》中,色诺芬展开了一场居鲁士和其父亲之间的对话,由于这场对话,居鲁士获得了政治-军事上的道德观。从贤人般的父亲那里,居鲁士惊闻(他很快就克服了自己的震惊),正义的共同规则只能用于一国同胞之间的关系,或者说,无论如何都不能用于与外敌的关系。① 但是,马基雅维利挑明,色诺芬在《居鲁士的教育》中的这一教导,要比他明确陈述的教导更为宽泛;武力与欺骗(尤其是欺骗)必不可少,不仅对于抗击外敌如此,对于在自己的共同体中消除抵抗以成为绝对统治者亦是如此。《希耶罗》是一位智慧者与一位僭主之间的对话。由于自己身为僭主,这位僭主极不快乐,或说佯称极不快乐。这位智慧者向他表明,如果他愿意善待自己的臣民,他就会变得极其快乐。在这一语境中,这意味着,一个人犯下滔天罪行而成了城邦的统治者,如果他再将自己由此攫取的权力用来善待臣民,他就会变得非常快乐。因此,我们把色诺芬视为古典思想家中为马基雅维利做了最多铺垫的人。由此我们否认,扮演这一角色的是人们所谓的智术师。在这一方面,马基雅维利缄口不提智术师,尤其缄口不提修昔底德史书中雅典人和米利都人的对话——这场对话常被看作智术师派思想文献,不仅如此,根据一位最合适的评判者亚里士多德的评价,智术师的典型特征在于把政治技艺等同于(或约等于)修辞术,而不是在于教导强权即公义。与此相类,色诺芬把高尔吉亚(Gorgias)的一位学生描写成善于驾驭贤人——因为贤人会受言辞左右——却丝毫不能让非贤人听命于自己的将领;而在自己的笔下,色诺芬能够统御这两种人。② 高尔吉亚的学生做不到的,这位苏格拉底的学生却做到了,因为

---

① 见《居鲁士的教育》(沈默译本为《长征记》)卷一第六章。
② 见《上行记》(崔金戎译本名为《长征记》)卷二末尾部分。

作为苏格拉底的学生，色诺芬并不信任言辞的全能或准全能，他深知，只有通过杂用劝说和胁迫——杂用一种特定的言辞与拳脚的力量（brachial power），才能统御众人。毋庸置疑，色诺芬并不是一位马基雅维利之前的马基雅维利：色诺芬的道德宇宙有两端，伟大的政治人物居鲁士指向其中一端，色诺芬所敬重的老师苏格拉底则指向另一端。但在马基雅维利的道德宇宙里，并未有苏格拉底的位置。要从色诺芬横渡到马基雅维利的思想，就必须与苏格拉底的思想一刀两断，必须发现一块道德的新大陆。

跟《君主论》一样，《李维史论》一方面模仿古代，听命于古代作家的教导，另一方面则阐述全新的模式和秩序，实际上在与古典传统彻底决裂——但它融合这两者的方式和调子均不同于《君主论》。从标题"李维史论前十书"可以看出，《李维史论》意在预备好古代精神的重生。在开场白中，马基雅维利自喻为发现道德世界的哥伦布：从开场白可以看出，《李维史论》阐述某种前所未有的东西。《君主论》每一章的标题均为拉丁文，而《李维史论》每一章的标题均为俗语。甫一开始，我们就能发现，在马基雅维利揭示和复兴罗马共和国的制度和精神的诉求中，两种迥然不同的倾向的和解：与现今存在的制度和精神相比，那些制度和那种精神才是全新的。对于《李维史论》的这一谜题，这样的解答既健全（sound）又不健全，正如这样一种观点：《君主论》讨论君主统治，而《李维史论》讨论共和统治。说这些观点健全，是因为它们有马基雅维利明确表达的内容为依据；说它们不健全，因为它们没有考虑马基雅维利明确表达的其他内容，最重要的是，没有考虑马基雅维利在两本书中实际上做的是什么。

《李维史论》远比《君主论》难以理解。对此，一个显而易见的标志就是，《君主论》的谋篇和结构比《李维史论》远为清晰。个中原因似乎在于，马基雅维利在《李维史论》中遵循着两个不同的谋篇：他自己的谋篇（书中有相当多的迹象）、李维叙事的次序所加诸他的谋篇。更贴近[文本]的研读表明，决定马基雅维利对李维史书段落的所有使用和择选的，不是李维的次序，而是马基雅维利自己的谋篇——尽管从他自己明确给出的迹象中并不能充分看清楚他的谋篇。即便马基雅维利看上去完全是在遵循李维的次序时，也有一个马基雅维利的理由在那里。我们要明智地假设——至少一开始就这样明智，马基雅维利在确立《李维史论》的谋篇时，他的头脑依然清晰和有条不紊。为了发现马基雅维利这样谋篇的理由，除了其他东西，我们必须仔细观察他对李维的使用和不用，以及他使用李维的各种方式。说到马基雅维利对李维的使用，我首先理解的是他对李维的明确使用。这种明确的使用包括：明确从拉丁文引用李维、隐晦地从拉丁文引用李维、明确地提及李维却未引用、隐晦但却显然地提及李维，比如"此书"（questo testo）或"史书"（la istoria）。当然，有人会说，有时候马基雅维利使用李维的材料，同时却闭口不谈这一材料的出处，甚至屏蔽李维的故事。不过，我们可以充分地确立起这种宽泛意义上的对李维的使用，只要我们能够以马基雅维利的双眼来阅读李维的整部著作，也就是说，只要我们具有一定程度的穿透力——如果我们还算明智，我们就不会宣称拥有这种穿透力。然而，每个人都能轻松地看出，马基雅维利是否提及或没有提及李维。

为了理解马基雅维利的谋篇与李维史书的次序的关系，我们必须首先把握马基雅维利的意图与李维的意图之间的差异。马基雅维利只有一次谈到这种差异，而且是在他的论证已经极为深入的地方。在第二卷的第31章（"信任被放逐的人有多危险"），他提到李维所举证的一个例子，这个例子异于李维的目的：但它并不异于马基雅维利的目的。这个例子异于李维的目的，因为它并不是一个罗马的例子。马基雅维利的目的并不仅仅是罗马。他想要激励自己的读者来效仿共和制下的罗马人的德性。描述罗马共和国的未败坏状态的卓绝史家是李维。但李维无法教导我们，说他所赞美的德性可以由今人模仿。有人会说——马基雅维利确实就这么说：一度对人可能的，原则上对人永远可能。如果他可以通过各种各样的例子来表明，古代的行事方式智慧，而现代的方式愚蠢，或者有些今人确实像古人那般行事，那就会更加有说服力。马基雅维利作为一位今人在为今人写作，这个纯粹的事实意味着，马基雅维利的意图与李维不同。此外，我们刚提到的这条总则证明，模仿古人在物理上可能（physically possible），但并没有证明模仿古人在道德上可能（morally possible）：古人是异教徒，而且我们可以质疑异教徒的德性不过只是光鲜的恶德。因此，马基雅维利必须表明，古人的德性是真正的德性，古人的诋毁者们所鼓吹的德性不是真正的德性；他必然面对着一个李维不曾面对的困难，而且他必须克服这个困难。

我们由此理解了《李维史论》的典型的那章应有的特征；它讨论了一个罗马例证和一个现代例证。① 但不可能每一章都是典型的。有的章只包含古代例证；有的章只包含现代例证；有的章包含古代例证，但都不是罗马的例证；有的章只包含古代的和土耳其的例证。

对《李维史论》整体做一次粗略的阅读可能会让人假定，马基雅维利几乎在每一章都引用了一句李维的表述。然而，没有什么比这更远离真相的了。马基雅维利在第一卷前半部分的布局极其出人意料。前11章没有对李维的任何引用，接下来的四章总共有四次引用李维，②此后24章就没有再引用李维。这种节约在此部著作的其余部分罕见其匹。借理解马基雅维利在前39章的布局，我们可以更好地理解他使用李维的含义所在。

马基雅维利开始引用李维的这几章讨论罗马人的宗教。第一次出现李维引文的那一章猛烈攻击罗马教会，认为它导致了意大利人的不虔敬和意大利政治上的虚弱。第2章表明，罗马人——实际上是罗马贵族——如何审慎地利用宗教来让平民保持恐惧和顺服。最后一章表明，"罗马人的德性"（Roman virtue）如何战胜了"宗教的德性"（virtue of religion）赋予罗马敌人们的不屈不挠。罗马暴君治下的作家们不能谴责恺撒是僭主，只能转而赞美布鲁图斯（卷一第10章），同样，教会治下的马基雅维利不能攻击基督教，而只能颂赞罗马异教徒们的宗教。马基雅维利用李维的权威来对抗《圣经》的权威。李维的史书才是他的《圣经》。

在全部《君主论》和《李维史论》中，对《圣经》的引用只有一次。《李维史论》第一卷26章表明，新君主必须在他所攫取的城邦或领地

---

① 据信这个典型章节就是卷三第7章，详见施特劳斯《关于马基雅维利的思考》（申彤译本），页121–123。

② 以拉丁文引用李维：第12、13章各一次，第15章两次。

中革新一切;必须引入新的名衔和新的政府,并启用新人;必须把富人变穷,把穷人变富,正如大卫当王后所做的那样;"叫饥饿的得饱美食,叫富足的空手离去"(qui esurientes implevit bonis et divites dimisit inanes),正如马基雅维利所引用的《尊主颂》(Magnificat)所言。① 他补充说,这些手段极为残忍,不仅悖于基督教的各种生活方式,而且还悖于每一种人道的生活方式。只有那些记得马基雅维利在前一章结尾所言的读者,才能领会这一表述的全部分量;在那里,马基雅维利说,下一章讨论作家们所说的僭政。正如整部《君主论》一样,第26章极力避免僭主一词(《君主论》碰巧也由26章组成)。大卫王因此是一位僭主。作为一位僭主,大卫王的所作所为与《尊主颂》中的上帝无异。完整说出马基雅维利促使他的读者想到的亵渎,这让我厌恶。

我已经谈到李维的权威(authority)。我在此处用的是这一表达的最充分含义:李维的史书要取代《圣经》。但是,李维的权威取决于(它预设了)古代罗马的权威地位。只有确立起古代罗马的权威,马基雅维利才能确立李维的权威。由此我们可以理解马基雅维利在《李维史论》前六章中的布局。第1章泛论了城邦的起源并特别论及罗马的起源,其间高度赞扬了古代埃及,一个"在最久远的古代"繁盛的政治社会。这完全是一个权宜的赞扬;在第二卷的开头,马基雅维利悄然但无疑收回了这一赞扬。这即是说,在第一卷的开头,马基雅维利所秉持的原则认为,古老的就是好的,因此最古老的就是最好的:要证明最古老者的最好,只需要表明它确实是最古老者,除此再不需要任何进一步的证据。可这意味着,并不属于最久远的古代的罗马的"好"需要证明。接下来的五章给出了证明。第2章讨论共和国的各种类型,并特别讨论了罗马的政体(polity)。单一的政体与混合的政体哪个更可取,马基雅维利提出了这一问题。主张混合政制(regime)者,是那些在多数人看来比单一政制的信众更智慧的人:马基雅维利所依随的并不仅仅是

---

① 《尊主颂》即《路加福音》第一章46-55节。玛利亚在生耶稣以前,听到圣灵说她将生圣子,于是她就唱起了《尊主颂》。换句话说,《尊主颂》歌颂的是上帝,而不是大卫王。

更智慧的人(the wiser man),而是那些就多数人的意见而言更智慧的人;他依随的是权威。马基雅维利提出的证明实际已由珀律比俄斯(Polybius)给出过,但他并没有提到珀律比俄斯。依随珀律比俄斯,马基雅维利分别谈到了斯巴达和罗马的混合政制。从吕库戈斯(Lycurgus)一人那里,斯巴达在建城之初就获得了它的政体;罗马的政体是由于平民和元老院之间的冲突而意外产生的。这似乎表明,斯巴达的政策(policy)优于罗马的政策。事实上,这正是"多数人的意见"。但是,马基雅维利现在大胆放言,这些多数人立论草率:早期罗马激烈的纷争恰恰是罗马自由的首要成因(见第4章)。此外,罗马与斯巴达的不同还在于,前者由平民护卫着自由,后者由贵族护卫着自由;斯巴达的安排似乎更为可取,因为斯巴达的自由比罗马更持久得多。两种选择各有各的道理。马基雅维利通过作出一个区别克服了这一难题:于一个持盈守成的共和国而言,斯巴达的安排最好;于一个希望成为大帝国的共和国而言,罗马的安排最好([译按]见第5章)。然而,所有人类事物都处于运动中,因此斯巴达所追求的稳定有违事物的本性,只能通过好的运道才能成就。以这种方式,马基雅维利通过论证确立了罗马的权威;不过,在说明他自己的抉择时,他四次说到"我相信"(credo[译按]见第6章)。马基雅维利此时已经证明罗马优于斯巴达了?抑或,他所表明的仅仅在于,在无所凭依的理性的法庭面前,罗马跟斯巴达打成平手,所以我们可以随意相信罗马更优越?马基雅维利的讨论以四重的"我相信"结束,这一事实似乎表明,他承认罗马的优越性并不完全是基于理性的根据;在承认罗马的优越性时,他屈从于权威。

在确立罗马的权威时,马基雅维利批评了几位罗马的批评者,但并未以他自己的名义公开批评任何古代作家。在下一部分([译按]即第7—10章)——即紧列于论述宗教、其间第一次引用李维的部分之前的那一部分,马基雅维利反对了"多数人""可能"持有的意见,这种意见认为:罗慕路斯应受谴责,因为他谋杀了自己的兄弟雷慕斯(Remus),也即是因为他该隐(Cain)式的行为。马基雅维利驳斥这一意见,不是借助于任何权威,而是借助于"一条通则",但他并没说这条通则是否广为接受([译按]见第10章)。在前面的一章中,对于"多数人"为了平民和元老院之间的冲突而谴责罗马的观点,马基雅维利曾予以攻击,并最终提到了西塞罗的权威([译按]见第4章)。然而,当现在需要宽宥的行为不再是街市上的喧嚷和店铺的关闭(如前面的这章),而是谋杀——谋杀自己唯一的兄弟,马基雅维利并没有暴露出任何求证于权威的需要。不过,有人会说,是罗马神圣建立者的权威使得马基雅维利能够反对虚假的规则,即反对绝对禁止谋杀,罗马神圣建立者的权威就是真正的规则——在某些情境下准许搞谋杀。

必须稍微谈一下马基雅维利对李维的第二组引用。在展开对十人执政团(Decemvirate)的讨论的那一章中,引用李维共计六次([译按]见第40章)。在这场讨论中,马基雅维利绝对中立地探讨了保存自由和建立僭政所分别要求的政策。为了表明一位潜在的僭主如何得逞,马基雅维利研究了克劳狄(Appius Claudius)的事迹(据他说,克劳狄是罗马所有公法和私法的创立者),尽管克劳狄建立僭政的尝试落空了,但由他订立的法律并未随着他的毁灭和暴死而废止。这种中立也出现在《李维史论》的其他地方,它是政治不道德(political immorality)的顶峰,因此也是纯粹不道德的顶峰;对李维的第一组引用揭示了异教与圣经宗教之间的一种中立,与之相比,前者是一种同样严重的异端。马基雅维利不可能以其他方式更清楚地表明,他引李维不过是为我所用,与其说他以人道的方式引用李维,毋宁说是以不祥的方式(ominous rather than humanistic)。

马基雅维利被迫要树立罗马的权威,因为罗马的模式和秩序相对于所有其他——比如斯巴达的——模式和秩序的优越性并不明了,或者说并未得到普遍承认。在这样的语境中,他不得不谈到罗马的一些所谓的缺陷:他并没有否认这些缺陷,但在他看来,这些缺陷事实上是为了实现最好的模式和秩序而必须付出的代价,因而有着正当的理由。借由第一卷上半部其余部分的论述,罗马的地位进一步得到提升。此后就凸显出一个根本的转变。突然之间——即便是小心翼翼地,马基雅维利开始批评罗马共和国,甚至于批评最不败坏时期的罗马共和国,尽管他一次次回到对罗马的赞美,但又一次次转入对罗马的批评。马基雅维利通过"最显而易见的理由"来捍卫罗马的独裁官制度,反对

"某位作家"所持的看法——这位作家没有"详致思忖这个问题",而其裁断"竟已匪夷所思地为人深信"。同时,马基雅维利廓清,罗马的体制并不优于与之不同的威尼斯的体制,威尼斯对同一目的的应对同样出色:今人的典范并不完全是古罗马的模式和秩序([译按]见第34章)。随后,他明确谈到罗马土地法的"缺陷",措辞可谓相当委婉。归根结底,这一缺陷的成因,或许不得不称之为罗马贵族的贪婪(措辞可不委婉)。正是由于这种贪婪,罗马没有像斯巴达那样恪守应保持公产充足、所有公民清贫这一基本原则([译按]见第37章)。在这一批评的语境下,马基雅维利点名提到了李维,自论述宗教的部分结束以来,这还是第一次;事实表明,李维不仅是罗马的颂扬者,而且还是罗马的批评者。李维之被需要,从此不再仅仅是为了把使马基雅维利得以攻击既成权威的反向权威(counter-authority)传交给今人;从此往后,还需要用李维来消除这种反向权威。换言之,权威从此不再是古代罗马的实践和政策,而是李维——(李维的)一部书;唯从此处开始,李维才是马基雅维利的圣经,或说是他与圣经分庭抗礼的所在。在第39章,马基雅维利从他对罗马人的批评中得出了决定性的结论:勤于审视既往,不仅可以使人预知每一个未来的共和国将发生之事,及时以古人之法匡谬纠偏,而且可以使人发现古人未用或未知的良法。罗马的模式和秩序已经表明它不止在一个方面有缺陷,所以我们必须断定,马基雅维利认为,需要超越古人的模式和秩序,或者必须寻求全新的模式和秩序。其所以必要,根本原因在于:古代罗马的政体是机运所为,即便可以说,这是经常得到智慧地运用的机运的作为;为了应对各种突发的意外事件,古代罗马人发现了他们的模式和秩序,并出于对先祖的尊重而持守不弃。不管怎样,马基雅维利是成功剖析罗马共和国的第一人,因而也是理解罗马共和国的诸般德性与恶行的第一人。因此,马基雅维利可以教导他的读者们,如何能够有意地构建一种与罗马相类并优于罗马的政体。从今往后,在马基雅维利发现的新大陆上,原来的一种幸运的偶然——因而本质上有缺陷——可以成为理性的欲望与理性的行动所追求的目标。正是出于这个理由,马基雅维利所推崇的模式和秩序,甚至那些他从古罗马全盘照搬的模式和秩序,被他正当地描绘成新模式和新秩序。

在第二卷的开头,问题浮现出一个新的维度。马基雅维利首先针对"多数人",尤其是普鲁塔克("一位极沉稳的作家")所持的观点,为罗马辩护,继而表明,归根结底是罗马共和国摧毁了西方好几个世纪的自由。继此之后,马基雅维利修正了自己早前对罗马与斯巴达之高下的断语。罗马能够摧毁西方的自由——东方哪懂得自由,并使自己成为世界的女主人(mistress),端赖其慷慨地接纳外国人为公民;斯巴达这样的共和国武备精良、法纪严整,而且也没有罗马那样多的骚乱,但并没有取得罗马那样的伟业,只因它唯恐新居民的融入会败坏自己古老的习俗([译按]见卷二第3章)。罗马共和国——有史以来最伟大的共和国,或最具政治性的共同体,它带给西方世界的,是东方式的顺服,以及对政治生活(或公共生活)的至高地位的压制。一方面,罗马共和国直接对立于基督教共和国,另一方面,它又是基督教共和国的成因之一,甚至是其原型。这就是马基雅维利对罗马的评价模棱两可的根本原因。

马基雅维利质疑罗马的权威先于质疑李维的权威,而且引向质疑李维的权威。他第一次公然攻击李维是在第58章——这即是说,大约在他明确开始批评古代罗马20章之后。早在第49章,他就已经承认李维史书可能在一个看法上有缺陷。在同一章中,在谈论佛罗伦萨之时,马基雅维利表示,对佛罗伦萨事务的"真实记忆"(true memory)超出一定时期就不可征引了。李维史书可能具有的缺陷是否会因为这一事实:李维在马基雅维利所提的那个段落中,对自己所记载的事件并没有"真实记忆"? 在那一段落中,李维本人确确实实谈到远古之事茫昧难稽。早先,马基雅维利已谈到过"在古代史书的忆述中读到的"事例([译按]见第16章开头);李维的史书——当然包括其前十书——就由这种对古代历史的忆述组成。但马基雅维利并不仅仅质疑李维史书纯粹的可靠性;他还质疑李维对史实的择选及其侧重之处。在重述十人执政团的故事时,马基雅维利几乎没有提到李维长篇大论详述的弗吉妮娅事件(Virginia incident),何况在谈到克劳狄的过失时,他同样没有提到这一暴行。在另一处,马基雅维利引用李维的表述说平民变得

"顺服",他又让李维说平民变得"可鄙和虚弱"(见第57章)。一位现代批评者曾指控马基雅维利,认为他完全曲解了李维史事的含义,而且篡改了这些史事的旨趣。如果它是要暗示马基雅维利对自己的所作所为心知肚明,这一批评就完全持之有据。马基雅维利有意把李维用于他非李维的目的。他蓄意把实际的罗马统治阶层转变成一个在他看来应该如此的统治阶层;他把罗马统治阶层变得比实际"更好";这一群体的骨干原来都是些极有德性和极虔敬的人,经马基雅维利之手,其骨干变成了另一群人:他们完全摆脱了俗众的成见,唯马基雅维利式审慎(Mchiavellian prudence)之马首是瞻,来满足彼此对此世的不朽荣誉的贪求。①

马基雅维利首先用李维的著作作为他的反向权威或反向圣经;借由李维史书,他传达了一种学说来秘而不宣地取代圣经的学说。之后,他明确质疑李维的权威,并由此提请我们注意他已悄然对圣经做了什么。夸张点说,马基雅维利把李维当作一个微不足道的文本(corpus vile)使用,他能够通过它表明,他怎样已悄然地对最尊贵的文本(corpus nobilissimum)加以处置。对李维的这种双重使用关系到异教罗马的双重性质:异教罗马既是基督教会的敌人,又是基督教会的原型。

最后,马基雅维利质疑权威本身,或说质疑所有的权威。在进入宗教问题之前的那一章,他赞扬了从涅尔瓦(Nerva)降至奥勒留(Marcus Aurelius)的罗马皇帝,称颂他们统治的时代是一个黄金时代,每个人都能坚持和捍卫自己属意的任何意见([译按]见第10章)。九章过后,马基雅维利似乎非常随意地说道,"推究天下万物,不亦乐乎哉"([译按]见第18章开头),而他在《君主论》中说,"我们不应当推究摩西,因为他只是上帝托付给他的各种事务的执行者"([译按]见第6章),而且不应当推究教会的王国,"因为它们由上帝擢升和看顾,所以讨论它们属狂肆冒失者所为"([译按]第11章)。在第一次反驳李维的那一章(卷一第58章),马基雅维利实际上反驳的是"所有作家"。当时他

---

① 《君主论》第21章:"审慎就在于知道怎样来估量各种不利,以及把不那么邪恶的事情接受为一件好事。"

说:"我不认为,并且永远不会认为,一个人用理性来捍卫任何意见有什么不对,假如他不想在这种抗辩中求诸权威或强力。"马基雅维利不可能比这更为清楚和温和地阐述他的原则,即唯有理性——不同于权威的理性,能够让他赞同。拒斥权威,原则上意味着拒斥将好的等同于先祖的,并因此拒斥将最好的等同于最古老的;这意味着贬低对长者——最接近古昔的人——的尊敬。《李维史论》的第一卷近乎开始于对最久远的古代的赞美,而文字上结束于对多位"年少时就功成名就"的罗马人的赞美。向那些年轻人,那些少年心智、冲动和大胆还未被自己的审慎磨灭的人们,马基雅维利发出了既激情洋溢又缄默无声的呼召。为了反抗权威、长者和古代,理性、青年和现代崛起了。在研读《李维史论》的同时,我们见证而且不禁深有感触地见证了所有青年运动中最伟大者的诞生:现代哲学的诞生——与阅读不同,等我们亲眼见识到这一现象,它已经是强弩之末,进入了被剥夺权力的衰朽之年。

在《李维史论》中,马基雅维利还提到了李维之外的二十一位作者。如果要我给你们读读这二十一位作者的名单,那将会枯燥乏味。除了李维,马基雅维利最常提到的是色诺芬。然后依次是维吉尔、塔西佗和撒路斯特(Sallustius)。马基雅维利在表明塔西佗的一个意见并非明显正确后仍然试图予以"保留",这一情况绝无仅有([译按]见卷三第19章)。只有塔西佗在马基雅维利那里得到了这种恭敬的礼遇。①是否可以认为这一事实意味着,马基雅维利是在16和17世纪影响甚巨的塔西佗主义(Tacitismo)的肇端者——毕竟它与当时的马基雅维利主义难以分辨,我们必须对此存而不论。②

---

① 详见《关于马基雅维利的思考》(申彤译本),页241-249。
② 文艺复兴时期的人文主义者重新发现了塔西佗,他们通过演绎塔西佗的史书,或者研究罗马帝王和政治人物的事迹,以此来提出自己马基雅维利式的政治学说。这种塔西佗主义常被视为马基雅维利主义的隐秘形式,因为在当时谈论马基雅维利是危险之举,而谈论塔西佗则可明哲保身。

剖 白

——施特劳斯与克莱因的谈话

何子建 译

[中译编者按]1970年1月30日,施特劳斯在其挚友克莱因(Jacob Klein)曾长期担任院长的马里兰州安纳波利斯(Annapolis)圣约翰学院(St. John's College)与克莱因一起同本科生座谈,其时,施特劳斯和克莱因都已经退休,座谈由院长戈尔德温(Robert A. Goldwin)主持。

本文原题"A Giving of Accounts: Jacob Klein and Leo Strauss",译自Kenneth Hart Green编辑的施特劳斯文选《犹太哲学与现代性的危机——现代犹太思想论文与讲演集》(*Jewish Philosophy and the Crisis of Modernity: Essays and Lectures in Modern Jewish Thought*, New York: State University of New York Press, 1997),页457–466。

戈尔德温院长:克莱因先生与施特劳斯先生今天晚上会向我们——"剖白"。

我认为,这次盛会的起因很简单。在座大部分人已认识两位老师许多许多年,可以说,大家对两位老师的学说已了如指掌。

其实,在座大部分人都不太了解两位老师的思想是怎样诞生的(genesis)。如果两位老师能就我们这些学生最感兴趣的事情,亲自谈谈他们的思想是如何源起和发展的,必会令大家茅塞顿开。

根据安排,先由克莱因先生开始,然后轮到施特劳斯先生,接着大家可以提问,这是我们通常采用的方式。

克莱因:促成这次交谈有两大理由,一个是偶然理由,一个是重要理由。先说偶然理由,事实上(而任何事实都差不多出于偶然),刚巧施特劳斯先生跟我相交已达50年,互相了解深透,可谓莫逆之交,如今又都不约而同来到安纳波利斯的圣约翰学院。至于重要理由,施特劳斯先生在这个共同体里还不太为人所知,作为真正的学者共同体,我们应该更好地理解,为什么施特劳斯先生现在成为这个共同体的一员。我俩都认为,将一生中所学到的东西,那些从过去到现在一直让我俩全神贯注的东西告诉各位,这个主意也许还不坏,虽然自己老觉得有点儿不好意思。"死亡周"(Dead Week)① 也许确实提供了恰当的机会,也就是提供了让我这样做的 kairos[关键时刻]。以下言归正传。

一直到25岁,我都有个大难题。当时,我跟施特劳斯先生一样,还是学生——我们也在同一所大学里念书。什么哲学、数学和物理学,我都学一通,免不了蜻蜓点水。不过,在那些日子里最让我入迷的是:不管想什么,也不管对什么事情发生兴趣,觉得这一切好像都完全可以在我自身之内找到;因此,对于自身以外的事情,我总感到没法真正理解,也不理解别人所说或所写的任何东西。我感到自己陷入了恶性循环,无法脱身。我写了一篇博士论文,简直浪费笔墨,却让我得到了博士文凭。过不多久,我又回头做研究。

到了现在,施特劳斯先生和我都在做研究,我们就许多事情讨论个没完没了。施特劳斯先生主要对两个问题感兴趣:一个是上帝问题,另一个是政治问题。这些都不是我在意的问题。我刚才讲过,当初我蜻蜓点水式地学习黑格尔、数学和物理学,到了我重拾研究的时候,就在我居住的小镇,大学碰巧来了一个人,他便是马丁·海德格尔。恐怕你们当中很多人都听过他的名字,部分人也可能透过难以言传的英译本读过一些他的作品。关于海德格尔,我在这里不想讲得太多。我只想指出,他是当代名副其实的伟大思想家,虽然其道德品质比不上其智性品质。听了他的课,我给一件事吸引住了:破天荒有人能让我理解了另一个人所写的东西,我是指亚里士多德的作品。这件事打破了我先前

---

① [译按]该词为美国校园俚语,指学期考试前一周。

陷入的恶性循环。我感到自己开窍了。从此,我就认认真真地做研究,是为己之学,绝不含糊马虎,也不再蜻蜓点水。

我认为,人们必须区分古典思维方式与现代思维方式。我们的世界乃至我们的理解力(understanding)能有今天的样子,都以大约500年前所发生的某种变化为基础,这变化既渗透到我们的思维里,又普遍弥漫于我们周围的整个世界;这变化更造就了人类最伟大的成果之一,即数学物理学,以及与数学物理学相联系的一切附属学科;这变化还促成了我们以一个奇特的拉丁语词称之为"科学"的东西。这种科学衍生自古典思维方式,但这种衍生物同时也是一种遮蔽了我们视力的稀释物。我的研究让我得出如下结论:我们必须重新学习古人所知道的东西;我们应该仍然坚持不懈地进行科学探究,在其中真正的进步才可能,尽管我们所熟悉的科学也能带来倒退,并导致人们从根本上遗忘种种最要紧不过的事情。基于这些研究和此番领悟,就产生了一个问题:人们应该如何受到教育?

那时候,由于某种政治动乱,我不得不跑到美国来,又在圣约翰校园落脚,"如何教育人们"这个大问题一下子变成了"实际的"问题。我在这里碰到了一个人,一个异乎寻常的人,在座各位都会知道他的名字,他便是布坎南(Scott Buchanan)。布坎南当时也在努力解决同一个问题,他终生为此奋斗不已。正如戈尔德温院长告诉各位的,我从那时候开始就留在这个校园里。

与此同时,施特劳斯先生独自研究,坚韧不拔、勤勉不倦,堪称典范。他一肚子学问,满怀热忱,坚定不移,这一切为他带来了丰硕的成果。像许多人一样,我从他那里领受了教益。在我看来,我俩之间确实存在着某些分歧,虽然我不大清楚这些分歧到底包含哪些东西;而且我认为,要找出这些分歧,在此刻不太重要。施特劳斯先生也许会提到这些分歧。

施特劳斯:在我做介绍以前,得先来一段开场白。有人告诉我,某些学院教师对这次聚会表示担心,但唯一有理由的担心与以下问题有关:让人当众谈论自己是否妥当? 一般的答案是:不妥当!但也有例外。第一,适用于一般人的东西并非同样适用于老人;第二,首要的一点是,人们可以就公众关心的事情(matters of public concern)谈论自己的思想,德性正是一项公众关心的事情。那些思想确实与我俩的生活有关,就拿我来说,我将不得不谈谈自己的生活。不过,我对这种事感兴趣,也无非以此作为种种思考和研究的出发点,我希望让那些不了解我的出发点的人能感到明白易懂。一个人的生活到底为什么值得一提?原因在于,我所形成的种种思考不一定为真或正确,我的生活也许能解释我易犯的错误(my pitfalls)。

这次的主题是克莱因与我的种种关系,也就是指我俩之间的一致与分歧。在我看来,与我们这一代的任何人相比,克莱因与我的关系要更为密切。不过,我俩仍有分歧,我倒希望听听克莱因怎样看待这些分歧。很可能这些分歧多少与我俩的性情或气质有关。如果我将自己那些还值得一提的生活故事讲出来,特别是谈谈克莱因怎样影响我的生活,也许对大家更有帮助,更有价值。但我必须提醒在座各位:我很可能记忆有误,也不一定老按照事情发生的先后次序来讲述。

我在德国乡间一个保守的甚至可以说是正统的犹太家庭里长大,相当严格地遵守各种"礼仪上的"律法,对犹太教的认识却非常有限。念人文中学(Gymnasium)时,我受到德国人文主义(German humanism)的启迪,偷偷阅读叔本华和尼采的作品。到了16岁,我在学校念到《拉克斯》(Laches)①,就萌生了一个念头,或者说许下宏愿,要终生研读柏拉图,一边养养兔子,一边当个乡村邮政局长维持生计。不知不觉之间,我就疏远了自己的犹太家庭,用不着造反。17岁那年,我皈依了犹太复国主义(Zionism)②,可以说那是单纯的、直截了当的、政治上的犹太复国主义。

升大学时,我倾向于念哲学,并且最近选择了马堡大学;该大学曾经是新康德主义马堡学派的大本营,这个学派的创始人是柯亨(Hermann Cohen)。柯亨之所以引起我的兴趣,乃因为他既是一位满怀激情

---

① [译按]《拉克斯》乃古希腊哲人柏拉图的对话之一。
② [译按]或译锡安主义,一种要在巴勒斯坦重建犹太国家的政治主张。

的哲学家,又是一个满怀激情地献身于犹太教的犹太人。可是,柯亨那时已不在人世,马堡学派也陷于四分五裂。导致马堡学派分裂的主要原因是,现象学诞生了,而且势力日盛。现象学是由胡塞尔开创的一套哲学方法。几年后,胡塞尔曾对我说过:马堡学派一开始就建造屋顶,他本人则从打地基做起。而且,柯亨毫无疑问属于一次大战前的世界,这个判断同样适用于胡塞尔。由巴特(Karl Barth)带来的神学复苏,最足以体现一次大战后的世界之特点——巴特的《〈罗马书〉释义》初版前言对非神学家也十分重要,它为某种解释方法阐明了原则,这种解释方法仅仅关注主题,从而与历史的解释(historical interpretation)相区别。另一方面,罗森茨维格(Franz Rosenzweig)①完全独立于巴特之外,将犹太神学从沉睡中唤醒。罗森茨维格很有天赋,我对他有多大理解,就对他有多大激赏。

1920年,我在马堡首次见到克莱因,他从念哲学的学生当中脱颖而出,原因不仅仅在于他聪明睿智,还由于他仪表出众——在一个不折不扣的乡下环境中,他一点儿不土里土气。我对他印象深刻,并产生好感。我开始接触他,试图说服他认同犹太复国主义。天晓得我这样做是纯粹出于责无旁贷抑或只是以此为借口,但我丝毫未能说服他。无论如何,我俩从此保持接触,直到现在。

在德国,学术自由意味着学生每学期都可以转到另一间大学去,对于讲座课程也没有什么考勤或考试之类要求。在汉堡取得博士学位后(那真是出洋相),我于1922年跑到弗莱堡大学,以便见到胡塞尔并且听他讲课。我从胡塞尔那儿获益不算很大,也许是我自己不够成熟吧!我的首要兴趣是神学——我曾经问过胡塞尔关于神学的事,他回答说:"要是有一项关于'上帝'的材料,我们准会描述它。"在胡塞尔论述洛采②《逻辑学》的研讨课中,我朗读了一篇论文,该文的首句出现了"感

---

① 罗森茨维格(1886—1929)是柯亨的学生,其主要著作《拯救之星》被视为德国犹太哲学的最后一部伟大作品。

② [译按]Rudolf Hermann Lotze(1817—1881),或译"陆宰",德国哲学家、美学家。

性知觉"(sense perception)一词,胡塞尔马上叫我停下来,随即展开他对感性知觉的分析,并用光了该研讨课的余下时间:到最后,胡塞尔亲切地表示歉意。此外,艾宾豪斯(Julius Ebbinghaus)开设了关于宗教改革时期和启蒙运动时期之社会学说的讲座课程,我也定期去听:他生动地讲解了霍布斯的学说,我迄今记忆犹新,并心存感激;艾宾豪斯本人也跟霍布斯一样,具有一些孩子气的品质。在胡塞尔的追随者中,海德格尔是不为人知的年轻人之一。我不时去听他的讲座课程,虽然连一个字也听不懂,却感觉到他所处理的问题,对于人作为人来说至关重要。有一次,我确实听懂了某些东西:在海德格尔阐释《形而上学》开端部分的时候。如此细致、透彻地剖解一份哲学文本,对我来说真是闻所未闻、见所未见。在回家的路上,我拜访了罗森茨维格,并告诉他:尽管韦伯(Max Weber)到那时为止被我视为科学与学术的精神之化身,若与海德格尔相比,韦伯只不过是一名孤儿。

此刻我又对事情发生的先后次序置之不理,仅希望以最简单的词句来解释,为什么我认为海德格尔胜过胡塞尔。海德格尔把胡塞尔对马堡学派的批判推向极端,并反过来以此对付胡塞尔:不是感性知觉的客体,而是我们要处理并关注的种种事情,也就是 pragmata[事情、情况],才算首要之物。尽管海德格尔不承认,他还是有其道德说教,这道德说教让我受不了。关键的字眼是"决断"(resoluteness),至于什么是决断的对象,他却语焉不详。海德格尔所说的"决断"直接促使他1933年与所谓纳粹站在一起。自此之后,我对他20年之久提不起一点儿兴趣。

我们现在再回到1922年,神学复苏——有时候这甚至被称为正统学说的复苏——实际上是一场深刻的革新。这场革新变得必要,因为启蒙运动对旧正统学说的攻击并非在所有方面都劳而无功,我希望弄清楚,这种攻击在多大程度上失败了,又在多大程度上成功了。黑格尔在《精神现象学》中对这论题的经典说法已经很成问题,因为新的神学质疑黑格尔的整个立场。人们必须降低到这样一个层次,它——不管从好的方面来看,还是从坏的方面来看——都没有黑格尔的层次那么复杂。在犹太教之内——但不限于此——对正统学说做出攻击的经典文献是斯宾诺莎的《神学－政治论》,该书受到柯亨的猛烈批判。柯亨的批判令人印象深刻,理由在于,他完全免除了对斯宾诺莎作为一位迷醉于上帝的思想家(the God-intoxicated thinker)之偶像崇拜,但尽管如此,柯亨的批判并不恰切。为了获得独立的见解,我开始重新研习《神学－政治论》;在这方面,莱辛对我很有帮助,尤其是他的神学著作,其中一些著作的标题便令人生畏。顺便说一句,据我所知,莱辛是对一个哲学主题写下仅有的即兴式生动对话的作家。那时候莱辛的著作常不离我身。这意味着我从莱辛那里学到的,多于我当时所知道的。其后我明白到,我所发现的关于显白言辞和隐微言辞的区分及其根据,莱辛早说过了。

海德格尔于1925年来到马堡。克莱因定期上他的课,海德格尔自然给克莱因留下深刻的印象,但克莱因并没有成为海德格尔主义者(a Heigeggerian)。海德格尔的著作既要求又包括他本人所谓的对传统之解构(Destruktion)——解构还不至于像摧毁(destruction)那样糟;解构的意思是拆卸,乃构造(construction)的反义词。海德格尔有意将希腊哲学特别是亚里士多德的哲学连根拔除;然而,这样做的先决条件是,要揭示希腊哲学的根源,要揭示希腊哲学本来的样子,而并非揭示希腊哲学在传统和现代哲学的视野下所呈现出来的那个样子。与海德格尔本人的哲学相比,由海德格尔所揭示并予以复活的亚里士多德哲学,更能吸引克莱因。其后,克莱因转向研究柏拉图,海德格尔对于他就几乎没有什么帮助。克莱因使我确信两件事:第一,哲学上必要的一件事,首先是返回古典哲学,复苏古典哲学;第二,解读柏拉图的方式,尤其是那些哲学教授和哲学研究者解读柏拉图的方式,是完全不适当的,因为这种方式没有考虑到柏拉图诸多对话的戏剧特性,尤其没有考虑到那些看样子好像是哲学专著的部分的戏剧特性。古典文学学者弗里德伦德(Paul Friedländer)已多多少少明白到这一点,但他对在柏拉图那里哲学意味着什么却一无所知。在解读柏拉图的方式上,克莱因与我确有分歧,我却从来未能准确发现分歧何在。以下的评议也许还有些用处。

克莱因关于希腊数理逻辑和现代代数的起源之论著,是他研究柏拉图的首个产物;在我看来,在思想史的整个领域,至少就我们这一代人而言，该论著无与伦比。

当克莱因为上述论著埋头苦干时，我继续研究斯宾诺莎的《神学－政治论》，这一研究既将我引向霍布斯的作品，另一方面又将我引向迈蒙尼德（Maimonides）的论著。起初，我对迈蒙尼德完全无法理解，只有当我全神贯注于他的先知学（prophetology①）以及那些比他早出现的伊斯兰哲人们的先知学，我才开始对他有些模糊的认识。有一天，我正在读阿维森纳（Avicenna）②的《论各门科学的分支》（*On the Division of the Sciences*），碰到以下句子（只能根据我的记忆引述）：柏拉图的《法义》是关于预言和启示的典范著作。自那时候开始，我就逐渐理解迈蒙尼德的先知学，相信也最终理解了他的整本《迷途指津》（*Guide of the Perplexed*）。迈蒙尼德从不称自己是哲人；他将自己呈现为哲人们的对手。他运用的写作方式确确实实堪称显白。克莱因读完我那篇论述《迷途指津》的文学特征的手稿后，说道："我们重新发现了显白学说（exotericism）。"就此而言，我俩的意见完全一致。但一开始我俩之间就有一道分歧：克莱因过去和现在都远没有我那么看重哲学与城邦，哪怕是哲学与最佳城邦之间的张力。

可以通过三段论的形式表达我当时得出的一个结论：哲学试图以知识取代意见；但意见却是城邦的元素，因而哲学带有颠覆性质，因而哲人必须以这样一种方式写作，他要改善而不是颠覆城邦。换句话说，哲人的思想的德性乃某种疯狂（mania），而哲人的公开言辞的德性乃sophrosyne［节制］。哲学就本身而论超越政治、宗教和道德，城邦却是而且理应是道德的和宗教的。用托马斯·阿奎那（Thomas Aquinas）的话来说，唯独由信仰所引导的理性，才让人懂得必须崇拜上帝，而除了审慎（prudence）之外，理智德性（intellectual virtues）并非就预设了道德德性（moral virtue）。这一点可说明如下：跟一个像阿尔喀比亚德③那

---

① ［译按］据说这是施特劳斯生造的一个词

② ［译按］伊本·西拿（Ibn Sīnā, 980—1037）的拉丁语名，伊本·西拿为阿拉伯哲学家、医师、自然科学家和诗人。

③ ［译按］阿尔喀比亚德（450BC？—404BC），古希腊雅典政客和将领。

样道德上不可靠的人相比,道德人,纯粹的道德人,即通常意义上所谓的 kaloskagathos[既美又好的人]并不更靠近哲人。①

这种哲学观来源于我对前现代(premodem)哲学的研究,它意味着现代哲学有截然不同的特性。在现代,哲学与城邦之间的鸿沟已由于两种新观念得以弥合,或被人们相信已得到弥合;那两种新观念是:第一,哲人与非哲人目的相同,因为哲学从事的工作是改善人的境况(the relief of man's estate),或者说,哲学是"为[人的]力量着想的科学";第二,只有当哲学成果在非哲人之间散播,只有大众启蒙(popular enlightment)有可能做到的话,哲学才可以发挥有益的功效。在康德关于实践即道德理性之优先性的学说中,新观念达到了极致。康德的这种学说多多少少是由卢梭事先提出来的:[对人而言]唯一必需的是善良意志,而所有人都同样有能力具有善良意志。有一种看法认为道德或道德德性至高无上,如果我们把这种看法叫作道德主义(moralism),我怀疑道德主义在古代到底是否存在过。

基于这一考虑,我确认应该把注意力集中于哲学与城邦之间的张力,也就是把注意力集中于政治哲学的至高主题。当代哲学的至高形式或当代哲学的海德格尔形式与古典哲学的区别,是由当代哲学的史学特性塑造出来的;当代哲学以所谓的历史意识(historical consciousness)为先决条件。因此,必须理解这种意识多少有些隐秘的根源。至今为止,当我们把某人称为史学家而不做限定(例如经济史学家、文化史学家之类),就意味着他是政治史学家。政治和政治哲学是历史意识的母体。

答问摘录

提问者:我感兴趣的是,克莱因先生和施特劳斯先生之间有哪些

---

① [译按]施特劳斯的意思是,好人并不比坏人更靠近哲人,因为道德德性与理智德性是两码事,一个涉及道德实践,另一个仅涉及理论知识。

分歧。

克莱因:对于施特劳斯强调我们生活中的政治层面,我确实不太同意;当然,我们对政治也永远不可以漠视。另一方面,我俩都同意,如果真的有哲思(philosophizing),那是某种完全漫无止境的事业,尽管人们必须孜孜以求,到最后还是找不到其目标。至于这当中我俩的分歧在哪里,实话实说,我也不太清楚。

施特劳斯:我相信有另一种方式可以表达这种分歧。克莱因先生和我对于道德状况有不同的看法。

克莱因:(大笑)我只可以这样说,对此我丝毫不能肯定。那好吧,我会补充一下,问题又是在于着重点的不同,我想我不会如此重视人的道德,虽然我认为人应该有道德。

施特劳斯:是的——当然啦!在提到我俩的分歧时,我并没有这样的意思。我认为,与我的相比,在你的万物图景中(scheme of things),道德有一个更高的位置。

克莱因:我确实不这么认为。为何你会这样说?

施特劳斯:因为,我俩曾经常常交谈……不时有个一般公式(general formulda)浮现在我的脑海,那就是,你比我更看重作为道德的道德。且让我解释一下:不言而喻,离开了自制(self-control)及其他几种德性,哲学生活,尤其是按柏拉图和亚里士多德所理解的哲学生活是不可能的。如果一个人耽于酗酒或诸如此类的恶习,他如何能够思考?但问题是,如果这些德性只被理解为屈从于哲学,并且是为了哲学的缘故,对德性就不再有一种合乎道德的理解。

克莱因:可能吧。(此处录音磁带有所中断)

施特劳斯:……这是尼采说过的一句话,尼采是一位现代的极端主义者,对希腊思想却有非凡的辨别力——在其《道德的谱系》的第3篇论文(禁欲主义理想意味着什么?)中,尼采解释了为什么哲人是禁欲主义者。而且尼采明确表示他自己是禁欲主义者。他说,这与骑师的禁欲主义没有什么区别,骑师为了在一场赛马中获胜,必须过极端克制的生活,但禁欲对骑师而言完全不重要,对骑师而言,在赛马中拿第一才是重要的事。如果人们可以拿低等事物跟高等事物相比,就能用类似的说法来描述哲人,对哲人言,思考与探究,而非道德才是重要的事。当然,道德一词是"拙劣的字眼",因为该词有着太多与古人完全格格不入的含义;但我想,出于权宜的考虑,我们不妨采用这个词。

克莱因:如果我从柏拉图那里学到了什么,或者自以为从柏拉图那里学到了什么,就是理解到,没有什么东西能够存在(nothing can be)——没有什么东西能够存在——要不是它以某种方式是好的——[理解或解释]这一点极其困难。这便是我之所以理解到,为什么施特劳斯先生说哲人以某种方式超逾了对道德的关注。我不能同意的是,对事物的终极考虑——就人们能够做到的而言——在任何时候(ever),在任何时候,能将人从对正确行事的强制中解放出来。

施特劳斯:是的,据我看,你是相信这个的。对了,那便是我的意思。

提问者:城邦对于哲人有什么用?

施特劳斯:没有城邦,就不会有哲人。城邦是先决条件。

克莱因:你不会否认这个吧,是吗?

提问者:可是,在我看来,城邦提供的是身体的种种需要。

施特劳斯:一点儿不错!

提问者:但城邦能满足灵魂的种种需要吗?

施特劳斯:在一定程度上说,是的。

提问者:这一点对城邦的存在非常必要吗?

施特劳斯:从某种意义上看,是显而易见的。即使没有义务教育(compulsory education),城邦也会以这样那样的方式教育其公民。

提问者:难道哲人不可以从自然那里获得教育吗?

施特劳斯:哲人最初的教育肯定不是这样。哲人最初的教育通常来自他的父母,乃至其他亲戚,也就是来自城邦。

提问者:有一句话说,凡是存在的事物,都具有这种或那种善的品质,从这句话如何推论出,一个人必须正确地行动?

克莱因:我会非常简单地回答这个问题:一个人必须设法成为他之所是(to be what he is)。顺带一提,要做一个人,要成为人类的一员,并非简单的事情。我们人类的麻烦在于,不管是在出生的那一刻还是到了要断气的刹那,我们都不太完善。

关于哲学与国家的演讲

刘振 译

[中译按]本文依据施特劳斯中心网站提供的讲座录音誊写稿迻译，誊写稿未经整理，多有阙文。中译文〔 〕中的文字，均为译者经考订后尝试在阙文处补充的文字，若阙文无法补充，则以〔……〕标示。誊写稿中有不少文句不完整，以至于有些语词无法译出，也只能以〔……〕标示。( )中内容除注明个别语词的原文外，则为对现场的解说。

　　誊写稿中的有些语词应是听录音转写时出错，凡能订正之处，译者直接订正，不再说明；无法订正之处，译者只能据誊写稿译出。鉴于这次公开讲座的主题在施特劳斯的诸多讲座中极为罕见，录音誊写稿虽然不完整，缺漏甚多，仍然值得译出——中译稿难免舛误之处，盼读者见谅。

主持人:欢迎你们大家来到希莱尔〔堂〕。我们做这样的系列讲座时，总是倾向于多一些介绍人，我〔……〕。我猜。我很高兴欢迎你们大家，并且赶快请上阿纳斯塔普罗(George Anastaplo)，他协助组织或者说实际上的确组织了这个系列在今晚的讲座。阿纳斯塔普罗先生，你们都认识他，他是这个大学位于市中心的通识部的讲师，他会介绍这个系列讲座，也会介绍今晚的演讲人。

（掌声）

阿纳斯塔普罗:很荣幸见到〔……〕女士。今晚，尤其因为这是一个为纪念她的亡夫而设的系列讲座，〔……〕，这是〔……〕特别喜欢的系列。近些年他筹备了好几个这样的〔讲座〕，除了上一个——他每四年办一次,这也是他所办的一个。他不得不被送进医院〔……〕。我必须补充说,这个系列的筹备,很大程度上得归功于勒尔纳(Ralph Lerner)先生和丹豪瑟(Dannhauser)先生。丹豪瑟先生会在周日晚上做讲座,也是这个时间。我们的安排包括演讲,然后是提问时间,然后喝茶或者喝咖啡。随后余下的系列讲座,我们会有小册子。现在我进入今晚的讲座。我相信,由〔……〕高度推崇的一位杰出的政治哲学教授[做今晚的讲座],非常合适。在十五年或者几乎二十年的交往中,[他]应该为这个关于"宗教与国家"的系列讲座打头阵。施特劳斯先生会讨论政治哲学的〔……〕。

施特劳斯: 女士们、先生们,〔……〕夫人。在我的朋友〔……〕拉比去世之后,这是我第一次有此殊荣在希莱尔堂做讲座。请允许我表达敬意,以纪念他。〔……〕拉比唯一〔……〕的关切〔……〕是犹太人的虔敬(piety),纯粹老式、质朴的犹太人的虔敬。他将全部人生奉献给了保持这一神圣之火的活力,或者说恢复这一活力。他非常清楚,这项任务在 20 世纪有多么困难,尤其是在我们这样的大学里。他在这种困难处境中凭借非凡的圆融和审慎处事。他没有反抗(protest against)那些试图一方面将犹太教降低为社会伦理、另一方面将它降低为一种族群文化的人。这两派人保留了古代真理的一部分——无论这部分有多小,因为他们的对立——普遍与特殊的对立——指向完整的真理,亦即被选中的民族(the chosen people)。这个被选中见证正义的民族。他不反驳,而是挽回那些并未像他一样被赐福的人,那些并未成功发现一种调和古老的虔敬与新的科学方式的人。因为,他因真理之爱而同他们团结一致。这实际上是他的宽容和容忍的极限。他宽容,因为他是一个温文尔雅的人,〔……〕对于他们来说,大学首先是一个提升自己的地方。我相信,在听阿纳斯塔普罗先生讲过以后,我知道他本会支持〔……〕先生的朋友的努力,这就是探索一个人如何能够既〔……〕又确保〔……〕宗教的未来,而不是阻碍人的提升。

我想首先简单说一下,我打算如何讨论这个论题。我当然是作为一个社会科学家说话。一个社会学家是这样一个人,他誓言忠于并且宣告令人不快的真理(unpleasant truths),令他自己不快的真理。令人不快的真理有两种:既令人不快也令人愉快的真理,完全令人不快的真理。关于这两者,我举个例子。

对于某个不是完全令人不快的人,对于大生意的朋友,指出凶恶的〔……〕,工会的力量。也不会对工会的朋友指出生意的令人不快的力量。对于这些人来说,由于那些让他们兴旺发展的事实,这些是令人愉快的事实。真正令人不快的事实是那些让某个人的党派路线(party lines)变得可疑的事实。比如,像[雅尔塔]对于职业自由派,以及花费大量军费预算的强中央政府对于职业保守派。我基于这种精神讨论我的论题:一种传统政治哲学关于宗教与国家有何教诲。伏尔泰曾说:〔……〕"一个不敢正视生活之两极——宗教与政府——的人只是一个懦夫"(法语)。① 用我们时代的话说,生活的这两极是作为亚文化事物的政府,与作为超文化事物(supracultre)的宗教。[这是]两个严肃且需要小心对待的事物,不同于文化(culture)。如果我们从文化的角度理解政治和宗教,我们就能看到基本困难,政府——亦即国家——必然是特殊的(particular),宗教则至少就其意图而言是〔……〕所有人是普遍的(universal)。如果我们从文化的视角看待一切,我们就遗忘了普遍物,因为在〔……〕引入文化,我们就遗忘了普遍物,真正的属人之物,因为,按这个词在今天的用法,文化本质上是特殊的。

如果我们接受这种想法,我们或许不得不既质疑宗教的概念、文化的概念,甚至也质疑宗教的概念。宗教不是一个希伯来文词,也不是一个希腊文词。它源于拉丁文[的"虔敬"]。虔敬实际上是一个普遍语词。但是,宗教与虔敬是不是一回事,这是一个相当微妙的问题。我们说一个人有宗教性(religious),我们说他虔敬,我想,我们无论如何不是同一个意思。因为,我不相信每个人都会说布伯虔敬,②但他当然是一个宗教人(a religious man)。但是,尽管这个想法是或者说显得学究

---

① [译按]比较施特劳斯《显白的教诲》篇首题词,见施特劳斯,《古典政治理性主义的重生》,托马斯·潘戈编,郭振华、叶然等译,北京:华夏出版社,2017。

② [译按]当代犹太裔思想家马丁·布伯(Martin Buber)。

气,让我们说——我们有资格这样说——从我们西方的传统看,宗教仅仅意味着每一种属人的关切,个人的纽带,〔……〕。一个思想、意愿并且关切人、关切每个人的人,或者,用一个流行的表达来说,一个作为你(Thou)的存在。

至于这个讲座标题中提到的政治哲学,通过谈论政治哲学的传统,我已经就我们眼下的目的将它的意思表达得足够清楚了。我表达说,政治哲学是某个在我们的时代恰恰不再兴盛的东西。不是尽管,而是由于我们的时代——我相信——到处都在使用哲学这个词以及政治哲学,甚于过去人们对它的使用。我们时代的一个特征就是——我说明一下它的意思——人们现在过度滥用"历史的(historic)"这个词。我们每天都读到一个新的历史事件,这个事件被证明配得上当天的头条,又在明天被忘掉,肯定不会等到下一年。所以,这个词的一种通胀让我们深受其苦,这也适用于哲学这个词。

通货膨胀不应该使我们在真金白银的事情上受骗,这也适用于政治哲学本身。可是,无论政治哲学如何在我们的时代销声匿迹,如今所有的讨论——比如,宗教与国家的问题——都立足于政治哲学,无论讨论者们是否知道这一点。自由主义立场的情况尤其如此。关于这个问题,自由主义的立场肯定不是立足于宗教,〔无论〕犹太教还是基督教,而是立足于无所凭靠的人类心智本身,因而是立足于哲学。那么,人们有理由确定地说一件事,每个人都会赞同此事:政治哲学诞生于希腊,希腊政治哲学的经典文献是亚里士多德的《政治学》(Politics)。

让我们从这里开始:我们从亚里士多德关于我们的论题〔……〕学到了什么?他列举了国家的本质性的诸多功能,诸多作用,按照上升的次序提到了六种国家:从底下的事物到顶上的政府,而且在这个〔……〕当然有如下奇怪的表达,第五和第三,对神圣事物(the divine)的关切。他是什么意思呢?

首先,他说任何国家或城邦都不可能离开宗教,不可能离开已经建立起来的宗教(established religion),亦即对于所有公民具有强制性的政治宗教(state religion)。在亚里士多德以自己的名义就自然正当所作的唯一论述中,他认为向诸神献祭——因而当然包括祈祷——属于自然正当。公民对祭品祈祷,自然是正义的。每一种〔……〕对于〔……〕的关切,作为公共〔……〕的神圣事物。那么,由于这种关切〔……〕。亚里士多德以某种方式〔……〕。这首先是因为,它甚至比事物更必要,同时又甚至比政府更高,但另一方面,它不是第一个,所以他说,第五或者〔……〕。神圣事物就其本身而言,肯定比任何〔……〕更高。

当亚里士多德在这里谈到对神圣事物的政治关切之时,他说,这不是最高的。因为,政治关切是某种彻底有别于关于神圣事物之知识的东西,关于神圣事物的知识是人的最高追求。《形而上学》(Metaphysics)第十二卷的段落解释了答案,这个段落在中世纪非常著名,在拉丁中世纪被称为〔……〕教父们的意见。那么,亚里士多德在那里说了什么呢?他在那里谈到破坏公共官方宗教的关于诸神的流行观念。这些流行观念包含真理的一个要素,但它们不是完全正确的,它们附带了某些不正确的东西。为什么呢?因为,"为了说服众人,为了运用法律和有用的东西——亦即在政治上有用的东西"。①

在某种意义上,法律需要超人的(superhuman)支撑,普通的政治法律,亚里士多德所理解的法律,不可能完全是理性的或者合理的,因为完全理性而合理的东西没有大的力量。涉及技艺、涉及医药、做鞋、〔……〕策略,合理之物是有力的,涉及法律之时则不然。法律的有效性决定性地源于习俗、习惯,而非源于内在理性,因此,法律需要另一种支撑,一种超人的支撑。

一言以蔽之,如果我们——像我们可以做的那样——用宗教翻译亚里士多德的关切,对神圣事物的关切,那么,宗教是政治宗教(civil religion),是政治体制的一个部分。我们也可以使用亚里士多德没有用而是稍晚出现的另一些术语,我们可以说,有一种区别于真正的哲学神学的政治神学(civil theology)。这个术语最著名的表达见于奥古斯丁的一处引文,与廊下派(Stoics)有关,但亚里士多德肯定有这个思想。

那么,这个观点不是亚里士多德特有的。我提几点。柏拉图,所有

---

① 〔译按〕文稿此处有脚注符号,但脚注中无文字。

人都知道柏拉图《王制》(Republic)中的一个命题,哲人的统治是公共幸福的条件。可是,如果你在《王制》的后续[作品]——名为《蒂迈欧》(Timaeus)的对话——语境中阅读它,你会看到,哲人统治取代的不仅仅是民众、贵族和君王的统治,毋宁说,它取代的尤其是祭司(priests)的统治。哲人统治是对祭司统治的充分回应。我现在仅仅断言,这种事情——作为政治宗教的宗教——是所有古典哲人的教诲。

例证就是著名的苏格拉底案。苏格拉底被指控做了不正义之举,因为他不敬城邦的神。那么,他的〔……〕是什么呢?他没有奉上祭品,还是说,他没有以规规矩矩、法律规定的方式奉上祭品?根据这个指控的说法,柏拉图的苏格拉底不相信雅典城邦敬拜的诸神是存在的。〔……〕偶尔省掉一个祭品,就像他在审判最后所承认的那样,他忘了向〔……〕奉上诸如此类的东西。不,这不太正统,他将这一点作为最后的诫命说给他的朋友们:明天要奉上祭品。当然,他没有宣扬,雅典城邦敬拜的诸神不存在,但这一点更重要。在他著名的《申辩》①中,他没有直面他们的指控。他没有驳回它。他给指控者设下一个圈套,这个指控者——这个傻瓜——掉进了圈套,而苏格拉底摆脱了所有困难,这当然没有驳回指控。

当然,苏格拉底在某种意义上宣称,他并不负有所指控的罪责,而且他〔……〕。他在受到指控后暗示,他受到指控是无辜,但这是一个在某种意义上〔……〕故事。当苏格拉底的某个十分热情的崇拜者说:"多可怕啊,苏格拉底,你受到了不正义的指控。"苏格拉底笑了,这是他唯一一次发笑。你倾向于认为你受到了正义的指控吗?如果你们读一读证据,毫无疑问,他负有所指控的罪责。那么,他无法否认,城邦(polis)——亦即城邦(city)——有权要求每个公民相信宙斯、赫拉和所有[神]的存在。他只提出了一个拒绝服从其城邦的保留:即使城邦合法地制定一条禁止搞哲学的法律,他说,他也会违反这条法律。可是,这样一条法律并不存在,而且可能永远不会用这些语词加以制定。

---

① [译按]即柏拉图作品《苏格拉底的申辩》。

当然,苏格拉底没有说或者谈论的是针对〔……〕的法律的禁令与针对不信诸神存在的禁令之间的联系。在《申辩》中,苏格拉底甚至说,他的哲学源于神的直接命令,阿波罗命令他搞哲学。同样,如果你们读一下,你们会看到阿波罗没干过这种事,他只是说如果难以捉摸的〔……〕,当苏格拉底的另一个热情的崇拜者问他:有人比苏格拉底更智慧吗,阿波罗或祭司们。他说没有。没人比苏格拉底更智慧,这当然不是接受这样一个命令:"苏格拉底,你必须搞哲学"。

根据苏格拉底的解释,这话的意思是:根据诸神,他比其他人更智慧的原因是,他知道自己一无所知,因此,为了让自己和其他人信服,他走遍雅典,向假装智慧的人展示这一点——这对他来说当然不太难。他表明,那些假装智慧的人是不智慧的。他是个非常不受欢迎的人,此事的结果就是控告。但是,无论你对于人们可以如何解释神谕采取什么样的观点,说那是阿波罗的命令,都有点儿〔……〕。

那么,在苏格拉底的经历之后,柏拉图真诚地努力解决这个问题,从苏格拉底的命运〔……〕。也就是说,他是一个哲人,哲人本身无法相信雅典城邦敬拜的诸神,哲学与城邦不相容。如何能够使其相容?这是柏拉图在《法义》(Laws)中解决的一个重大的绝对问题,尤其在卷十。他在这里表明,关于宗教的恰当立法——也就是说,对每个公民的要求——是相信那些可以被证明存在的神。宙斯以及诸如此类的神的存在,永远不可证明,而这些是我们所称的宇宙神(cosmic gods),指的是那些天体(heavenly bodies),柏拉图认为它们是有生命的(animate)存在者。根据《法义》的具体描述,只有这种理性的信仰是对每个公民的要求,当然,这也是合法的强制。苏格拉底可以在这样的城邦中生活和死去。这里对不信仰的惩罚非常复杂。人们有〔……〕最初印象,在每种情况下都有死刑,但这不太正确,因为,如果一个人是正义的,那么法官〔……〕,他从这种理性宗教的角度来看不正统,他不会被判处死刑〔……〕。

关于亚里士多德和柏拉图,就说这么多。可是,有人会说,无论如何必须有一个所有公民必须接受的公共宗教,但人们会说,在古典的古代没有极端分子,比如有些人所说的自由派。现在有相当一些人那样断言,他们指出普罗塔戈拉这样的人,此人是雅典公民,但只在雅典短期生活,并且陷入了麻烦,因为他的书大概以这样的句子打头,"诸神存在还是不存在,我不知道"。这一论题困难重重或遥不可及以及我的生命的短暂性,阻碍我发现真相,他被称为不可知论者,因为他不是正式否定而是仅仅表达他的立场。但是,人们也必须说〔……〕。然而,无论是普罗塔戈拉,还是我们对其有所了解的任何其他人,都没有从事〔……〕少数人。这些人在一个经过改良的社会的十分私人的圈子里说过这些事,而且他们,或许在某种程度上也通过作品[说过]。可是,我们只有这些作品的残篇。我们不知道,这个东西在整本书中如何理解。评判残篇的所有〔……〕是冒险的。

这个观点〔……〕,在我们的时代受到马克思主义作家和秘密的马克思主义作家[支持]:古代已经大致做出了左和右的路线划分,就像在我们的时代一样。右派是苏格拉底、柏拉图和亚里士多德的先驱——他们是反动派。左派是杜威(John Dewey)的先驱。我的意思是,这只是一个毫无根据的虚构。伯克(Edmund Burke)清晰的、非常清晰的说法必能澄清情况。伯克在某处说,"大胆(boldness)从前不是无神论者本身的特征。他们甚至具有相反的特征。他们从前像老伊壁鸠鲁派,更确切地说是一个不进取的族类。但是,最近他们变得积极、处心积虑、蠢蠢欲动且具有煽动性"。① 这些老派的非宗教人(irreligious people)不是一个进取的族类,他们有时候是我们如今所称的知识分子,在其他情况下〔……〕,他们生活在社会边缘,完全不参与政治。

我们有把握说,存在于古典的古代的政治哲学是苏格拉底、柏拉图、亚里士多德和廊下派这类人的政治哲学。可以被看作现代自由主义先驱者的其他人对政治没有兴趣。〔……〕,这种思想可以变得在政治上有价值。好的。让我总结一下这一点。宗教,亚里士多德表达的观点——柏拉图、亚里士多德、苏格拉底表达的观点,请理解我将确切意义上的宗教看作对亚里士多德的意思的翻译——对神圣事物的关

---

① Edmund Burke:Thoughts on French Affairs.[译按]这个段落同样出现在 Leo Strauss, *Natural Right and History*, The University of Chicago Press, p. 169。

切,作为第五和第一〔……〕。

不过,人们必须多多少少准确一点,可能是这样,我看到听过这个说法的人。我是一个宗教人,我是一个科学人(scientist)。如果你把一种奉献(dedication)称为宗教,那么当然人们就可以说每个奉献都是宗教性的,但我认为这是对这个词的严重误用。所以,如果我表达古典的观点,依照他们〔……〕我,我会这样说:没有宗教是真实的(true),但有些宗教——任何宗教——是政治上必要的。对于大多数人,法律和道德是不充分的。服从法律和道德不足以使人幸福。有一个众所周知的事实,坏人幸福,正义之人活得悲惨。因此,法律和道德需要神圣奖赏和惩罚的补充。对法律和道德的真正补充是哲学,但哲学本质上是极少数人的追求,因为,成为哲人需要一种宝贵的天性。

这里的宗教不是指哲人的作品。没有哲人相信他可以建立一个宗教。宗教是建国者或立法者的作品,哲学只是发现它、尊重它,但哲学能够并且应该影响或者改进宗教。尽管宗教对于城邦不可或缺,它也给城邦制造某些危险。著名的例子,将地震和日月食解释成凶兆,〔引起〕军队的恐慌。那么,如果你有一批人,像伯利克勒斯(Pericles)这样的将军一样,你会怎么做,伯利克勒斯会对军队发表一个简短演讲,告诉他们这完全是自然发生的,其中没有任何预兆。西塞罗在《共和国》(Republic)第一卷关于〔……〕有一个极为清晰的讨论。另一个例子是著名的〔……〕之战。雅典人赢得了此战,可是将军们〔……〕。没有注意带回遇难的士兵,尸体。①根据雅典人的宗教观念,尸体必须被带回家乡妥善安葬,这些将军们被判了死刑。

这里还有另一个例子,一些关于尸体并不重要的说法,比如柏拉图《斐多》(Phaedo)中给出的说法,它从哲学家的观点看对于人性是有益的。请原谅我也从犹太历史中提出一个例证。安息日(Sabbath)不作战。〔你们〕知道马加比战争(Maccabean wars)开始的时候。安息日不

---

① 〔译按〕文稿此处不完整,当指公元前406年,雅典将军们在阿尔吉努塞海战(Battle of Arginusae)之后未救回可能幸存的士兵,也未收回阵亡士兵尸体。

作战。后来就改变了,因为这被认为不可能。另一个例证,从〔……〕时代延续到〔……〕,宗教庇护制度。某个人向祖宗祭坛呼告,这个杀人者就事实上受此保护,一种必须改变的非理性做法。今天最急迫、最著名的问题自然肯定是你们知道的生育控制问题。在这方面,虔诚的犹太诗人哈列维(Judah Halevi)清楚地表达了哲人的立场,他说,与宗教和特定的犹太教分道扬镳的哲人们不承认一个普遍有效的单一的行动或行为规则。换句话说,如果共同善受到威胁,没有任何规则不可〔……〕。

那么,在这方面,哲学对宗教的实际影响是什么呢?人们可以说,在雅典的某些地方一度存在相当自由主义的宗教活动,而此事与如下事实有关:受〔……〕这样的人的影响,赫拉克利特(Heraclitus),一个哲人〔……〕,在罗马帝国有某种程度上非常自由主义的活动。但是,自由主义的活动是一回事,合法的保护则是另一回事。如果我们关注合法的保护,我们必须说,古典的古代是彻底非自由主义的,无论从哲学还是非哲学的角度看。那时没有第一修正案的对应物。宗教自由(freedom of religion)在理论和实践上都得不到承认。

我重复一下,在某些城邦、某些时期发生了某种自由主义活动,因为有随和之人,但是,考究起来,这种自由主义说不通。从这个角度看,威胁不在于城邦压制宗教自由。这甚至不是人们想要的。而是宗教或祭司们对城邦的不恰当影响。这是一个严肃的关切,但他们根本不要求宗教自由。宗教压制或者——从正面说——宗教的统一性是一种需要,对神圣事物的真正关切是区别于祈祷和献祭的知识,我简单说一下此前表达过的一点,此事的根据、基本的人类事实是哲人与非哲人(non-philosophers)之间的鸿沟,而他们将非哲人称为民众(demos)、常人。哲人与非哲人的特有目标是不同的,因为,任何其他人都不可能有哲人能有的自由。有一点并非完全不重要:哲人承认哲人与民众之间的居间人群,这些就是他们所谓的有教养之人,这些人听哲人说话,受哲人影响。用社会概念来说,〔他们是〕贤人(gentlemen)。这里的贤人的意思是城市贵族(urban patrician)。根据正统学说,城市贵族必须以文化为生,但实际上他们往往以商业为生,而且,我认为,仅仅从法律社会学的角度来看,哲学的历史在很大程度上是商业贵族的历史,此事一直延续到十八世纪。这是哲学〔……〕的社会基础。

那么,我现在必须〔……〕关于我所称的政治神学。那么,我所说的政治神学指的是基于神圣启示的学说。比如犹太教的、基督教的、穆斯林的,或许还有其他的。所以,从所有形式的政治神学的观点看,一个特定的宗教就是真实的宗教(the true religion),而从哲人的观点看,没有任何宗教是真实的宗教。让我们暂且看一下三个一神论宗教的区别。犹太教不要求所有人都做犹太人,如你们所知,[犹太人]只能是一个母亲所生的灵魂。从原则上说,基督教要求所有人将犹太人作为一种重大缺陷(disability)加以宽容。当然,我说的是直到二十年前的情况。伊斯兰教宽容犹太人和基督徒,但有很大政治限制,这当然跟如下事实有关:基督徒承认摩西的启示,穆斯林承认犹太教和基督教的启示,尽管他们不承认[某些]经卷。

那么,犹太教立场导致承认或者说做非宗教人的权利吗?我相信,鉴于我们时代的当务之急,这是一个我们必须考察的问题。我会说,不。传统的犹太教的宽容——或者无论我们如何称它——的基础是一个著名的标准,我们会说,正派者之中的虔敬者,世界上各民族、非犹太人中的正派者,在将会到来的世界中有一席之地,这个世界〔……〕,意味着他们会得救。那么,正派这个词就是虔敬,毫无疑问,很好理解,这些正派者当然会信上帝。迈蒙尼德(Maimonides)一般被看作后塔木德(post‐Talmudic)时代最伟大的犹太权威,他将这一较高立场限于承认并执行所谓诺亚七律(seven Noahide commandments)的非犹太人——根据《圣经》,这些律法的制定不晚于诺亚(Noah)时代。这就是说,在大洪水之后,紧随大洪水之后,它们包括禁止谋杀、偷盗等等,也禁止偶像崇拜——但是,迈蒙尼德将这种宽容限于承认并执行这些诺亚律法的非犹太人的根据在于摩西的启示。这就是,根据迈蒙尼德,任何不做这些行为的人——由于他自然倾向于〔……〕,或者由于他的理性引导他〔……〕——都不属于异教徒(gentiles)中的虔敬者。实际上,这意味着迈蒙尼德之所以将这种宽容限于基督徒和穆斯林,是因为他们肯定本就承认摩西的启示。异教徒(pagans)被排除了,这造成了一些问题,因为迈蒙尼德极度崇敬的亚里士多德就是异教徒之一。

随着现代自由主义观念愈发盛行于犹太教,迈蒙尼德的这个决定变得越来越令人吃惊,讨论这个决定之时,迈蒙尼德的一个捍卫者、一个更年长的犹太人引用了《诗篇》第九章,我可以用英译文读出这些句子:恶人将下地狱,连同忘记神的各邦。起来吧,主啊,莫让人得胜,要让外邦人在你面前受审。那么,关于困难,我必须提一点,因为这后来变得〔……〕,根据区别于政治哲学的政治神学,有这样一个根本困难:何者更好?没有宗教,还是有虚假的宗教(false religion)?

我的意思是,会有不拥有真实宗教的人们,鉴于这一事实,何者更好。换句话说,何者更好或更坏。无神论还是对动物式道德法则的现实信仰?因为信仰和道德法则当然是某种宗教,无神论显然不是。真实的宗教本身只能凭借启示获知,而非凭借理性或自然。因此,不可能存在敬拜上帝、爱上帝——真正的上帝——的自然义务。托马斯·阿奎那(Thomas Aquinas)承认这一点,不是理性本身,而是受信仰渗透的理性教导说:应该爱上帝、敬拜上帝。这意味着偏离亚里士多德,这种偏离〔……〕,因为〔……〕对于托马斯来说是真实的宗教。托马斯教导说,神圣敬拜严格来说不是一种自然正当的建制,因为,自然神学亦即自然知识当然存在,但它并不带来只有上帝必须受敬拜的洞见,这一点当然是〔……〕的原则,犹太教和伊斯兰教。自然神学并不带来只有上帝必须受敬拜的洞见,因为,亚里士多德的〔……〕是另一个选择。对世界恒在的信念,在此基础上——比如说——天体是永恒的,因而可以被正当地称为神,亚里士多德是这样称的,这样一来,它们没有任何理由不该受敬拜。

我想,说这么多就清楚了。现在,让我继续谈我的真正主题。第一修正案所承认的作为一种权利的宗教自由是某种特别现代的东西,尤其是从如下解释来看,根据这一解释,宗教自由包括非宗教的自由(freedom of irreligion)——我认为这是唯一有趣的情形。但是,有人可以说,在最宽泛的意义上,宗教自由岂不就是良心(conscience)的权利,良心的权利包括会犯错的良心的权利,因而在原则上也包括无神论者的权利?这是一种基督教观点。对此我必须说,首先,良心不是一个哲学概念,而是源于基督教神学,至少就这个意义而言。所以,这一路思想不属于政治哲学传统。

但是,第二,我相信会犯错的良心的自由不是任何虚假的宗教的自由。我指的是虚假的宗教,会犯错的良心得到了开脱,首先它意味着拥有会犯错的良心的人有充分的合法权利——举例来说——宣传他的虚假学说。我们也不能完全将如下教会学说〔……〕,根据这种学说,会犯错的良心基于无神论行为的考虑将一系列权利绑在一起。然而,人们可以说,宗教自由是宗教改革的间接结果。你们从学生时代、研究生时代就熟悉整个故事,宗教改革、宗教战争、欧洲的毁灭、终结流血和破坏的愿望、宽容。这一连串历史,没有任何疑问。人们还必须提到某些教派,从宗教改革伊始出现的基督教教派,他们支持宽容。但他们不能说,而且这不仅仅是一个言辞上的理由,这不是政治哲学。根据某些基督教观念、根据良心和信仰,这些教派分子想要宗教自由,这些人显然不是哲人。

然而,在宗教改革之前,或者至少在独立于宗教改革的情况下,对古典政治哲学的某些修改已经出现在政治哲学之中。我提两个名字。第一个是莫尔的《乌托邦》(*Utopia*)。《乌托邦》在根本上是从哲学观点写的,出版于1516年,宗教改革爆发一年之前。书中描述了一个乌托邦,在乌托邦这个完美国家中有一种官方宗教,但这个官方宗教是自然的或理性的宗教,可能柏拉图以某种方式在《法义》中暗示过这一点。可是,每个人都可以自由添加自己的东西,如果有人认为,在万物的单一原因之外,他应该敬拜水星,亦即天体水星,他完全可以自由地这样做。没有人会因为自己的宗教而受审。不相信灵魂不朽和神意(providence)的人不能成为公民,除此之外,每个人都可以有自己喜欢的宗教。那是一个绝对限制。所以,有一个官方宗教,没人可以为与此有别的宗教观点辩护,只有选择公共的观点,但他可以在祭司和严肃之人、伟大之人〔……〕为它辩护。

不过,这里同样没有针对〔……〕的惩罚。公共敬拜是统一的,但并不违反每个人的私人宗教特有的一切。例如,没有任何祈祷文,每个人所不能讲〔……〕。这个非常有趣的〔……〕会让你们想到许多当代的事实。简而言之,[这是]一个在真正的理性宗教之中、借助真正的理性宗教统一起来的社会。它容忍人们增加内容,但不容忍削减。马基雅维利是莫尔的同时代人,在两本伟大的书中,他也对传统学说作了很大改变,这两本书的写作时间与《乌托邦》相同。

我只提一点,唯一具有划时代意义的一点。马基雅维利教导说,由于世人各执己见,公共宗教是必要的,但是,他作了如下限定。这是对于共和国来说,而非绝对君主政体,在这里,君主的铁腕能够提供否则需由宗教带来的东西。所以,这是对16、17、18世纪所谓开明专制(enlightened despotism)的一种预感。我没有在更早的文献中看到这种观点,但我记住了,记住了马基雅维利的提示,一个非宗教的绝对君主政体或许是可能的,但是,一个非宗教的共和国是不可能的。马基雅维利引发的改变是根本性的,在这些事情上继承了马基雅维利的人当然是霍布斯。因为它关乎哲学与国家的关系。对不起,我必须就此说上几句。简单来说,这个改变包括两个要素:(施特劳斯打断了报告,问主持人还有多少时间)

(施特劳斯继续)第一个[要素]是:科学的目的是力量(power),科学不是〔……〕,而科学总是意味着并非不同〔……〕的哲学,科学不是为了科学本身,而是为了力量,如有些人所说,为了解放人的地位。这意味着从此以后,哲人的目的、最终目的与非哲人的目的是一样的。古典时代存在的鸿沟不复存在,对那个目的的表达,一直以来创造的最佳表达肯定是洛克的表述:舒适的自我保存(comfortable preservation)。第二个变化:常人、非哲人能够被启蒙。哲学的、科学的学说不再专属于所谓知识精英,而是应该传播、普及,改变整个公民体。科学第一次成为公共力量。它之所以成为公共力量,是因为它塑造了普罗大众的头脑(minds)。

那么,在这个阶段,我们的问题的状况是怎样的呢?霍布斯的建构很清楚,十分清楚。霍布斯的起点是一个十分广泛的事实,亦即对暴死(violent death)的恐惧,这与宽容有很大关系,因为迫害自然以杀人为顶点。暴死是最大的恶,它必须由政府加以避免,就是说,不惜代价的和平是最根本条件,这当然需要一个强政府(strong government)。一旦政府分立,就会有各种冲突〔……〕,等等。无条件的主权,他倾向于君主政体,亦即绝对君主政体。宗教的法律力量只能源于不受控制、不可控制的主权者的法令。如果说基督教在英格兰是国教,这是因为英国国王的法令或者国王的授权,而不是因为任何它或许具有的内在真理。主权者可以决定,什么宗教在他看来适合立为国教。这当然意味着,他也可以解散它,如果他认为此举得当。一个基督徒有义务凭良心做出偶像崇拜和渎神的行为,如果他的主权者这样命令的话,因为,服从主权者是根本责任。

现在,出现了一个有趣的翻转,主权者可以建立或解散任何宗教,随他喜欢,但是,他没有义务建立就其本身而言整齐划一的(uniform)任何宗教、任何公共敬拜。用霍布斯的话说,主权者可以"允许许多种敬拜,许多种敬拜,在此情况下,他继续行事,这极为有趣,不能说这个国家有任何宗教"。①为什么? 因为没有公共宗教,没有国教,结果就是霍布斯在这个段落——这部作品中一个绝无仅有的段落,也是一个重要段落——中承认,一个非宗教的国家是可能的。或者,很直白地说,一个无神论社会是可能的。这是思想史上最重要的事件之一。

霍布斯去世三年之后,法国作家培尔(Pierre Bayle)出版了一本书,《关于所出现的某个彗星的不同意见》(Diverse thoughts on a certain comment which had appeared),书中阐述了霍布斯一笔带过的事情。② 关于这本书,我得说上几句,我认为它是整个进程中最重要的作品之一。培尔反对如下信念:彗星是征兆,这是一个在17世纪仍然非常强大的信念。但我们都会认为此事微不足道。关于彗星为什么不是〔……〕,他给出了八个理由。第七个理由是一个神学理由。这是他选来反对信奉彗星的唯一一个神学理由。他争辩如下:如果彗星是凶兆,上帝就会制造奇迹,以便让偶像崇拜者确信,它们是否是预兆,它们是否〔……〕。它们不仅仅是自然事件。它们是奇迹。由于彗星在异教的古代和中国被用作偶像崇拜的目的,上帝有〔……〕,你们看,这是一个非常干净利

---

① 〔译按〕文稿此处有脚注符号,但脚注中无文字。
② 〔译按〕同上。

落的神学论证。上帝有奇迹,以便让偶像崇拜者确信,〔……〕。

但是,当这里出现了一个物体〔……〕,但上帝也可以肯定偶像崇拜,因为这不如无神论恶劣。希腊人或中国人是偶像崇拜者,但他们不是无神论者。对这一反对意见的回应是这样的。根据他的观点,无神论并非必然导致不道德,他针对这一关系作了一些讨论。他证明了,或者说,他力求证明一个无神论社会的可能性,这是巨大的一步。无神论是完全无辜的。我忍不住要提他的真正的神学论证,这个论证从人的嫉妒的类比而来——人的嫉妒与作为上帝的嫉妒的偶像崇拜相对——他说,如果一个丈夫的妻子不爱包括他在内的任何男人,较之于她爱另一个男人,这个丈夫会少一些嫉妒,他将旧的类比原则用于他的新目的。那么,由于〔……〕制造了一种价值,在霍布斯和培尔那里仍然是隐匿的,而且没有以任何方式影响公共政策或公共讨论,直到19世纪——此时一种公开的无神论宣传〔……〕,具有政治和社会目的,当然,尤其在苏俄那里。

但是,有些事情发生了,大概在16与17世纪之间,还有法国大革命,它〔……〕,原因未被所有人察觉,而是被那个对此负责的人,他〔……〕。换句话说,冰山的那个部分变得可见了,一旦一种技巧,这些要统治的哲人的启蒙的技巧采用了〔……〕,使人的注意力从彼岸的目标转向此岸的目标,而关键的基础,荷兰共和国(the Dutch republic)是典范、被当作典范,由于宗教宽容,每一种信仰在荷兰都有自由,荷兰变得越来越富裕,西班牙的君主政体则从〔……〕变得越来越贫穷,所以有一种联系,这两件事情之间的联系,是的,我的古典知识的〔……〕,我们可以说,这就是这些人的技巧,他们操控了我认为我们可以说发生在17和18世纪的大阴谋。

除了霍布斯,那个时代亦即17和18世纪的伟大政治哲人当然没有霍布斯和培尔走得那么远。我提其中三个人。洛克既是宽容但也是严格限制的著名战士,他肯定没有明确支持无神论者。就他来说,他甚至不支持天主教徒(Catholics),或许这跟英国〔……〕有关,西班牙,一个共和国中的政治宗教,绝对必要。政治宗教必须要么以旧约为基础,要么以旧约和新约两者为基础,以使犹太人和基督徒满意。他理所当然赋予解释以极大的自由,〔……〕每个人都必须相信上帝存在,但他可以说物质就是上帝。然后他再次遵守〔……〕,无论它是什么,它首先是零,但仍然合法地对于〔……〕。

这个传统的殿军是卢梭,众所周知,他要求一种政治宗教,绝对必要,有些人知道在卢梭之前〔……〕的人指责他,不仅仅就19世纪的自由主义而言,他是一个可怕的集权主义者,我不知道〔……〕,也许他在这方面只是——可以说——旧观点的最后遗迹。好的。所以,换句话说,在这个重要时期,现时代的形成时期,总体理解经历了很大改变,但显然没有宗教自由。宽容意味着〔……〕真正的,对每个宗教的宽容,而非对任何非宗教的宽容。我相信〔……〕,考虑这一点〔……〕。第一修正案,因为,如美国人所知,第一修正案说到底完全是18世纪的进步,思想的发源地在那里,哲学思想是所有成员,18世纪之人,我相信我们必须非常严肃地考虑这一点。所有个体都对宪法、《联邦党人文集》、〔……〕负责的问题,作为一个政体思想从私人角度看非常无趣,他们可以公开辩护的东西,这一点必须考虑。

当然,在19世纪,自由变得不受限制,这是人们遵守的一个传统。不,让我们暂且看一下19世纪自由的自由至上论(libertarianism)最伟大的代表,我相信,所有人都会承认,此人就是密尔(John Stuart Mill),我们不是要看《论自由》(*On Liberty*),让我们看看他的《自传》。我得麻烦你们看一些引文。

> 根据宗教信仰这个术语的一般含义,我从一开始就是在脱离任何宗教信仰的情况下成长的。我的父亲受教于苏格兰长老会教义,但他从前的研究和反思很早就使他既拒绝启示信仰,也拒绝一般所谓自然宗教的前提。[1]

---

[1] 〔译按〕施特劳斯在上一段话结尾请听众看密尔的《自传》,不过,目前这个段落并非全部引自密尔,而是掺入了施特劳斯的语句。译者将密尔的文字置于独立引文之中,以示区分。密尔原文见 John Stuart Mill, *Autobiography of John Stuart Mill*, Auckland: The Floating Press, 2009.

按照宗教这个词通常具有的含义,他父亲对宗教的厌恶〔……〕,我不是完全非宗教的(irreligious),仅仅在〔……〕通常具有的字面含义,〔……〕,也跟卢克莱修(Lucretius)的一样。①

他认为这种厌恶感的原因不是单纯的精神欺骗,而是一种极大的道德的恶。他将宗教看作道德(morality)的最大敌人。

因此,在这个国家,我成为那种人的极少数例子,他们不是抛弃宗教信仰,而是从没有宗教信仰。我成长在对宗教不利的情形之中。

是的,显然如此,即使在英格兰,如今也不少见。

我早年教育的这一点附带产生了一个值得注意的坏结果。我的父亲教给我一个与世人的意见相反的意见,他认为必须教给我,作为一个应该小心谨慎不向世人声张的意见。对自己的想法守口如瓶,我在早年学到的这件事情有些不道德。

再说一点,然后我就完成引用,也基本完成我的讲座。当他很久以后参加议会选举之时,当然,

有人听一个著名文人(〔施特劳斯按〕此人也是一个社会活动家)说,按照这样的安排,上帝本尊也绝无机会当选。我严格遵守这一点,既没有使钱,也没有游说,也没有用个人力量干预选举,直到提名日的大约一周之前,我参加了一些公共会议,以陈述我的原则,并且回答选举人——为了指导自己〔投票〕——行使正当权利

---

① 〔译按〕密尔《自传》原文有这样的句子:"实际上,他对宗教的厌恶,就这个词通常具有的含义而言,跟卢克莱修的〔厌恶〕一样。"见 *Autobiography of John Stuart Mill*, p. 40。施特劳斯没有在此引用原文,可能是在转述或解释原文的意思。

给我提出的任何问题。我的回答坦率,没有保留,就像我的演说一样。唯独在一个问题上,亦即关于我的宗教意见,我从一开始就宣称我不回答任何问题,那些参会之人看起来完全支持这个决定。①

〔……〕有趣的,宗教自由或摆脱宗教的自由如何〔……〕,密尔的做法不同于他在《论自由》中的主张,他仍然在洛克、斯宾诺莎和卢梭的路线上,而非在杜威的路线上。

我总结一下这一点。问题是什么?问题似乎是,为了共同体世界的福利(well-being),它是否需要宗教,并且因此可以正当地要求每个公民信某种宗教,亦即要求他信上帝,或者说,一个无神论社会能否成为一个好社会?我想定义一下无神论社会,以免出现疑问。当然,没有任何社会的所有成员都是无神论者。无神论社会是指,在这里不存在以任何方式指向上帝的公共的政府法令或具有公共效力的法令,苏联的情况明显是如此,或者说,在这里任何人都不会因为承认其无神论立场而遭受任何具有政治意义的限制——这不同于单纯律法上的限制。

我们在根本上关心的是一个问题,一个关于美国宪法的问题,亦即对第一修正案的正确解释。因为,宗教自由意味着所有宗教的自由,但只是宗教的自由,还是说,它也赋予人们摆脱所有宗教的同样的自由?我相信,如果人们不首先解决理论问题,就不可能解决这个极为重要的法律问题,也就是说,这个理论问题的确是我们已经开始展开的讨论。我就讲到这里。

(掌声。以下是提问……)

---

① 〔译按〕文稿引文有错漏,此处据密尔原文译出。

[附录]

自然正当与历史主义[*]

库恩（Helmut Kuhn） 撰

刘振 译 余明锋 校

[中译编者按]本文最初发表于德国《政治学刊》（*Zeitschrift für Politik*，Jahrgang 3，Heft 4，1956，页289–304），文中方括号里的数字为本文的最初页码，即施特劳斯对这篇书评的回应文（见本书《与库恩书》）中提到的页码。

[289]西方世界的两难处境在于，它在抵制苏俄的扩张时，努力捍卫自然正当的诸种真理的有效性，可恰恰这些真理却在西方世界自身的思想中被一种怀疑给掏空了，这种怀疑的主要形态是有着肯定性哲学诉求的历史主义。第二次世界大战以来进行的回归自然正当思想的尝试至今没有带来令人满意的结果，还面临淹滞于失望情绪的危险。业已得到证明的是，这个问题本身所带有的三种要素无法共同发生作用。其中第一个要素是自然正当诸原则对诸种最普遍原理的依赖，只有同时回答了后一类问题，才能对前一类问题表态。所有要将讨论维持在有限的有效范围内的努力都无济于事。理论家可以把自己视为法学家或政治学者——可无论如何，他都不能缺少一种哲学的信仰自白。他必须将他的体系建基于某些从哲学当中借来的原理。但是从哪种哲

---

[*] [校按]本文题为Naturrecht und Historismus，在德文里，Naturrecht兼具"自然正当"与"自然法"之义，该词所对应的施特劳斯所使用的英文natural right及其复数natural rights本身有极微妙但重要的含混性。本文原则上将Naturrecht译作"自然正当"，但在不同上下文中，该词有上面所提到的微妙差别。

学借呢？无论是存在哲学（Existenzphilosophie）还是价值哲学都难堪此任，前者可谓陷于绝望的历史主义，后者从实证主义承继消极的存在概念，却试图用价值论的外衣来掩盖弱点。被剥夺了形而上学继承权的欧洲人又不得不为自身做出解释，他因此而意识到自己在精神上的无助。

进而引人注意的是一个事实，这个事实让我们当中的爱思考者无法寄希望于把问题带到一门具体科学的特别法庭上去接受裁决，这个事实构成了第二个要素。我们可以不太准确地把这个事实规定为自然正当思想原则（Gedankenelemente）在人类历史上的普遍存在。我们有理由惯于为西方的自然正当指派一个特定的历史根源，此即希腊哲学。但是，西方的自然正当学说属于一种几乎不可能为它规定文化和民族界限的思想类型。存在着这样一种原初认识，它一再以宗教、神话或半神话半概念化的方式涌现于人类的意识。人们预感到或意识到，人类生活从属于一种秩序，生者若是破坏了这种秩序就必遭惩罚，并且，[290]尽管这一秩序本身完整不可分割，它还是分成三个关系领域：人类之间的关系，人类与世界的关系，人类与上帝的关系。对这种秩序的认同如此接近公论（consensus gentium），以至于历史地讲，令人惊讶的，不是欧洲自然正当作为秩序思想的一种特别型构的形成，而是当代思想对这种基本真理的否定。①问题并不在于，抱有现代观念者缺少一种大度，人类精神若是没有这种大度，就根本无法上升至本质性洞见。即便他固执于细枝末节，也情有可原。真正使现代人区别于其他人、成为现代人的，是用未来取代现在。而无论个体所信奉的是怎样的未来，不论是以19世纪的方式信奉通过物理学和技术解放人类，还是以政治上的坚定信奉世界大同主义学说的不分阶级的社会或者富有魅力的伟大元首的帝国，不论是带着神学狂热信奉一种扬弃伦理的末世论，还是血

---

① 这个问题参看刚刚出版的沃格林（Eric Voegelin）的大部头著作的第一卷，《秩序与历史卷一：以色列与启示》（Order and History. I. Israel and Revelation），路易斯安那州大学出版社，1956。[译按]原文误写为Revolution，据沃格林著作标题改正。

气方刚地信奉荷尔德林的未来梦想——尽管在这些可能性之间所作的选择对于社会和个体本身的命运而言绝非无足轻重,但所有这些如此不同和对立的选择者们都从属于未来主义这个看不见的信仰共同体。他们不像自然正当思想那样以现存(ist)秩序为导向,而是以(据说或事实上)将会存在的秩序为导向。对于这种特定现代信念的信徒们——他们人数众多——而言,重新接受自然正当思维因此就极为让人愤怒。信奉未来的人们对自然正当概念的内在不满就是对当下时代的生活方式的憎恶(正如历史主义也标志着一种缺乏当下性的思想),此外,在某些情形中,也象征着对苏俄世界那种政治上颇为成功的未来主义的一种隐秘的同情。

最后,一同决定了思想情境的第三个要素是自然正当问题在实践-政治上的重要性。极权主义对自然正当准则的否定和伤害带来了愤怒,在这种愤怒中,一种长期以来被遗忘的信念再次成为道德上的关切。人们意识到,没有自然正当这样的东西,就根本无法生活。看来,重新强调自然正当概念是迫切的实践需要,宣称自己信奉自然正当成了思想正确的西方人的义务。但是,态度尽管可以转变成概念,却无法轻易地转变为知识,[291]如果我们用一种伪装成自然正当的"西方意识形态"来填补我们的知识空白,我们的情况还会更为糟糕。

对这一困境的思索把我们引回具有决定性的第一个要素,即引回哲学地基问题。寻求一种哲学史关联的问题也因此而变得紧迫。人们或许会在这当儿提及对18世纪哲学的一种重新接受。倘若人们细细察看属于那个启蒙世纪的自然正当哲学,就会发现其决定性的概念在17世纪已经形成了。人们还会发现,这种由阿尔图修斯(Althusius)和霍布斯(Hobbes)肇始的"现代"自然正当学说绝没有为赞同这种回归的人提供他们梦寐以求的那种稳固的形而上学地基。相反,我们会觉察到,那些理论家心怀自负地构思并阐发了那种理论,自以为发现了真正的政治科学的新大陆,可恰在这种理论中,藏有我们自身困境的祸根。正如"古典"自然正当学说构成了历史主义的对立面,17世纪的思想家们为自然正当学说所带来的现代转变,可以被视为自然正当原则的危机和历史主义的预备。这一事实得以大白于天下,要归功于施特劳斯的著作《自然正当与历史》(Stuttgart,1956,K. F. Koehler,399S.),这本书的德语译本刚刚出版。作者是芝加哥大学的政治学教授,他具备完成这项任务的卓越条件。源于德意志的哲学－人文传统接触到了美国的政治现实,一个在德国长期受到忽视的知识领域在这里结出了果实。他的精神自由没有因为任何束缚被限制在时下的未来主义偏见中,没有因为任何道德上过于热心的迷雾而晕头转向。但最重要的是,他一刻也没有忘记自然正当立场在形而上学原理中的根据。他渊博的专业知识富有哲学生命和卓识。在根本上,他所关切的是证明哲学的可能性——"古典"意义上的哲学,"那使人成其为人的、对永恒秩序的追寻"(页36)。正如这个定义所示,在这里古典的相当于阿提卡的(attisch),或者更确切地说,相当于亚里士多德式的。作者的亚里士多德主义是极其非基督教的,可以此来标识他的精神倾向和思想方法。通过为[律]法(Gesetz)提供理性奠基,哲学承接了[律]法的权利。因此,这部新近出版的作品以令人赞赏的一致性延续着作者的处女作,后者致力于阐释伟大的中世纪－犹太亚里士多德主义者迈蒙尼德。① 古典意义上的哲学的对立面是历史主义,它通过追溯哲学的前提[292]瓦解哲学或者更确切地说各种哲学,这些前提"不过是历史的和相对的"。任务在于,以哲学的方式,即"从非历史主义的哲学立场出发",来看待历史主义对哲学的异议(页35)。

倘若要用古典哲学的方式对这个问题进行解释,就必须用体系化的方式获取这种解释。从赢得关于"永恒秩序"的恰当知识的困难中,必定会找到某种错误根源,包括这个导致所谓"历史主义"谬误的根源。简而言之,这种讨论必须保持在古典论争(disputatio)的框架内,并且偶然出现于今日的历史主义必须被证明是一种谬误可能的案例,而这种谬误可能本身并无时间性可言。这样一种探究也并未缺席——前两章(一、自然正当与历史思想方法;二、自然正当与事实和价值的区分)至少部分地着力于此。但是,尽管这里的归谬法(reductio ad absur-

---

① 《哲学与律法:论迈蒙尼德及其先驱》(*Philosophie und Gesetz. Beiträge zum Verständnis Maimunis und seiner Vorläufer*),Berlin,1935,Schocken。

dum)用得如此精当得力——由于它们的确在整部书中充当导引和准备,它们必然显得粗略。施特劳斯对历史主义提出批评,这个批评悖论性地以历史叙述为重心——即侧重于对17和18世纪的"现代"自然正当学说进行分析。历史主义应该被证明对这个谬误负责,为此需要表明,历史主义如何历史地出现——现代历史主义的困境如何可能或者也许必然从现代自然正当思想的危机中产生。这种起源证明的哲学相关性问题,就我所见,仍然晦暗不明,作者向历史主义投去的疑云又落在了他自己的方法上面,因此人们不能说,在他参与其中的这场大争论中,作者是无可争议的赢家。历史主义的本质在于,它在评价人类精神成就时赋予历史因果律优先地位,就这个本质特征而言,施特劳斯并未如他所以为的那样远离他与之作斗争的思想方式。

论题的限制或许也妨碍了作者对情形作一番哲学上彻底的阐明。书名恰如其分地不是叫作《哲学与历史》,而是《自然正当(指政治哲学)与历史》。主题与意图并不全然吻合。对于这个疑问,作者有一个切中要害的回答。"任何时候",历史都首先意味着政治的历史。"与此相应,人们所谓'历史的发现'并不是一般意义上的哲学的结果,而是政治哲学的结果"(页36)。那么理智的做法是,不在普遍意义上的哲学中寻找历史主义的原因,而是在政治哲学,也就是"在现代自然正当的危机中"(同上)寻找它。梅尼克(Friedrich Meinecke)在他的《历史主义的兴起》(*Die Entstehung des Historismus*,2. A. München,1946)中写道:"我们试图在历史主义的形成当中标明那个起点。一切都在于,[293]软化僵化的自然正当思想,及其对最高人类理想的永恒性、对无论何时都存在的人类天性的一致性的信仰,并将它们带向流动。"(页13)这两位历史主义的史家之间的对立和一致同等地令人惊讶。对于两者而言,自然正当都是分析整个演变的起点。但是,梅尼克不仅——与施特劳斯相反——从历史主义的立场出发审视历史主义,按照上面引用的论断,他还进而寻找消解自然正当僵硬性的力量,在政治-哲学思想之外,在一种新的、通过柏拉图-新柏拉图主义的推动得到促进的"对个体原则的肯定"(页20)中,他找到了这种力量,这种力量首先在沙夫茨布里(Shaftesbury)和莱布尼茨(Leibniz)那里起作用。施特劳斯则不然。他不理会梅尼克这个即便借助上述形式也难以自圆其说的构想,他悄悄地把"僵硬的自然正当思想"之类流俗的想法扔到一边,并且着手揭示,革命性的(就这个词的所有含义来说)"现代自然正当"如何依其本质孕育了一种运动因素,这种因素的使命是侵蚀根基,不仅侵蚀自然正当的根基,而且侵蚀普遍意义上的哲学的根基。结果,这两种关于历史主义的谱系学如此背道而驰,以至于它们甚至连论述对象都全然不同(除了对柏克[Burke]的论述)。关于这个庞大主题的这两种论述都无法声称自己描述了关于历史主义的来源的全部历史。施特劳斯也没有想过要如此声称。具有思想史性质的只是他的方法,而非其意图。相对于存在,施特劳斯的考察并非那么看重生成,可他的考察得出了一个发生性的论点,他为这个论点的正确性提供了一种合情合理的证明。对历史主义起源的追寻随着施特劳斯的这本书进入了一个新阶段。

自然正当是不可能的,因为完全意义上的哲学是不可能的——这是历史主义的结论,正如开头部分的分析表明的那样。我们面临着一个选择。[要么]历史主义的观点是对的——因此不可能有什么哲学,所以也不可能有什么政治哲学。或者:哲学是可能的——因此历史主义是个谬误,所谓的对"历史维度"的发现是个发明,"也就是说,是对现象的任意解释,这种现象早就为人所知,它在'历史意识'出现以前比此后得到了远为正确的解释"(页35)。被选中的是选项的后半部分,这虽然无法得到理论论证,却通过一种间接证明而得到预备。通过批判地分析韦伯(Max Weber)的价值无涉的社会科学构想,施特劳斯表明,韦伯的历史性的价值相对主义如何悄悄地预设了一种教条的、超历史的现实概念,[294]并因此自相矛盾——一位与施特劳斯相似的思想家沃格林已经通过类似的方式提出过这个证明了(*The New Science of Politics:An Introduction*[《新政治科学导引》],Chicago,1952,页13 - 26)。

讨论历史主义为展开真正的主题准备了基础。主题的展开依循一个简单的计划,这个计划又能极好地服务于作者的意图。首先,作者勾画了一幅"古典自然正当"的宏大图景。该考察第二部分的"现代自然正当"由此与之形成对比,因此现代性被证明是消极的,其历史被证明是衰退的历史。就其意义而言,现代自然正当构想显得是对古典自然正当的瓦解,在作者的意义上人们可以说,是对真正的自然正当的瓦解——是踏上下坡路的决定性的一步,这条道路的终点是对哲学和自然正当的历史性摧毁。对于施特劳斯而言,古典自然正当是古典哲学不可分割的一个构成部分,由苏格拉底、柏拉图和亚里士多德三位巨匠所代表。他写道:"历史主义必须假设在历史中存在一个绝对时刻。"(页31)同样的绝对时刻也适用于他自己。古典对他而言就是这个绝对时刻,恒在的东西在其中通过哲学的中介进入历史——真正的哲学活动的每一个时刻都与这个时刻"相伴"。根据古典原则,国家(或城邦)是"自然的"——古典从一开始就反对主要由智术师代表的习俗主义。由于人是政治的动物,因此,城邦是出于自然的。人只有在政治共同体中并且通过它才能实现其属人的自然,因此,正如国家就是他的最高秩序原则,必须认为正义乃是基于自然因而独立于人的意愿。进一步说,完全实现人类的人性(Menschlichkeit)首先不是仅仅需要人的城邦,而是需要那种完全符合其自然规定的城邦。由此,成熟的古典自然正当学说"就其源初形式而言"等同于关于最佳政制的学说。"因为,对自然正当或自然正义的追问,只有在对最佳政制的思想构造中才能得到完全的解答。"(页148)"就其源初形式而言"这个限定很重要。因为,当我们将自然正当学说作为整体考察时,我们就会发现,它与关于最佳政治生活方式(πολιτικά)的学说绝非一致。为了恰当地对待这个事实,施特劳斯感到必须区分三种古典自然正当学说(页150以下),其中只有第一种源于那个"源初的形式"。第一种是苏格拉底-柏拉图式的,施特劳斯也将廊下派的自然正当学说归入此类,这种自然正当学说的标志是以下两者之间的张力关系:一边是政治上可实现的正义,另一边是只有在哲学生活中才可能实现的全然正义。第二种,亚里士多德式的,[295]则没有这种张力:正义概念局限于在政治生活中可以实现的范围之内。第三种是托马斯主义式的,其标志是自然正当与启示信仰的联结。

施特劳斯提出的古典自然正当学说的划分极为大胆。这个划分不仅与通常的描述背道而驰,而且即便不是在含义上,也在言辞上处处与古代作家相左。众所周知,自然正当学说的术语最初由廊下派创立,最早在经院派中,主要由托马斯·阿奎那在一个包罗万象的形而上学－神学体系中继续发展,成为一个经过精心思量并且无疑慎重权衡过的教典(Lehrstück)。但是,施特劳斯思想中的这种古典哲学与古典自然正当的结合带来的结果是,他对古典自然正当的描述完全遵循柏拉图和亚里士多德,也就是遵循那些根本没有提及或者仅仅附带地提及自然正当的思想家,而廊下派的自然正当学说仿佛只是阿提卡人所确定的类型的简单变种。虽然托马斯主义的学说得到了体面中肯的评价,但它实际上依赖于启示神学,它究竟是否能够被看作真正的自然正当学说,也是可疑的。

施特劳斯学问渊博,精通古代哲学,正是在这个领域,我们将一些重要的阐释归功于他,尤其是因为他写过论述色诺芬的《希耶罗》(*Hieron*)(或《论僭政》[*Über den Tyrannen*])的作品。①他知道自己在做什么,他的大胆不是源于鲁莽,而是其哲学观点的自然结果。但是,毫无疑问,哲人施特劳斯给史家施特劳斯带来了一些麻烦。恰恰对于一位精通文本的行家而言,谈论柏拉图的自然正当学说,并且在时间上错误地将一个柏拉图感到陌生的说法强加于他,这还是有点糟糕。在亚里士多德那里也出现了一个麻烦,原因倒不在于自然正当术语的缺席,而是在于这个术语出现得过于分散和令人费解。

"出于自然而在政治上正义的东西"的问题只在亚里士多德伦理学的一个段落中得到了不足 20 行的讨论。那里讲到,出于自然而正义的东西处处都是同一的,而"合法的"(法律规定的)东西依赖于各种法

---

① 这部书现在有一个扩充过的法文本:*De la Tyrannie*[《论僭政》],其中先是《希耶罗》(Hiéron),即《论僭政》(La Traité sur la Tyrannie),后有一篇科耶夫(A. Kojève)的《僭政与智慧》(Tyrannie et Sagesse)(伽利玛出版社)。施特劳斯在这里尝试将人们通常带着哲学上的傲慢加以对待的色诺芬列入"古典"国家哲人(Staatsphilosophen)的行列。科耶夫则用一种历史哲学来与施特劳斯针锋相对,这种历史哲学借自马克思化的黑格尔(Hegel)。

令。一切正义的东西都是变动不居的,这个看法诱使一些思想者(习俗主义者)断言,正义的东西必定由法律规定。对于这些人,[296]可以提出的反驳是,他们的看法仅仅"在某种意义上"(ὥς)是正确的(尽管在诸神那里无疑并非如此,至少在人类这里是如此),并且他们的观察也没有取消"出于自然"与"通过礼法"之间的区分(《尼各马可伦理学》V7,1134b18 – 1135a7)。如何理解这一点?某个东西如果缺乏那一种使我们能够将自然的东西与人类设定的东西区分开来的标志——缺乏那种处处总是与自己保持一致的东西的特征,又如何可能是自然正当的呢?

中世纪的经解已经为这个段落提出的问题费过脑筋,施特劳斯提到两种彼此针锋相对的解决方案。作为阿威罗伊主义传统的代表,帕多瓦的马西利乌斯(Marsilius von Padua)认为可以这样解决这个麻烦,他将"出于自然"降低为准自然,也就是降低为一种普遍的习俗,因此他给那些亚里士多德否定的习俗主义者赋予了正当性。通过提出可变事物的不变的理性(ratio),托马斯则走上了相反的道路。一方面是自然,另一方面是"行动与运动的倾向(dispositiones actus et motus)",作为可变之物归于(consequuntur)自然之下,这两者之间的区别也适用于正义。但即便在这里,正义的偶然结果(illa quae consequuntur)也与其不变的自然(或理性)——偷盗永远不对——相对立,经历着"作为次要部分(ut in minori parte)"的可变性。施特劳斯含糊地甚至以一种令人迷惑的方式叙述了这种托马斯主义的解释,他拒斥这种解释,因为正如施特劳斯所言,这种解释"与这样的观点密不可分"(页163),即存在一种叫作良知(synderesis)的习性(habitus),因此它被证明是"非亚里士多德式的"。因此,施特劳斯必须开始提出这个谜题的第三种解答。接着,施特劳斯提出一个后来经马基雅维利主义之手而闻名的概念——"极端情形的概念",这个概念应该通过如下冲突表现出来,即"对于共同体的自我保存必不可少的东西与交换和分配正义所要求的东西"之间的冲突(页165)。施特劳斯所解释的亚里士多德会说,在极端情形下,必须"合理地改变在正常情形下适用的自然正当规则"。何为"极端情形"没有得到明确规定:敌人的意外举动任何时候都可能将

正常情形转变为极端情形。"自然正当必须可变,借此处于能够应付卑鄙举动的状态之中。"(页 166)

正如不可能认同这个解答,我们同样不可能拒绝佩服这个解答。对托马斯主义的解释的批评最初没有说服力,施特劳斯的解释仅仅通过一个细微的差异与它区分开来。必须借助良知、借助那种扬善抑恶(istigat at bonum, et remurmurat malo)的人类习性将自然(或理性)与可变的偶然结果之间的区别联系起来,[297]基于这个观点,施特劳斯或许在通过寻找栖身之所摆脱所争论的问题(Quaestions disputatae),托马斯则通过这个问题探究良知在不变真理(问题的重点)与可变事物(与问题有关)之间的中间地带(de veritate[《论真理》], XVI art. 1 p. 146)。但是,为了理解这里这个存在于言辞中的区分,既不需要搬出这段话,也不需要搬出另外一段遵从达马斯克努斯(Damascenus)将良心(conscientia)定义为法律普遍原则之表达(habitus universalium principiorum iuris)的话(op. cit. XVII, 687a21),尤其没必要搬出什么特殊的托马斯主义教典。这个区分并非完全真正亚里士多德式的,而是完全基于施特劳斯本人出于解释需要而提出的推论路线。我们看到,虽然"出于自然"右手比左手更有力,但这两只手还是可能在人类那里获得同样的力量。因此,这只手的自然作为ὄργανον πρὸ ὀργάνων[先于器官的器官](de part. [《论部分》], an. 687a21)依然未受影响——变化只涉及作为次要部分(ut in minori parte)的非本质属性。

圣托马斯提出的解释虽然由此得到了补救,可这种补救却没有能够化解真正的困难,正如施特劳斯大胆的"六经注我"(exegetischer Interpolation)一样无助于困难的化解。亚里士多德表面上说——施特劳斯本人提醒我们——"一切正当——包括一切自然正当——都是可变的。他没有用任何方式限定这个论断"(页 163)。可无论我们怎么颠来倒去,对那个谜语般的句子的任何一种有意义的解释都面临着一个抉择:要么必须扬弃自然正当观念(这是马西利乌斯的做法),要么必须限定亚里士多德的主张的范围——托马斯和他的批评者施特劳斯是这样做的,即便施特劳斯不愿意承认这一点。面对这个两难,可以理性地问,亚里士多德是否真的坚持可变性原理的无限效用。这一点需要分清楚。他最早(1134b28)的做法是提出了一个限定:习俗主义者们主张的完全的可变性只在某种意义上($ἀλλ' ἔστι ὥς$)适用。但是五行之后,他通过肯定源于自然的正当(Recht von Natur)与习俗的正当(Recht durch Übereinkunft[校按]亦可作"约定的正当")两者"同样"($ὁμοίως$)可变,重新提起这个限定。这个令人困惑的主张也出自一个往往令人困惑的句子:如今恰恰已经变得完全不清楚的东西,当时却被看作"显而易见"($δῆλον$)——也就是,面对自然与"实证"的正当在其可变性方面的相似性,如何首先在自然的东西($φυσικόν$)与礼法的东西($νομικόν$)之间做出区分。人们看到,麻烦并非源于这个章节本身,而仅仅在于第30–33句。但是,倘若人们遵循约阿希姆(H. H. Joachim)的建议,通过改变句读调整这个布瓦特(Bywater)认定的文本,决定接受如下异读:$ποῖον\ δὲ\ φύσει\ ...\ καὶ\ ποῖον\ οὔ\ ...\ εἴπερ\ ἄμφω\ κινητὰ\ ὁμοίως;$ $δῆλον\ δὲ\ καὶ\ ἐπὶ\ τῶν\ ἄλλων,\ καὶ\ ὁ\ αὐτὸς\ ἁρμόσει\ διορισμός\ κτλ.$,就可以消除这个麻烦。

[298]这意味着我们必须将这个含义悖谬的肯定句读作一个含义极为丰富的疑问句:"究竟什么出自如此存在着并且能够作为他者存在着的自然,什么出自礼法(Satzung)和习俗,倘若两者同样都是可变的?同样[的问题]显然适用于其他事物。"借助这段异文(依据 Γ 和 K^6),由托马斯正确推测的清楚和令人满意的含义被放回整个段落中,可以将其概括如下:(1)必须将出于自然的正义与出自礼法的正义区分开来:前者是不变的("处处同一"),后者是可变的(依赖于独断)。(2)习俗主义者们基于一切正当都可变这个观点否认这个区分。(3)习俗主义者错了,因为他们的观点只在一定限度内正确:尽管可变性进入了自然正当的范围,但仅限于个别区域。如果两者在同等程度上可变,那么人们究竟如何在出于自然的正义与礼法上的正义之间作出区分呢?(4)这个对不变性和有限的可变性的限定也典型地适用于自然的东西(比如人的手)。(5)因此我们回到了我们的原初状况:虽然"属人的正义"(与自然的正义对举)和各种基本法(Verfassungen)在不同的民族中,像例如度量尺度一样各不相同,但是,从(人的)自然中产生的礼法(Norm)——不同的政制($πολιτεῖαι$)力求实现的最佳政治形式——始终如一。

"出于自然"的正义与"出自礼法"的正义之间的区分,自然的东西($φυσικόν$)与礼法的东西($νομικόν$)之间的区分,是一个远远超出政治问题的关于$φύσει$[自然]与$θέσει$[约定]的区分的特殊形式,这个区分自5世纪末①以来已经成为陈词滥调。亚里士多德旧事重提,对它作出了一些粗略的论述,他无疑注意到了,这个对立在他的思想框架中只能具有次一级的重要性。对于亚里士多德,城邦出于自然——它源于根植于人类自然的对自足的追求;德性也出于自然,正义被称为德性之一,并且亚里士多德在他讨论正义的语境中想到了这个已经变得流行的区分。在亚里士多德看来,正义的东西($δίκαιον$)有其自身的、基于人类天性的不变本性。② 然而,他绝没有因此承认,礼法与自然之间有一种原则上的对立。正义的关系只发生在通过法(Gesetze)互相联系的人之间(1134a30)——只要哪里有法,哪里就有不正义。所以,法本身就"出于自然",即便它源于人类的决定。尽管它可能偏离自然,糟糕的法就是如此,但这样它也就偏离了其自身的本质。

[299]但倘若如此,亚里士多德究竟如何能够将这个自然的东西与礼法的东西之间的对立合理地嵌入他的描述呢? 当他说到这个并非完全丧失了可变性的"自然正义"(natürlich Gerechten)时,他想到了什么? 即使亚里士多德没有在对这个问题的回答中借助任何解释性的例子帮助我们,他还是使得我们没有想到的东西变得相当清楚了,尤其是通过此前一章。"自然的"与"礼法的"之间的区分确实不涉及一般的正义($τὸ\ ἁπλῶς\ δίκαιον$),只涉及"政治正义"($τὸ\ πολιτικὸν\ δίκαιον$)。而政治正义只涉及一个以获取自足性为目标的共同体($πόλις$)的自由平等成员之间的相互关系。因此,一个暴政统治的国家的成员就被排除在政治正义之外——所以也被排除在这个成问题的区分之外,然后就是家庭成员的相互关系("经济"正义),最终还有各个城邦(poleis)之间的关系——尽管亚里士多德没有明说这一点。倘若有人由于比如战争成了本不该是的奴隶(参《政治学》1333b 以下),因此就出现了不正

---

① [校按]当指公元前5世纪末。
② [校按]句中的"天性"和"本性"原文皆为 Natur[自然]。

义,但是按照亚里士多德的用词,这不是政治上的不正义。正是基于这个原因,施特劳斯对于"自然正义"的可变性原理提出的解释——关乎诡计多端的卑鄙敌人所造成的"极端情形"——并不合理。这个解释搞错了讨论的对象。我们必须在其中探寻的可能性范围比施特劳斯设想的要小。现在我们处于《尼各马可伦理学》第五卷第七章,我们想到,正如人们历来注意到和谈到的那样,第十章看起来并不处在其正确的位置。这一章处理普遍准则与个别处境的关系,这个问题在第七章末尾已经讨论过了,那么这一章本该占据第八章的位置。但即便如此——无论如何,那里对公平(ἐπιείκεια)作出的扼要分析中包含一个暗示,提示我们必须如何理解第七章中的自然正义(φυσικὸν δίκαιον)。公平本质上与法律正义相似,也是对法律正义的矫正(1137b12 – 12)。需要这种矫正并非因为法律的错误,而是因为事实的自然:正因为法律是普遍的,所以它不能适用于一切个别情况。立法者如果了解了个别情况将如何做出决断,公平的决断亦当如是决断。这里就出现了一种"出于自然的正义"的情况,由于这种正义要在人类行为的质料中(ἡ τῶν πρακτῶν ὕλη,1137b19)得到实现,它也要分有其变动性(Wandelbarkeit)。

倘若我们跳出《尼各马可伦理学》的概念世界以及它对"政治正义"的范畴作出的小心翼翼的规定,[300]并且翻开譬如西塞罗(Cicero)的《论法律》(De legibu)——廊下派自然正当思想的奠基文献之一,我们就踏进了另一个世界。我们从赫拉克利特(Heraklit)和品达(Pindar)那里比从亚里士多德那里更早地了解到这个在这里居支配地位的礼法概念(Nomosbegriff)。在西塞罗那里,法作为 ratio summa, insita in natura, quae iubet ea, quae facienda sunt, prohibetque contraria[最高的理性,植根于自然之中,命令应然之事,禁止不应为之事](I 6,18),奠定了世界之为同样囊括人与神的法权共同体的思想(universus hic mundus una civitas communis deorum atque hominum existimanda[整个世界必须被看作一个神和人都在其中作为公民的共同体],I 7,23)。无疑,在自然正当思想中两个关系极为紧密而又可以区分的因素彼此联系在一起。自然正当的实存意味着:(1)实证法的诸多可变形式以不变的原则为根基,这些原则是各种法律体系的正当性基础。(2)这些原则可以表述为一些规范,这些规范超出了政治组织的界限,奠定了人之为人在相互之间的法权关系,也因此奠定了人类的义务和权利。只有这两个因素的共同作用(正如我们在廊下派,而不是在古典作家的城邦思想中所发现的那样)才能产生完全的自然正当概念,正如后来这个概念与亚里士多德主义一同被中世纪的经院派接受,在 17 和 18 世纪重新得到了复兴并且同时得到了改造,情形也是如此。施特劳斯的思想以亚里士多德校准,因此而无法完全恰当地对待这个事实,在我们看来,这就引起了某些曲解。虽然苏格拉底、柏拉图和亚里士多德为自然正当提供了地基,但是不能轻易将他们放进自然正当的教师之列。最可能位列其中的是亚里士多德,但理由主要不是施特劳斯所援引的《尼各马可伦理学》中的章节,而是一个被忽略的段落,在那里他区分了两种形式的法:各个不同的($\emph{ἴδιον}$)法和普遍的($\emph{κοινόν}$)法;他将后者规定为"符合自然的"($\emph{κατὰ φύσιν}$)。然后他进一步说:"所有人都隐约感觉到,存在一种出于自然的为所有人共有的正义和不正义,即使所有人既不通过一个共同体也不通过一份契约被彼此联系起来。"不过,这个句子(渐渐消隐于亚里士多德对索福克勒斯的安提戈涅的引用)显著地出现在《修辞学》(1373b6 – 9)中,而在这部作品中,亚里士多德只讨论通常的想法($\emph{κοινά}$)和通行的意见($\emph{ἔνδοξα}$,参 1355a24 – 29)。众所周知,"自然法"($\emph{νόμος τῆς φύσεως}$)这个提法已见于柏拉图(《高尔吉亚》[*Gorgias*]483e)。但是在那里,这个说法出自智术师派的卡里克勒斯(Kallikles)之口,而且带有一种敌视自然正当思想的革命性含义。而所有人自然就是亲人、朋友和同胞这个独特的说法则被柏拉图归于智术师普洛狄科(Prodikus)(《高尔吉亚》337cd)。人们只要查阅一下《政治学》中关于抛弃儿童、奴隶制度和军事侵略正当性的内容,就会相信,亚里士多德距离自然正当思想的精神还有多远。当然,这个距离并非[301]陌生,而是不完全的近似。这尤可见于他在《伦理学》中断定主人与奴隶之间也可能存在友谊的章节——当然,他指的是不再作为奴隶,而是作为人的奴隶;"因为看起来,只要人们能够通过法律和契约彼此相连,在人之为人的层面上就有一种相互之间的正义关系($τί\ δίκαιον$)"（1161b5 – 8）。而且在亚里士多德那里，每个人都属于友爱共同体：$καὶ\ φιλία\ δή,\ καθ'\ ὅσον\ ἄνθρωπος$。但是，这个哲学上正确的论断并非下得斩钉截铁。还需要罗马的法学思想准备地基，再由基督教教义对这个地基加以丰富。在这个地基之上才发展出人类权利（ius humanum），它不问自由人还是奴隶，国王还是流放者，而是满足于"赤裸的人（nudo homine）"（塞涅卡[Seneca]，《论利益》[de beneficiis]，III c. 18,2）。一种颠倒的进步概念阻碍了施特劳斯承认这个事实。在他看来，亚里士多德之后的思想史是衰退的历史。

施特劳斯认为现代自然正当的表述始于霍布斯，尽管他没有低估两位更早的思想家马基雅维利和博丹（Bodin）的开创性意义。众所周知，霍布斯在盛年才"转信"欧几里得（Euklid），也就是"转信"伽利略（Galilei）的数学物理学原理，在这个启发的基础上，他进而将这种"连续 – 分割（kompositiv – resolutive）"法应用于人类的社会生活。如此一来，他的彻底反传统主义的关于政治的新科学就出现了——这是一个通过"机械主义"思想方法枉顾自然科学概念界限的典型例子。显而易见：在此，采用历史方法的解经家从其对象取得了解释原则。当施特劳斯在 1938 年凭借《霍布斯的政治哲学》（*The Political Philosophy of Hobbes, Its Basis and Its Genesis*[Oxford, 2. A. Chicago, 1956]）开启了一种对于英语国家哲人思想的新的更好的洞见时，事情看起来就是如此。施特劳斯证明，传统的阐释不是错误的而是平平无奇，他提出和回答了决定性的问题：为了将伽利略的解释模式转移到对 mondo civile[公民世界]的理解上，霍布斯修补了哪些从前关于人类及其在世界中的位置的信念？施特劳斯借助这个问题表明，霍布斯心中的新国家哲学的根基远在欧几里得转向前就存在了，它不是借助现代自然科学，而是通过与史学尤其是修昔底德的联系而产生的，它还包括与马基雅维利奠立的 ragione di stato[国家理由]的联系。人类在形而上学上无家可归的经验激发了他的国家思想。我们在根本上非国家或反国家的智术师的思想方法中发现那种人类形象在这里成为政治理论的建构原则。眼前这本书①表明,早年完成的霍布斯解释是[302]理解从霍布斯经过洛克和卢梭直到柏克的自然正当思想进程的关键。霍布斯带来的与传统的决裂如此彻底,以至于任何后来的思想家甚至柏克都不能成功地修复它。

在这种联系中,洛克的立场是决定性的,"他是最负盛名和影响最大的现代自然正当的教师"。人们如果执着于第二篇《政府论》(Treatise of Government)那些掷地有声的原理,就会认为洛克要追溯到霍布斯之前,以求恢复古典自然正当的含义。洛克在其中说起话来像这样一个人,好像他已经将对上帝的信仰和理性的创世秩序概念变成了他的国家哲学思想的根基,并且通过搬出胡克(Richard Hooker)作证人将托马斯主义的 lex aeterna[永恒法]的余晖照到了自己的自然正当学说之上。这个学说引起这样的表象,好像它符合那个未曾中断的、一直上溯到苏格拉底的传统一样。但这个表象在骗人——同时代的人们已经觉察到洛克的学说极其含混。不容小觑的是,牛顿指责他是一个"霍布斯分子",并且忍不住希望他断头而死(参《牛顿致洛克的信》[Newton an Locke, 16. September 1693])。洛克可能接受了笛卡尔的箴言:larvatus prodeo[我戴着面具出现]。洛克很聪明,

> 他表现出恰当的感觉,因为他只援引那类正确的作家,只字不提那类错误的作家,尽管比起那类正确的作家,他最终与错误作家有远远更多的共同点。(页171)

lex naturalis[自然法]的古典概念能够经受住其形而上学根基的毁坏——当然不是在经验主义者洛克的心灵中。因此施特劳斯写道:

> 如果人们承认,洛克认同的自然法是霍布斯说过的那种,"只是"人们针对他人"保全和维护自己的有利原则或结论",我们就完全理解了洛克的自然法学说。(页239)。

---

① [校按]指《自然正当与历史》。

适用于《政府论》的基本原则还在于：" 自然法不过是理性关于人类的'相互保全'或人类的'和平与安全'的最终命令。"（页 238）

有别于古典自然正当学说的现代自然正当学说的典型动机包括：通过一种人学原则对形而上学－神学原则的替代，自然状态、社会和统治契约、国家主权之间的三角关系，相对于人类权利的人类义务的消失，对国家目标的降低——不再是 bonum commune[共善]而是安全，对政治理论与政治实践关系的重新解释，用一贯的实践政治学说取代政治本质论与实践政治智慧的二分——所有这些概念性的因素都出自这个由马基雅维利准备，通过霍布斯实现的针对古典的解放行动，也就是说：针对哲学的解放行动。我们处在[303]从国家哲学通往国家意识形态的道路上。对这一联系的理解发出一束强光，[为我们]照亮了卢梭，这位最具命运性的现代自然正当学说的教师，在他的学说中，既有无政府主义又有集权主义国家思想的种子。

> 在人道层面上回到自然状态的观念，为一种索求提供了理想基础，即向社会索求一种漫无目的的自由。（页 307）

一种空洞的自由概念开始出现，它成为一种完全形式的民主政制的基础，同时也解释了人们为何要绝望地落入集权国家的不自由之中。柏克在法国大革命中发现了世界性的文化衰败的征兆，他想在这种败坏中通过复兴古典自然正当学说力挽狂澜。这个意在复古的人却奠定了一种精神史革新——成了保守的政治学说的奠基人。他没有看到，"他在抵制大革命时栖身于同样的原则，这些原则正是各种革命理论的基础并且与任何一种先前的思想格格不入"（页 329）。

17 和 18 世纪的自然正当学说构成了我们的精神和政治存在的组成部分——这个事实通过施特劳斯富有洞见的探究进入了读者们的心中。我们可以在"自然正当的危机"中看见历史主义的历史根源之一，历史主义是那种深刻精神困境的症候，人们习惯于追随尼采将这种精神困境称为虚无主义。自然正当还在以其他有力的方式继续发挥作用——在国际联盟和联合国中，在欧洲联盟中，在各种对于政治和经济上的欧洲统一体的热望中。不仅如此：我们可以将美国看作独一无二的国家艺术品，在它身上探究诸多自然正当原则的可实践性。在施特劳斯的书中，这些事情都无足轻重；他也认为从阿尔图修斯到格劳修斯（Grotius）和普芬道夫（Pufendorf）的欧陆自然正当的发展都不值一提。但是如果因为作者依照本书的计划不愿意或不可能处理的东西而指责作者疏忽大意，这就是吹毛求疵了。对现代自然正当学说给出一个基于历史衡量的表述，这不在他的计划之中。他实际上已经让我们受益良多。对通过自然正当奠定和挽救历史中的人的人性的进一步思考，必定会以他的著作为基础，并且必定要和他展开争辩。

"时间难以承受，正如我们通常所说，时间消逝，万物随着时间老去，由于时间而被遗忘，我们没有借助时间来求知或变得年轻美好。因为毋宁说，时间本身是消亡的原因。它也是变化的尺度，变化带走存在。"（《物理学》221a30 – b3）这句名言所表达的时间理解要求一个一切在其中都不会真实发生的秩序（Kosmos［校按］或译"［有序］世界"），[304]因为一切总是处于周期性的复归之中。这个理解要求一个没有历史的秩序。施特劳斯接受了这个亚里士多德式的时间概念并且将它用于亚里士多德的哲学：对施特劳斯而言，这种哲学是通过历史的 κίνησις［运动］逐渐获得的存在。他以为自己由此避免了历史主义。但是，他真的做到了吗？他尝试用解释革新亚里士多德所谓的持存之物（作为持存之物，它不在时间之中），这种尝试难道没有和他的亚里士多德主义相抵牾吗？他自己富有成效的历史旨趣难道不是揭穿了消极的周期性时间概念的谎言？关于救恩事件的基督教启示使哲学面临一项亚里士多德并不了解的使命：必须赞美在时间中的持存之物 τὰ ἀεὶ ὄντα ἐν χρόνῳ，并由此赞美救恩事件（历史的根基）的现实性和独一无二的意义。或许可以看到，我们能够向这个洞见敞开自己，并且无须因此受到历史主义的摆布，这就意味着：无须放弃自然正当。提出这种证明意味着：回答这个向作为政治－历史存在的我们提出的问题。

于慕尼黑大学

图书在版编目(CIP)数据

苏格拉底问题与现代性:施特劳斯讲演与论文集. 卷二／(美)列奥·施特劳斯(Leo Strauss)著;刘小枫编;刘振等译. ——3 版. ——北京:华夏出版社有限公司,2022.1
(西方传统:经典与解释)
ISBN 978-7-5222-0088-0

Ⅰ.①苏… Ⅱ.①列… ②刘… ③刘… Ⅲ.①苏格拉底(Socrates 前469-前399)-哲学思想-思想评论 Ⅳ.①B502.231

中国版本图书馆CIP数据核字(2021)第017205号

苏格拉底问题与现代性(第三版)

作　　者	[美]列奥·施特劳斯
编　　者	刘小枫
译　　者	刘振 叶然 等
责任编辑	马涛红
美术编辑	李媛格
责任印制	刘洋
出版发行	华夏出版社有限公司
经　　销	新华书店
印　　刷	北京汇林印务有限公司
装　　订	北京汇林印务有限公司
版　　次	2022 年1月北京第3版
	2022 年1月北京第1次印刷
开　　本	880×1230　1/32
印　　张	23.25
字　　数	665 千字
定　　价	158.00 元

华夏出版社有限公司 地址:北京市东直门外香河园北里4号　邮编:100028
网址:www.hxph.com.cn　电话:(010)64663331(转)
若发现本版图书有印装质量问题,请与我社营销中心联系调换。

西方传统：经典与解释
Classici et Commentarii
HERMES
刘小枫 ◎ 主编

古今丛编

欧洲中世纪诗学选译　宋旭红 编译
克尔凯郭尔　[美]江思图 著
货币哲学　[德]西美尔 著
孟德斯鸠的自由主义哲学　[美]潘戈 著
莫尔及其乌托邦　[德]考茨基 著
试论古今革命　[法]夏多布里昂 著
但丁：皈依的诗学　[美]弗里切罗 著
在西方的目光下　[英]康拉德 著
大学与博雅教育　董成龙 编
探究哲学与信仰　[美]郝岚 著
民主的本性　[法]马南 著
梅尔维尔的政治哲学　李小均 编/译
席勒美学的哲学背景　[美]维塞尔 著
果戈里与鬼　[俄]梅列日科夫斯基 著
自传性反思　[美]沃格林 著
黑格尔与普世秩序　[美]希克斯 等著
新的方式与制度　[美]曼斯菲尔德 著
科耶夫的新拉丁帝国　[法]科耶夫 等著
《利维坦》附录　[英]霍布斯 著
或此或彼（上、下）　[丹麦]基尔克果 著
海德格尔式的现代神学　刘小枫 选编
双重束缚　[法]基拉尔 著
古今之争中的核心问题　[德]迈尔 著
论永恒的智慧　[德]苏索 著
宗教经验种种　[美]詹姆斯 著
尼采反卢梭　[美]凯斯·安塞尔-皮尔逊 著
舍勒思想评述　[美]弗林斯 著
诗与哲学之争　[美]罗森 著
神圣与世俗　[罗]伊利亚德 著
但丁的圣约书　[美]霍金斯 著

古典学丛编

赫西俄德的宇宙　[美]珍妮·施特劳斯·克莱 著
论王政　[古罗马]金嘴狄翁 著
论希罗多德　[古罗马]卢里叶 著
探究希腊人的灵魂　[美]戴维斯 著
尤利安文选　马勇 编/译
论月面　[古罗马]普鲁塔克 著
雅典谐剧与逻各斯　[美]奥里根 著
菜园哲人伊壁鸠鲁　罗晓颖 选编
《劳作与时日》笺释　吴雅凌 撰
希腊古风时期的真理大师　[法]德蒂安 著
古罗马的教育　[英]葛怀恩 著
古典学与现代性　刘小枫 编
表演文化与雅典民主政制
[英]戈尔德希尔、奥斯本 编
西方古典文献学发凡　刘小枫 编
古典语文学常谈　[德]克拉夫特 著
古希腊文学常谈　[英]多佛 等著
撒路斯特与政治史学　刘小枫 编
希罗多德的王霸之辨　吴小锋 编/译
第二代智术师　[英]安德森 著
英雄诗系笺释　[古希腊]荷马 著
统治的热望　[美]福特 著
论埃及神学与哲学　[古希腊]普鲁塔克 著
凯撒的剑与笔　李世祥 编/译
伊壁鸠鲁主义的政治哲学
[意]詹姆斯·尼古拉斯 著
修昔底德笔下的人性　[美]欧文 著
修昔底德笔下的演说　[美]斯塔特 著
古希腊政治理论　[美]格雷纳 著
神谱笺释　吴雅凌 撰
赫西俄德：神话之艺
[法]居代·德拉孔波 编
赫拉克勒斯之盾笺释　罗逍然 译笺
《埃涅阿斯纪》章义　王承教 选编
维吉尔的帝国　[美]阿德勒 著
塔西佗的政治史学　曾维术 编

古希腊诗歌丛编
古希腊早期诉歌诗人　[英]鲍勒 著
诗歌与城邦　[美]费拉格、纳吉 主编
阿尔戈英雄纪（上、下）
[古希腊]阿波罗尼俄斯 著
俄耳甫斯教祷歌　吴雅凌 编译
俄耳甫斯教辑语　吴雅凌 编译

古希腊肃剧注疏集
希腊肃剧与政治哲学　[美]阿伦斯多夫 著

古希腊礼法研究
宙斯的正义　[英]劳埃德-琼斯 著
希腊人的正义观　[英]哈夫洛克 著

廊下派集
剑桥廊下派指南　[加]英伍德 编
廊下派的苏格拉底　程志敏 徐健 选编
廊下派的神和宇宙　[墨]里卡多·萨勒斯 编
廊下派的城邦观　[英]斯科菲尔德 著

希伯莱圣经历代注疏
希腊化世界中的犹太人　[英]威廉逊 著
第一亚当和第二亚当　[德]朋霍费尔 著

新约历代经解
属灵的寓意　[古罗马]俄里根 著

基督教与古典传统
保罗与马克安　[德]文森 著
加尔文与现代政治的基础　[美]汉考克 著
无执之道　[德]文森 著
恐惧与战栗　[丹麦]基尔克果 著
托尔斯泰与陀思妥耶夫斯基
[俄]梅列日科夫斯基 著
论宗教大法官的传说　[俄]罗赞诺夫 著
海德格尔与有限性思想（重订版）
刘小枫 选编
上帝国的信息　[德]拉加茨 著
基督教理论与现代　[德]特洛尔奇 著
亚历山大的克雷芒　[意]塞尔瓦托·利拉 著
中世纪的心灵之旅　[意]圣·波纳文图拉 著

德意志古典传统丛编
《浮士德》发微　谷裕 选编
尼伯龙人　[德]黑贝尔 著
论荷尔德林　[德]沃尔夫冈·宾德尔 著
彭忒西勒亚　[德]克莱斯特 著
穆佐书简　[奥]里尔克 著
纪念苏格拉底——哈曼文选　刘新利 选编
夜颂中的革命和宗教　[德]诺瓦利斯 著
大革命与诗化小说　[德]诺瓦利斯 著
黑格尔的观念论　[美]皮平 著
浪漫派风格——施勒格尔批评文集　[德]施勒格尔 著

美国宪政与古典传统
美国1787年宪法讲疏　[美]阿纳斯塔普罗 著

启蒙研究丛编
论古今学问　[英]坦普尔 著
历史主义与民族精神　冯庆 编
浪漫的律令　[美]拜泽尔 著
现实与理性　[法]科维纲 著
论古人的智慧　[英]培根 著
托兰德与激进启蒙　刘小枫 编
图书馆里的古今之战　[英]斯威夫特 著

政治史学丛编
克服历史主义　[德]特洛尔奇 等著
胡戈与英国保守主义　姚啸宇 编
古希腊传记的嬗变　[意]莫米利亚诺 著
伊丽莎白时代的世界图景　[英]蒂利亚德 著
西方古代的天下观　刘小枫 编
从普遍历史到历史主义　刘小枫 编
自然科学史与玫瑰　[法]雷比瑟 著

地缘政治学丛编
施米特的国际政治思想　[英]欧迪瑟乌斯/佩蒂托 编
克劳塞维茨之谜　[英]赫伯格-罗特 著
太平洋地缘政治学　[德]卡尔·豪斯霍弗 著

荷马注疏集
不为人知的奥德修斯　[美]诺特维克 著
模仿荷马　[美]丹尼斯·麦克唐纳 著

品达注疏集
　　幽暗的诱惑　[美]汉密尔顿 著
欧里庇得斯集
　　自由与僭越　罗峰 编译
阿里斯托芬集
　　《阿卡奈人》笺释　[古希腊]阿里斯托芬 著
色诺芬注疏集
　　居鲁士的教育　[古希腊]色诺芬 著
　　色诺芬的《会饮》　[古希腊]色诺芬 著
柏拉图注疏集
　　挑战戈尔戈　李致远 选编
　　论柏拉图《高尔吉亚》的统一性　[美]斯托弗 著
　　立法与德性——柏拉图《法义》发微　林志猛 编
　　柏拉图的灵魂学　[加]罗宾逊 著
　　柏拉图书简　彭磊 译注
　　克力同章句　程志敏 郑兴凤 撰
　　哲学的奥德赛——《王制》引论　[美]郝兰 著
　　爱欲与启蒙的迷醉　[美]贝尔格 著
　　为哲学的写作技艺一辩　[美]伯格 著
　　柏拉图式的迷宫——《斐多》义疏　[美]伯格 著
　　苏格拉底与希琵阿斯　王江涛 编译
　　理想国　[古希腊]柏拉图 著
　　谁来教育老师　刘小枫 编
　　立法者的神学　林志猛 编
　　柏拉图对话中的神　[法]薇依 著
　　厄庇诺米斯　[古希腊]柏拉图 著
　　智慧与幸福　程志敏 选编
　　论柏拉图对话　[德]施莱尔马赫 著
　　柏拉图《美诺》疏证　[美]克莱因 著
　　政治哲学的悖论　[美]郝岚 著
　　神话诗人柏拉图　张文涛 选编
　　阿尔喀比亚德　[古希腊]柏拉图 著
　　叙拉古的雅典异乡人　彭磊 选编
　　阿威罗伊论《王制》　[阿拉伯]阿威罗伊 著
　　《王制》要义　刘小枫 选编

　　柏拉图的《会饮》　[古希腊]柏拉图 等著
　　苏格拉底的申辩（修订版）　[古希腊]柏拉图 著
　　苏格拉底与政治共同体　[美]尼柯尔斯 著
　　政制与美德——柏拉图《法义》疏解　[美]潘戈 著
　　《法义》导读　[法]卡斯代尔·布舒奇 著
　　论真理的本质　[德]海德格尔 著
　　哲人的无知　[德]费勒 著
　　米诺斯　[古希腊]柏拉图 著
　　情敌　[古希腊]柏拉图 著
亚里士多德注疏集
　　《诗术》译笺与通绎　陈明珠 撰
　　亚里士多德《政治学》中的教诲　[美]潘戈 著
　　品格的技艺　[美]加佛 著
　　亚里士多德哲学的基本概念　[德]海德格尔 著
　　《政治学》疏证　[意]托马斯·阿奎那 著
　　尼各马可伦理学义疏　[美]伯格 著
　　哲学之诗　[美]戴维斯 著
　　对亚里士多德的现象学解释　[德]海德格尔 著
　　城邦与自然——亚里士多德与现代性　刘小枫 编
　　论诗术中篇义疏　[阿拉伯]阿威罗伊 著
　　哲学的政治　[美]戴维斯 著
普鲁塔克集
　　普鲁塔克的《对比列传》　[英]达夫 著
　　普鲁塔克的实践伦理学　[比利时]胡芙 著
阿尔法拉比集
　　政治制度与政治箴言　阿尔法拉比 著
马基雅维利集
　　君主及其战争技艺　娄林 选编
莎士比亚绎读
　　莎士比亚的政治智慧　[美]伯恩斯 著
　　脱节的时代　[匈]阿格尼斯·赫勒 著
　　莎士比亚的历史剧　[英]蒂利亚德 著
　　莎士比亚戏剧与政治哲学　彭磊 选编
　　莎士比亚的政治盛典　[美]阿鲁里斯/苏利文 编
　　丹麦王子与马基雅维利　罗峰 选编

洛克集
上帝、洛克与平等　[美]沃尔德伦 著

卢梭集
论哲学生活的幸福　[德]迈尔 著
致博蒙书　[法]卢梭 著
政治制度论　[法]卢梭 著
哲学的自传　[美]戴维斯 著
文学与道德杂篇　[法]卢梭 著
设计论证　[美]吉尔丁 著
卢梭的自然状态　[美]普拉特纳 等著
卢梭的榜样人生　[美]凯利 著

莱辛注疏集
汉堡剧评　[德]莱辛 著
关于悲剧的通信　[德]莱辛 著
《智者纳坦》（研究版）　[德]莱辛 等著
启蒙运动的内在问题　[美]维塞尔 著
莱辛剧作七种　[德]莱辛 著
历史与启示——莱辛神学文选　[德]莱辛 著
论人类的教育　[德]莱辛 著

尼采注疏集
何为尼采的扎拉图斯特拉　[德]迈尔 著
尼采引论　[德]施特格迈尔 著
尼采与基督教　刘小枫 编
尼采眼中的苏格拉底　[美]丹豪瑟 著
动物与超人之间的绳索　[德]A.彼珀 著

施特劳斯集
苏格拉底与阿里斯托芬
论僭政（重订本）　[美]施特劳斯 [法]科耶夫 著
苏格拉底问题与现代性（增订本）
犹太哲人与启蒙（增订本）
霍布斯的宗教批判
斯宾诺莎的宗教批判
门德尔松与莱辛
哲学与律法——论迈蒙尼德及其先驱
迫害与写作艺术

柏拉图式政治哲学研究
论柏拉图的《会饮》
柏拉图《法义》的论辩与情节
什么是政治哲学
古典政治理性主义的重生（重订本）
回归古典政治哲学——施特劳斯通信集
***
论源初遗忘　[美]维克利 著
政治哲学与启示宗教的挑战　[德]迈尔 著
阅读施特劳斯　[美]斯密什 著
施特劳斯与流亡政治学　[美]谢帕德 著
隐匿的对话　[德]迈尔 著
驯服欲望　[法]科耶夫 等著

施米特集
宪法专政　[美]罗斯托 著
施米特对自由主义的批判　[美]约翰·麦考米克 著

伯纳德特集
古典诗学之路（第二版）　[美]伯格 编
弓与琴（重订本）　[美]伯纳德特 著
神圣的罪业　[美]伯纳德特 著

布鲁姆集
巨人与侏儒（1960-1990）
人应该如何生活——柏拉图《王制》释义
爱的设计——卢梭与浪漫派
爱的戏剧——莎士比亚与自然
爱的阶梯——柏拉图的《会饮》
伊索克拉底的政治哲学

沃格林集
自传体反思录　[美]沃格林 著

朗佩特集
哲学与哲学之诗
尼采与现时代
尼采的使命
哲学如何成为苏格拉底式的
施特劳斯的持久重要性

大学素质教育读本
古典诗文绎读 西学卷·古代编（上、下）
古典诗文绎读 西学卷·现代编（上、下）

柏拉图读本（刘小枫 主编）
吕西斯 贺方婴 译
苏格拉底的申辩 程志敏 译
普罗塔戈拉 刘小枫 译

阿里斯托芬全集
财神 黄薇薇 译

周礼疑义辨证 / 陈衍 撰
《铎书》校注 / 孙尚扬 肖清和 等校注
韩愈志 / 钱基博 著
论语辑释 / 陈大齐 著
《庄子·天下篇》注疏四种 / 张丰乾 编
荀子的辩说 / 陈文洁 著
古学经子 / 王锦民 著
经学以自治 / 刘少虎 著
从公羊学论《春秋》的性质 / 阮芝生 撰

中国传统：经典与解释
Classici et Commentarii
崇礼痛印
刘小枫 陈少明 主编

知圣篇 / 廖平 著
《孔丛子》训读及研究 / 雷欣翰 撰
论语说义 / [清]宋翔凤 撰
周易古经注解考辨 / 李炳海 著
图象几表 / [明]方以智 编
浮山文集 / [明]方以智 著
药地炮庄 / [明]方以智 著
药地炮庄笺释·总论篇 / [明]方以智 著
青原志略 / [明]方以智 编
冬灰录 / [明]方以智 著
冬炼三时传旧火 / 邢益海 编
《毛诗》郑王比义发微 / 史应勇 著
宋人经筵诗讲义四种 / [宋]张纲 等撰
道德真经取善集 / [金]李霖 编撰
道德真经藏室纂微篇 / [宋]陈景元 撰
道德真经四子古道集解 / [金]寇才质 撰
皇清经解提要 / [清]沈豫 撰
经学通论 / [清]皮锡瑞 著
松阳讲义 / [清]陆陇其 著
起凤书院答问 / [清]姚永朴 撰

刘小枫集
共和与经纶［增订本］
城邦人的自由向往
民主与政治德性
昭告幽微
以美为鉴
古典学与古今之争［增订本］
这一代人的怕和爱［第三版］
沉重的肉身［珍藏版］
圣灵降临的叙事［增订本］
罪与欠
儒教与民族国家
拣尽寒枝
施特劳斯的路标
重启古典诗学
设计共和
现代人及其敌人
海德格尔与中国
现代性与现代中国
现代性社会理论绪论
诗化哲学［重订本］
拯救与逍遥［修订本］
走向十字架上的真
西学断章

编修［博雅读本］
凯若斯：古希腊语文读本［全二册］

古希腊语文学述要
雅努斯：古典拉丁语文读本
古典拉丁语文学述要
危微精一：政治法学原理九讲
琴瑟友之：钢琴与古典乐色十讲

译著

柏拉图四书

经典与解释辑刊

1 柏拉图的哲学戏剧
2 经典与解释的张力
3 康德与启蒙
4 荷尔德林的新神话
5 古典传统与自由教育
6 卢梭的苏格拉底主义
7 赫尔墨斯的计谋
8 苏格拉底问题
9 美德可教吗
10 马基雅维利的喜剧
11 回想托克维尔
12 阅读的德性
13 色诺芬的品味
14 政治哲学中的摩西
15 诗学解诂
16 柏拉图的真伪
17 修昔底德的春秋笔法
18 血气与政治
19 索福克勒斯与雅典启蒙
20 犹太教中的柏拉图门徒
21 莎士比亚笔下的王者
22 政治哲学中的莎士比亚
23 政治生活的限度与满足
24 雅典民主的谐剧
25 维柯与古今之争
26 霍布斯的修辞

27 埃斯库罗斯的神义论
28 施莱尔马赫的柏拉图
29 奥林匹亚的荣耀
30 笛卡尔的精灵
31 柏拉图与天人政治
32 海德格尔的政治时刻
33 荷马笔下的伦理
34 格劳秀斯与国际正义
35 西塞罗的苏格拉底
36 基尔克果的苏格拉底
37 《理想国》的内与外
38 诗艺与政治
39 律法与政治哲学
40 古今之间的但丁
41 拉伯雷与赫尔墨斯秘学
42 柏拉图与古典乐教
43 孟德斯鸠论政制衰败
44 博丹论主权
45 道伯与比较古典学
46 伊索寓言中的伦理
47 斯威夫特与启蒙
48 赫西俄德的世界
49 洛克的自然法辩难
50 斯宾格勒与西方的没落
51 地缘政治学的历史片段
52 施米特论战争与政治
53 普鲁塔克与罗马政治
54 罗马的建国叙述
55 亚历山大与西方的大一统
56 马西利乌斯的帝国
57 全球化在东亚的开端
58 弥尔顿与现代政治
59 拉采尔与政治地理学